KB236180

마한·백제의 분묘 문화 Ⅲ

- 충남Ⅴ : 부여2편 -

중앙문화재연구원 편

진인진

자료 제공 기관

고려대학교 고고환경연구소, 공주대학교박물관, 국립부여문화재연구소, 금강문화유산연구원, 백제문화재연구원, 부여군문화재보존센터, 충남발전연구원, 충청남도역사문화연구원, 충청문화재연구원, 한국고고미술연구소, 한얼문화유산연구원

총　괄 · 조상기
기　획 · 성정용, 오재진
자　문 · 김범철

책임연구원 · 성정용
공동연구원 · 권오영

연구원
중앙문화재연구원 · 오윤숙, 신연식, 도문선, 조용호
충북대학교 · 정현아, 박슬기, 김다희, 박정민, 윤여헌, 권오근, 조아영
한신대학교 · 박지은, 신화영, 황다운

교정 · 교열
성정용, 오윤숙, 김다희, 박정민, 조아영

마한 · 백제의 분묘 문화 III -충남V : 부여2편-

초판 1쇄 발행 2015년 12월 28일

집필인 · (재)중앙문화재연구원
발행인 · 김영진
발행처 · 진인진
등　록 · 제25100-2005-000003호
표　지 · 정하연
본문 편집 · 배원일
주　소 · 경기도 과천시 별양동 1-14 과천오피스텔 614호
전　화 · 02-507-3077~8
팩　스 · 02-507-3079
홈페이지 · http://www.zininzin.co.kr
이메일 · pub@zininzin.co.kr

ISBN 978-89-6347-239-3 94900
ISBN 978-89-6347-082-5 94900 (세트)

* 책값은 표지 뒷면에 표시되어 있습니다.

책을 펴내며

우리 연구원에서는 그동안 연구 · 학술지원 사업의 일환으로 우리나라 고고학 연구와 관련된 다양한 주제를 선정하여 『동아시아의 고분문화』, 『아시아의 고대 문물교류』, 『한국 신석기문화의 양상과 전개』, 『한국 신석기시대 토기와 편년』 등을 간행하였고, 한국고고학의 전반적인 흐름을 파악할 수 있도록 『한국 신석기문화 개론』을 비롯하여 『신라고고학개론』, 『낙랑고고학개론』 등의 개론서를 간행하였습니다. 또한 『마한 · 백제의 분묘 문화』와 함께 고구려와 발해의 고분에 좀 더 쉽게 접근하여 그 문화상을 이해할 수 있도록 『고구려의 고분 문화』와 『발해의 고분 문화』라는 제목으로 학술총서를 간행하고 있고, 연구진들을 중심으로 그에 대한 연구도 진행되고 있습니다.

한국고고학계에서 중요한 위치를 차지하는 마한 · 백제에 대한 연구는 그동안 많은 연구자들에 의해 다양하게 이루어졌습니다. 그러나 마한이 백제라는 고대국가로 성장하는 시대적 중요성에 비해 그 문화상을 이해하기에는 어려움이 있었고, 더불어 1990년대 이후 폭발적으로 증가하는 자료를 체계적으로 정리하기에도 한계가 있었다고 생각됩니다.

이러한 상황을 공감한 우리 중앙문화재연구원과 충북대학교는 마한 · 백제의 분묘에 대한 자료를 집성하고자 두 기관의 연구자 외에 한신대학교의 연구자를 포함시켜 연구진을 구성하고 2011년부터 5개년 계획으로 진행하고 있습니다. 그 성과품으로 2013년 2월 『마한 · 백제의 분묘 문화Ⅰ-서울 · 경기 · 인천 · 강원-』편, 2013년 10월 『마한 · 백제의 분묘 문화Ⅱ-충북-』편을 간행하였습니다. 2013년도부터는 충남지역의 분묘유적과 유물을 대상으로 하였으나 그 분량이 너무나 방대하여 연기 · 천안 · 아산 · 공주의 동북부권, 대전 · 금산 · 논산 · 부여 · 청양의 동남부권, 서천 · 태안 · 당진 · 서산 · 홍성 · 예산 · 보령의 서해안 권역으로 나누어 순차적으로 정리하기로 결정하였습니다. 또한 각 권역에서도 분량이 방대하여 한 권에 모두 담아내기에 역부족이어서 부득이 지역별로 분권하게 되었고, 2013년에 동북부권의 자료를 정리하여 2014년 2월 『마한 · 백제의 분묘 문화Ⅲ-충남Ⅰ:연기(세종)-』편을 필두로 7월 『마한 · 백제의 분묘 문화Ⅲ-충남Ⅱ:천안-』과 『마한 · 백제의 분묘 문화Ⅲ-충남Ⅲ:아산-』편, 8월 『마한 · 백제의 분묘 문화Ⅲ-충남Ⅳ:공주-』편을 간행하였습니다. 2014년에 동남부권의 자료를 정리하여 2015년 10월에 먼저 부여지역 동편을 대상으로 『마한 · 백제의 분묘 문화Ⅲ-충남Ⅴ:부여1-』편을 간행하였으며, 이번에 학술총서24권은 부여지역 서편을 대상으로 『마한 · 백제의 분묘 문화Ⅲ-충남Ⅴ:부여2-』편을 간행하게 되었고, 앞으로도 계속해서 나머지 지역에 대한 자료를 간행할 예정입니다.

『마한 · 백제의 분묘 문화』는 너무도 방대한 양을 다루다 보니 곳곳에 오류가 있으리라 생각되지만, 아무쪼록 이 학술총서가 연구자 여러분의 연구에 많은 도움이 되기를 기대하며, 이번 학술총서에서 누락되었거나 새롭게 조사되는 유적에 대해서는 앞으로 간행할 예정인 보유편에 수록할 것을 약속드립니다. 더불어 우리 연구원에서는 앞으로도 다양하고 심도 있는 주제를 선정하여 학술총서를 발간하여 한국고고학계의 발전에 이바지하고자 합니다.

끝으로 이 학술총서가 간행될 수 있도록 연구 책임을 맡아 주신 충북대학교 성정용 선생님, 공동연구자인 서울대학교 권오영 선생님, 자문을 맡아 주신 충북대학교 김범철 선생님께 감사드리며, 어려운 여건에서도 방대한 자료를 집성하는데 적극적으로 참여해 주신 충북대학교와 한신대학교, 중앙문화재연구원의 여러 연구자께 진심으로 감사드립니다. 또한 전반적인 진행을 위해 애써 준 학예연구실 직원 여러분과 이 학술총서의 간행을 맡아주신 진인진 김영진 사장님을 비롯한 관계자 여러분께 감사드립니다.

2015년 12월

중앙문화재연구원장 조 상 기

마한 · 백제의 분묘 문화 III "충남V : 부여2" 를 내며

최근 20여년간 한국고고학에서 폭발적으로 자료가 증가하고 있는 것이 바로 마한과 백제 분묘관련 자료이다. 이 급증하는 자료들을 빠짐없이 수록하는 것은 물론, 축척을 비롯해 보고서에서 제기되는 문제들을 최대한 파악하여 기재함으로써 연구자들이 정확하고 쉽게 이용할 수 있는 양질의 자료를 제공하고자 이 작업을 시작하게 되었다.

이에 따라 2011년에는 서울 · 경기 · 인천 · 강원 지역을, 2012년에는 충북지역의 자료를 각기 정리하여 《마한 · 백제의 분묘문화 I : 서울 · 경기 · 인천 · 강원(2012)》과 《마한 · 백제의 분묘문화 II : 충북(2013)》으로 간행한 바 있다. 3차년도(2013)부터는 마한 · 백제의 분묘가 집중되어 있는 충남지역에 대한 작업을 시작하였는데, 이 지역의 마한 · 백제 무덤 기수만 해도 4,000여기가 훌쩍 넘어 부득이 충남지역을 연기 · 천안 · 아산 · 공주(동북부권), 대전 · 금산 · 논산 · 부여 · 청양(동남부권), 서천 · 태안 · 당진 · 서산 · 홍성 · 예산 · 보령(서해안권) 등 크게 3개의 권역으로 나누어 작업하기로 하고 2013년도에는 먼저 동북부권을 정리하여, 그 결과를 《마한 · 백제의 분묘문화 III : 충남 I - 연기(2014)》, 《마한 · 백제의 분묘문화 III : 충남 II - 천안(2014)》, 《마한 · 백제의 분묘문화 III : 충남 III - 아산(2014)》, 《마한 · 백제의 분묘문화 III : 충남 IV - 공주(2014)》편으로 나누어 간행한 바 있다.

작년에는 동남부권에 대한 집성 작업을 마무리하고 1년에 가까운 치열한 교정작업을 거쳐 드디어 그 결과를 세상에 내놓게 되었다. 4차년도 작업 역시 마무리하고 나니 모두 1,700쪽 가량 되는 방대한 분량이어서, 부득이 부여를 금강을 기준으로 동쪽과 서쪽의 두 권으로 분책하고, 대전과 금산 · 논산 · 청양을 한 권으로 묶어 발간하기로 하였다. 부여 동쪽지역에 해당되는 부여읍과 석성면지역의 자료를 집성한 결과는 먼저 《마한 · 백제의 분묘문화 III : 충남 V - 부여1(2015)》편으로 간행한 바 있다. 이 책은 부여 서쪽지역에 해당되는 구룡면 · 규암면 · 남면 · 옥산면 · 외산면 · 은산면 · 임천면 · 장암면 · 충화면지역의 자료를 집성한 결과이다.

이 자료집들이 나오기까지에는 자료 수집부터 스캔, 도면 보정, 일러 작업과 표 작성 등 모든 과정에서 눈에 보이지 않는 시간이 많이 들어가는 고된 작업의 연속이었음은 물론이다. 그러나 무엇보다 힘들었던 것은 고고학자료의 원천이라 할 수 있는 보고서에 기술된 내용과 도면 · 사진 등이 맞지 않는 것이 상당수 있었다는 점이다. 앞으로 신뢰할 수 없는 텍스트를 가진 보고서가 양산되지 않기를 바라는 마음이 간절한 것은 비단 이 작업에 참여한 연구원들의 바램만은 아닐 것이다.

어쨌든 이번 자료집 역시 많은 사람들의 노력과 땀의 결정체라 할 수 있다. 올해 서울대학교 국사학과로 자리를 옮기신 권오영교수님과 한신대학교의 박지은 · 신화영 · 황다운 학생, 그리고 충북대학교 고고미술사학과의 정현아(현 국립중원문화재연구소) · 박슬기(현 국립청주박물관) · 김다희 · 박정민 · 윤여헌 · 조아영 학생 등에게 먼저 고마움과 안쓰러움의 마음을 표하고 싶다. 또 이 작업이 온전히 이루어지기 위해 뒤에서 물심양면 지원하고 교열까지 애써주신 중앙문화재연구원의 조상기 원장님과 오윤숙선생님, 그리고 이 책이 더욱 돋보이도록 만들어준 진인진의 김지인 팀장과 배원일 선생에게도 또 다시 고마운 마음을 전하지 않을 수 없다.

모쪼록 이 자료집들이 이 분야 연구에 유용하게 활용될 수 있기를 기대한다.

2015년 12월

마한·백제의 분묘문화
책임연구원 성정용

일러두기

1. **집성 시기** : 마한의 시작이 언제부터인가에 대해서는 여러 논란이 있으나, 점토대토기의 출현이 한반도 중남부지역 문화변동의 주요 획기라는 점에서 점토대토기 관련 물질문화가 출토되는 무덤을 포함하였다.

2. **집성 대상** : 2013년 상반기까지 정식으로 보고서가 간행된 유적을 대상으로 수록하는 것을 원칙으로 하였으며, 수록 대상 지역은 구룡면, 규암면, 남면, 옥산면, 외산면, 은산면, 임천면, 장암면, 충화면 지역 등이다.

3. **도면의 방위** : 磁北을 기준으로 하였다.

4. **본문에 삽입된 유적위치도** : 국립지리원에서 발행한 1:50,000 지도를 이용하였다.

5. **축척** : 도면의 기본적인 축척은 아래와 같이 하였으나, 예외인 경우 별도로 명기하였다.
   1) 유구 : 토광묘 1/40, 석곽묘·석실묘 1/60, 분구묘 1/120, 옹관묘 1/30
   2) 유물 : 토기류 1/6, 철기·석기류 1/4, 청동기류 1/2, 구슬·장신구류 1/1
   3) 보고서에 기술된 제원과 도면 축척이 상이하게 되어 있는 경우
   ① 보고서 제원과 도면의 가로·세로 비율 등이 일치하지 않지만, 기술된 제원을 신뢰할 수 있다고 판단되어 이를 기준으로 도면의 가로 세로 비율을 임으로 조정한 경우에는 특기사항에 "보고서 기술과 도면의 축척이 상이하여 보고서 기술에 따라 가로·세로 축척을 조정하였음."이라고 표기하였다.
   ② 보고서 도면의 스케일 바에 단순 오류가 있다고 보이는 경우에는 기술된 제원에 따라 도면 축척을 단순 조정하고, "보고서 기술과 도면의 축척이 상이하여 보고서 기술에 따라 축척을 조정하였음."이라고 표기하였다.
   ③ 보고서 제원과 도면의 가로·세로 비율·스케일 바 등이 전혀 일치하지 않아 어느 쪽이 맞는지 알 수 없는 경우, 유구 개요표의 제원에는 보고서 기술을 그대로 적고 도면은 보고서의 스케일바를 기준으로 축척을 조정하여 유구 개요표의 제원과 도면 축척이 상호 일치하지 않게 되어 있다. 이 경우 특기사항에 "보고서 기술과 [유구/ 유구·유물/ 유물] 도면·스케일바의 비율이 모두 상이하여 상호 조정하지 않고 자료집에 게재하였음."이라고 표기하였다.

6. **유적명** : 행정구역 변경 등으로 인해 조사 당시와 현재 지명이 다른 경우 현재 공식적으로 통용되고 있는 명칭(시군+동리명)을 표제어로 사용하고 조사 당시 보고된 지명은 ( )안에 표기하고 유적위치에도 ( )안에 舊 주

소를 기재하는 것을 원칙으로 하고 있다. 그러나 연기지역은 비록 행정구역 변경에 따라 대부분 세종시로 편입되었지만, 최근까지 모든 보고서가 구 지명을 사용함에 따라 구 지명을 유적명으로 표기하고 신 지명을 ( ) 안에 표기하였다.

7. 유적개요표

1) 경·위도 및 GPS값은 보고서 기재내용을 따랐으며, 기재되어 있지 않은 경우에는 http://mygeoposition.com에서 주소 및 경·위도를 검색하여 나온 값을 기재하였다.
2) 유구현황은 해당시대 칸에 맞게 구분하여 종류와 기수를 기재하였다.
3) 토광묘의 합장묘(동혈·병혈·이혈 포함)는 1기로 계산하여 해당 유적의 전체 분묘 수를 기재하였다.
4) 시대·성격은 보고서의 고찰을 기준으로 요약하되 일부 내용을 첨삭하여 기술하였다.
5) 참고문헌은 지표조사·시굴조사·발굴조사 보고서와 함께 현장설명회 및 지도위원회의 자료 등도 가능한 모두 기재하는 것을 원칙으로 하였으며, 유적과 관련된 단행본 및 논고가 있을 경우 추가 기재하였다.

8. 유구제원표

예시)

1호 토광묘

(단위 : cm)

묘광	크 기 (길이×너비×깊이)	183×64×(32)①	목관	크 기 (길이×너비×높이)	?×(30+)×?
	장폭비	2.86:1		장폭비	?②
장축방향④		N-3°-W	목곽	크 기 (길이×너비×높이)	-③
두 향⑤		남서쪽		장폭비	-
유물	토 기	흑도장경호(1)			
	철 기	-			
	청동기	-			
	옥석류	-			
	기 타	-			
특기사항					

1) '(수치)'는 추정길이이고 '+'는 당초 크기를 알 수 없는 잔존길이를 의미하며, 묘광크기는 조사당시 남아 있던 묘광의 상부를 기준으로 통일하여 기재하였다.

2) 보고서기술과 도면 축척이 상이할 경우 어떤 것이 정확한지 알 수 없기 때문에 도면은 보고서의 스케일바를 기준으로 축소하고 제원은 보고서 그대로 기술하였다. 단, 석실묘의 경우 묘광과 묘도의 기준이 상이한 경우가 많아, 아래의 그림과 같은 기준으로 측정하였다.

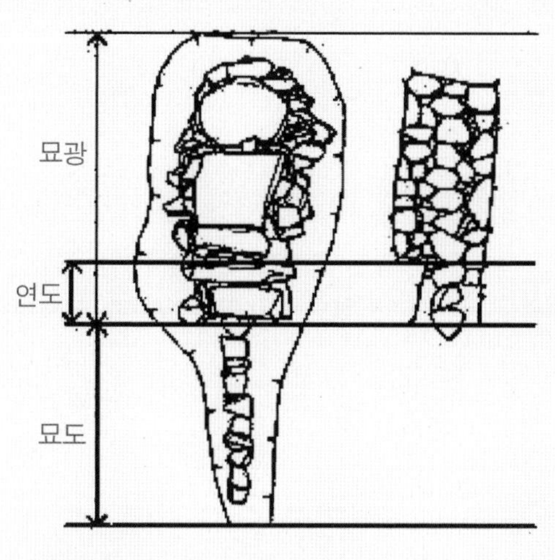

횡혈식 석실묘 수치 기준안

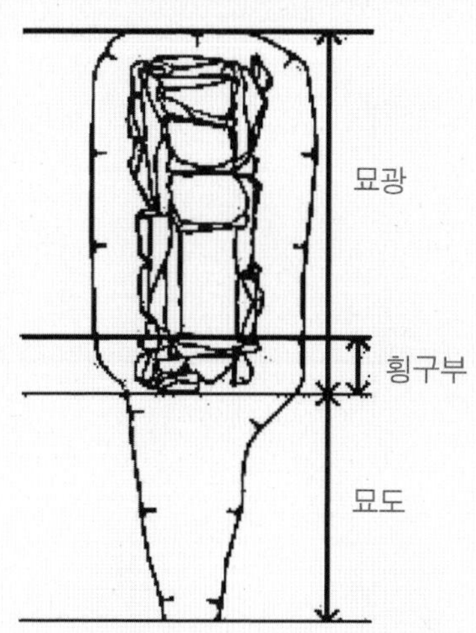

횡구식 석실묘 수치 기준안

3) 2)와 같은 경우 횡구부, 연도, 묘도 등 보고서상에 제원을 기술하지 않은 경우는 그대로 빈칸으로 놓아두었고, 보고서기술과 도면 축척이 동일한 경우에는 도면 축척을 이용해 크기를 재서 '()' 안에 기입하였다.

4) 장축방향 : 기본적으로 보고서 내용을 따랐으나, 부정확하거나 기재되어 있지 않는 경우 도면을 토대로 재측정하였다.

5) 두향 : 기본적으로 보고서에 기재되어 있는 내용을 따랐으나, 기재되어 있지 않는 경우 착장유물의 위치를 토대로 추정하되 괄호 안에 넣어 구분하였다. 구슬 및 목걸이 등의 장신구류가 한쪽에 치우쳐 있는 경우와 환두도의 환두부 방향을 두향 추정의 근거로 활용하였다.

6) 토광묘의 관곽에 대한 구분 : 별도의 관이 확인되지 않거나 보고자가 관으로 보고하였더라도, 단경호를 비롯한 일반적인 부장용 토기가 주체부 안에서 출토되었을 경우 곽으로 구분하였다.

7) 부장공간에 대한 용어

① 부장칸 : 목곽 안에 격벽을 두어 공간을 분리하고 유물을 부장한 경우.

② 부장곽 : 부장품을 매납하기 위한 곽을 별도로 만들어 부장한 경우.

③ 부장갱 : 부장곽과 달리 별도로 곽을 만들지 않고, 유구 주변에 부정형으로 굴광하여 유물을 매납한 경우.

8) 유구명칭 : 기본적으로 보고서에 있는 것을 따르되, 다음의 경우에는 바꾸어 표기하였다.

① 목관묘·목곽묘 → 토광묘

② 주구묘 → 분구분 (지하식으로 先매장주체부-後 분구 조성의 경우는 주구토광묘로 하고, 그 외의 것은 분구분으로 구분하였다)

③ 무기단식 적석총 → 적석분구분

④ 주구만 잔존할 경우 → 주구토광묘

⑤ 분·묘 : 연구자에 따라 석실분·석실묘와 같이 뚜렷한 기준없이 혼용되는 경우가 있으나 매장주체부는 종류에 관계없이 모두 '~묘'로 통일하여 표기하였다.

9) 횡혈식석실묘의 장단비는 연도가 있는 前壁부터 後壁까지를 길이로 하고 좌·우벽을 너비로 하여 계산하고 표기하였다.

10) 횡혈식석실묘의 연도부 위치 표기는 연도 밖에서 석실을 바라보는 것을 기준으로 하여, 오른쪽에 있는 경우는 "우편재", 좌측에 있는 경우는 "좌편재", 가운데 있는 경우는 "중앙", 현실과 연도 폭이 같은 경우는 "일체형"으로 기재하였다.

11) 횡구식은 기본적으로 횡혈식과 같이 추가장이 가능한 구조로서, '室'의 개념을 갖고 있으므로 크기에 관계없이 모두 "석실"로 구분하였다.

12) 수혈식은 석실로 보고된 것을 포함하여 모두 "석곽묘"로 표기하고, 석곽 유구제원표를 사용하였다.

13) 횡혈식과 횡구식의 경우 표 제목은 "○○호 석실묘"로 통일하였으나, 유구 제원표는 횡혈식과 횡구식을 구분하여 사용하였다. 단, 유적 내에서 횡혈식과 횡구식이 함께 확인되고, 이를 일괄적으로 "석실"로 구분하는 경우 유구번호가 중복될 수 있다. 이 경우에는 유구 제원표 제목을 "○○호 횡혈식/횡구식 석실묘"로 기술한다.

14) 보고서에 기술이 불분명하거나 심하게 파괴되어 횡혈식과 횡구식 또는 수혈식의 구분이 어려운 경우에는 표 제목을 "○○호분"으로 하고 연도나 횡구부 등을 제외한 유구제원표를 사용하였으며, 특기사항에 "석곽(석실 또는 횡구식석실 또는 횡혈식석실)으로 보고하였으나 파괴가 심하여 정확한 구조는 알 수 없음"으로 표기하였다.

15) 토광묘 가운데 합장묘는 유구 개요표를 하나로 작성하였다.

9. **유물 도면의 편집 순서** : 유물은 출토위치에 따라 구분하여 편집하였다. 편집순서는 관내→관외·관상부·곽내→곽외·곽상부→부장칸·부장곽→함몰토·충전토→봉토·부장갱→주변 출토유물 등으로서, 관을 기준으로 유물의 출토위치가 멀어질수록 뒤쪽에 배치하였다. 또한 각 출토위치 내에서도 토기를 우선 배열하고 철기와 청동기, 그리고 옥석류 및 장신구류의 순서로 배치하였다. 또한 같은 류의 유물 내에서는 작은 것을 앞에, 큰 것을 뒤쪽에 배치하는 것을 원칙으로 하였다.

목 차

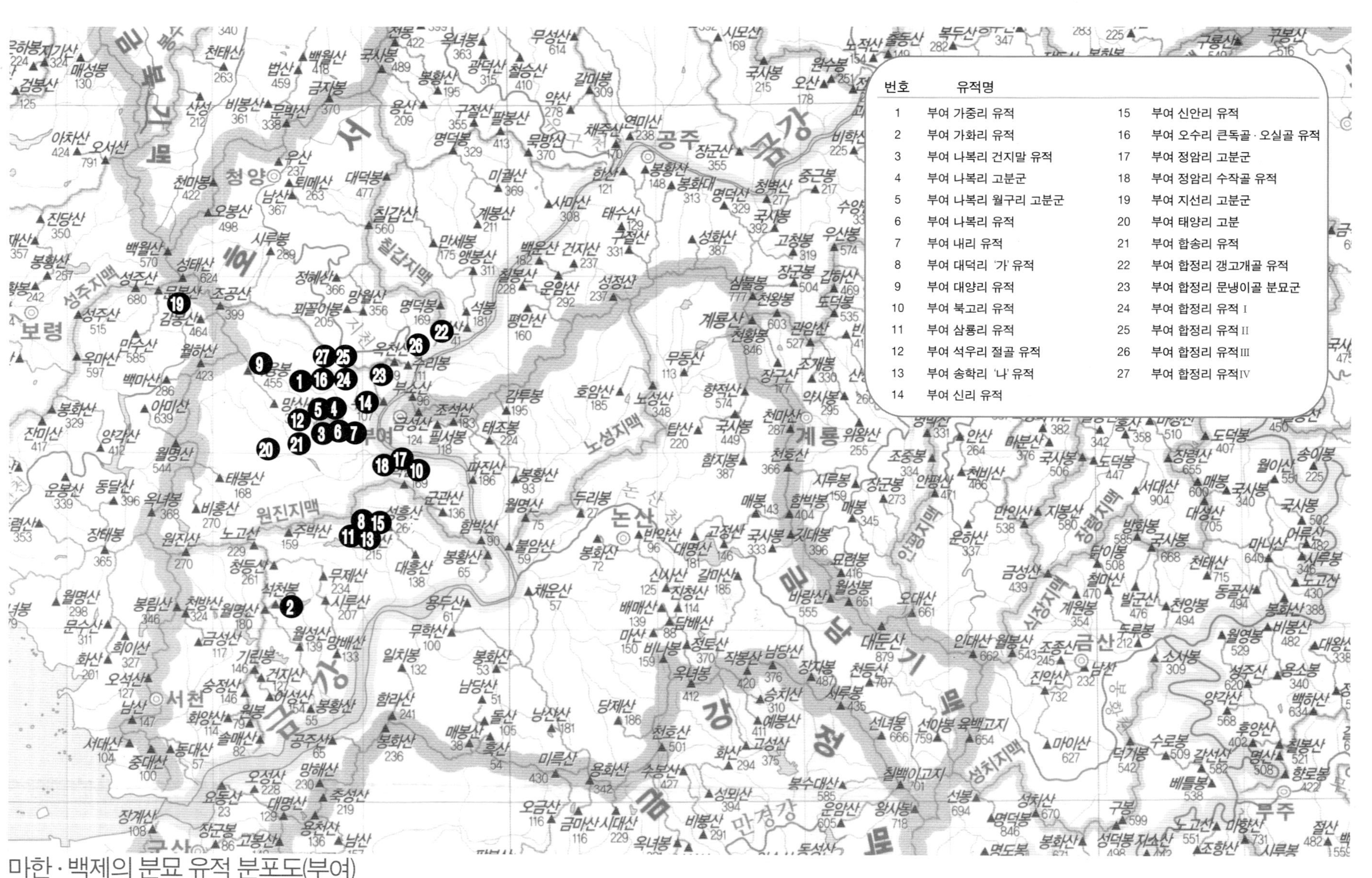

번호	유적명	번호	유적명
1	부여 가중리 유적	15	부여 신안리 유적
2	부여 가화리 유적	16	부여 오수리 큰독골 · 오실골 유적
3	부여 나복리 건지말 유적	17	부여 정암리 고분군
4	부여 나복리 고분군	18	부여 정암리 수작골 유적
5	부여 나복리 월구리 고분군	19	부여 지선리 고분군
6	부여 나복리 유적	20	부여 태양리 고분
7	부여 내리 유적	21	부여 합송리 유적
8	부여 대덕리 '가' 유적	22	부여 합정리 갱고개골 유적
9	부여 대양리 유적	23	부여 합정리 문냉이골 분묘군
10	부여 북고리 유적	24	부여 합정리 유적 I
11	부여 삼룡리 유적	25	부여 합정리 유적 II
12	부여 석우리 절골 유적	26	부여 합정리 유적 III
13	부여 송학리 '나' 유적	27	부여 합정리 유적 IV
14	부여 신리 유적		

마한 · 백제의 분묘 유적 분포도(부여)

박성태 편집 대한민국 산경도(2010.04.05) 인용

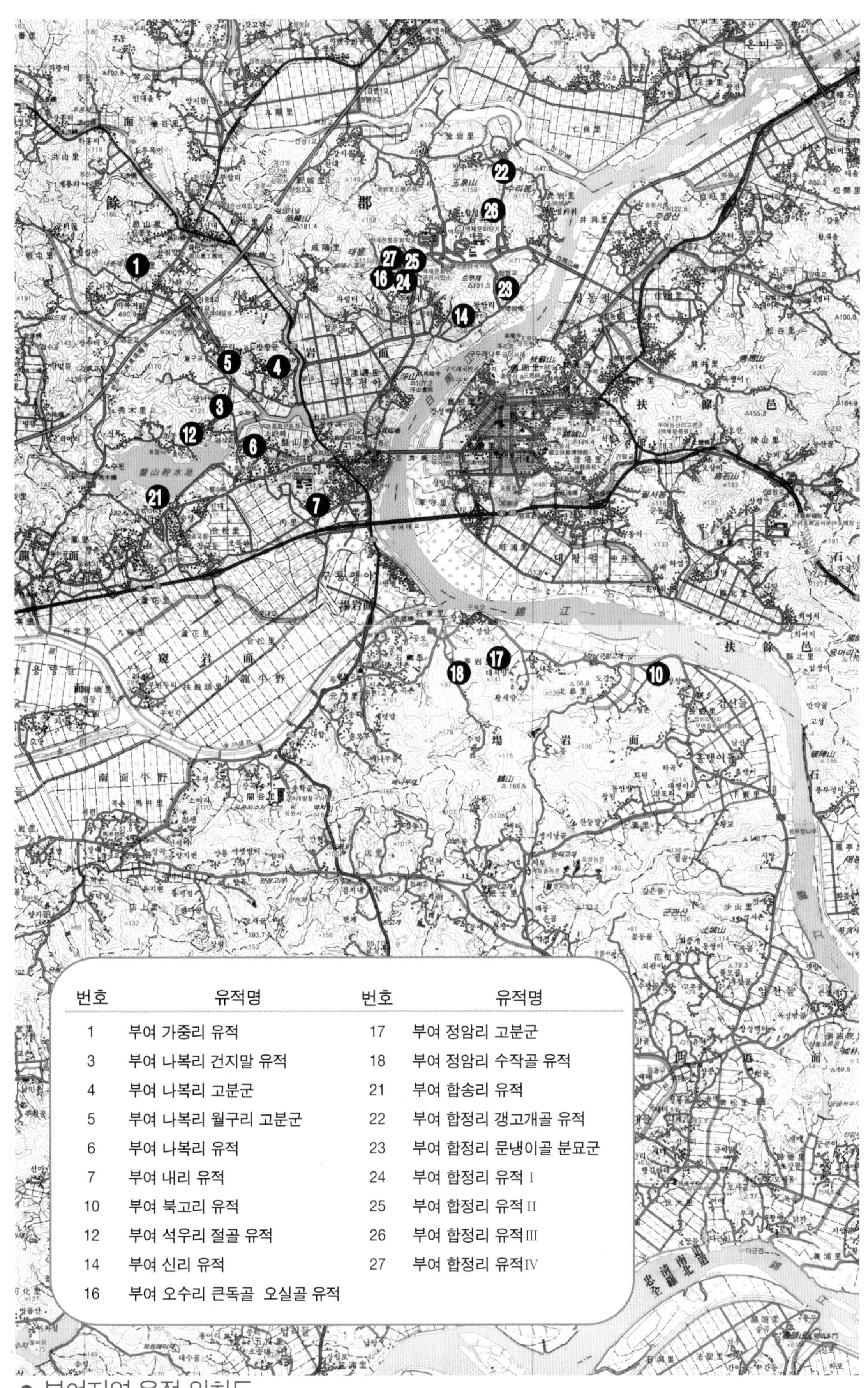

번호	유적명	번호	유적명
1	부여 가중리 유적	17	부여 정암리 고분군
3	부여 나복리 건지말 유적	18	부여 정암리 수작골 유적
4	부여 나복리 고분군	21	부여 합송리 유적
5	부여 나복리 월구리 고분군	22	부여 합정리 갱고개골 유적
6	부여 나복리 유적	23	부여 합정리 문냉이골 분묘군
7	부여 내리 유적	24	부여 합정리 유적 I
10	부여 북고리 유적	25	부여 합정리 유적 II
12	부여 석우리 절골 유적	26	부여 합정리 유적III
14	부여 신리 유적	27	부여 합정리 유적IV
16	부여 오수리 큰독골 오실골 유적		

● 부여지역 유적 위치도

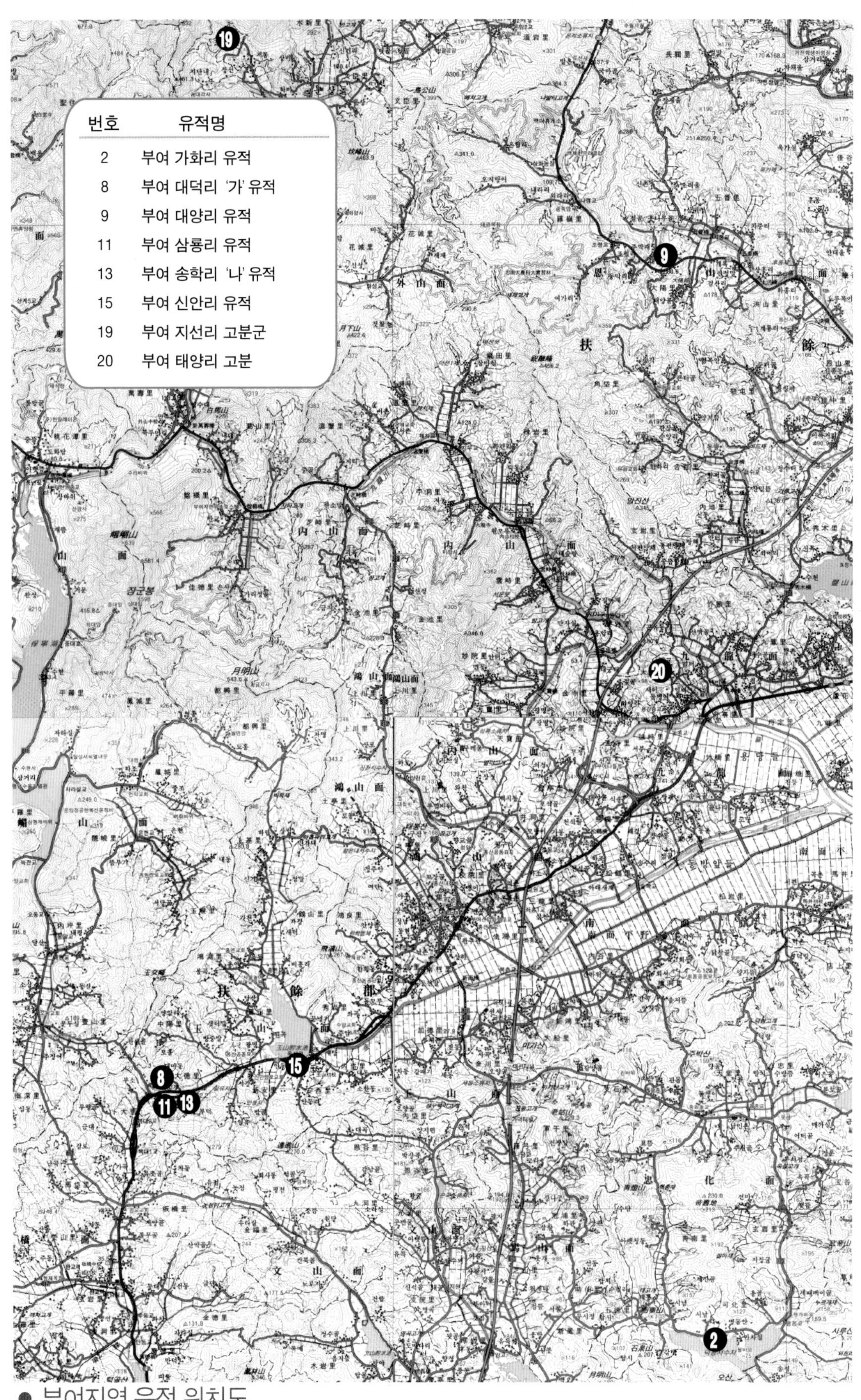
번호 유적명
2 부여 가화리 유적
8 부여 대덕리 '가' 유적
9 부여 대양리 유적
11 부여 삼룡리 유적
13 부여 송학리 '나' 유적
15 부여 신안리 유적
19 부여 지선리 고분군
20 부여 태양리 고분

● 부여지역 유적 위치도

부여 가중리 가좌유적扶餘 佳中里 가좌遺蹟

조사사유	부여 은산우회도로 건설공사에 따른 구제발굴조사	
조사연혁	지표조사 : 2001. (충남발전연구원 역사문화센터) 시굴조사 : 2004. 03. 15 ~ 2004. 05. 05. (충청문화재연구원) 2004. 07. 05 ~ 2004. 08. 04. (충청문화재연구원) 발굴조사 : 2004. 08. 05 ~ 2004. 12. 31. (충청문화재연구원)	
유적위치	충청남도 부여군 은산면 가중리 일원	
유적입지	이 유적은 은산우회도로 건설에 따라 가중리 산직리(2지점)유적과 함께 조사된 것으로 가중리 가좌 유적과 산직리유적은 동서로 약 350m 떨어져 있다. 은산천이 서북에서 남동방향으로 흐르고 있는데, 이 은산천을 중심으로 서쪽은 대부분 두지봉에서 사방으로 흘러내린 산지 지형을 하고 있다. 이 유적이 위치한 구릉은 북동에서 남서로 뻗어내린 능선 정상부와 남쪽사면에 형성된 곡부 중상단부에 해당한다.	
유구현황	초기철기시대	-
	원삼국시대	주거지(13)
	삼국시대	석실묘(1)
	기타	청동기시대 석개토광묘(3)·주거지(1)
주요유물	-	
시대·성격	이 유적에서는 원삼국시대 주거지와 함께 삼국시대 석실묘 1기가 조사되었다. 석실묘는 조사지역 남쪽 경계부근인 남동사면 중단부에 위치하며, 원삼국시대 주거지 13호의 동벽 일부를 파괴하고 조성되어 있다. 남벽을 입구로 사용한 횡구식으로서, 장축방향은 정북에서 등고선과 직교하도록 되어 있다. 출토유물은 없으며, 구조로 보아 사비기에 조성되었을 가능성이 높다.	
참고문헌	(財)忠淸文化財硏究院, 2004,『부여 은산우회도로 건설공사 구간내 문화유적 시굴조사 약보고서』. __________, 2004,『부여 은산우회도로 건설공사 구간내 문화유적 추가 시굴조사 약보고서』. __________, 2006,『扶餘 佳中里 가좌·산직리 및 恩山里 상월리 遺蹟』, (財)忠淸文化財硏究院 文化遺蹟 調査報告 第59輯.	

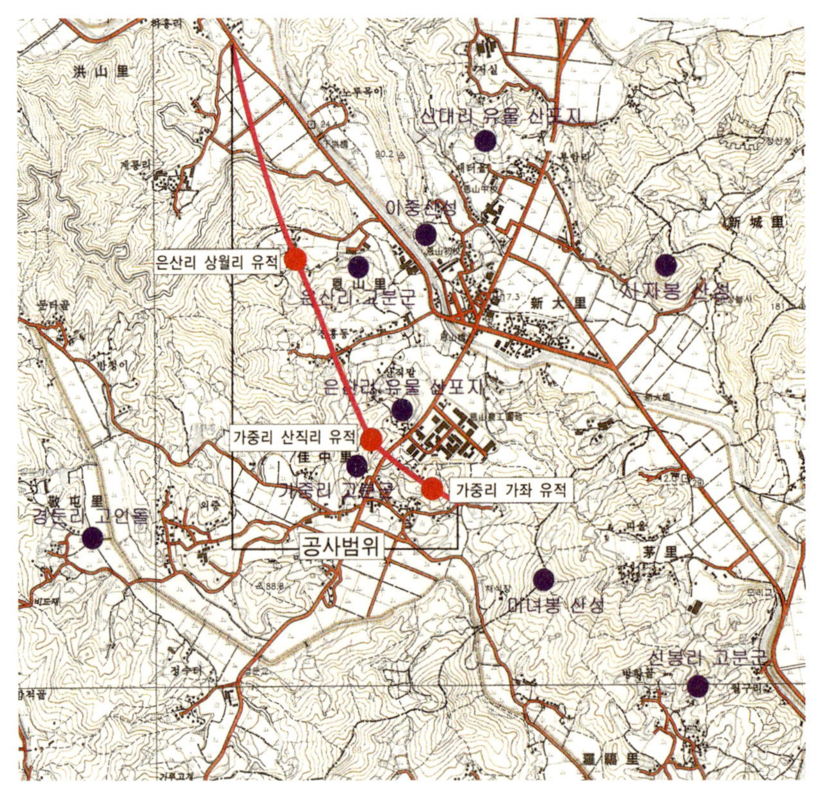

부여 가중리 가좌유적·산직리유적 유적위치도

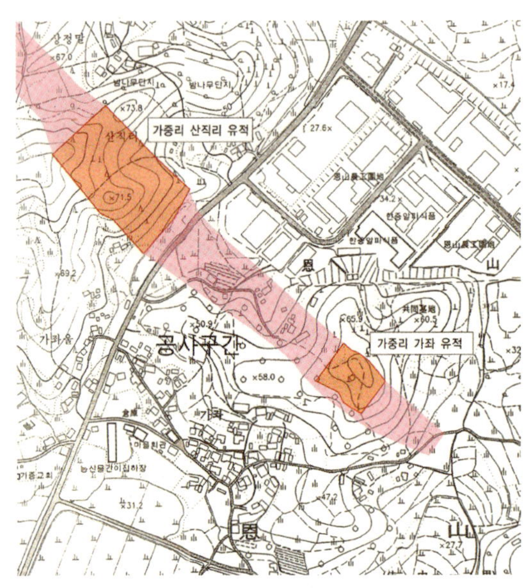

부여 가중리 가좌유적·산직리유적 위치도

부여 가중리 가좌유적·산직리유적 전경

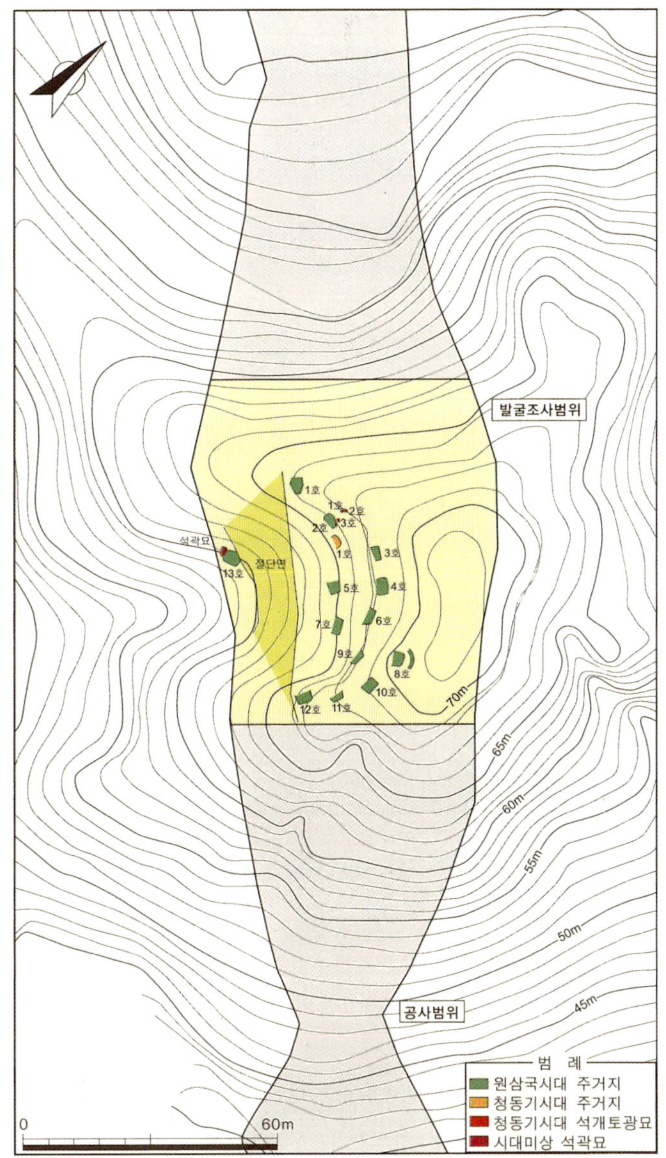

부여 가중리 가좌유적 유구배치도

부여 가중리 가좌유적 전경

석실묘

(단위 : cm)

봉토	크 기 (길이×너비×높이)	?	묘광	크 기 (길이×너비×깊이)	242×122×(52)
	평면형태	?		장 폭 비	1.98:1
현실	크 기 (길이×너비×높이)	110×30×60	천장형태		?
	장 폭 비	3.33:1	횡구부위치		?
횡구부	크 기 (길이×너비)	(60)×(42)	묘도크기 (길이×너비)		?
	장 폭 비	?	배수시설 (길이×너비×깊이)		?
시상/관대크기 (길이×너비×높이)		?	두 향		?
장축방향		N-0°-S	벽석종류		판석
유물	토 기	-			
	철 기	-			
	청 동 기	-			
	옥 석 류	-			
	기 타	-			
특기사항		출토유물 없음.			

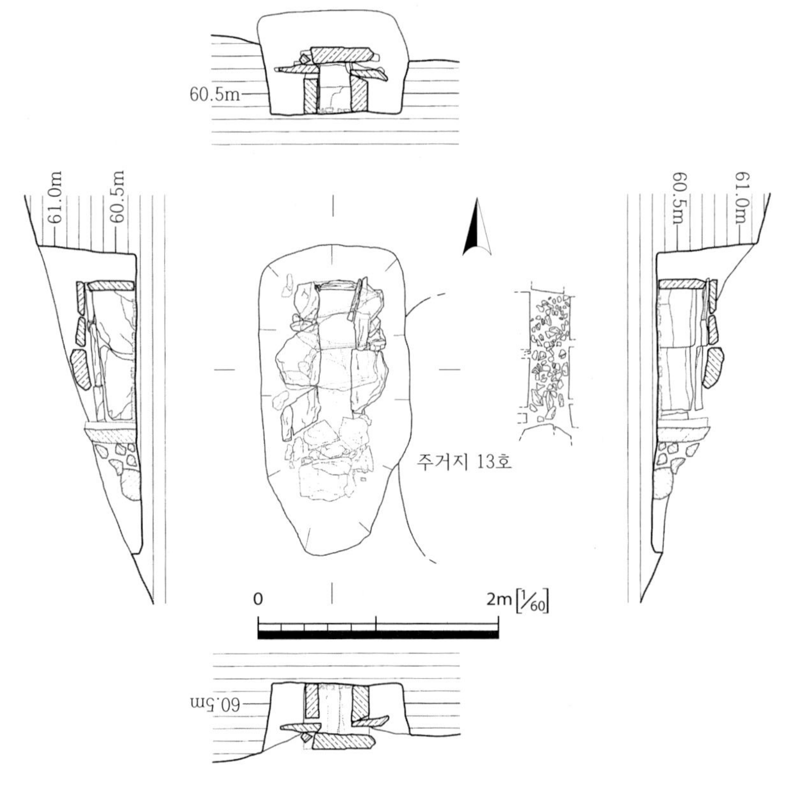

부여 가중리 산직리유적扶餘 佳中里 산직리遺蹟

<table>
<tr><td>조사사유</td><td colspan="2">부여 은산우회도로 건설공사에 따른 구제발굴조사</td></tr>
<tr><td>조사연혁</td><td colspan="2">지표조사 : 2001. (충남발전연구원 역사문화센터)
시굴조사 : 2004. 03. 15 ~ 2004. 05. 05. (충청문화재연구원)
2004. 07. 05 ~ 2004. 08. 04. (충청문화재연구원)
발굴조사 : 2004. 08. 05 ~ 2004. 12. 31. (충청문화재연구원)</td></tr>
<tr><td>유적위치</td><td colspan="2">충청남도 부여군 은산면 가중리 일원</td></tr>
<tr><td>유적입지</td><td colspan="2">이 유적은 은산우회도로 건설에 따라 가중리 가좌(1지점)유적과 함께 조사된 것으로 가중리 가좌 유적과 산직리유적은 동서로 약 350m 떨어져 있다. 은산천이 서북에서 남동방향으로 흐르고 있는데, 이 은산천을 중심으로 서쪽은 대부분 두지봉에서 사방으로 흘러내린 산지 지형을 하고 있다. 이 유적이 속한 구릉은 북서에서 동으로 흐르는 능선의 선상부와 남동으로 흐르는 곁능선의 선상부 및 남동사면에 해당되며, 가중리 가좌유적과 약 350m 떨어져 있다.</td></tr>
<tr><td rowspan="4">유구현황</td><td>초기철기시대</td><td>-</td></tr>
<tr><td>원삼국시대</td><td>-</td></tr>
<tr><td>삼 국 시 대</td><td>석실묘(5)</td></tr>
<tr><td>기 타</td><td>청동기시대 석관묘(2) · 주거지(4) · 횡혈유구(2), 고려~조선시대 토광묘(5)</td></tr>
<tr><td>주요유물</td><td colspan="2">관고리, 관정, 구슬, 금동제 이식</td></tr>
<tr><td>시대 · 성격</td><td colspan="2">이 유적에서는 청동기 석관묘 · 주거지와 함께 삼국시대 석실묘 5기가 조사되었다. 1 · 3호 석실묘에서는 주구가 확인되었으며, 대체로 석실 상부에 반원형의 형태로 조성되어 있다. 석실은 판석을 이용하여 축조하였으며, 평면 형태는 장방형이다. 1 · 2호분은 길이와 너비, 장단비가 유사하다. 반면에 3호분은 1 · 2호분에 비해 작은 편으로서, 묘광을 깊게 조성하여 석실이 완전히 지하에 묻히도록 하였다.
석실묘의 조성순서는 2호분의 묘도를 파괴하고 3호분의 주구가 만들어져 있어 3호분이 후대에 조성된 것으로 보이며, 1호분은 3호분과 같이 주구가 축조되어 있어 이들은 거의 동시에 축조된 것으로 판단된다.</td></tr>
<tr><td>참고문헌</td><td colspan="2">(財)忠清文化財研究院, 2004, 『부여 은산우회도로 건설공사 구간내 문화유적 시굴조사 약보고서』.
________________, 2004, 『부여 은산우회도로 건설공사 구간내 문화유적 추가 시굴조사 약보고서』.
________________, 2006, 『扶餘 佳中里 가좌 · 산직리 및 恩山里 상월리 遺蹟』, (財)忠清文化財研究院 文化遺蹟 調査報告 第59輯.</td></tr>
</table>

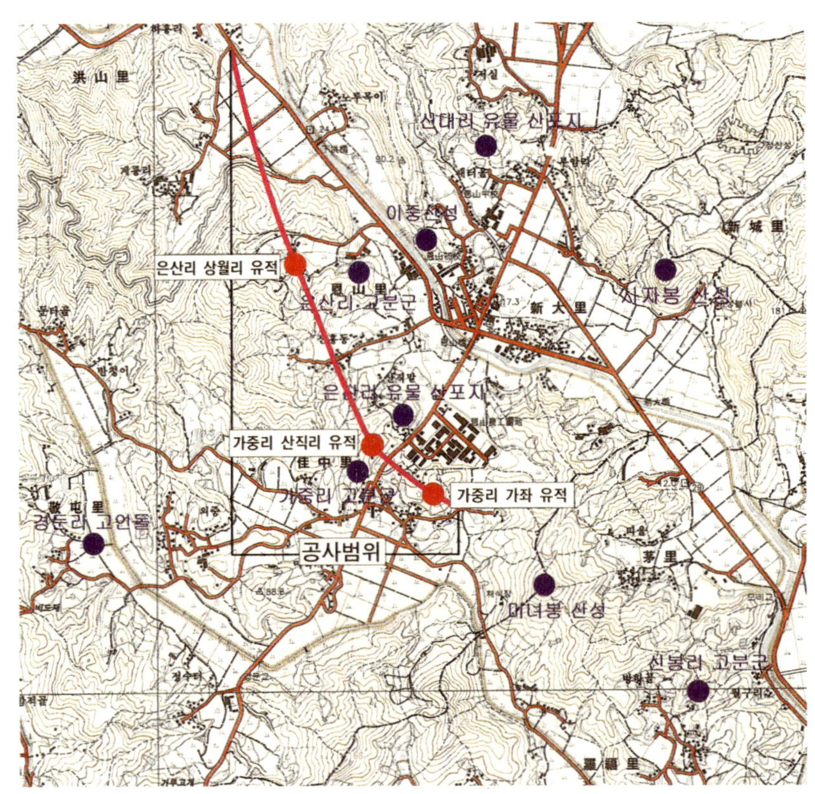

부여 가중리 가좌유적·산직리유적 유적위치도

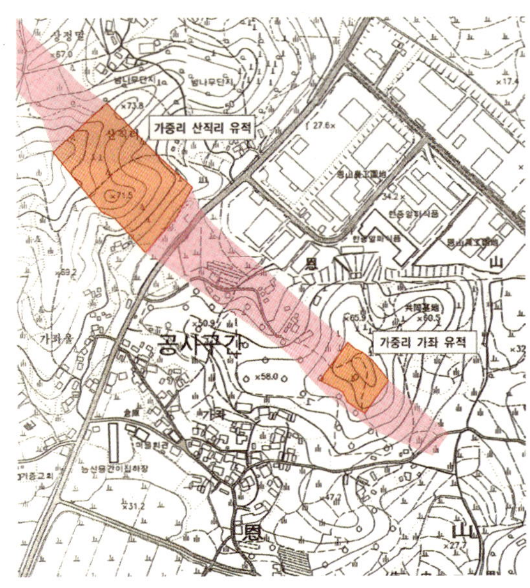

부여 가중리 가좌유적·산직리유적 위치도

부여 가중리 가좌유적·산직리유적 전경

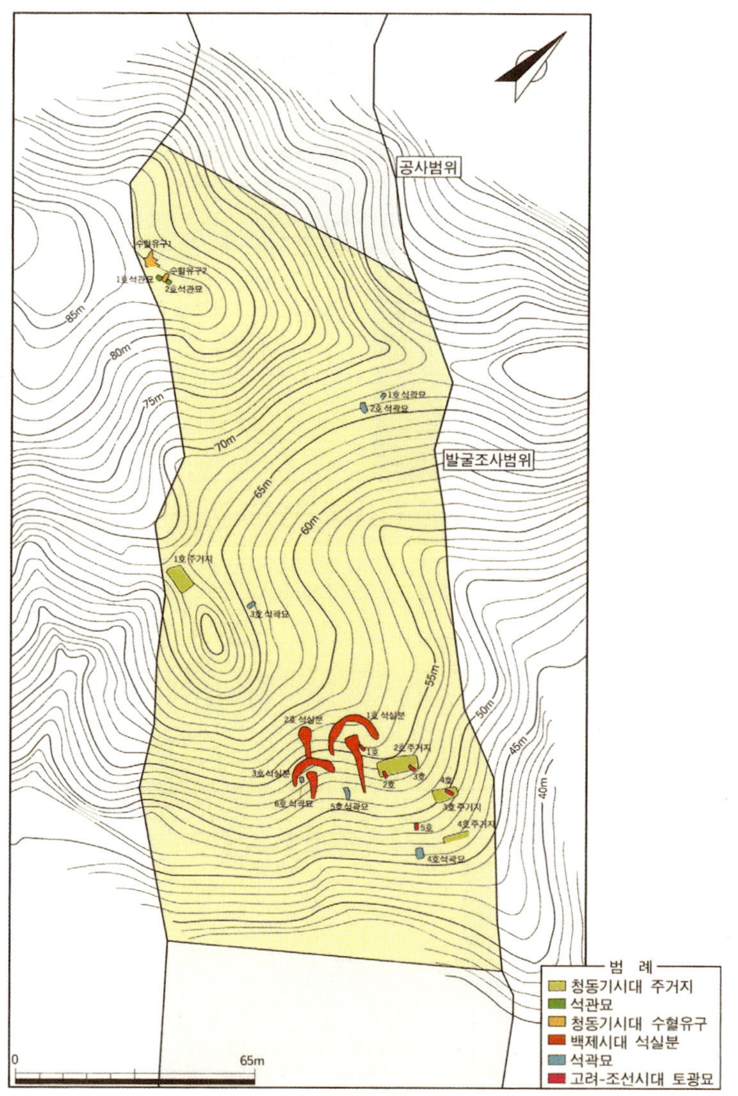

부여 가중리 산직리유적 유구배치도

부여 가중리 산직리유적 전경

1호 석실묘

(단위 : cm)

봉토	크 기 (길이×너비×높이)	?	묘광	크 기 (길이×너비×깊이)	422×304×(300+)
	평면형태	?		장폭비	1, 39:1
현실	크 기 (길이×너비×높이)	250×124×142	천장형태		고임
	장폭비	1.30:1	연도위치		(우편재)
연도	크 기 (길이×너비×높이)	100×100×100	묘도크기 (길이×너비)		1, 000×120
	장폭비	1.00:1	배수시설 (길이×너비×깊이)		(750+)×(75+)×?
시상/관대크기 (길이×너비×높이)		?	두 향		(북서쪽)
장축방향		N-45°-W	벽석종류		판석
유물	토 기	-			
	철 기	관정(21)			
	청동기	-			
	옥석류	-			
	기 타	-			
특기사항		주구[(2,250)×160×(83+)]가 있음. 인골(두개골)이 출토됨, 묘도는 추가장을 위해 총 3번에 걸쳐 조성됨. 보고서 기술과 유물 도면 스케일바 비율이 모두 상이하여 상호 조정하지 않고 자료집에 게재하였음			

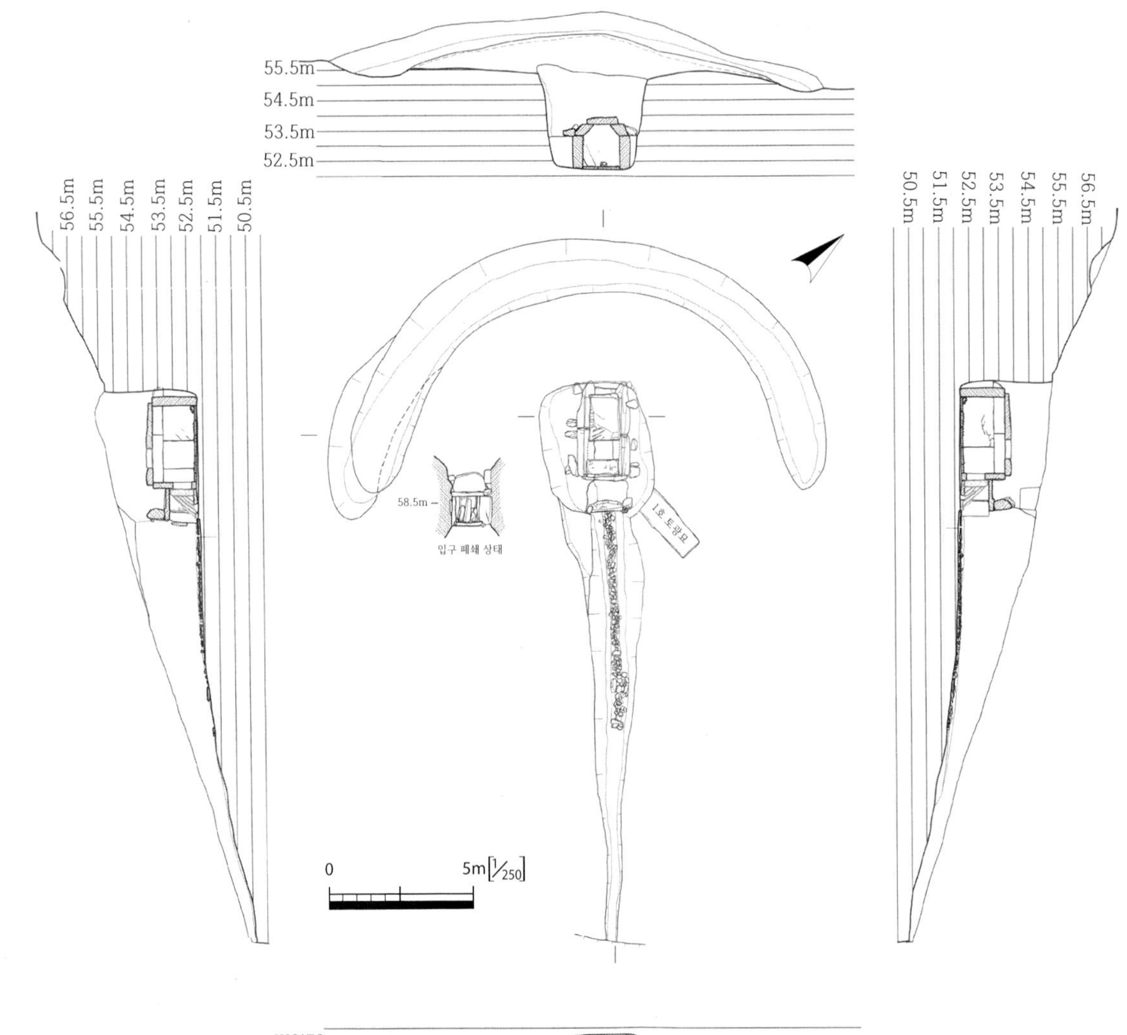

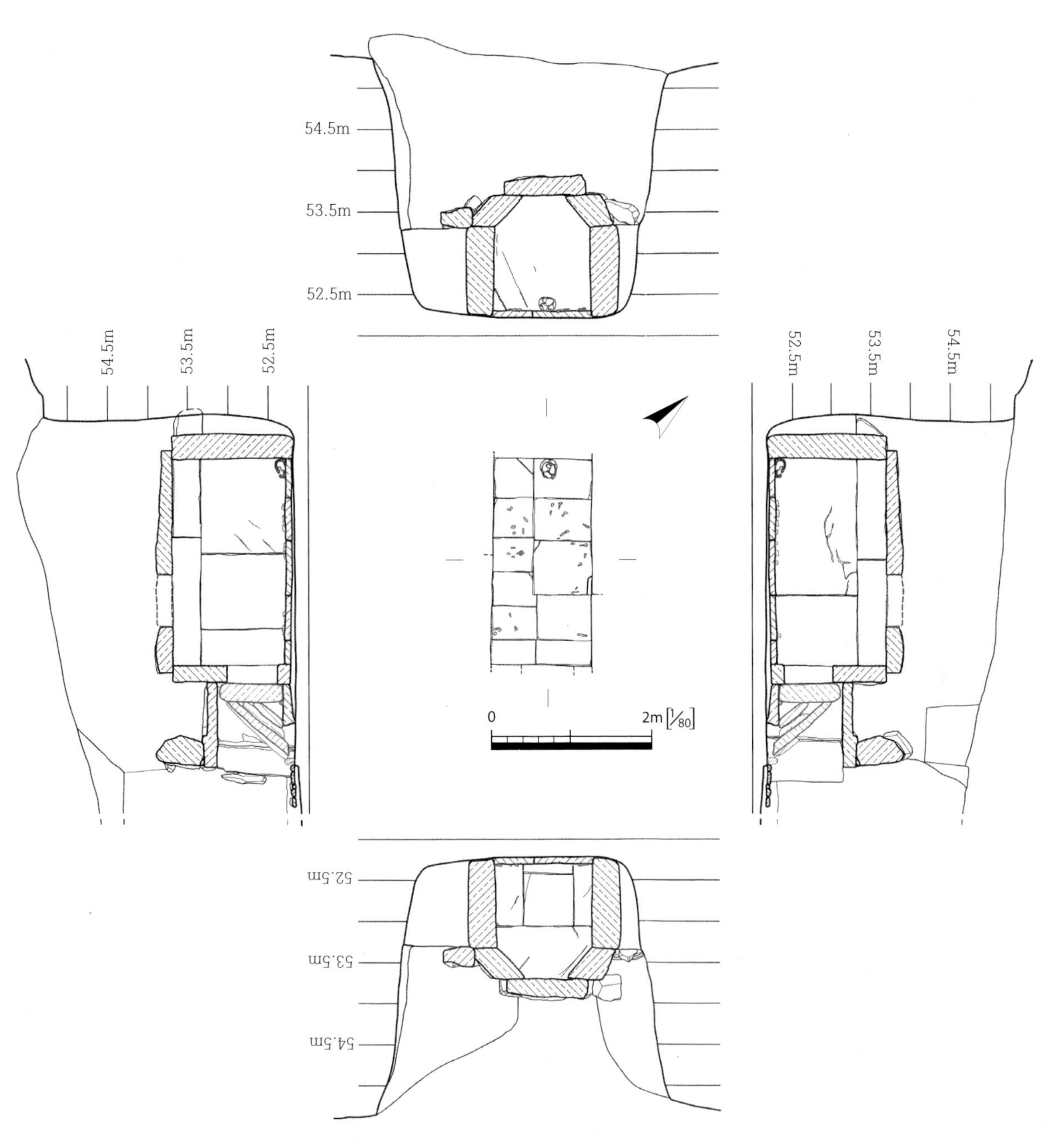

[출토유물]

0 10cm[1/4]

1

2호 석실묘

(단위 : cm)

봉토	크 기 (길이×너비×높이)	?	묘광	크 기 (길이×너비×깊이)	432×378×(380+)
	평면형태	?		장폭비	1.14:1
현실	크 기 (길이×너비×높이)	248×120×120	천장형태		고임
	장폭비	2.07:1	연도위치		(우편재)
연도	크 기 (길이×너비×높이)	50×76×96	묘도크기 (길이×너비)		740×230
	장폭비	0.66:1	배수시설 (길이×너비×깊이)		-
시상/관대크기 (길이×너비×높이)		?	두 향		(북서쪽)
장축방향		N-46°-W	벽석종류		판석
유물	토 기	-			
	철 기	관정(28)			
	청동기	-			
	옥석류	-			
	기 타	-			
특기사항		출토유물을 통해 관의 크기(220×90)를 추정함. 인골(두개골)이 출토됨. 보고서 기술과 유물 도면 스케일바 비율이 모두 상이하여 상호조정하지 않고 자료집에 게재하였음.			

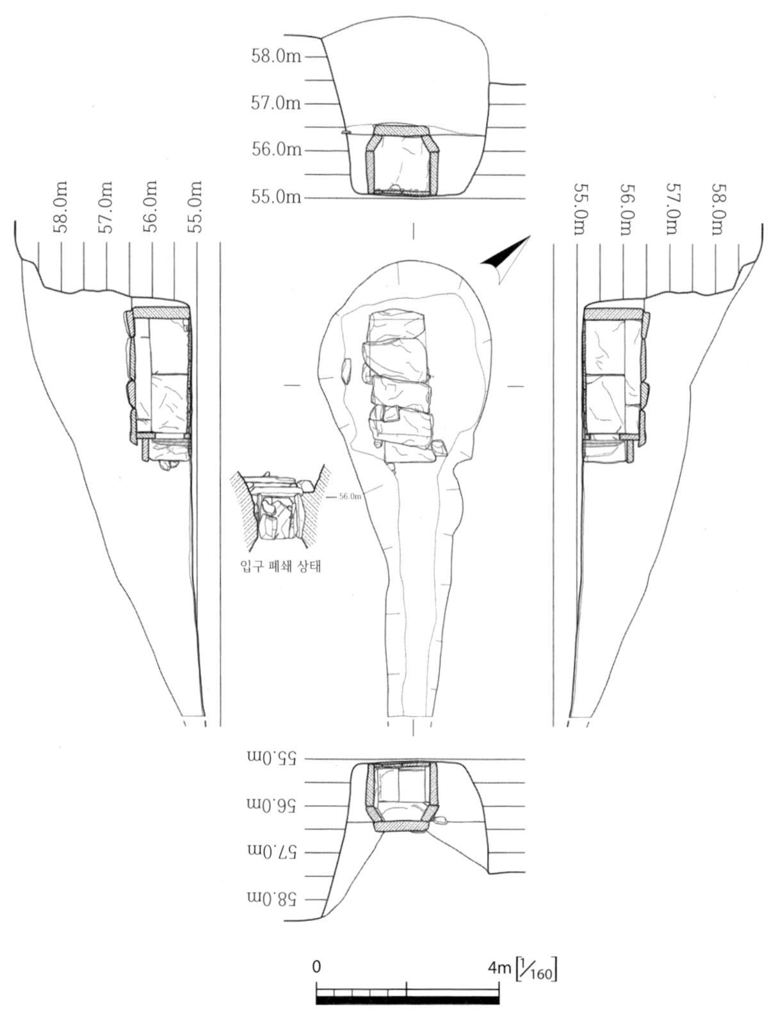

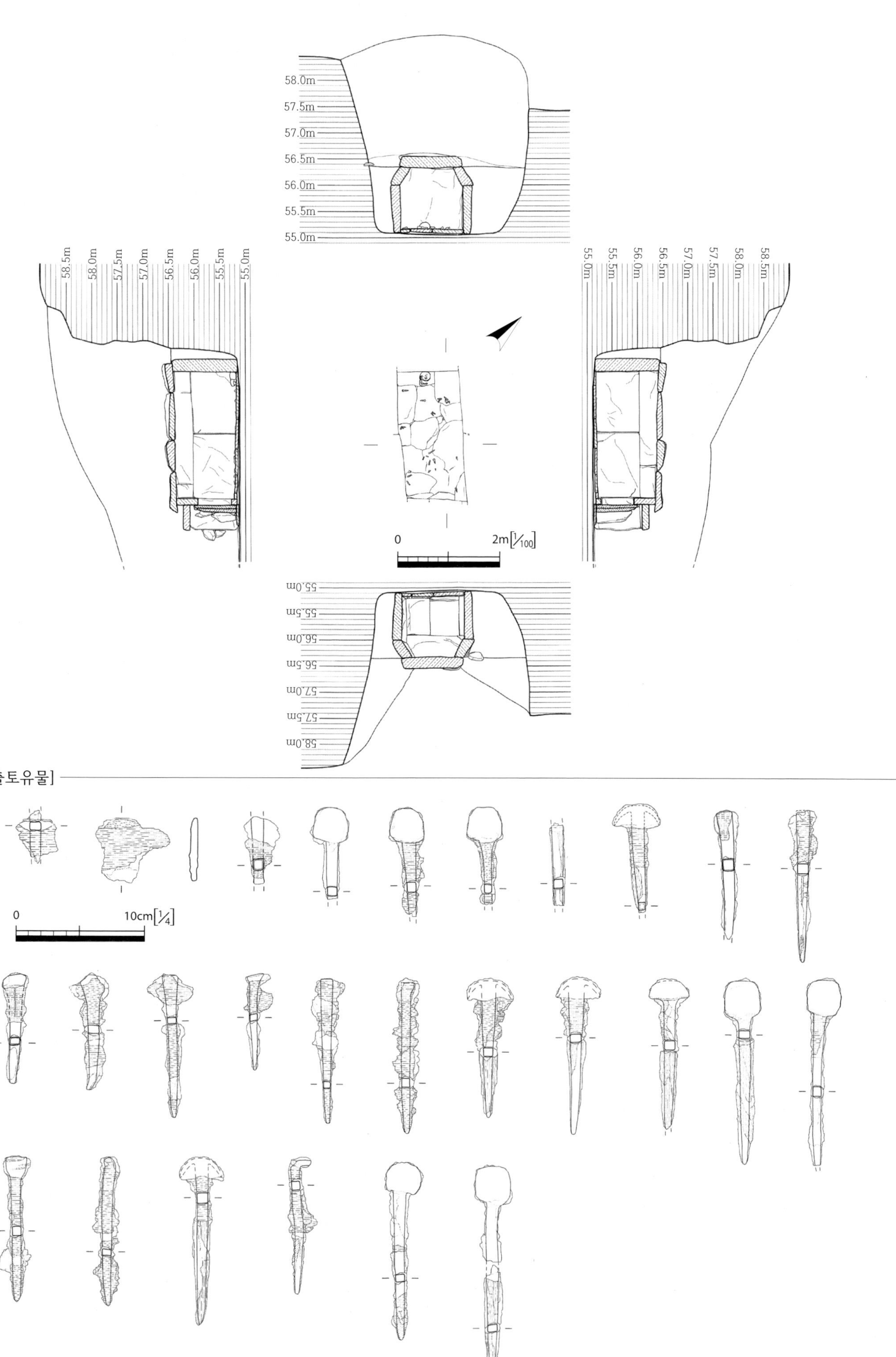
58.0m
57.5m
57.0m
56.5m
56.0m
55.5m
55.0m
0
2m[1/100]
[출토유물]
0
10cm[1/4]
1

3호 석실묘

(단위 : cm)

봉토	크 기 (길이×너비×높이)	?	묘광	크 기 (길이×너비×깊이)	360×270×(236+)
	평면형태	?		장폭비	1.33:1
현실	크 기 (길이×너비×높이)	228×85×95	천장형태		고임
	장폭비	2.70:1	연도위치		(중앙)
연도	크 기 (길이×너비×높이)	102×44×76	묘도크기 (길이×너비)		465×215
	장폭비	2.32:1	배수시설 (길이×너비×깊이)		-
시상/관대크기 (길이×너비×높이)		?	두 향		(북서쪽)
장축방향		N-41°-W	벽석종류		판석
유물	토 기	-			
	철 기	관고리(3), 관정(10)			
	청동기	-			
	옥석류	유리구슬(1)			
	기 타	금동제 세환이식(2)			
특기사항		주구{(1,920)×(210)×(40+)}가 있음. 인골(두개골)이 출토됨. 보고서 기술과 유물 도면 스케일바 비율이 모두 상이하여 상호조정하지 않고 자료집에 게재하였음.			

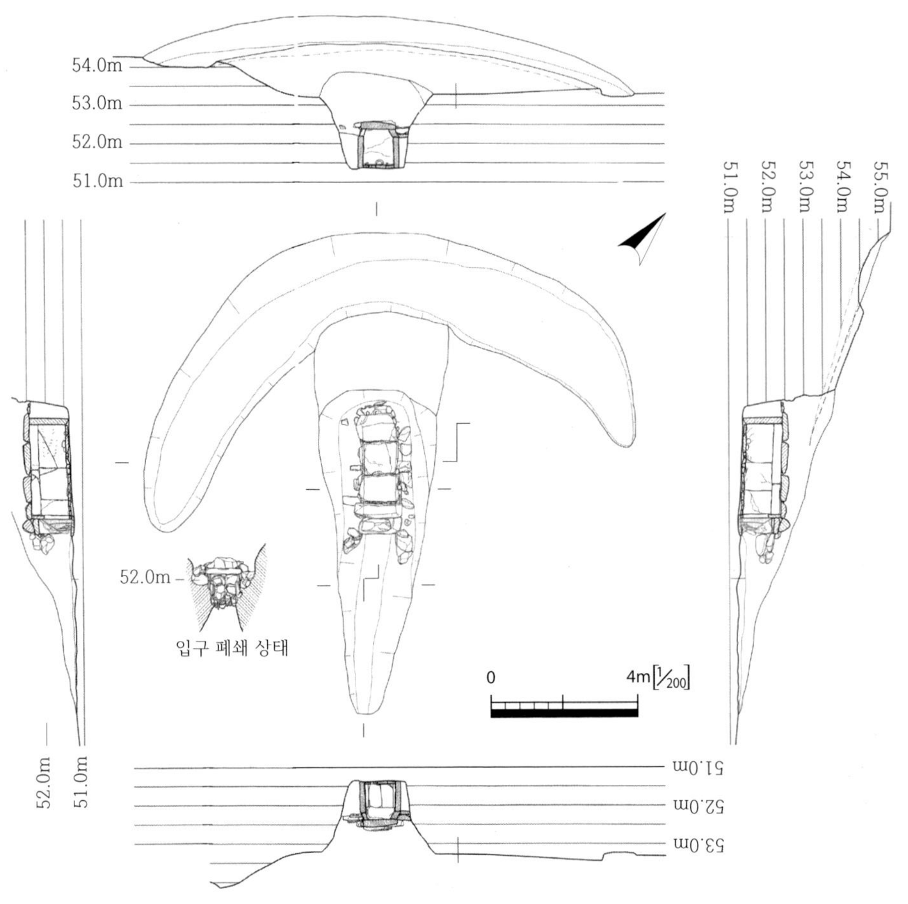

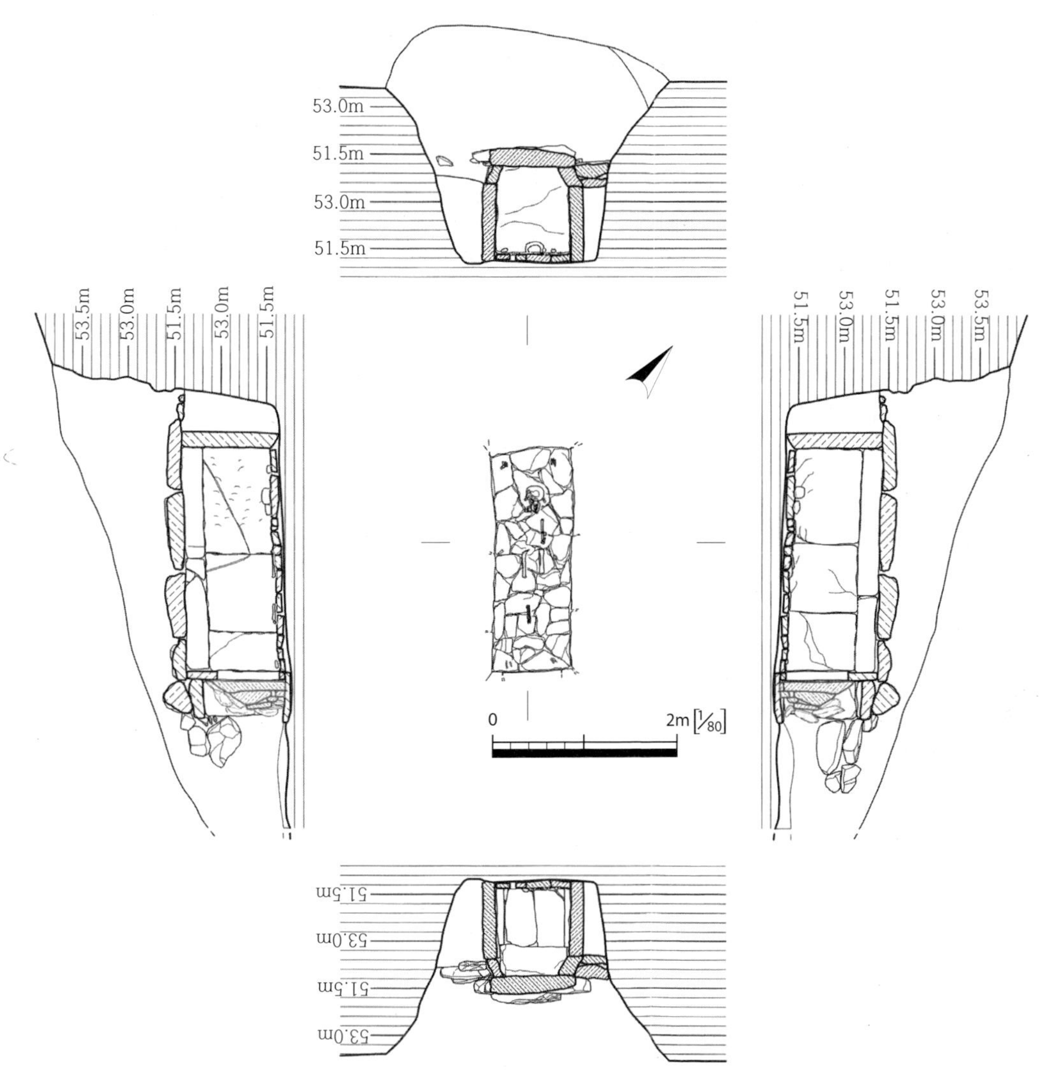
53.0m
51.5m
53.0m
51.5m
53.5m
53.0m
51.5m
53.0m
51.5m
51.5m
53.0m
51.5m
53.0m
53.5m
0
2m[1/80]

[출토유물]

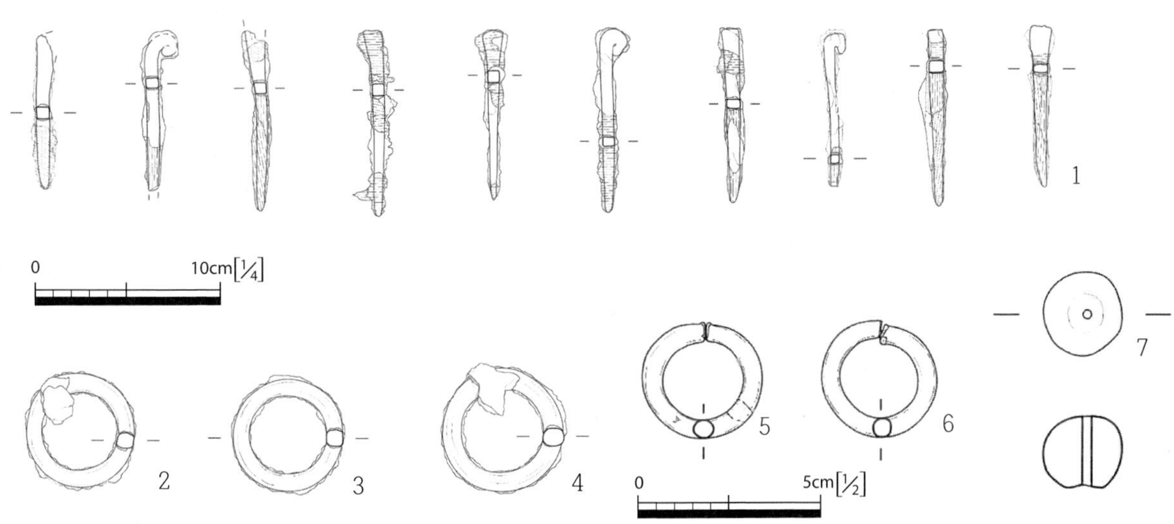
1
0
10cm[1/4]
2
3
4
5
6
7
0
5cm[1/2]

4호 석실묘

(단위 : cm)

봉토	크 기 (길이×너비×높이)	?	묘광	크 기 (길이×너비×깊이)	360×214×(84+)
	평면형태	?		장폭비	1.68:1
현실	크 기 (길이×너비×높이)	238×112×(90+)	천장형태		?
	장폭비	2.13:1	횡구부위치		남동측 단벽
횡구부	크 기 (길이×너비)	(60)×(108)	묘도크기 (길이×너비)		?
	장폭비	(0.56):1	배수시설 (길이×너비×깊이)		?
시상/관대크기 (길이×너비×높이)		?	두 향		?
장축방향		N-56°-W	벽석종류		할석
유물	토 기	-			
	철 기	-			
	청동기	-			
	옥석류	-			
	기 타	-			
특기사항		출토유물 없음. 횡구식 석실로 보고하였으나 파괴가 심하여 정확한 구조는 알 수 없음.			

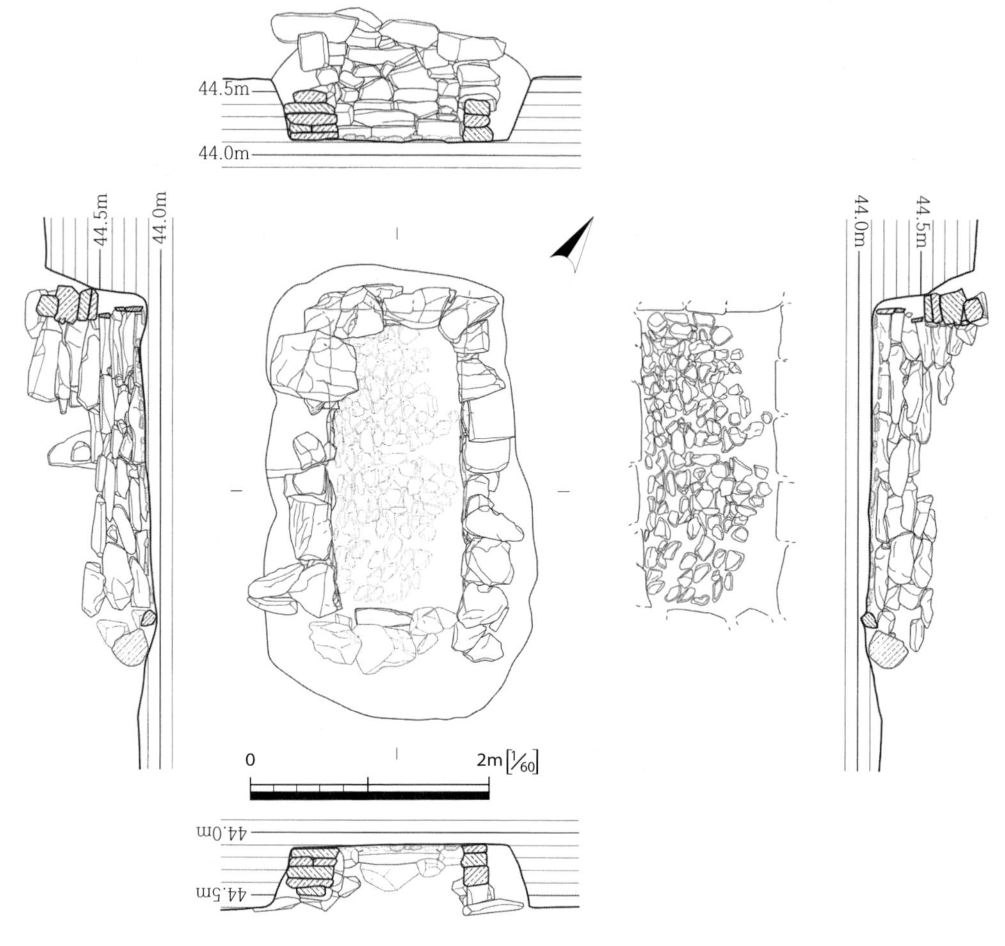

5호 석실묘

(단위 : cm)

봉토	크 기 (길이×너비×높이)	?	묘광	크 기 (길이×너비×깊이)	250×140×(130+)
	평면형태	?		장폭비	1.79:1
현실	크 기 (길이×너비×높이)	(120+)×70×(64)	천장형태		(평)
	장폭비	1.71:1	횡구부위치		?
횡구부	크 기 (길이×너비)	?	묘도크기 (길이×너비)		?
	장폭비	?	배수시설 (길이×너비×깊이)		?
시상/관대크기 (길이×너비×높이)		?	두 향		?
장축방향			벽석종류		판석, 할석
유물	토 기	-			
	철 기	-			
	청동기	-			
	옥석류	-			
	기 타	-			
특기사항		출토유물 없음. 횡구식 석곽으로 보고하였으나 파괴가 심하여 정확한 구조는 알 수 없음.			

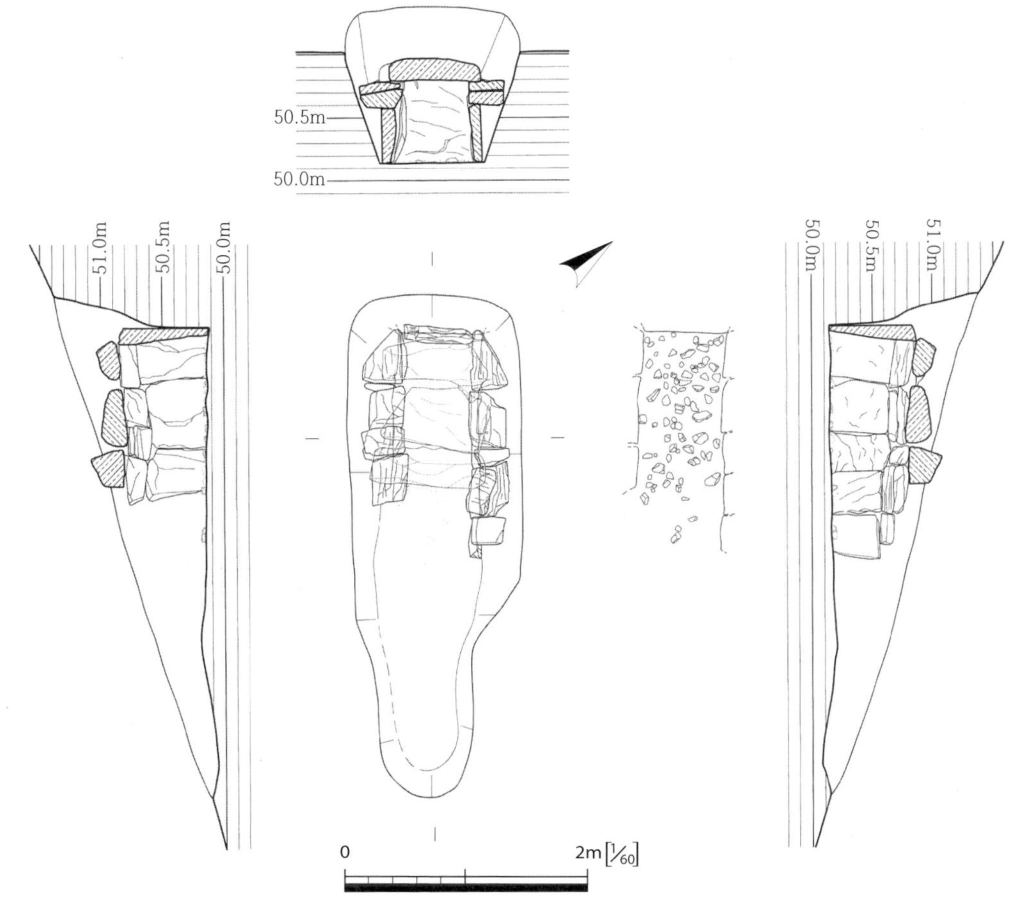

부여 가화리유적扶餘 佳化里遺蹟

<table>
<tr><td>조사사유</td><td colspan="2">전원주택 신축에 따른 구제발굴조사</td></tr>
<tr><td>조사연혁</td><td colspan="2">지표조사 : 2005. 07. (忠清南道歷史文化研究院)
시굴조사 : 2005. 09. 05. ~ 2005. 09. 24. (忠清南道歷史文化研究院)
발굴조사 : 2005. 10. 12. ~ 2010. 11. 05. (忠清南道歷史文化研究院)</td></tr>
<tr><td rowspan="2">유적위치</td><td colspan="2">충청남도 부여군 충화면 가화리 390-14번지 일원</td></tr>
<tr><td colspan="2">경 · 위도 126°49'08.61"E / 36°08'39.30"N</td></tr>
<tr><td>유적입지</td><td colspan="2">유적은 해발 30~40m 내외의 나지막한 구릉 남사면에 위치하며, 하단부는 가화리 저수지와 접해있다. 이 지역은 이전에 과수원으로 경작하던 곳으로서 등고선과 평행하게 계단식으로 개간이 되면서 삭평되었다.</td></tr>
<tr><td rowspan="4">유구현황</td><td>초기철기시대</td><td>-</td></tr>
<tr><td>원삼국시대</td><td>-</td></tr>
<tr><td>삼 국 시 대</td><td>석실묘(4)</td></tr>
<tr><td>기 타</td><td>조선시대 토광묘(1), 시대미상 수혈유구(2)</td></tr>
<tr><td>주요유물</td><td colspan="2">호, 발, 개배, 관정 등</td></tr>
<tr><td>시대 · 성격</td><td colspan="2">석실묘는 황갈색 혹은 적갈색 사질토층과 풍화암반층을 수직으로 굴광한 후 판석이나 할석을 이용해 묘실을 조성한 지하식구조이다. 1호 석실묘는 고임식의 천장구조이며, 2·3·4호는 평천장 구조이다. 1호 석실묘에서는 연도시설과 문미석·문주석·문비석이 확인되었으며, 출토유물은 토기류 7점과 함께 관정·관고리 등의 철기류 31점이 확인되었다. 출토유물과 구조로 보아 이들은 A.D.6세기 말에서 7세기 초에 조영된 것으로 추정된다.</td></tr>
<tr><td>참고문헌</td><td colspan="2">忠清南道歷史文化研究院, 2007, 『扶餘 可化里遺蹟』, 第35輯.</td></tr>
</table>

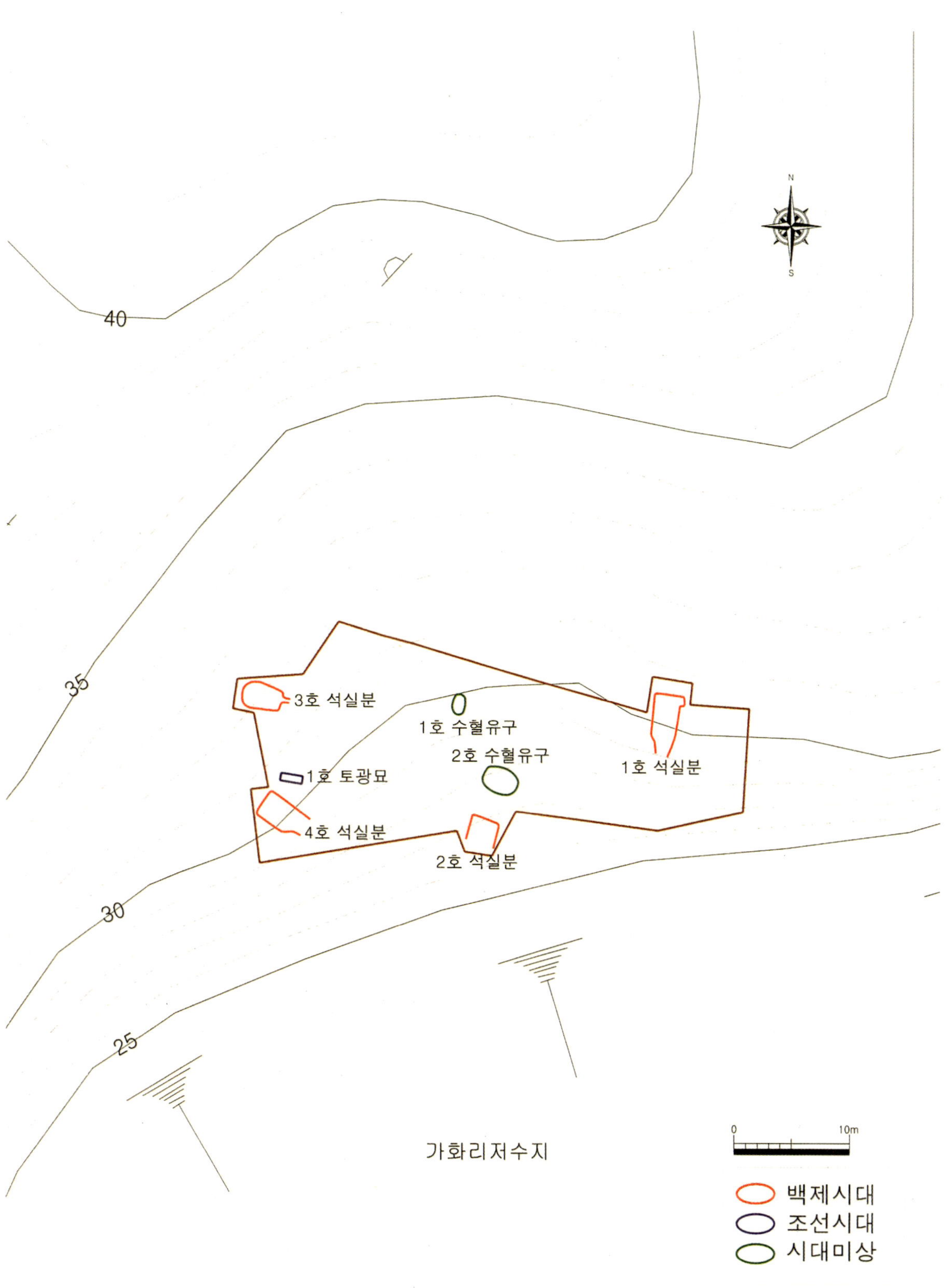

부여 가화리유적 유구배치도

부여 가화리유적 원경

부여 가화리유적 전경

1호 석실묘

(단위 : cm)

봉토	크 기 (길이×너비×높이)	?	묘광	크 기 (길이×너비×깊이)	(450+)×224×(170+)
	평면형태	?		장폭비	?
현실	크 기 (길이×너비×높이)	260×120×118	천장형태		?
	장폭비	2.17:1	연도위치		중앙
연도	크 기 (길이×너비×높이)	(50+)×(100+)×118	묘도크기 (길이×너비)		(250+)×120
	장폭비	?	배수시설 (길이×너비×깊이)		(240+)×(30)×?
시상/관대크기 (길이×너비×높이)		?	두 향		?
장축방향		N-10°-E	벽석종류		판석, 할석
유물	토 기	-			
	철 기	관정(9)			
	청동기	-			
	옥석류	-			
	기 타	-			
특기사항		횡혈식 석실로 보고하였으나 파괴가 심하여 정확한 구조는 알 수 없음.			

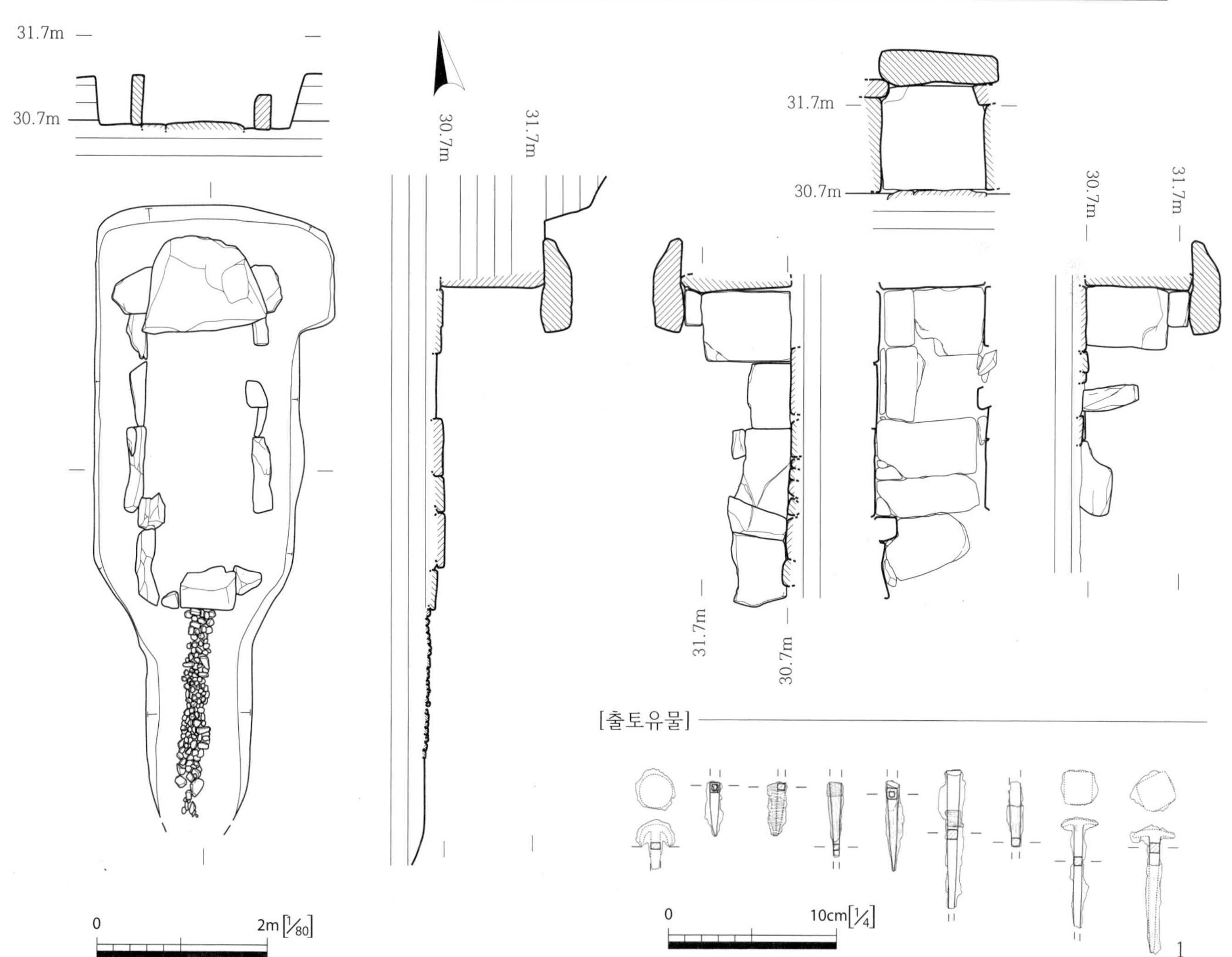

2호 석실묘

(단위 : cm)

봉토	크 기 (길이×너비×높이)	?	묘광	크 기 (길이×너비×깊이)	(272+)×(120+)×(96+)
	평면형태	?		장폭비	?
현실	크 기 (길이×너비×높이)	(158+)×(282+)×(28+)	천장형태		?
	장폭비	?	연도위치		?
연도	크 기 (길이×너비×높이)	?	묘도크기 (길이×너비)		?
	장폭비	?	배수시설 (길이×너비×깊이)		?
시상/관대크기 (길이×너비×높이)		?	두 향		?
장축방향		N-20°-E	벽석종류		판석, 할석
유물	토 기	호(2)			
	철 기	관정(5)			
	청동기	-			
	옥석류	-			
	기 타	-			
특기사항		횡혈식 석실로 보고하였으나 파괴가 심하여 정확한 구조는 알 수 없음. 보고서 기술과 도면의 축척이 상이하여 보고서 기술에 따라 축척을 조정하였음.			

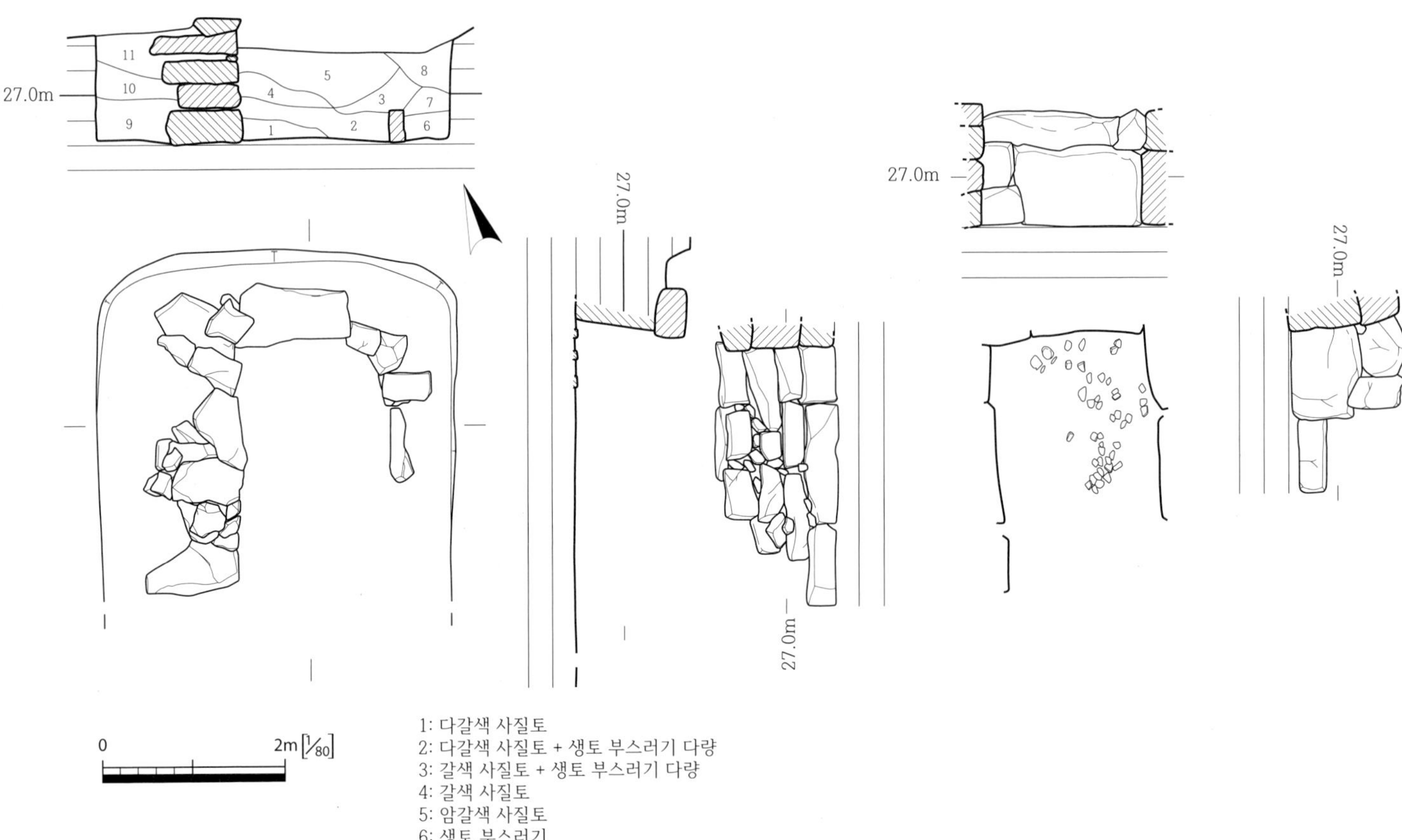

1: 다갈색 사질토
2: 다갈색 사질토 + 생토 부스러기 다량
3: 갈색 사질토 + 생토 부스러기 다량
4: 갈색 사질토
5: 암갈색 사질토
6: 생토 부스러기
7: 적갈색 사질토 + 생토 부스러기
8: 교란층
9: 갈색 점질토
10: 암갈색 사질점토
11: 갈색 사질토 + 생토 부스러기

[유구사진]

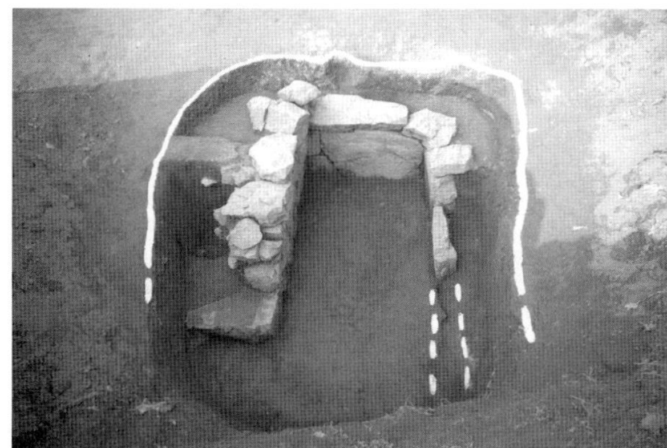

서쪽 단벽

[출토유물]

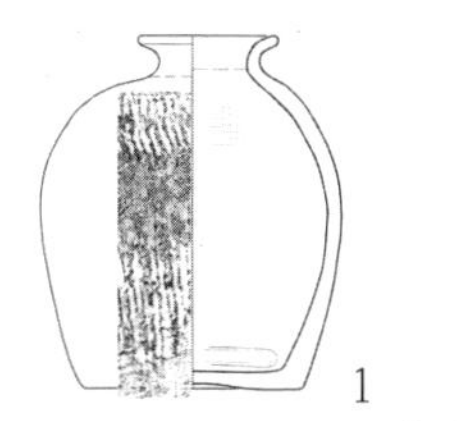

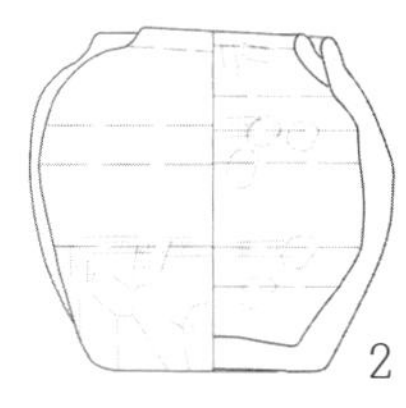

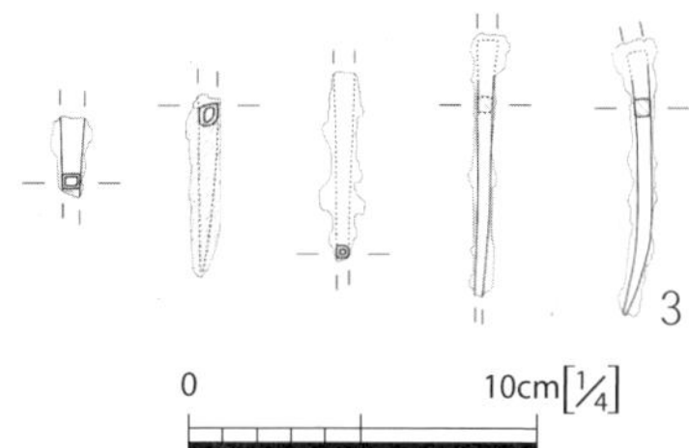

3호 석실묘

(단위 : cm)

봉토	크 기 (길이×너비×높이)	?	묘광	크 기 (길이×너비×깊이)	(552+)×234×(40+)
	평면형태	?		장폭비	?
현실	크 기 (길이×너비×높이)	184×60×(72+)	천장형태		?
	장폭비	3.07:1	횡구부위치		동남측 단벽
횡구부	크 기 (길이×너비)	(76)×(70)	묘도크기 (길이×너비)		(145+)×(108)
	장폭비	(1.09):1	배수시설 (길이×너비×깊이)		-
시상/관대크기 (길이×너비×높이)		?	두 향		?
장축방향		N-44°-W	벽석종류		할석
유물	토 기	-			
	철 기	관정(4)			
	청동기	-			
	옥석류	-			
	기 타	-			
특기사항					

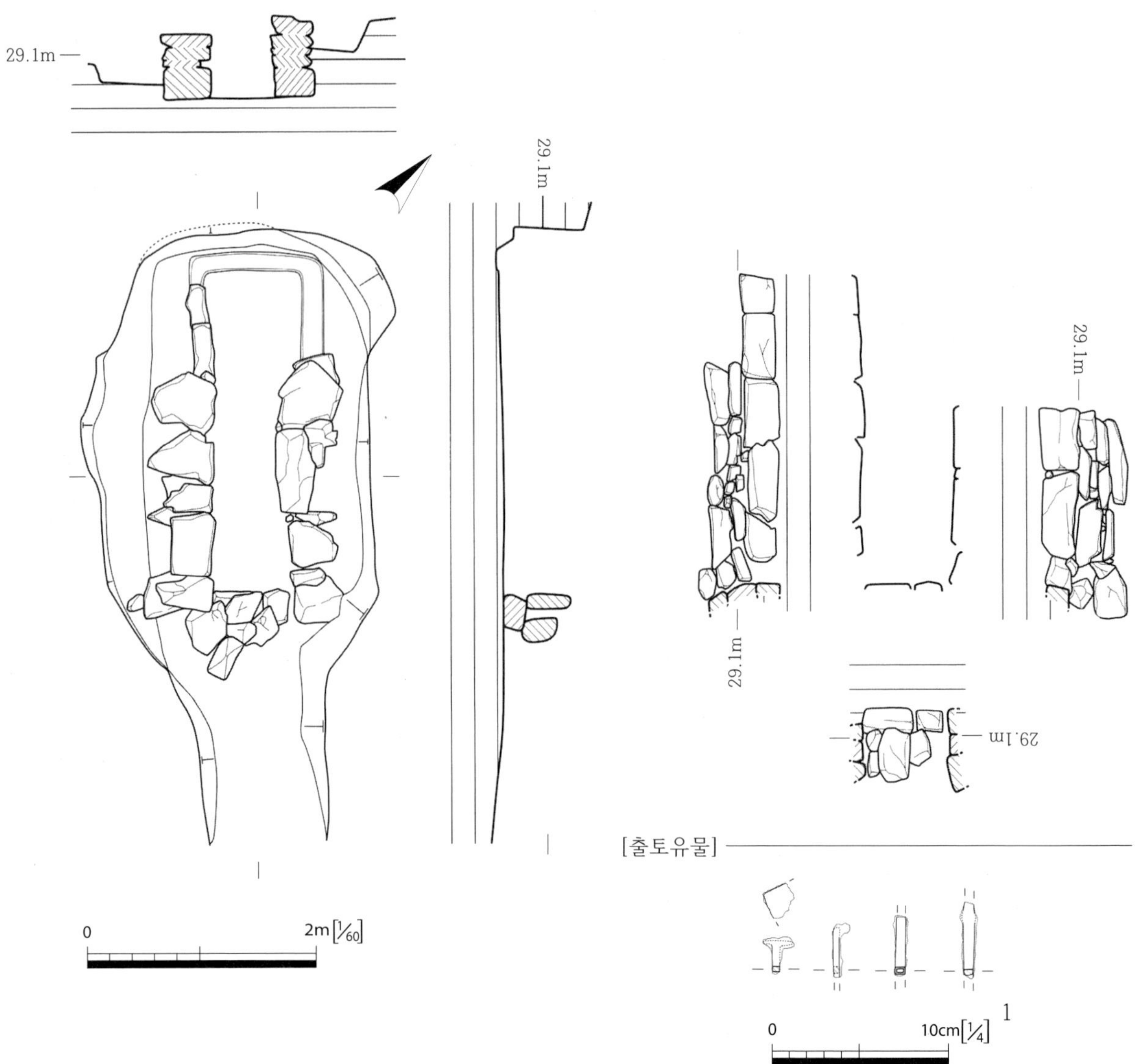

4호 석실묘

(단위 : cm)

봉토	크 기 (길이×너비×높이)	?	묘광	크 기 (길이×너비×깊이)	(370)×242×(36+)
봉토	평면형태	?	묘광	장폭비	(1.53):1
현실	크 기 (길이×너비×높이)	(386+)×(116+)×(74+)	천장형태		?
현실	장폭비	?	연도위치		?
연도	크 기 (길이×너비×높이)	?	묘도크기 (길이×너비)		?
연도	장폭비	?	배수시설 (길이×너비×깊이)		?
시상/관대크기 (길이×너비×높이)		?	두 향		?
장축방향		N-78°-W	벽석종류		할석
유물	토 기	발형토기(1), 개(2), 배(1), 소호(1)			
유물	철 기	관정(12)			
유물	청동기	-			
유물	옥석류	-			
유물	기 타	-			
특기사항		횡혈식 석실로 보고하였으나 파괴가 심하여 정확한 구조는 알 수 없음.			

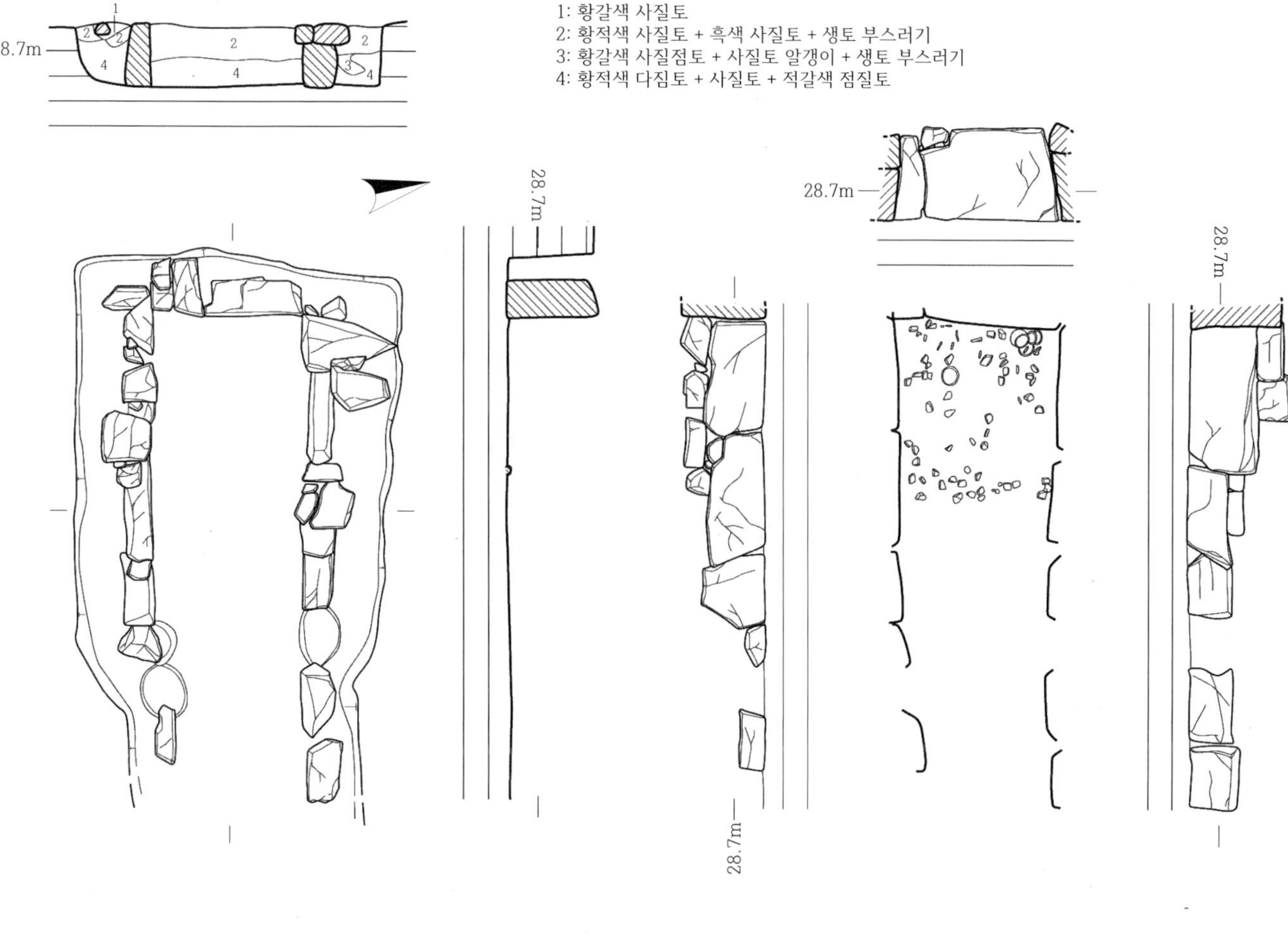

[유구사진]

[출토유물]

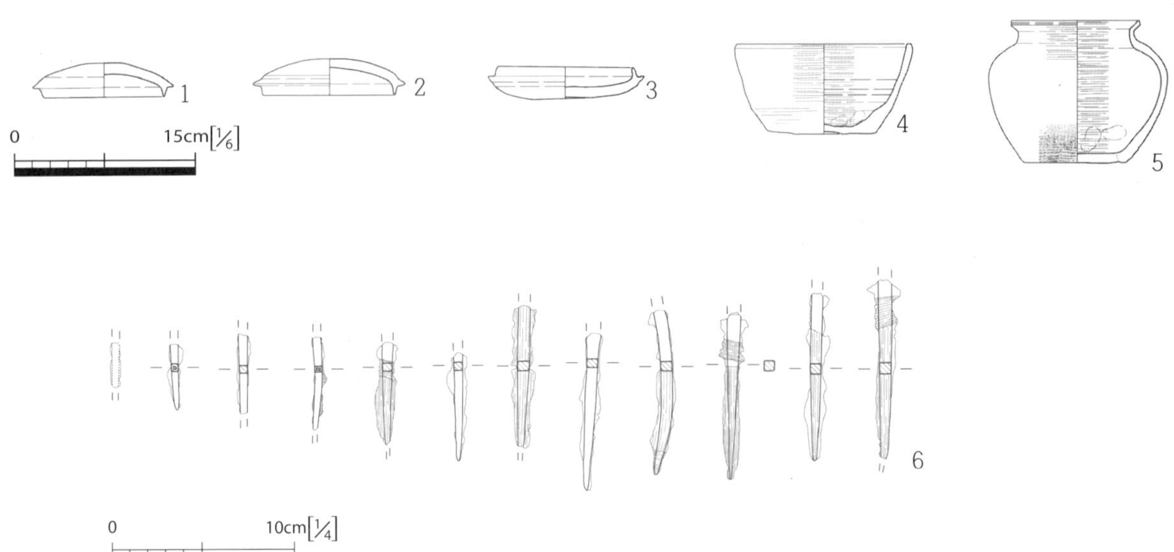

부여 나복리 건지말유적扶餘 羅福里 건지말遺蹟

<table>
<tr><td>조사사유</td><td colspan="2">부여 백제호 관광단지 주변도로공사에 따른 구제발굴조사</td></tr>
<tr><td>조사연혁</td><td colspan="2">지표조사: 2008. 12. (한국전통문화연구소)
시·발굴조사: 2009. 07. 30. ~ 2009. 10. 19. (韓國考古環境硏究所)</td></tr>
<tr><td rowspan="2">유적위치</td><td colspan="2">충청남도 부여군 규암면 나복리 일원</td></tr>
<tr><td colspan="2">경·위도 126°51′35″ E /36°17′14″ N</td></tr>
<tr><td>유적입지</td><td colspan="2">나복리 건지말 유적이 확인된 도로공사구간은 나복3리와 나복1리를 연결하는 도로에서 나복3리 북편 배후의 구릉을 지나 은산천에 이르는 약 800m 구간에 해당된다. 이 구간은 구릉의 북사면을 타고 동진하여 북에서 남으로 뻗어 내린 해발 60m 내외의 봉우리 사이의 능선을 동서로 횡단한 후 구릉의 남사면에 걸쳐 진행하다 은산천 제방에 이르게 된다. 유적은 구릉의 남사면에 입지하고 있다.</td></tr>
<tr><td rowspan="4">유구현황</td><td>초기철기시대</td><td>-</td></tr>
<tr><td>원삼국시대</td><td>-</td></tr>
<tr><td>삼 국 시 대</td><td>석실묘(3)</td></tr>
<tr><td>기 타</td><td>통일신라시대 석곽묘(21), 고려시대 이후 주거지(20), 조선시대 이후 소형수혈(7)·토광묘(17)·매납유구(1)· 주공(98)</td></tr>
<tr><td>주요유물</td><td colspan="2">관정</td></tr>
<tr><td>시대·성격</td><td colspan="2">이 유적의 횡구식석실묘는 개별적으로 분포하며 횡혈식석실묘와 구조적으로 유사한 사례는 소수만이 확인된다. 백제의 횡구식석실묘는 벽석으로 이용된 석재나 축조 방법이 횡혈식석실묘와 크게 다르지 않으나, 통일신라시대가 되면 대체로 석재의 가공이나 축석이 조잡해지고 각 고분이 개별적으로 분포하는 특징을 보이고 있다. 따라서 나복리 건지말 유적의 횡구식석실묘는 대부분 통일신라시대에 해당될 가능성이 높다고 판단되고 있다.</td></tr>
<tr><td>참고문헌</td><td colspan="2">韓國考古環境硏究所, 2011, 『부여 석우리 절골·나복리 건지말 유적』, 韓國考古環境硏究所 硏究叢書 第46集.</td></tr>
</table>

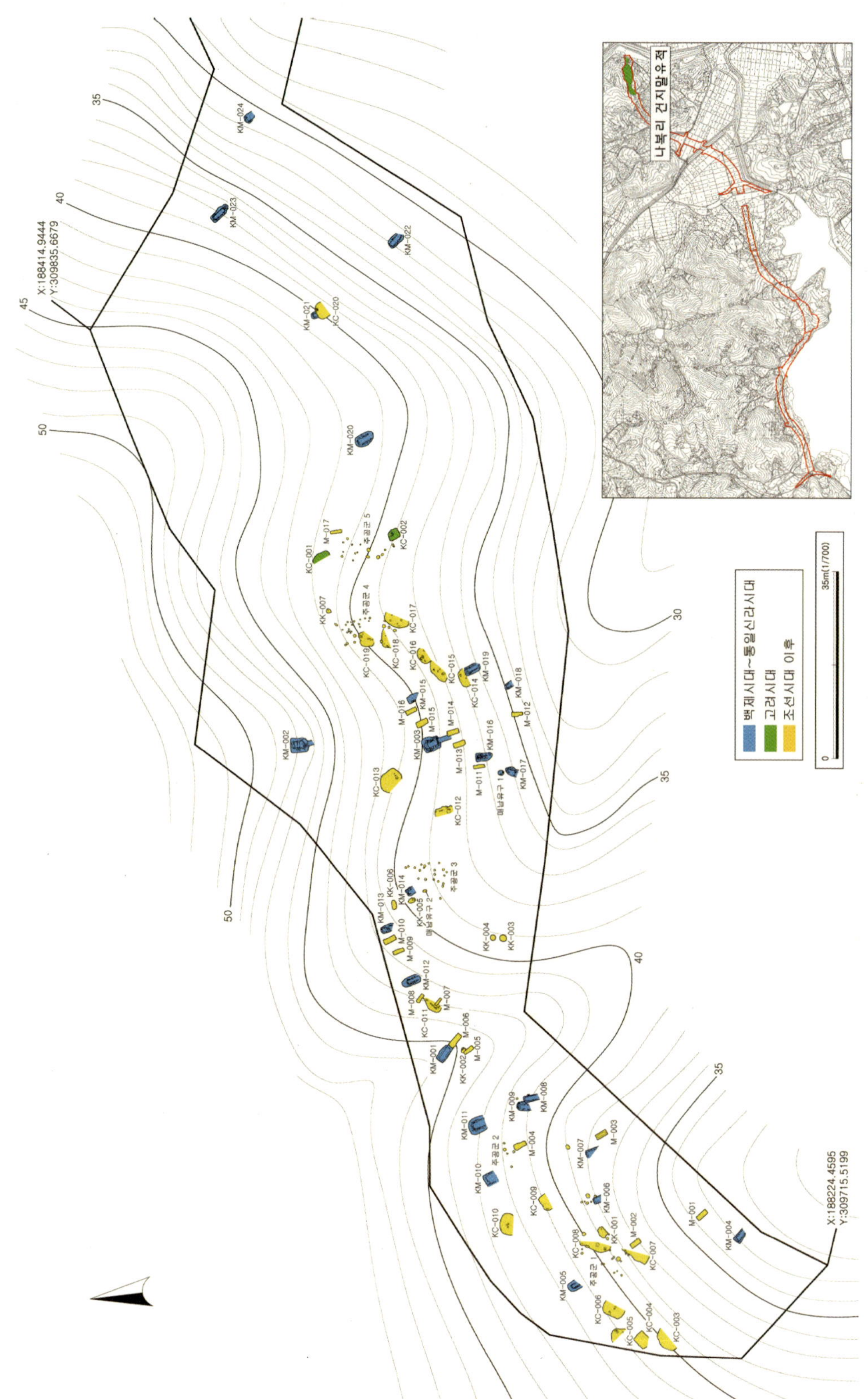

부여 나복리 건지말유적 유구배치도

KM-001호 석실묘

(단위 : cm)

봉토	크 기 (길이×너비×높이)	?	묘광	크 기 (길이×너비×깊이)	331×178×(137+)
	평면형태	?		장폭비	1.86:1
현실	크 기 (길이×너비×높이)	280×76×?	천장형태		?
	장폭비	3.68:1	연도위치		좌편재
연도	크 기 (길이×너비×높이)	?	묘도크기 (길이×너비)		?
	장폭비	?	배수시설 (길이×너비×깊이)		?
시상/관대크기 (길이×너비×높이)		?	두 향		?
장축방향		N-45°-W	벽석종류		할석
유물	토 기	-			
	철 기	관정(2)			
	청동기	-			
	옥석류	-			
	기 타	-			
특기사항		횡혈식 석실로 보고하였으나 파괴가 심하여 정확한 구조는 알 수 없음.			

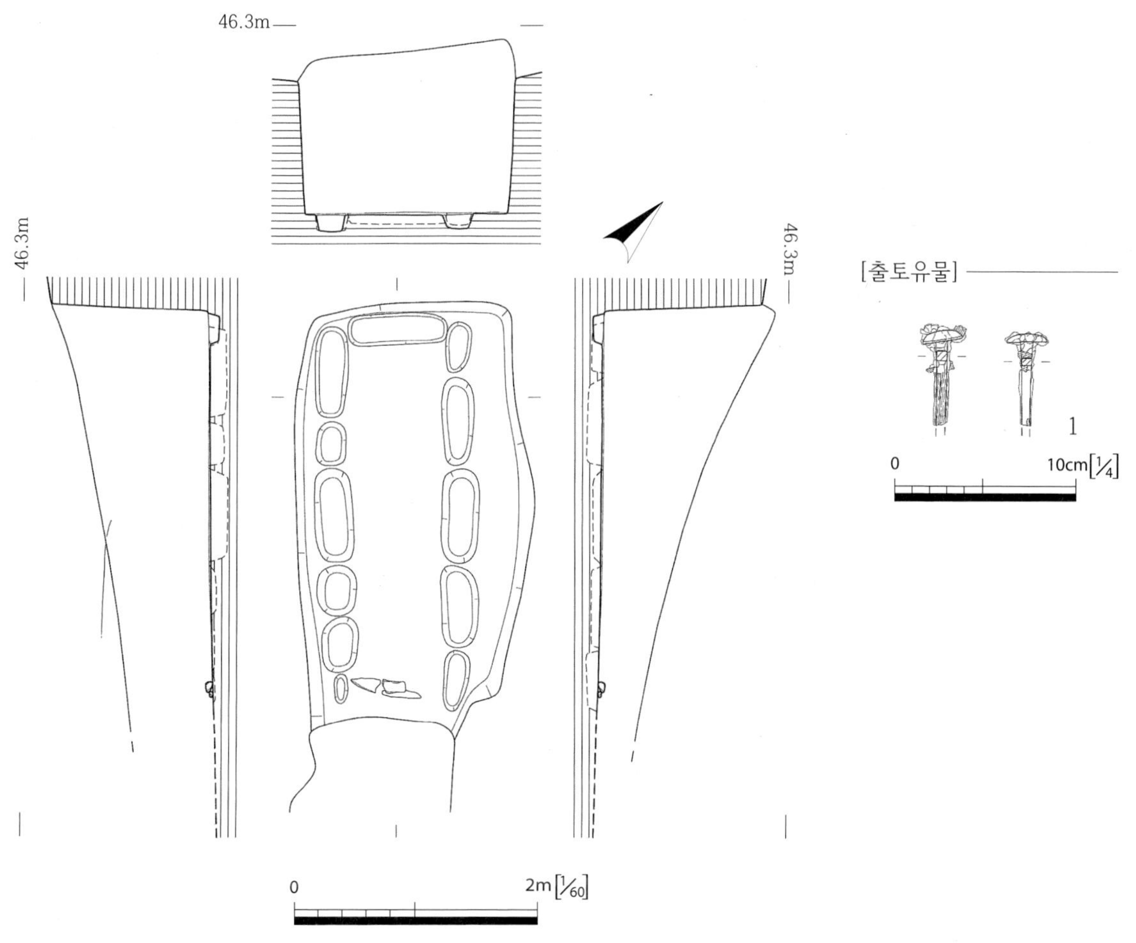

KM-002호 석실묘

(단위 : cm)

봉토	크 기 (길이×너비×높이)	?	묘광	크 기 (길이×너비×깊이)	(330)×268×(171+)
	평면형태	?		장폭비	1.23:1
현실	크 기 (길이×너비×높이)	211×101×89	천장형태		고임
	장폭비	2.09:1	연도위치		현실 연도 일체형
연도	크 기 (길이×너비×높이)	43×94×67	묘도크기 (길이×너비)		(82+)×(85)
	장폭비	0.46:1	배수시설 (길이×너비×깊이)		?
시상/관대크기 (길이×너비×높이)		?	두 향		북쪽
장축방향		N-2°-E	벽석종류		판석, 할석
유물	토 기	-			
	철 기	관정(1)			
	청동기	-			
	옥석류	-			
	기 타	-			
특기사항		인골(하지골)이 출토됨. 횡혈식 석실로 보고하였으나 파괴가 심하여 정확한 구조는 알 수 없음.			

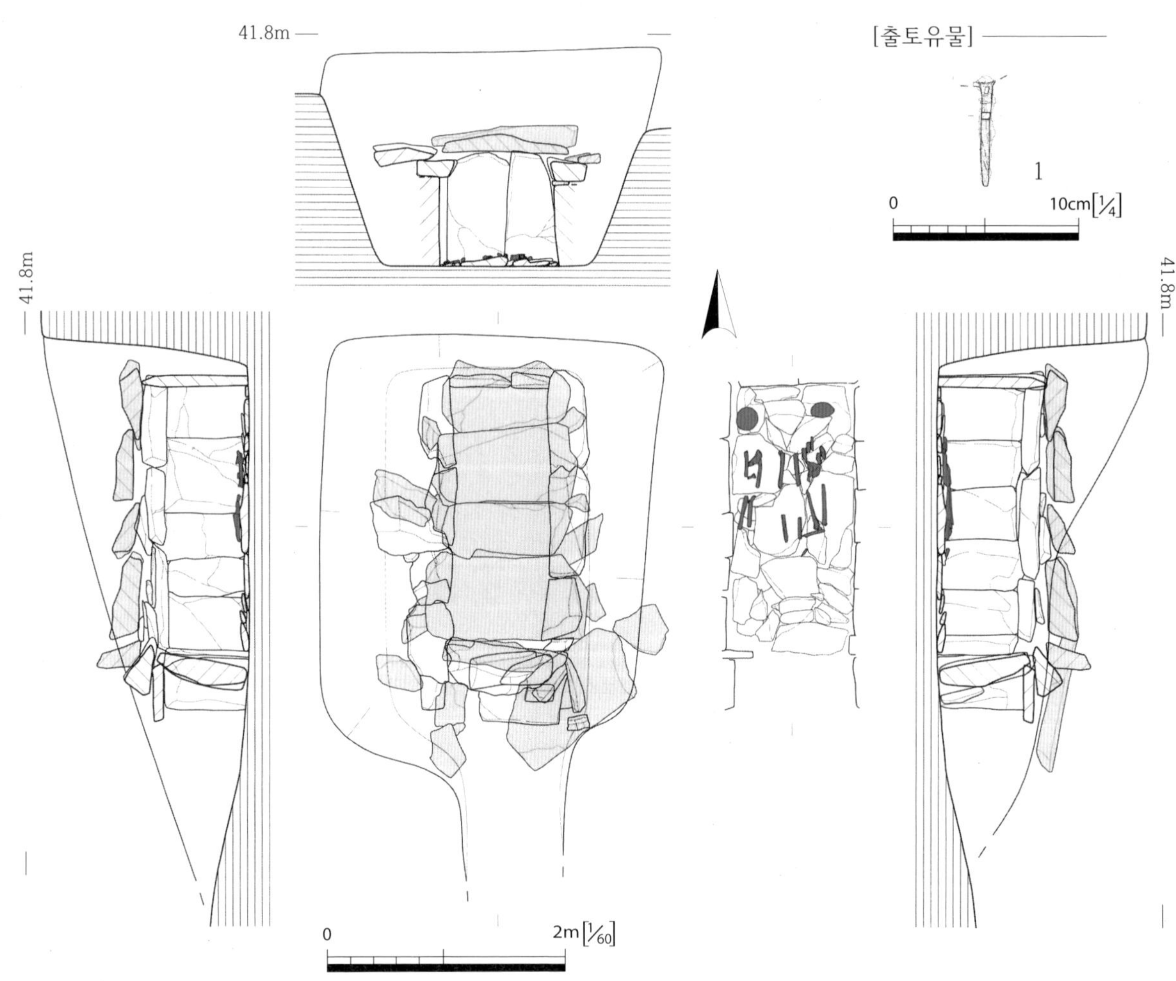

KM-003호 석실묘

(단위 : cm)

봉토	크 기 (길이×너비×높이)	?	묘광	크 기 (길이×너비×깊이)	(350)×(280)×(165+)
	평면형태	?		장폭비	(1.36):1
현실	크 기 (길이×너비×높이)	205×107×102	천장형태		고임
	장폭비	1.92:1	연도위치		남측 단벽
연도	크 기 (길이×너비×높이)	31×94×58	묘도크기 (길이×너비)		(206+)×(90)
	장폭비	0.33:1	배수시설 (길이×너비×깊이)		?
시상/관대크기 (길이×너비×높이)		?	두 향		?
장축방향		N-10°-W	벽석종류		판석, 할석
유물	토 기	-			
	철 기	관고리(1), 관정(4)			
	청동기	-			
	옥석류	-			
	기 타	-			
특기사항		보고서 기술과 유구 도면 스케일바 비율이 모두 상이하여 상호 조정하지 않고 자료집에 게재하였음.			

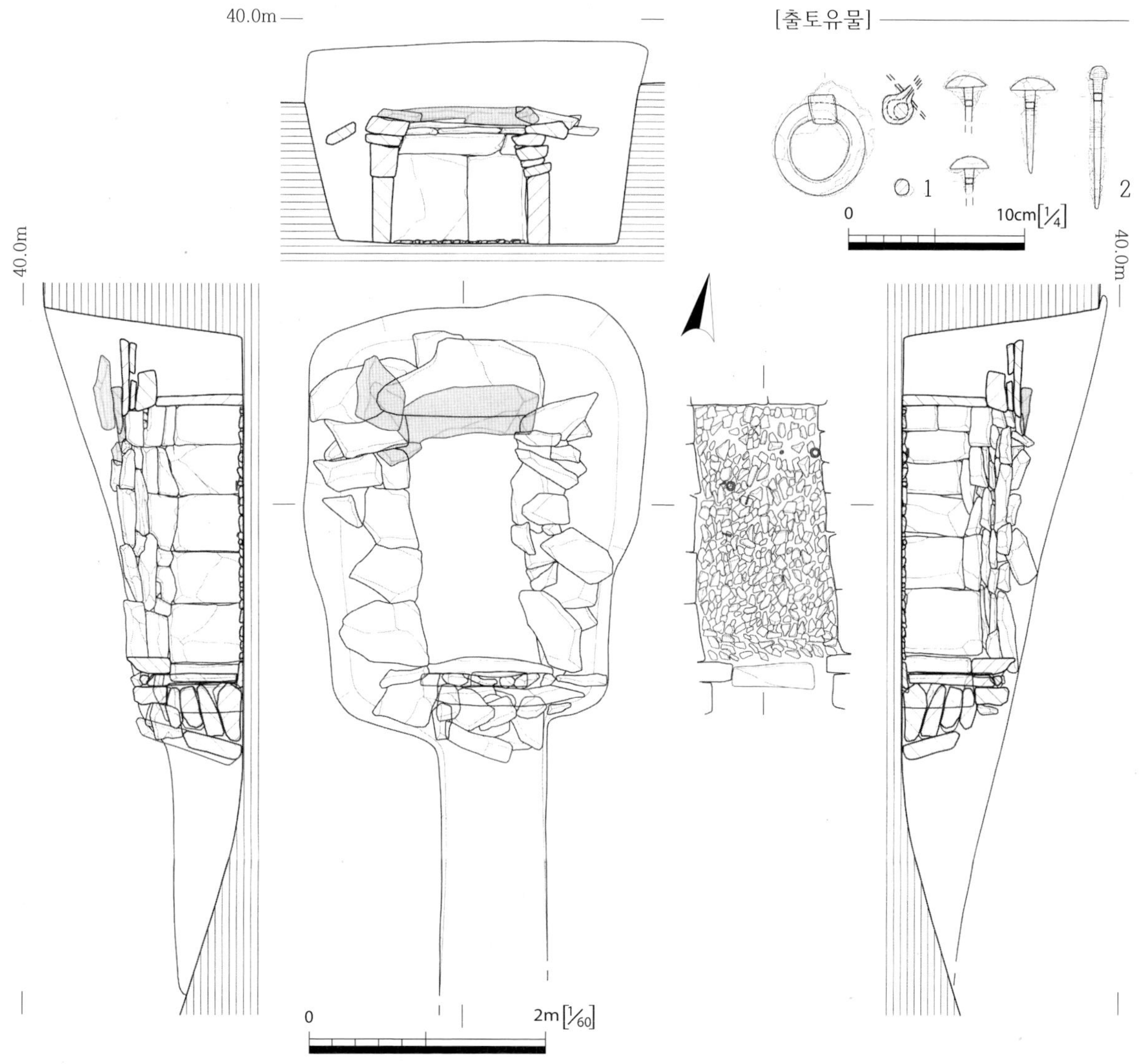

부여 나복리 고분군扶餘 羅福里 古墳群

조사사유	밭 개간에 따른 긴급발굴조사	
조사연혁	발굴조사: 1992. 01. 28.~ 1992. 02. 01. (扶餘文化財研究所)	
유적위치	충청남도 부여군 규암면 나복1리 산 21번지 일원	
	경·위도 126°15′10″E / 36°17′17″N	
유적입지	나복리는 금강 서편의 충적지 및 저구릉성 산지로 이루어진 곳으로서, 은산천이 금강 본류와 합류하고 있다. 밭으로 개간된 해발 30~45m내외의 나지막한 구릉 사면에 유적이 자리하고 있다.	
유구현황	초기철기시대	-
	원삼국시대	-
	삼 국 시 대	석실묘(3)
	기 타	-
주요유물	-	
시대·성격	이 유적의 석실묘는 모두 단면 6각형의 고임식 천장구조와 판석을 이용하여 축조되어 있는데, 출토유물이 없어 정확한 축조시기를 비정하기는 어려우나 구조로 보아 대체로 사비기에 축조된 것으로 판단된다.	
참고문헌	扶餘文化財研究所, 1993,「扶餘 羅福理 古墳群」,『龍井里寺地』, 學術研究叢書 第5輯.	

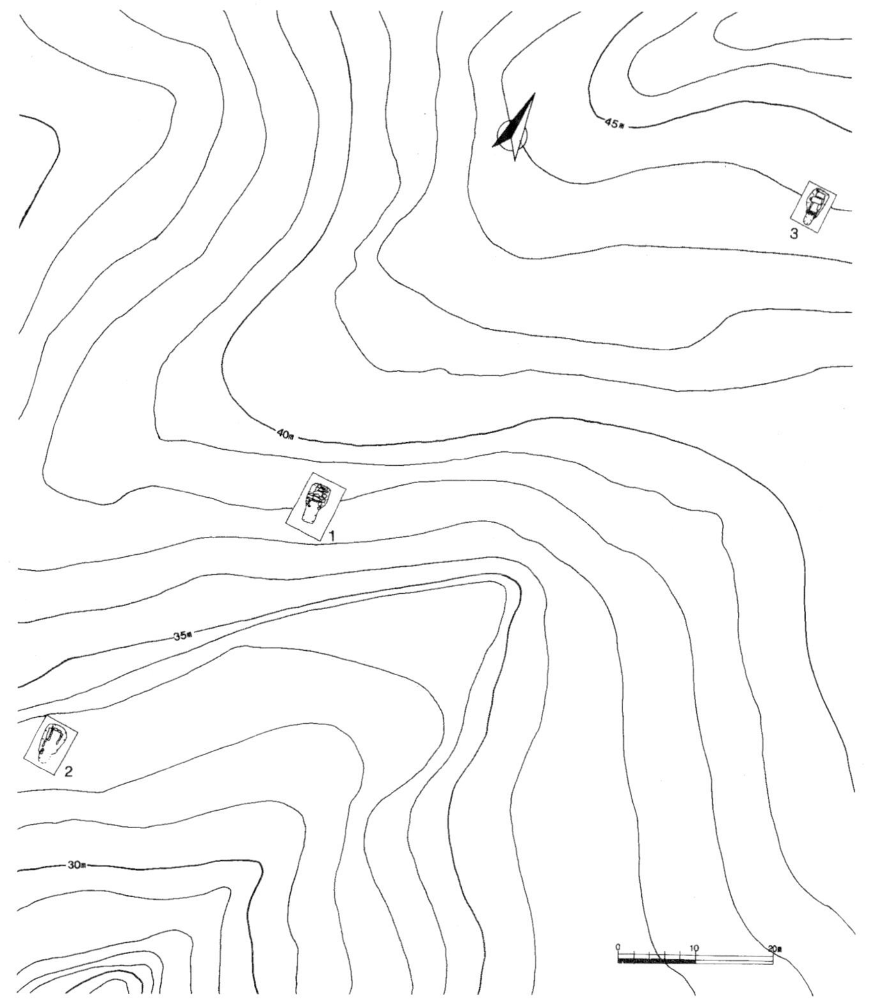

부여 나복리 고분군 유구배치도

부여 나복리 고분군 원경

1호 석실묘

(단위 : cm)

봉토	크 기 (길이×너비×높이)	?	묘광	크 기 (길이×너비×깊이)	(320)×270×(190+)
	평면형태	?		장폭비	(1.19):1
현실	크 기 (길이×너비×높이)	265×120×120	천장형태		고임
	장폭비	2.21:1	횡구부위치		남측 단벽
횡구부	크 기 (길이×너비)	?	묘도크기 (길이×너비)		(212)×(140)
	장폭비	?	배수시설 (길이×너비×깊이)		?
시상/관대크기 (길이×너비×높이)		?	두 향		?
장축방향		N-2°-W	벽석종류		판석, 할석
유물	토 기	-			
	철 기	-			
	청동기	-			
	옥석류	-			
	기 타	-			
특기사항		보고서 기술과 도면의 축척이 상이하여 보고서 기술에 따라 축척을 조정하였음. 출토유물 없음.			

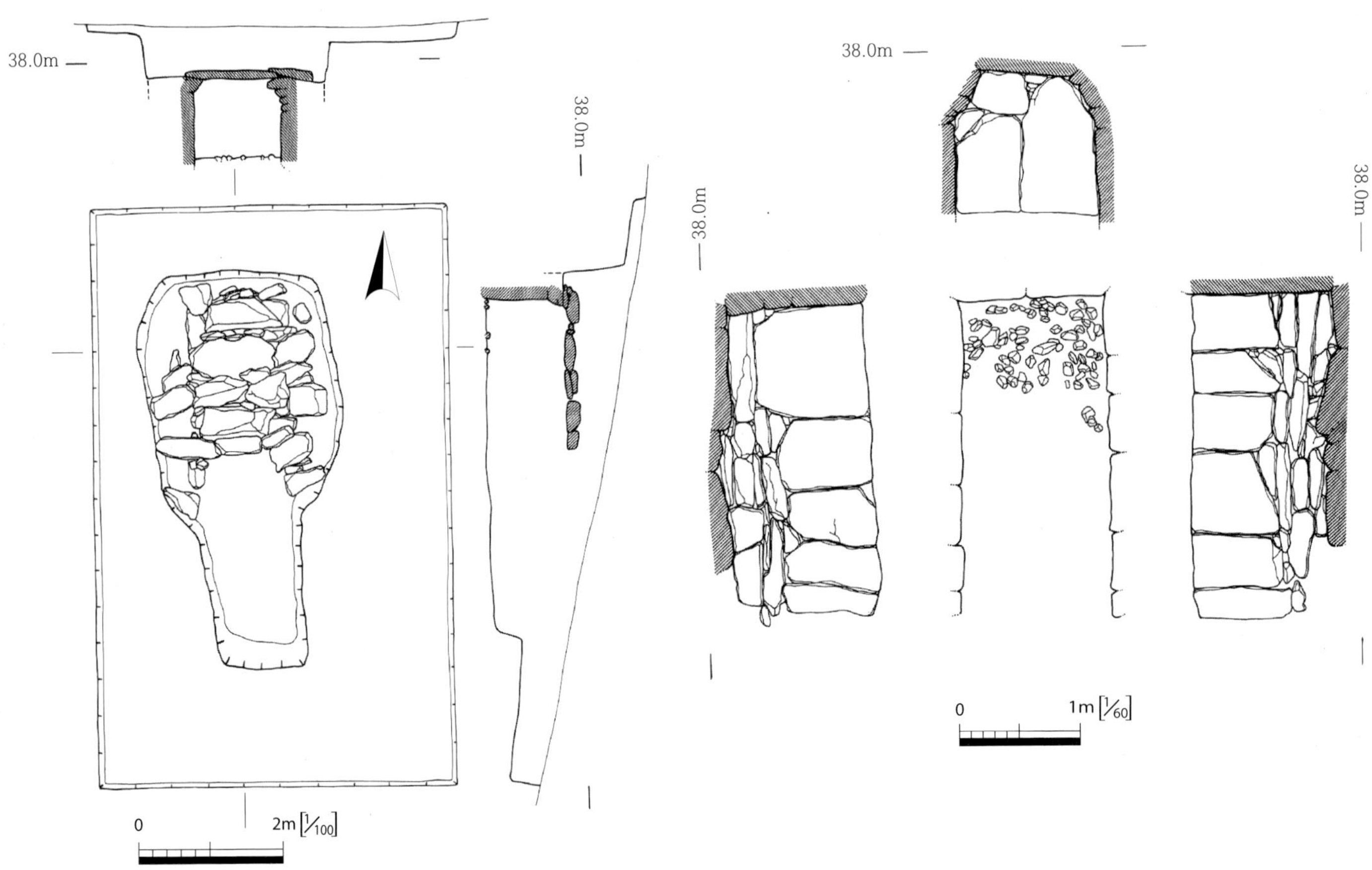

2호 석실묘

(단위 : cm)

봉토	크 기 (길이×너비×높이)	?	묘광	크 기 (길이×너비×깊이)	(300)×140×(66+)
	평면형태	?		장폭비	(2.14):1
현실	크 기 (길이×너비×높이)	220×70×(60+)	천장형태		?
	장폭비	3.14:1	횡구부위치		남동측 단벽
횡구부	크 기 (길이×너비)	?	묘도크기 (길이×너비)		?
	장폭비	?	배수시설 (길이×너비×깊이)		-
시상/관대크기 (길이×너비×높이)		-	두 향		?
장축방향		N-45°-W	벽석종류		판석
유물	토 기	-			
	철 기	관정(6)			
	청동기	-			
	옥석류	-			
	기 타	-			
특기사항		횡구식 석실로 보고하였으나 파괴가 심하여 정확한 구조는 알 수 없음.			

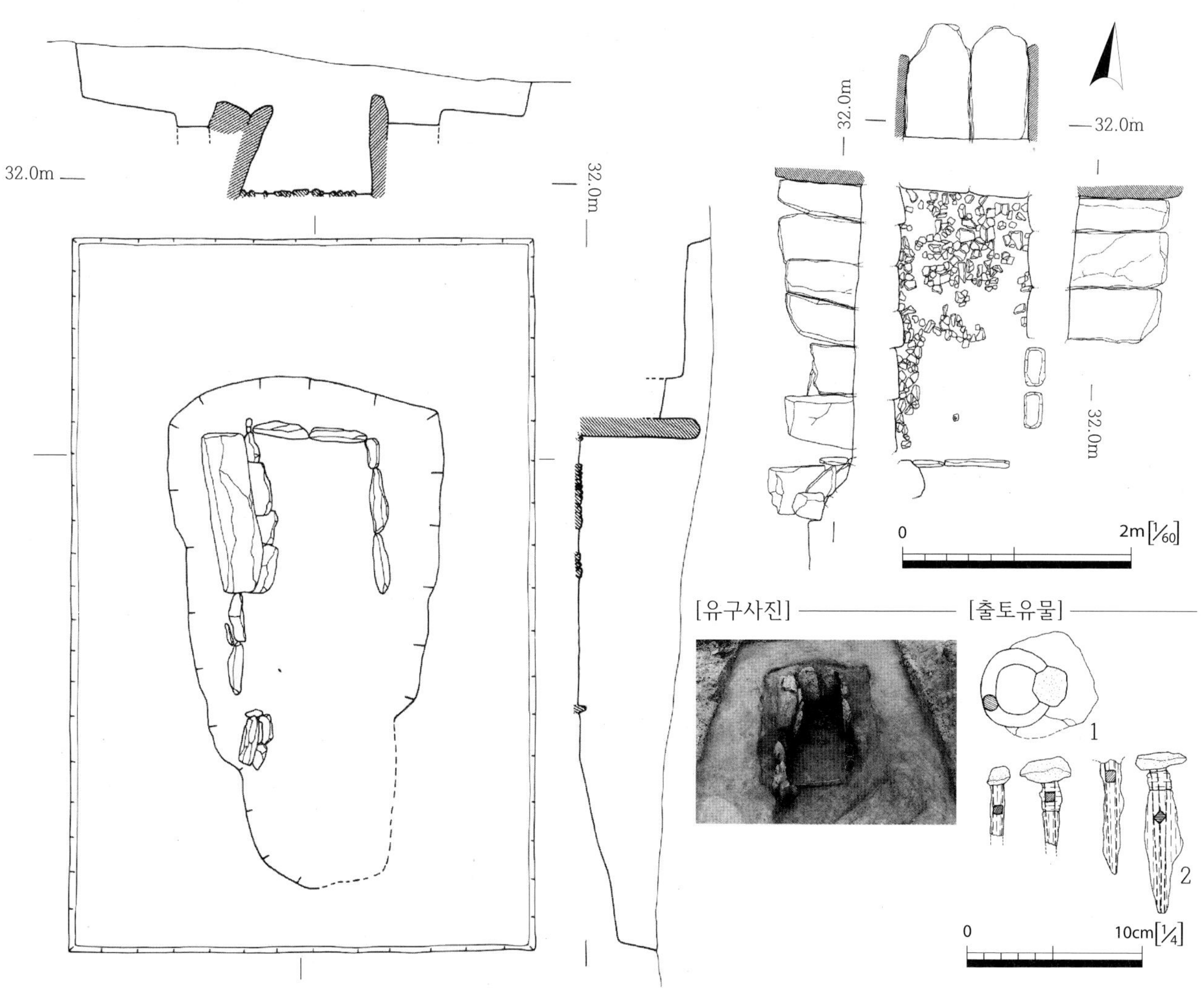

3호 석실묘

(단위 : cm)

봉토	크 기 (길이×너비×높이)	?	묘광	크 기 (길이×너비×깊이)	(240+)×122×(40+)
	평면형태	?		장폭비	?
현실	크 기 (길이×너비×높이)	220×64×(46+)	천장형태		?
	장폭비	3.44:1	연도위치		남측 단벽
연도	크 기 (길이×너비×높이)	?×(64)	묘도크기 (길이×너비)		?
	장폭비	?	배수시설 (길이×너비×깊이)		?
시상/관대크기 (길이×너비×높이)		?	두 향		?
장축방향		N-51°-W	벽석종류		판석
유물	토 기	-			
	철 기	관정(5)			
	청동기	-			
	옥석류	-			
	기 타	-			
특기사항		횡구식 석실로 보고하였으나 파괴가 심하여 정확한 구조는 알 수 없음.			

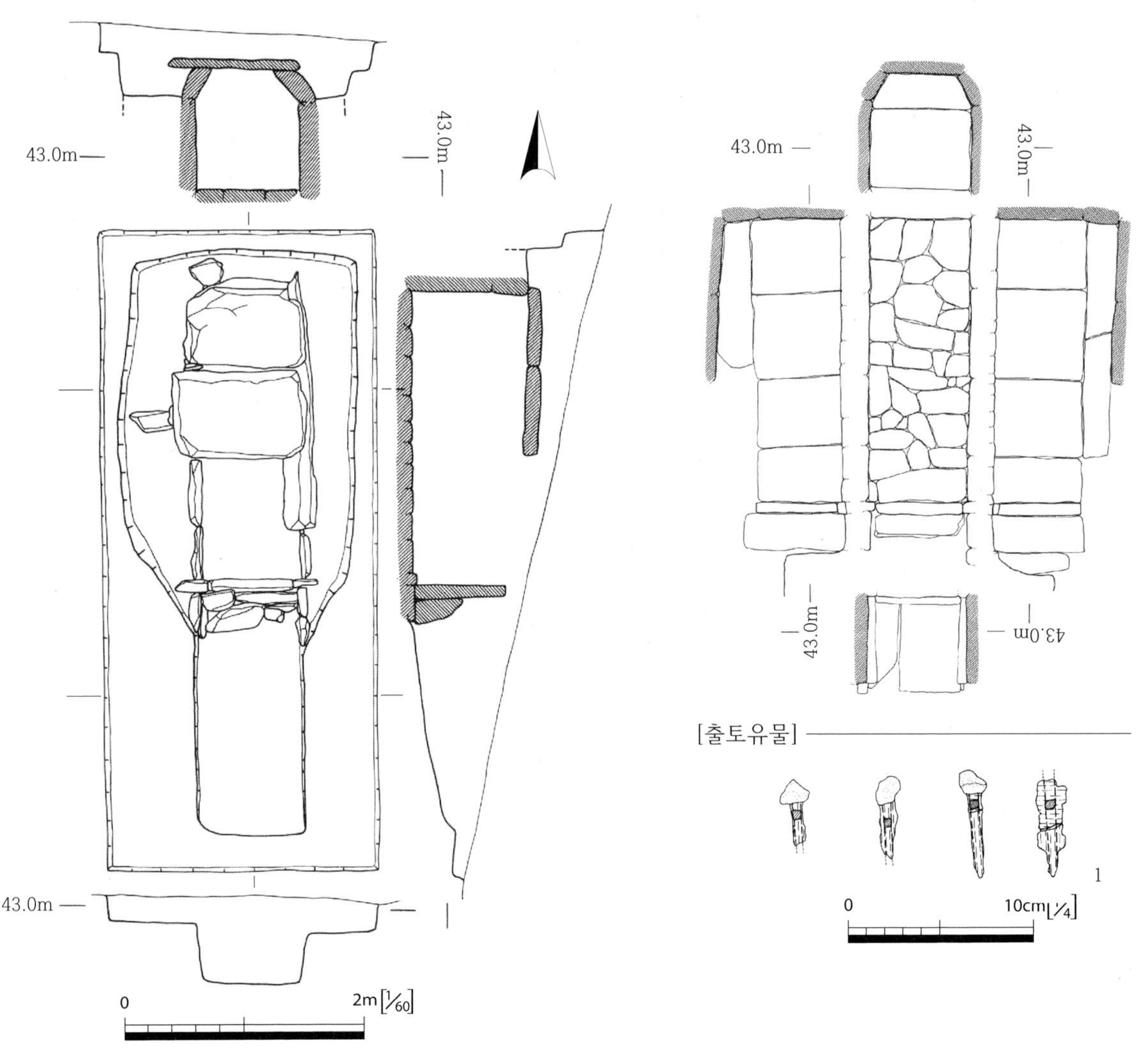

부여 나복리 월구리 고분군扶餘 羅福里 월구리 古墳群

<table>
<tr><td>조사사유</td><td colspan="2">부여 규암우회도로 및 서천IC 도로건설공사에 따른 구제발굴조사</td></tr>
<tr><td>조사연혁</td><td colspan="2">지표조사: 2001. 03. (한국문화재보호재단)
시굴조사: 2004. 06. ~ 2004. 09. (충청문화재연구원)
발굴조사: 2005. 03. 28.~ 2005. 10. 23. (충청문화재연구원)</td></tr>
<tr><td rowspan="2">유적위치</td><td colspan="2">충청남도 부여군 규암면 나복리·월구리 일원</td></tr>
<tr><td colspan="2">경·위도 126°53′05″E / 36°16′30″N</td></tr>
<tr><td>유적입지</td><td colspan="2">월구리 고분군 유적이 위치한 규암면은 남동쪽으로 백마강이 흐르며, 강을 기점으로 부여읍과 규암면이 경계를 이루고 있다. 규암면의 동쪽으로는 은산면 가중리가, 남쪽으로는 월구리와 나복리가 자리한다. 월구리 고분군Ⅰ은 북동쪽에 위치한 해발고도 125m의 구릉 서사면에 위치하며, 월구리 고분군Ⅱ는 월구리 고분군Ⅰ에서 서남쪽으로 떨어져 있으며, 해발고도 65m 내외의 구릉 서사면에 위치한다.</td></tr>
<tr><td rowspan="4">유구현황</td><td>초기철기시대</td><td>-</td></tr>
<tr><td>원삼국시대</td><td>-</td></tr>
<tr><td>삼 국 시 대</td><td>Ⅰ: 석실묘(16)
Ⅱ: 석곽묘(10)·석실묘(1)</td></tr>
<tr><td>기 타</td><td>조선시대 건물지(2)</td></tr>
<tr><td>주요유물</td><td colspan="2">관정, 관고리</td></tr>
<tr><td>시대·성격</td><td colspan="2">월구리 고분군Ⅰ지점의 1·2호분 등은 백제 사비기에 보편적인 고임식 평천정구조를 하고 있다. 횡구식 석실묘들은 등고선과 직교하는 것과 나란하게 축조되는 경우로 나누어진다. 이 중 등고선과 나란한 석실묘는 수혈식석곽묘를 사용하던 지역에 횡혈식석실묘가 유입되면서 수혈식이 변화되는 형태로 보는 견해가 있다. 한편 등고선과 직교하는 경우는 백제 사비기 횡혈식석실묘의 연도가 퇴화 또는 축약되어 나타나는 현상으로 이해하기도 한다. 토기 등의 유물이 출토되지 않아 정확한 축조시기를 파악하기 어렵지만, 부장품이 없는 것은 백제후기 고분의 유물 박장화와 관련된 것으로 볼 수 있어 주로 백제 사비기와 그 직후까지 조영된 것으로 보고자는 보고 있다.
Ⅱ지점 석곽묘는 남벽이 유실되어 정확한 형태를 알 수 없으며 대체적으로 등고선 방향과 직교하게 되어 있다. 석곽묘의 축조방법은 대부분 1개의 판석을 활용하여 각 벽면을 수적하여 쌓은 형태이지만 4·6호 석곽묘의 경우는 1단의 판석을 수적한 후 그 위에 2~3단으로 소형의 할석과 판석을 평적한 형태로서 약간의 차이를 보이고 있다.</td></tr>
<tr><td>참고문헌</td><td colspan="2">한국문화재보호재단, 2001, 『扶餘窺岩迂回道路豫定區間文化遺蹟地表調査報告書』.
忠淸文化財硏究院, 2004, 『扶餘窺岩迂回道路建設工事區間內文化遺蹟試掘調査報告書』.
______________, 2008, 『부여 나복리 월구리 고분군 및 가중리 안새울 유적』, 發掘調査報告 第64輯.</td></tr>
</table>

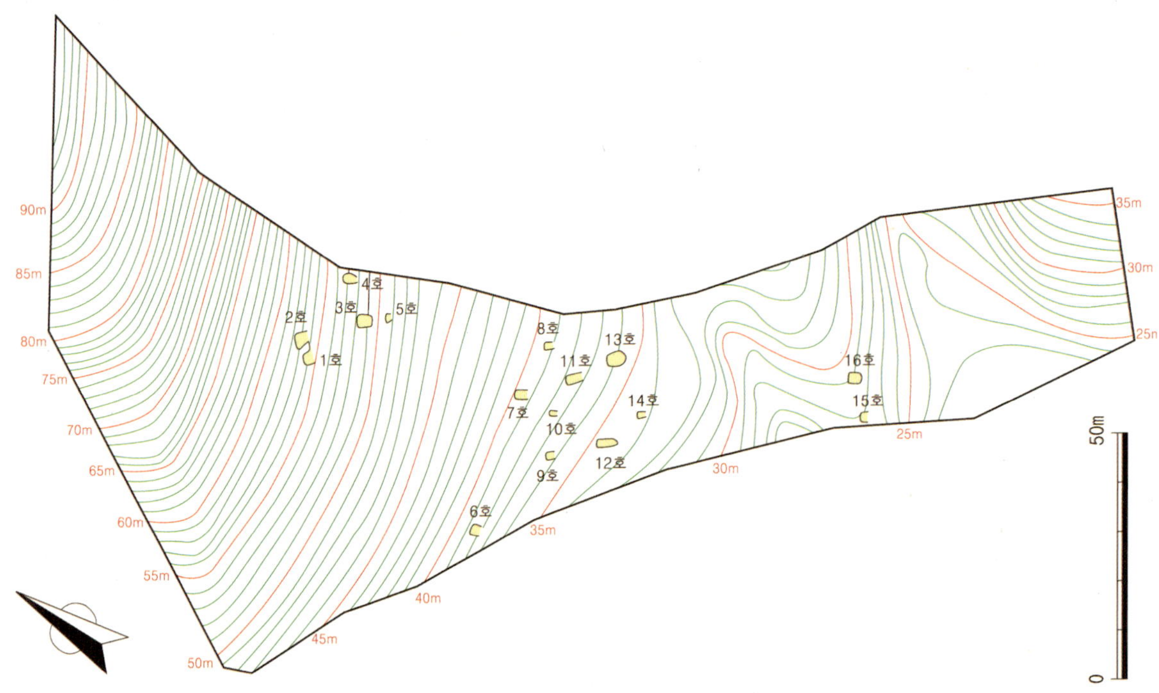

부여 나복리 월구리 I 고분군 유구배치도

부여 나복리 월구리 I 고분군 전경

Ⅰ-1호 석실묘

(단위 : cm)

봉토	크 기 (길이×너비×높이)	?	묘광	크 기 (길이×너비×깊이)	(250+)×(218)×(136+)
	평면형태	?		장폭비	?
현실	크 기 (길이×너비×높이)	(244+)×(88)×(110+)	천장형태		고임
	장폭비	?	연도위치		?
연도	크 기 (길이×너비×높이)	?	묘도크기 (길이×너비)		?
	장폭비	?	배수시설 (길이×너비×깊이)		?
시상/관대크기 (길이×너비×높이)		?	두 향		?
장축방향		N-22°-W	벽석종류		판석, 할석
유물	토 기	-			
	철 기	-			
	청동기	-			
	옥석류	-			
	기 타	-			
특기사항		횡혈식 석실로 보고하였으나 파괴가 심하여 정확한 구조는 알 수 없음. 출토유물 없음.			

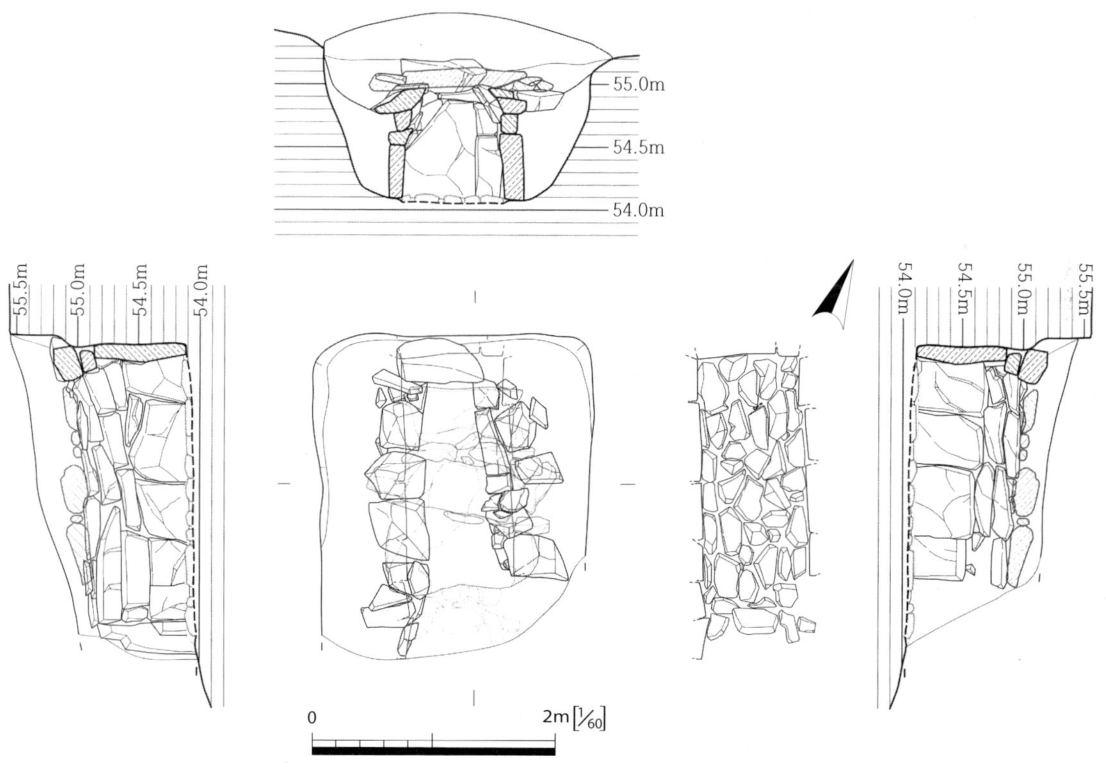

Ⅰ-2호 석실묘

(단위 : cm)

<table>
<tr><td rowspan="2">봉토</td><td>크 기
(길이×너비×높이)</td><td>?</td><td rowspan="2">묘광</td><td>크 기
(길이×너비×깊이)</td><td>(380+)×(226)×(110+)</td></tr>
<tr><td>평면형태</td><td>?</td><td>장폭비</td><td>?</td></tr>
<tr><td rowspan="2">현실</td><td>크 기
(길이×너비×높이)</td><td>(282+)×(104)×(102)</td><td colspan="2">천장형태</td><td>고임</td></tr>
<tr><td>장폭비</td><td>?</td><td colspan="2">연도위치</td><td>?</td></tr>
<tr><td rowspan="2">연도</td><td>크 기
(길이×너비×높이)</td><td>?</td><td colspan="2">묘도크기
(길이×너비)</td><td>?</td></tr>
<tr><td>장폭비</td><td>?</td><td colspan="2">배수시설
(길이×너비×깊이)</td><td>?</td></tr>
<tr><td colspan="2">시상/관대크기
(길이×너비×높이)</td><td>?</td><td colspan="2">두 향</td><td></td></tr>
<tr><td colspan="2">장축방향</td><td>N-47°-W</td><td colspan="2">벽석종류</td><td>판석, 할석</td></tr>
<tr><td rowspan="5">유물</td><td>토 기</td><td colspan="4">-</td></tr>
<tr><td>철 기</td><td colspan="4">-</td></tr>
<tr><td>청동기</td><td colspan="4">-</td></tr>
<tr><td>옥석류</td><td colspan="4">-</td></tr>
<tr><td>기 타</td><td colspan="4">-</td></tr>
<tr><td colspan="2">특기사항</td><td colspan="4">횡혈식 석실로 보고하였으나 파괴가 심하여 정확한 구조는 알 수 없음. 출토유물 없음.</td></tr>
</table>

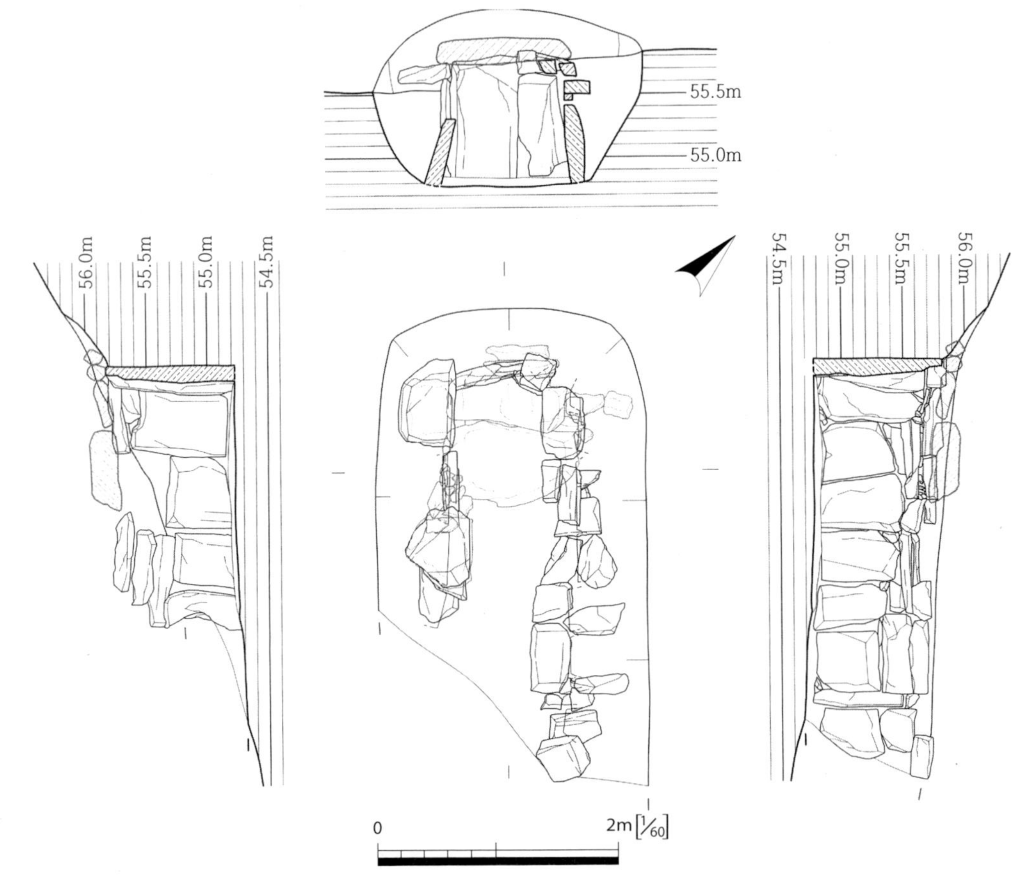

Ⅰ-3호 석실묘

(단위 : cm)

봉토	크 기 (길이×너비×높이)	?	묘광	크 기 (길이×너비×깊이)	(325+)×224×(114+)
	평면형태	?		장폭비	?
현실	크 기 (길이×너비×높이)	(280+)×120×(98+)	천장형태		?
	장폭비	?	연도위치		?
연도	크 기 (길이×너비×높이)	?	묘도크기 (길이×너비)		?
	장폭비	?	배수시설 (길이×너비×깊이)		?
시상/관대크기 (길이×너비×높이)		?	두 향		?
장축방향		N-22°-W	벽석종류		판석, 할석
유물	토 기	-			
	철 기	관고리(2), 관정(2)			
	청동기	-			
	옥석류	-			
	기 타	-			
특기사항		석실로 보고하였으나 파괴가 심하여 정확한 구조는 알 수 없음.			

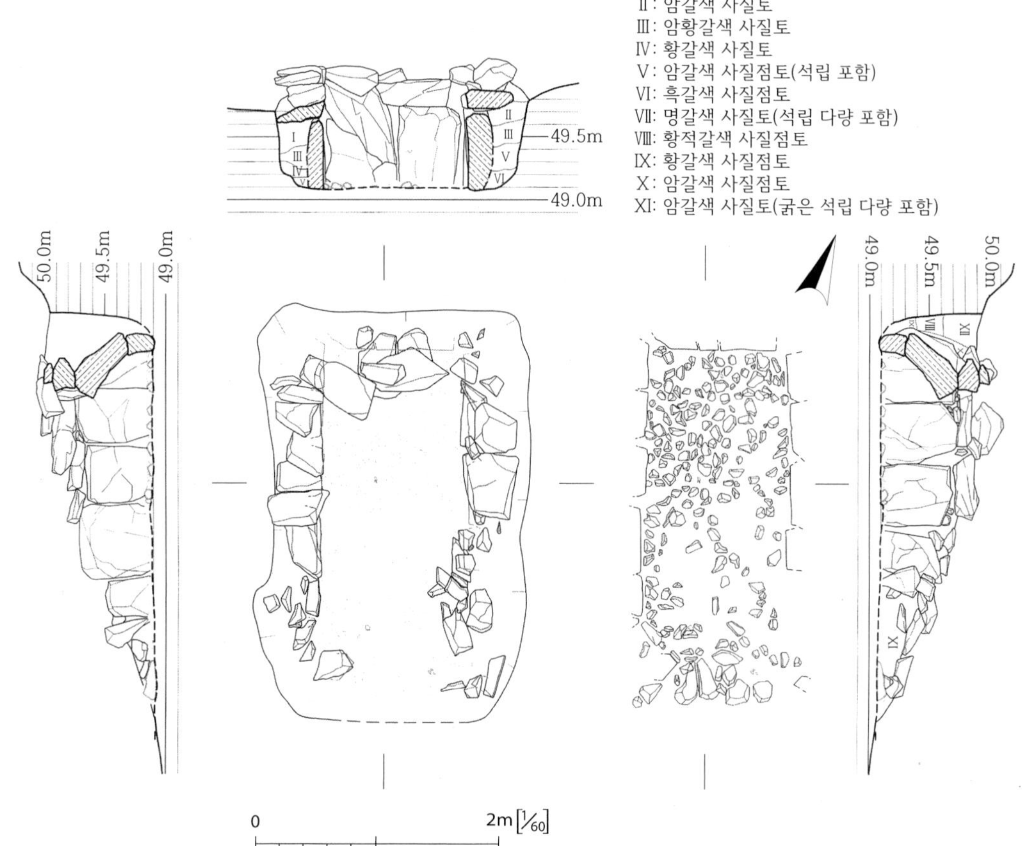

Ⅰ-4호 석실묘

(단위 : cm)

봉토	크 기 (길이×너비×높이)	?	묘광	크 기 (길이×너비×깊이)	(260+)×(168)×(70+)
	평면형태	?		장폭비	?
현실	크 기 (길이×너비×높이)	(160+)×(62)×(90)	천장형태		?
	장폭비	?	연도위치		?
연도	크 기 (길이×너비×높이)	?	묘도크기 (길이×너비)		?
	장폭비	?	배수시설 (길이×너비×깊이)		?
시상/관대크기 (길이×너비×높이)		?	두 향		?
장축방향		N-11°-W	벽석종류		판석, 할석
유물	토 기	-			
	철 기	관정(3)			
	청동기	-			
	옥석류	-			
	기 타	-			
특기사항		석실로 보고하였으나 파괴가 심하여 정확한 구조는 알 수 없음.			

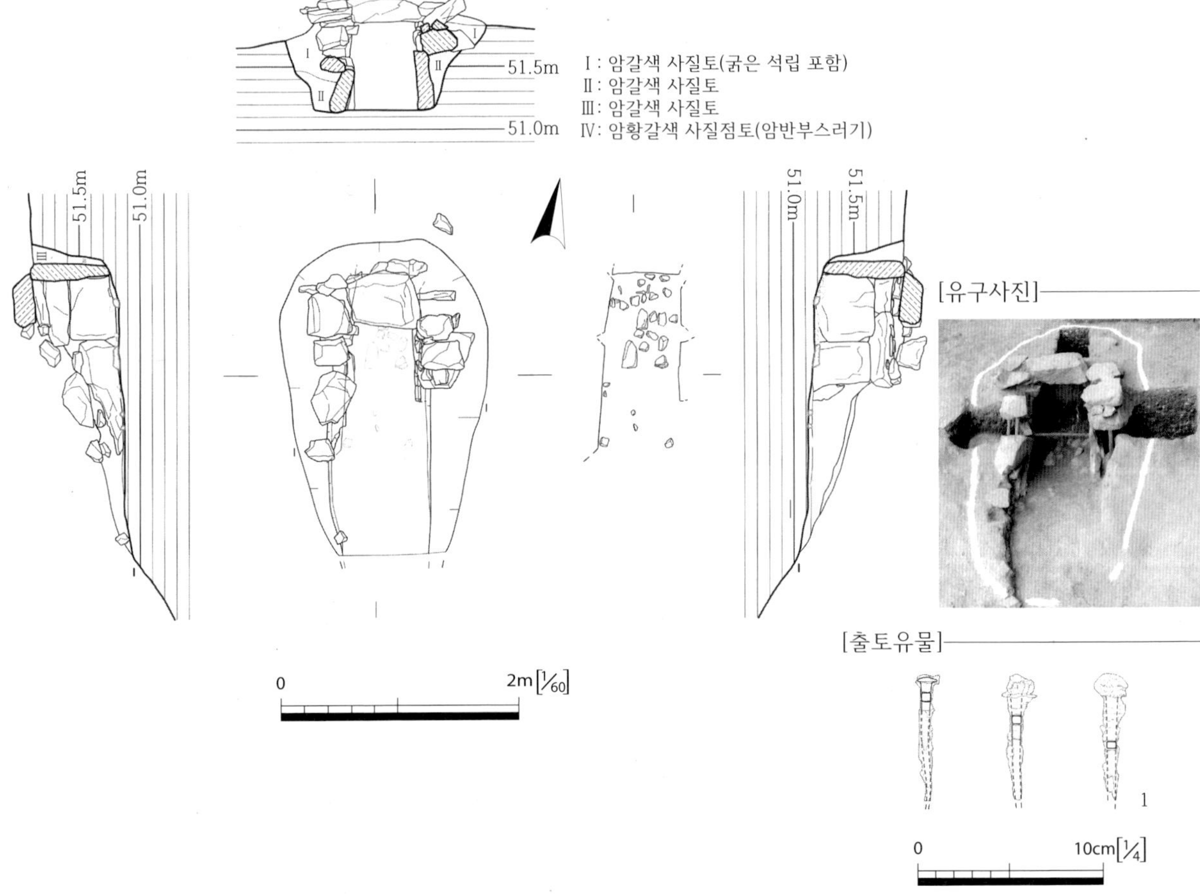

Ⅰ-5호 석실묘

(단위 : cm)

봉토	크 기 (길이×너비×높이)	?	묘광 크 기 (길이×너비×깊이)	(168+)×(150)×(114+)
봉토	평면형태	?	묘광 장폭비	?
현실	크 기 (길이×너비×높이)	(120+)×(58)×56	천장형태	?
현실	장폭비	?	연도위치	?
연도	크 기 (길이×너비×높이)	?	묘도크기 (길이×너비)	?
연도	장폭비	?	배수시설 (길이×너비×깊이)	?
시상/관대크기 (길이×너비×높이)		?	두 향	?
장축방향		N-32°-W	벽석종류	할석
유물	토 기	-		
유물	철 기	-		
유물	청동기	-		
유물	옥석류	-		
유물	기 타	-		
특기사항		석실로 보고하였으나 파괴가 심하여 정확한 구조는 알 수 없음. 출토유물 없음.		

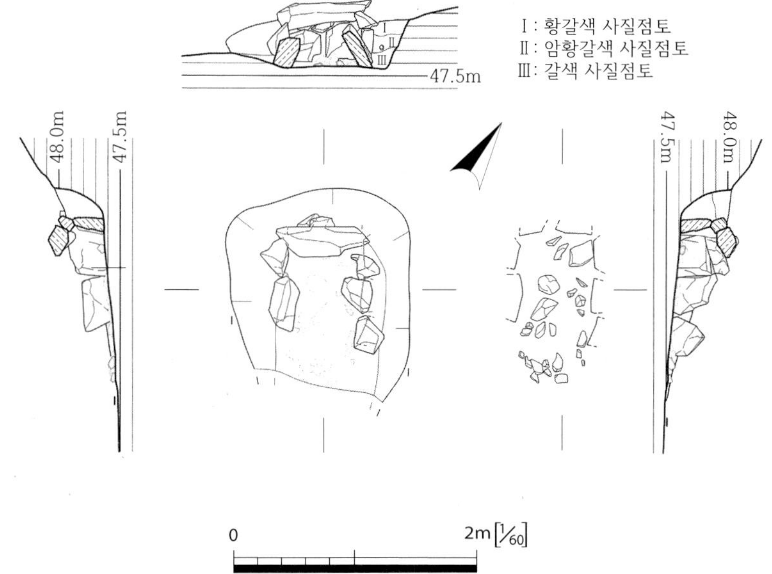

Ⅰ-6호 석실묘

(단위 : cm)

봉토	크 기 (길이×너비×높이)	?	묘광	크 기 (길이×너비×깊이)	(290+)×(178)×(100+)
	평면형태	?		장폭비	?
현실	크 기 (길이×너비×높이)	(144+)×(84)×(114)	천장형태		고임
	장폭비	?	연도위치		?
연도	크 기 (길이×너비×높이)	?	묘도크기 (길이×너비)		?
	장폭비	?	배수시설 (길이×너비×깊이)		?
시상/관대크기 (길이×너비×높이)		?	두 향		?
장축방향		N-11°-W	벽석종류		할석
유물	토 기	-			
	철 기	관고리(1), 관정(3)			
	청동기	-			
	옥석류	-			
	기 타	-			
특기사항		석실로 보고하였으나 파괴가 심하여 정확한 구조는 알 수 없음.			

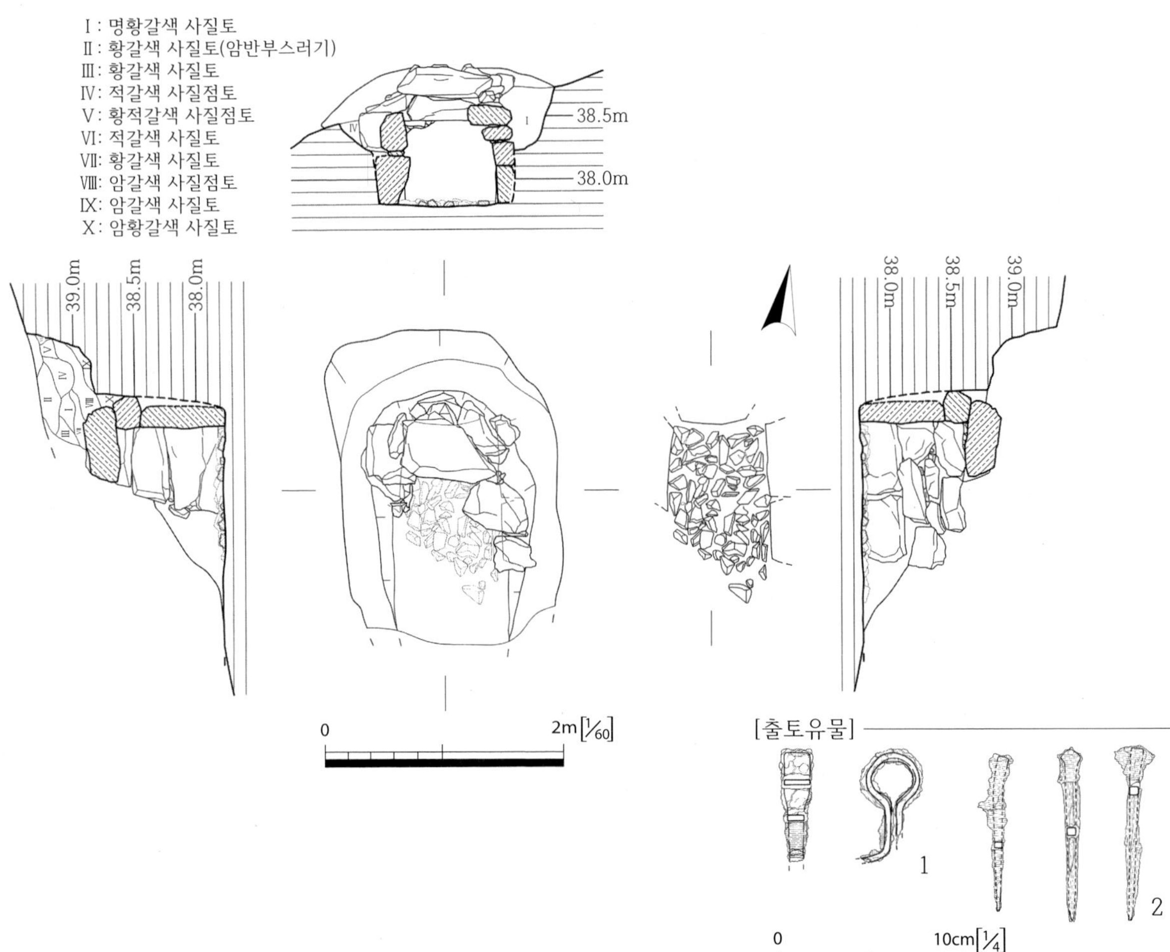

Ⅰ-7호 석실묘

(단위 : cm)

봉토	크 기 (길이×너비×높이)	?	묘광	크 기 (길이×너비×깊이)	(307+)×(220)×(94+)
	평면형태	?		장폭비	?
현실	크 기 (길이×너비×높이)	(242+)×(130)×(98+)	천장형태		?
	장폭비	?	연도위치		?
연도	크 기 (길이×너비×높이)	?	묘도크기 (길이×너비)		?
	장폭비	?	배수시설 (길이×너비×깊이)		?
시상/관대크기 (길이×너비×높이)		?	두 향		?
장축방향		N-12°-W	벽석종류		할석
유물	토 기	-			
	철 기	관정(3)			
	청동기	-			
	옥석류	-			
	기 타	-			
특기사항		석실로 보고하였으나 파괴가 심하여 정확한 구조는 알 수 없음.			

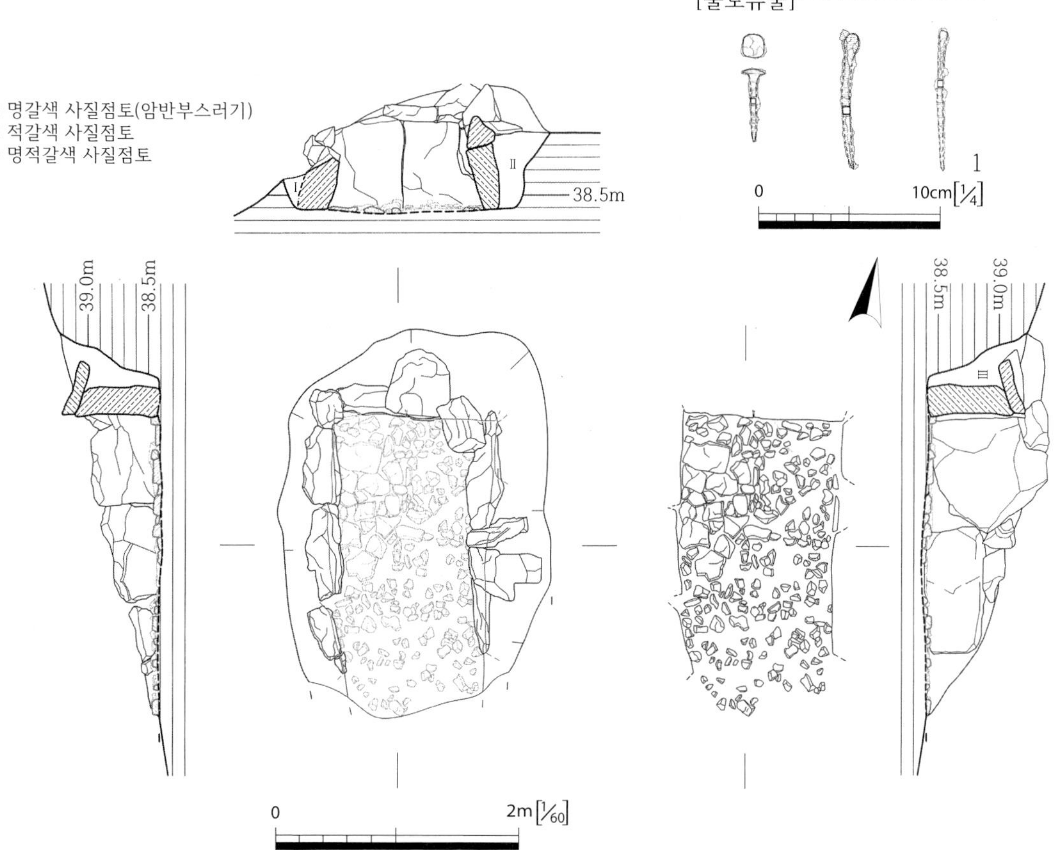

I-8호 석실묘

(단위 : cm)

봉토	크 기 (길이×너비×높이)	?	묘광	크 기 (길이×너비×깊이)	(228+)×(140)×(52+)
	평면형태	?		장폭비	?
현실	크 기 (길이×너비×높이)	(168+)×(68)×(62+)	천장형태		평
	장폭비	?	연도위치		?
연도	크 기 (길이×너비×높이)	?	묘도크기 (길이×너비)		?
	장폭비	?	배수시설 (길이×너비×깊이)		?
시상/관대크기 (길이×너비×높이)		?	두 향		?
장축방향		N-10°-W	벽석종류		판석, 할석
유물	토 기	-			
	철 기	-			
	청동기	-			
	옥석류	-			
	기 타	-			
특기사항		석실로 보고하였으나 파괴가 심하여 정확한 구조는 알 수 없음. 출토유물 없음.			

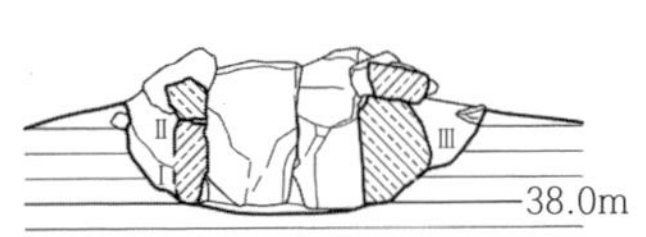

I : 암갈색 사질토
II : 갈색 사질점토
III : 갈색 사질점토
IV : 암갈색 사질점토
V : 황갈색 사질점토
VI : 갈색 사질점토

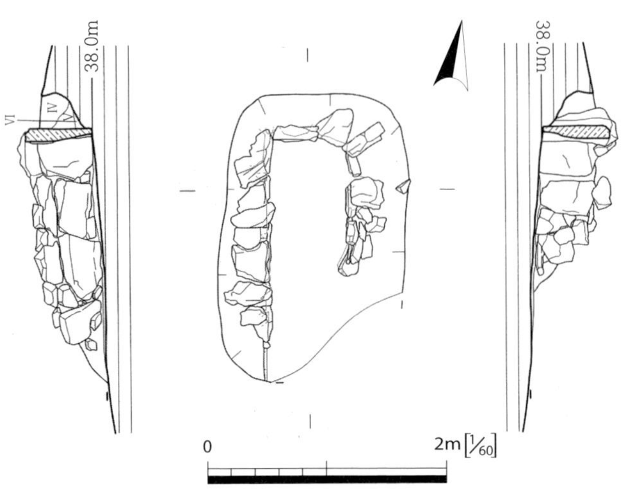

[유구사진]

Ⅰ-9호 석실묘

(단위 : cm)

봉토	크 기 (길이×너비×높이)	?	묘광	크 기 (길이×너비×깊이)	(190+)×(138)×(28+)
	평면형태	?		장폭비	?
현실	크 기 (길이×너비×높이)	(166+)×(98+)×(22+)	천장형태		?
	장폭비	?	연도위치		?
연도	크 기 (길이×너비×높이)	?	묘도크기 (길이×너비)		?
	장폭비	?	배수시설 (길이×너비×깊이)		?
시상/관대크기 (길이×너비×높이)		?	두 향		?
장축방향		N-13°-W	벽석종류		할석
유물	토 기	-			
	철 기	-			
	청동기	-			
	옥석류	-			
	기 타	-			
특기사항		석실로 보고하였으나 파괴가 심하여 정확한 구조는 알 수 없음. 출토유물 없음.			

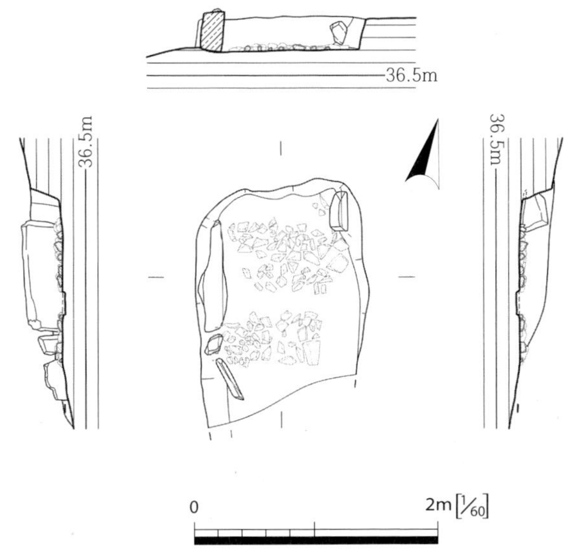

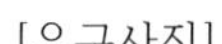

[유구사진]

I-10호 석실묘

(단위 : cm)

봉토	크 기 (길이×너비×높이)	?	묘광	크 기 (길이×너비×깊이)	(180+)×(96)×(30+)
	평면형태	?		장폭비	?
현실	크 기 (길이×너비×높이)	(140+)×58×(28+)	천장형태		?
	장폭비	?	연도위치		?
연도	크 기 (길이×너비×높이)	?	묘도크기 (길이×너비)		?
	장폭비	?	배수시설 (길이×너비×깊이)		?
시상/관대크기 (길이×너비×높이)		?	두 향		?
장축방향		N-10°-W	벽석종류		할석
유물	토 기	-			
	철 기	-			
	청동기	-			
	옥석류	-			
	기 타	-			
특기사항		석실로 보고하였으나 파괴가 심하여 정확한 구조는 알 수 없음. 출토유물 없음.			

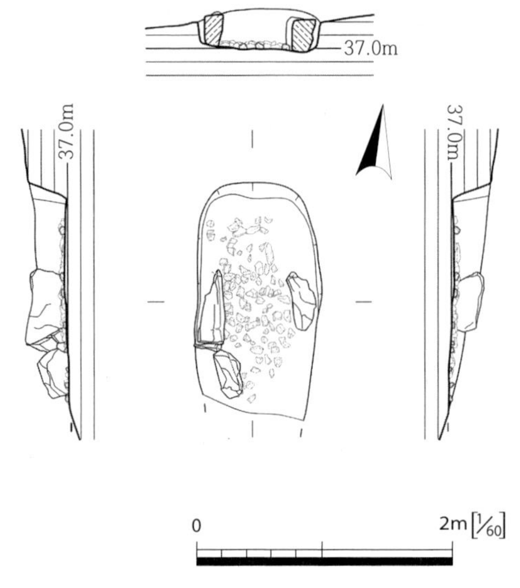

[유구사진]

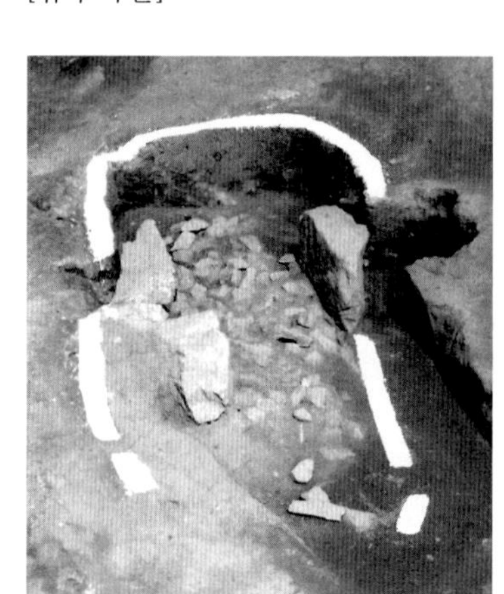

I-11호 석실묘

(단위 : cm)

봉토	크 기 (길이×너비×높이)	?	묘광	크 기 (길이×너비×깊이)	360×177×(56+)
	평면형태	?		장폭비	2.03:1
현실	크 기 (길이×너비×높이)	224×74×(28+)	천장형태		?
	장폭비	3.03:1	연도위치		?
연도	크 기 (길이×너비×높이)	?	묘도크기 (길이×너비)		?
	장폭비	?	배수시설 (길이×너비×깊이)		?
시상/관대크기 (길이×너비×높이)		?	두 향		?
장축방향		N-33°-W	벽석종류		할석
유물	토 기	-			
	철 기	-			
	청동기	-			
	옥석류	-			
	기 타	-			
특기사항		횡혈식 석실로 보고하였으나 파괴가 심하여 정확한 구조는 알 수 없음. 출토유물 없음.			

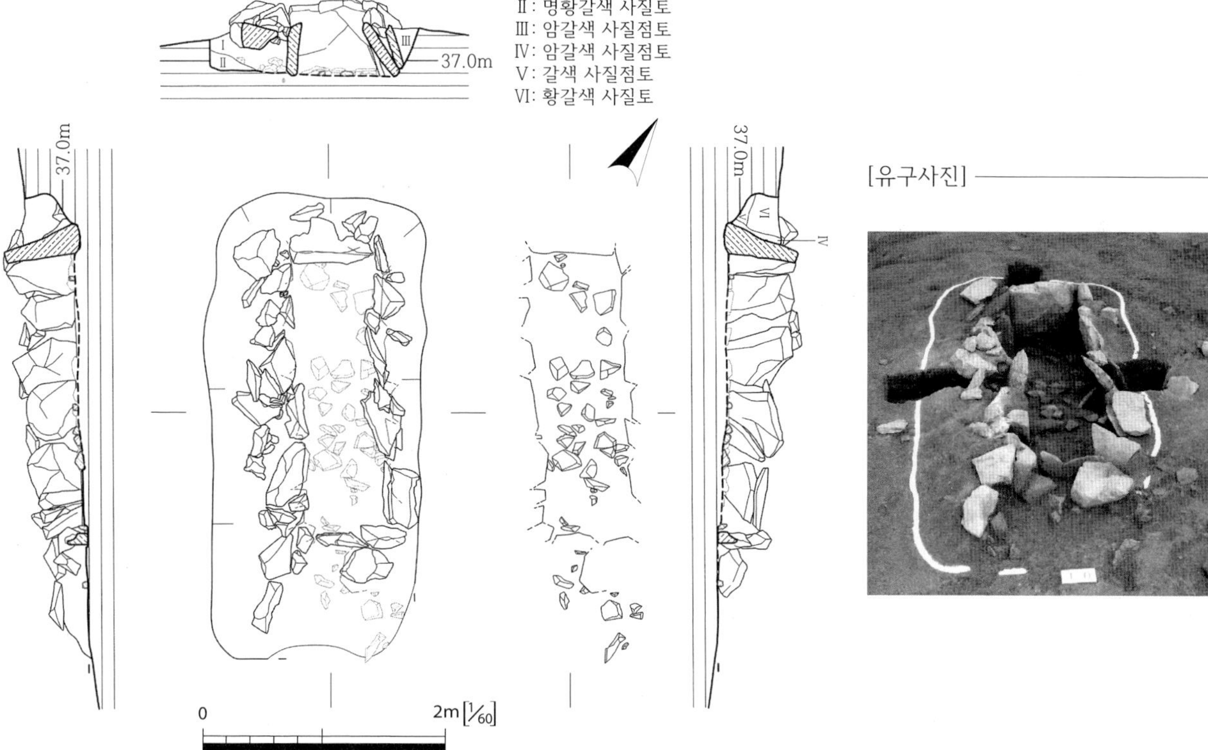

Ⅰ-12호 석실묘

(단위 : cm)

봉토	크 기 (길이×너비×높이)	?	묘광	크 기 (길이×너비×깊이)	228×130×(84+)
	평면형태	?		장폭비	1.75:1
현실	크 기 (길이×너비×높이)	180×66×(80+)	천장형태		고임
	장폭비	2.73:1	연도위치		?
연도	크 기 (길이×너비×높이)	?	묘도크기 (길이×너비)		(276)×(125)
	장폭비	?	배수시설 (길이×너비×깊이)		(330)×(60)×?
시상/관대크기 (길이×너비×높이)		?	두 향		?
장축방향		N-13°-W	벽석종류		판석, 할석
유물	토 기	-			
	철 기	-			
	청동기	-			
	옥석류	-			
	기 타	-			
특기사항		횡혈식 석실로 보고하였으나 파괴가 심하여 정확한 구조는 알 수 없음. 출토유물 없음.			

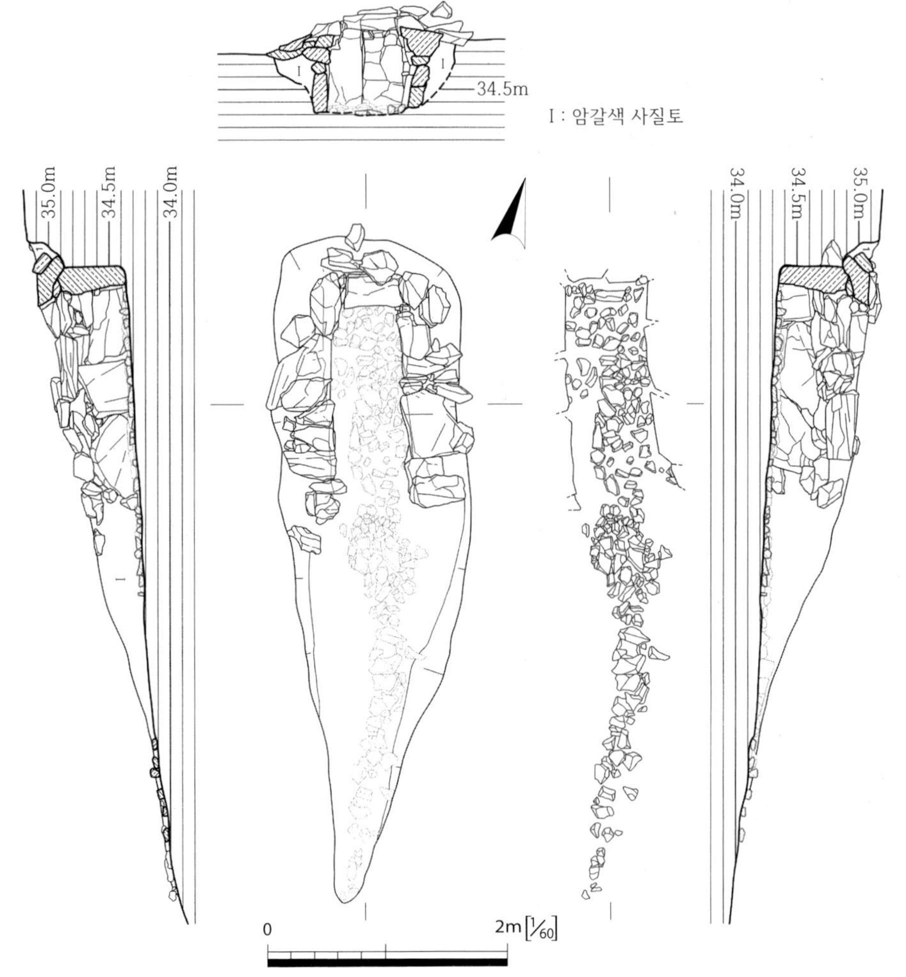

Ⅰ-13호 석실묘

(단위 : cm)

봉토	크 기 (길이×너비×높이)	?	묘광	크 기 (길이×너비×깊이)	412×164×(93+)
	평면형태	?		장폭비	2.51:1
현실	크 기 (길이×너비×높이)	224×72×94	천장형태		고임
	장폭비	3.11:1	횡구부위치		남측 단벽
횡구부	크 기 (길이×너비)	(102)×(62)	묘도크기 (길이×너비)		50×45
	장폭비	(1.65):1	배수시설 (길이×너비×깊이)		-
시상/관대크기 (길이×너비×높이)		-	두 향		?
장축방향		N-19°-W	벽석종류		할석
유물	토 기	-			
	철 기	관정(6)			
	청동기	-			
	옥석류	-			
	기 타	-			
특기사항		횡구식 석실로 보고하였으나 파괴가 심하여 정확한 구조는 알 수 없음.			

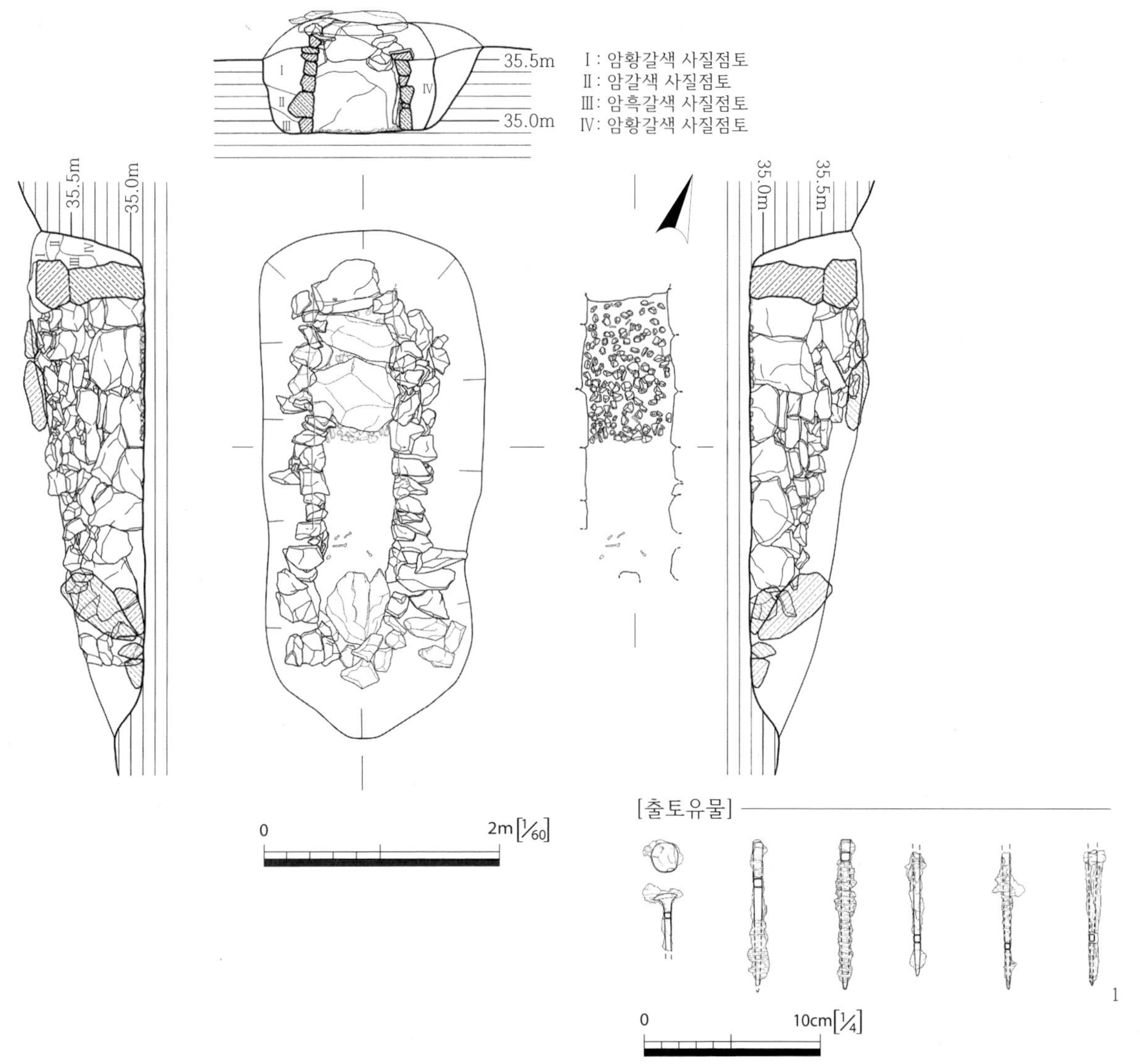

Ⅰ-14호 석실묘

(단위 : cm)

봉토	크 기 (길이×너비×높이)	?	묘광	크 기 (길이×너비×깊이)	(178+)×134×(60+)
	평면형태	?		장폭비	?
현실	크 기 (길이×너비×높이)	(130+)×76×(62+)	천장형태		?
	장폭비	?	횡구부위치		?
횡구부	크 기 (길이×너비)	?	묘도크기 (길이×너비)		?
	장폭비	?	배수시설 (길이×너비×깊이)		?
시상/관대크기 (길이×너비×높이)		?	두 향		?
장축방향		N-11°-W	벽석종류		할석
유물	토 기	-			
	철 기	-			
	청동기	-			
	옥석류	-			
	기 타	-			
특기사항		횡구식 석실로 보고하였으나 파괴가 심하여 정확한 구조는 알 수 없음. 출토유물 없음.			

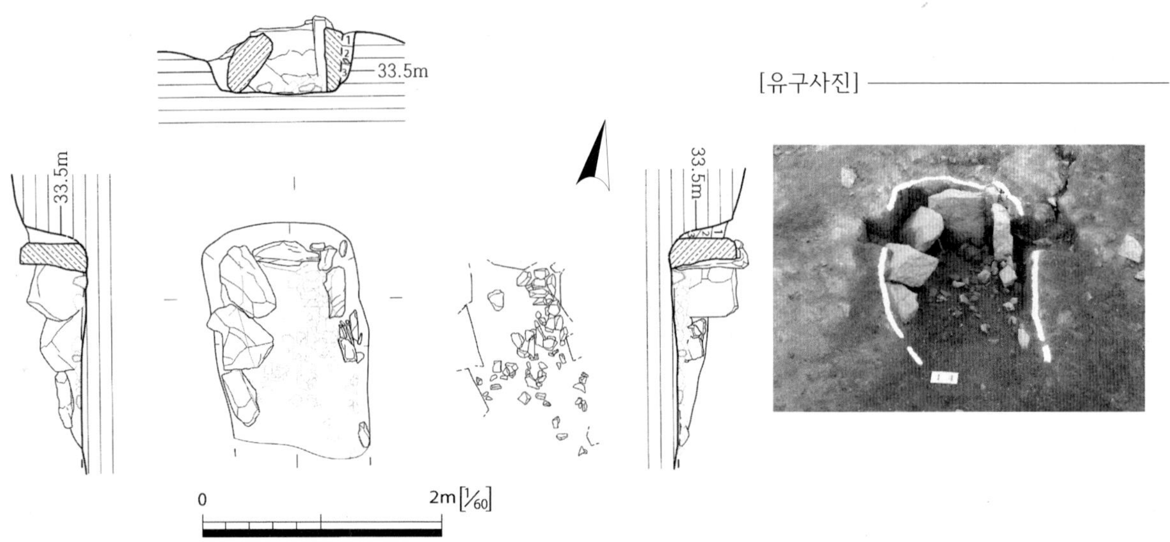

Ⅰ-15호 석실묘

(단위 : cm)

봉토	크 기 (길이×너비×높이)	?	묘광	크 기 (길이×너비×깊이)	(192+)×182×?
	평면형태	?		장폭비	?
현실	크 기 (길이×너비×높이)	(152+)×94×(38+)	천장형태		?
	장폭비	?	연도위치		?
연도	크 기 (길이×너비×높이)	?	묘도크기 (길이×너비)		?
	장폭비	?	배수시설 (길이×너비×깊이)		?
시상/관대크기 (길이×너비×높이)		?	두 향		?
장축방향		N-15°-W	벽석종류		할석
유물	토 기	-			
	철 기	관정(2)			
	청동기	-			
	옥석류	-			
	기 타	-			
특기사항		횡혈식 석실로 보고하였으나 파괴가 심하여 정확한 구조는 알 수 없음.			

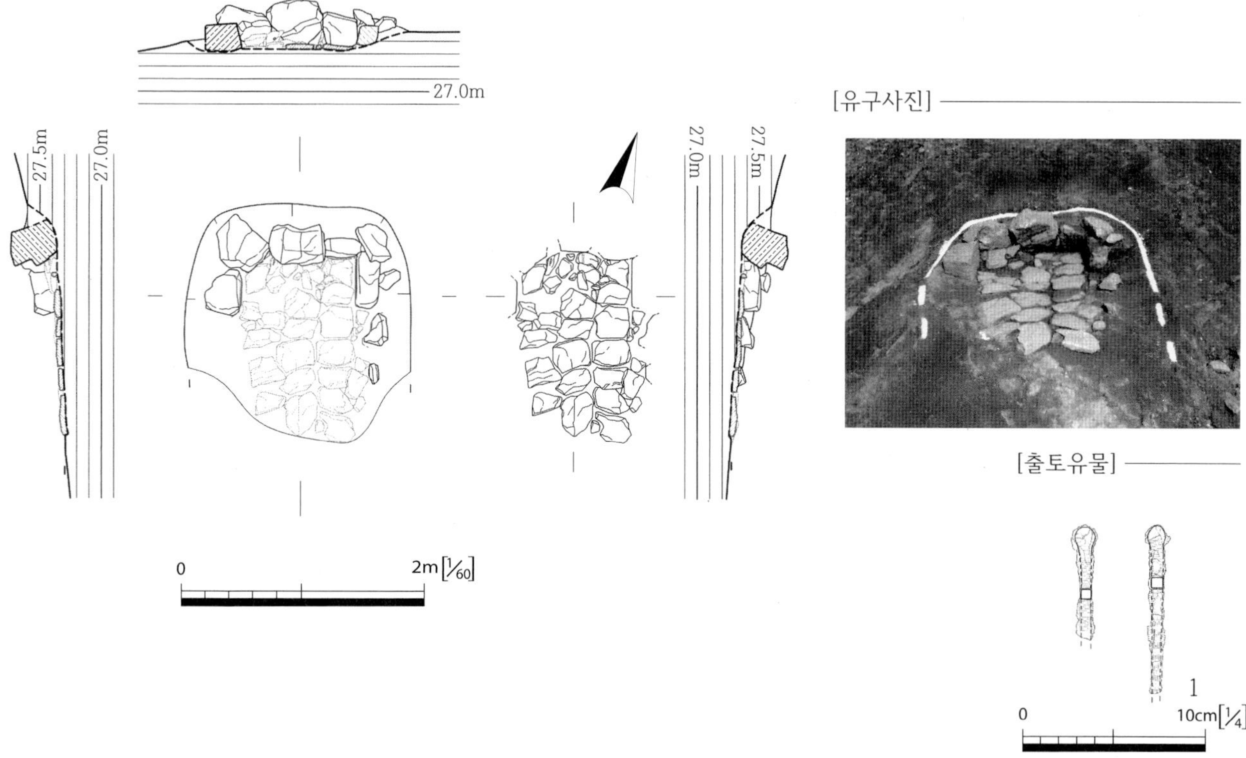

[유구사진]

[출토유물]

1

0 10cm[1/4]

Ⅰ-16호 석실묘

(단위 : cm)

<table>
<tr><td rowspan="2">봉토</td><td>크 기
(길이×너비×높이)</td><td>?</td><td rowspan="2">묘광</td><td>크 기
(길이×너비×깊이)</td><td>(312+)×212×(62+)</td></tr>
<tr><td>평면형태</td><td>?</td><td>장폭비</td><td>?</td></tr>
<tr><td rowspan="2">현실</td><td>크 기
(길이×너비×높이)</td><td>(238+)×96×(54+)</td><td colspan="2">천장형태</td><td>?</td></tr>
<tr><td>장폭비</td><td>?</td><td colspan="2">연도위치</td><td>?</td></tr>
<tr><td rowspan="2">연도</td><td>크 기
(길이×너비×높이)</td><td>?</td><td colspan="2">묘도크기
(길이×너비)</td><td>?</td></tr>
<tr><td>장폭비</td><td>?</td><td colspan="2">배수시설
(길이×너비×깊이)</td><td>?</td></tr>
<tr><td colspan="2">시상/관대크기
(길이×너비×높이)</td><td>?</td><td colspan="2">두 향</td><td>?</td></tr>
<tr><td colspan="2">장축방향</td><td>N-12°-W</td><td colspan="2">벽석종류</td><td>할석</td></tr>
<tr><td rowspan="5">유물</td><td>토 기</td><td colspan="4">-</td></tr>
<tr><td>철 기</td><td colspan="4">관정(4)</td></tr>
<tr><td>청동기</td><td colspan="4">-</td></tr>
<tr><td>옥석류</td><td colspan="4">-</td></tr>
<tr><td>기 타</td><td colspan="4">-</td></tr>
<tr><td colspan="2">특기사항</td><td colspan="4">횡혈식 석실로 보고하였으나 파괴가 심하여 정확한 구조는 알 수 없음.</td></tr>
</table>

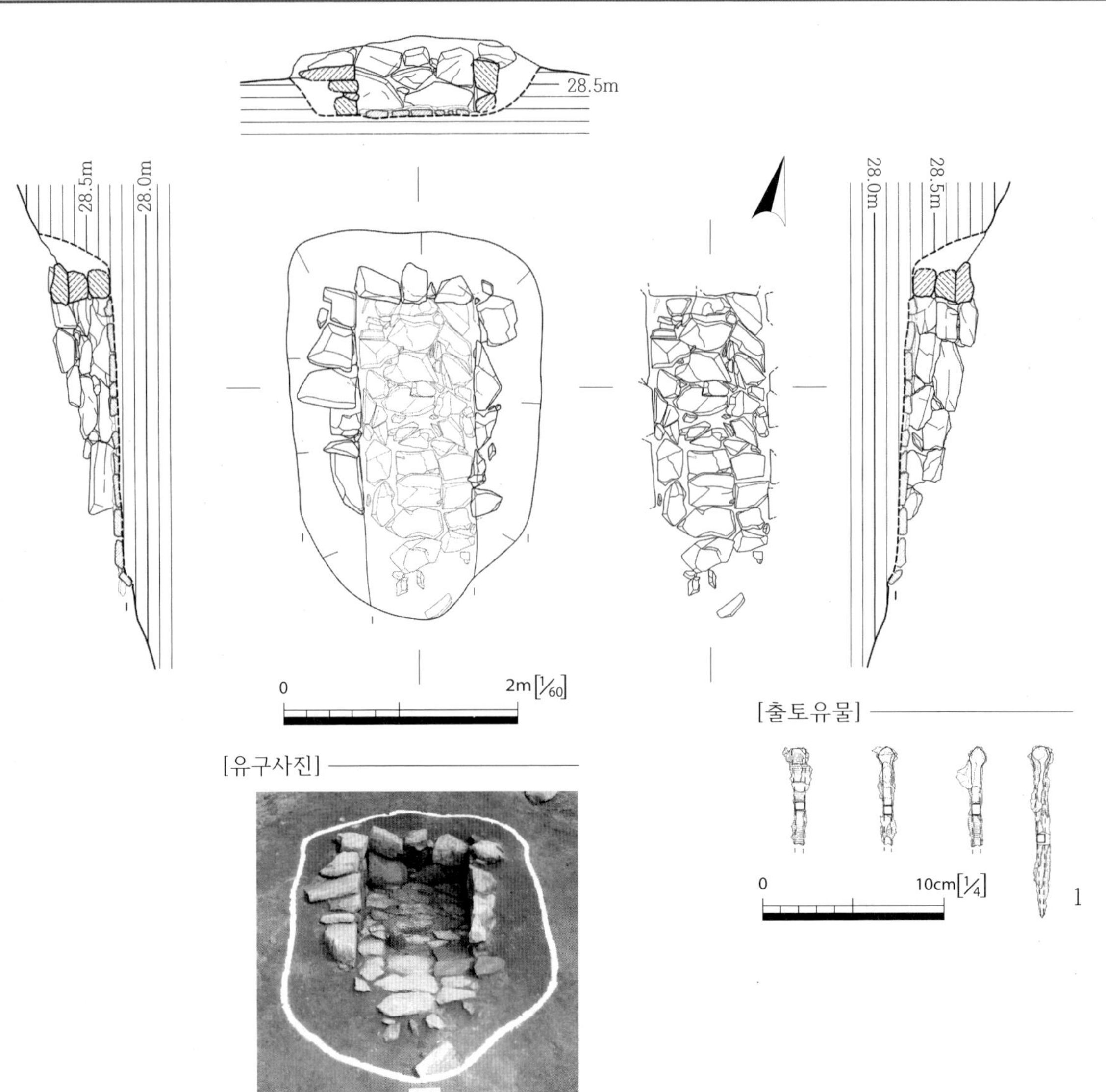

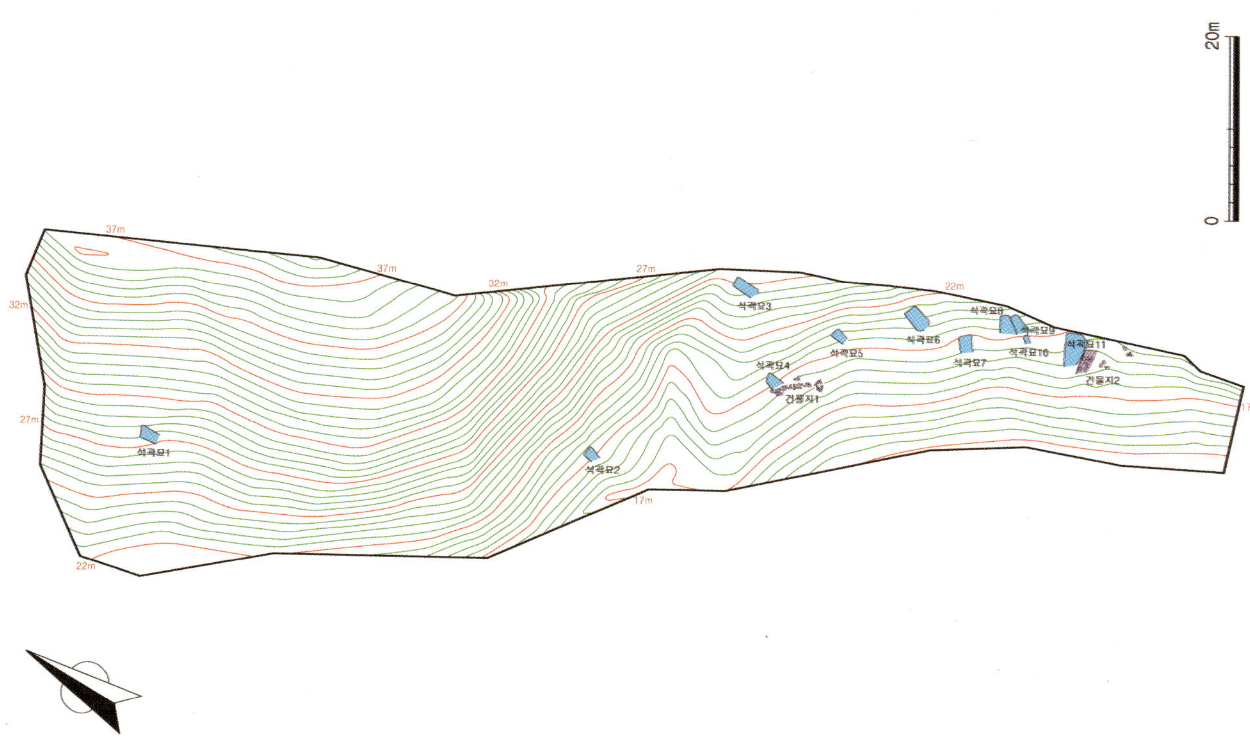

부여 나복리 월구리Ⅱ고분군 유구배치도

부여 나복리 월구리Ⅱ고분군 전경

Ⅱ-1호 석곽묘

(단위 : cm)

묘광	크 기 (길이×너비×깊이)	(244+)×173×(83+)	주체부	크 기 (길이×너비×높이)	(170+)×(50)×(76+)
	장폭비	?		장폭비	?
장축방향		N-10°-W	시상·관대	크 기 (길이×너비×높이)	?
두 향		?	벽석종류		판석, 할석
유물	토 기	-			
	철 기	관고리(2), 관정(5)			
	청동기	-			
	옥석류	-			
	기 타	-			
특기사항		석곽으로 보고하였으나 파괴가 심하여 정확한 구조는 알 수 없음.			

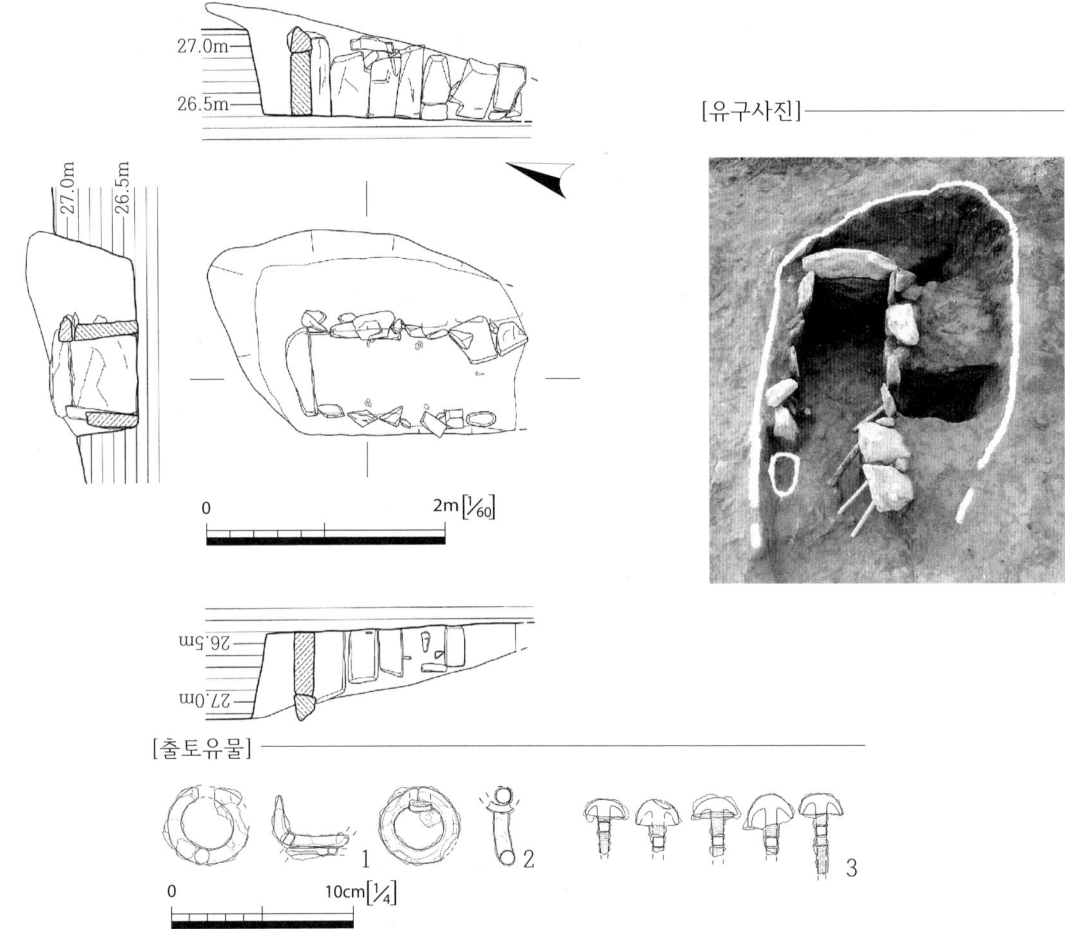

II-2호 석곽묘

(단위 : cm)

<table>
<tr><td rowspan="2">묘광</td><td>크 기
(길이×너비×깊이)</td><td>(185+)×136×(62+)</td><td rowspan="2">주체부</td><td>크 기
(길이×너비×높이)</td><td>(56+)×64×(54+)</td></tr>
<tr><td>장폭비</td><td>?</td><td>장폭비</td><td>?</td></tr>
<tr><td colspan="2">장축방향</td><td>N-35°-E</td><td>시상·관대</td><td>크 기
(길이×너비×높이)</td><td>?</td></tr>
<tr><td colspan="2">두 향</td><td>?</td><td colspan="2">벽석종류</td><td>할석</td></tr>
<tr><td rowspan="5">유물</td><td>토 기</td><td colspan="4">-</td></tr>
<tr><td>철 기</td><td colspan="4">관정(2)</td></tr>
<tr><td>청동기</td><td colspan="4">-</td></tr>
<tr><td>옥석류</td><td colspan="4">-</td></tr>
<tr><td>기 타</td><td colspan="4">-</td></tr>
<tr><td colspan="2">특기사항</td><td colspan="4">석곽으로 보고하였으나 파괴가 심하여 정확한 구조는 알 수 없음.</td></tr>
</table>

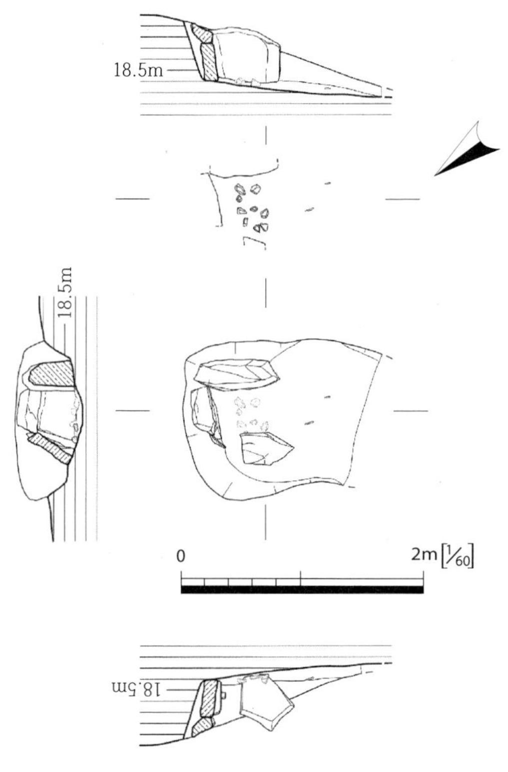

[유구사진]

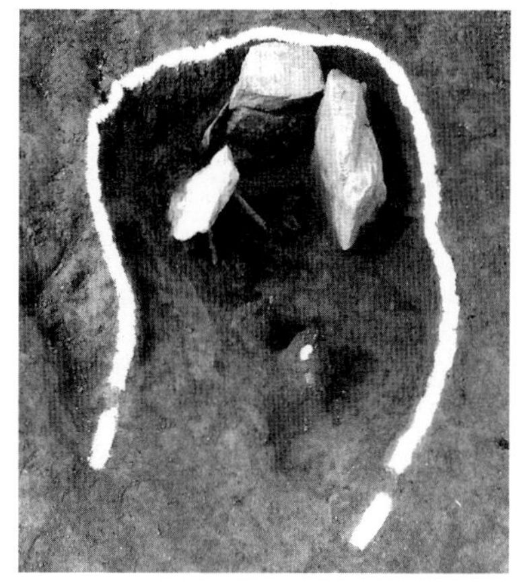

[출토유물]

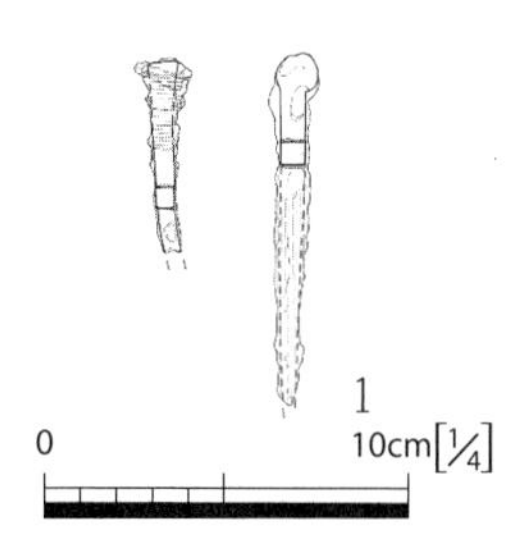

II-3호 석곽묘

(단위 : cm)

묘광	크 기 (길이×너비×깊이)	(376+)×172×(62+)	주체부	크 기 (길이×너비×높이)	(205+)×(90+)×(55+)
	장폭비	?		장폭비	?
장축방향		N-4°-E	시상·관대	크 기 (길이×너비×높이)	?
두 향		?	벽석종류		판석, 할석
유물	토 기	-			
	철 기	관정(6)			
	청동기	-			
	옥석류	-			
	기 타	-			
특기사항		석곽으로 보고하였으나 파괴가 심하여 정확한 구조는 알 수 없음.			

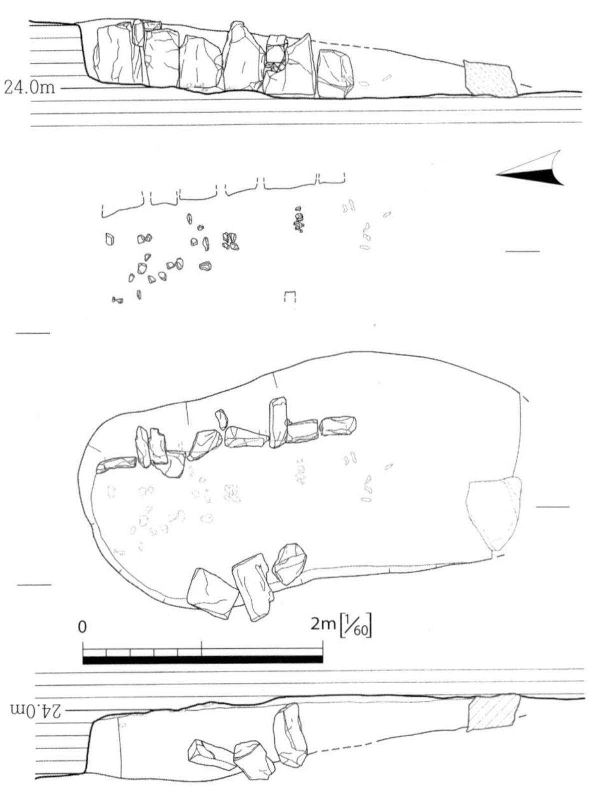

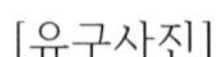

[유구사진]

[출토유물]

1

0 10cm[1/4]

II-4호 석곽묘

(단위 : cm)

묘광	크 기 (길이×너비×깊이)	(246+)×160×(86+)	주체부	크 기 (길이×너비×높이)	(194+)×74×(84+)
	장폭비	?		장폭비	?
장축방향		N-55°-E	시상·관대	크 기 (길이×너비×높이)	?
두 향		?	벽석종류		판석, 할석
유물	토 기	-			
	철 기	관정(1)			
	청동기	-			
	옥석류	-			
	기 타	-			
특기사항		석곽으로 보고하였으나 파괴가 심하여 정확한 구조는 알 수 없음.			

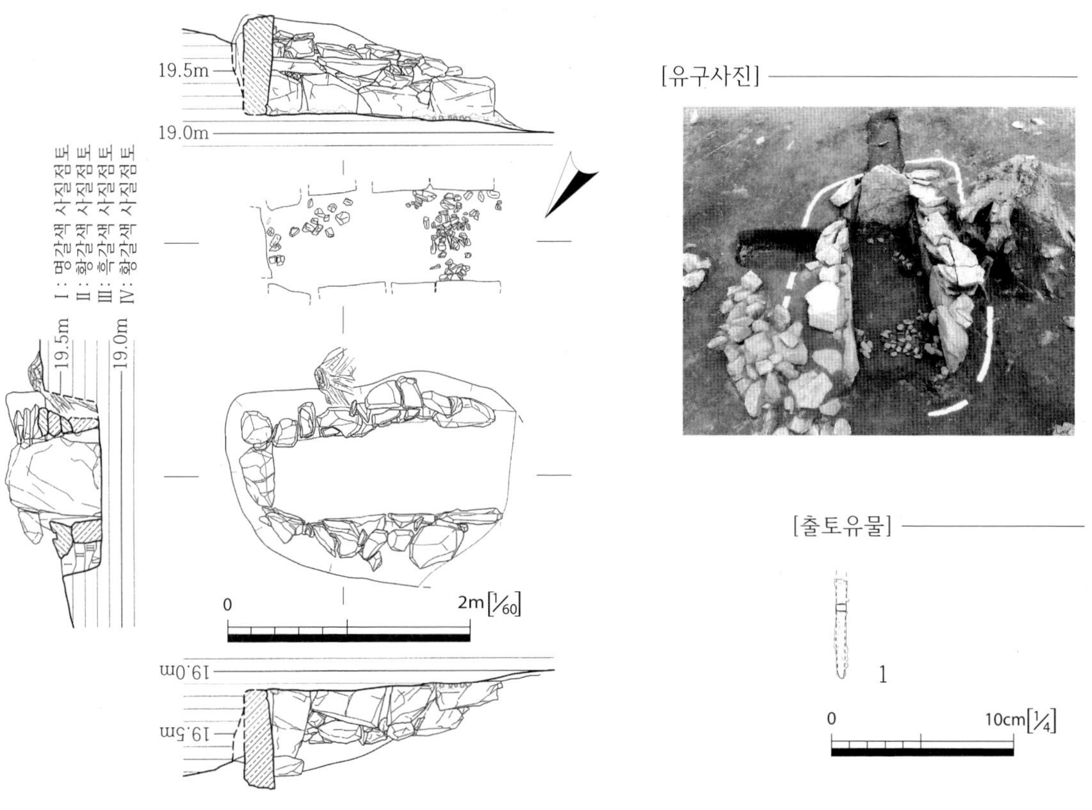

[유구사진]

[출토유물]

1

0 10cm[1/4]

II-5호 석실묘

(단위 : cm)

봉토	크 기 (길이×너비×높이)	?	묘광	크 기 (길이×너비×깊이)	(238+)×162×(52+)
	평면형태	?		장폭비	?
현실	크 기 (길이×너비×높이)	(170+)×76×(70+)	천장형태		?
	평면형태	?	횡구부위치		?
횡구부	크 기 (길이×너비)	?	묘도크기 (길이×너비)		?
	장폭비	?	배수시설 (길이×너비×깊이)		?
시상/관대크기 (길이×너비×높이)		?	두 향		?
장축방향		N-15°-E	벽석종류		판석
유물	토 기	-			
	철 기	관정(1)			
	청동기	-			
	옥석류	-			
	기 타	-			
특기사항		횡구식 석실로 보고하였으나 파괴가 심하여 정확한 구조는 알 수 없음.			

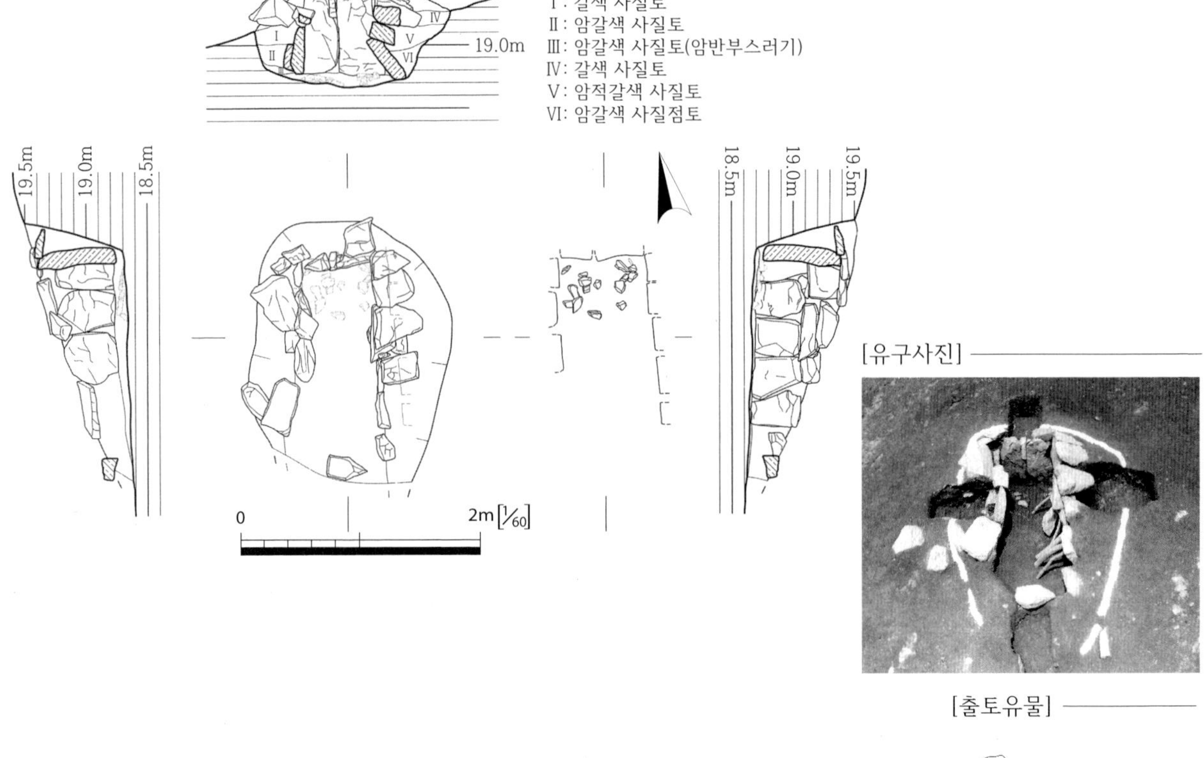

[유구사진]

[출토유물]

1

0 10cm[1/4]

II -6호 석곽묘

(단위 : cm)

묘광	크 기 (길이×너비×깊이)	344×222×(88+)	주체부	크 기 (길이×너비×높이)	(222+)×80×(86)
	장폭비	1.55:1		장폭비	?
장축방향		N-8°-W	시상·관대	크 기 (길이×너비×높이)	?
두 향		?	벽석종류		할석
유물	토 기	-			
	철 기	관정(1)			
	청동기	-			
	옥석류	-			
	기 타	-			
특기사항		석곽으로 보고하였으나 파괴가 심하여 정확한 구조는 알 수 없음.			

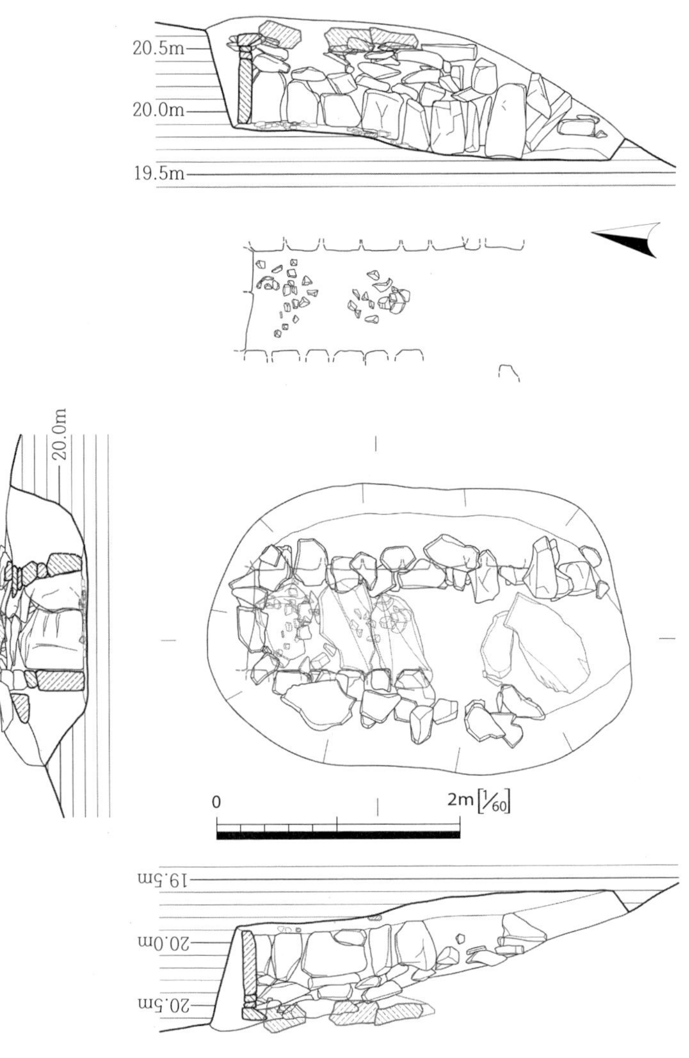

[유구사진]

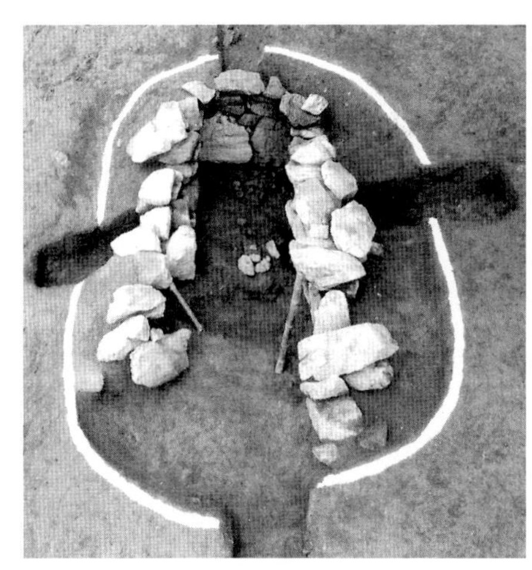

[출토유물]

1

0 5cm[1/4]

II-7호 석곽묘

(단위 : cm)

<table>
<tr><td rowspan="2">묘광</td><td>크 기
(길이×너비×깊이)</td><td>(242+)×260×(40+)</td><td rowspan="2">주체부</td><td>크 기
(길이×너비×높이)</td><td>(165+)×78×(59+)</td></tr>
<tr><td>장폭비</td><td>?</td><td>장폭비</td><td>?</td></tr>
<tr><td colspan="2">장축방향</td><td>N-50°-E</td><td>시상·관대</td><td>크 기
(길이×너비×높이)</td><td>?</td></tr>
<tr><td colspan="2">두 향</td><td>?</td><td colspan="2">벽석종류</td><td>할석</td></tr>
<tr><td rowspan="5">유물</td><td>토 기</td><td colspan="4">-</td></tr>
<tr><td>철 기</td><td colspan="4">관고리(1)</td></tr>
<tr><td>청동기</td><td colspan="4">-</td></tr>
<tr><td>옥석류</td><td colspan="4">-</td></tr>
<tr><td>기 타</td><td colspan="4">-</td></tr>
<tr><td colspan="2">특기사항</td><td colspan="4">석곽으로 보고하였으나 파괴가 심하여 정확한 구조는 알 수 없음.</td></tr>
</table>

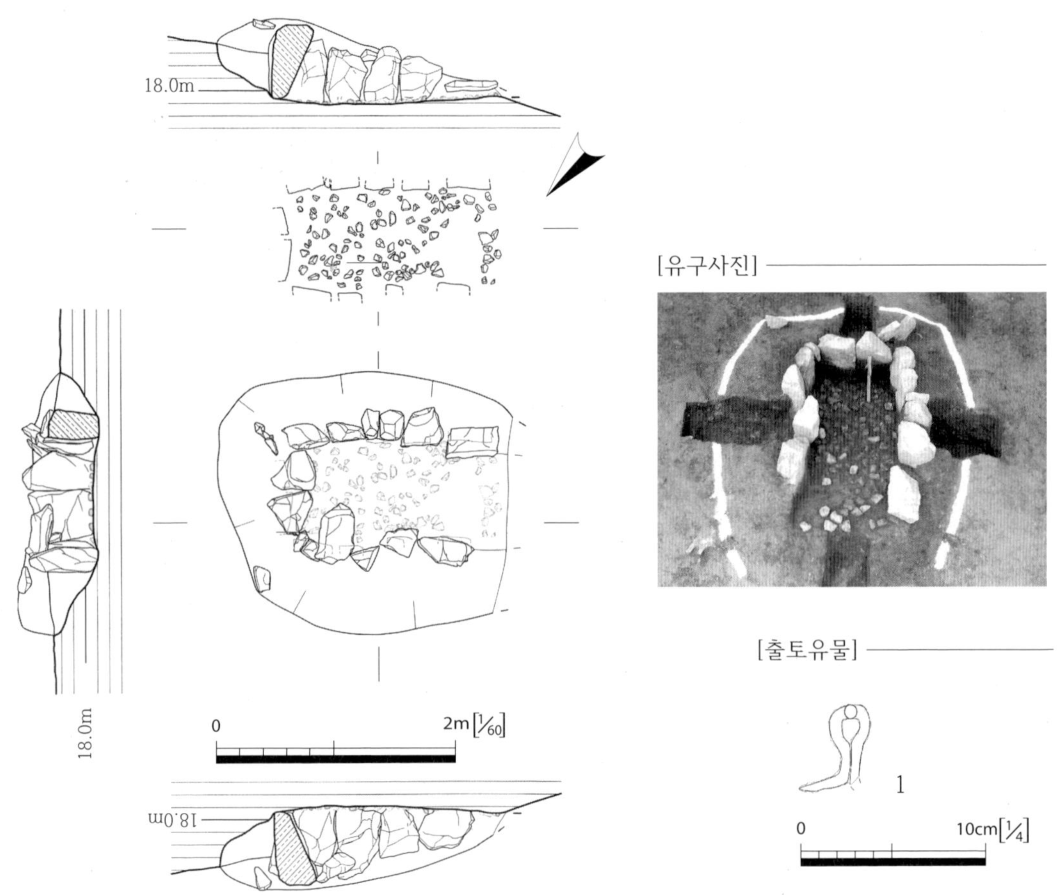

II-8호 석곽묘

(단위 : cm)

묘광	크 기 (길이×너비×깊이)	(246+)×(260+)×(35+)	주체부	크 기 (길이×너비×높이)	(178+)×64×(41+)
	장폭비	?		장폭비	?
장축방향		N-38°-E	시상·관대	크 기 (길이×너비×높이)	?
두 향		?	벽석종류		할석
유물	토 기	동이형 토기(1)			
	철 기	-			
	청동기	-			
	옥석류	-			
	기 타	-			
특기사항		석곽으로 보고하였으나 파괴가 심하여 정확한 구조는 알 수 없음.			

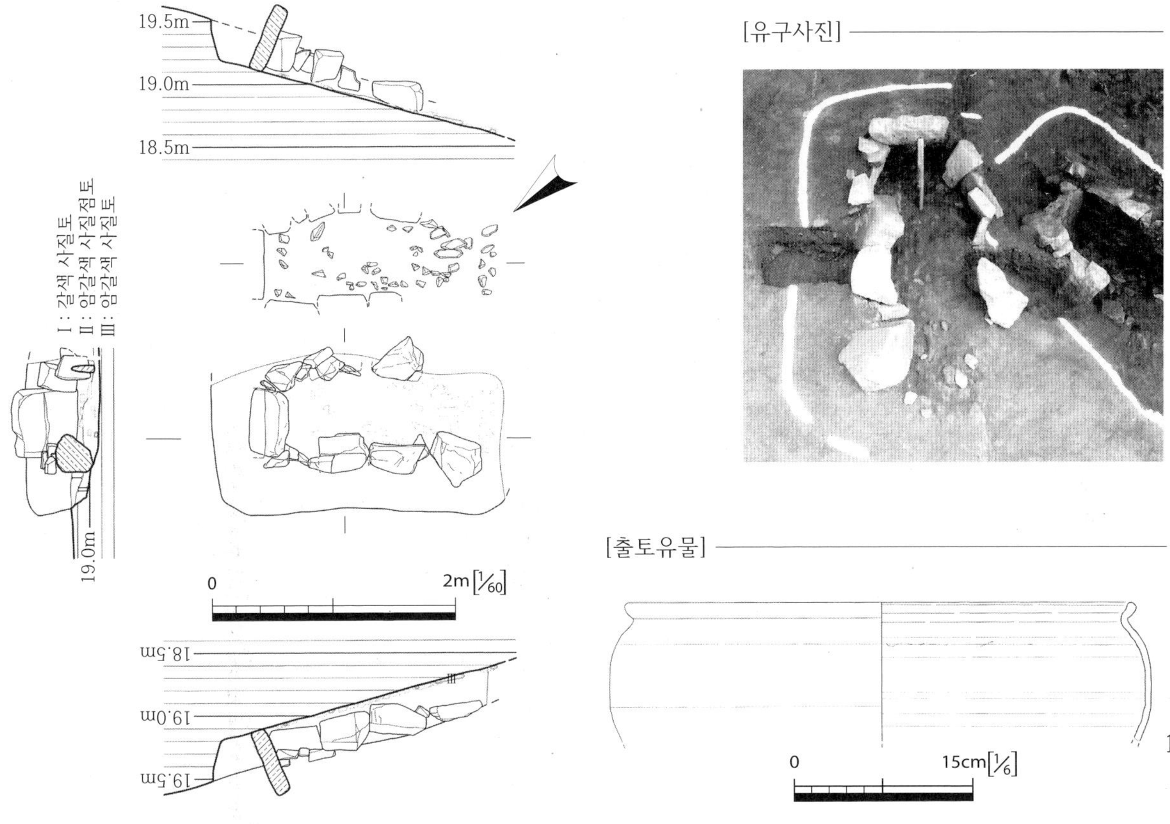

II-9호 석곽묘

(단위 : cm)

묘광	크 기 (길이×너비×깊이)	(310+)×162×(76+)	주체부	크 기 (길이×너비×높이)	(186+)×70×(54+)
	장폭비	?		장폭비	?
장축방향		N-2°-E	시상·관대	크 기 (길이×너비×높이)	?
두 향		?	벽석종류		판석, 할석
유물	토 기	-			
	철 기	관정(3)			
	청동기	-			
	옥석류	-			
	기 타	-			
특기사항		석곽으로 보고하였으나 파괴가 심하여 정확한 구조는 알 수 없음.			

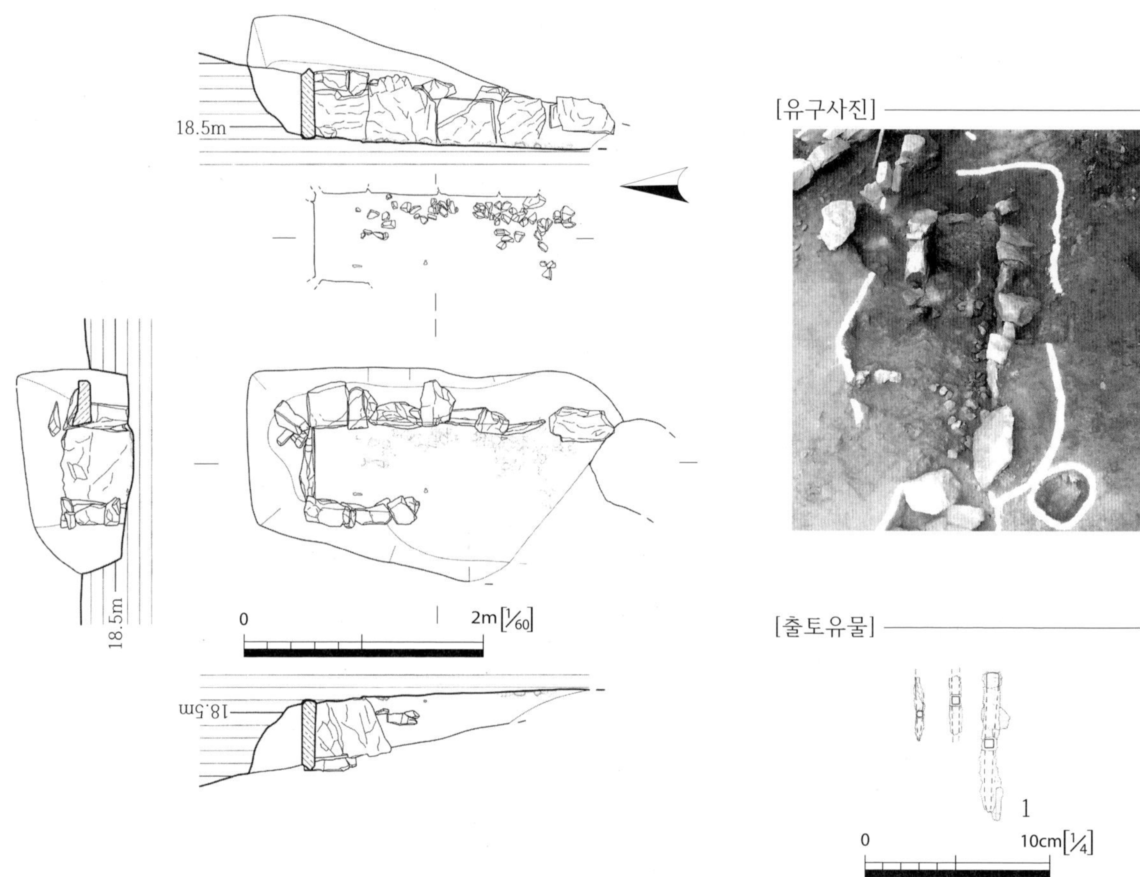

II-10호 석곽묘

(단위 : cm)

묘광	크 기 (길이×너비×깊이)	(148+)×(125)×(28+)	주체부	크 기 (길이×너비×높이)	(198+)×80×(28+)
	장폭비	?		장폭비	?
장축방향		N-37°-E	시상·관대	크 기 (길이×너비×높이)	?
두 향		?	벽석종류		할석
유물	토 기	-			
	철 기	-			
	청동기	-			
	옥석류	-			
	기 타	-			
특기사항		석곽으로 보고하였으나 파괴가 심하여 정확한 구조는 알 수 없음. 출토유물 없음.			

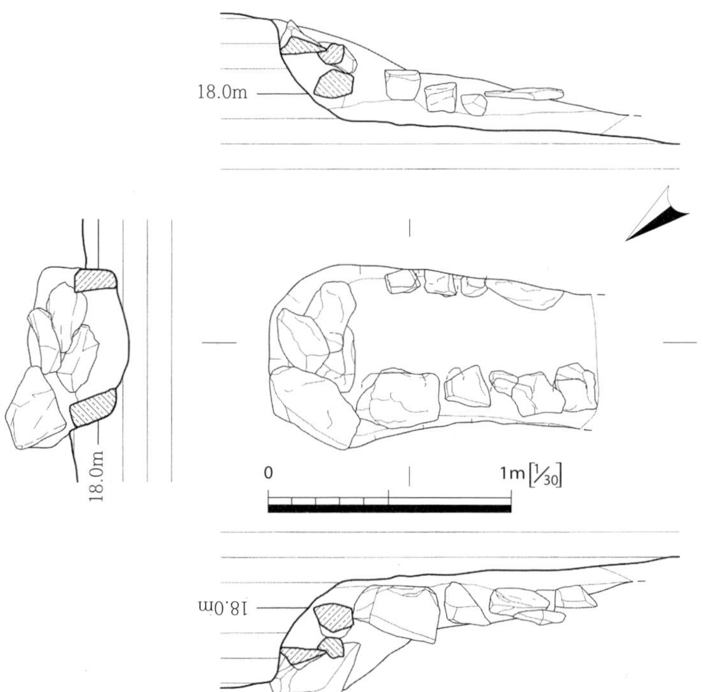

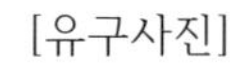

[유구사진]

II-11호분

(단위 : cm)

묘광	크 기 (길이×너비×높이)	(380+)×(274+)×(68+)	현실	크 기 (길이×너비×깊이)	?
	장폭비	?		장폭비	?
시상/관대크기 (길이×너비×높이)		?	천장형태		?
묘도크기 (길이×너비)		?	배수시설 (길이×너비×깊이)		?
장축방향		N-(58)°-E	두 향		?
벽석종류		할석	바닥시설		?
유물	토 기	-			
	철 기	관정(3)			
	청동기	-			
	옥석류	-			
	기 타	-			
특기사항					

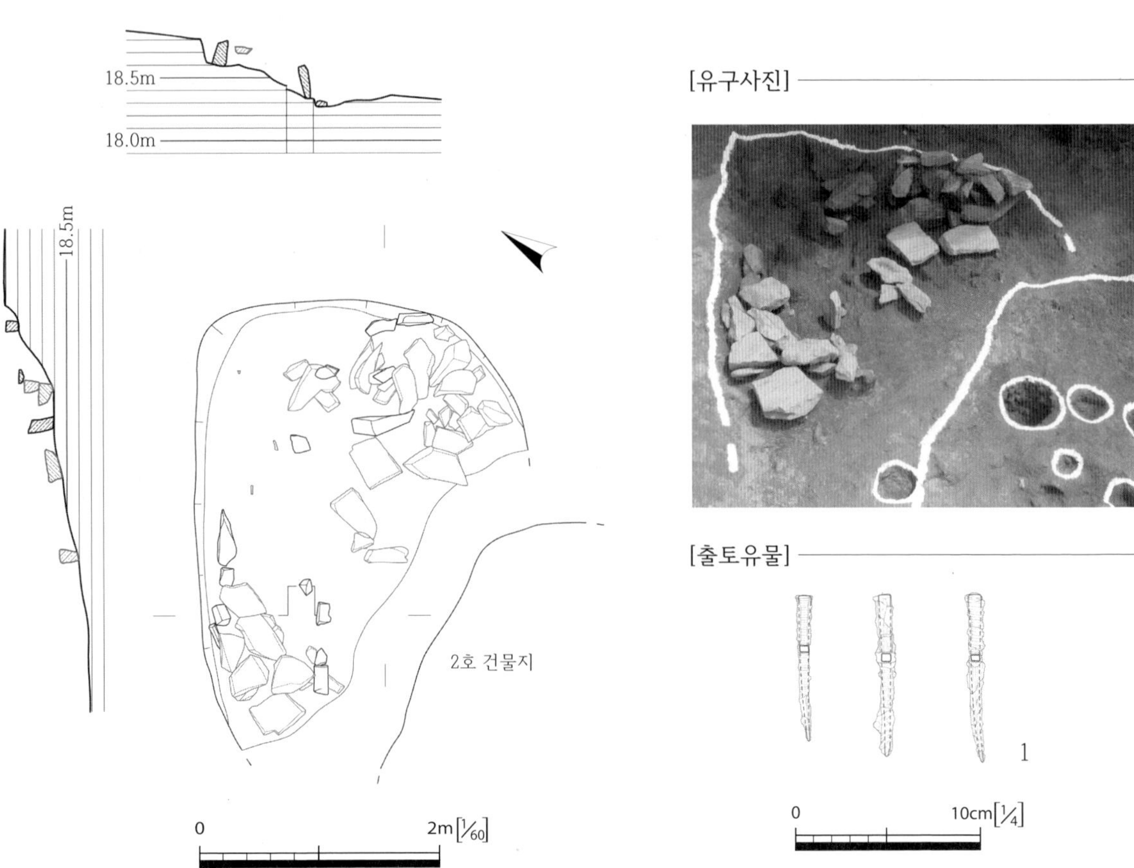

부여 나복리 유적扶餘 羅福里 遺蹟

조사사유	부여 종합체육시설조성에 따른 구제발굴조사	
조사연혁	지표조사: 2001. 02. (韓國文化財保護財團) 시굴조사: 2001. 09. 24. ~ 2001. 11. 02. (忠南發展硏究院) 발굴조사: 2002. 01. 16. ~ 2002. 05. 25. (忠淸南道歷史文化院)	
유적위치	충청남도 부여군 규암면 나복리 470번지 일원	
	경·위도 126°54′E/36°18′N	
유적입지	나복리 유적은 표고 52.5m의 반산에서 북주하는 가지능선상에 있으며, 하천을 사이에 두고 유적 북쪽과 서쪽에는 표고 약 100m의 높은 산지가 형성되어 있다. 유적은 남쪽에서 동쪽으로 흘러내리는 구릉상부와 그 사면에 해당하는데, 유적이 위치한 구릉은 조사 이전에는 밤나무 단지가 조성되어 있었다. 밤나무 단지를 조성하는 과정에서 많은 부분이 삭평 또는 훼손된 것으로 보인다.	
유구현황	초기철기시대	주거지(1)
	원삼국시대	-
	삼 국 시 대	석실묘(7)·옹관묘(1)
	기 타	청동기시대 석관묘(5)·석개토광묘(2)·토광묘(3)·옹관묘(1)·주거지(22)·타원형저장공(1)·방형유구(1)·원형유구(1), 통일신라시대 토광묘(1), 고려 및 조선시대 석실묘(1)·주거지(3)·토광묘(28)
주요유물	관정	
시대·성격	백제 고분은 모두 8기로서, 유적 내에서 차지하는 고분의 밀집도는 그리 높지 않다. 석실묘는 출토된 유물이 관정뿐이며, 석실도 대부분 파손되어 정확한 형태를 파악하기 어려운 상태이다. 형태파악이 가능한 일부 석실의 경우 판석을 사용하여 벽을 축조하였으며, 부장유물의 경우 토기류와 철기류가 전혀 확인되지 않았다. 이로 볼 때 석실묘는 백제말기의 박장풍습을 채용하여 사비기에 축조되었던 것으로 판단된다.	
참고문헌	忠南發展硏究院, 2001, 『부여 종합체육시설 부지내 문화유적 시굴조사 개략보고서』. 忠淸南道歷史文化院, 2004, 『扶餘 羅福里遺蹟』, 遺蹟調査報告 第 8冊.	

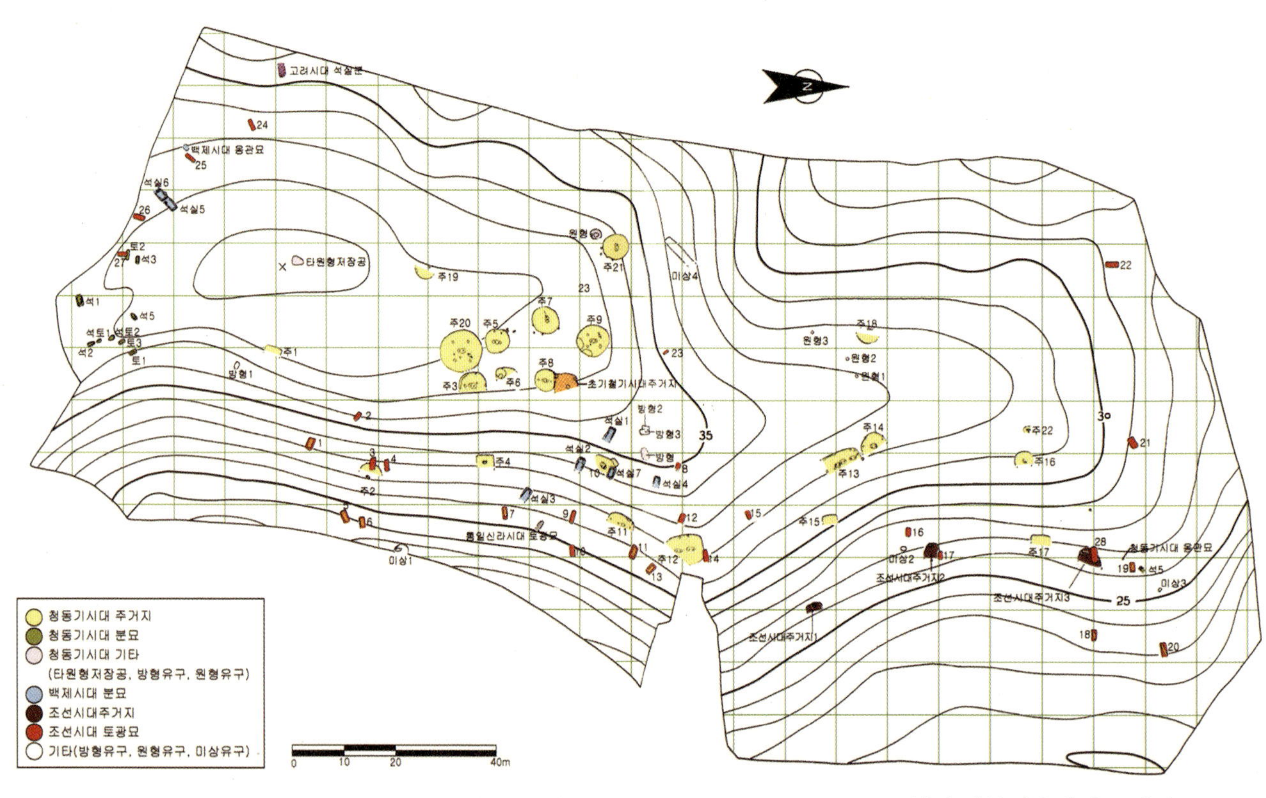

부여 나복리유적 유구배치도

부여 나복리유적 전경

1호 석실묘

(단위 : cm)

봉토	크 기 (길이×너비×높이)	?	묘광	크 기 (길이×너비×깊이)	(240+)×120×(22+)
	평면형태	?		장폭비	?
현실	크 기 (길이×너비×높이)	210×65×(60+)	천장형태		?
	장폭비	3.23:1	연도위치		?
연도	크 기 (길이×너비×높이)	?	묘도크기 (길이×너비)		?
	장폭비	?	배수시설 (길이×너비×깊이)		?
시상/관대크기 (길이×너비×높이)		?	두 향		?
장축방향		N-56°-W	벽석종류		할석
유물	토 기	-			
	철 기	관정(10)			
	청동기	-			
	옥석류	-			
	기 타	-			
특기사항		석실로 보고하였으나 파괴가 심하여 정확한 구조는 알 수 없음.			

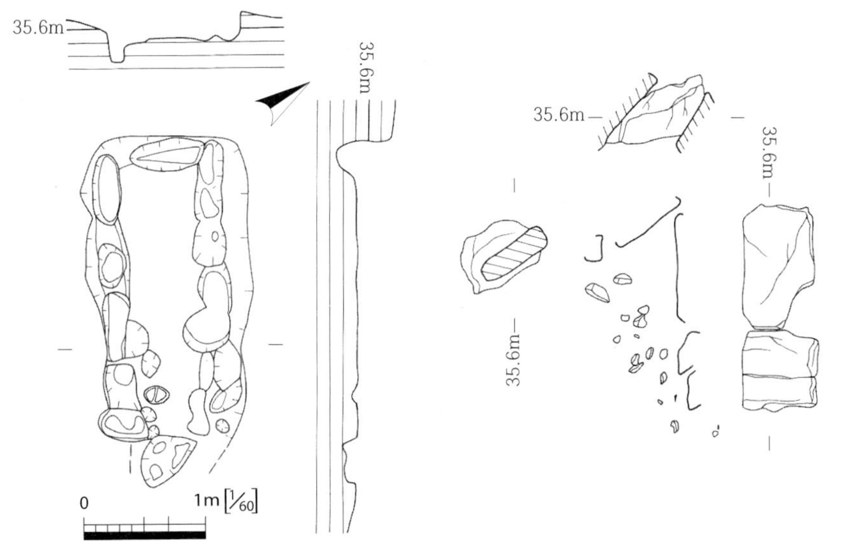

[유구사진]

[출토유물]

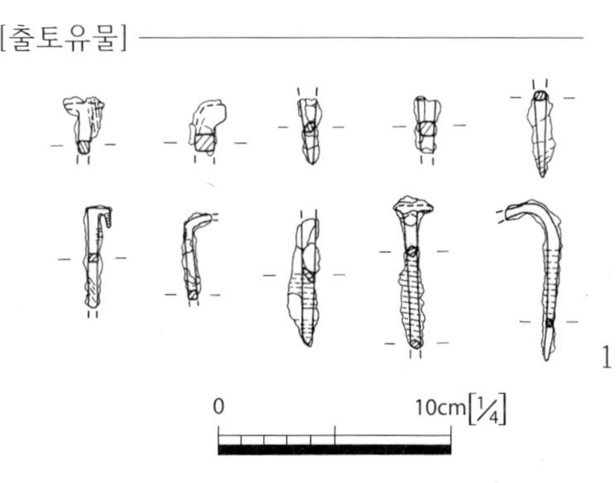

2호 석실묘

(단위 : cm)

봉토	크 기 (길이×너비×높이)	?	묘광	크 기 (길이×너비×깊이)	(300)×140×(66+)
	평면형태	?		장폭비	2.14:1
현실	크 기 (길이×너비×높이)	(220)×70×(60+)	천장형태		?
	장폭비	(3.14):1	연도위치		?
연도	크 기 (길이×너비×높이)	?	묘도크기 (길이×너비)		?
	장폭비	?	배수시설 (길이×너비×깊이)		?
시상/관대크기 (길이×너비×높이)		?	두 향		?
장축방향		N-45°-W	벽석종류		판석
유물	토 기	-			
	철 기	관정(6)			
	청동기	-			
	옥석류	-			
	기 타	-			
특기사항		횡구식 석실로 보고하였으나 파괴가 심하여 정확한 구조는 알 수 없음.			

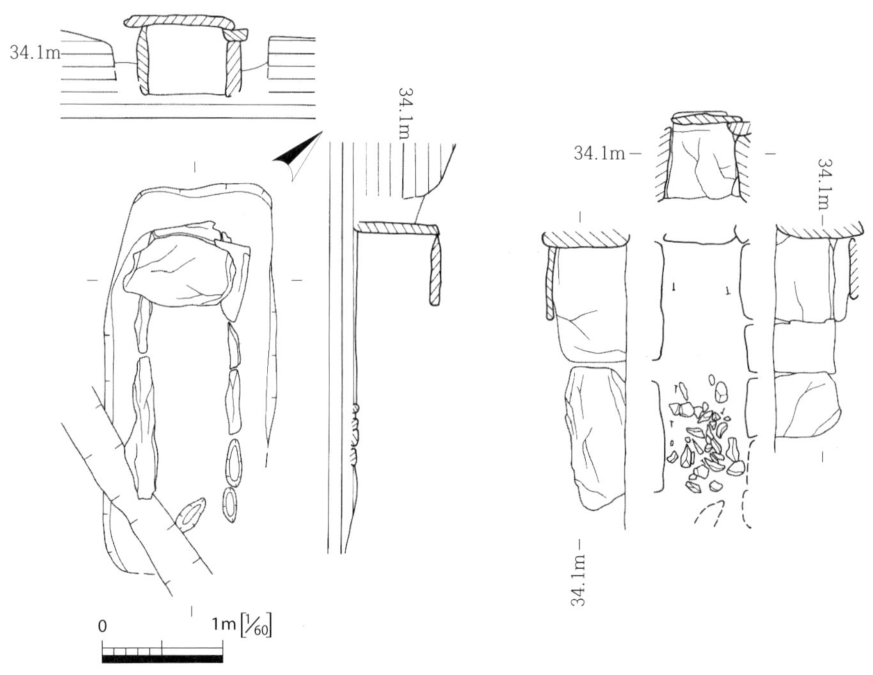

[유구사진]

[출토유물]

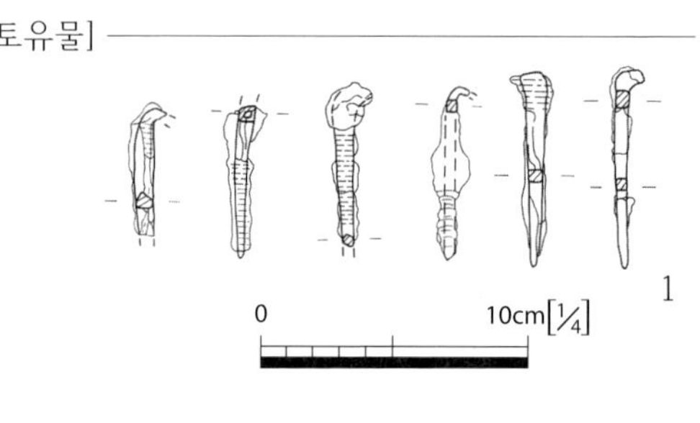

3호 석실묘

(단위 : cm)

봉토	크 기 (길이×너비×높이)	?	묘광	크 기 (길이×너비×깊이)	(240+)×122×(40+)
	평면형태	?		장폭비	?
현실	크 기 (길이×너비×높이)	220×64×(46+)	천장형태		?
	장폭비	3.44:1	연도위치		?
연도	크 기 (길이×너비×높이)	?	묘도크기 (길이×너비)		?
	장폭비	?	배수시설 (길이×너비×깊이)		?
시상/관대크기 (길이×너비×높이)		?	두 향		?
장축방향		N-51°-W	벽석종류		판석
유물	토 기	-			
	철 기	관정(5)			
	청 동 기	-			
	옥 석 류	-			
	기 타	-			
특기사항		횡구식 석실로 보고하였으나 파괴가 심하여 정확한 구조는 알 수 없음.			

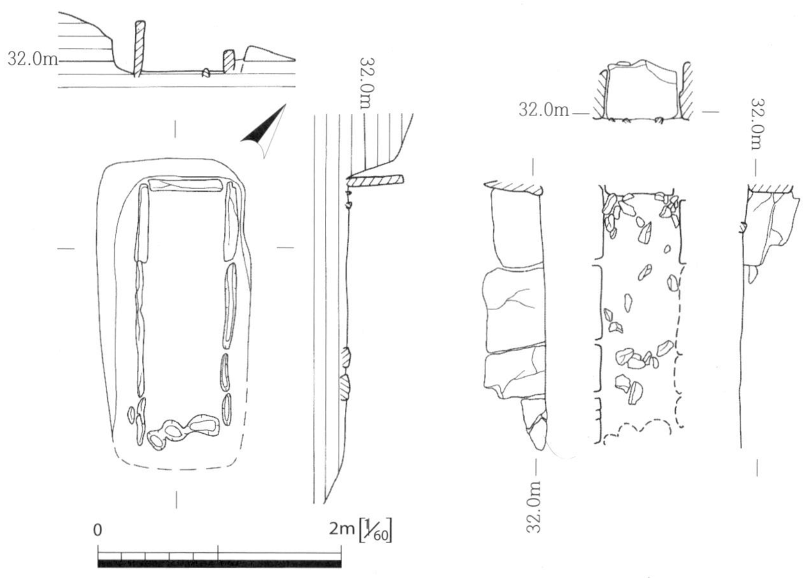

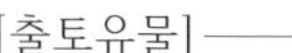

[유구사진]

[출토유물]

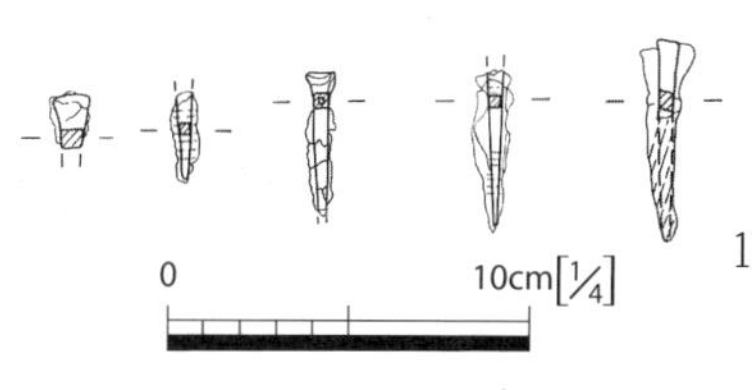

4호 석실묘

(단위 : cm)

봉토	크 기 (길이×너비×높이)	?	묘광	크 기 (길이×너비×깊이)	(120+)×(114)×(13+)
	평면형태	?		장폭비	?
현실	크 기 (길이×너비×높이)	(90+)×(70)×(32+)	천장형태		?
	장폭비	?	연도위치		?
연도	크 기 (길이×너비×높이)	?	묘도크기 (길이×너비)		?
	장폭비	?	배수시설 (길이×너비×깊이)		?
시상/관대크기 (길이×너비×높이)		?	두 향		?
장축방향		N-52°-W	벽석종류		할석
유물	토 기	-			
	철 기	관정(1)			
	청동기	-			
	옥석류	-			
	기 타	-			
특기사항		횡혈식 석실로 보고하였으나 파괴가 심하여 정확한 구조는 알 수 없음.			

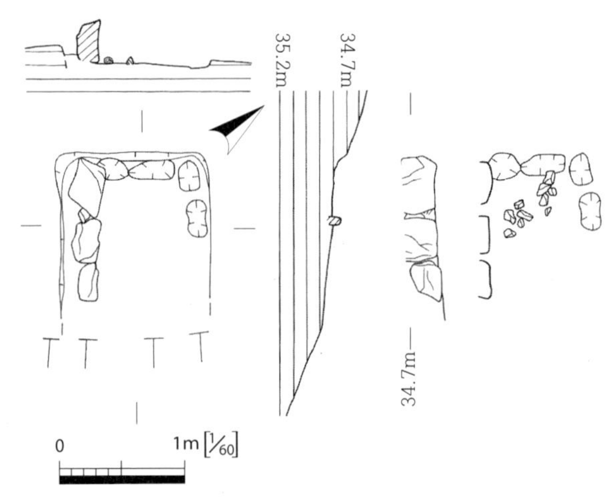

[유구사진]

[출토유물]

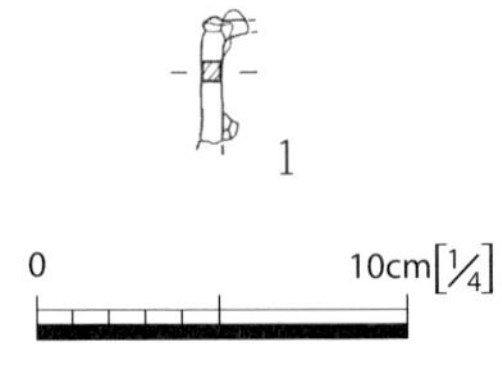

5호 석실묘

(단위 : cm)

<table>
<tr><td rowspan="2">봉토</td><td>크 기
(길이×너비×높이)</td><td>?</td><td rowspan="2">묘광</td><td>크 기
(길이×너비×깊이)</td><td>(240+)×110×(20+)</td></tr>
<tr><td>평면형태</td><td>?</td><td>장폭비</td><td>?</td></tr>
<tr><td rowspan="2">현실</td><td>크 기
(길이×너비×높이)</td><td>(210+)×60×(38+)</td><td colspan="2">천장형태</td><td>?</td></tr>
<tr><td>장폭비</td><td>?</td><td colspan="2">연도위치</td><td>?</td></tr>
<tr><td rowspan="2">연도</td><td>크 기
(길이×너비×높이)</td><td>?</td><td colspan="2">묘도크기
(길이×너비)</td><td>?</td></tr>
<tr><td>장폭비</td><td>?</td><td colspan="2">배수시설
(길이×너비×깊이)</td><td>?</td></tr>
<tr><td colspan="2">시상/관대크기
(길이×너비×높이)</td><td>?</td><td colspan="2">두 향</td><td>?</td></tr>
<tr><td colspan="2">장축방향</td><td>N-58°-E</td><td colspan="2">벽석종류</td><td>할석</td></tr>
<tr><td rowspan="5">유물</td><td>토 기</td><td colspan="4">-</td></tr>
<tr><td>철 기</td><td colspan="4">-</td></tr>
<tr><td>청동기</td><td colspan="4">-</td></tr>
<tr><td>옥석류</td><td colspan="4">-</td></tr>
<tr><td>기 타</td><td colspan="4">-</td></tr>
<tr><td colspan="2">특기사항</td><td colspan="4">석실로 보고하였으나 파괴가 심하여 정확한 구조는 알 수 없음. 출토유물 없음.</td></tr>
</table>

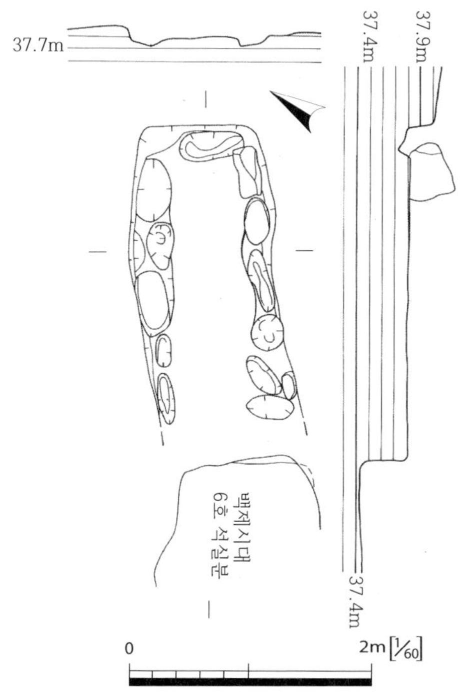

[유구사진]

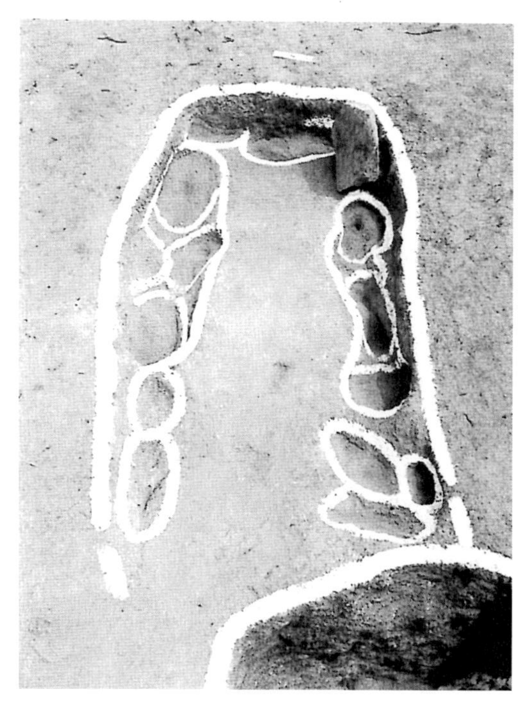

6호 석실묘

(단위 : cm)

봉토	크 기 (길이×너비×높이)	?	묘광	크 기 (길이×너비×깊이)	290×115×(46+)
	평면형태	?		장폭비	2.52:1
현실	크 기 (길이×너비×높이)	(218)×(64)×?	천장형태		?
	장폭비	(3.41):1	연도위치		?
연도	크 기 (길이×너비×높이)	?	묘도크기 (길이×너비)		?
	장폭비	?	배수시설 (길이×너비×깊이)		?
시상/관대크기 (길이×너비×높이)		?	두 향		?
장축방향		N-48°-E	벽석종류		?
유물	토 기	-			
	철 기	-			
	청동기	-			
	옥석류	-			
	기 타	-			
특기사항		석실로 보고하였으나 파괴가 심하여 정확한 구조는 알 수 없음. 출토유물 없음.			

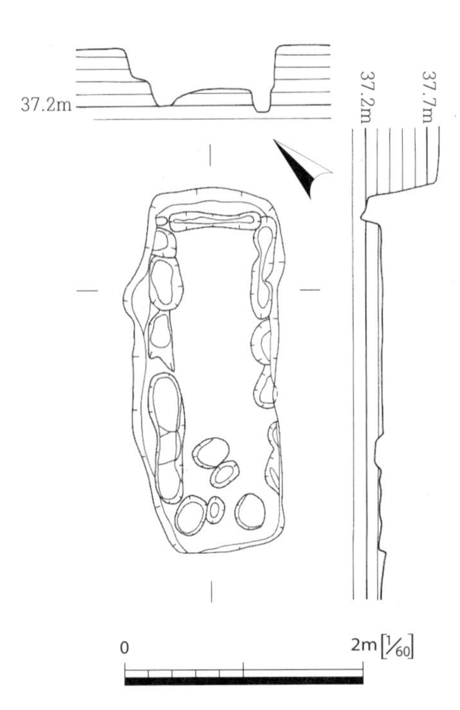

[유구사진]

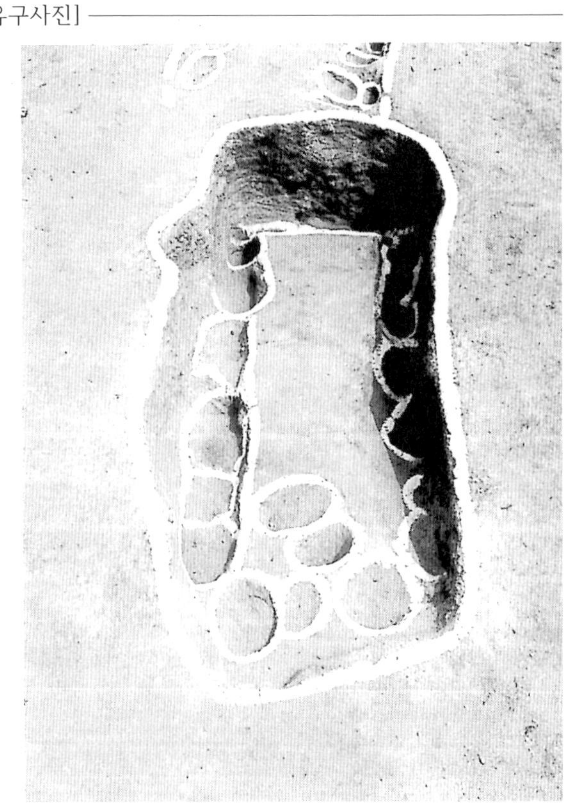

7호 석실묘

(단위 : cm)

봉토	크 기 (길이×너비×높이)	?	묘광	크 기 (길이×너비×깊이)	306×124×(33+)
	평면형태	?		장폭비	2.46:1
현실	크 기 (길이×너비×높이)	(210+)×(70+)×(30+)	천장형태		?
	장폭비	?	연도위치		?
연도	크 기 (길이×너비×높이)	?	묘도크기 (길이×너비)		?
	장폭비	?	배수시설 (길이×너비×깊이)		?
시상/관대크기 (길이×너비×높이)		?	두 향		?
장축방향		N-60°-W	벽석종류		?
유물	토 기	-			
	철 기	관정(8)			
	청동기	-			
	옥석류	-			
	기 타	-			
특기사항		석실로 보고하였으나 파괴가 심하여 정확한 구조는 알 수 없음.			

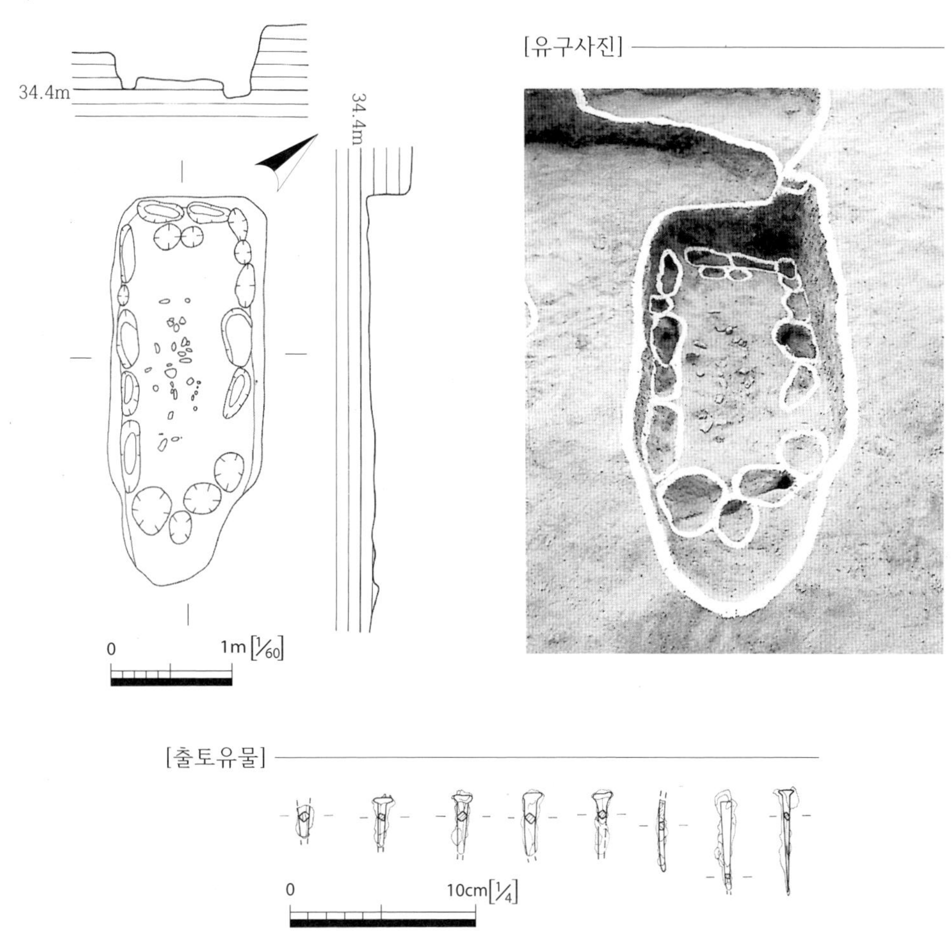

옹관묘

(단위 : cm)

<table>
<tr><td rowspan="2">묘광</td><td>크 기
(길이×너비×깊이)</td><td>105×84×(20+)</td><td>옹관길이</td><td>(70)</td></tr>
<tr><td>장폭비</td><td>1.25:1</td><td>결합형식</td><td>(합구식)</td></tr>
<tr><td colspan="2">장축방향</td><td>N-45°-W</td><td rowspan="2">안치형태</td><td rowspan="2">횡치</td></tr>
<tr><td colspan="2">두 향</td><td>?</td></tr>
<tr><td rowspan="5">유물</td><td>토 기</td><td colspan="3">옹(2)</td></tr>
<tr><td>철 기</td><td colspan="3">-</td></tr>
<tr><td>청동기</td><td colspan="3">-</td></tr>
<tr><td>옥석류</td><td colspan="3">-</td></tr>
<tr><td>기 타</td><td colspan="3">-</td></tr>
<tr><td colspan="2">특기사항</td><td colspan="3"></td></tr>
</table>

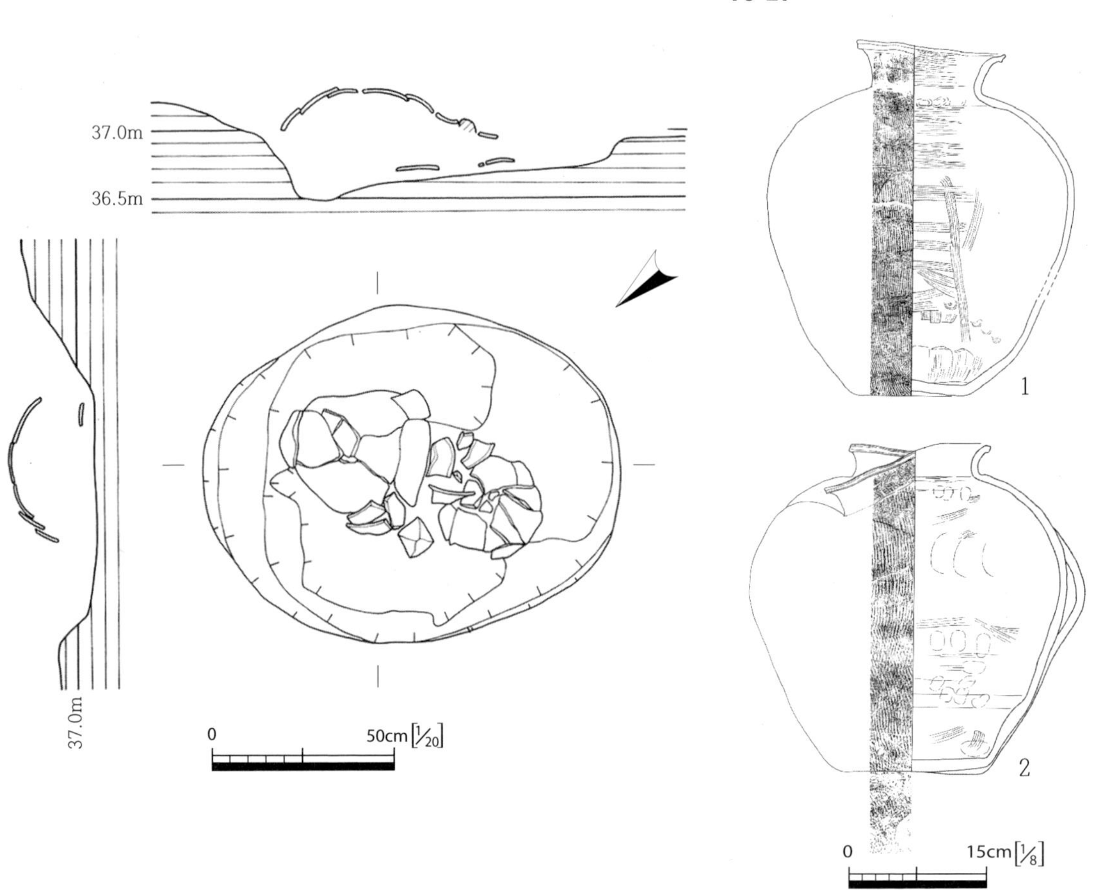

부여 내리유적扶餘 內里遺蹟

<table>
<tr><td>조사사유</td><td colspan="2">순천김씨 재실신축에 따른 구제발굴조사</td></tr>
<tr><td>조사연혁</td><td colspan="2">지표조사 : 2003. 02. 10. ~ 2001. 03. 07. (國立扶餘文化財硏究所)
시굴조사 : 2007. 04. (百濟文化財硏究院)
발굴조사 : 2007. 08. 13. ~ 2007. 09. 21. (百濟文化財硏究院)</td></tr>
<tr><td rowspan="2">유적위치</td><td colspan="2">충청남도 부여군 규암면 내리 450-16번지 일원</td></tr>
<tr><td colspan="2">경 · 위도 126°52'35.06"E / 36°16'08.55"N</td></tr>
<tr><td>유적입지</td><td colspan="2">이 유적은 부여 백제고분 지표조사보고서IV에 내리 북새기 고분군이 존재할 것으로 추정된 지역으로서, 조사지역과 700m 거리를 두고 백제시대로 알려진 외리산성이 위치하고 있다. 해발고도 45m내외의 낮은 구릉성 산지의 경사면 하단부로 최근까지 밭으로 경작되었으며, 상단부 일부는 소나무 숲으로 되어 있다.</td></tr>
<tr><td rowspan="4">유구현황</td><td>초기철기시대</td><td>-</td></tr>
<tr><td>원삼국시대</td><td>-</td></tr>
<tr><td>삼 국 시 대</td><td>석실묘(2)</td></tr>
<tr><td>기 타</td><td>청동기시대 유물포함층, 고려시대 주거지(1) · 토광묘(1)</td></tr>
<tr><td>주요유물</td><td colspan="2">관정</td></tr>
<tr><td>시대 · 성격</td><td colspan="2">백제 석실묘는 2기가 확인되었는데, 묘광의 평면형태는 장방형이고 장축방향은 등고선과 직교한다. 1호 석실묘는 횡구부가 남측단벽이며, 2호분은 하단부가 유실되었지만 규모와 축석형태, 배치상태 등으로 보아 동일한 구조였을 것으로 추정된다. 판석과 할석을 이용하여 축조하였으며, 바닥에는 부석을 하였고 목관을 사용했던 것으로 보인다.</td></tr>
<tr><td>참고문헌</td><td colspan="2">國立扶餘文化財硏究所, 2003, 『扶餘 百濟古墳 地表調査 報告書IV』, 學術硏究叢書 第36輯.
百濟文化財硏究院, 2010, 『公州 中洞遺蹟 · 公州 月城山遺蹟 · 公州 內村里遺蹟 · 扶餘 內里遺蹟』, 第15輯.</td></tr>
</table>

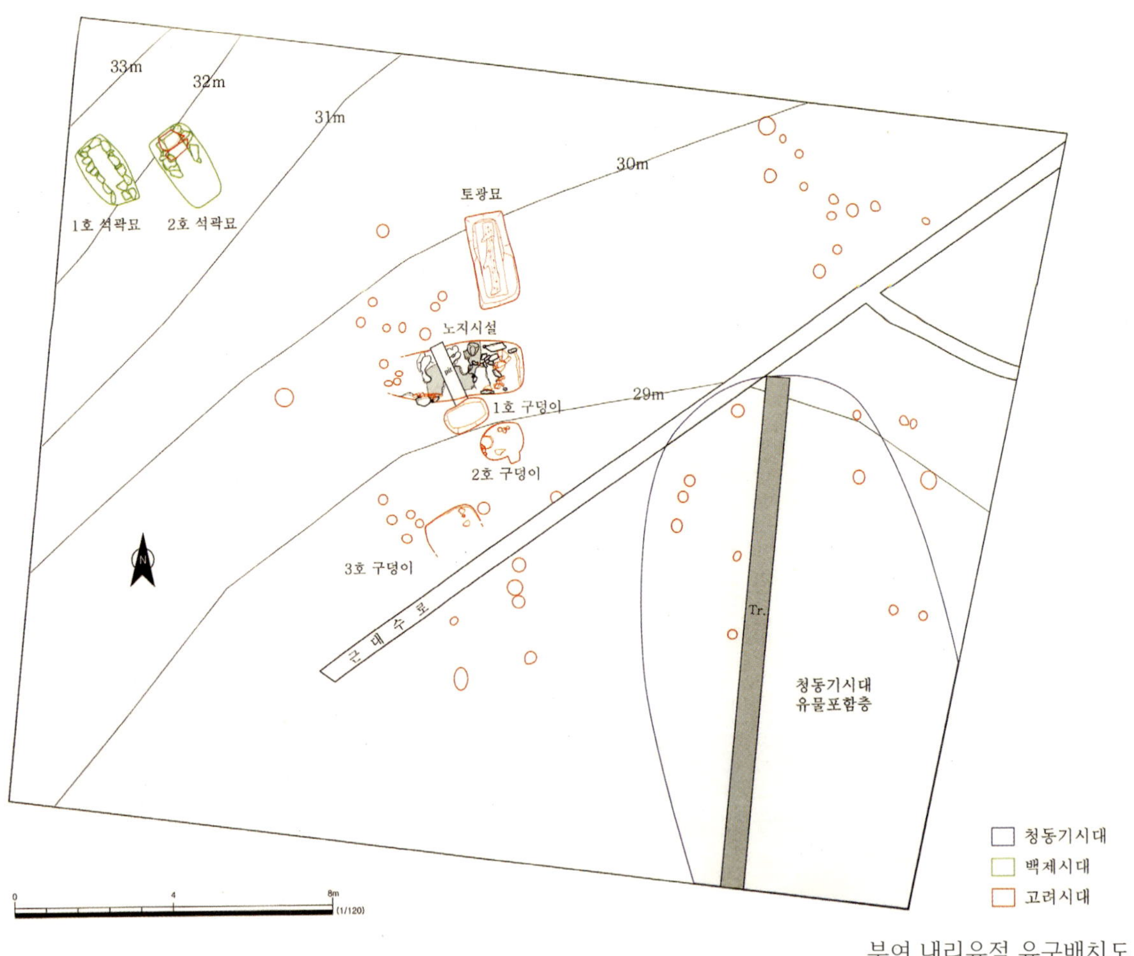

부여 내리유적 유구배치도

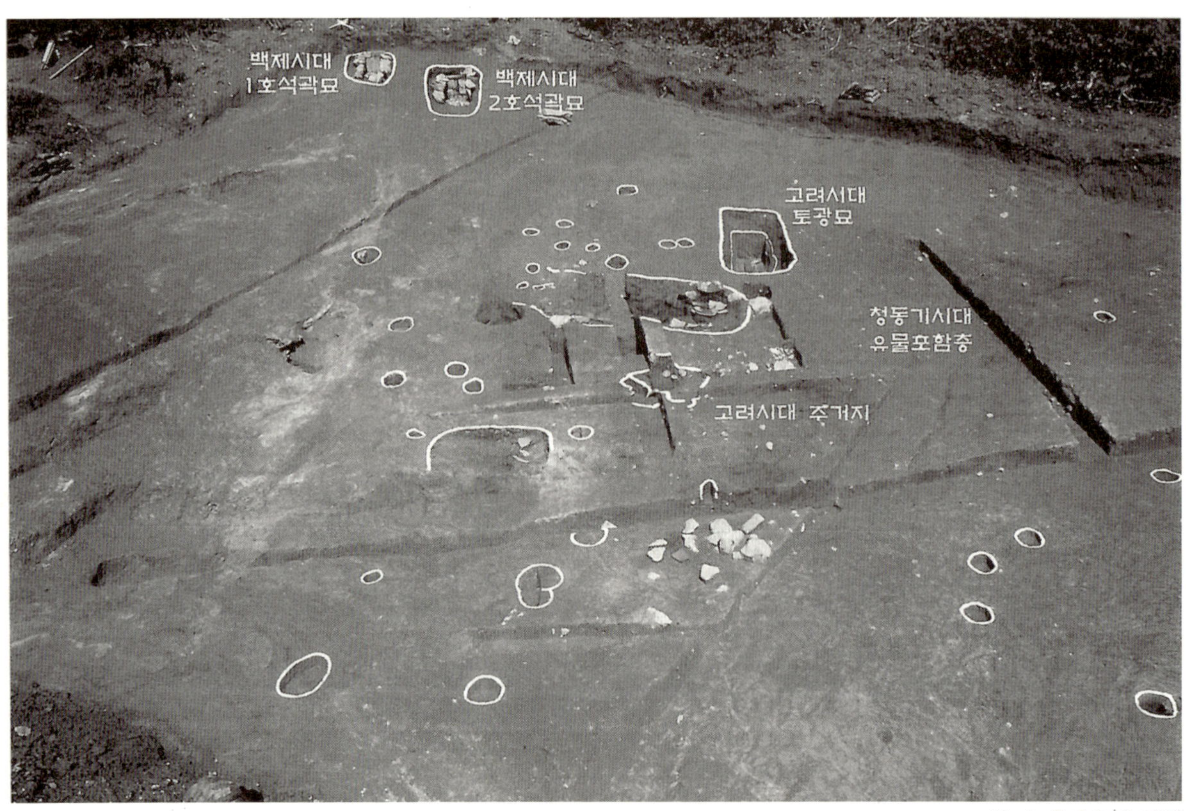

부여 내리유적 전경

1호 석실묘

(단위 : cm)

봉토	크 기 (길이×너비×높이)	?	묘광	크 기 (길이×너비×깊이)	(180+)×106×(33+)
	평면형태	?		장폭비	?
현실	크 기 (길이×너비×높이)	112×45×(44+)	천장형태		?
	평면형태	2.49:1	횡구부위치		남동측 단벽
횡구부	크 기 (길이×너비)	(40)×(58)	묘도크기 (길이×너비)		?
	장폭비	(0.69):1	배수시설 (길이×너비×깊이)		?
시상/관대크기 (길이×너비×높이)		?	두 향		?
장축방향		N-35°-W	벽석종류		할석
유물	토 기	-			
	철 기	관정(2)			
	청동기	-			
	옥석류	-			
	기 타	-			
특기사항		횡구식 석실로 보고하였으나 파괴가 심하여 정확한 구조는 알 수 없음.			

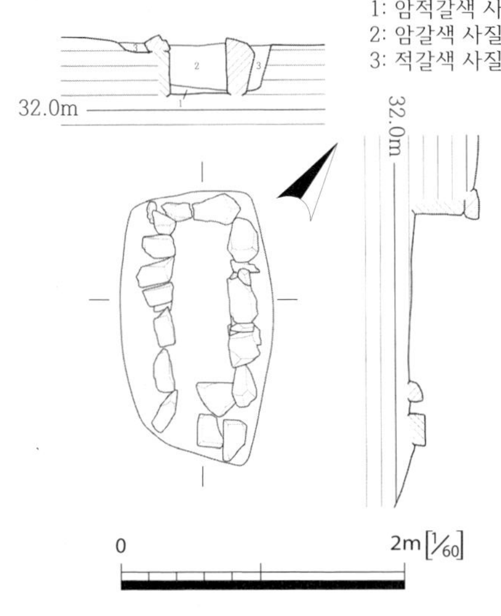

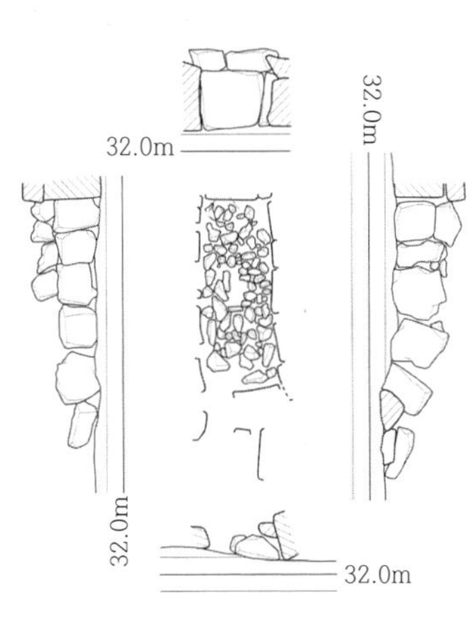

[유구사진]

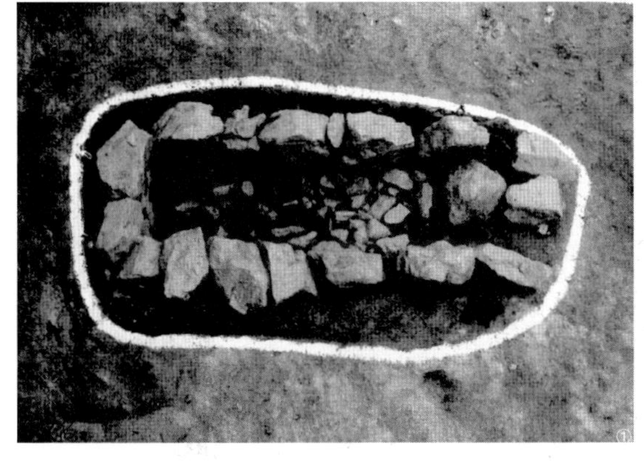

[출토유물]

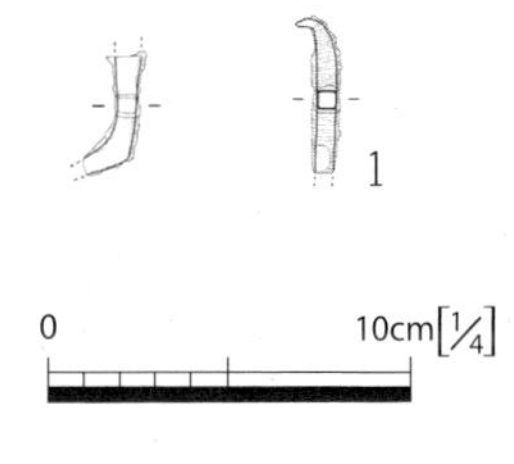

2호 석실묘

(단위 : cm)

봉토	크 기 (길이×너비×높이)	?	묘광	크 기 (길이×너비×깊이)	(206+)×112×(62+)
	평면형태	?		장폭비	?
현실	크 기 (길이×너비×높이)	(130+)×50×(45+)	천장형태		?
	평면형태	?	횡구부위치		남동측 단벽
횡구부	크 기 (길이×너비)	?	묘도크기 (길이×너비)		?
	장폭비	?	배수시설 (길이×너비×깊이)		?
시상/관대크기 (길이×너비×높이)		?	두 향		?
장축방향		N-31°-W	벽석종류		할석
유물	토 기	-			
	철 기	관정(2)			
	청동기	-			
	옥석류	-			
	기 타	-			
특기사항		횡구식 석실로 보고하였으나 파괴가 심하여 정확한 구조는 알 수 없음.			

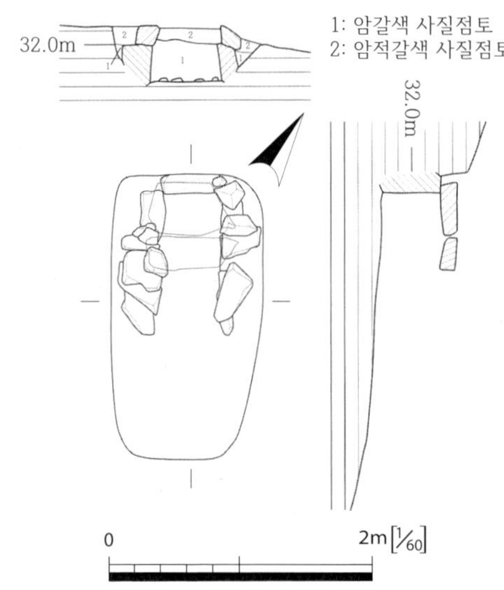

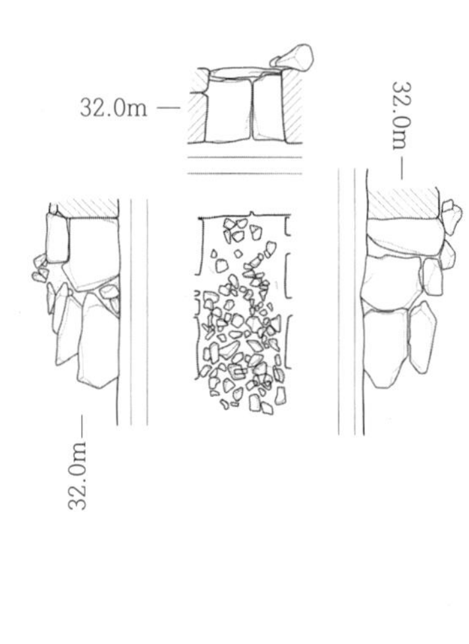

[유구사진]

[출토유물]

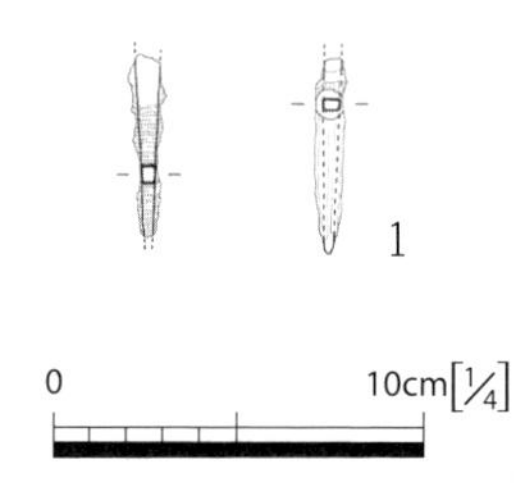

부여 대덕리 '가'유적扶餘 大德里 '가'遺蹟

<table>
<tr><td>조사사유</td><td colspan="2">홍산~구룡간 도로확장 및 포장공사에 따른 구제발굴조사</td></tr>
<tr><td>조사연혁</td><td colspan="2">지표조사 : 1999. (忠淸埋藏文化財硏究院)
시굴조사 : (忠淸埋藏文化財硏究院)
발굴조사 : 2004. 07. 04. ~ 2004. 08. 31. (高麗大學校 考古環境硏究所)</td></tr>
<tr><td rowspan="2">유적위치</td><td colspan="2">충청남도 부여군 옥산면 대덕리 일원</td></tr>
<tr><td colspan="2">경 · 위도 126°42'6.27"E / 36°11'11.54"N</td></tr>
<tr><td>유적입지</td><td colspan="2">유적은 북서쪽에서 뻗어 내려오는 능선의 말단부에 위치하며, 해발 96.5m 정도의 평탄한 정상부를 중심으로 남동쪽과 남서쪽을 향해 펼쳐지는 부채꼴형태로서 정상부를 제외하고는 전체적으로 급한 사면으로 이루어져 있다. 남서사면 하단의 경우 계곡부와 연결되면서 경사가 완만해지는데, 유구는 평탄한 정상부와 남서사면부 하단의 완만한 사면에서 주로 확인되었다.</td></tr>
<tr><td rowspan="4">유구현황</td><td>초기철기시대</td><td>-</td></tr>
<tr><td>원삼국시대</td><td>주구토광묘(2)</td></tr>
<tr><td>삼 국 시 대</td><td>석실묘(5)</td></tr>
<tr><td>기 타</td><td>시대미상 토광묘(20)</td></tr>
<tr><td>주요유물</td><td colspan="2">단경호, 관고리, 관정</td></tr>
<tr><td>시대 · 성격</td><td colspan="2">이 유적에서 조사된 원삼국시대 분묘 2기는 장축방향이 등고선방향과 직교하고 있으며, 평면형태는 장방형에 목관이 안치되었던 것으로 추정된다. 삼국시대 석실묘는 모두 횡구식 구조로서, 관정과 관고리가 출토되어 목관이 사용되었음을 알 수 있다.</td></tr>
<tr><td>참고문헌</td><td colspan="2">忠淸埋藏文化財硏究院, 2002, 『(1997~2001年度)文化遺蹟 地表調査 報告書』, 文化遺蹟 地表調査報告.
高麗大學校 考古環境硏究所, 2006, 『鴻山-九龍間 道路擴張 및 鋪裝工事 區間內 文化遺蹟 發掘調査 報告書』, 硏究叢書 第23輯.</td></tr>
</table>

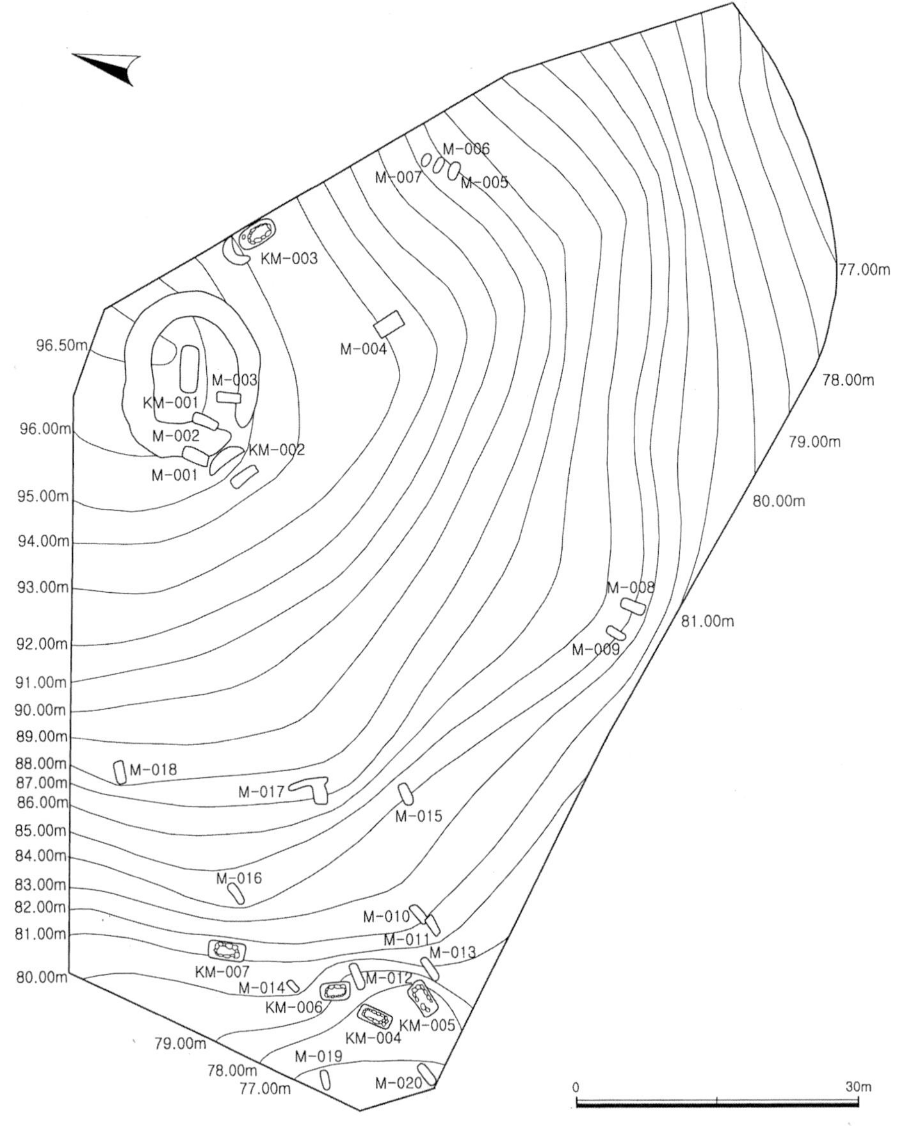

부여 대덕리'가'유적 유구배치도

부여 대덕리'가'유적 전경

KM-001호 주구토광묘

(단위 : cm)

묘광	크 기 (길이×너비×깊이)	376×128×(12+)	목관	크 기 (길이×너비×높이)	(300)×(94)×(4+)
	장폭비	2.94:1		장폭비	(3.19):1
장축방향		N-72°-E	목곽	크 기 (길이×너비×높이)	?
두 향		?		장폭비	?
주구크기 (길이×너비×깊이)		(3,810)×280×(25+)	주구평면형태		'ㅁ'자형
유물	토 기	-			
	철 기	-			
	청동기	-			
	옥석류	-			
	기 타	-			
특기사항		출토유물 없음.			

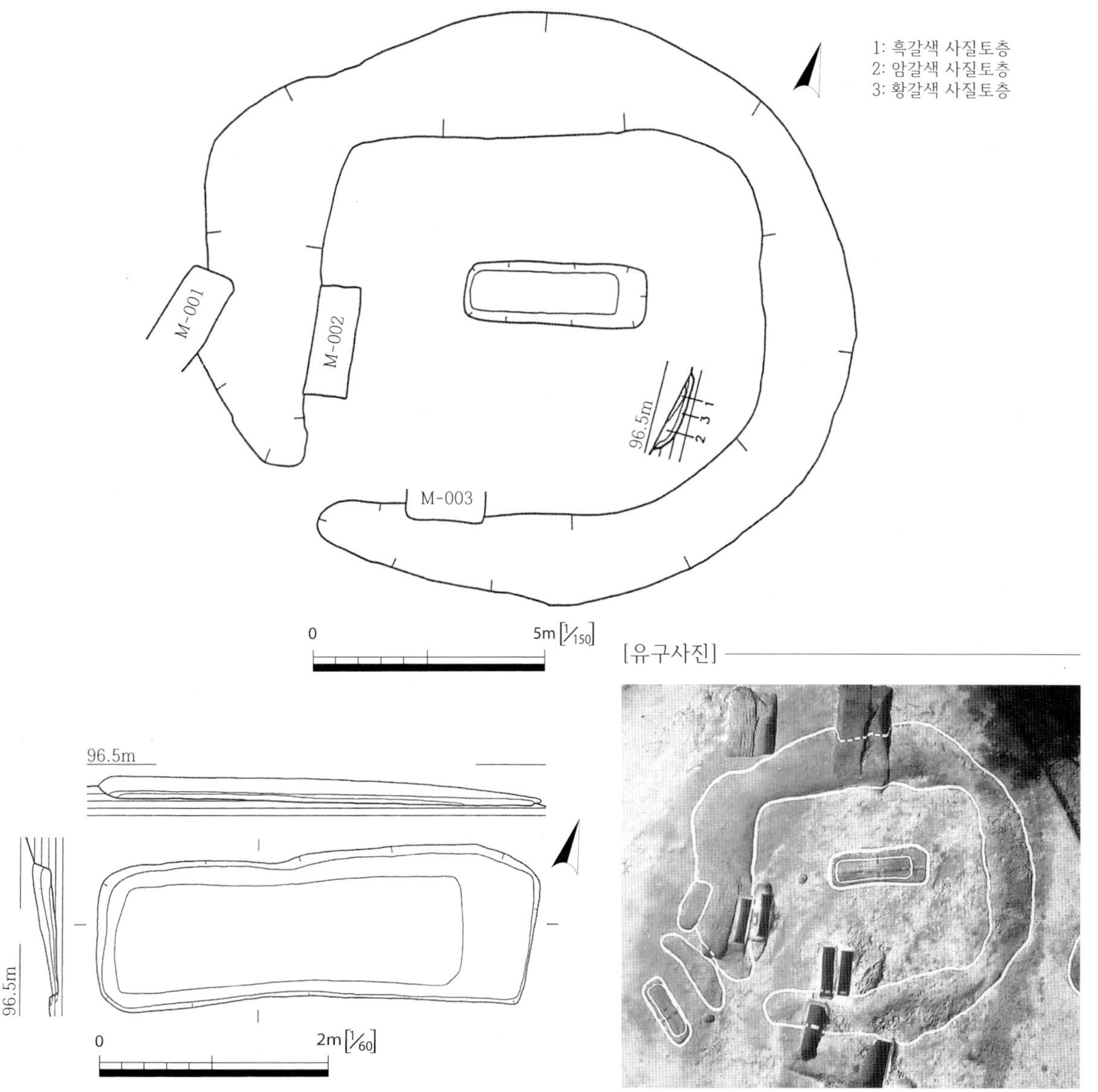

KM-002호 주구토광묘

(단위 : cm)

묘광	크 기 (길이×너비×깊이)	282×98×(18+)	목관	크 기 (길이×너비×높이)	?
	장폭비	2.88:1		장폭비	?
장축방향		N-49°-W	목곽	크 기 (길이×너비×높이)	(254)×(83)×(19+)
두 향		?		장폭비	(3.06):1
주구크기 (길이×너비×깊이)		(380+)×102×(20+)	주구평면형태		(눈썹형)
유물	토 기	호(1)			
	철 기	-			
	청동기	-			
	옥석류	-			
	기 타	-			
특기사항		방위 표시 없음.			

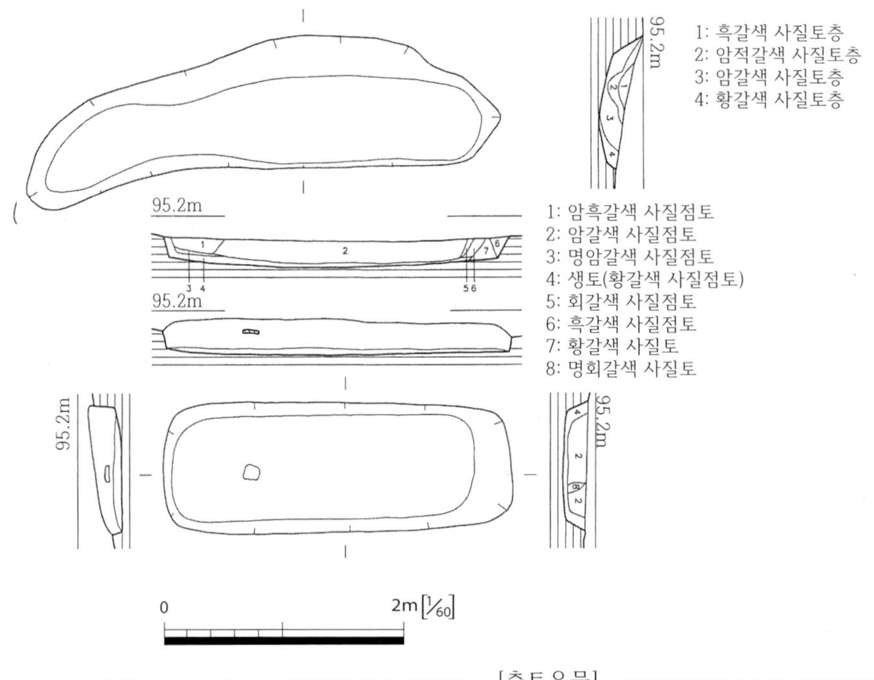

[유구사진]

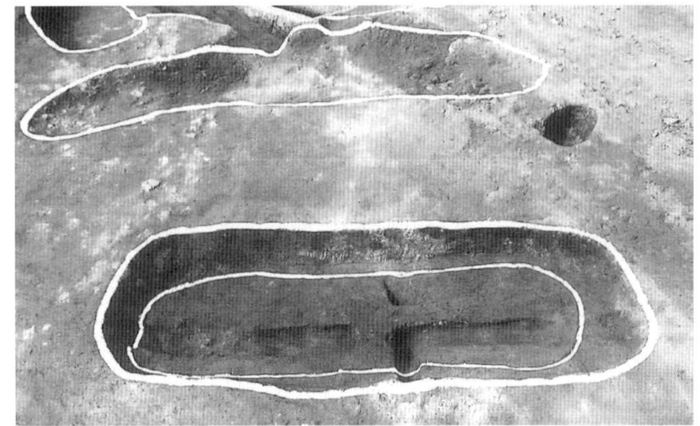

[출토유물]

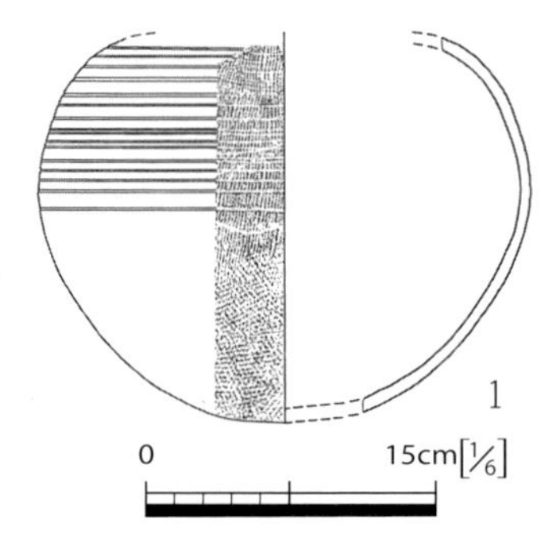

KM-003호 석실묘

(단위 : cm)

봉토	크 기 (길이×너비×높이)	?	묘광	크 기 (길이×너비×깊이)	361×133×(35+)
	평면형태	?		장폭비	2.71:1
현실	크 기 (길이×너비×높이)	(190)×49×(45+)	천장형태		?
	장폭비	3.88:1	횡구부위치		남동측 단벽
횡구부	크 기 (길이×너비)	(80)×(50)	묘도크기 (길이×너비)		?
	장폭비	(1.60):1	배수시설 (길이×너비×깊이)		-
시상/관대크기 (길이×너비×높이)		-	두 향		?
장축방향		N-34°-W	벽석종류		할석
유물	토 기	-			
	철 기	관정(4)			
	청동기	-			
	옥석류	-			
	기 타	-			
특기사항		눈썹형의 주구[(330)×(102+)×?]가 확인됨. 횡구식 석실로 보고하였으나 파괴가 심하여 정확한 구조는 알 수 없음.			

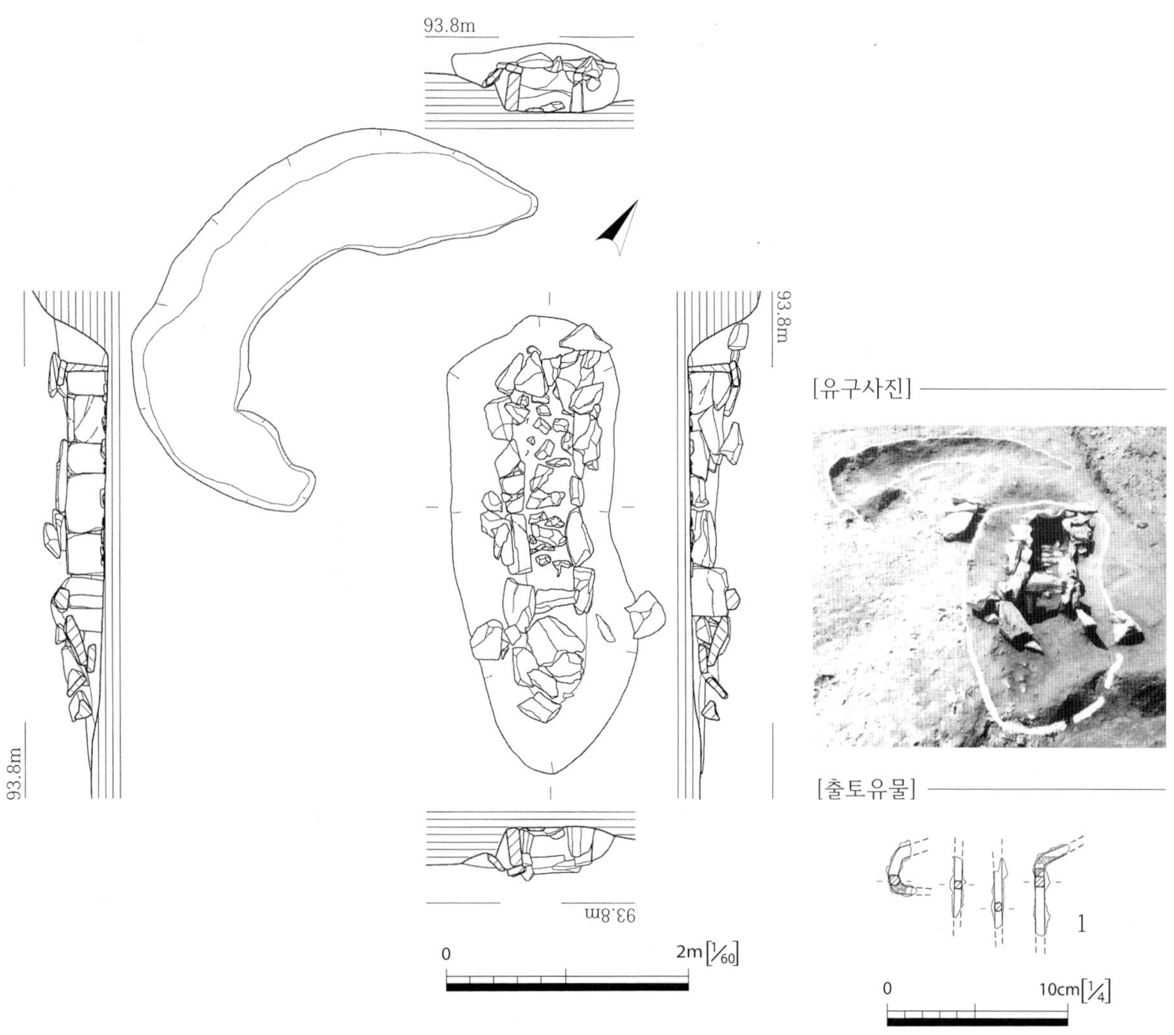

[유구사진]

[출토유물]

1

0 10cm[1/4]

KM-004호 석실묘

(단위 : cm)

봉토	크 기 (길이×너비×높이)	?	묘광	크 기 (길이×너비×깊이)	311×165×(67+)
	평면형태	?		장폭비	1.88:1
현실	크 기 (길이×너비×높이)	200×79×(65+)	천장형태		?
	장폭비	2.53:1	횡구부위치		남측 단벽
횡구부	크 기 (길이×너비)	(40+)×(66)	묘도크기 (길이×너비)		?
	장폭비	?	배수시설 (길이×너비×깊이)		-
시상/관대크기 (길이×너비×높이)		-	두 향		?
장축방향		N-5°-E	벽석종류		할석
유물	토 기	-			
	철 기	-			
	청동기	-			
	옥석류	-			
	기 타	-			
특기사항		출토유물 없음.			

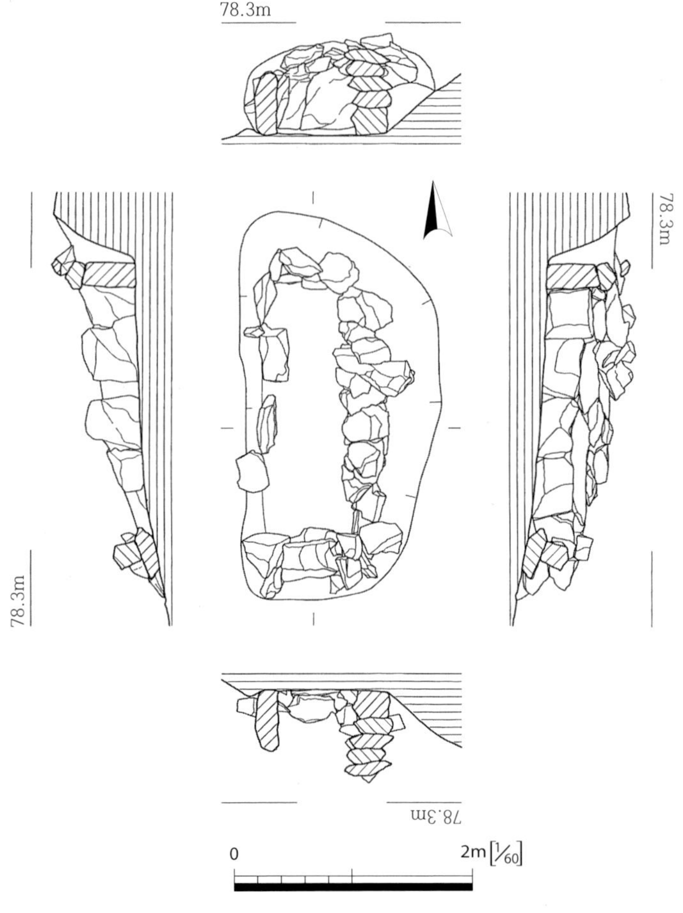

[유구사진]

KM-005호 석실묘

(단위 : cm)

<table>
<tr><td rowspan="2">봉토</td><td>크 기
(길이×너비×높이)</td><td>?</td><td rowspan="2">묘광</td><td>크 기
(길이×너비×깊이)</td><td>327×188×(93+)</td></tr>
<tr><td>평면형태</td><td>?</td><td>장폭비</td><td>1.74:1</td></tr>
<tr><td rowspan="2">현실</td><td>크 기
(길이×너비×높이)</td><td>236×86×(68+)</td><td colspan="2">천장형태</td><td>?</td></tr>
<tr><td>장폭비</td><td>2.74:1</td><td colspan="2">횡구부위치</td><td>남측 단벽</td></tr>
<tr><td rowspan="2">횡구부</td><td>크 기
(길이×너비)</td><td>?</td><td colspan="2">묘도크기
(길이×너비)</td><td>?</td></tr>
<tr><td>장폭비</td><td>?</td><td colspan="2">배수시설
(길이×너비×깊이)</td><td>-</td></tr>
<tr><td colspan="2">시상/관대크기
(길이×너비×높이)</td><td>-</td><td colspan="2">두 향</td><td>?</td></tr>
<tr><td colspan="2">장축방향</td><td>N-6°-E</td><td colspan="2">벽석종류</td><td>할석</td></tr>
<tr><td rowspan="5">유물</td><td>토 기</td><td colspan="4">-</td></tr>
<tr><td>철 기</td><td colspan="4">관고리(1), 관정(20), 미상철기(1)</td></tr>
<tr><td>청동기</td><td colspan="4">-</td></tr>
<tr><td>옥석류</td><td colspan="4">-</td></tr>
<tr><td>기 타</td><td colspan="4">-</td></tr>
<tr><td colspan="2">특기사항</td><td colspan="4">횡구식 석실로 보고하였으나 파괴가 심하여 정확한 구조는 알 수 없음.</td></tr>
</table>

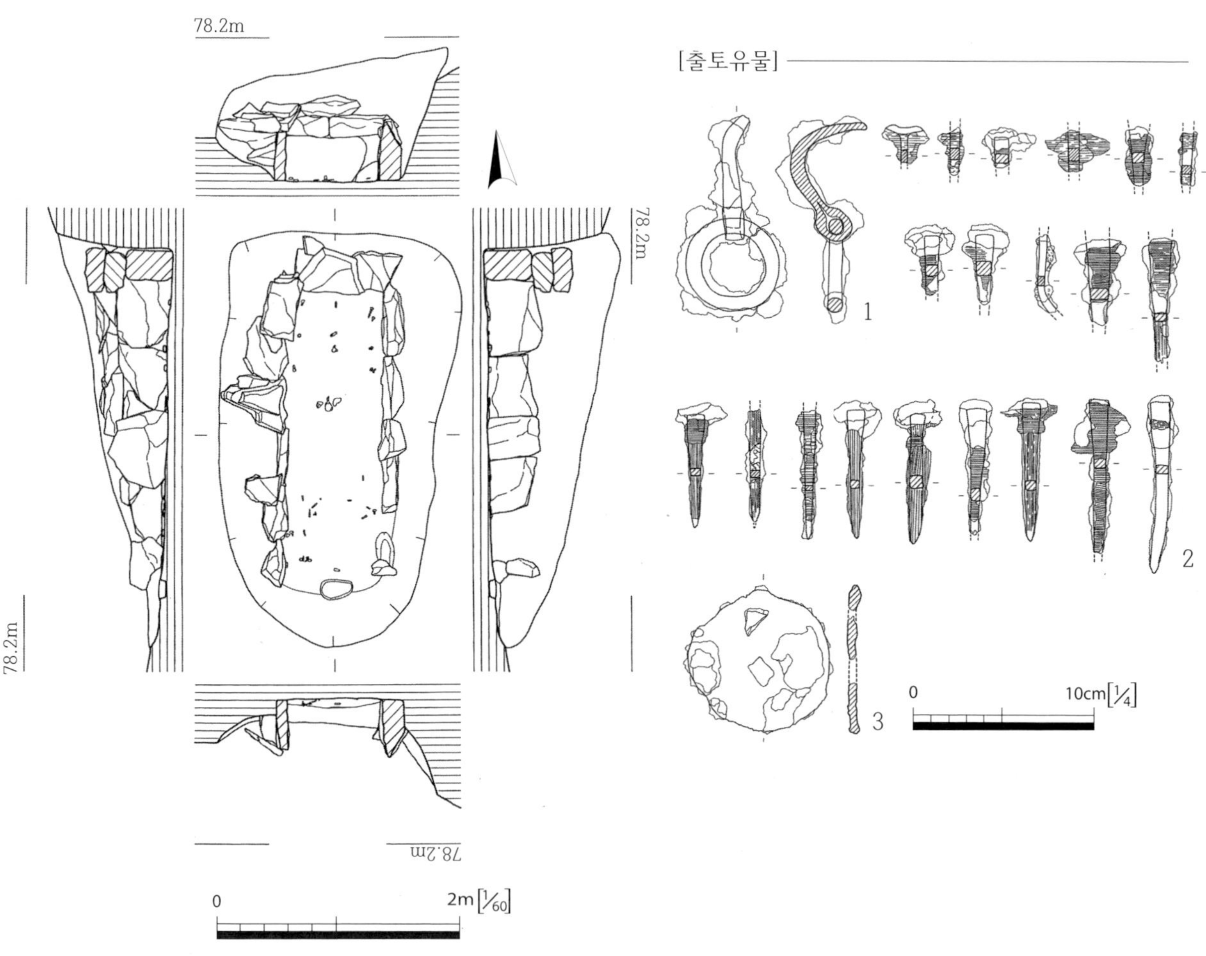

KM-006호 석실묘

(단위 : cm)

봉토	크 기 (길이×너비×높이)	?	묘광	크 기 (길이×너비×깊이)	315×167×(50+)
	평면형태	?		장폭비	1.88:1
현실	크 기 (길이×너비×높이)	187×65×(60+)	천장형태		?
	장폭비	2.38:1	횡구부위치		남동측 단벽
횡구부	크 기 (길이×너비)	(60+)×(66)	묘도크기 (길이×너비)		?
	장폭비	?	배수시설 (길이×너비×깊이)		-
시상/관대크기 (길이×너비×높이)		-	두 향		?
장축방향		N-21°-W	벽석종류		할석
유물	토 기	-			
	철 기	-			
	청동기	-			
	옥석류	-			
	기 타	-			
특기사항		출토유물 없음.			

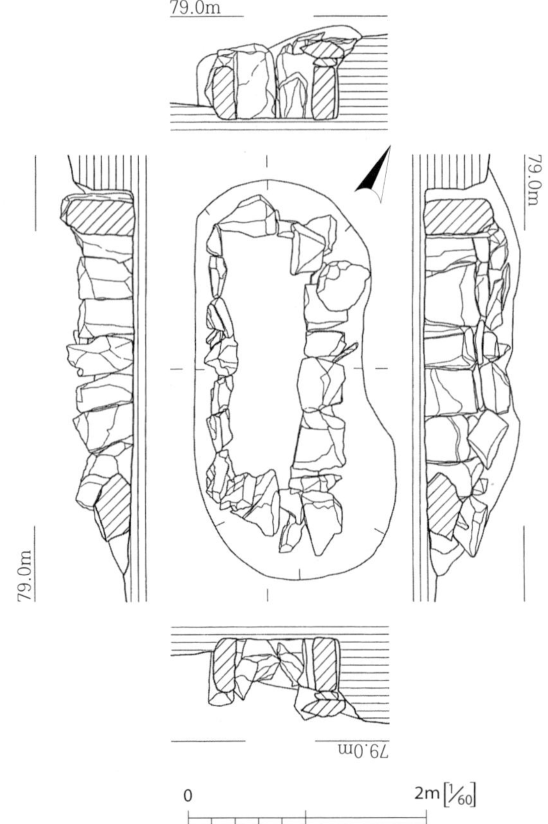

[유구사진]

KM-007호 석실묘

(단위 : cm)

봉토	크 기 (길이×너비×높이)	?	묘광	크 기 (길이×너비×깊이)	(324)×(162)×?
	평면형태	?		장폭비	(2.00):1
현실	크 기 (길이×너비×높이)	191×80×(79+)	천장형태		?
	장폭비	2.39:1	횡구부위치		남측 단벽
횡구부	크 기 (길이×너비)	(50+)×(66)	묘도크기 (길이×너비)		?
	장폭비	?	배수시설 (길이×너비×깊이)		-
시상/관대크기 (길이×너비×높이)		-	두 향		?
장축방향		N-8°-W	벽석종류		할석
유물	토 기	-			
	철 기	-			
	청동기	-			
	옥석류	-			
	기 타	-			
특기사항		출토유물 없음.			

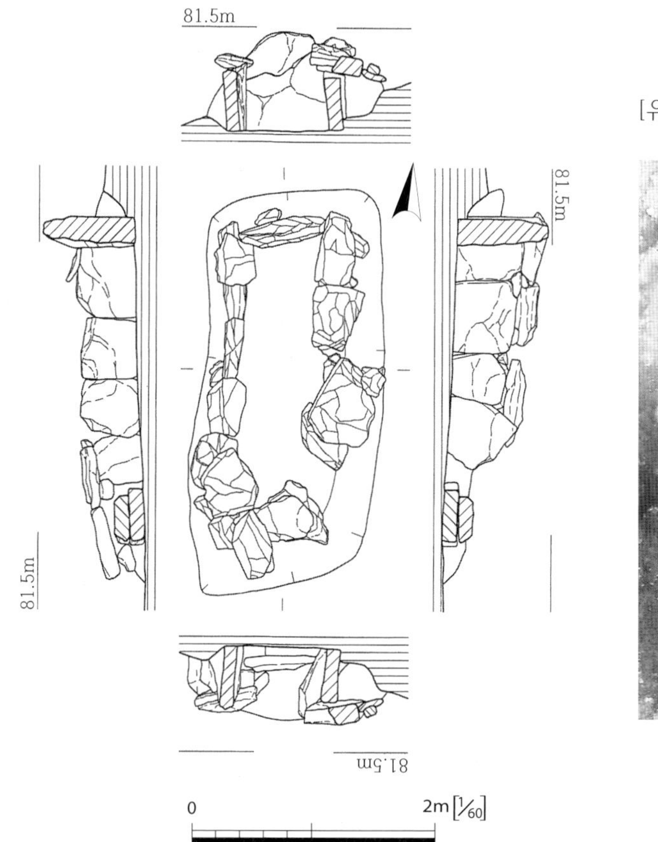

[유구사진]

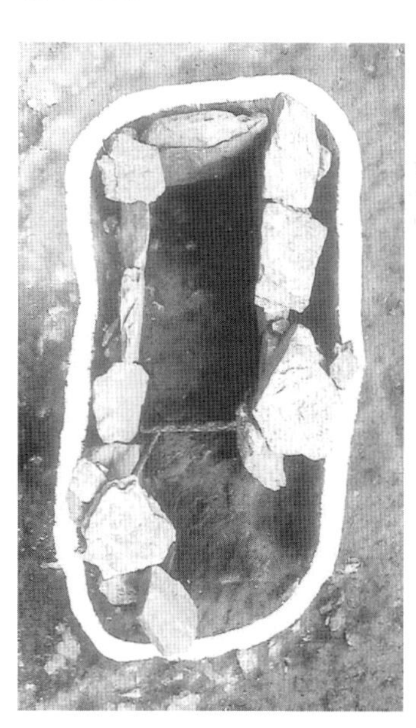

부여 대양리유적扶餘 大陽里遺蹟

<table>
<tr><td>조사사유</td><td colspan="2">부여 은산면 대양리 개발사업예정부지에 대한 구제발굴조사</td></tr>
<tr><td>조사연혁</td><td colspan="2">지표조사 :2005. 04. 06. ~ 2005. 04. 08. (공주대학교박물관)
시굴조사: 2005. 05. 20. ~ 2005. 07. 30. (공주대학교박물관)
발굴조사: 2006. 04. 01. ~ 2006. 04. 19. (공주대학교박물관)</td></tr>
<tr><td>유적위치</td><td colspan="2">충청남도 부여군 은산면 대양리 산11-8번지</td></tr>
<tr><td>유적입지</td><td colspan="2">이 유적은 은산면 소재지에서 서쪽으로 약 6km정도 떨어진 곳에 위치하는데, 조사지역은 은산천변의 산림지역으로 해발 79m 내외의 능선이 남북방향으로 길게 형성되어 있다. 조사지역의 서쪽에는 은산천이 남에서 북으로 감싸듯이 흐르고 있으며, 주변에는 충적지대를 중심으로 경작지가 발달되어 있다. 조사지역은 이미 과수원으로 개간·경작하는 과정에서 지표면 유실 및 변형이 많이 이루어진 것으로 판단된다.</td></tr>
<tr><td rowspan="4">유구현황</td><td>초기철기시대</td><td>-</td></tr>
<tr><td>원삼국시대</td><td>-</td></tr>
<tr><td>삼 국 시 대</td><td>석실묘(7)</td></tr>
<tr><td>기 타</td><td>청동기시대 석관묘(2), 고려시대 토광묘(1)</td></tr>
<tr><td>주요유물</td><td colspan="2">관정</td></tr>
<tr><td>시대·성격</td><td colspan="2">1호 석실묘는 경사가 매우 급한 조사지역 최상단부의 생토면에 조성되어 있고, 이 석실묘와 인접해 있는 2·3호 석실묘도 축조기법이 1호분과 유사하여 이들은 백제말기 혹은 그 이후의 비슷한 시기에 조성된 것으로 판단된다. 한편 경사면이 완만해지는 하단부에 위치하고 있는 4~7호분의 경우 소규모일 뿐만 아니라 상자식으로 되어 있어 구체적인 구조를 분류하기에는 어려움이 있으나, 보고자는 백제 혹은 통일신라 초기에 조영된 것으로 추정하고 있다.</td></tr>
<tr><td>참고문헌</td><td colspan="2">公州大學校博物館, 2008, 『扶餘 大陽里 遺蹟』, 公州大學校博物館學術叢書08-03.</td></tr>
</table>

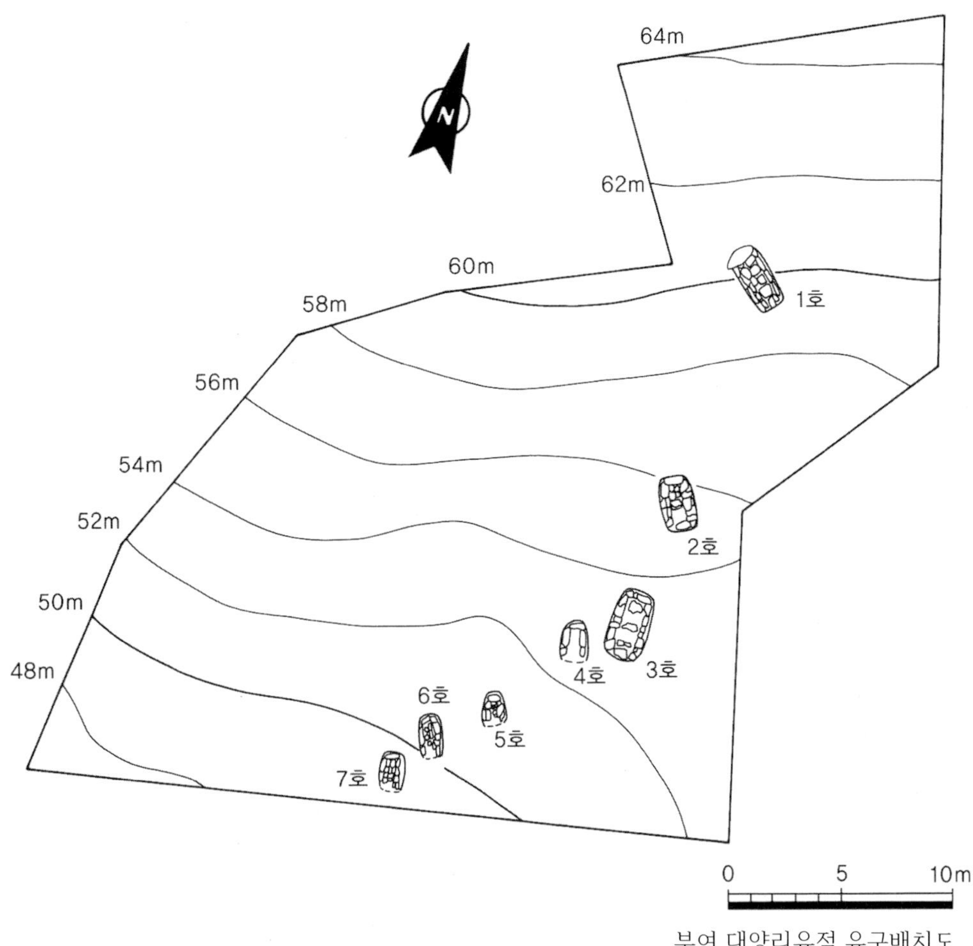

부여 대양리유적 유구배치도

부여 대양리유적 전경

1호 석실묘

(단위 : cm)

봉토	크 기 (길이×너비×높이)	?	묘광	크 기 (길이×너비×깊이)	(245+)×100×(73+)
	평면형태	?		장폭비	?
현실	크 기 (길이×너비×높이)	(220+)×70×(80+)	천장형태		평
	장폭비	?	횡구부위치		?
횡구부	크 기 (길이×너비)	?	묘도크기 (길이×너비)		?
	장폭비	?	배수시설 (길이×너비×깊이)		?
시상/관대크기 (길이×너비×높이)		?	두 향		?
장축방향		N-20°-W	벽석종류		판석
유물	토 기	-			
	철 기	관정(7)			
	청동기	-			
	옥석류	-			
	기 타	-			
특기사항		횡구식 석실로 보고하였으나 파괴가 심하여 정확한 구조는 알 수 없음. 보고서 기술과 유구 도면 스케일바 비율이 모두 상이하여 상호 조정하지 않고 자료집에 게재하였음.			

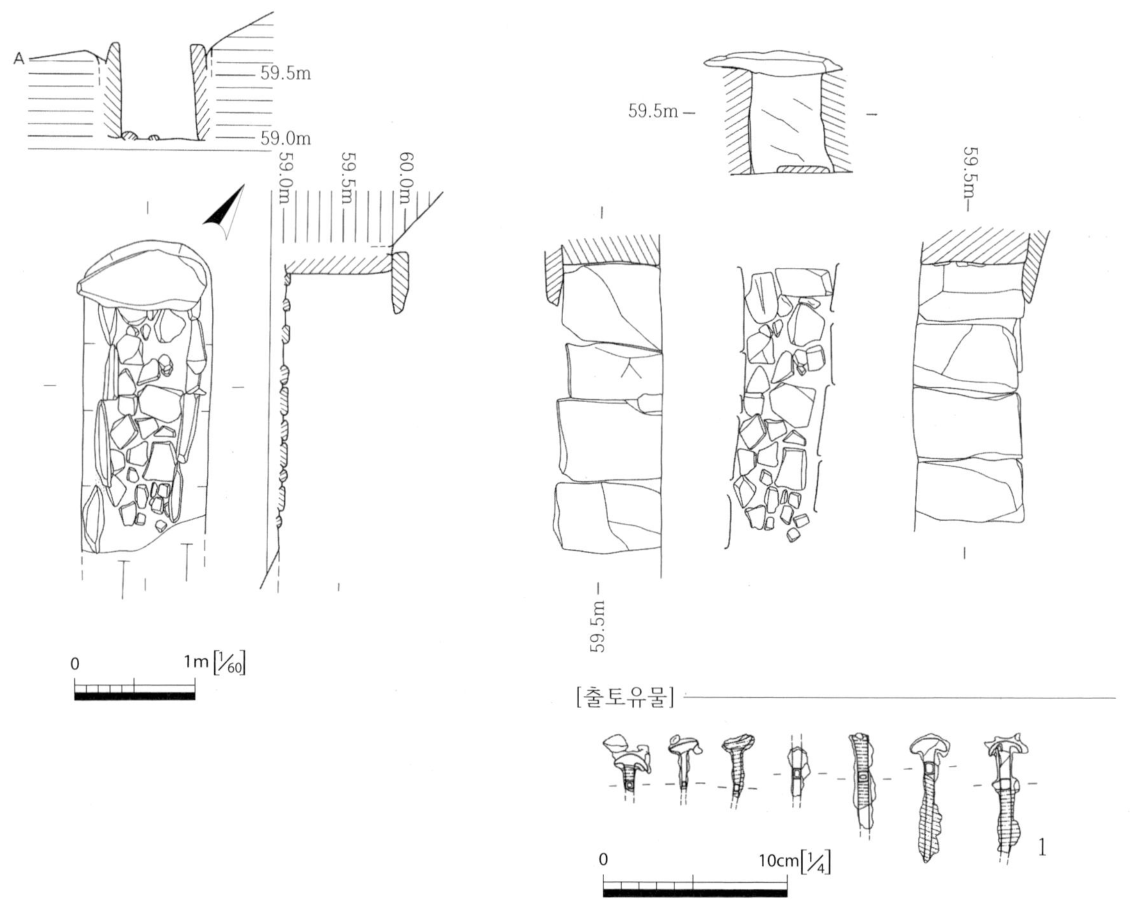

2호 석실묘

(단위 : cm)

봉토	크 기 (길이×너비×높이)	?	묘광	크 기 (길이×너비×깊이)	(220+)×70×(78+)
	평면형태	?		장폭비	?
현실	크 기 (길이×너비×높이)	(160+)×50×(68+)	천장형태		고임?
	장폭비	?	횡구부위치		?
횡구부	크 기 (길이×너비)	?	묘도크기 (길이×너비)		?
	장폭비	?	배수시설 (길이×너비×깊이)		?
시상/관대크기 (길이×너비×높이)		?	두 향		?
장축방향		N-20°-W	벽석종류		판석, 할석
유물	토 기	-			
	철 기	-			
	청동기	-			
	옥석류	-			
	기 타	-			
특기사항		출토유물 없음. 횡구식 석실로 보고하였으나 파괴가 심하여 정확한 구조는 알 수 없음.			

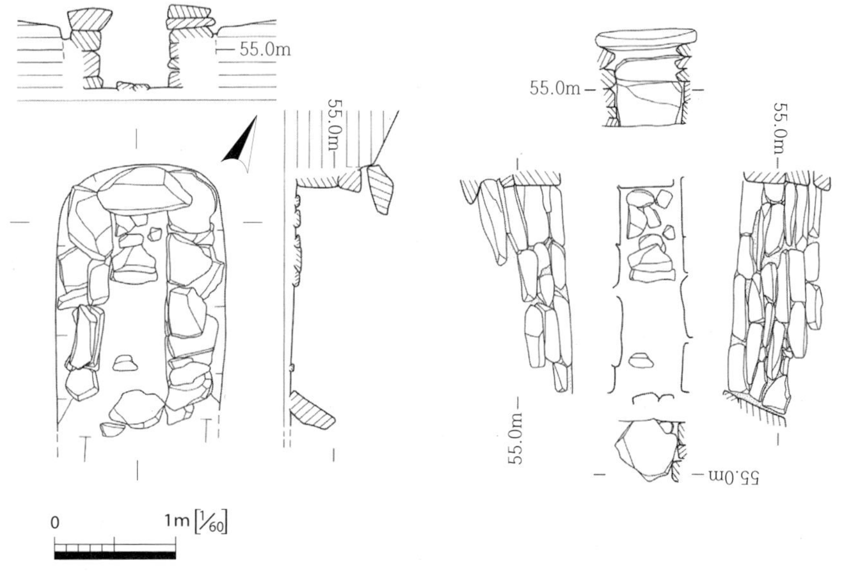

[유구사진]

3호 석실묘

(단위 : cm)

봉토	크 기 (길이×너비×높이)	?	묘광	크 기 (길이×너비×깊이)	(280+)×156×(65+)
	평면형태	?		장폭비	?
현실	크 기 (길이×너비×높이)	(246+)×70×(60+)	천장형태		?
	평면형태	?	횡구부위치		?
횡구부	크 기 (길이×너비)	?	묘도크기 (길이×너비)		?
	장폭비	?	배수시설 (길이×너비×깊이)		?
시상/관대크기 (길이×너비×높이)		?	두 향		?
장축방향		N-14°-E	벽석종류		할석
유물	토 기	-			
	철 기	관정(1)			
	청동기	-			
	옥석류	-			
	기 타	-			
특기사항		관정 1점 도면 미게재. 횡구식 석실로 보고하였으나 파괴가 심하여 정확한 구조는 알 수 없음.			

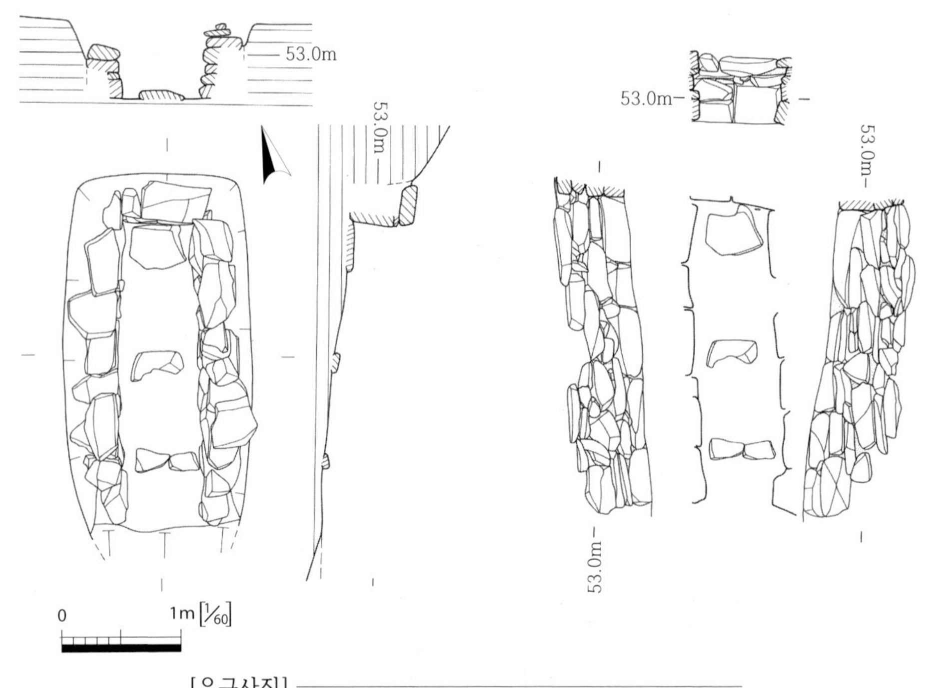

[유구사진]

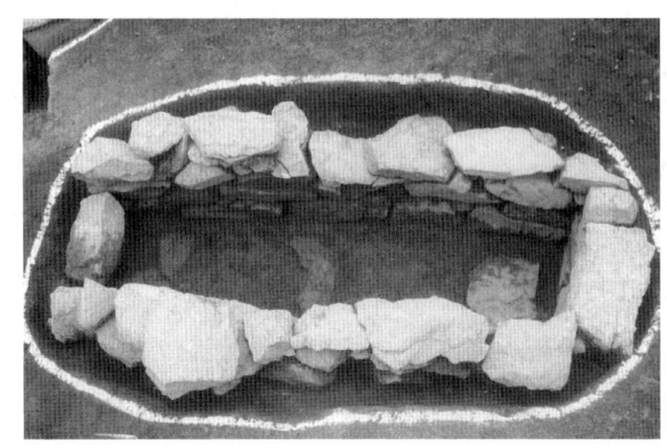

4호 석실묘

(단위 : cm)

<table>
<tr><td rowspan="2">봉토</td><td>크 기
(길이×너비×높이)</td><td>?</td><td rowspan="2">묘광</td><td>크 기
(길이×너비×깊이)</td><td>(165+)×110×(40+)</td></tr>
<tr><td>평면형태</td><td>?</td><td>장폭비</td><td>?</td></tr>
<tr><td rowspan="2">현실</td><td>크 기
(길이×너비×높이)</td><td>(90+)×40×(40+)</td><td colspan="2">천장형태</td><td>?</td></tr>
<tr><td>장폭비</td><td>?</td><td colspan="2">횡구부위치</td><td>?</td></tr>
<tr><td rowspan="2">횡구부</td><td>크 기
(길이×너비)</td><td>?</td><td colspan="2">묘도크기
(길이×너비)</td><td>?</td></tr>
<tr><td>장폭비</td><td>?</td><td colspan="2">배수시설
(길이×너비×깊이)</td><td>?</td></tr>
<tr><td colspan="2">시상/관대크기
(길이×너비×높이)</td><td>?</td><td colspan="2">두 향</td><td>?</td></tr>
<tr><td colspan="2">장축방향</td><td>N-5°-W</td><td colspan="2">벽석종류</td><td>판석</td></tr>
<tr><td rowspan="5">유물</td><td>토 기</td><td colspan="4">-</td></tr>
<tr><td>철 기</td><td colspan="4">-</td></tr>
<tr><td>청동기</td><td colspan="4">-</td></tr>
<tr><td>옥석류</td><td colspan="4">-</td></tr>
<tr><td>기 타</td><td colspan="4">-</td></tr>
<tr><td colspan="2">특기사항</td><td colspan="4">출토유물 없음. 횡구식 석실로 보고하였으나 파괴가 심하여 정확한 구조는 알 수 없음.</td></tr>
</table>

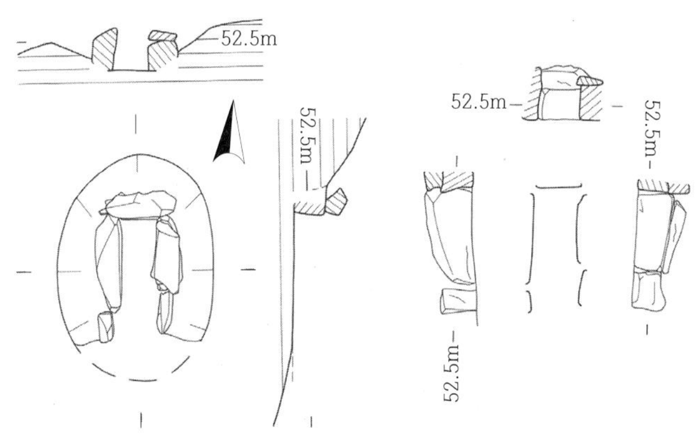

[유구사진]

5호 석실묘

(단위 : cm)

봉토	크 기 (길이×너비×높이)	?	묘광	크 기 (길이×너비×깊이)	(150+)×105×(15+)
	평면형태	?		장폭비	?
현실	크 기 (길이×너비×높이)	(70+)×(35)×(23+)	천장형태		?
	장폭비	?	횡구부위치		?
횡구부	크 기 (길이×너비)	?	묘도크기 (길이×너비)		?
	장폭비	?	배수시설 (길이×너비×깊이)		?
시상/관대크기 (길이×너비×높이)		?	두 향		?
장축방향		N-(15)°-W	벽석종류		할석
유물	토 기	-			
	철 기	-			
	청동기	-			
	옥석류	-			
	기 타	-			
특기사항		출토유물 없음. 횡구식 석실로 보고하였으나 파괴가 심하여 정확한 구조는 알 수 없음.			

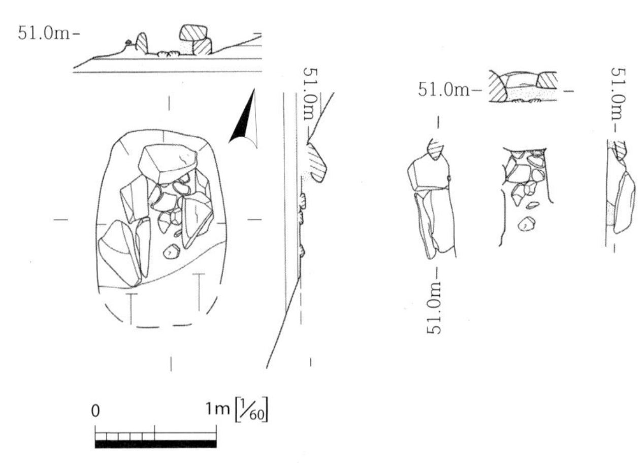

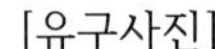

[유구사진]

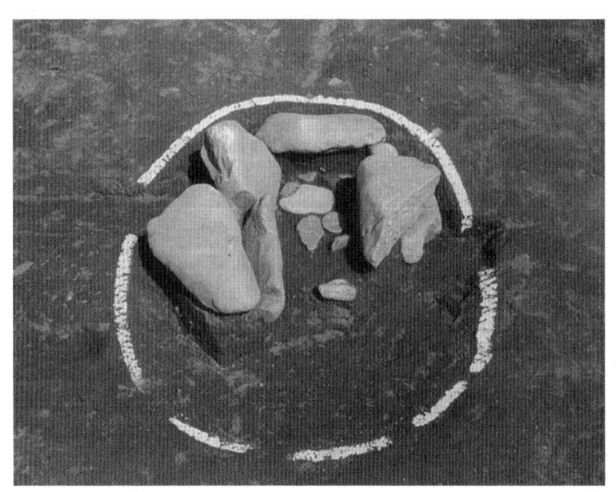

6호 석실묘

(단위 : cm)

봉토	크 기 (길이×너비×높이)	?	묘광	크 기 (길이×너비×깊이)	(225+)×110×(50+)
	평면형태	?		장폭비	?
현실	크 기 (길이×너비×높이)	(100+)×(70+)×(60+)	천장형태		?
	장폭비	?	횡구부위치		?
횡구부	크 기 (길이×너비)	?	묘도크기 (길이×너비)		?
	장폭비	?	배수시설 (길이×너비×깊이)		?
시상/관대크기 (길이×너비×높이)		?	두 향		?
장축방향		N-25°-W	벽석종류		할석
유물	토 기	-			
	철 기	-			
	청동기	-			
	옥석류	-			
	기 타	-			
특기사항		출토유물 없음. 횡구식 석실로 보고하였으나 파괴가 심하여 정확한 구조는 알 수 없음.			

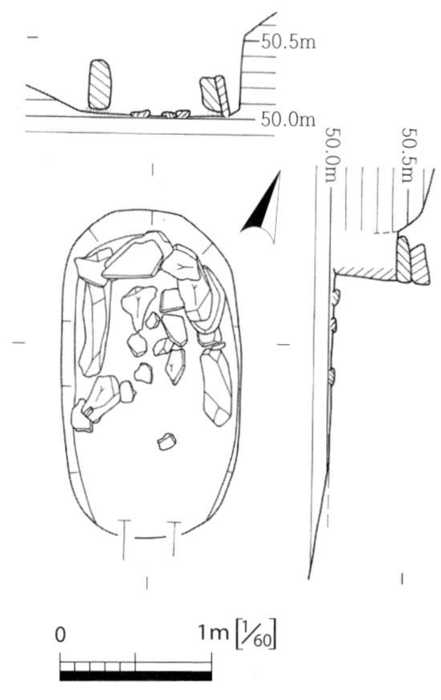

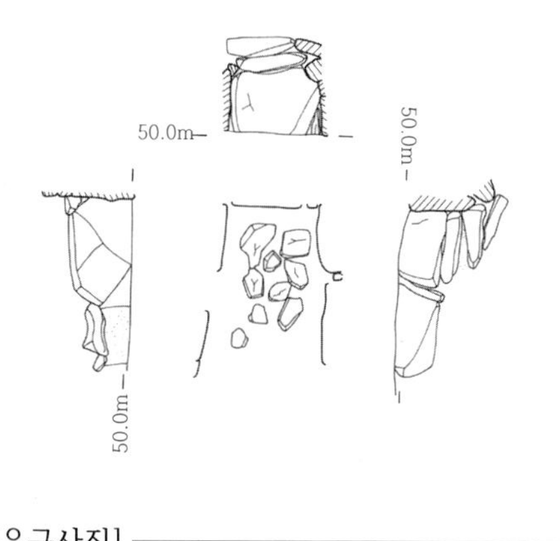

[유구사진]

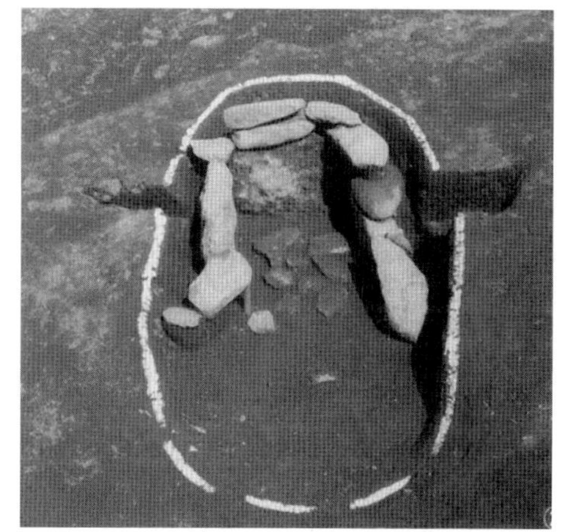

7호 석실묘

(단위 : cm)

구분	항목	내용	구분	항목	내용
봉토	크 기 (길이×너비×높이)	?	묘광	크 기 (길이×너비×깊이)	(170+)×105×(40+)
	평면형태	?		장폭비	?
현실	크 기 (길이×너비×높이)	(130+)×55×(40+)	천장형태		?
	장폭비	?	횡구부위치		?
횡구부	크 기 (길이×너비)	?	묘도크기 (길이×너비)		?
	장폭비	?	배수시설 (길이×너비×깊이)		?
시상/관대크기 (길이×너비×높이)		?	두 향		?
장축방향		N-10°-W	벽석종류		판석, 할석
유물	토 기	-			
	철 기	-			
	청동기	-			
	옥석류	-			
	기 타	-			
특기사항		출토유물 없음. 횡구식 석실로 보고하였으나 파괴가 심하여 정확한 구조는 알 수 없음.			

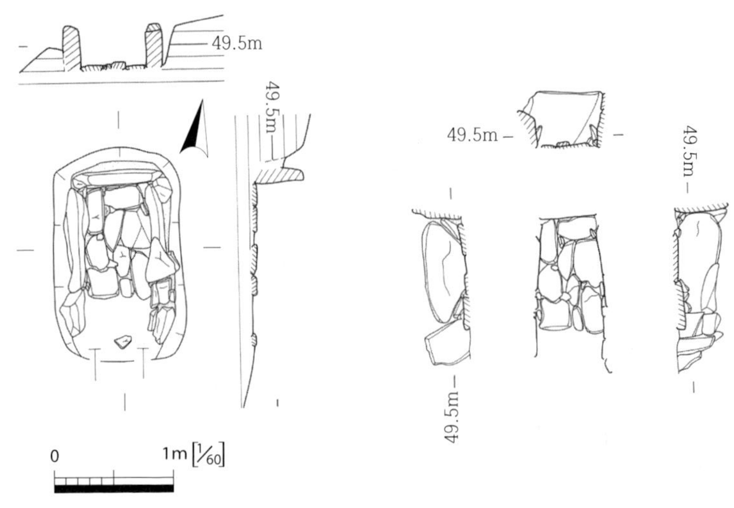

[유구사진]

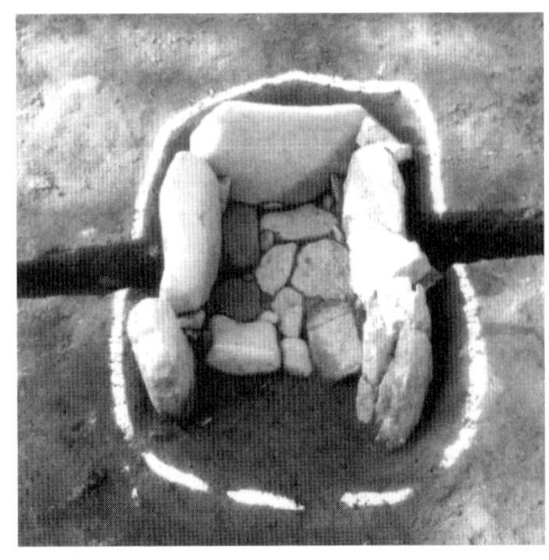

부여 두곡리유적扶餘 豆谷里遺蹟

조사사유	마을 주민의 매장문화재 신고에 따른 수습발굴조사	
조사연혁	발굴조사 : 1979. 10. 24. ~ 1979. 11. 04. (國立中央博物館)	
유적위치	충청남도 부여군 임천면 두곡리 시영골 산37-1번지 일원	
	경·위도 126°55'25.43"E / 36°9'36.18"N	
유적입지	이 유적은 두곡리 덕고개에서 서쪽으로 50m 되는 지점의 구릉 남사면의 해발 70~80m 지점에 밀집 분포하고 있다. 이 곳에서 동쪽으로 250m 정도 떨어진 지점에는 대홍산성이 위치하고 있다. 서남쪽으로는 금강과 주변에 넓은 평야가 펼쳐져 있어서 고분과 산성, 평야지대의 조합 관계를 잘 보여주고 있다.	
유구현황	초기철기시대	-
	원삼국시대	-
	삼 국 시 대	석실묘(8)·토광묘(2)
	기 타	-
주요유물	토기편, 관정	
시대·성격	1·5·6·7호분은 사비천도 이후 유행한 구조를 하고 있다. 사비기의 석실은 박장풍습에 따라 부장품이 적은 것이 일반적인데, 이 고분군에서도 관정과 함께 토기편만 출토되었다.	
참고문헌	徐聲勳, 1979, 「豆谷里 百濟廢古墳群」, 『考古學』 5·6合輯, 國立中央博物館.	

부여 두곡리유적 유구배치도

부여 두곡리유적 전경

1호 석실묘

(단위 : cm)

봉토	크 기 (길이×너비×높이)	?	묘광	크 기 (길이×너비×깊이)	?
	평면형태	?		장폭비	?
현실	크 기 (길이×너비×높이)	224×109×121	천장형태		고임
	장폭비	2.05:1	연도위치		우편재
연도	크 기 (길이×너비×높이)	49×92×88	묘도크기 (길이×너비)		?
	장폭비	0.53:1	배수시설 (길이×너비×깊이)		-
시상/관대크기 (길이×너비×높이)		?	두 향		?
장축방향		N-20°-W	벽석종류		판석
유물	토 기	토기편(1)			
	철 기	관정(16)			
	청동기	-			
	옥석류	-			
	기 타	-			
특기사항		토기편 1점, 관정 10점 도면 미게재. 해발고도 미기술.			

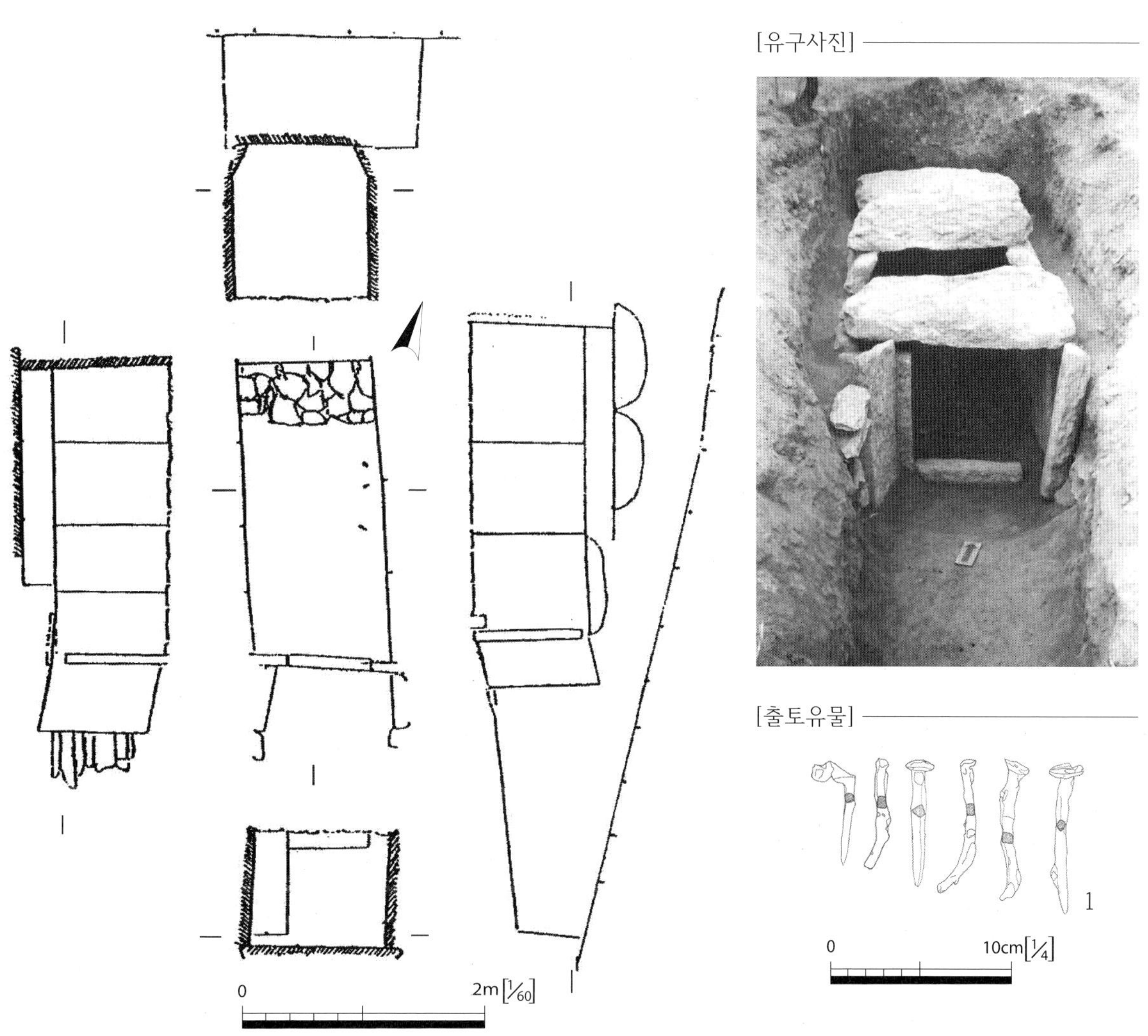

2호 석실묘

(단위 : cm)

<table>
<tr><td rowspan="2">봉토</td><td>크 기
(길이×너비×높이)</td><td>?</td><td rowspan="2">묘광</td><td>크 기
(길이×너비×깊이)</td><td>?</td></tr>
<tr><td>평면형태</td><td>?</td><td>장폭비</td><td>?</td></tr>
<tr><td rowspan="2">현실</td><td>크 기
(길이×너비×높이)</td><td>208×73×(64+)</td><td colspan="2">천장형태</td><td>?</td></tr>
<tr><td>장폭비</td><td>2.84:1</td><td colspan="2">연도위치</td><td>우편재</td></tr>
<tr><td rowspan="2">연도</td><td>크 기
(길이×너비×높이)</td><td>(23)×(70)×(65+)</td><td colspan="2">묘도크기
(길이×너비)</td><td>?</td></tr>
<tr><td>장폭비</td><td>(0.33):1</td><td colspan="2">배수시설
(길이×너비×깊이)</td><td>-</td></tr>
<tr><td colspan="2">시상/관대크기
(길이×너비×높이)</td><td>?</td><td colspan="2">두 향</td><td>?</td></tr>
<tr><td colspan="2">장축방향</td><td>N-(20)°-W</td><td colspan="2">벽석종류</td><td>판석</td></tr>
<tr><td rowspan="5">유물</td><td>토 기</td><td colspan="4">-</td></tr>
<tr><td>철 기</td><td colspan="4">관정(4)</td></tr>
<tr><td>청동기</td><td colspan="4">-</td></tr>
<tr><td>옥석류</td><td colspan="4">-</td></tr>
<tr><td>기 타</td><td colspan="4">-</td></tr>
<tr><td colspan="2">특기사항</td><td colspan="4">관정 2점 도면 미게재. 해발고도 미기술.</td></tr>
</table>

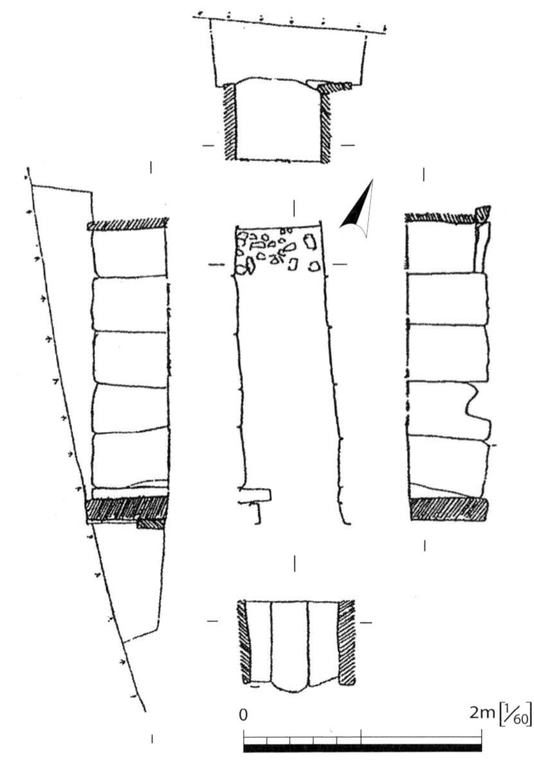

[유구사진]

[출토유물]

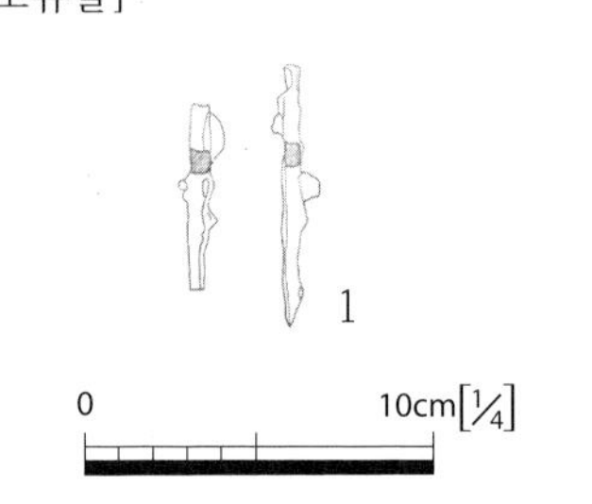

3호 토광묘

(단위 : cm)

묘광	크 기 (길이×너비×깊이)	208×62×(120+)	목관	크 기 (길이×너비×높이)	?
	장폭비	3.05:1		장폭비	?
장축방향		N-(6)°-W	목곽	크 기 (길이×너비×높이)	?
두 향		?		장폭비	?
유물	토 기	토기편(3)			
	철 기	-			
	청동기	-			
	옥석류	-			
	기 타	-			
특기사항		해발고도 미기술.			

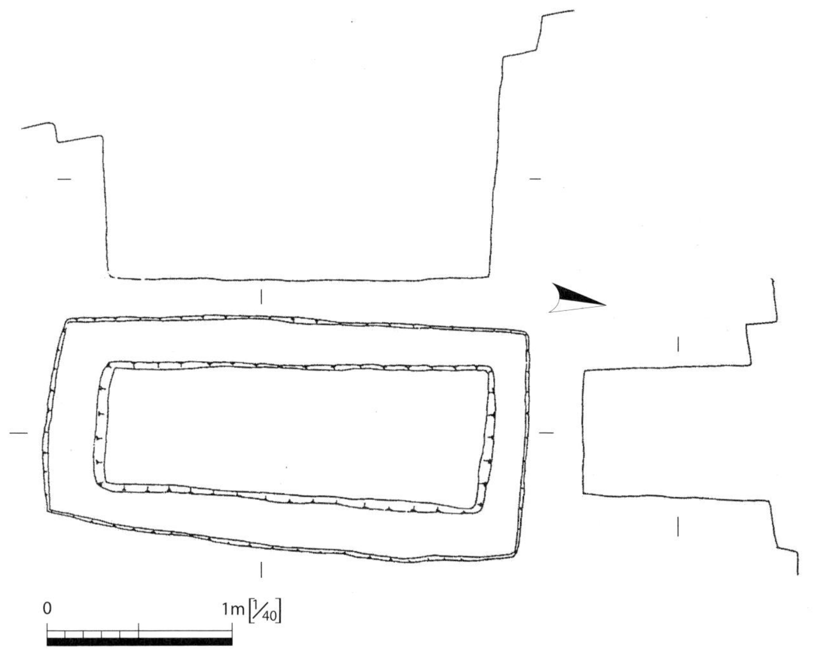

[출토유물]

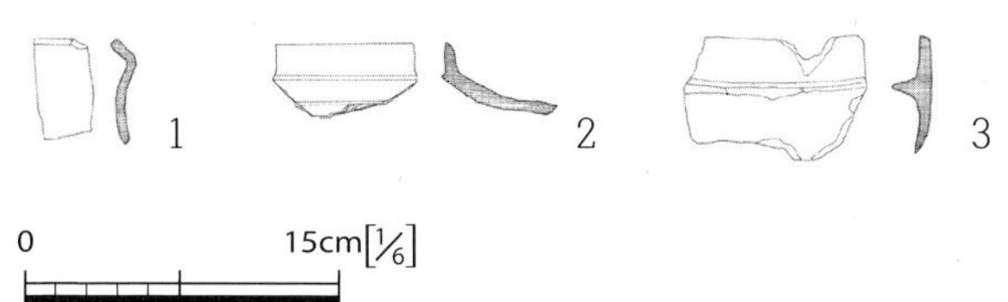

4호 토광묘

(단위 : cm)

<table>
<tr><td rowspan="2">묘광</td><td>크 기
(길이×너비×깊이)</td><td>(278)×(98)×(111+)</td><td rowspan="2">목관</td><td>크 기
(길이×너비×높이)</td><td>?</td></tr>
<tr><td>장폭비</td><td>(2.84):1</td><td>장폭비</td><td>?</td></tr>
<tr><td colspan="2">장축방향</td><td>N-(10)°-E</td><td rowspan="2">목곽</td><td>크 기
(길이×너비×높이)</td><td>?</td></tr>
<tr><td colspan="2">두 향</td><td>?</td><td>장폭비</td><td>?</td></tr>
<tr><td rowspan="5">유물</td><td>토 기</td><td colspan="4">-</td></tr>
<tr><td>철 기</td><td colspan="4">관정(4)</td></tr>
<tr><td>청동기</td><td colspan="4">-</td></tr>
<tr><td>옥석류</td><td colspan="4">-</td></tr>
<tr><td>기 타</td><td colspan="4">-</td></tr>
<tr><td colspan="2">특기사항</td><td colspan="4">관정 2점 도면 미게재. 해발고도 미기술. 보고서 기술과 유구 도면 스케일바 비율이 모두 상이하여 상호 조정하지 않고 자료집에 게재하였음.</td></tr>
</table>

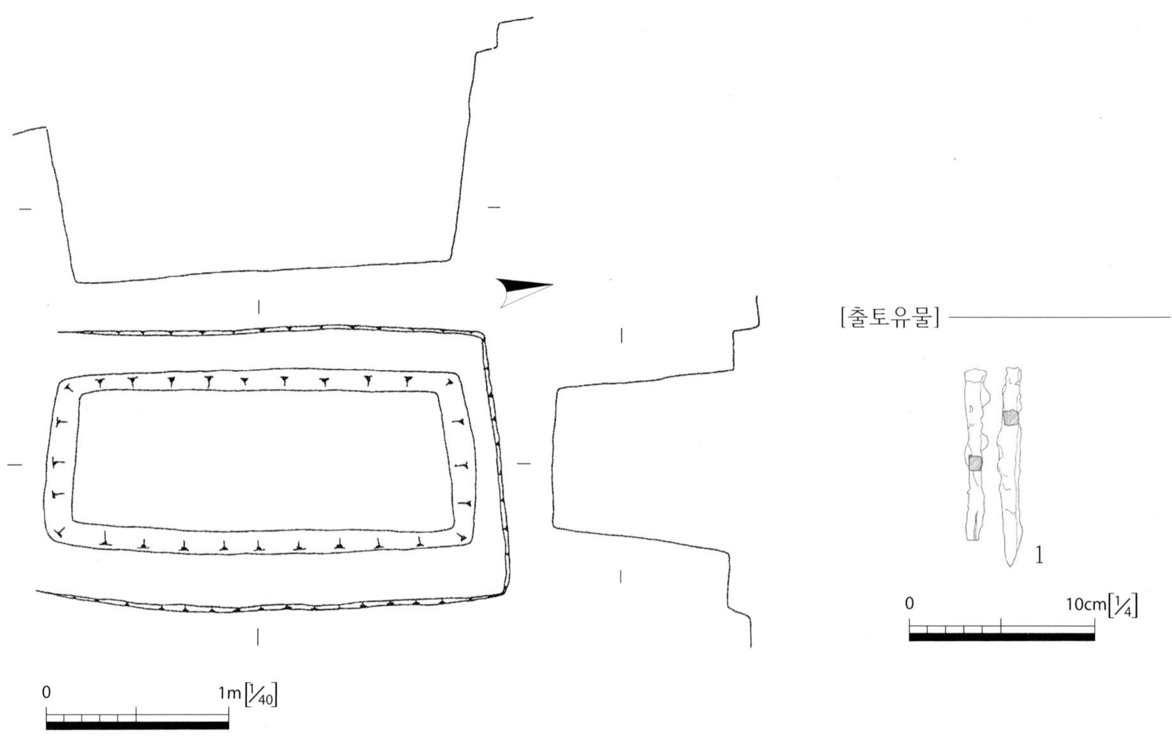

5호 석실묘

(단위 : cm)

<table>
<tr><td rowspan="2">봉토</td><td>크 기
(길이×너비×높이)</td><td>?</td><td rowspan="2">묘광</td><td>크 기
(길이×너비×깊이)</td><td>(340)×(163)×(120+)</td></tr>
<tr><td>평면형태</td><td>?</td><td>장폭비</td><td>(2.09):1</td></tr>
<tr><td rowspan="2">현실</td><td>크 기
(길이×너비×높이)</td><td>(230)×(110)×(80+)</td><td colspan="2">천장형태</td><td>고임</td></tr>
<tr><td>장폭비</td><td>(2.09):1</td><td colspan="2">연도위치</td><td>우편재</td></tr>
<tr><td rowspan="2">연도</td><td>크 기
(길이×너비×높이)</td><td>51×80×(71+)</td><td colspan="2">묘도크기
(길이×너비)</td><td>(138)×(120)</td></tr>
<tr><td>장폭비</td><td>0.63:1</td><td colspan="2">배수시설
(길이×너비×깊이)</td><td>-</td></tr>
<tr><td colspan="2">시상/관대크기
(길이×너비×높이)</td><td>?</td><td colspan="2">두 향</td><td>?</td></tr>
<tr><td colspan="2">장축방향</td><td>N-(15)°-E</td><td colspan="2">벽석종류</td><td>판석</td></tr>
<tr><td rowspan="5">유물</td><td>토 기</td><td colspan="4">파수(1), 토기편(4)</td></tr>
<tr><td>철 기</td><td colspan="4">-</td></tr>
<tr><td>청동기</td><td colspan="4">-</td></tr>
<tr><td>옥석류</td><td colspan="4">-</td></tr>
<tr><td>기 타</td><td colspan="4">-</td></tr>
<tr><td colspan="2">특기사항</td><td colspan="4">토기편 3점 도면 미게재. 해발고도 미기술. 보고서 기술과 유구 도면 스케일바 비율이 모두 상이하여 상호 조정하지 않고 자료집에 게재하였음.</td></tr>
</table>

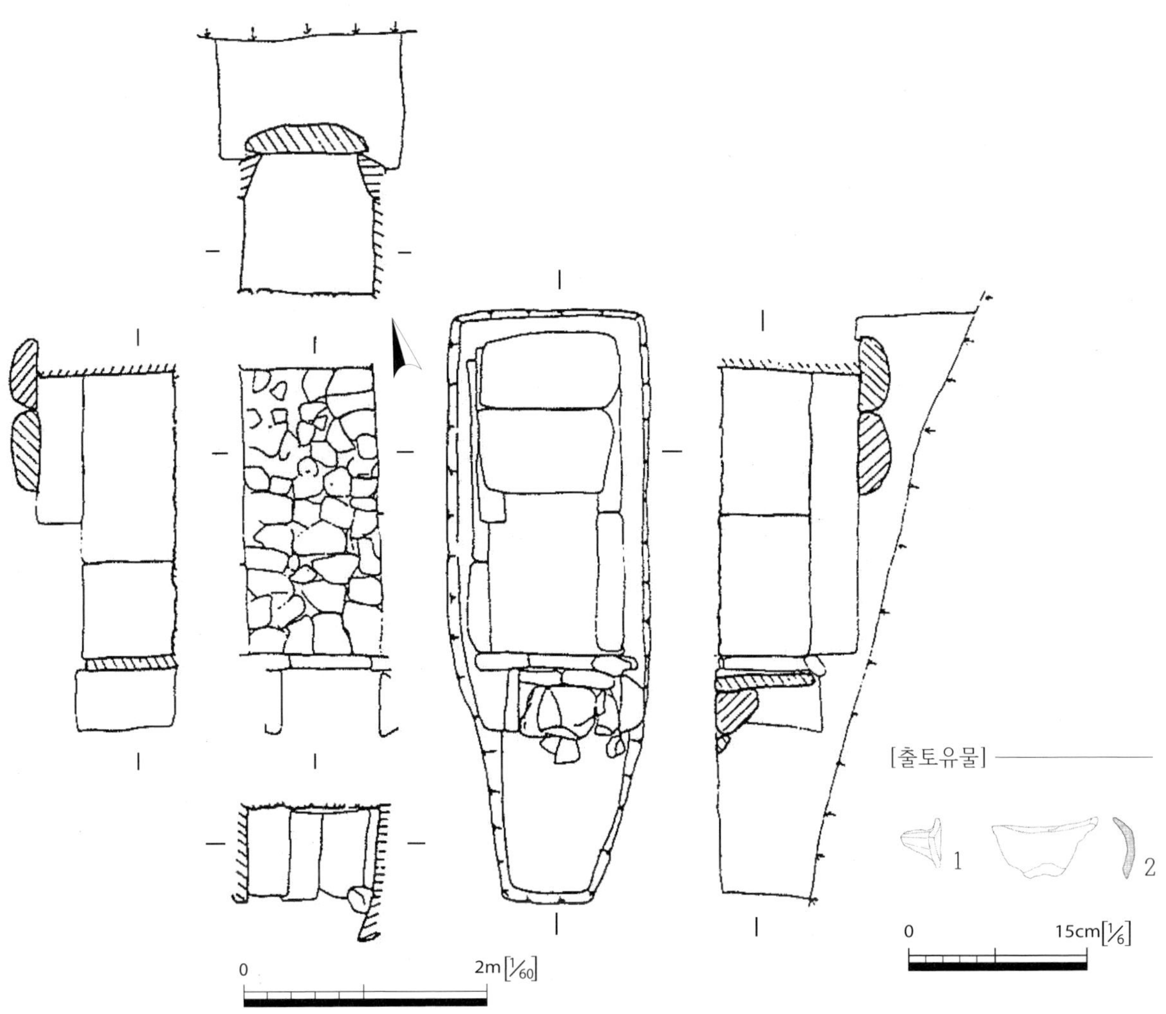

6호 석실묘

(단위 : cm)

<table>
<tr><td rowspan="2">봉토</td><td>크 기
(길이×너비×높이)</td><td>?</td><td rowspan="2">묘광</td><td>크 기
(길이×너비×깊이)</td><td>?</td></tr>
<tr><td>평면형태</td><td>?</td><td>장폭비</td><td>?</td></tr>
<tr><td rowspan="2">현실</td><td>크 기
(길이×너비×높이)</td><td>(250)×103×(98+)</td><td colspan="2">천장형태</td><td>고임</td></tr>
<tr><td>장폭비</td><td>(2.43):1</td><td colspan="2">연도위치</td><td>우편재</td></tr>
<tr><td rowspan="2">연도</td><td>크 기
(길이×너비×높이)</td><td>47×(80)×(73+)</td><td colspan="2">묘도크기
(길이×너비)</td><td>(290)×(143)</td></tr>
<tr><td>장폭비</td><td>(0.59):1</td><td colspan="2">배수시설
(길이×너비×깊이)</td><td>-</td></tr>
<tr><td colspan="2">시상/관대크기
(길이×너비×높이)</td><td>?</td><td colspan="2">두 향</td><td>?</td></tr>
<tr><td colspan="2">장축방향</td><td>N-(10)°-E</td><td colspan="2">벽석종류</td><td>판석</td></tr>
<tr><td rowspan="5">유물</td><td>토 기</td><td colspan="4">토기편(14)</td></tr>
<tr><td>철 기</td><td colspan="4">관정(1)</td></tr>
<tr><td>청동기</td><td colspan="4">-</td></tr>
<tr><td>옥석류</td><td colspan="4">-</td></tr>
<tr><td>기 타</td><td colspan="4">-</td></tr>
<tr><td colspan="2">특기사항</td><td colspan="4">토기편 14점 도면 미게재. 해발고도 미기술.</td></tr>
</table>

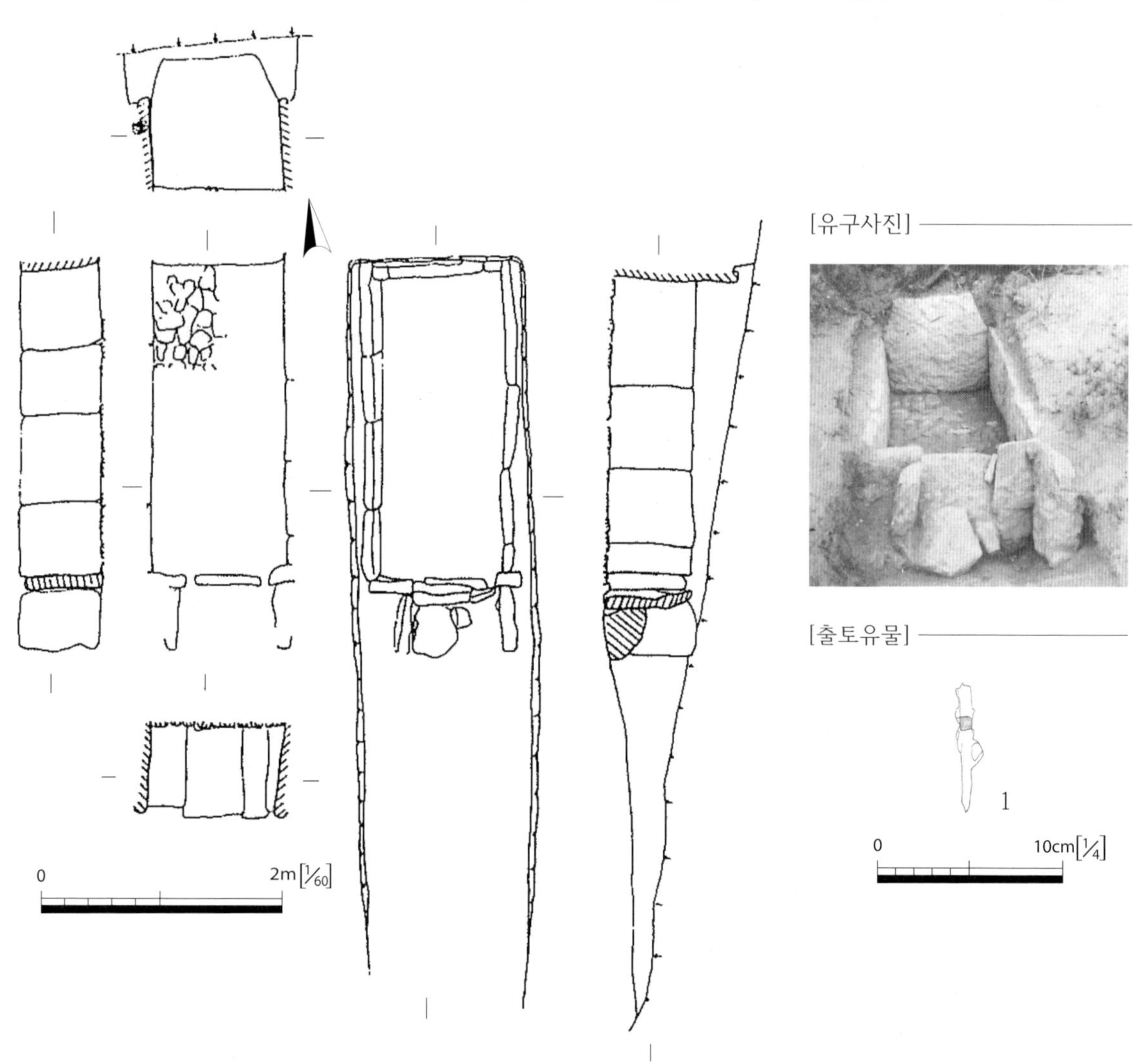

7호 석실묘

(단위 : cm)

봉토	크 기 (길이×너비×높이)	?	묘광	크 기 (길이×너비×깊이)	?
	평면형태	?		장폭비	?
현실	크 기 (길이×너비×높이)	(228)×(170)×(102+)	천장형태		고임
	장폭비	(1.34):1	연도위치		우편재
연도	크 기 (길이×너비×높이)	(62)×(44)×(71+)	묘도크기 (길이×너비)		?
	장폭비	(1.41):1	배수시설 (길이×너비×깊이)		-
시상/관대크기 (길이×너비×높이)		?	두 향		?
장축방향		N-(20)°-W	벽석종류		판석
유물	토 기	토기편(40)			
	철 기	-			
	청동기	-			
	옥석류	-			
	기 타	-			
특기사항		토기편 33점 도면 미게재. 해발고도 미기술.			

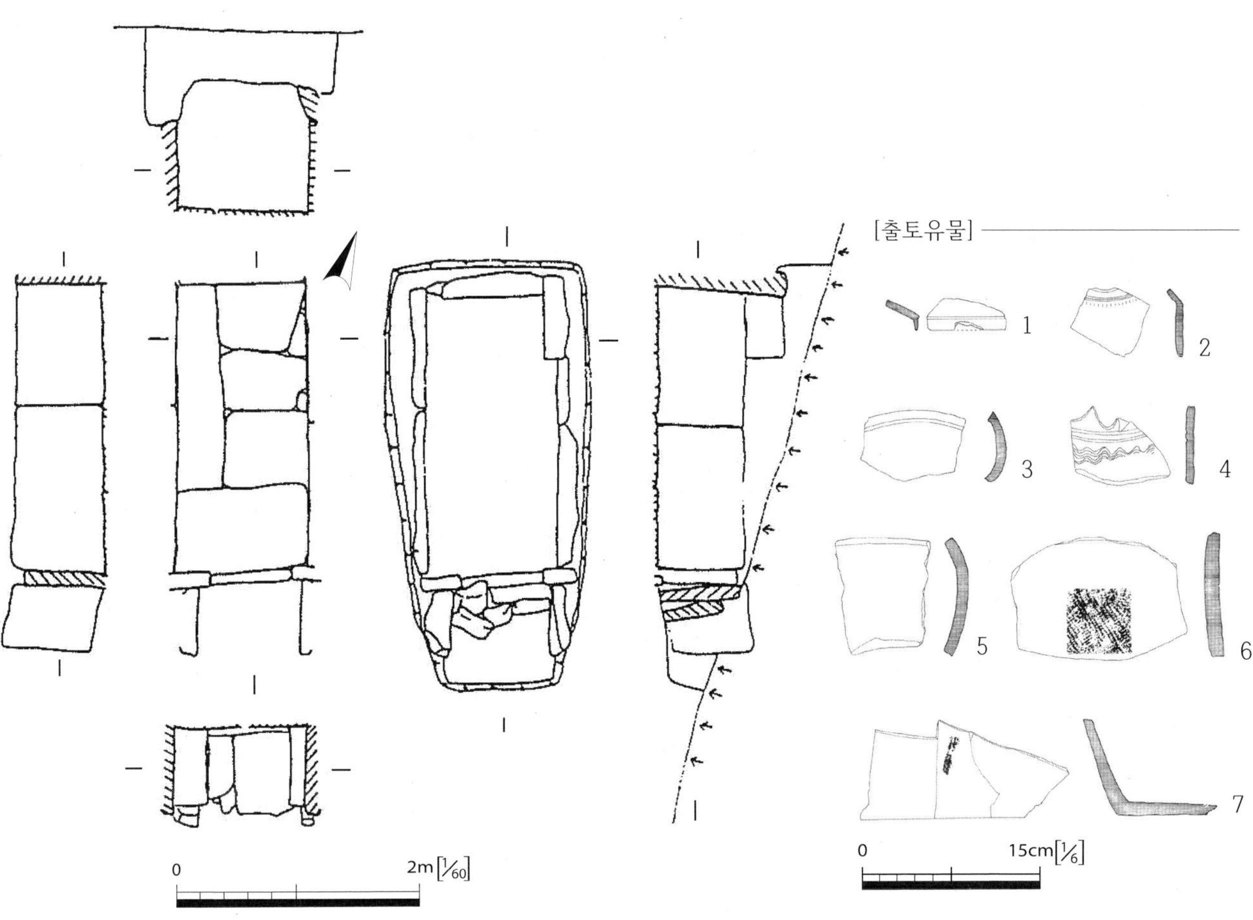

8호 석실묘

(단위 : cm)

봉토	크 기 (길이×너비×높이)	?	묘광	크 기 (길이×너비×깊이)	(350)×(180)×(47+)
	평면형태	?		장폭비	(1.94):1
현실	크 기 (길이×너비×높이)	(320)×(120)×(47+)	천장형태		?
	장폭비	(2.67):1	연도위치		?
연도	크 기 (길이×너비×높이)	?	묘도크기 (길이×너비)		(178)×(144)
	장폭비	?	배수시설 (길이×너비×깊이)		-
시상/관대크기 (길이×너비×높이)		?	두 향		?
장축방향		N-(17)°-W	벽석종류		판석
유물	토 기	-			
	철 기	-			
	청동기	-			
	옥석류	-			
	기 타	-			
특기사항		출토유물 없음. 해발고도 미기술. 횡혈식 석실로 보고하였으나 파괴가 심하여 정확한 구조는 알 수 없음. 보고서 기술과 유구 도면 스케일바 비율이 모두 상이하여 상호 조정하지 않고 자료집에 게재하였음.			

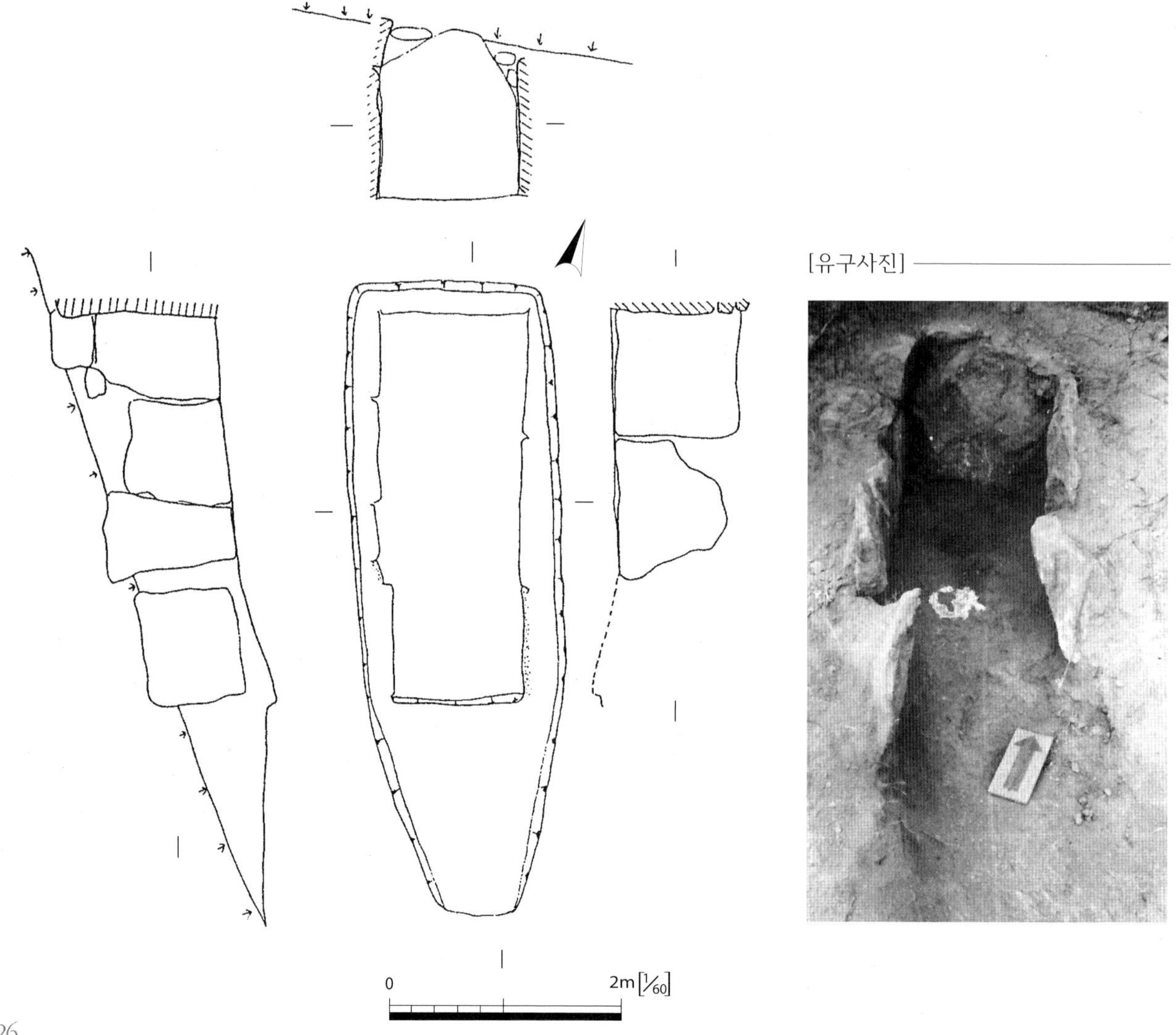

9호 석실묘

(단위 : cm)

봉토	크 기 (길이×너비×높이)	?	묘광	크 기 (길이×너비×깊이)	(435)×(270)×(70+)
	평면형태	?		장폭비	(1.61):1
현실	크 기 (길이×너비×높이)	(270)×(90)×70	천장형태		평
	장폭비	(3.00):1	연도위치		?
연도	크 기 (길이×너비×높이)	(83)×(80)×(68+)	묘도크기 (길이×너비)		(70)×(130)
	장폭비	(1.04):1	배수시설 (길이×너비×깊이)		-
시상/관대크기 (길이×너비×높이)		?	두 향		?
장축방향		N-(8)°-W	벽석종류		판석
유물	토 기	토기편(10)			
	철 기	-			
	청동기	-			
	옥석류	-			
	기 타	-			
특기사항		토기편 10점 도면 미게재. 해발고도 미기술. 보고서 기술과 유구 도면 스케일바 비율이 모두 상이하여 상호 조정하지 않고 자료집에 게재하였음.			

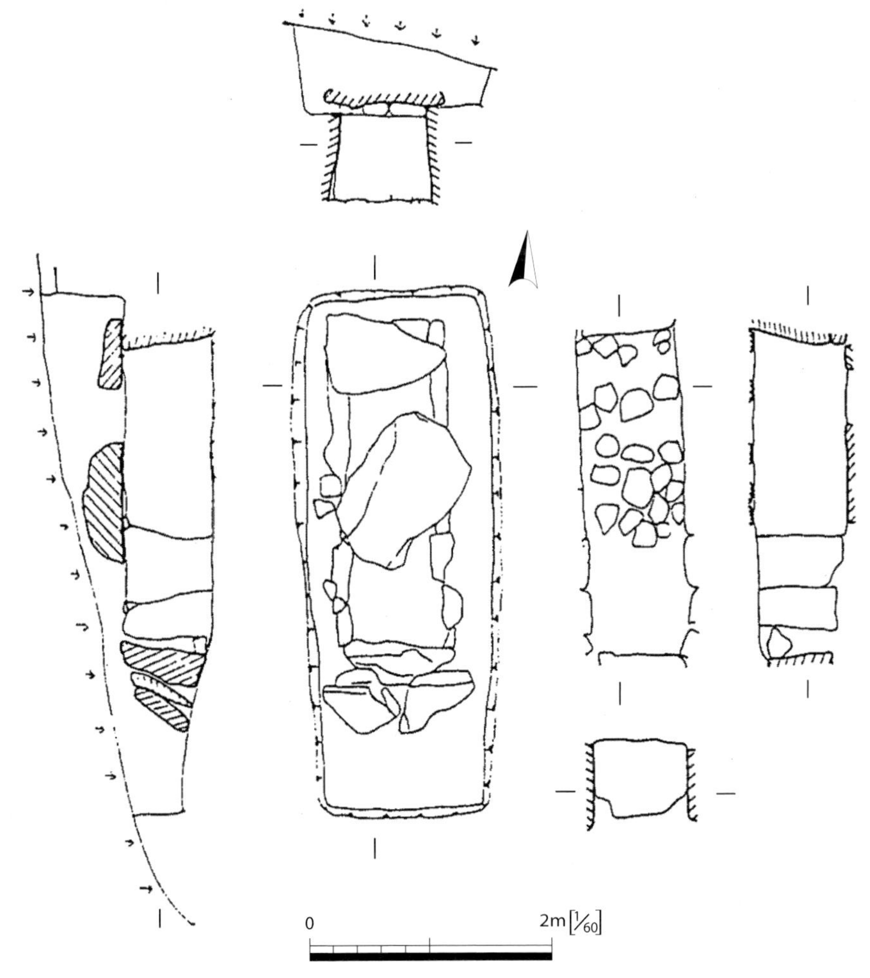

10호 석실묘

(단위 : cm)

봉토	크 기 (길이×너비×높이)	?	묘광	크 기 (길이×너비×깊이)	?
	평면형태	?		장폭비	?
현실	크 기 (길이×너비×높이)	250×110×118	천장형태		고임
	장폭비	2.27:1	연도위치		우편재
연도	크 기 (길이×너비×높이)	(100)×72×80	묘도크기 (길이×너비)		?
	장폭비	(1.39):1	배수시설 (길이×너비×깊이)		-
시상/관대크기 (길이×너비×높이)		?	두 향		?
장축방향		N-0°-S	벽석종류		판석
유물	토 기	토기편(1)			
	철 기	관정(1)			
	청동기	-			
	옥석류	-			
	기 타	-			
특기사항		토기편 1점 도면 미게재. 해발고도 미기술.			

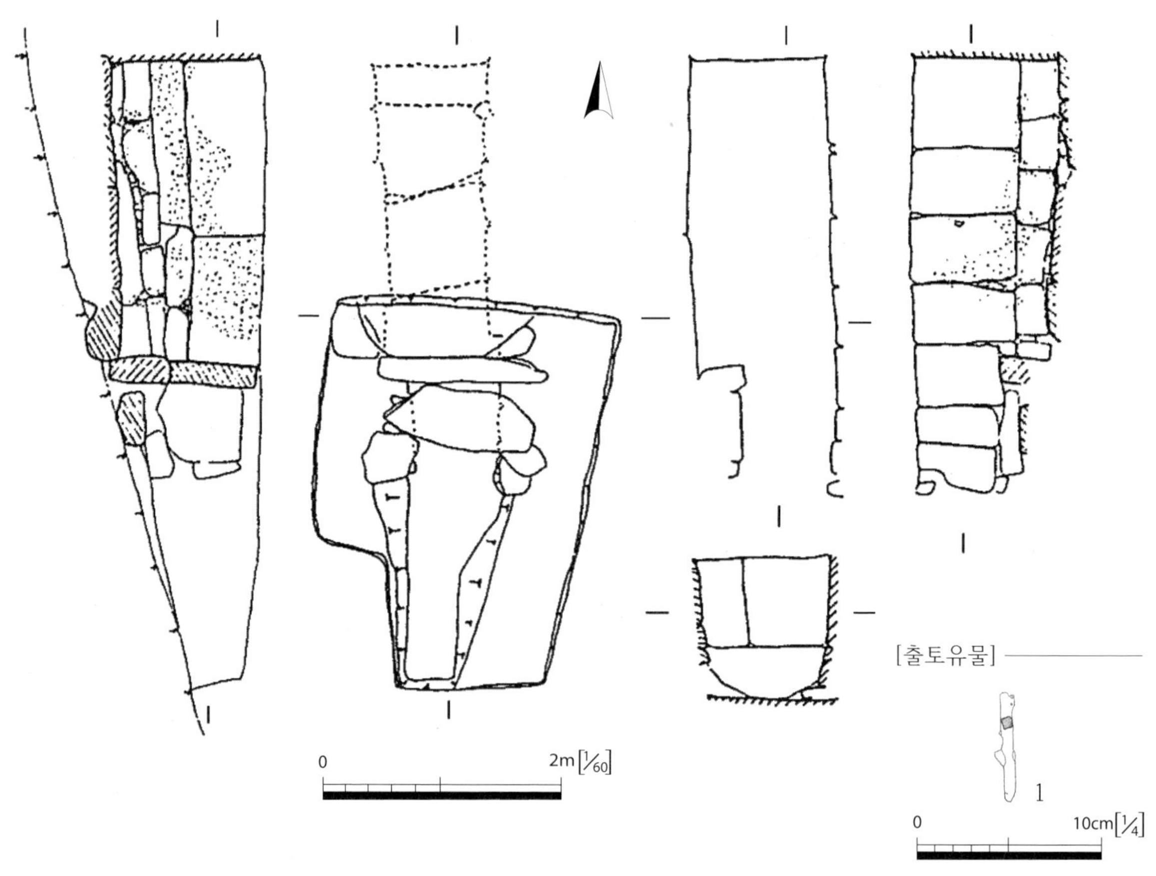

부여 북고리유적扶餘 北皐里遺蹟

<table>
<tr><td>조사사유</td><td colspan="2">부여군 폐기물 처리시설 설치에 따른 구제발굴조사</td></tr>
<tr><td>조사연혁</td><td colspan="2">지표조사 : 2005. 10. (忠淸文化財硏究院)
시·발굴조사 : 2008. 11. 10. ~ 2009. 01. 20 (百濟文化財硏究院)</td></tr>
<tr><td>유적위치</td><td colspan="2">충청남도 부여군 장암면 북고리 산89-4번지 일원</td></tr>
<tr><td>유적입지</td><td colspan="2">이 유적의 서·북쪽은 차령산맥과 이어지는 산지지형을 이루고 있으며, 남쪽과 동쪽은 금강유역의 충적평야 및 구릉성 지형에 해당된다.</td></tr>
<tr><td rowspan="4">유구현황</td><td>초기철기시대</td><td>-</td></tr>
<tr><td>원삼국시대</td><td>-</td></tr>
<tr><td>삼 국 시 대</td><td>석실묘(3)·주거지(3)·원형수혈유구(3)</td></tr>
<tr><td>기 타</td><td>고려시대 주거지(2)·수혈유구(5), 조선시대 토광묘(1)·주거지(4)·건물지(2), 시대미상 토광묘(5)·소성유구(1)</td></tr>
<tr><td>주요유물</td><td colspan="2">-</td></tr>
<tr><td>시대·성격</td><td colspan="2">석실묘는 해발 37~39m에 걸친 능선의 사면 중단부에 분포하고 있는데, 3기 모두 묘광의 평면형태는 장방형이며 장축방향은 등고선과 직교하고 있다. 1호 및 2호 횡구식 석실묘는 남벽인 경사의 아래쪽 좁은 벽체 전부를 개구하여 입구로 사용하였으며, 3호 석실묘는 도굴되어 흔적만 남아 있다. 석실은 판석재와 할석재를 이용하여 축조하였으며, 내부에서 관정 및 관고리만 출토되어 정확한 연대 파악이 어렵다. 다만 인근에 위치한 정암리 고분군의 6호분이 북고리유적에서 확인된 석실묘와 비슷한 구조이며, 백제 후기 양식 개배 2점이 출토되어, 북고리 유적도 이와 비슷한 시기일 것으로 추정된다. 따라서 이 유적의 석실묘 조영연대는 1호 주거지와 비슷한 6세기 말에서 7세기 전반대에 조영되었을 것으로 판단된다.</td></tr>
<tr><td>참고문헌</td><td colspan="2">百濟文化財硏究院, 2011, 『扶餘 北皐里遺蹟』, 百濟文化財硏究院 文化遺蹟 調査報告 第18輯.</td></tr>
</table>

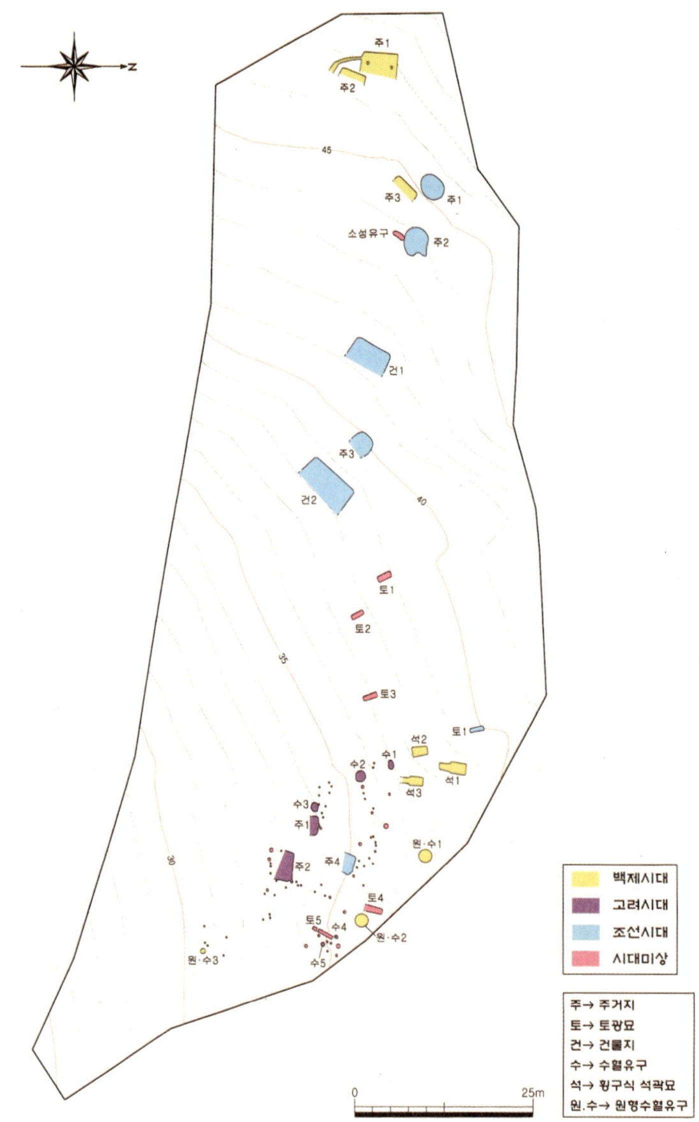

부여 북고리유적 유구배치도

부여 북고리유적 전경

1호 석실묘

(단위 : cm)

봉토	크 기 (길이×너비×높이)	?	묘광	크 기 (길이×너비×깊이)	232×153×(7+)
	평면형태	?		장 폭 비	1.52:1
현실	크 기 (길이×너비×높이)	157×62×63	천장형태		?
	평면형태	2.53:1	횡구부위치		남측 단벽
횡구부	크 기 (길이×너비)	(60)×(42)	묘도크기 (길이×너비)		155×90
	장 폭 비	(1.43):1	배수시설 (길이×너비×깊이)		?
시상/관대크기 (길이×너비×높이)		?	두 향		?
장축방향		N-16°-W	벽석종류		할석
유물	토 기	-			
	철 기	관고리(4), 관정(22)			
	청 동 기	-			
	옥 석 류	-			
	기 타	-			
특기사항					

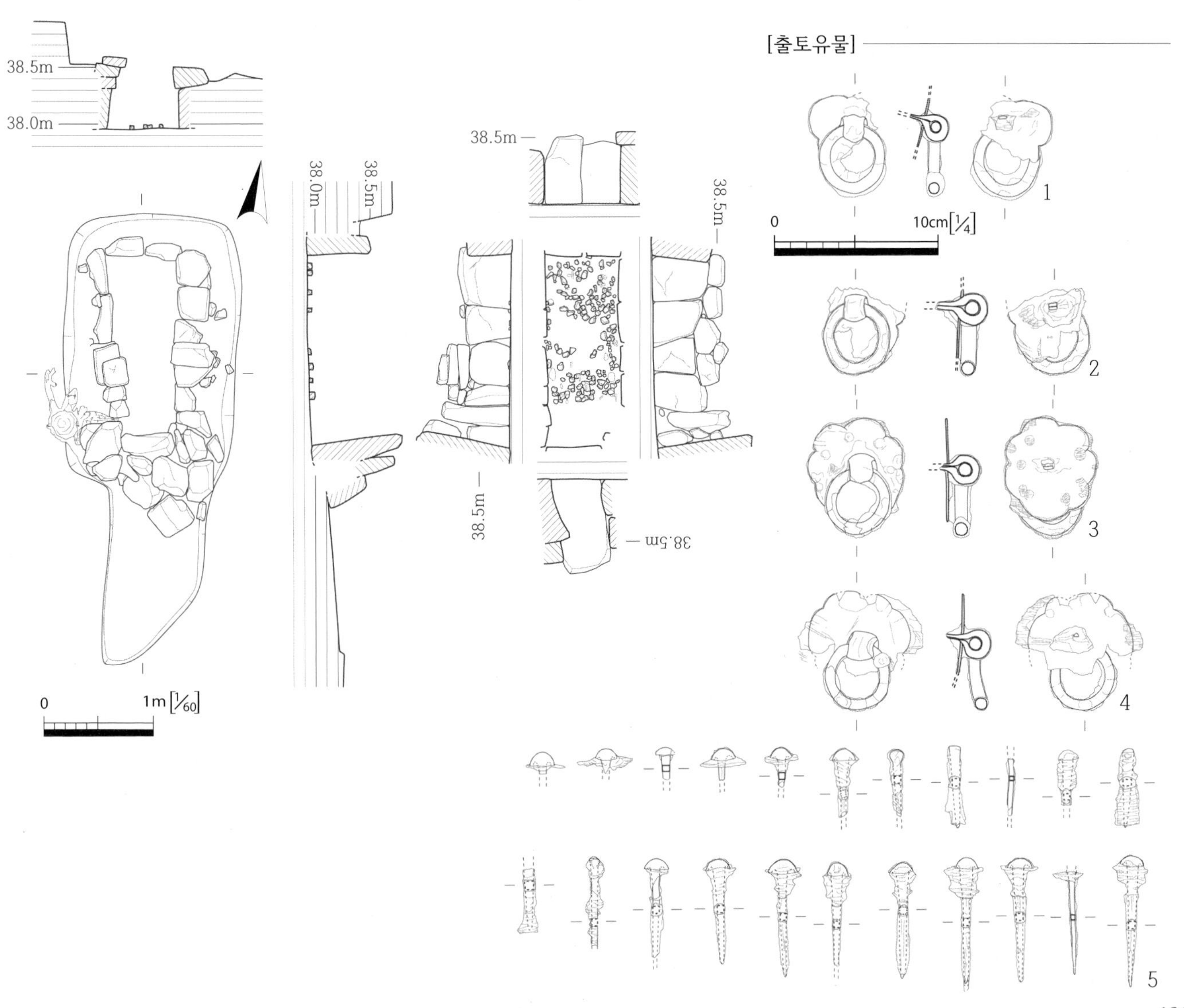

2호 석실묘

(단위 : cm)

봉토	크 기 (길이×너비×높이)	?	묘광	크 기 (길이×너비×깊이)	277×134×(52+)
	평면형태	?		장 폭 비	2.07:1
현실	크 기 (길이×너비×높이)	128×45×50	천장형태		?
	평면형태	2.84:1	횡구부위치		남서측 단벽
횡구부	크 기 (길이×너비)	(60)×(54)	묘도크기 (길이×너비)		?
	장 폭 비	(1.11):1	배수시설 (길이×너비×깊이)		?
시상/관대크기 (길이×너비×높이)		?	두 향		?
장축방향		N-32°-W	벽석종류		판석, 할석
유물	토 기	-			
	철 기	-			
	청동기	-			
	옥석류	-			
	기 타	-			
특기사항		출토유물 없음.			

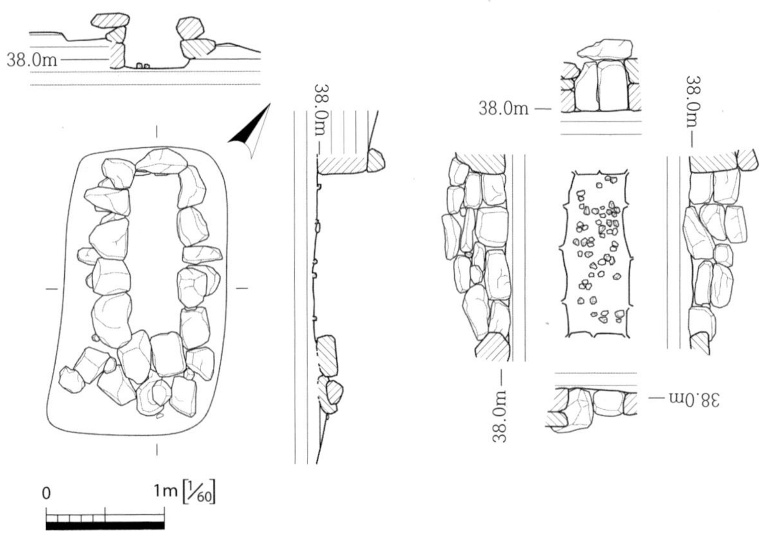

[유구사진]

3호 석실묘

(단위 : cm)

봉토	크 기 (길이×너비×높이)	?	묘광	크 기 (길이×너비×깊이)	190×116×(5+)
	평면형태	?		장폭비	1.64:1
현실	크 기 (길이×너비×높이)	113×75×40	천장형태		?
	평면형태	1.51:1	횡구부위치		남서측 단벽
횡구부	크 기 (길이×너비)	?	묘도크기 (길이×너비)		(90+)×(78)
	장폭비	?	배수시설 (길이×너비×깊이)		?
시상/관대크기 (길이×너비×높이)		?	두 향		?
장축방향		N-18°-W	벽석종류		할석
유물	토 기	-			
	철 기	관정(3)			
	청동기	-			
	옥석류	-			
	기 타	-			
특기사항					

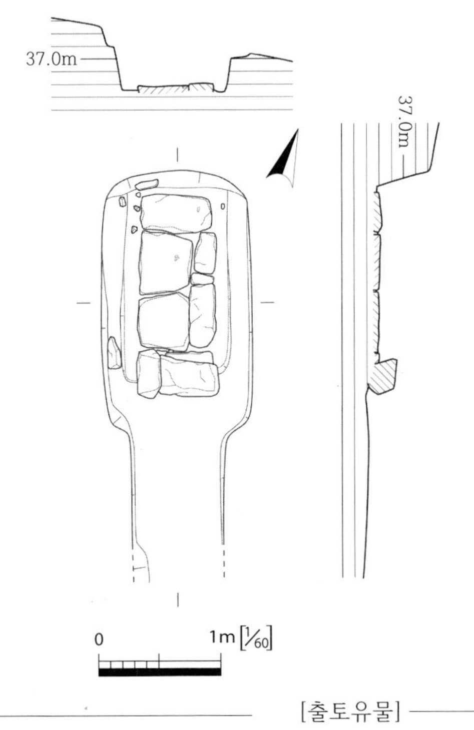

[유구사진]

[출토유물]

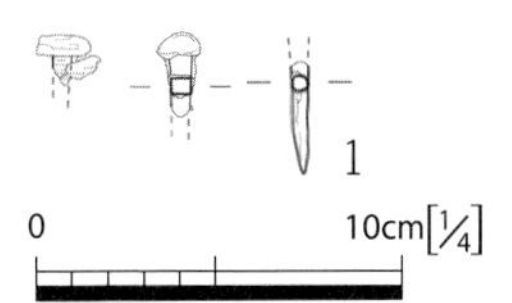

부여 삼룡리유적扶餘 三龍里遺蹟

조사사유	홍산~구룡간 도로확장 및 포장공사에 따른 구제발굴조사	
조사연혁	지표조사 : 1999. (忠清埋藏文化財研究院) 시굴조사 : ? (忠清埋藏文化財研究院) 발굴조사 : 2004. 03. 23. ~ 2004. 04. 12. (高麗大學校 考古環境研究所)	
유적위치	충청남도 부여군 남면 삼룡리 일원	
	경·위도 126°47'0.29"E / 36°13'8.89"N	
유적입지	유적은 북쪽의 낮은 구릉으로부터 남서쪽으로 뻗은 능선의 말단부에 위치한다. 해발 30.5m 정도의 평탄한 정상부를 중심으로 북동쪽과 남서쪽은 완만한 사면으로 이루어져 있다.	
유구현황	초기철기시대	-
	원삼국시대	미상유구(1)
	삼 국 시 대	석곽묘(2)·주거지(1)·미상유구(1)
	기 타	조선시대 미상유구(1)·토광묘(4), 시대미상 토광묘(103)·토광(2)·굴립주건물지(1)
주요유물	도자	
시대·성격	삼국시대 석곽묘 2기가 조사되었는데, 평면형태는 장방형이며 장축방향이 등고선방향과 직교하고 할석으로 축조되어 있다. 출토유물이 적어 정확한 축조시기를 가늠하기 어렵지만, 보고자는 구조나 입지로 보아 백제 사비기 고분으로 추정하고 있다.	
참고문헌	忠清埋藏文化財研究院, 2002, 『(1997~2001年度)文化遺蹟 地表調査 報告書』, 文化遺蹟 地表調査報告. 高麗大學校 考古環境研究所, 2006, 『鴻山-九龍間 道路擴張 및 鋪裝工事 區間內 文化遺蹟 發掘調査 報告書』, 研究叢書 第23輯.	

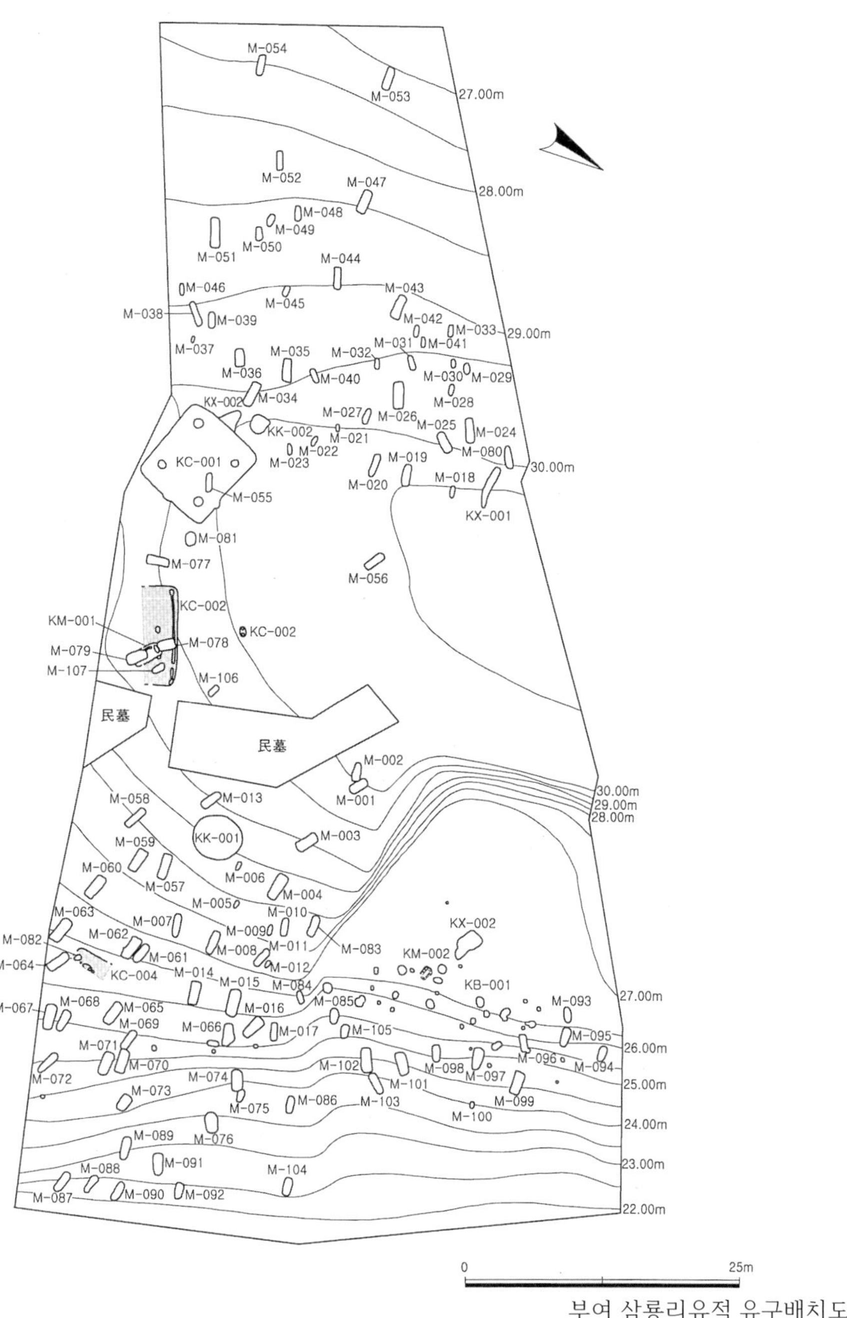

부여 삼룡리유적 유구배치도

부여 삼룡리유적 전경(남동쪽에서)

부여 삼룡리유적 전경

KM-001호 석곽묘

(단위 : cm)

묘광	크 기 (길이×너비×깊이)	(309+)×(105)×(55+)	주체부	크 기 (길이×너비×높이)	(146+)×(50+)×?
	장폭비	?		장폭비	?
장축방향		N-47°-W	시상·관대	크 기 (길이×너비×높이)	?
두 향		?	벽석종류		할석
유물	토 기	-			
	철 기	도자(1)			
	청동기	-			
	옥석류	-			
	기 타	-			
특기사항		석곽으로 보고하였으나 파괴가 심하여 정확한 구조는 알 수 없음. 보고서 기술과 유구 도면 스케일바 비율이 모두 상이하여 상호 조정하지 않고 자료집에 게재하였음.			

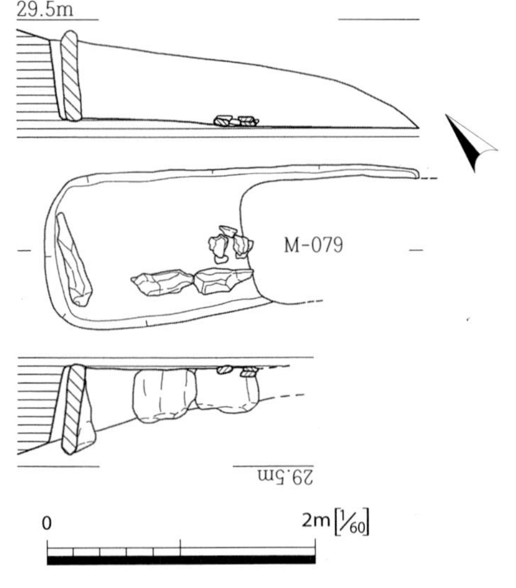

[유구사진]

[출토유물]

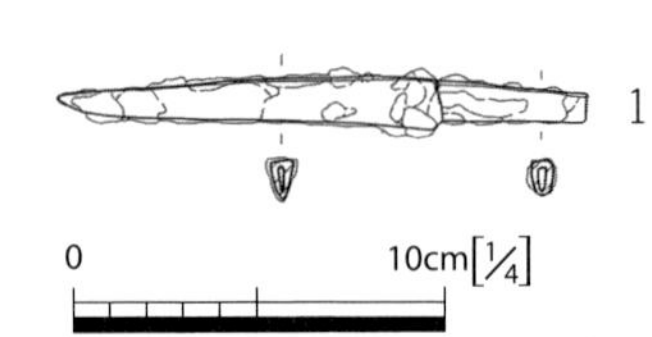

KM-002호 석곽묘

(단위 : cm)

구분			구분		
묘광	크 기 (길이×너비×깊이)	(180+)×(130+)×?	주체부	크 기 (길이×너비×높이)	120×78×?
	장폭비	?		장폭비	1.54:1
장축방향		N-82°-W	시상·관대	크 기 (길이×너비×높이)	?
두 향		?	벽석종류		할석
유물	토 기	-			
	철 기	-			
	청동기	-			
	옥석류	-			
	기 타	-			
특기사항		출토유물 없음.			

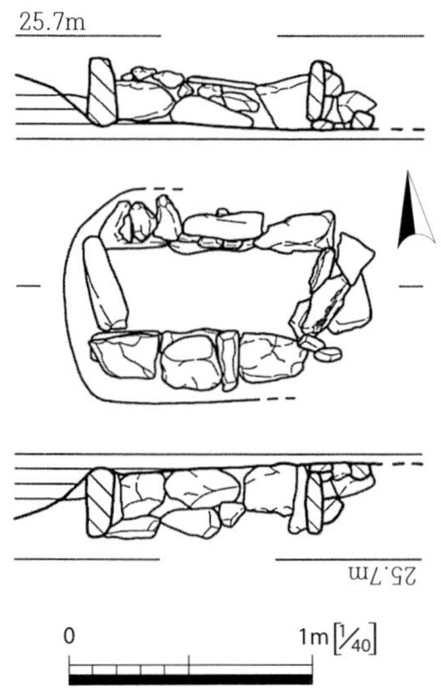

[유구사진]

부여 석우리 절골유적扶餘 石隅里 절골遺蹟

<table>
<tr><td>조사사유</td><td colspan="2">부여 백제호 관광단지 주변 도로공사에 따른 구제발굴조사</td></tr>
<tr><td>조사연혁</td><td colspan="2">지표조사: 2008. 12. (한국전통문화연구소)
시굴조사: 2009. 05. 26. (한국고고환경연구소)
발굴조사: 2009. 07. 30. ~ 2009. 12. 07. (한국고고환경연구소)</td></tr>
<tr><td rowspan="2">유적위치</td><td colspan="2">충청남도 부여군 규암면 나복리·석우리 일원</td></tr>
<tr><td colspan="2">경·위도 126°51′35″ E /36°17′14″ N</td></tr>
<tr><td>유적입지</td><td colspan="2">석우리 절골유적은 충덕사 동쪽 100m 지점의 갈림길부터 서쪽 석우리 마을회관 부근에 이르는 약 500m 거리의 구간이다. 이 구간에 위치한 석우리 일대는 선상지 지형으로, 남쪽으로 완만하게 돌출한 구릉을 중심으로 서쪽 곡간부는 논, 동쪽 사면은 밤나무 단지와 밭으로 이용되고 있다. 유적은 남쪽으로 돌출된 구릉상에 입지한다.</td></tr>
<tr><td rowspan="4">유구현황</td><td>초기철기시대</td><td>-</td></tr>
<tr><td>원삼국시대</td><td>-</td></tr>
<tr><td>삼 국 시 대</td><td>석곽묘(3)·석실묘(12)·소형수혈(2)</td></tr>
<tr><td>기 타</td><td>통일신라시대 석곽묘(30), 조선시대 이후 토광묘(4)·매납유구(1)</td></tr>
<tr><td>주요유물</td><td colspan="2">삼족기, 개배, 도자, 관고리, 관정</td></tr>
<tr><td>시대·성격</td><td colspan="2">석곽묘 3기는 시기를 파악할 수 있는 유물이 출토되지 않았으나 석곽 구조와 추가장을 염두에 두지 않고 만든 규격 등을 통해 백제 것으로 보고자는 추정 하고 있다. 백제 횡혈식석실묘는 동일한 형식 간에 군집하지 않고 잔존 상태로 보아 지하식 혹은 반지하식으로 축조 되어 있는데 비해, 횡구식석실묘는 비교적 군집을 이루면서 등고선과 직교하게 축조되어 있다.</td></tr>
<tr><td>참고문헌</td><td colspan="2">한국고고환경연구소, 2011, 『부여 석우리 절골·나복리 건지말 유적』, 한국고고환경연구소 연구총서 제46집.</td></tr>
</table>

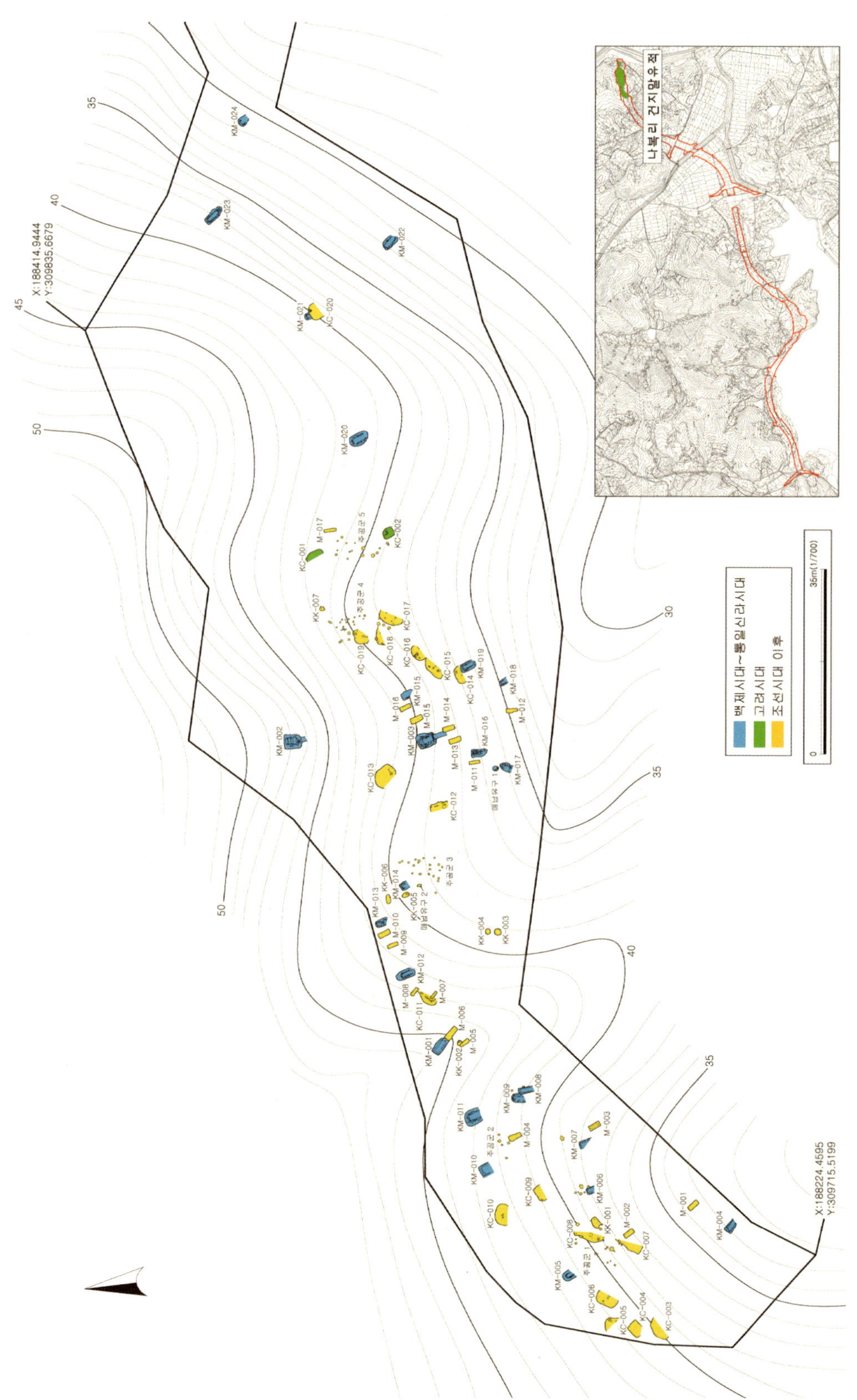

부여 석우리 절골유적 유구배치도

KM-013호 석곽묘

(단위 : cm)

<table>
<tr><td rowspan="2">묘광</td><td>크 기
(길이×너비×깊이)</td><td>307×156×(99+)</td><td rowspan="2">주체부</td><td>크 기
(길이×너비×높이)</td><td>188×58×46</td></tr>
<tr><td>장폭비</td><td>1.96:1</td><td>장폭비</td><td>3.24:1</td></tr>
<tr><td colspan="2">장축방향</td><td>N-2°-E</td><td>시상·관대</td><td>크 기
(길이×너비×높이)</td><td>?</td></tr>
<tr><td colspan="2">두 향</td><td>?</td><td colspan="2">벽석종류</td><td>판석, 할석</td></tr>
<tr><td rowspan="5">유물</td><td>토 기</td><td colspan="4">-</td></tr>
<tr><td>철 기</td><td colspan="4">-</td></tr>
<tr><td>청동기</td><td colspan="4">-</td></tr>
<tr><td>옥석류</td><td colspan="4">-</td></tr>
<tr><td>기 타</td><td colspan="4">-</td></tr>
<tr><td colspan="2">특기사항</td><td colspan="4">출토유물 없음.</td></tr>
</table>

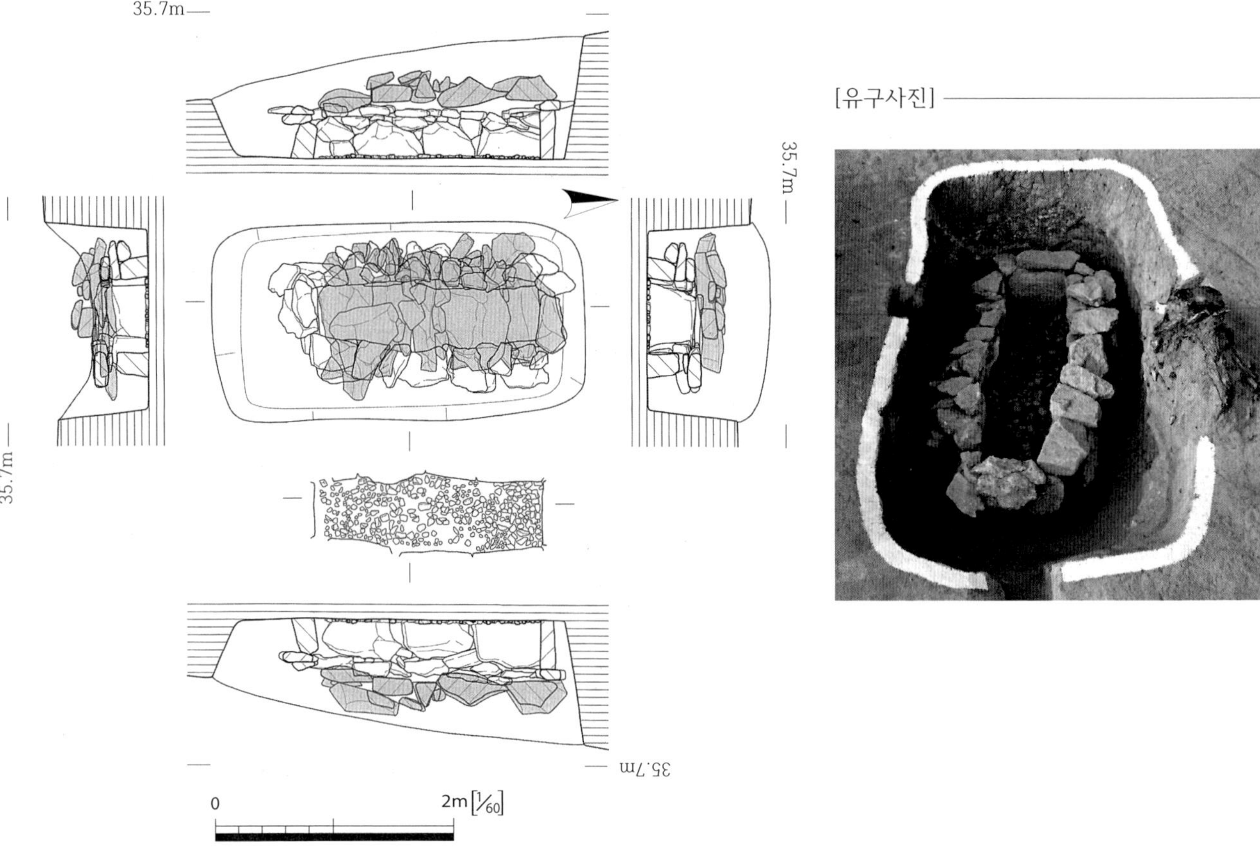

KM-014호 석곽묘

(단위 : cm)

구분		내용	구분		내용
묘광	크 기 (길이×너비×깊이)	272×174×(134+)	주체부	크 기 (길이×너비×높이)	164×62×(76+)
	장폭비	1.56:1		장폭비	2.65:1
장축방향		N-11°-W	시상·관대	크 기 (길이×너비×높이)	?
두 향		?	벽석종류		판석, 할석
유물	토 기	-			
	철 기	-			
	청동기	-			
	옥석류	-			
	기 타	-			
특기사항		출토유물 없음.			

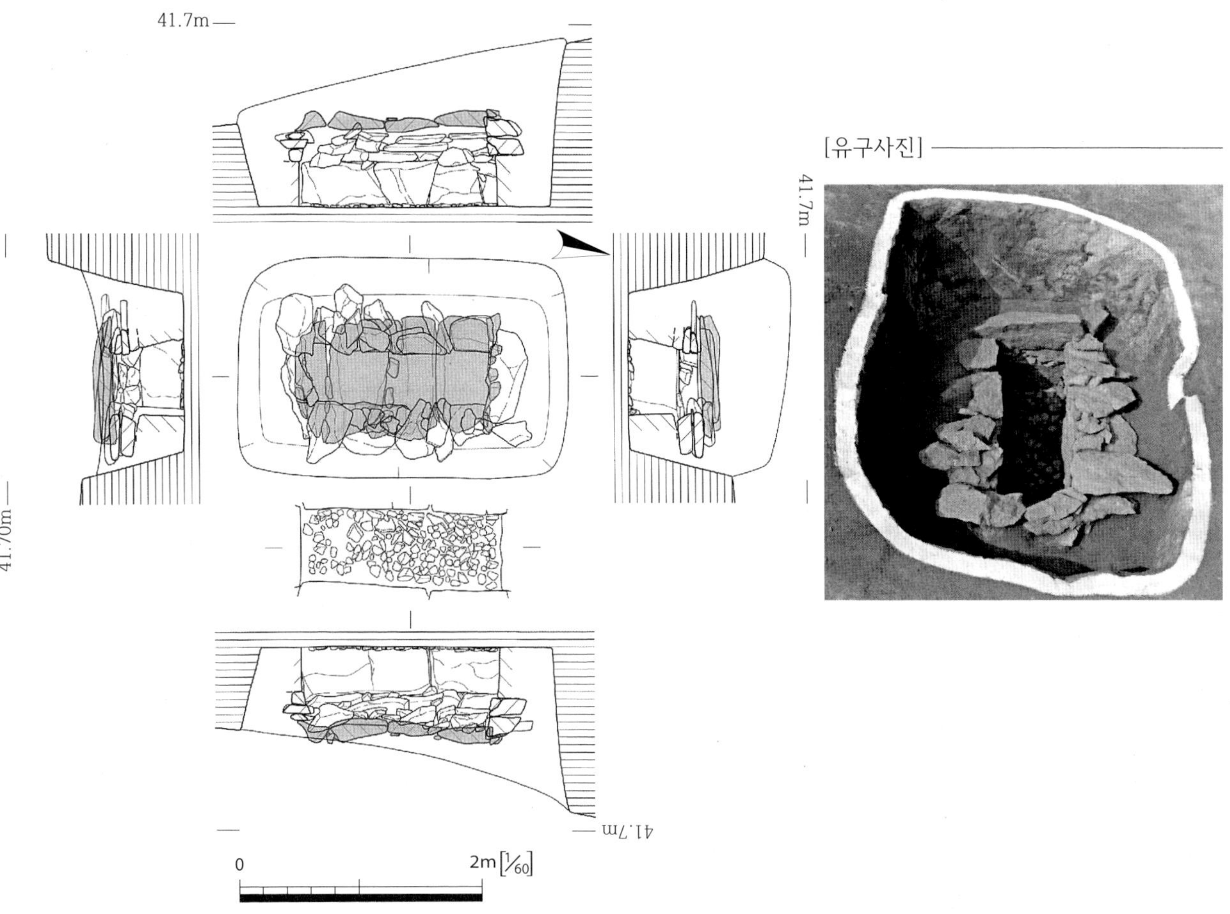

KM-015호 석곽묘

(단위 : cm)

묘광	크 기 (길이×너비×깊이)	220×145×(82+)	주체부	크 기 (길이×너비×높이)	137×49×38
	장폭비	1.52:1		장폭비	2.80:1
장축방향		N-6°-W	시상·관대	크 기 (길이×너비×높이)	?
두 향		북쪽	벽석종류		판석, 할석
유물	토 기	-			
	철 기	관정(8)			
	청동기	-			
	옥석류	-			
	기 타	-			
특기사항		인골(좌우 대퇴골편과 좌측 경골편)이 출토됨.			

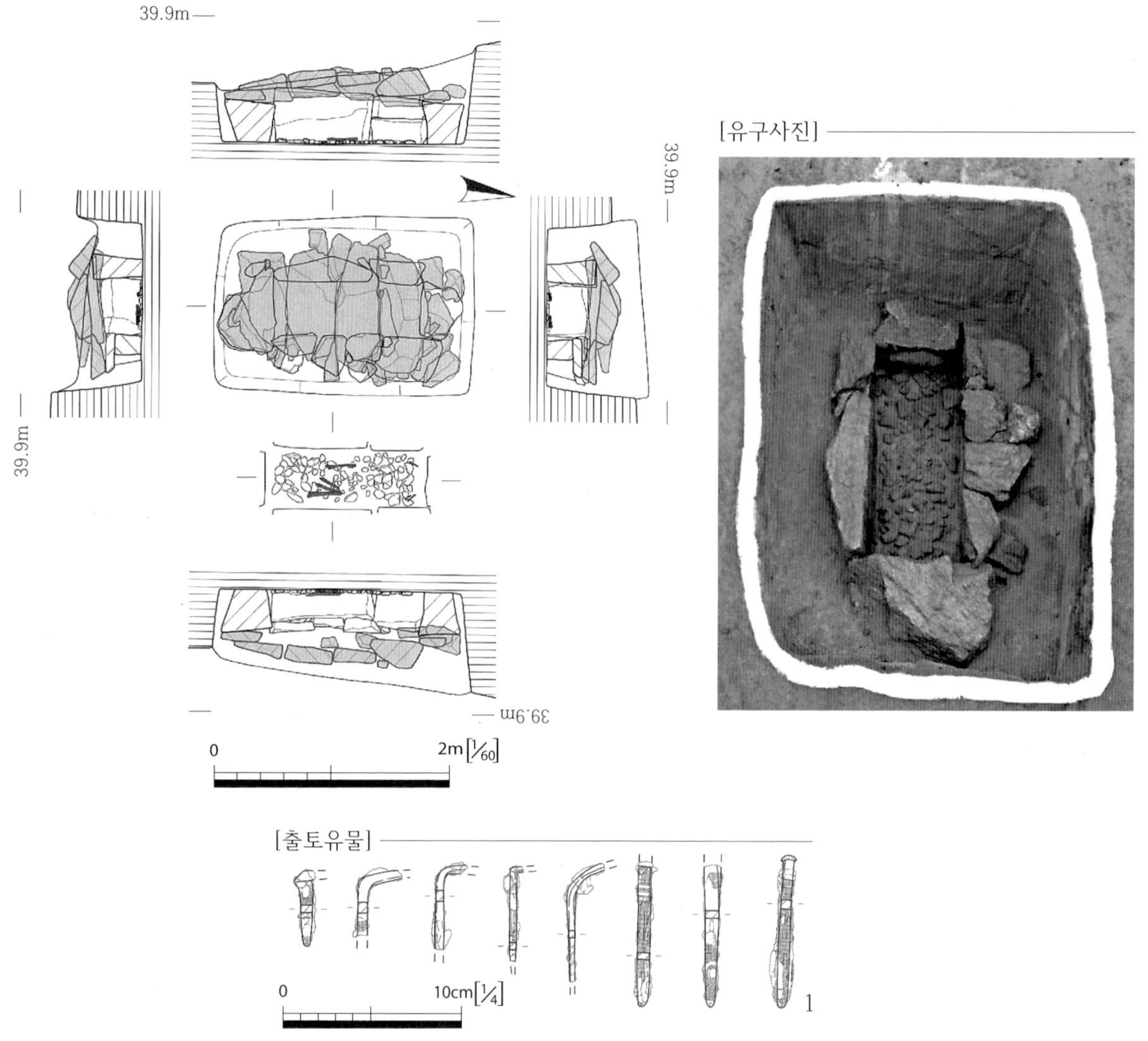

KM-016호 석실묘

(단위 : cm)

<table>
<tr><td rowspan="2">봉토</td><td>크 기
(길이×너비×높이)</td><td>?</td><td rowspan="2">묘광</td><td>크 기
(길이×너비×깊이)</td><td>(247+)×127×(70+)</td></tr>
<tr><td>평면형태</td><td>?</td><td>장폭비</td><td>?</td></tr>
<tr><td rowspan="2">현실</td><td>크 기
(길이×너비×높이)</td><td>225×80×(70+)</td><td colspan="2">천장형태</td><td>?</td></tr>
<tr><td>장폭비</td><td>2.81:1</td><td colspan="2">연도위치</td><td>?</td></tr>
<tr><td rowspan="2">연도</td><td>크 기
(길이×너비×높이)</td><td>?</td><td colspan="2">묘도크기
(길이×너비)</td><td>?</td></tr>
<tr><td>장폭비</td><td>?</td><td colspan="2">배수시설
(길이×너비×깊이)</td><td>?</td></tr>
<tr><td colspan="2">시상/관대크기
(길이×너비×높이)</td><td>?</td><td colspan="2">두 향</td><td>?</td></tr>
<tr><td colspan="2">장축방향</td><td>N-7°-W</td><td colspan="2">벽석종류</td><td>?</td></tr>
<tr><td rowspan="5">유물</td><td>토 기</td><td colspan="4">-</td></tr>
<tr><td>철 기</td><td colspan="4">관정(1)</td></tr>
<tr><td>청동기</td><td colspan="4">-</td></tr>
<tr><td>옥석류</td><td colspan="4">-</td></tr>
<tr><td>기 타</td><td colspan="4">-</td></tr>
<tr><td colspan="2">특기사항</td><td colspan="4">횡혈식 석실로 보고하였으나 파괴가 심하여 정확한 구조는 알 수 없음.</td></tr>
</table>

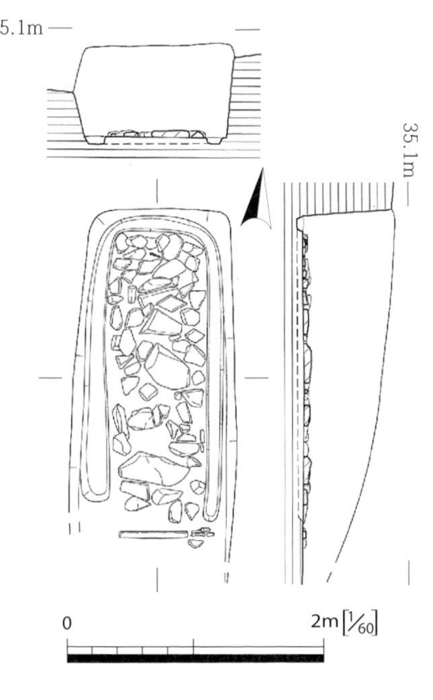

[유구사진]

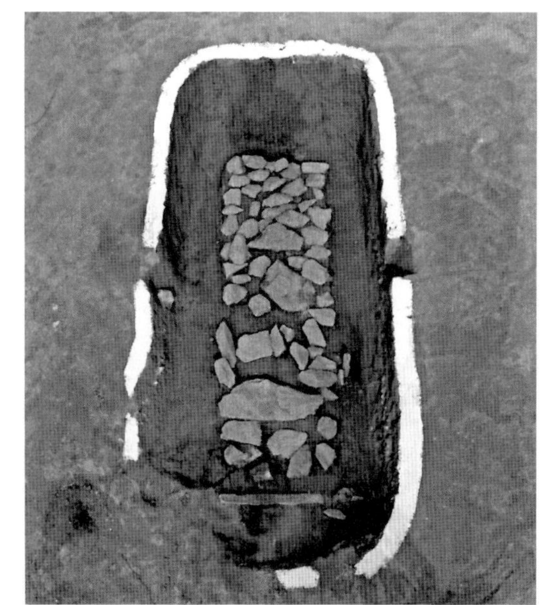

[출토유물]

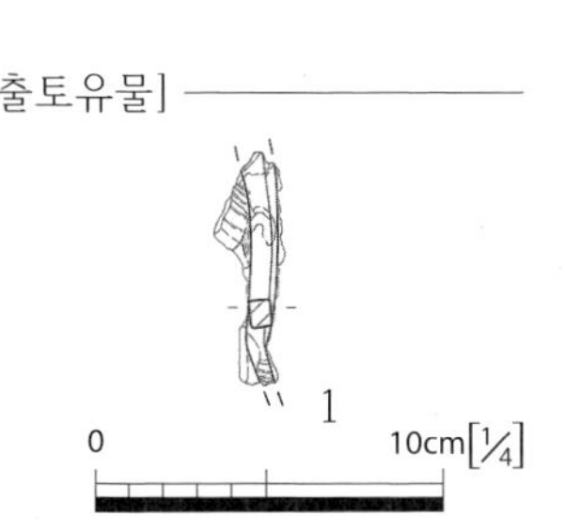

KM-017호 석실묘

(단위 : cm)

봉토	크 기 (길이×너비×높이)	?	묘광	크 기 (길이×너비×깊이)	(350)×214×(83+)
	평면형태	?		장폭비	(1.64):1
현실	크 기 (길이×너비×높이)	233×130×(66+)	천장형태		?
	장폭비	1.79:1	연도위치		우편재
연도	크 기 (길이×너비×높이)	(60+)×94×(85+)	묘도크기 (길이×너비)		217×?
	장폭비	?	배수시설 (길이×너비×깊이)		?
시상/관대크기 (길이×너비×높이)		?	두 향		?
장축방향		N-5°-E	벽석종류		판석
유물	토 기	-			
	철 기	관정(2)			
	청동기	-			
	옥석류	-			
	기 타	-			
특기사항		횡혈식 석실로 보고하였으나 파괴가 심하여 정확한 구조는 알 수 없음.			

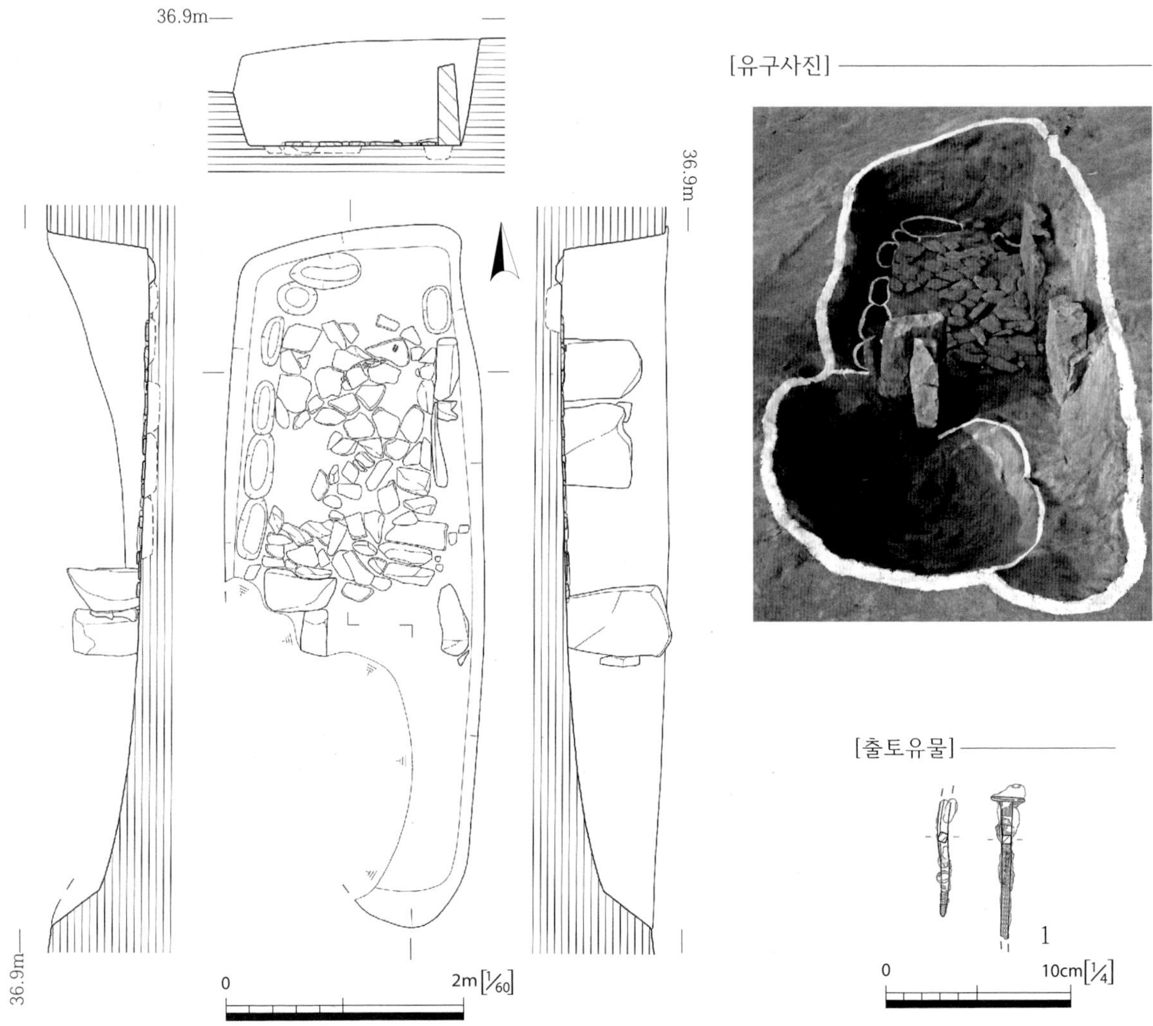

KM-018호 석실묘

(단위 : cm)

봉토	크 기 (길이×너비×높이)	?	묘광	크 기 (길이×너비×깊이)	(320)×212×(93+)
	평면형태	?		장폭비	(1.51):1
현실	크 기 (길이×너비×높이)	270×124×(91+)	천장형태		?
	장폭비	2.18:1	연도위치		우편재
연도	크 기 (길이×너비×높이)	?	묘도크기 (길이×너비)		242×(100+)
	장폭비	?	배수시설 (길이×너비×깊이)		?
시상/관대크기 (길이×너비×높이)		?	두 향		?
장축방향		N-29°-W	벽석종류		할석
유물	토 기	-			
	철 기	관고리(3), 관정(15)			
	청동기	-			
	옥석류	-			
	기 타	-			
특기사항					

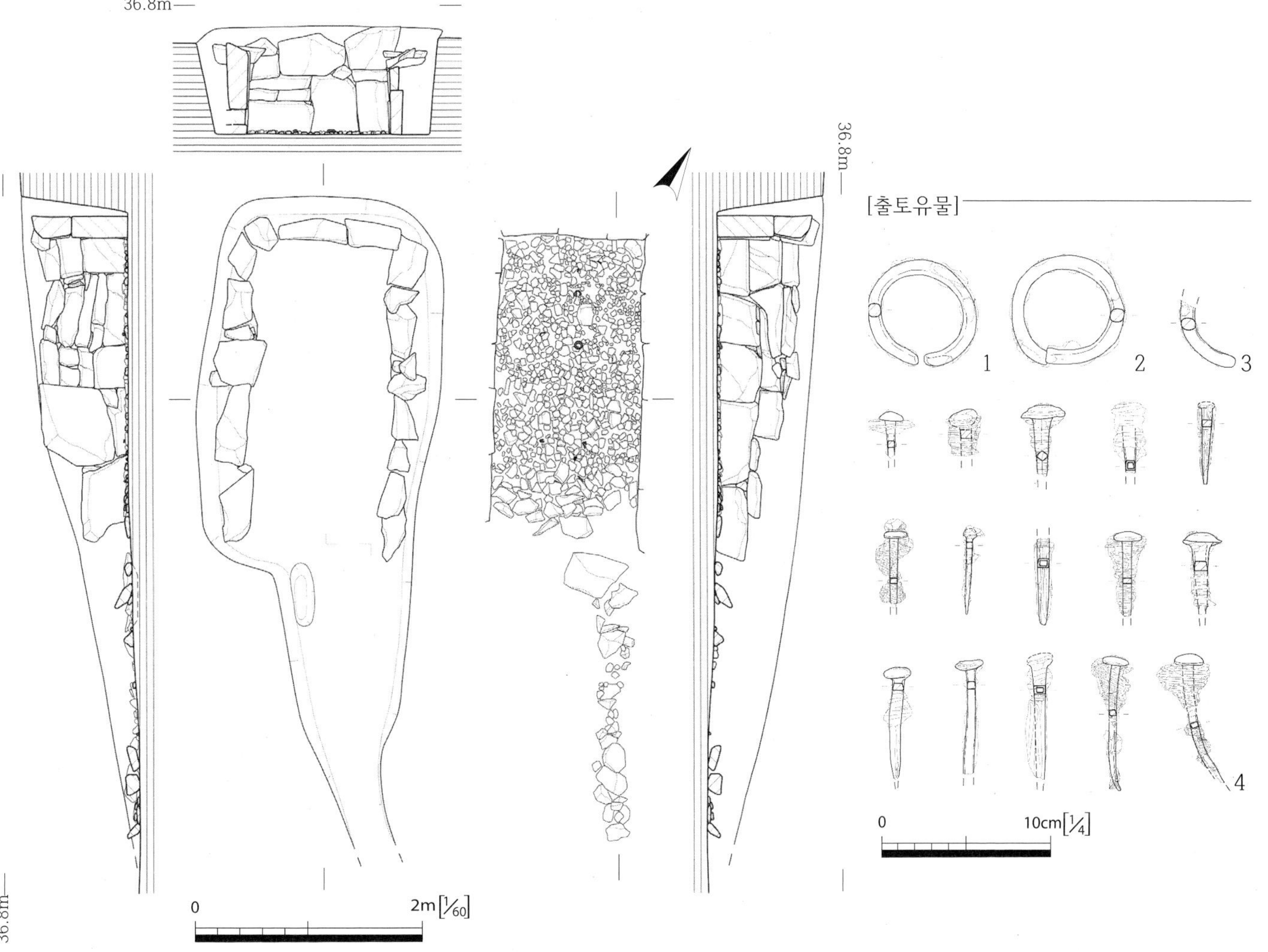

KM-019호 석실묘

(단위 : cm)

봉토	크 기 (길이×너비×높이)	?	묘광	크 기 (길이×너비×깊이)	(420)×(215)×(65+)
	평면형태	?		장 폭 비	(1.95):1
현실	크 기 (길이×너비×높이)	(163+)×135×(54+)	천장형태		?
	장 폭 비	?	연도위치		?
연도	크 기 (길이×너비×높이)	?	묘도크기 (길이×너비)		267×?
	장 폭 비	?	배수시설 (길이×너비×깊이)		?
시상/관대크기 (길이×너비×높이)		?	두 향		?
장축방향		N-16°-W	벽석종류		판석
유물	토 기	-			
	철 기	관정(1)			
	청 동 기	-			
	옥 석 류	-			
	기 타	-			
특기사항		횡혈식 석실로 보고하였으나 파괴가 심하여 정확한 구조를 알 수 없음.			

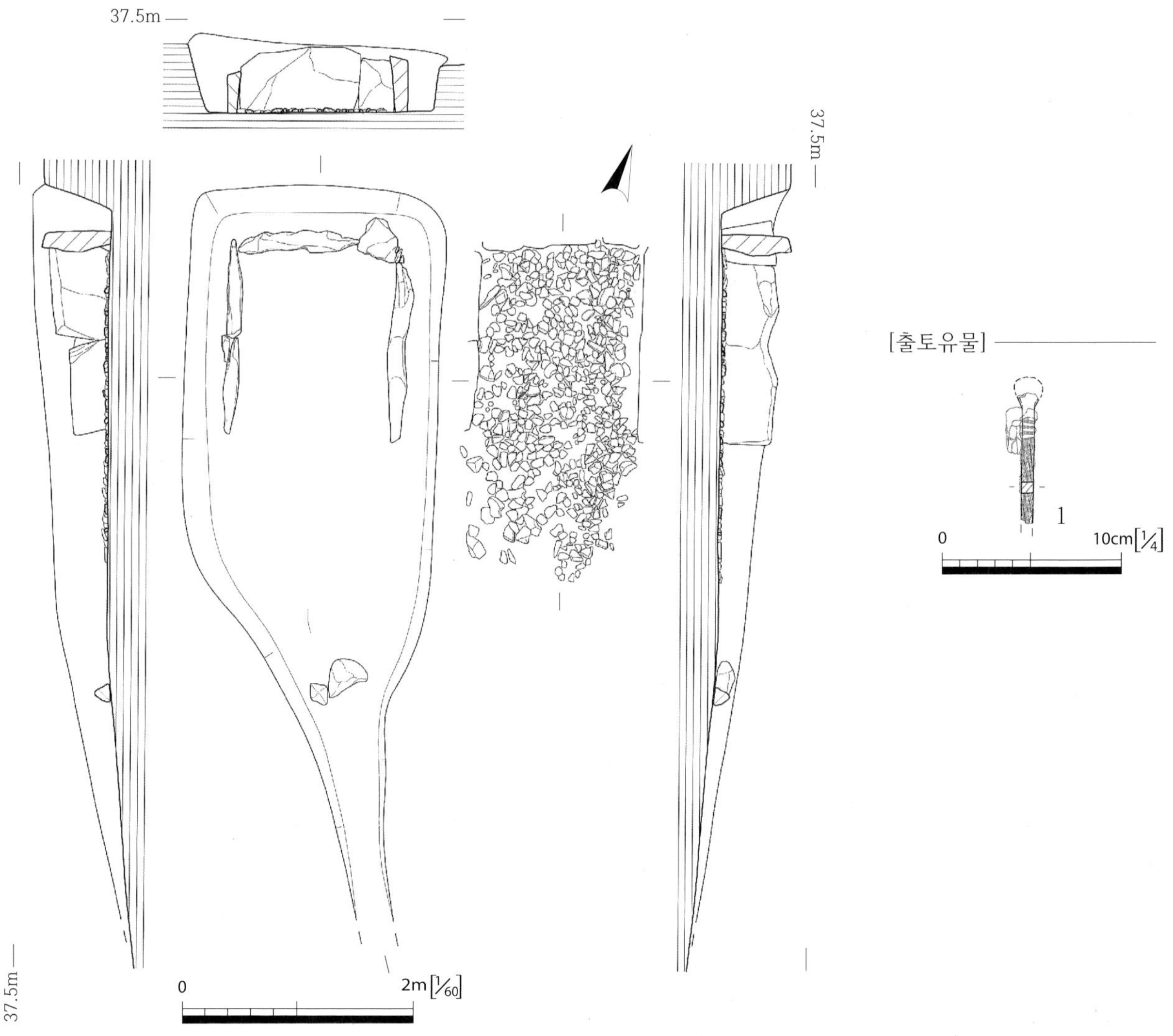

KM-020호 석실묘

(단위 : cm)

봉토	크 기 (길이×너비×높이)	?	묘광	크 기 (길이×너비×깊이)	(340)×190×(193+)
	평면형태	?		장폭비	(1.79):1
현실	크 기 (길이×너비×높이)	241×126×125	천장형태		고임
	장폭비	1.91:1	연도위치		현실 연도 일체형
연도	크 기 (길이×너비×높이)	46×(100)×91	묘도크기 (길이×너비)		(482)×(108)
	장폭비	(0.46):1	배수시설 (길이×너비×깊이)		?
시상/관대크기 (길이×너비×높이)		?	두 향		?
장축방향		N-6°-W	벽석종류		판석
유물	토 기	-			
	철 기	관정(3)			
	청동기	-			
	옥석류	-			
	기 타	-			
특기사항					

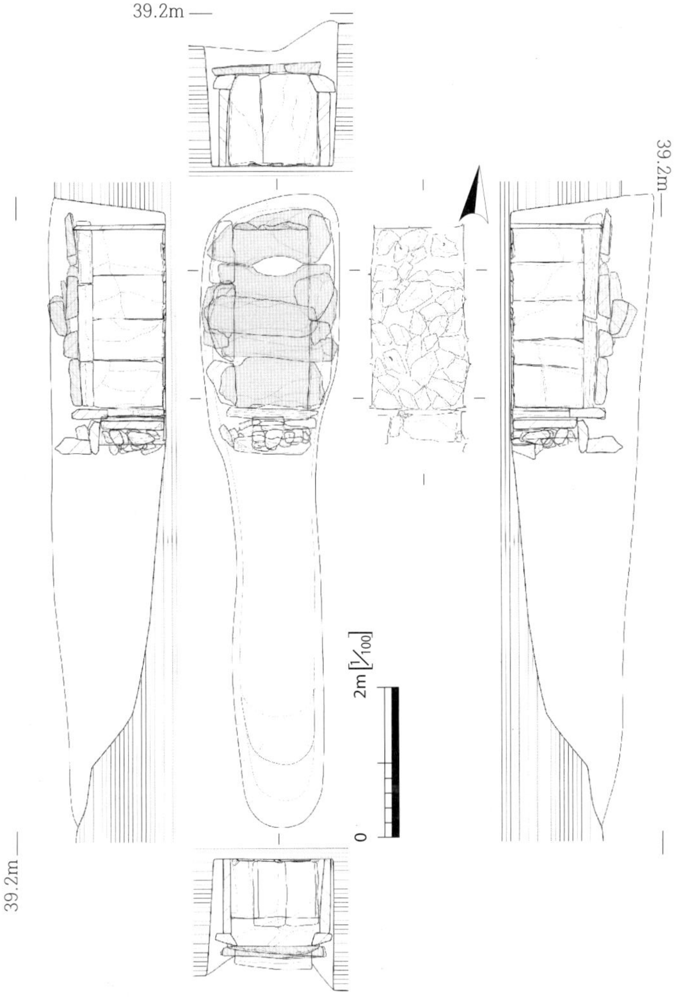

[유구사진]

[출토유물]

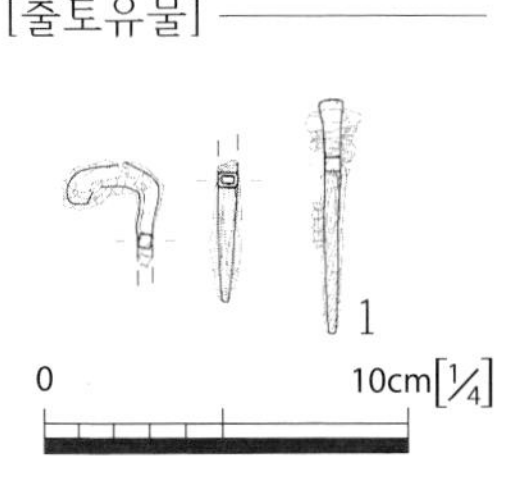

KM-021호 석실묘

(단위 : cm)

<table>
<tr><td rowspan="2">봉토</td><td>크 기
(길이×너비×높이)</td><td>?</td><td rowspan="2">묘광</td><td>크 기
(길이×너비×깊이)</td><td>(350)×210×(95+)</td></tr>
<tr><td>평면형태</td><td>?</td><td>장폭비</td><td>(1.67):1</td></tr>
<tr><td rowspan="2">현실</td><td>크 기
(길이×너비×높이)</td><td>(243+)×119×(93+)</td><td colspan="2">천장형태</td><td>?</td></tr>
<tr><td>장폭비</td><td>?</td><td colspan="2">연도위치</td><td>?</td></tr>
<tr><td rowspan="2">연도</td><td>크 기
(길이×너비×높이)</td><td>?</td><td colspan="2">묘도크기
(길이×너비)</td><td>216×(100)</td></tr>
<tr><td>장폭비</td><td>?</td><td colspan="2">배수시설
(길이×너비×깊이)</td><td>(230+)×(40)×?</td></tr>
<tr><td colspan="2">시상/관대크기
(길이×너비×높이)</td><td>?</td><td colspan="2">두 향</td><td>?</td></tr>
<tr><td colspan="2">장축방향</td><td>N-20°-W</td><td colspan="2">벽석종류</td><td>할석</td></tr>
<tr><td rowspan="5">유물</td><td>토 기</td><td colspan="4">-</td></tr>
<tr><td>철 기</td><td colspan="4">관고리(2), 관정(4)</td></tr>
<tr><td>청동기</td><td colspan="4">-</td></tr>
<tr><td>옥석류</td><td colspan="4">-</td></tr>
<tr><td>기 타</td><td colspan="4">-</td></tr>
<tr><td colspan="2">특기사항</td><td colspan="4">횡혈식 석실로 보고하였으나 파괴가 심하여 정확한 구조를 알 수 없음.</td></tr>
</table>

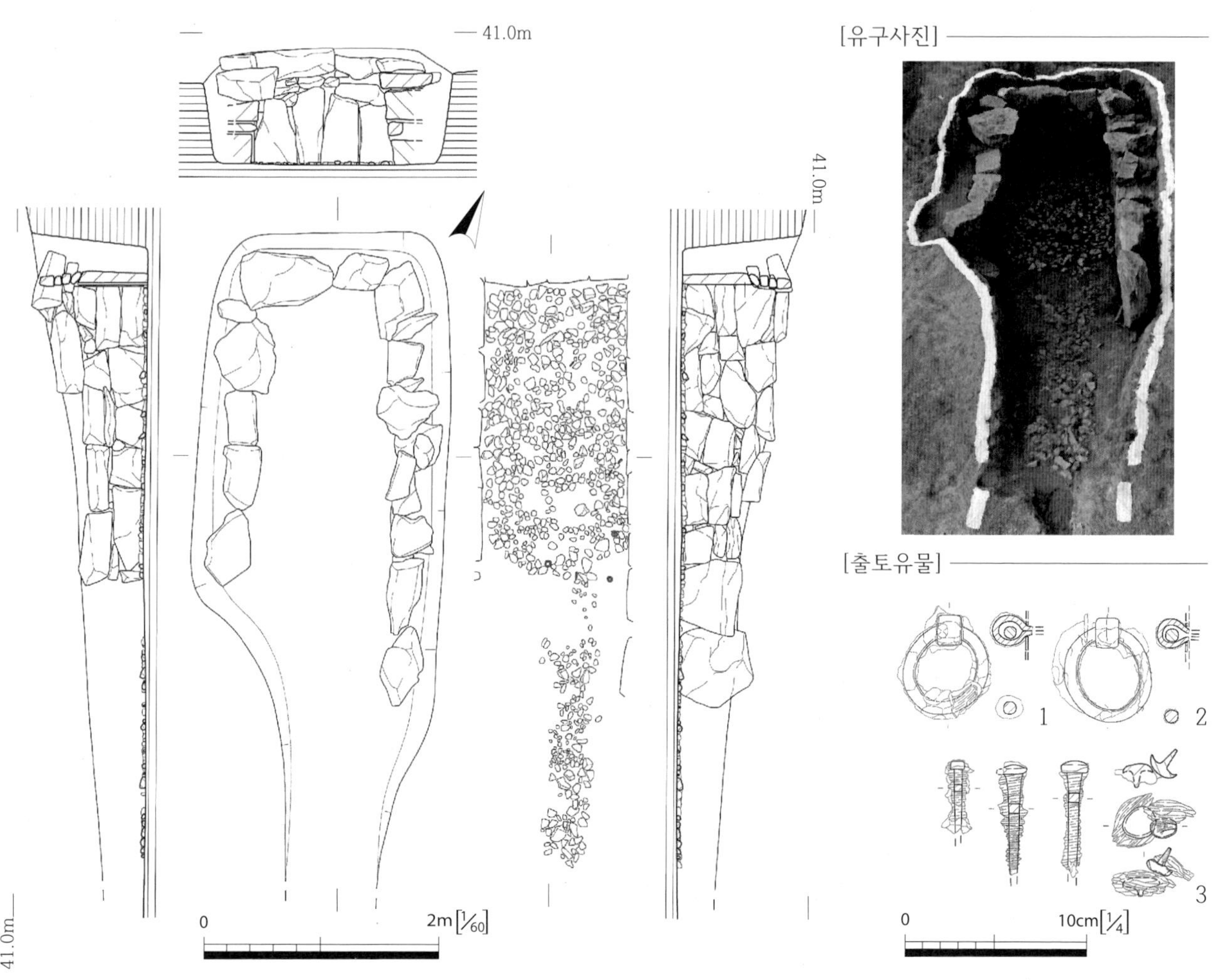

KM-022호 석실묘

(단위 : cm)

봉토	크 기 (길이×너비×높이)	?	묘광	크 기 (길이×너비×깊이)	(460)×(290)×(160+)
	평면형태	?		장폭비	(1.59):1
현실	크 기 (길이×너비×높이)	267×115×(119+)	천장형태		조임
	장폭비	2.32:1	연도위치		우편재
연도	크 기 (길이×너비×높이)	70×93×101+)	묘도크기 (길이×너비)		(218)×(200)
	장폭비	0.75:1	배수시설 (길이×너비×깊이)		?
시상/관대크기 (길이×너비×높이)		?	두 향		?
장축방향		N-2°-W	벽석종류		할석
유물	토 기	-			
	철 기	도자(1), 관정(1)			
	청동기	-			
	옥석류	-			
	기 타	-			
특기사항		인골(두정골편 · 두개골편)이 출토됨.			

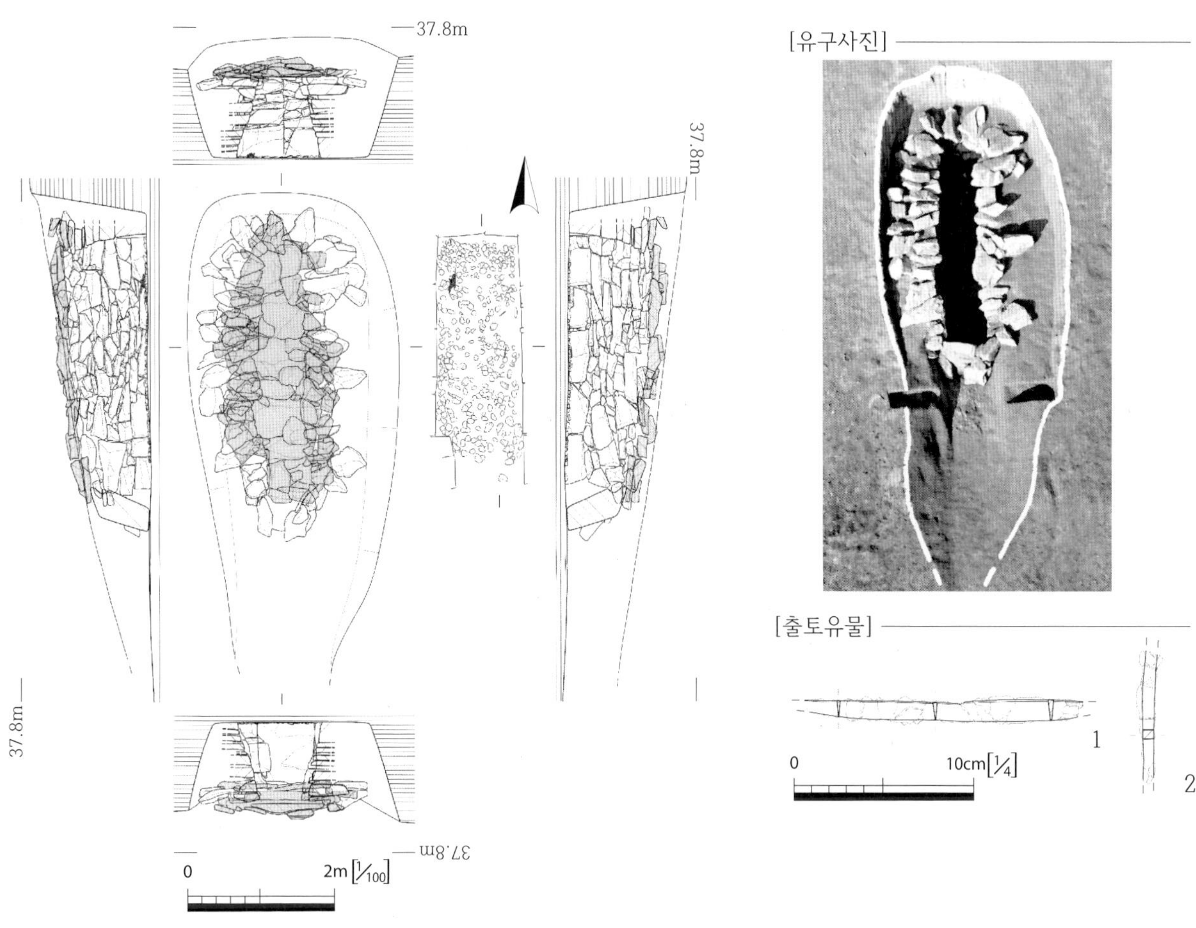

KM-023호 석실묘

(단위 : cm)

<table>
<tr><td rowspan="2">봉토</td><td>크 기
(길이×너비×높이)</td><td>?</td><td rowspan="2">묘광</td><td>크 기
(길이×너비×깊이)</td><td>(268+)×306×(56+)</td></tr>
<tr><td>평면형태</td><td>?</td><td>장폭비</td><td>?</td></tr>
<tr><td rowspan="2">현실</td><td>크 기
(길이×너비×높이)</td><td>(250+)×177×?</td><td colspan="2">천장형태</td><td>?</td></tr>
<tr><td>장폭비</td><td>?</td><td colspan="2">연도위치</td><td>?</td></tr>
<tr><td rowspan="2">연도</td><td>크 기
(길이×너비×높이)</td><td>?</td><td colspan="2">묘도크기
(길이×너비)</td><td>?</td></tr>
<tr><td>장폭비</td><td>?</td><td colspan="2">배수시설
(길이×너비×깊이)</td><td>?</td></tr>
<tr><td colspan="2">시상/관대크기
(길이×너비×높이)</td><td>?</td><td colspan="2">두 향</td><td>?</td></tr>
<tr><td colspan="2">장축방향</td><td>N-12°-W</td><td colspan="2">벽석종류</td><td>?</td></tr>
<tr><td rowspan="5">유물</td><td>토 기</td><td colspan="4">-</td></tr>
<tr><td>철 기</td><td colspan="4">-</td></tr>
<tr><td>청동기</td><td colspan="4">-</td></tr>
<tr><td>옥석류</td><td colspan="4">-</td></tr>
<tr><td>기 타</td><td colspan="4">-</td></tr>
<tr><td colspan="2">특기사항</td><td colspan="4">횡혈식 석실로 보고하였으나 파괴가 심하여 정확한 구조는 알 수 없음. 출토유물 없음.</td></tr>
</table>

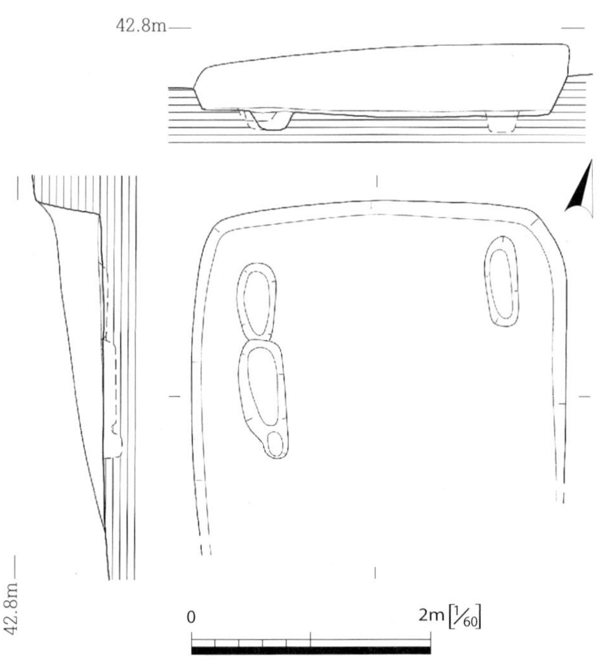

[유구사진]

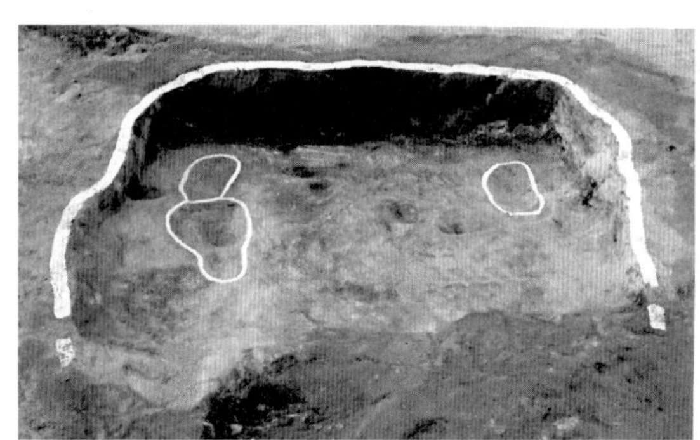

KM-024호 석실묘

(단위 : cm)

봉토	크 기 (길이×너비×높이)	?	묘광	크 기 (길이×너비×깊이)	(340)×246×(67+)
	평면형태	?		장 폭 비	(1.38):1
현실	크 기 (길이×너비×높이)	(238+)×149×(32+)	천장형태		?
	장 폭 비	?	연도위치		우편재
연도	크 기 (길이×너비×높이)	(55+)×(82)×(32+)	묘도크기 (길이×너비)		(136+)×(155)
	장 폭 비	?	배수시설 (길이×너비×깊이)		?
시상/관대크기 (길이×너비×높이)		?	두 향		?
장축방향		N-13°-W	벽석종류		할석
유물	토 기	개(2), 배(2), 삼족기(1)			
	철 기	관정(6)			
	청동기	-			
	옥석류	-			
	기 타	석제 방추차(1)			
특기사항					

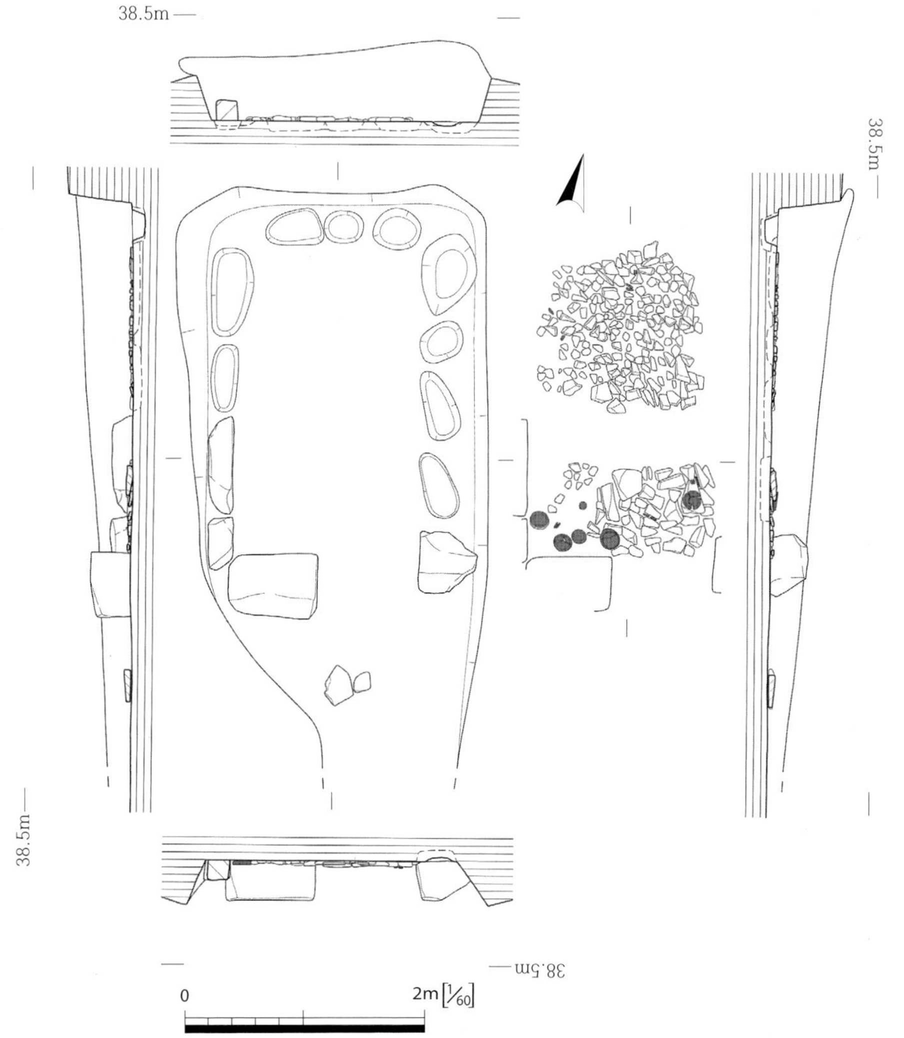

[유구사진]

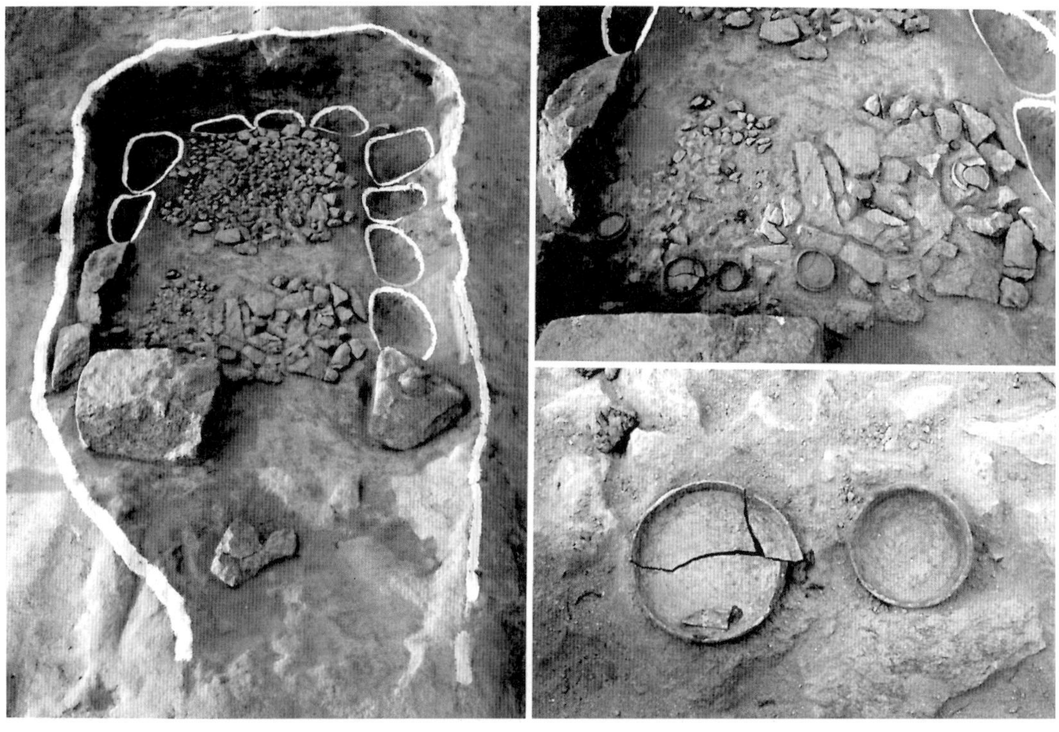

[출토유물]

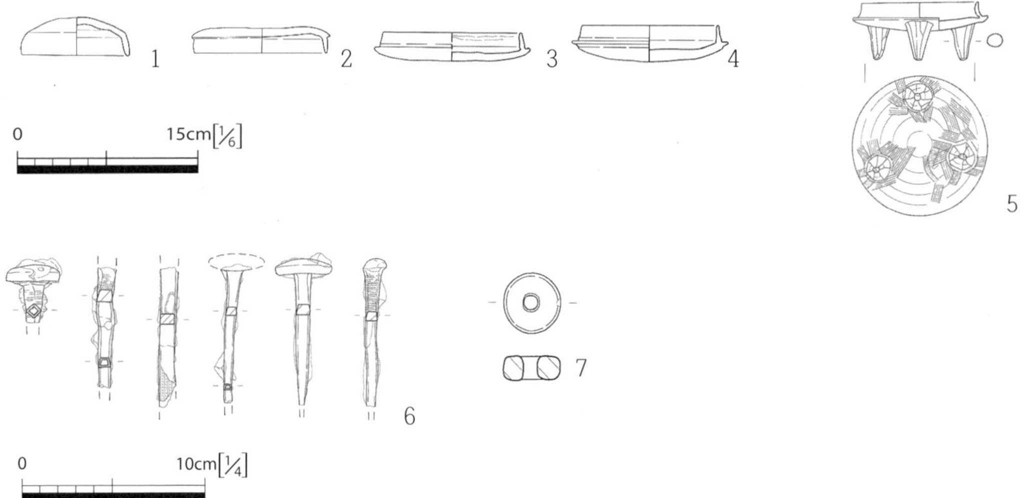

KM-025호 석실묘

(단위 : cm)

봉토	크 기 (길이×너비×높이)	?	묘광	크 기 (길이×너비×깊이)	454×212×(76+)
	평면형태	?		장폭비	2.14:1
현실	크 기 (길이×너비×높이)	307×134×(84+)	천장형태		?
	장폭비	2.29:1	연도위치		우편재
연도	크 기 (길이×너비×높이)	(100+)×(80)×(38)	묘도크기 (길이×너비)		(69)×(125)
	장폭비	?	배수시설 (길이×너비×깊이)		?
시상/관대크기 (길이×너비×높이)		?	두 향		?
장축방향		N-75°-W	벽석종류		할석
유물	토 기	-			
	철 기	관고리(2), 관정(6)			
	청동기	-			
	옥석류	-			
	기 타	-			
특기사항					

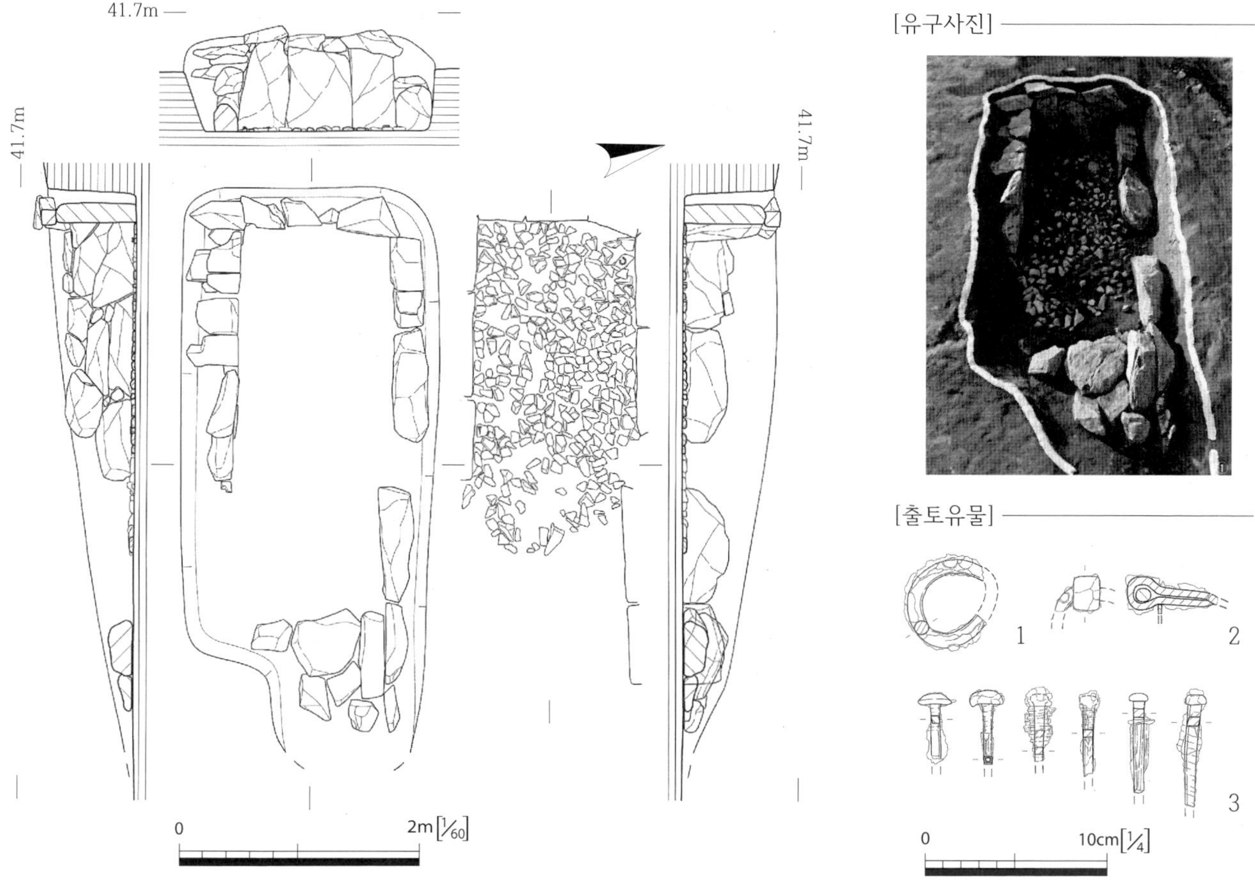

KM-026호 석실묘

(단위 : cm)

봉토	크 기 (길이×너비×높이)	?	묘광	크 기 (길이×너비×깊이)	(308+)×261×(55+)
	평면형태	?		장폭비	1.18:1
현실	크 기 (길이×너비×높이)	(280+)×149×?	천장형태		?
	장폭비	1.88:1	연도위치		?
연도	크 기 (길이×너비×높이)	?	묘도크기 (길이×너비)		?
	장폭비	?	배수시설 (길이×너비×깊이)		?
시상/관대크기 (길이×너비×높이)		?	두 향		?
장축방향		N-45°-W	벽석종류		할석
유물	토 기	-			
	철 기	관정(1)			
	청동기	-			
	옥석류	-			
	기 타	-			
특기사항		횡혈식 석실로 보고하였으나 파괴가 심하여 정확한 구조는 알 수 없음.			

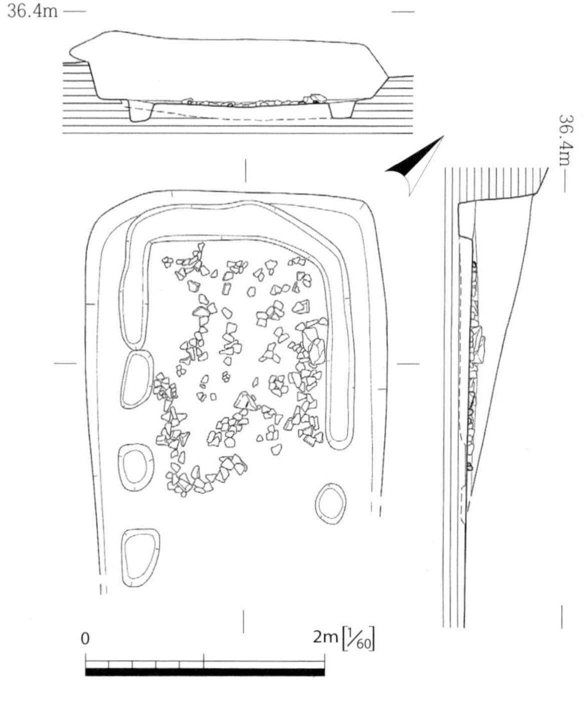

[유구사진]

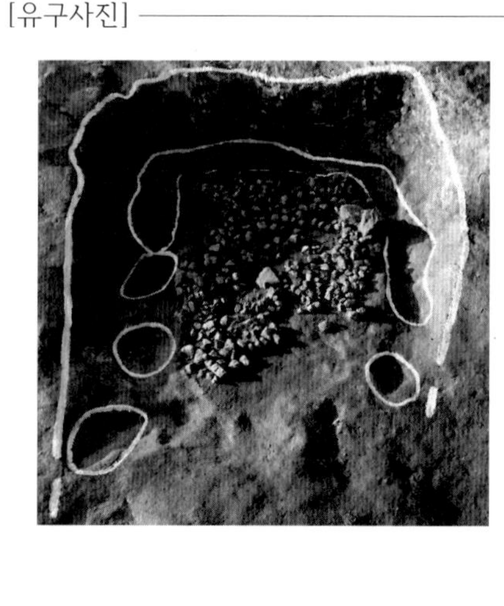

[출토유물]

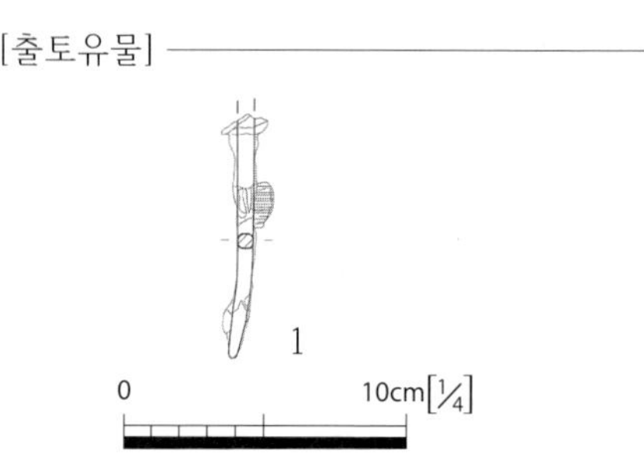

KM-027호 석실묘

(단위 : cm)

봉토	크 기 (길이×너비×높이)	?	묘광	크 기 (길이×너비×깊이)	(295)×172×(91+)
	평면형태	?		장폭비	(1.72):1
현실	크 기 (길이×너비×높이)	217×95×(90+)	천장형태		?
	장폭비	2.28:1	연도위치		우편재
연도	크 기 (길이×너비×높이)	?	묘도크기 (길이×너비)		234×(107)
	장폭비	?	배수시설 (길이×너비×깊이)		?
시상/관대크기 (길이×너비×높이)		?	두 향		?
장축방향		N-23°-W	벽석종류		판석, 할석
유물	토 기	-			
	철 기	관정(5)			
	청동기	-			
	옥석류	-			
	기 타	-			
특기사항					

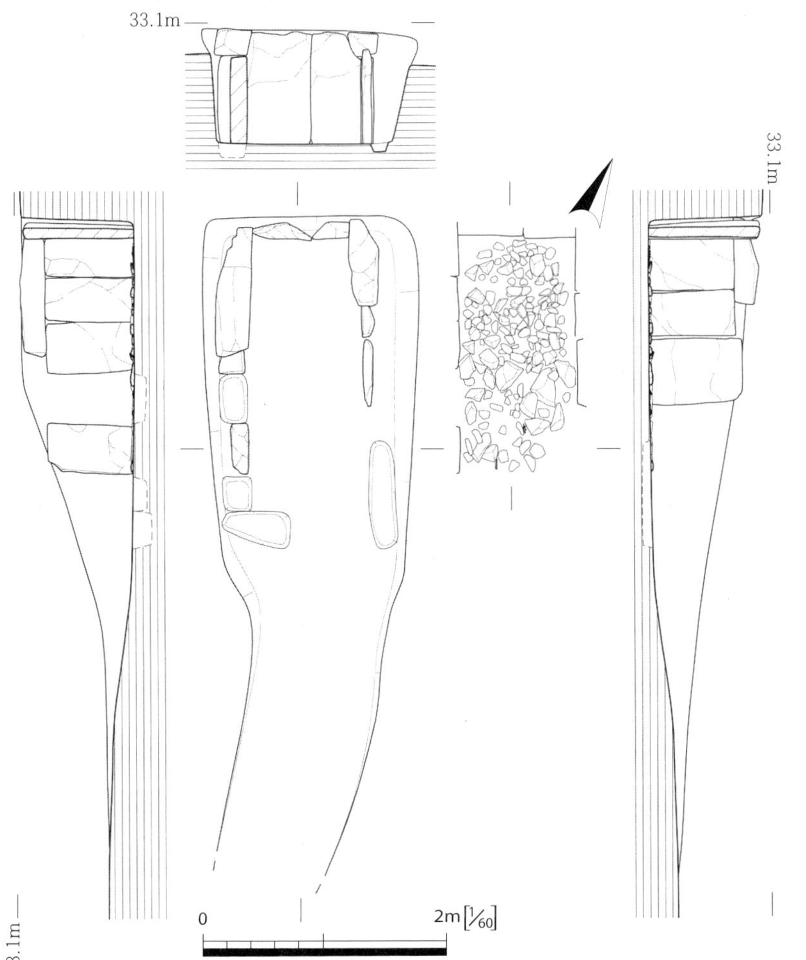

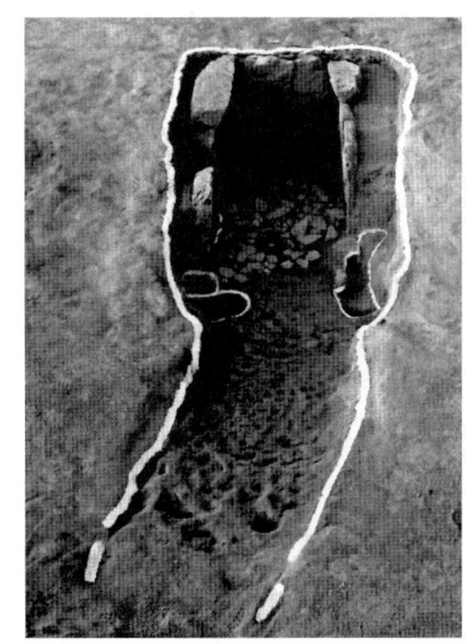

[출토유물]

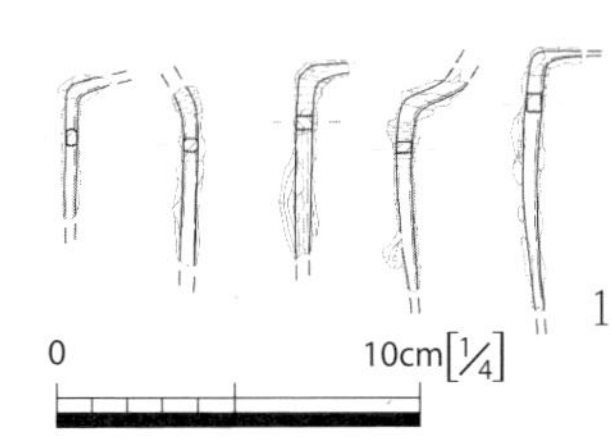

부여 송학리 '나'유적 扶餘 松鶴里 '나'遺蹟

조사사유	홍산~구룡간 도로확장 및 포장공사에 따른 구제발굴조사	
조사연혁	지표조사 : 1999. (忠清埋藏文化財研究院) 시굴조사 : ? (忠清埋藏文化財研究院) 발굴조사 : 2004. 04. 13. ~ 2004. 07. 02. (高麗大學校 考古環境研究所)	
유적위치	충청남도 부여군 남면 송학리 일원	
	경 · 위도 126°47'21.8'E / 36°13'31.7"N	
유적입지	유적은 북쪽의 해발 85m 정도의 낮은 구릉에서 뻗어 내린 능선의 말단부에 위치한다.	
유구현황	초기철기시대	-
	원삼국시대	-
	삼 국 시 대	석곽묘(10), 석실묘(8)
	기 타	청동기시대 주거지(5) · 석관묘(1) · 구상유구(4), 통일신라시대 석곽묘(1), 시기미상 토광묘(26) · 토광(1)
주요유물	관고리, 관정	
시대 · 성격	유적은 구릉 남사면에 특별한 공간적 구별없이 축조되어 있다. 석곽묘는 1m 내외의 매우 작은 소형으로서 장축방향은 등고선 방향과 평행하다. KM-003호에서 관정이 출토되어 소형석곽묘의 매장에도 목관을 사용한 경우가 있음을 알 수 있는데, 크기로 보아 소아용의 무덤으로 추정된다. 횡혈식 석실묘는 판석을 조립하여 석실을 구축하였으며, 현실 단면은 정교한 육각형이다. 연도는 중앙식과 우편재가 거의 동일한 비율을 차지하고 있으며, 연도 길이는 모두 짧다. 구조나 입지 등으로 보아 백제 사비기에 조성된 것으로 추정된다.	
참고문헌	忠清埋藏文化財研究院, 2002, 『(1997~2001年度)文化遺蹟 地表調査 報告書』, 文化遺蹟 地表調査報告. 高麗大學校 考古環境研究所, 2006, 『鴻山-九龍間 道路擴張 및 鋪裝工事 區間內 文化遺蹟 發掘調査 報告書』, 研究叢書 第23輯.	

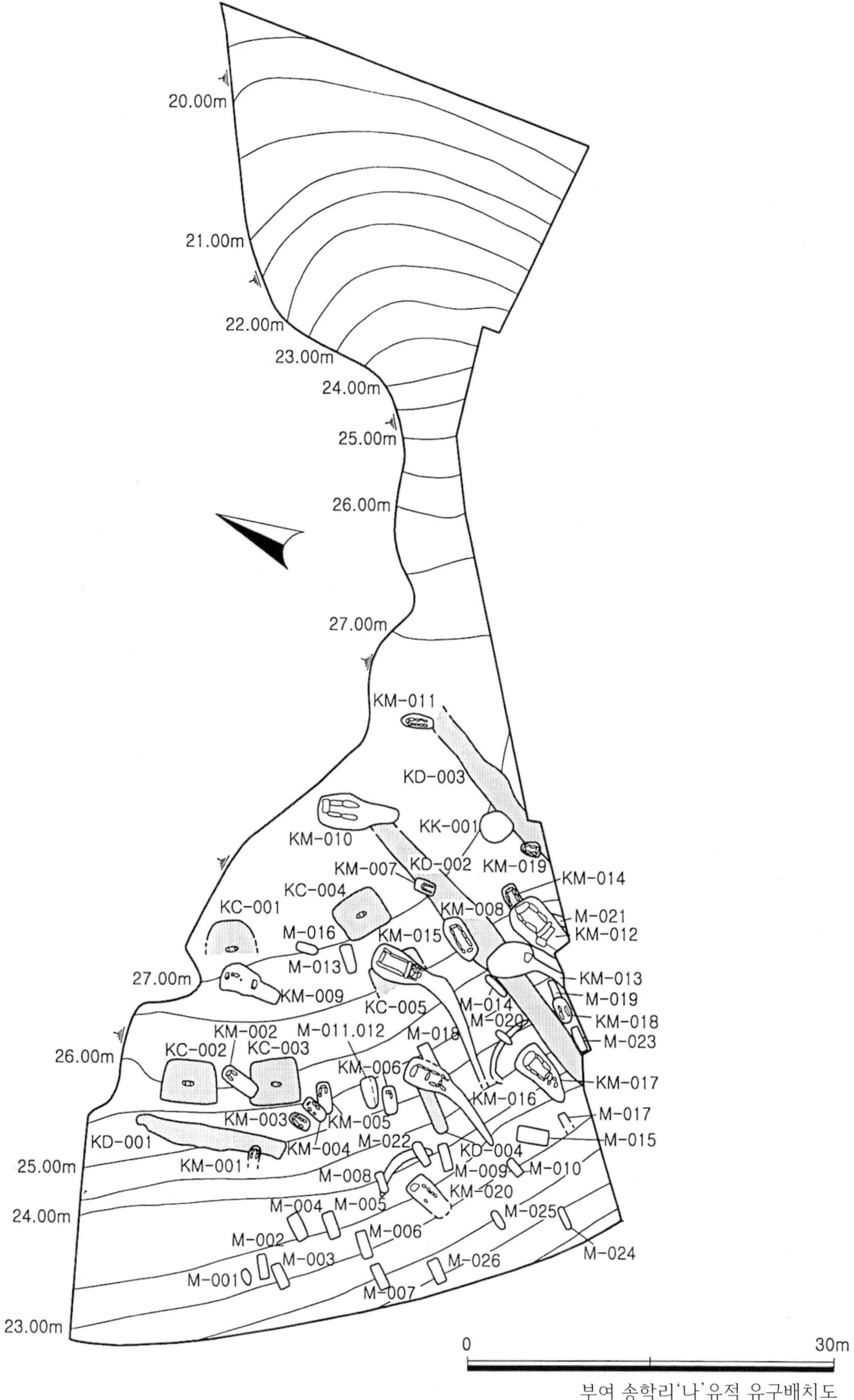

부여 송학리'나'유적 유구배치도

부여 송학리'나'유적 조사 전 전경(남쪽에서)

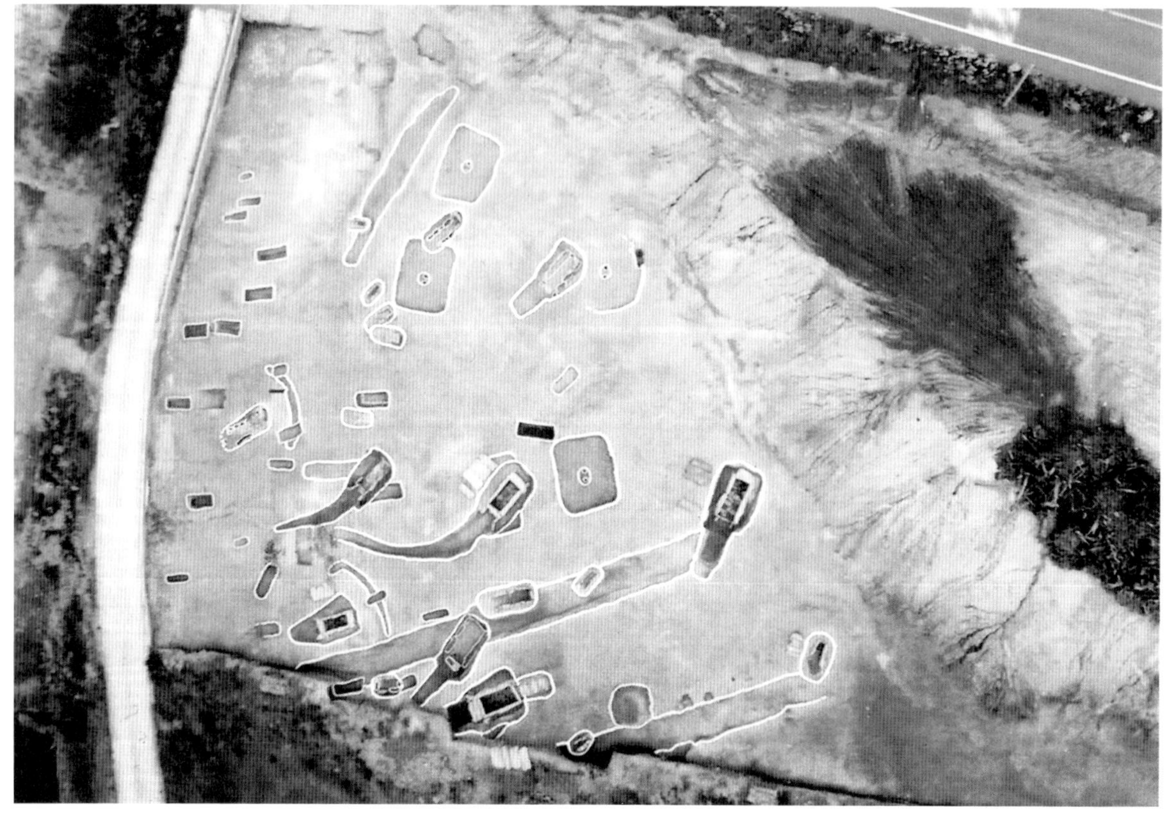

부여 송학리'나'유적 전경

KM-001호 석곽묘

(단위 : cm)

묘광	크 기 (길이×너비×깊이)	(140+)×73×(25+)	주체부	크 기 (길이×너비×높이)	(105+)×38×(25+)
	장폭비	?		장폭비	?
장축방향		N-37°-E	시상·관대	크 기 (길이×너비×높이)	-
두 향		?	벽석종류		할석, 판석
유물	토 기	-			
	철 기	-			
	청동기	-			
	옥석류	-			
	기 타	-			
특기사항		출토유물 없음.			

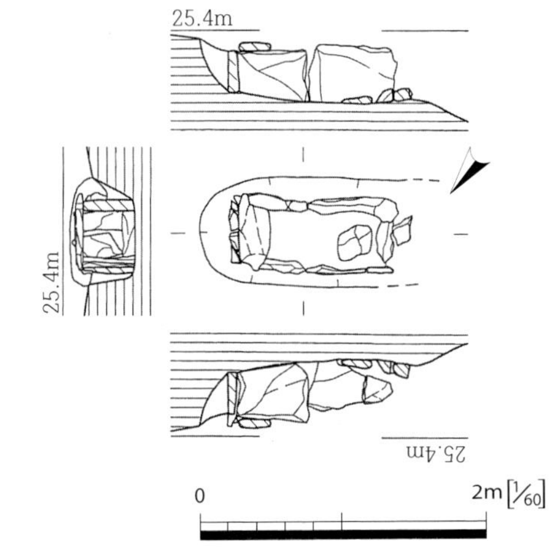

[유구사진]

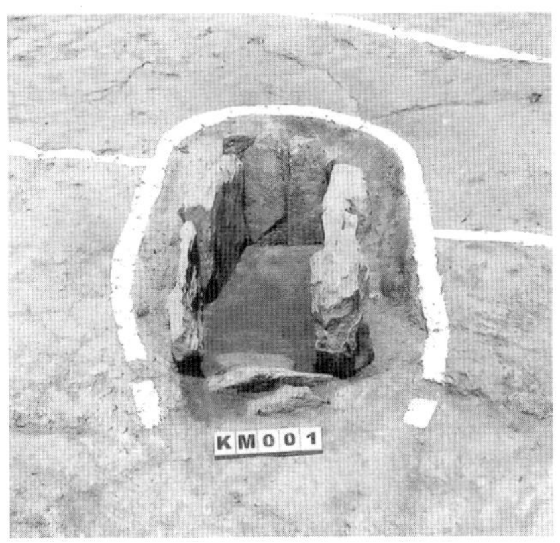

KM-002호 석곽묘

(단위 : cm)

묘광	크 기 (길이×너비×깊이)	298×150×(60+)	주체부	크 기 (길이×너비×높이)	(222)×(66)×(82+)
	장폭비	1.99:1		장폭비	(3.36):1
장축방향		N-10°-E	시상·관대	크 기 (길이×너비×높이)	?
두 향		?	벽석종류		할석, 판석
유물	토 기	-			
	철 기	-			
	청동기	-			
	옥석류	-			
	기 타	-			
특기사항		출토유물 없음. 석곽으로 보고하였으나 파괴가 심하여 정확한 구조는 알 수 없음.			

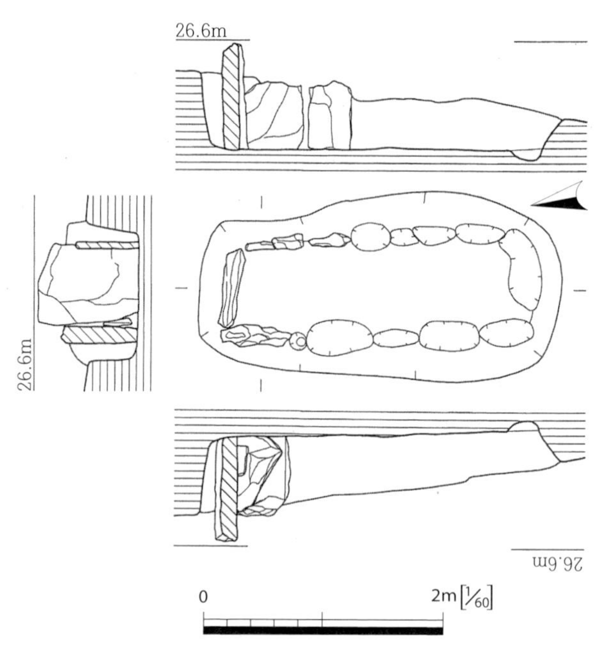

[유구사진]

KM-003호 석곽묘

(단위 : cm)

묘광	크 기 (길이×너비×깊이)	(138+)×90×(25+)	주체부	크 기 (길이×너비×높이)	(105+)×(38)×(35+)
	장폭비	?		장폭비	?
장축방향		N-0°-S	시상·관대	크 기 (길이×너비×높이)	?
두 향		?	벽석종류		할석, 판석
유물	토 기	-			
	철 기	-			
	청동기	-			
	옥석류	-			
	기 타	-			
특기사항		출토유물 없음. 석곽으로 보고하였으나 파괴가 심하여 정확한 구조는 알 수 없음.			

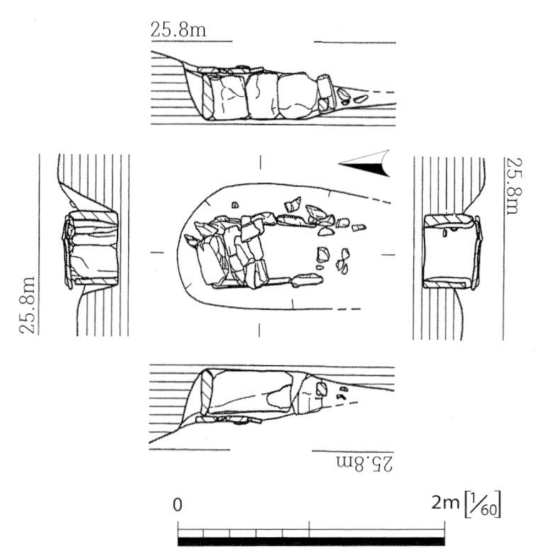

[유구사진]

KM-004호 석곽묘

(단위 : cm)

묘광	크 기 (길이×너비×깊이)	(212+)×102×(27+)	주체부	크 기 (길이×너비×높이)	(100+)×35×(29+)
	장폭비	?		장폭비	?
장축방향		N-7°-E	시상·관대	크 기 (길이×너비×높이)	?
두 향		?	벽석종류		할석
유물	토 기	-			
	철 기	-			
	청동기	-			
	옥석류	-			
	기 타	-			
특기사항		출토유물 없음. 석곽으로 보고하였으나 파괴가 심하여 정확한 구조는 알 수 없음.			

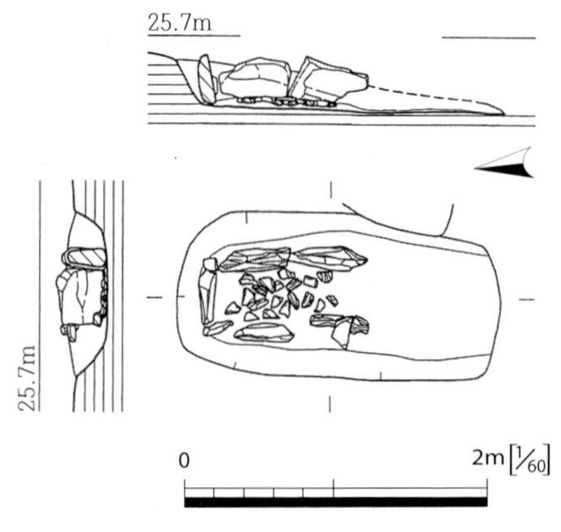

[유구사진]

KM-005호 석곽묘

(단위 : cm)

묘광	크 기 (길이×너비×깊이)	231×100×(24+)	주체부	크 기 (길이×너비×높이)	(150+)×(40+)×(25+)
	장폭비	2.31:1		장폭비	?
장축방향		N-33°-E	시상·관대	크 기 (길이×너비×높이)	?
두 향		?	벽석종류		할석
유물	토 기	-			
	철 기	-			
	청동기	-			
	옥석류	-			
	기 타	-			
특기사항		출토유물 없음. 석곽으로 보고하였으나 파괴가 심하여 정확한 구조는 알 수 없음.			

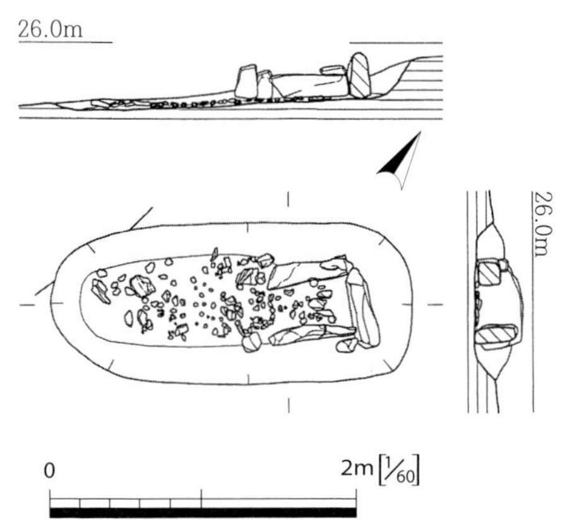

[유구사진]

KM-006호 석곽묘

(단위 : cm)

묘광	크 기 (길이×너비×깊이)	(212+)×(96+)×?	주체부	크 기 (길이×너비×높이)	?×?×?
	장폭비	?		장폭비	?
장축방향		N-57°-E	시상·관대	크 기 (길이×너비×높이)	?
두 향		?	벽석종류		할석
유물	토 기	-			
	철 기	-			
	청동기	-			
	옥석류	-			
	기 타	-			
특기사항		출토유물 없음. 석곽으로 보고하였으나 파괴가 심하여 정확한 구조는 알 수 없음.			

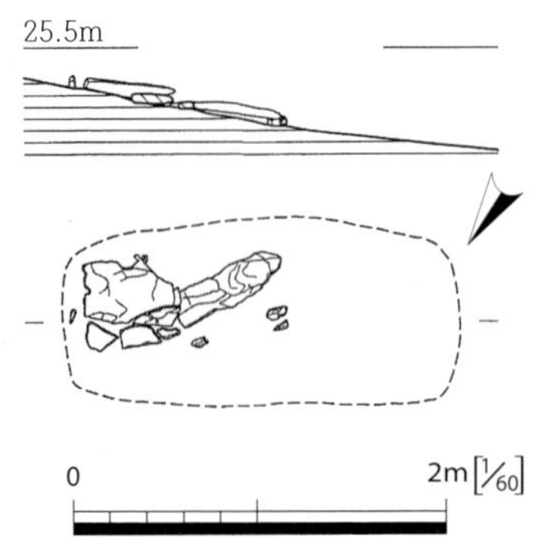

[유구사진]

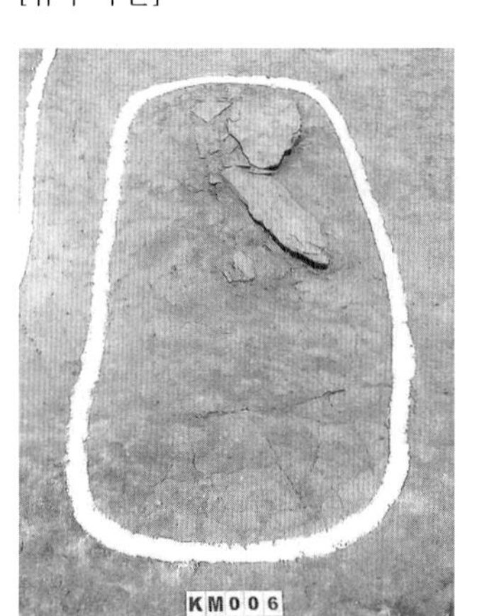

KM-007호 석곽묘

(단위 : cm)

묘광	크 기 (길이×너비×깊이)	(190)×90×(25+)	주체부	크 기 (길이×너비×높이)	(105+)×38×(35+)
	장폭비	(2.11):1		장폭비	?
장축방향		N-14°-E	시상·관대	크 기 (길이×너비×높이)	?
두 향		?	벽석종류		할석
유물	토 기	-			
	철 기	-			
	청동기	-			
	옥석류	-			
	기 타	-			
특기사항		출토유물 없음. 석곽으로 보고하였으나 파괴가 심하여 정확한 구조는 알 수 없음. 보고서 기술과 유구 도면 스케일바 비율이 모두 상이하여 상호 조정하지 않고 자료집에 게재하였음.			

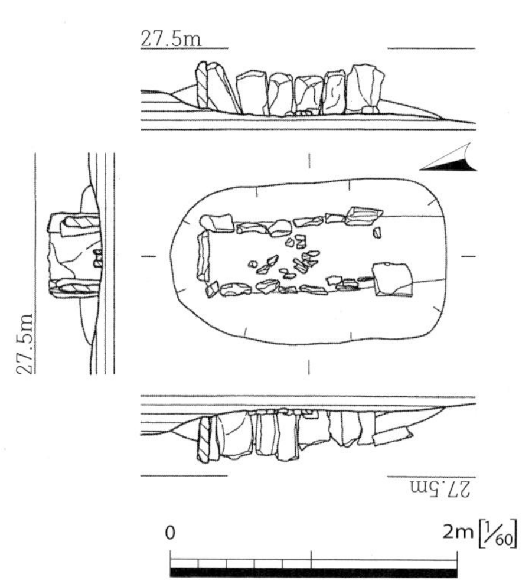

[유구사진]

KM-008호 석곽묘

(단위 : cm)

묘광	크 기 (길이×너비×깊이)	(390)×(150)×(55+)	주체부	크 기 (길이×너비×높이)	(240+)×74×(50+)
	장폭비	(2.60):1		장폭비	?
장축방향		N-(18)°-E	시상·관대	크 기 (길이×너비×높이)	?
두 향		?	벽석종류		할석
유물	토 기	-			
	철 기	-			
	청동기	-			
	옥석류	-			
	기 타	-			
특기사항		출토유물 없음. 석곽으로 보고하였으나 파괴가 심하여 정확한 구조는 알 수 없음. 보고서 기술과 유구 도면 스케일바 비율이 모두 상이하여 상호 조정하지 않고 자료집에 게재하였음.			

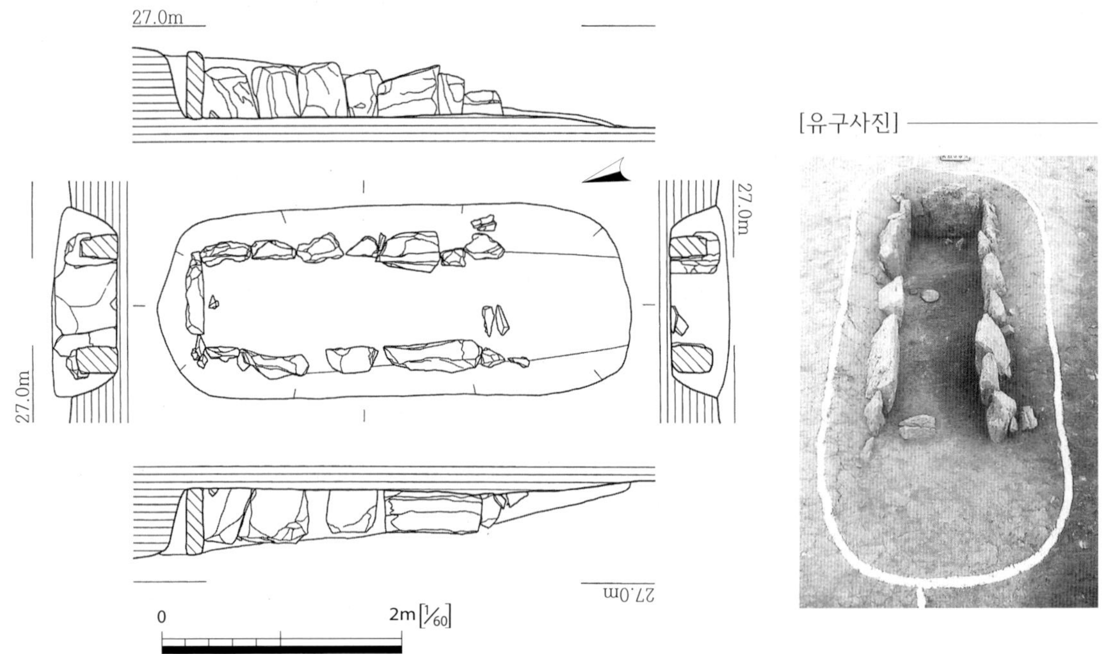

KM-009호 석실묘

(단위 : cm)

봉토	크 기 (길이×너비×높이)	?	묘광	크 기 (길이×너비×깊이)	(300)×(240)×(86+)
	평면형태	?		장폭비	(1.25):1
현실	크 기 (길이×너비×높이)	202×(70+)×(30+)	천장형태		?
	장폭비	?	연도위치		우편재
연도	크 기 (길이×너비×높이)	(40+)×60×(30+)	묘도크기 (길이×너비)		190×128
	장폭비	?	배수시설 (길이×너비×깊이)		?
시상/관대크기 (길이×너비×높이)		?	두 향		?
장축방향		N-4°-E	벽석종류		할석
유물	토 기	-			
	철 기	-			
	청동기	-			
	옥석류	-			
	기 타	-			
특기사항		출토유물 없음. 횡혈식 석실로 보고하였으나 파괴가 심하여 정확한 구조는 알 수 없음.			

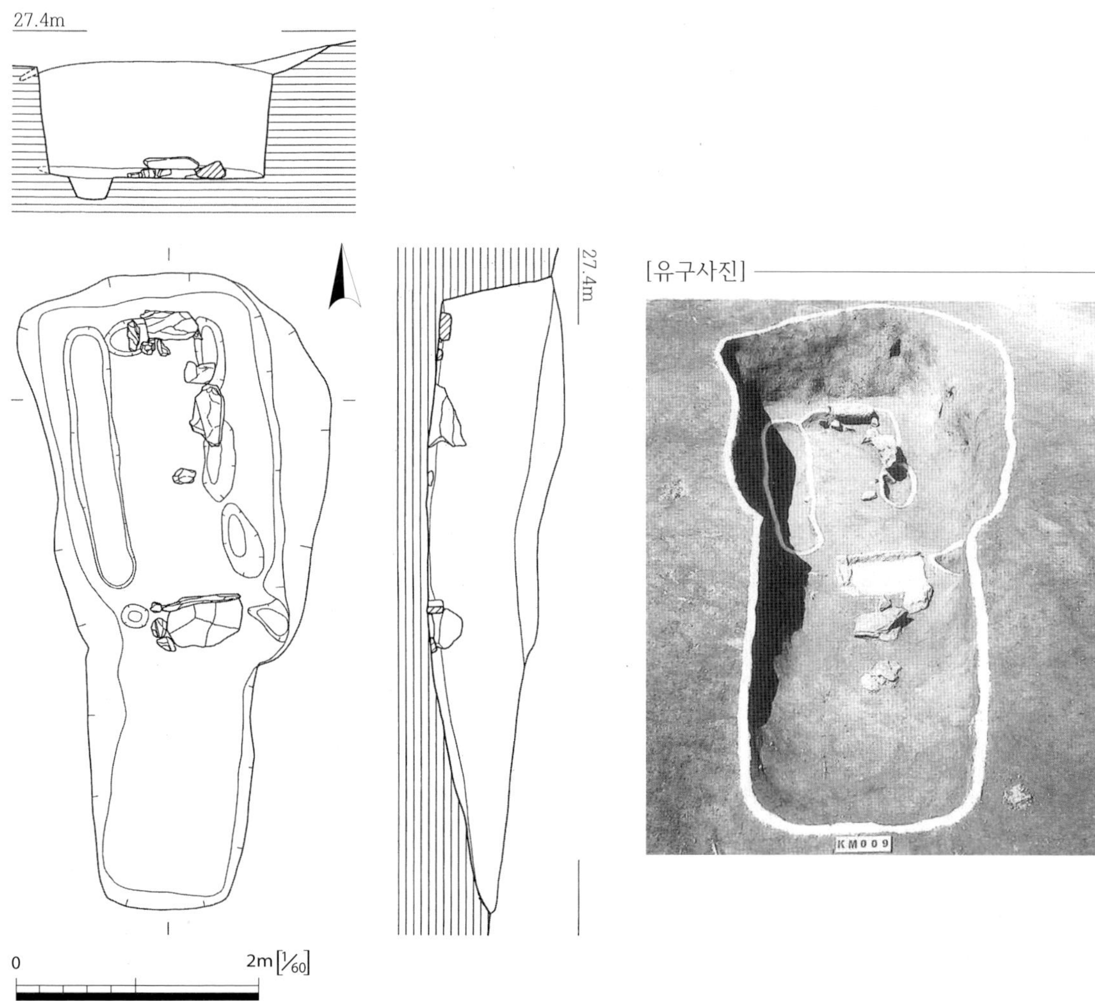

KM-010호 석실묘

(단위 : cm)

봉토	크 기 (길이×너비×높이)	?	묘광	크 기 (길이×너비×깊이)	(380)×234×(136+)
	평면형태	?		장폭비	(1.62):1
현실	크 기 (길이×너비×높이)	240×110×(94+)	천장형태		고임
	장폭비	?	연도위치		중앙
연도	크 기 (길이×너비×높이)	28×76×72	묘도크기 (길이×너비)		284×(120)
	장폭비	0.37:1	배수시설 (길이×너비×깊이)		-
시상/관대크기 (길이×너비×높이)		?	두 향		?
장축방향		N-18°-W	벽석종류		판석
유물	토 기	-			
	철 기	관정(7)			
	청동기	-			
	옥석류	-			
	기 타	-			
특기사항					

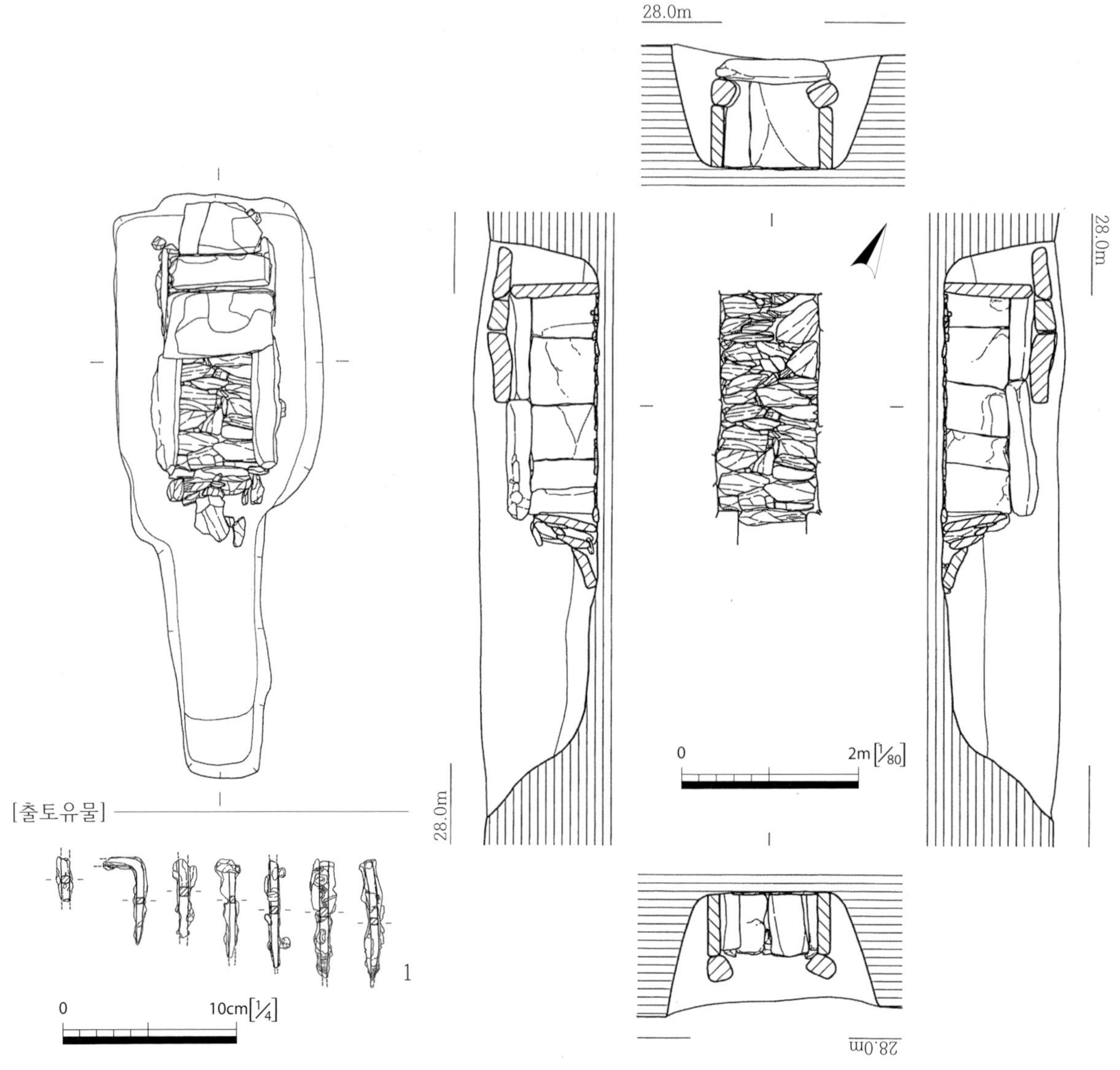

KM-011호 석실묘

(단위 : cm)

<table>
<tr><td rowspan="2">봉토</td><td>크 기
(길이×너비×높이)</td><td>?</td><td rowspan="2">묘광</td><td>크 기
(길이×너비×깊이)</td><td>236×130×(36+)</td></tr>
<tr><td>평면형태</td><td>?</td><td>장폭비</td><td>1.82:1</td></tr>
<tr><td rowspan="2">현실</td><td>크 기
(길이×너비×높이)</td><td>114×44×44</td><td colspan="2">천장형태</td><td>?</td></tr>
<tr><td>장폭비</td><td>2.59:1</td><td colspan="2">횡구부위치</td><td>남동측 단벽</td></tr>
<tr><td rowspan="2">횡구부</td><td>크 기
(길이×너비)</td><td>(50)×(44)</td><td colspan="2">묘도크기
(길이×너비)</td><td>?</td></tr>
<tr><td>장폭비</td><td>(1.14):1</td><td colspan="2">배수시설
(길이×너비×깊이)</td><td>-</td></tr>
<tr><td colspan="2">시상/관대크기
(길이×너비×높이)</td><td>-</td><td colspan="2">두 향</td><td>?</td></tr>
<tr><td colspan="2">장축방향</td><td>N-25°-W</td><td colspan="2">벽석종류</td><td>할석</td></tr>
<tr><td rowspan="5">유물</td><td>토 기</td><td colspan="4">-</td></tr>
<tr><td>철 기</td><td colspan="4">관정(6)</td></tr>
<tr><td>청동기</td><td colspan="4">-</td></tr>
<tr><td>옥석류</td><td colspan="4">-</td></tr>
<tr><td>기 타</td><td colspan="4">-</td></tr>
<tr><td colspan="2">특기사항</td><td colspan="4"></td></tr>
</table>

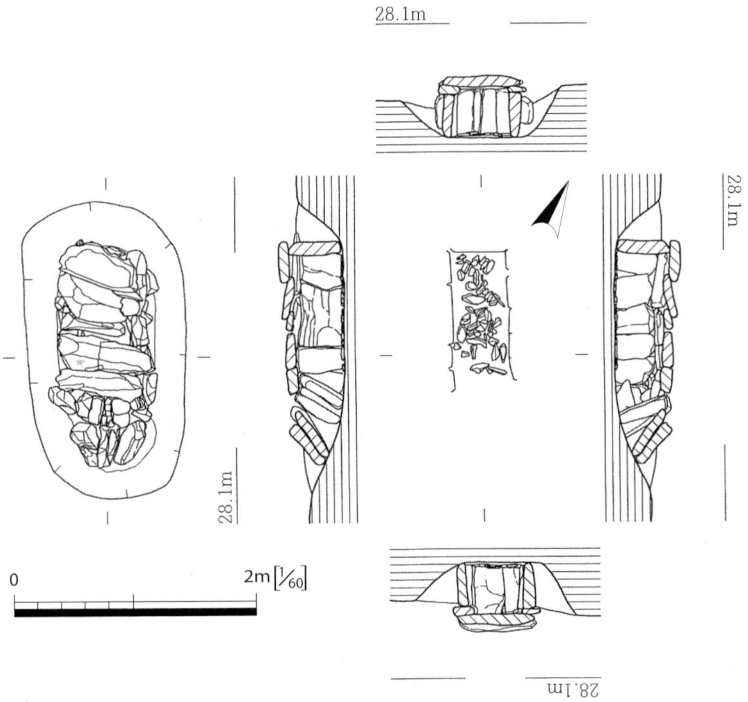

28.1m

28.1m

28.1m

28.1m

0 2m[1/60]

[유구사진]

KM011

[출토유물]

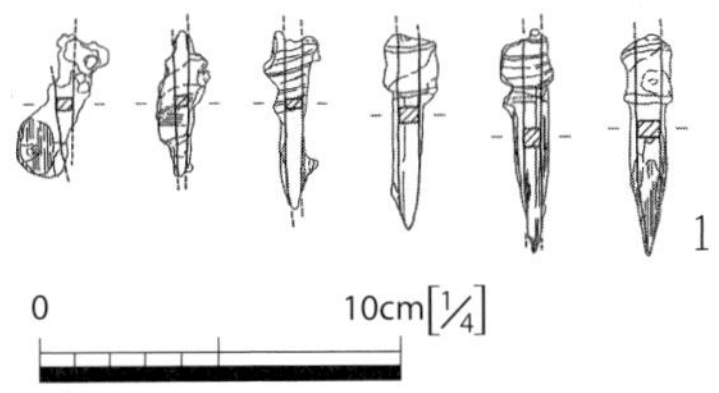

1

0 10cm[1/4]

KM-012호 석실묘

(단위 : cm)

봉토	크 기 (길이×너비×높이)	?	묘광	크 기 (길이×너비×깊이)	462×290×(184+)
	평면형태	?		장폭비	1.59:1
현실	크 기 (길이×너비×높이)	250×124×(114+)	천장형태		고임
	장폭비	2.02:1	연도위치		중앙
연도	크 기 (길이×너비×높이)	74×96×76	묘도크기 (길이×너비)		92×?
	장폭비	0.77:1	배수시설 (길이×너비×깊이)		-
시상/관대크기 (길이×너비×높이)		?	두 향		?
장축방향		N-22°-E	벽석종류		판석
유물	토 기	-			
	철 기	관정(19)			
	청동기	-			
	옥석류	-			
	기 타	-			
특기사항		인골(사지골) 출토됨.			

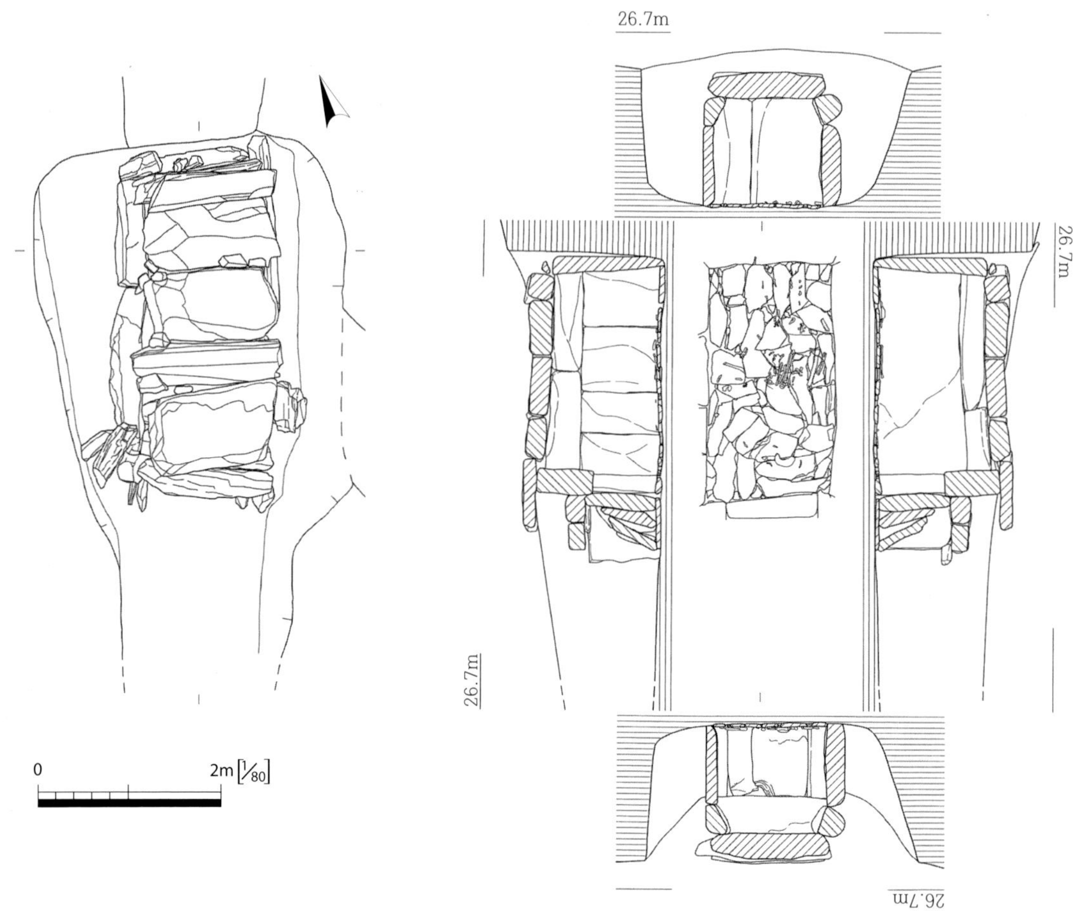

[유구사진]

[출토유물]

1

0 10cm[1/4]

KM-013호 석실묘

(단위 : cm)

봉토	크 기 (길이×너비×높이)	?	묘광	크 기 (길이×너비×깊이)	(360)×230×(88+)
	평면형태	?		장 폭 비	(1.57):1
현실	크 기 (길이×너비×높이)	(256)×(120)×?	천장형태		?
	장 폭 비	(2.13):1	연도위치		?
연도	크 기 (길이×너비×높이)	?	묘도크기 (길이×너비)		(254+)×(90)
	장 폭 비	?	배수시설 (길이×너비×깊이)		-
시상/관대크기 (길이×너비×높이)		?	두 향		?
장축방향		N-3°-W	벽석종류		?
유물	토 기	-			
	철 기	-			
	청동기	-			
	옥석류	-			
	기 타	-			
특기사항		출토유물 없음. 횡혈식 석실로 보고하였으나 파괴가 심하여 정확한 구조는 알 수 없음.			

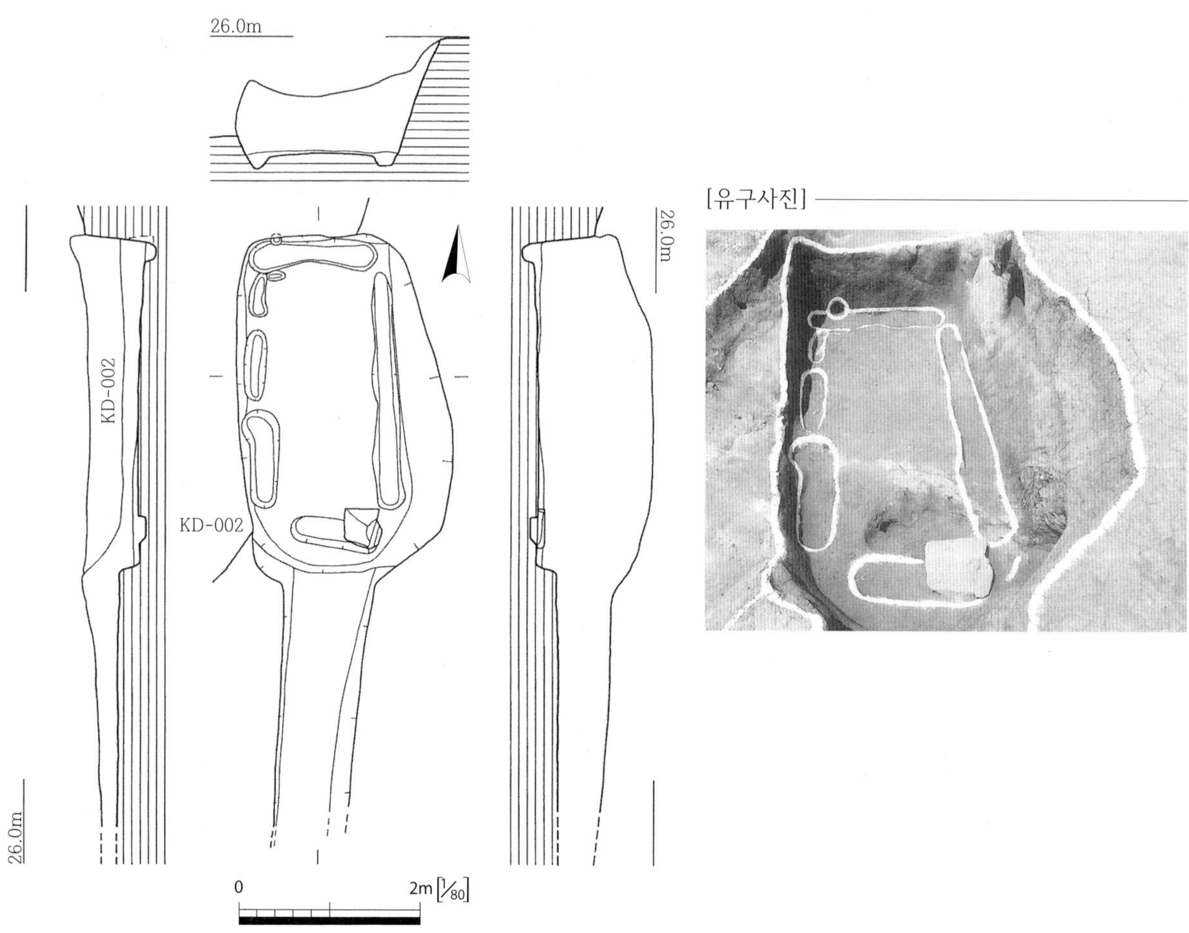

KM-015호 석실묘

(단위 : cm)

봉토	크 기 (길이×너비×높이)	?	묘광	크 기 (길이×너비×깊이)	440×256×(122+)
	평면형태	?		장폭비	2.70:1
현실	크 기 (길이×너비×높이)	230×104×106	천장형태		고임
	장폭비	2.21:1	연도위치		중앙
연도	크 기 (길이×너비×높이)	58×82×94	묘도크기 (길이×너비)		(1,060+)×(80)
	장폭비	0.71:1	배수시설 (길이×너비×깊이)		-
시상/관대크기 (길이×너비×높이)		?	두 향		?
장축방향		N-2°-W	벽석종류		판석
유물	토 기	-			
	철 기	관고리(5), 관정(23)			
	청동기	-			
	옥석류	-			
	기 타	-			
특기사항		인골(사지골) 출토됨.			

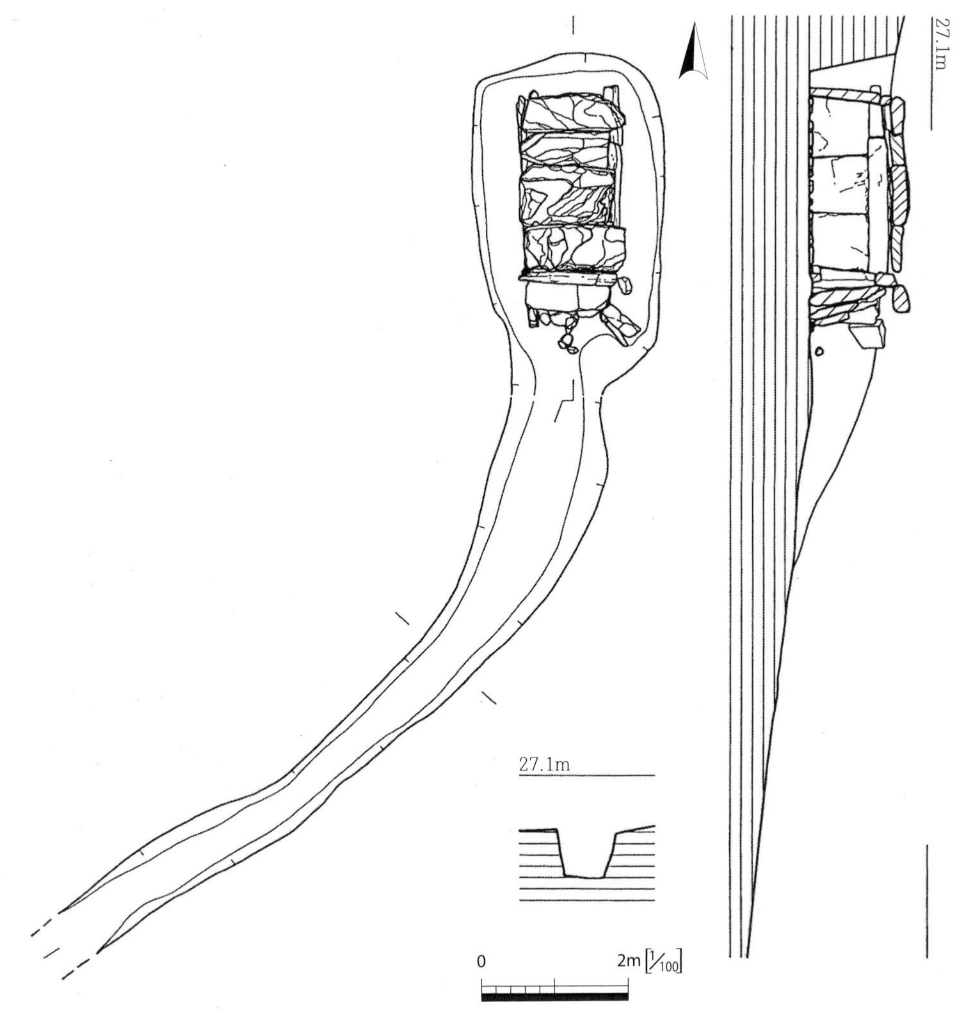

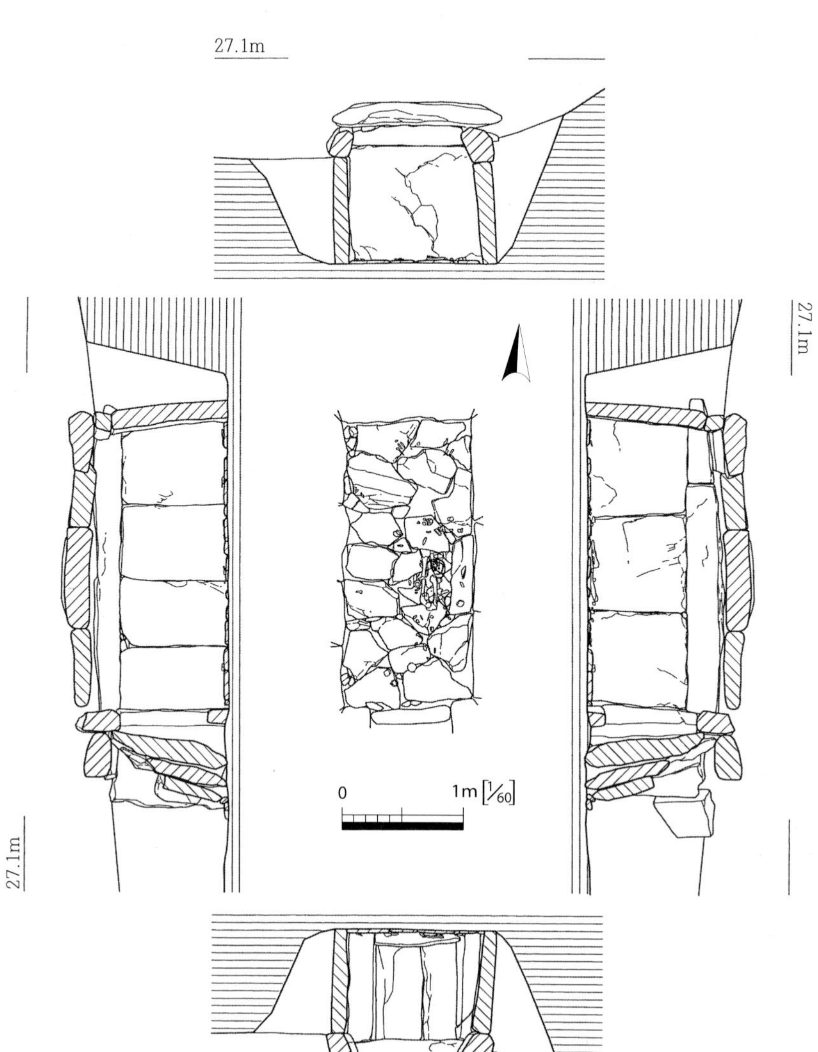

[출토유물]

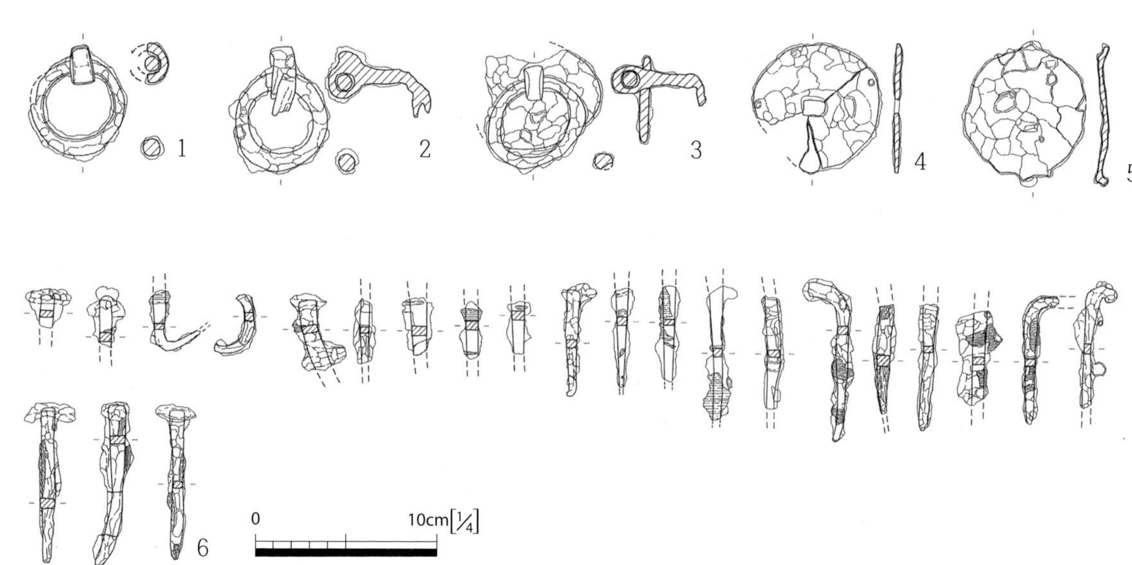

KM-016호 석실묘

(단위 : cm)

봉토	크 기 (길이×너비×높이)	?	묘광	크 기 (길이×너비×깊이)	366×212×(160+)
	평면형태	?		장폭비	1.73:1
현실	크 기 (길이×너비×높이)	216×88×(74+)	천장형태		고임
	장폭비	2.45:1	연도위치		중앙
연도	크 기 (길이×너비×높이)	44×66×(80+)	묘도크기 (길이×너비)		600×(100)
	장폭비	0.67:1	배수시설 (길이×너비×깊이)		-
시상/관대크기 (길이×너비×높이)		?	두 향		?
장축방향		N-3°-E	벽석종류		판석
유물	토 기	-			
	철 기	-			
	청동기	-			
	옥석류	-			
	기 타	-			
특기사항		출토유물 없음.			

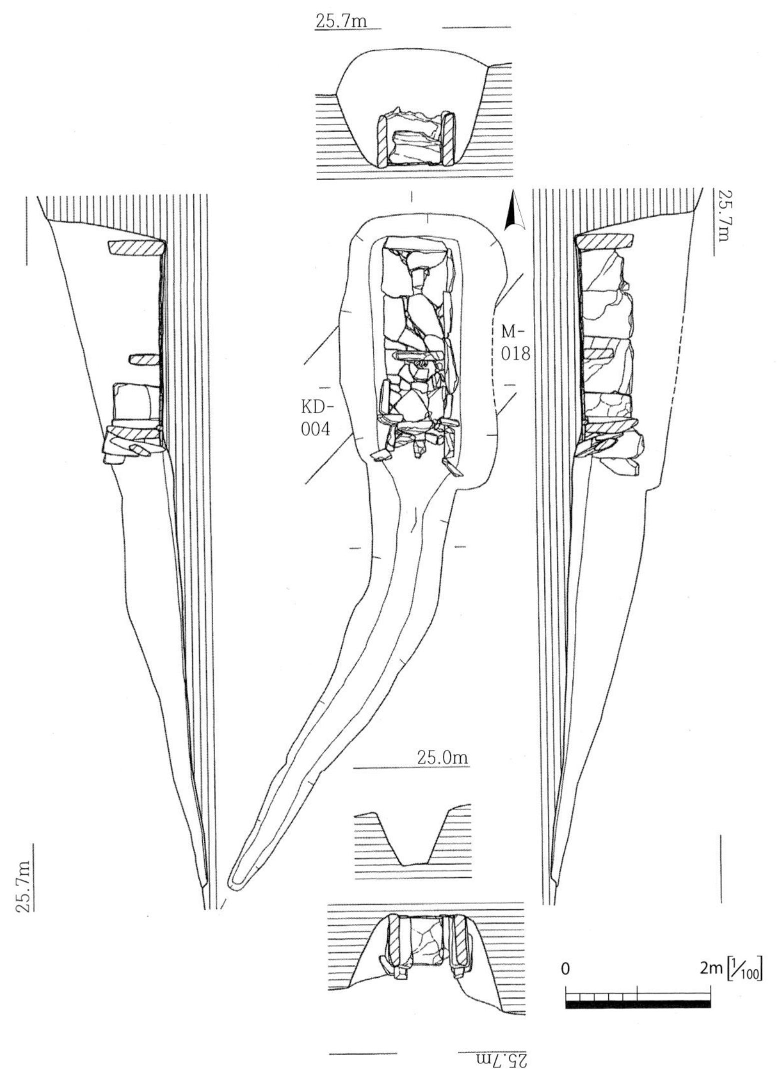

KM-017호 석실묘

(단위 : cm)

봉토	크 기 (길이×너비×높이)	?	묘광	크 기 (길이×너비×깊이)	(360)×243×(132+)
	평면형태	?		장폭비	(1.48):1
현실	크 기 (길이×너비×높이)	200×79×90	천장형태		고임
	장폭비	2.53:1	연도위치		중앙
연도	크 기 (길이×너비×높이)	26×64×(58+)	묘도크기 (길이×너비)		170×(140)
	장폭비	0.41:1	배수시설 (길이×너비×깊이)		-
시상/관대크기 (길이×너비×높이)		?	두 향		?
장축방향		N-28°-E	벽석종류		판석, 할석
유물	토 기	-			
	철 기	관정(16)			
	청동기	-			
	옥석류	-			
	기 타	-			
특기사항		눈썹형의 주구[(585)×(50)×?]가 확인됨. 인골(사지골) 출토됨.			

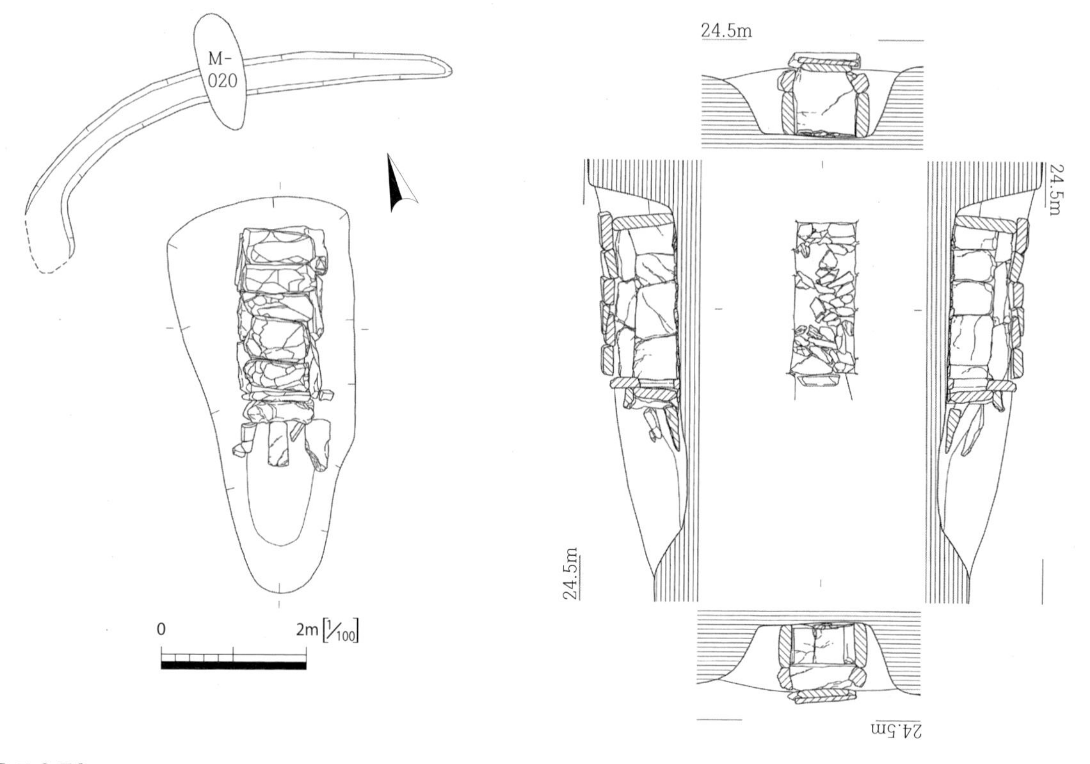

[출토유물]

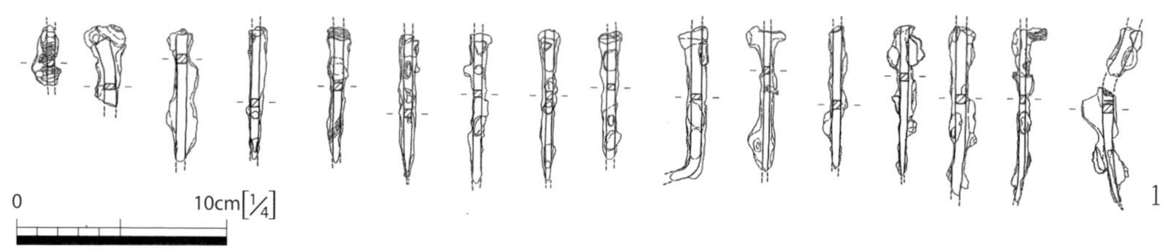

KM-018호 석곽묘

(단위 : cm)

<table>
<tr><td rowspan="2">묘광</td><td>크 기
(길이×너비×깊이)</td><td>190×132×(50+)</td><td rowspan="2">주체부</td><td>크 기
(길이×너비×높이)</td><td>(128)×(60)×(46+)</td></tr>
<tr><td>장폭비</td><td>1.44:1</td><td>장폭비</td><td>2.13:1</td></tr>
<tr><td colspan="2">장축방향</td><td>N-45°-E</td><td>시상·관대</td><td>크 기
(길이×너비×높이)</td><td>?</td></tr>
<tr><td colspan="2">두 향</td><td>?</td><td colspan="2">벽석종류</td><td>할석</td></tr>
<tr><td rowspan="5">유물</td><td>토 기</td><td colspan="4">-</td></tr>
<tr><td>철 기</td><td colspan="4">-</td></tr>
<tr><td>청동기</td><td colspan="4">-</td></tr>
<tr><td>옥석류</td><td colspan="4">-</td></tr>
<tr><td>기 타</td><td colspan="4">-</td></tr>
<tr><td colspan="2">특기사항</td><td colspan="4">출토유물 없음. 석곽으로 보고하였으나 파괴가 심하여 정확한 구조는 알 수 없음.</td></tr>
</table>

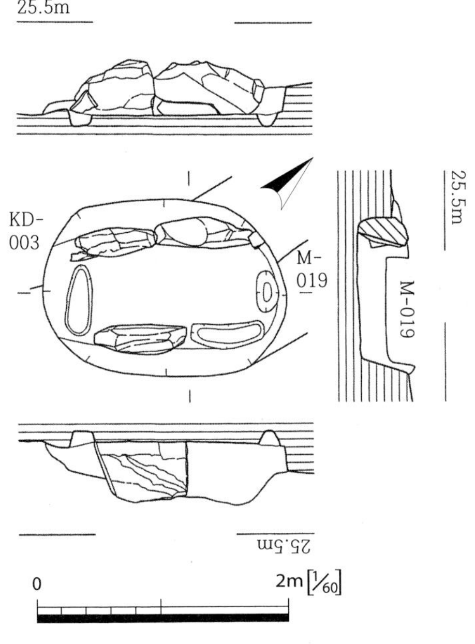

[유구사진]

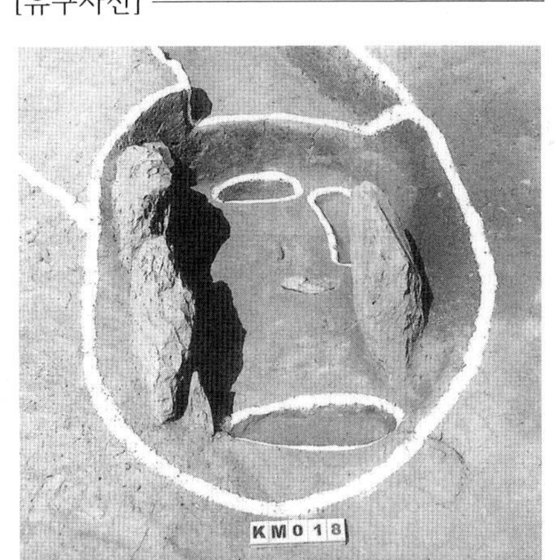

KM-020호 석곽묘

(단위 : cm)

묘광	크 기 (길이×너비×깊이)	(320)×149×(40+)	주체부	크 기 (길이×너비×높이)	(260)×60×(68+)
	장폭비	(2.15):1		장폭비	(4.33):1
장축방향		N-10°-E	시상·관대	크 기 (길이×너비×높이)	?
두 향		?	벽석종류		할석
유물	토 기	-			
	철 기	관정(12)			
	청동기	-			
	옥석류	-			
	기 타	-			
특기사항		눈썹형의 주구(475)×(63)×?가 확인됨. 석곽으로 보고하였으나 파괴가 심하여 정확한 구조는 알 수 없음.			

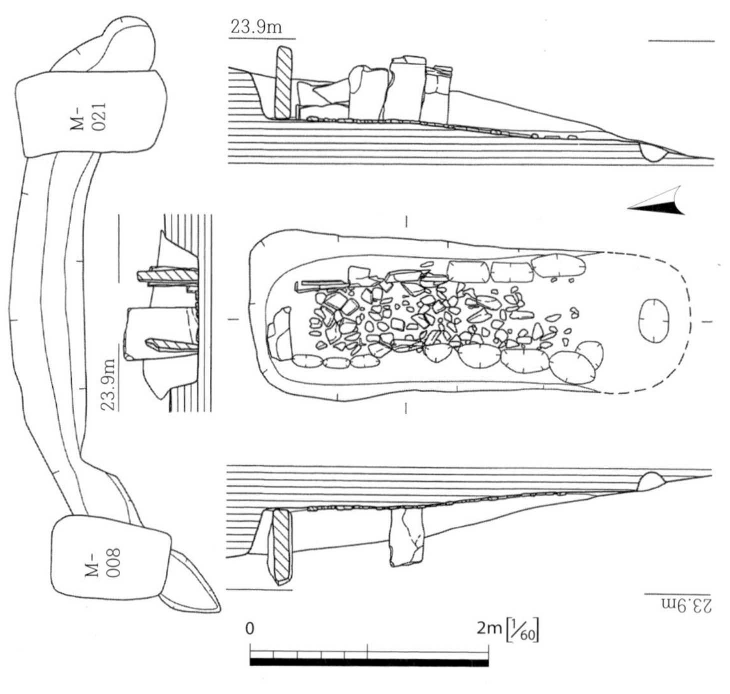

[유구사진]

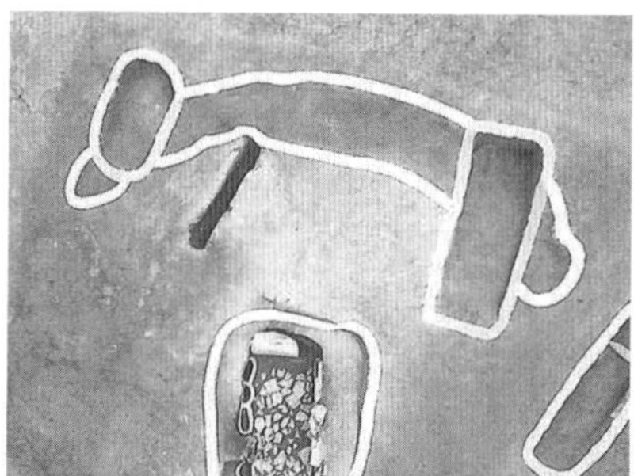

[출토유물]

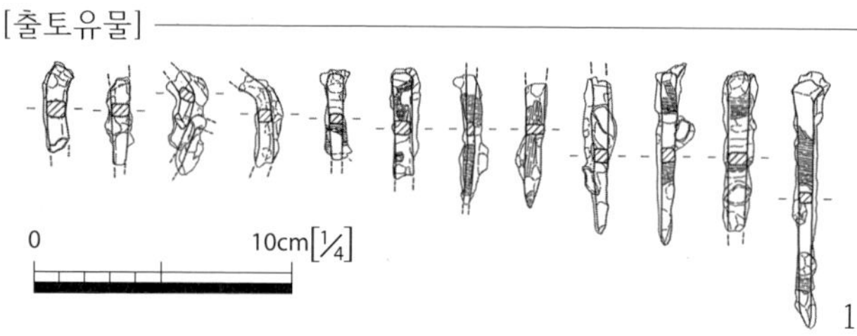

부여 신리유적扶餘 新里遺蹟

조사사유	마을 주민 신고에 의한 수습발굴조사	
조사연혁	1974. 04. (국립부여박물관)	
유적위치	충청남도 부여군 규암면 신리 산 5번지	
유적입지	백마강변에 연접한 구릉의 남사면에 위치한다.	
유구현황	초기철기시대	-
	원삼국시대	-
	삼 국 시 대	토광묘(1)
	기 타	-
주요유물	-	
시대·성격	토광묘는 민묘 조성 시 상단부가 훼손되고 벽체 일부만 남아 있어 정확한 규모를 파악하기 어렵다. 풍화암반층을 굴광하여 벽면으로 사용하였는데 잘 다듬은 흔적이 보이고 바닥은 별다른 시설 없이 생토면을 그대로 이용하였다. 또, 묘광 내에서 잡석이 발견되었는데 묘광 내에 횡목을 걸치고 그 위에 잡석을 깔면서 봉토를 만드는 과정에서 남겨진 것으로 보인다. 유물은 금동제 이식·도자편·관정 등 다수가 출토되어 이를 근거로 축조 연대를 사비 천도 이전으로 편년하기도 한다.	
참고문헌	姜仁求, 1977, 『百濟古墳硏究』, 一志社.	

토광묘

(단위 : cm)

<table>
<tr><td rowspan="2">묘광</td><td>크 기
(길이×너비×깊이)</td><td>(258)×108×?</td><td rowspan="2">목관</td><td>크 기
(길이×너비×높이)</td><td>?</td></tr>
<tr><td>장폭비</td><td>(2.39):1</td><td>장폭비</td><td>?</td></tr>
<tr><td colspan="2">장축방향</td><td>N-30°-E</td><td rowspan="2">목곽</td><td>크 기
(길이×너비×높이)</td><td>?</td></tr>
<tr><td colspan="2">두 향</td><td>?</td><td>장폭비</td><td>?</td></tr>
<tr><td rowspan="5">유물</td><td>토 기</td><td colspan="4">-</td></tr>
<tr><td>철 기</td><td colspan="4">검(?), 도자(?), 관정(?)</td></tr>
<tr><td>청동기</td><td colspan="4">-</td></tr>
<tr><td>옥석류</td><td colspan="4">-</td></tr>
<tr><td>기 타</td><td colspan="4">이식(?)</td></tr>
<tr><td colspan="2">특기사항</td><td colspan="4">유물 도면 및 사진 미게재. 해발고도 미기술.</td></tr>
</table>

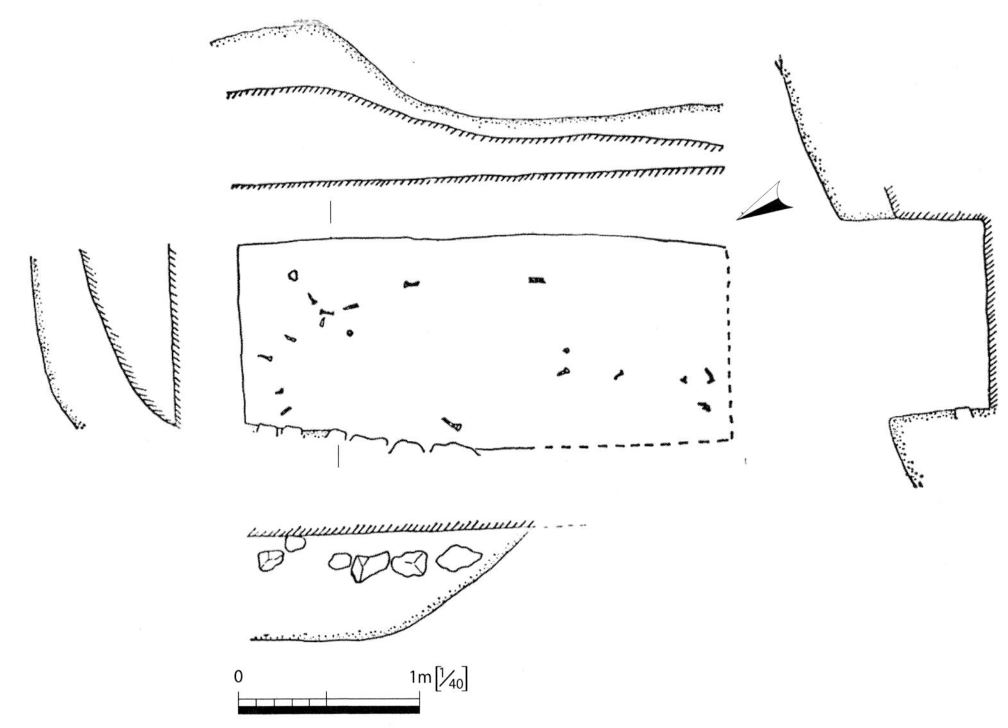

부여 신안리유적扶餘 新安里遺蹟

<table>
<tr><td>조사사유</td><td colspan="2">홍산~구룡간 도로확장 및 포장공사에 따른 구제발굴조사</td></tr>
<tr><td>조사연혁</td><td colspan="2">지표조사 : 1999. (忠淸埋藏文化財硏究院)
시굴조사 : ? (忠淸埋藏文化財硏究院)
발굴조사 : 2004. 07. 04. ~ 2004. 08. 31. (高麗大學校 考古環境硏究所)</td></tr>
<tr><td rowspan="2">유적위치</td><td colspan="2">충청남도 부여군 옥산면 신안리 일원</td></tr>
<tr><td colspan="2">경 · 위도 126°43'27.60"E / 36°11'30.47"N</td></tr>
<tr><td>유적입지</td><td colspan="2">유적은 남쪽의 원진산(해발 270m)에서 북쪽으로 뻗은 능선의 최말단부에 위치하며, 북쪽으로 옥산저수지가 자리하고 있다. 해발 41m 정도의 정상부를 중심으로 북서 방향으로 뻗은 구릉 사면에 위치한다. 유구는 해발 38~40m의 구릉사면에서 확인 된다.</td></tr>
<tr><td rowspan="4">유구현황</td><td>초기철기시대</td><td>-</td></tr>
<tr><td>원삼국시대</td><td>-</td></tr>
<tr><td>삼국시대</td><td>석실묘(1) · 석곽묘(2)</td></tr>
<tr><td>기타</td><td>통일신라시대 주거지(1), 시대 미상 토광(1) · 토광묘(2)</td></tr>
<tr><td>주요유물</td><td colspan="2">단경호, 관정</td></tr>
<tr><td>시대 · 성격</td><td colspan="2">삼국시대 석실묘 1기는 횡구식으로서 'ㄱ'자형의 주구가 돌려져 있다. 횡구부 부근에서 아래쪽으로 향하는 부석시설이 확인되었는데, 배수시설로 추정된다. 석곽묘 2기는 소형으로, 장축 방향을 같이해 나란히 축조된 점으로 보아 거의 동시기에 만들어진 것으로 추정된다.</td></tr>
<tr><td>참고문헌</td><td colspan="2">忠淸埋藏文化財硏究院, 2002, 『(1997~2001年度)文化遺蹟 地表調査 報告書』, 文化遺蹟 地表調査報告.
高麗大學校 考古環境硏究所, 2006, 『鴻山-九龍間 道路擴張 및 鋪裝工事 區間內 文化遺蹟 發掘調査 報告書』, 硏究叢書 第23輯.</td></tr>
</table>

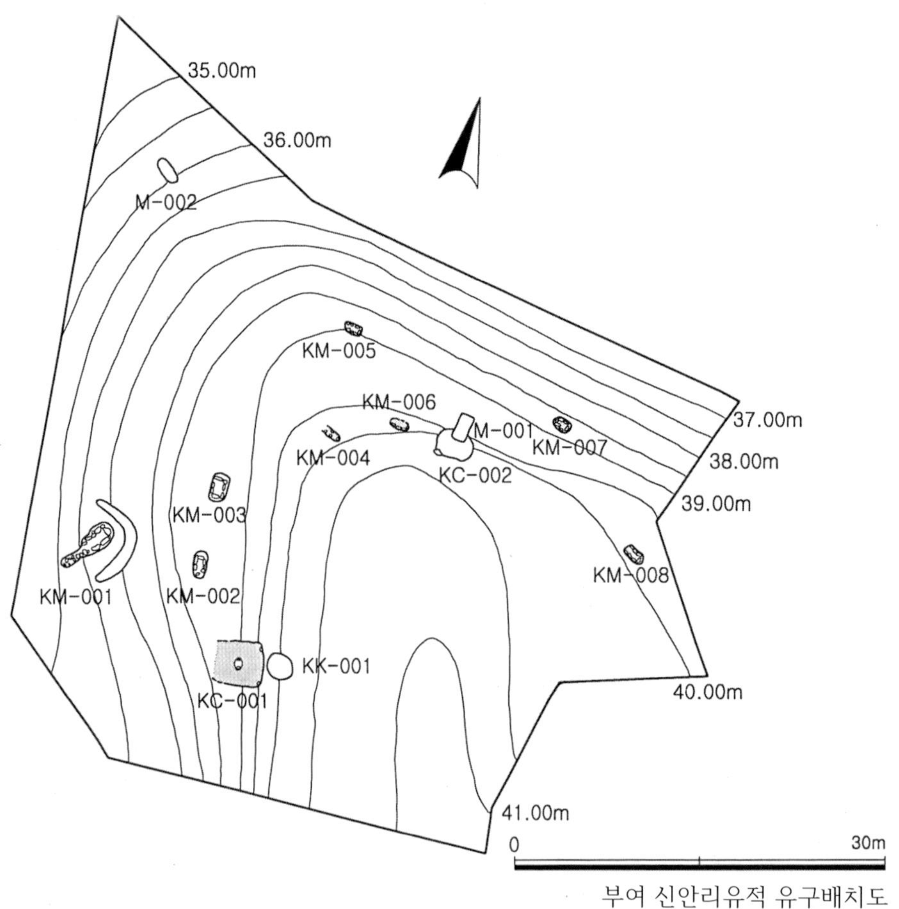

부여 신안리유적 유구배치도

부여 신안리유적 전경

KM-001호 석실묘

(단위 : cm)

봉토	크 기 (길이×너비×높이)	?	묘광	크 기 (길이×너비×깊이)	250×183×(69+)
	평면형태	?		장 폭 비	1.37:1
현실	크 기 (길이×너비×높이)	160×70×(43+)	천장형태		?
	장 폭 비	2.29:1	횡구부위치		남서측 단벽
횡구부	크 기 (길이×너비)	(80)×(63)	묘도크기 (길이×너비)		(220)×(70)
	장 폭 비	(1.27):1	배수시설 (길이×너비×깊이)		230×68×?
시상/관대크기 (길이×너비×높이)		-	두 향		?
장축방향		N-39°-E	벽석종류		할석
유물	토 기	-			
	철 기	-			
	청동기	-			
	옥석류	-			
	기 타	-			
특기사항		'ㄱ'자형 주구[(592)×80×?]가 확인됨. 출토유물 없음.			

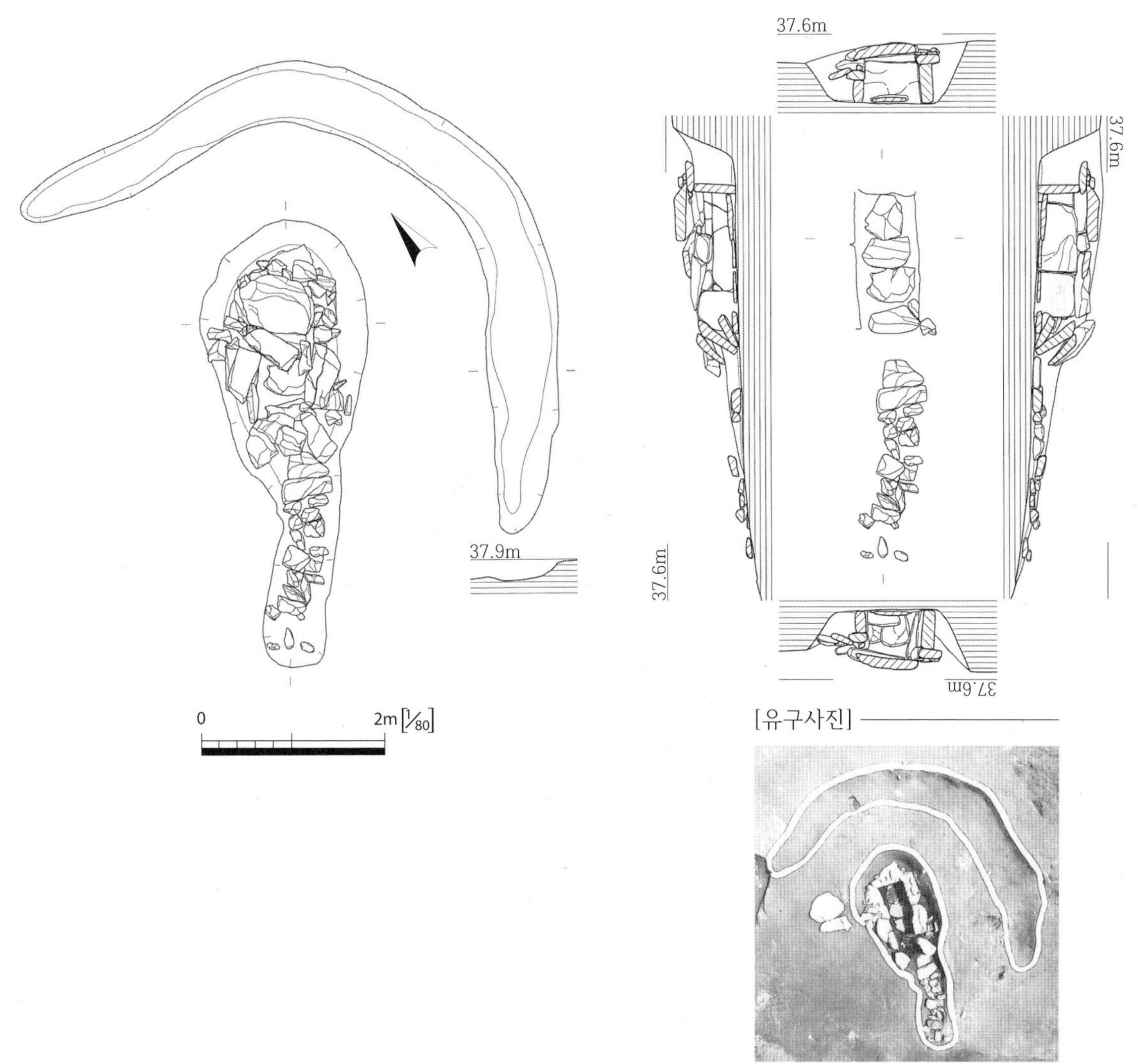

[유구사진]

KM-002호 석곽묘

(단위 : cm)

묘광	크 기 (길이×너비×깊이)	176×104×(19+)	주체부	크 기 (길이×너비×높이)	95×48×(38+)
	장폭비	1.69:1		장폭비	1.98:1
장축방향		N-20°-W	시상·관대	크 기 (길이×너비×높이)	-
두 향		?	벽석종류		할석
유물	토 기	-			
	철 기	-			
	청동기	-			
	옥석류	-			
	기 타	-			
특기사항		출토유물 없음.			

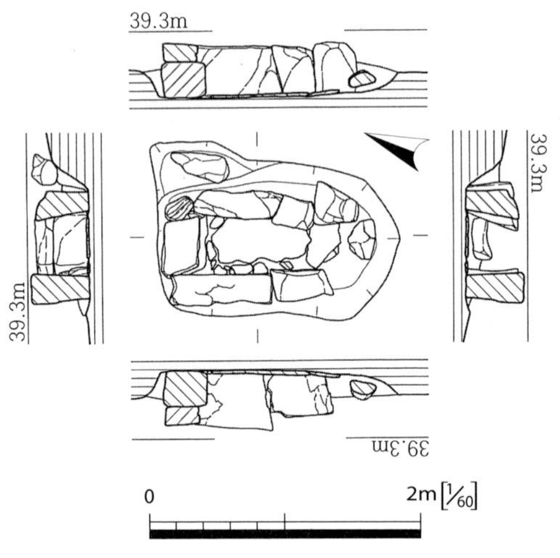

[유구사진]

KM-003호 석곽묘

(단위 : cm)

묘광	크 기 (길이×너비×깊이)	204×132×(30+)	주체부	크 기 (길이×너비×높이)	105×53×(40+)
	장폭비	1.69:1		장폭비	1.98:1
장축방향		N-3°-E	시상·관대	크 기 (길이×너비×높이)	-
두 향		?	벽석종류		할석
유물	토 기	단경호(1)			
	철 기	관정(15)			
	청동기	-			
	옥석류	-			
	기 타	-			
특기사항					

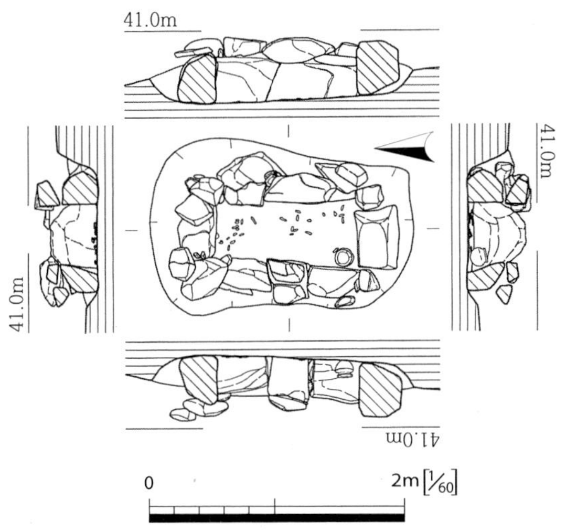

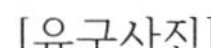

[유구사진]

[출토유물]

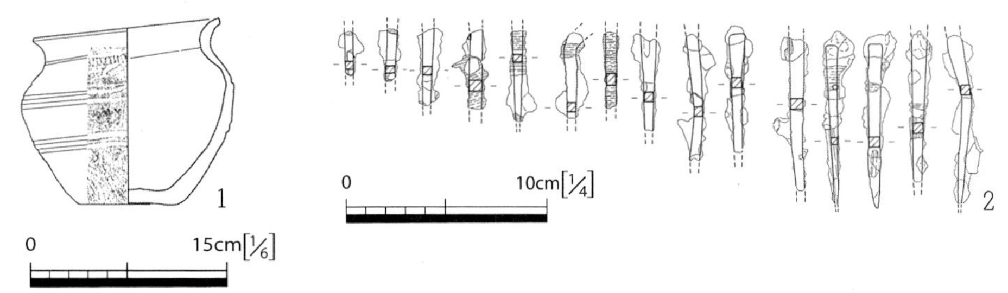

부여 오수리 큰독골·오실골유적扶餘 烏首里 큰독골·오실골遺蹟

<table>
<tr><td>조사사유</td><td colspan="2">고령화친화모델시범사업지구 조성에 따른 구제발굴조사</td></tr>
<tr><td>조사연혁</td><td colspan="2">지표조사 : 2009. 01. 05. ~ 2009. 02. 03. (한국전통문화학교 전통문화연구소)
시굴조사 : 2010. 02. 22. ~ 2010. 06. 11.(한얼문화유산연구원)
1차 발굴조사 : 2010. 07. 01. ~ 2010. 11. 29. (한얼문화유산연구원)
2차 발굴조사 : 2011. 02. 22. ~ 2011. 03 31. (한얼문화유산연구원)</td></tr>
<tr><td rowspan="2">유적위치</td><td colspan="2">충청남도 부여군 규암면 오수리 80번지 일원</td></tr>
<tr><td colspan="2">경·위도 126°53'31.21"E / 36°18'12.68"N</td></tr>
<tr><td>유적입지</td><td colspan="2">유적은 백마강의 서안쪽에 해당하며, 합정리 일대의 옥천산(150m)과 함양리 일대의 태봉(115m) 등 독립성 구릉지 및 구릉의 가지 능선 사이로 형성된 선상대지들로 이루어져 있다. 유적의 각 지점들은 태봉에서 동쪽으로 뻗어 내려온 가지능선에 입지하고 있으며, 일대의 자연지명을 차용해 지점의 명칭을 정하였다.</td></tr>
<tr><td rowspan="4">유구현황</td><td>초기철기시대</td><td>-</td></tr>
<tr><td>원삼국시대</td><td>-</td></tr>
<tr><td>삼 국 시 대</td><td>큰독골A-2 : 석실묘(4)·석곽묘(2)·횡혈묘(2)·매납유구(1)
큰독골A-3 : 석실묘(11)·석곽묘(1)·옹관묘(1)·구상유구(1)
큰독골C : 석실묘(4)·옹관묘(2)·매납유구(1)
오실골 : 석실묘(1)</td></tr>
<tr><td>기 타</td><td>큰독골A-2 : 고려~조선시대 토광묘(6)·조선시대 주거지(1)
큰독골A-3 : 고려~조선시대 토광묘(40)·건물지(4)·조선시대 주거지(1)·시대미상 석곽묘(1)·수혈유구(1)·주공군(1)
큰독골C : 고려~조선시대 토광묘(8)·주거지(3)
오실골 : 조선시대 주거지(1)</td></tr>
<tr><td>주요유물</td><td colspan="2">호, 파수부호, 관정, 관고리, 기와 등</td></tr>
<tr><td>시대·성격</td><td colspan="2">석실묘는 상당수가 벽석이 유실되어 묘광만 잔존하는 상태이고 도굴된 것이 많았는데, 대부분 장방형의 평면에 지하식으로 조영되어 있다. 대부분이 고임식에 연도가 비교적 짧고, 출토유물은 소량의 관정이나 관고리가 대부분이다. 출토유물과 고분 구조·축조방법 등으로 미루어, 백제 사비기에 해당하는 A.D.6세기 중반~7세기 무렵 축조된 것으로 보인다.</td></tr>
<tr><td>참고문헌</td><td colspan="2">한얼문화유산연구원, 2013, 『부여 오수리 큰독골·오실골유적』 發掘調査報告 第20冊.</td></tr>
</table>

부여 오수리 큰독골 유적 A-2지점 유구배치도

부여 오수리 큰독골 유적 A-2지점 전경

A-2지점 1호 석곽묘

(단위 : cm)

묘광	크 기 (길이×너비×깊이)	(206+)×120×(76+)	주체부	크 기 (길이×너비×높이)	(182+)×(50+)×(40+)
	장폭비	?		장폭비	?
장축방향		N-0°-S	시상·관대	크 기 (길이×너비×높이)	?
두 향		?	벽석종류		할석
유물	토 기	-			
	철 기	-			
	청동기	-			
	옥석류	-			
	기 타	-			
특기사항		출토유물 없음. 석곽으로 보고하였으나 파괴가 심하여 정확한 구조는 알 수 없음.			

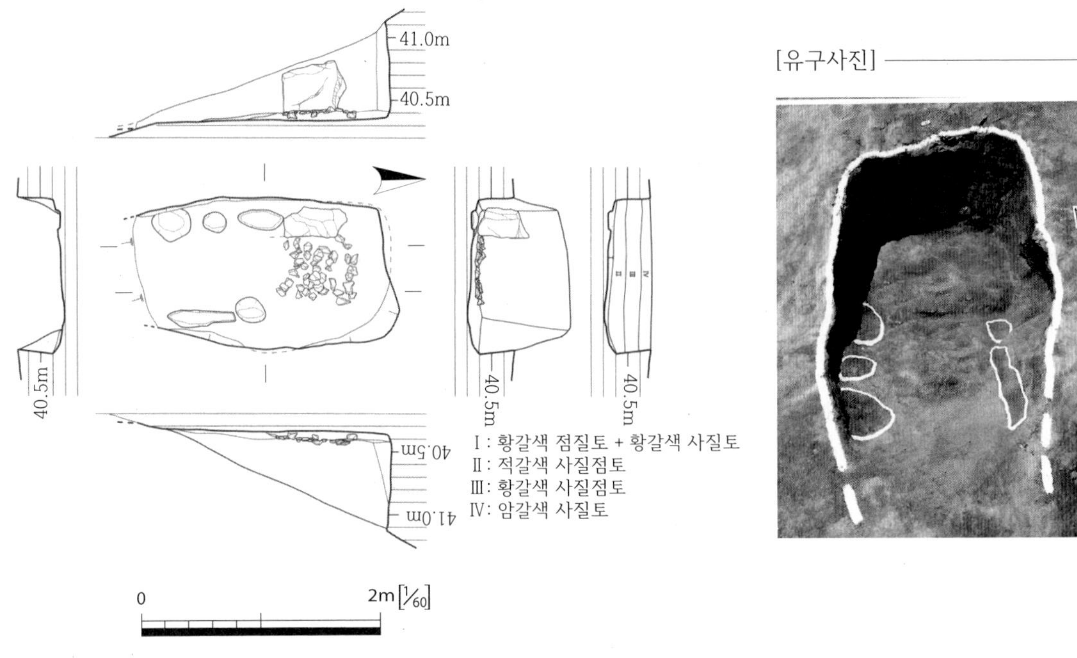

A-2지점 2호 석곽묘

(단위 : cm)

<table>
<tr><td rowspan="2">묘광</td><td>크 기
(길이×너비×깊이)</td><td>(110+)×96×(39+)</td><td rowspan="2">주체부</td><td>크 기
(길이×너비×높이)</td><td>(86+)×46×(12+)</td></tr>
<tr><td>장폭비</td><td>?</td><td>장폭비</td><td>?</td></tr>
<tr><td colspan="2">장축방향</td><td>N-47°-W</td><td>시상·관대</td><td>크 기
(길이×너비×높이)</td><td>?</td></tr>
<tr><td colspan="2">두 향</td><td>?</td><td colspan="2">벽석종류</td><td>할석</td></tr>
<tr><td rowspan="5">유물</td><td>토 기</td><td colspan="4">-</td></tr>
<tr><td>철 기</td><td colspan="4">-</td></tr>
<tr><td>청동기</td><td colspan="4">-</td></tr>
<tr><td>옥석류</td><td colspan="4">-</td></tr>
<tr><td>기 타</td><td colspan="4">-</td></tr>
<tr><td colspan="2">특기사항</td><td colspan="4">출토유물 없음. 석곽으로 보고하였으나 파괴가 심하여 정확한 구조는 알 수 없음. 보고서 기술과 도면의 축척이 상이하여 보고서 기술에 따라 축척을 조정하였음.</td></tr>
</table>

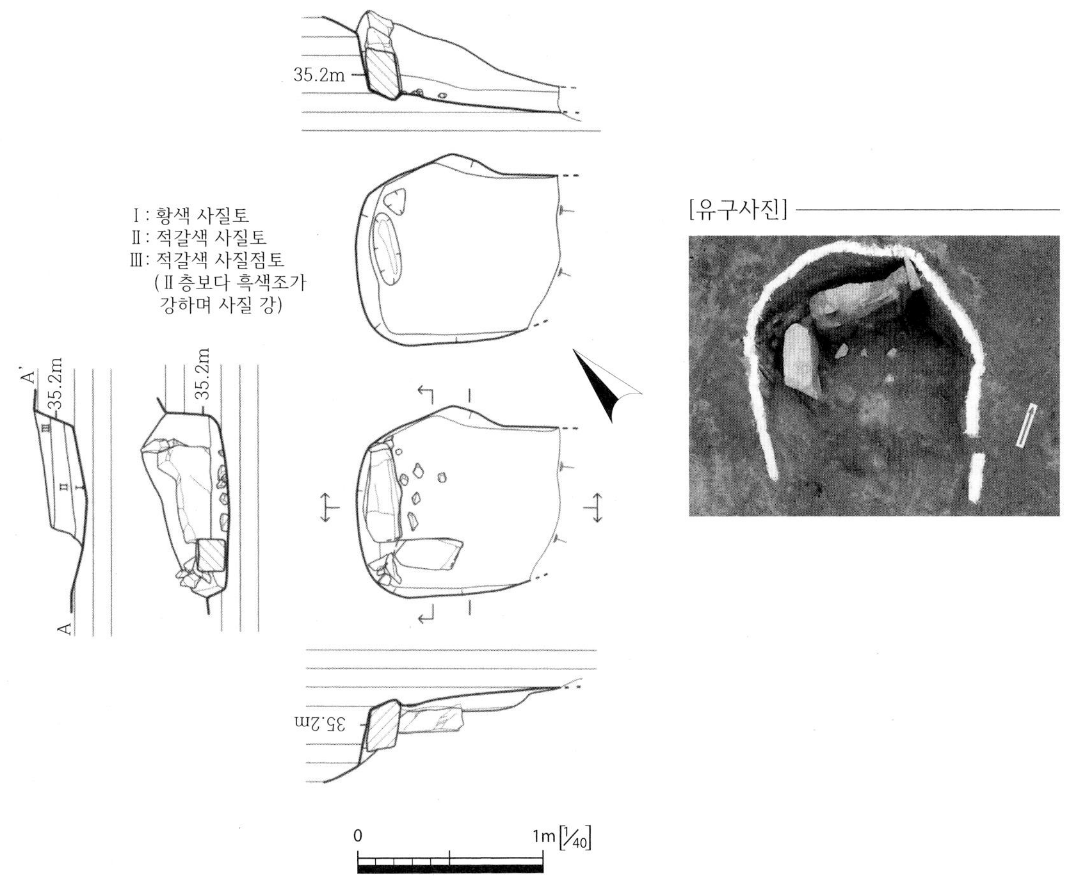

A-2지점 1호 석실묘

(단위 : cm)

<table>
<tr><td rowspan="2">봉토</td><td>크 기
(길이×너비×높이)</td><td>?</td><td rowspan="2">묘광</td><td>크 기
(길이×너비×깊이)</td><td>(320+)×206×(251+)</td></tr>
<tr><td>평면형태</td><td>?</td><td>장폭비</td><td>?</td></tr>
<tr><td rowspan="2">현실</td><td>크 기
(길이×너비×높이)</td><td>232×103×120</td><td colspan="2">천장형태</td><td>평</td></tr>
<tr><td>장폭비</td><td>2.25:1</td><td colspan="2">연도위치</td><td>우편재</td></tr>
<tr><td rowspan="2">연도</td><td>크 기
(길이×너비×높이)</td><td>(32+)×(73+)×(69+)</td><td colspan="2">묘도크기
(길이×너비)</td><td>(460+)×146</td></tr>
<tr><td>장폭비</td><td>?</td><td colspan="2">배수시설
(길이×너비×깊이)</td><td>?</td></tr>
<tr><td colspan="2">시상/관대크기
(길이×너비×높이)</td><td>?</td><td colspan="2">두 향</td><td>?</td></tr>
<tr><td colspan="2">장축방향</td><td>N-35°-W</td><td colspan="2">벽석종류</td><td>판석</td></tr>
<tr><td rowspan="5">유물</td><td>토 기</td><td colspan="4">-</td></tr>
<tr><td>철 기</td><td colspan="4">관정(6), 미상철기(1)</td></tr>
<tr><td>청동기</td><td colspan="4">-</td></tr>
<tr><td>옥석류</td><td colspan="4">-</td></tr>
<tr><td>기 타</td><td colspan="4">암키와(33)</td></tr>
<tr><td colspan="2">특기사항</td><td colspan="4"></td></tr>
</table>

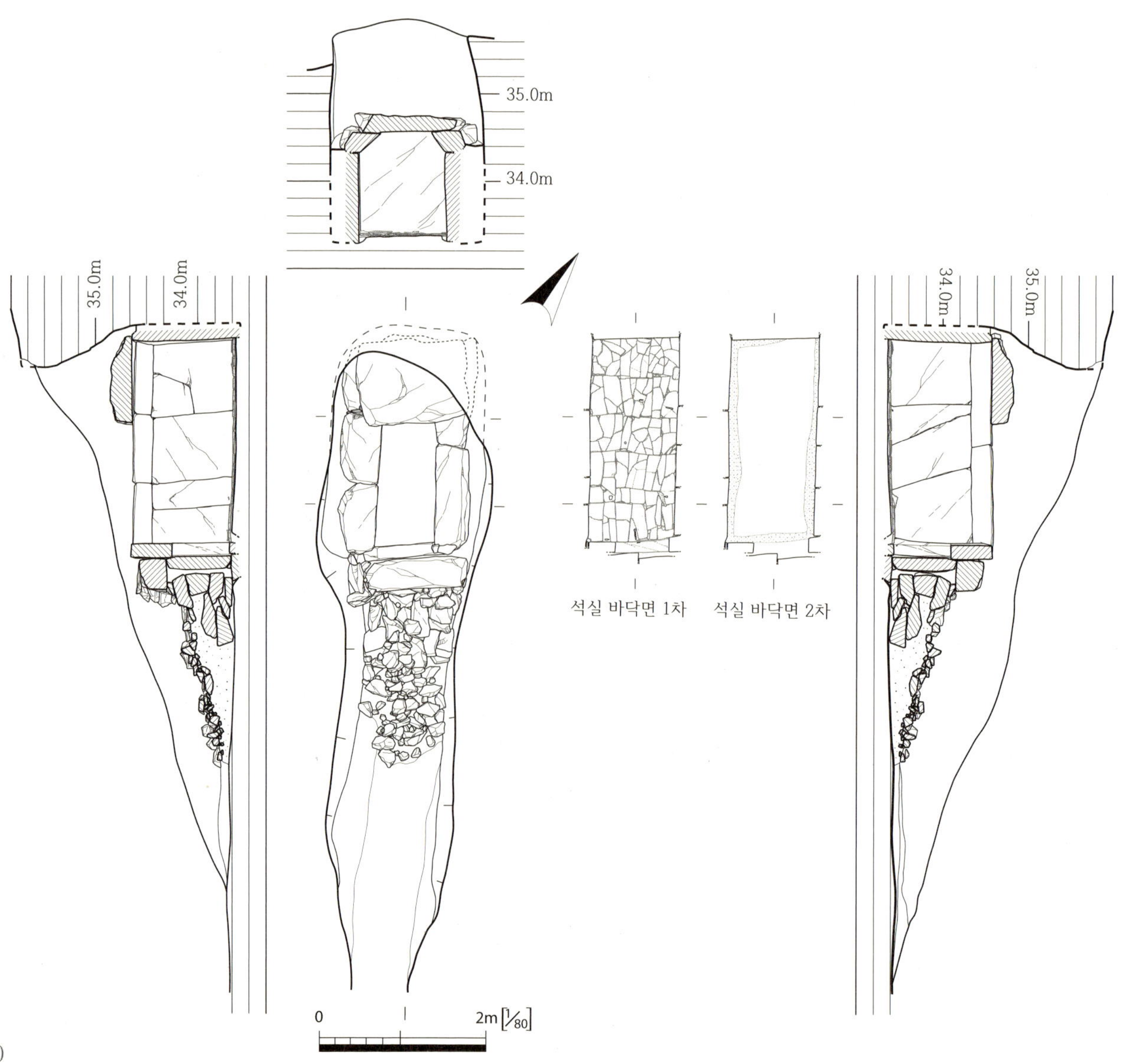

[유구사진]

1호 석실분 조사전경

1호 석실분 현문-외측

[출토유물]

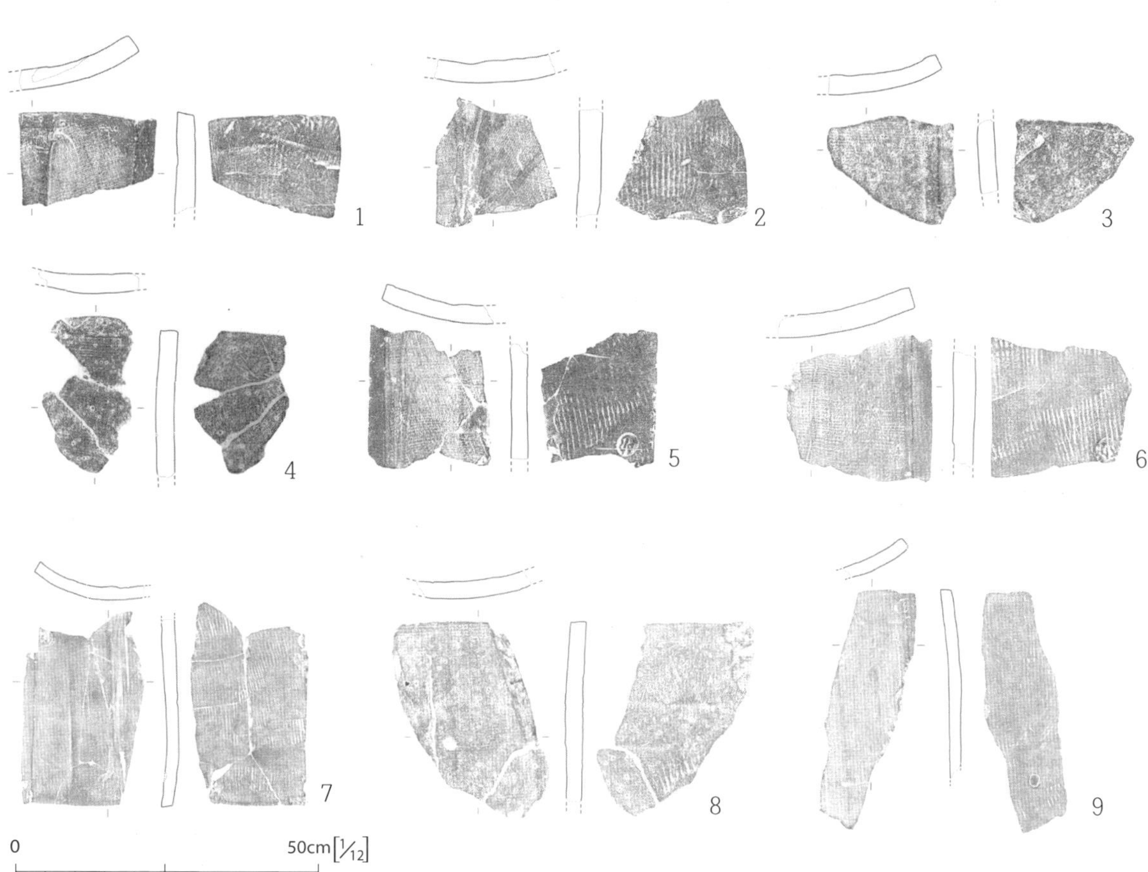

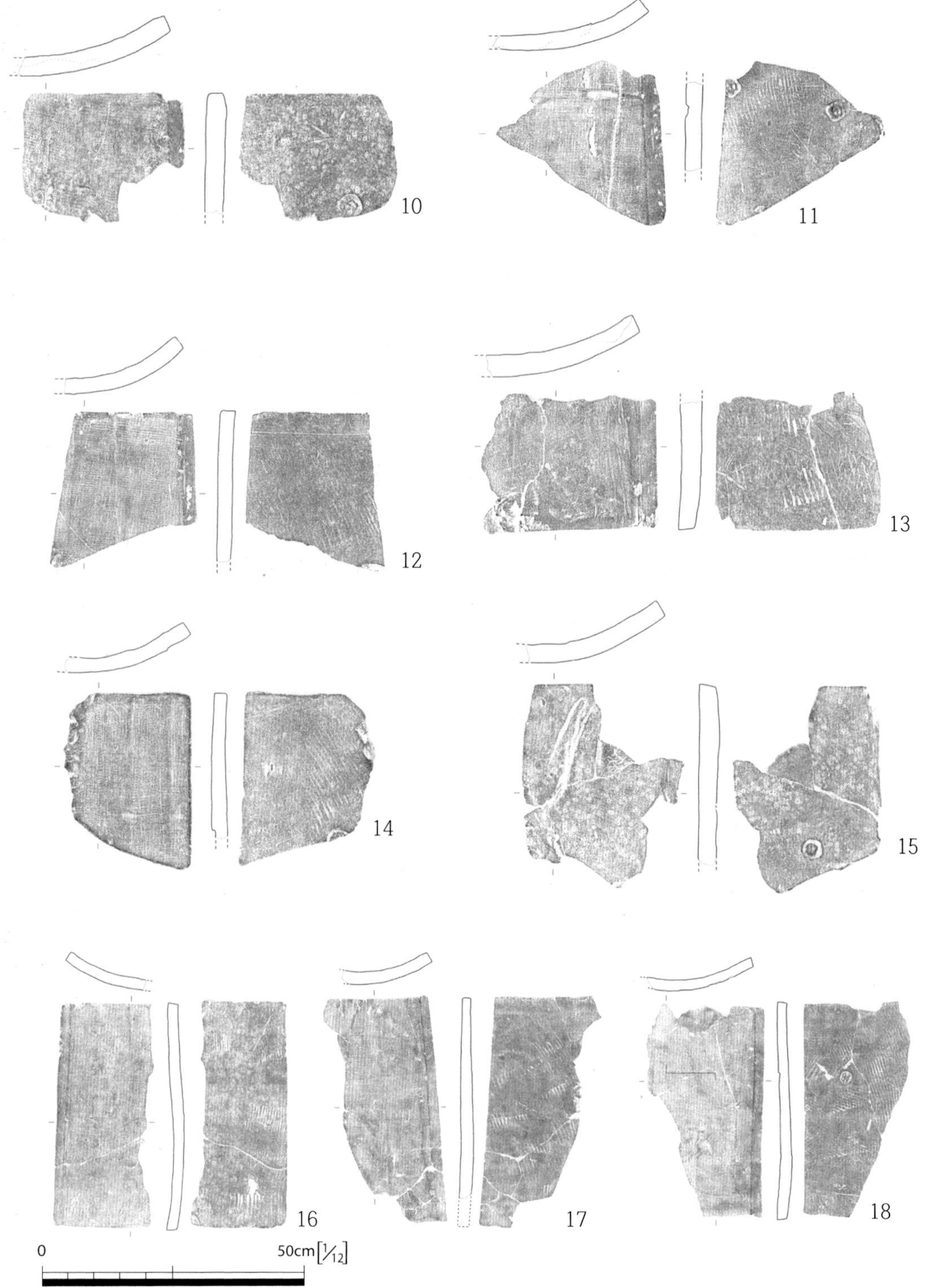
10
11
12
13
14
15
16
17
18
0
50cm[1/12]

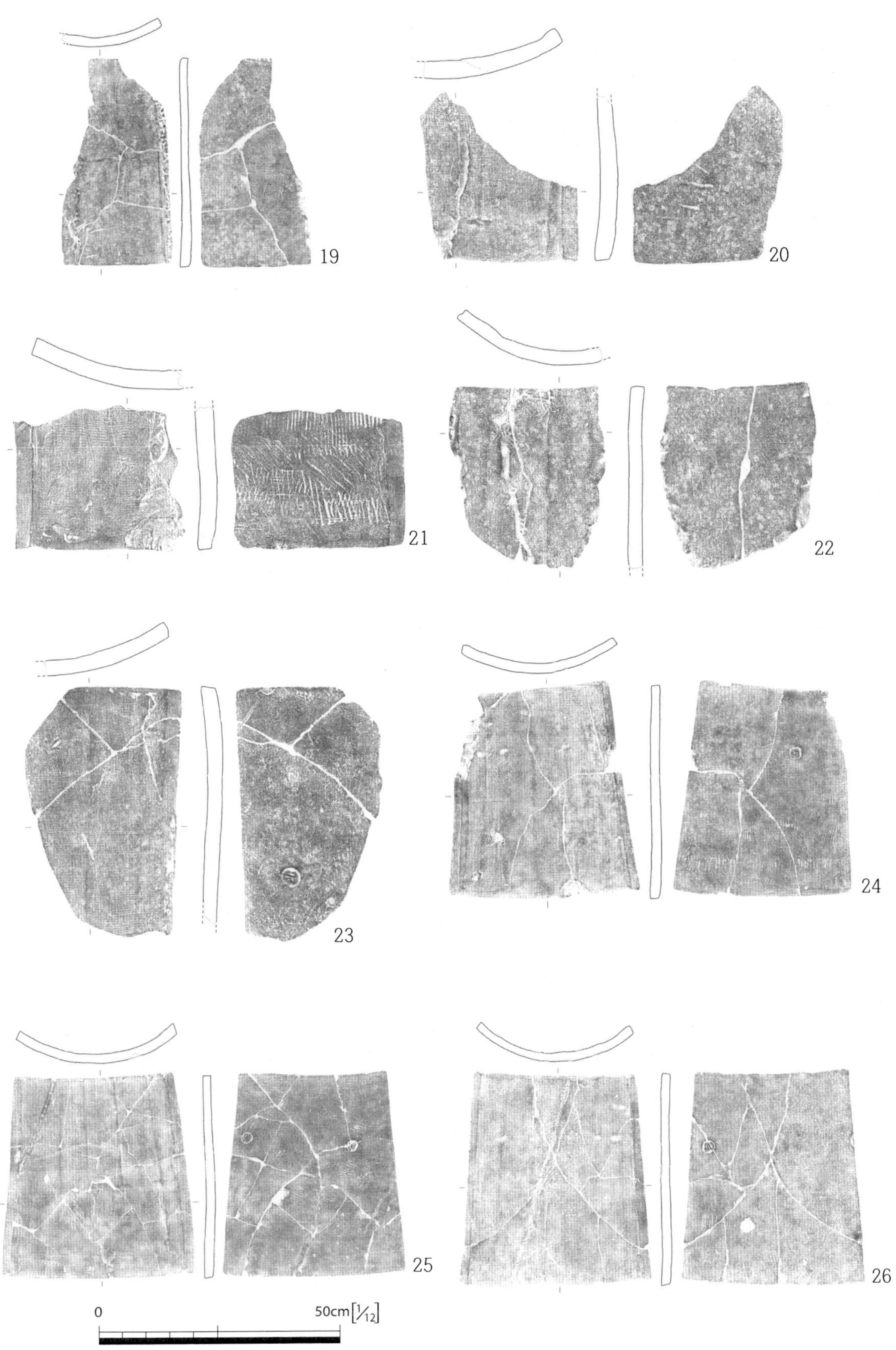
19
20
21
22
23
24
25
26
0
50cm[1/12]

[출토유물]

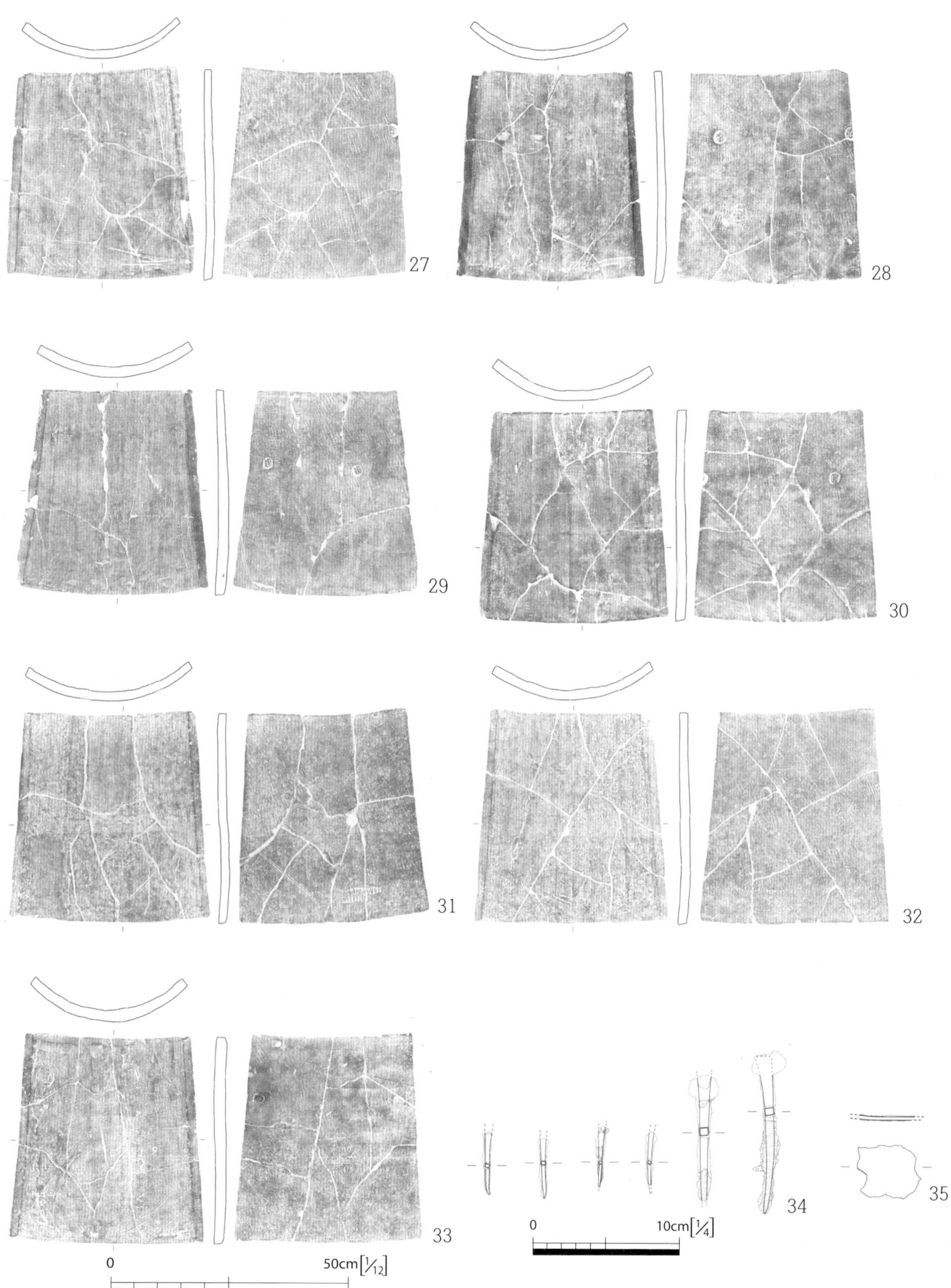

A-2지점 2호 석실묘

(단위 : cm)

봉토	크 기 (길이×너비×높이)	?	묘광	크 기 (길이×너비×깊이)	(215)×(135)×(75)
	평면형태	?		장폭비	(1.59):1
현실	크 기 (길이×너비×높이)	128×73×98	천장형태		고임
	장폭비	1.75:1	연도위치		우편재
연도	크 기 (길이×너비×높이)	(50+)×(50)×(72+)	묘도크기 (길이×너비)		?
	장폭비	?	배수시설 (길이×너비×깊이)		?
시상/관대크기 (길이×너비×높이)		?	두 향		?
장축방향		N-32°-W	벽석종류		판석, 할석
유물	토 기	-			
	철 기	관정(3)			
	청동기	-			
	옥석류	-			
	기 타	-			
특기사항		보고서 기술과 유구 도면 스케일바 비율이 모두 상이하여 상호 조정하지 않고 자료집에 게재하였음.			

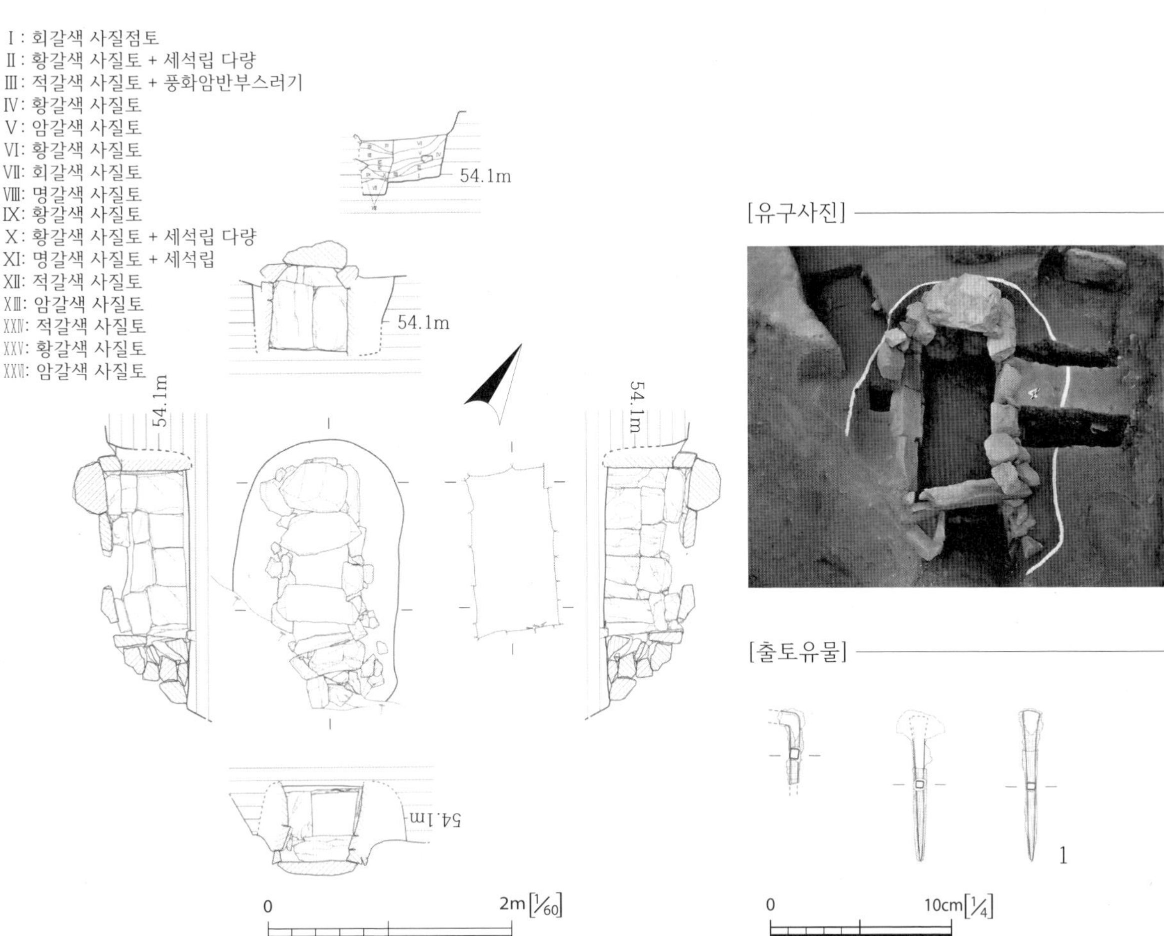

[유구사진]

[출토유물]

1

0 10cm[1/4]

A-2지점 3호 석실묘

(단위 : cm)

봉토	크 기 (길이×너비×높이)	?	묘광	크 기 (길이×너비×깊이)	344×164×(84+)
	평면형태	?		장폭비	2.01:1
현실	크 기 (길이×너비×높이)	222×70×(68+)	천장형태		?
	장폭비	3.17:1	횡구부위치		남측 단벽
횡구부	크 기 (길이×너비)	(81+)×70	묘도크기 (길이×너비)		?
	장폭비	?	배수시설 (길이×너비×깊이)		?
시상/관대크기 (길이×너비×높이)		?	두 향		?
장축방향		N-37°-W	벽석종류		
유물	토 기	-			
	철 기	관고리(5), 관정(6)			
	청동기	-			
	옥석류	-			
	기 타	-			
특기사항					

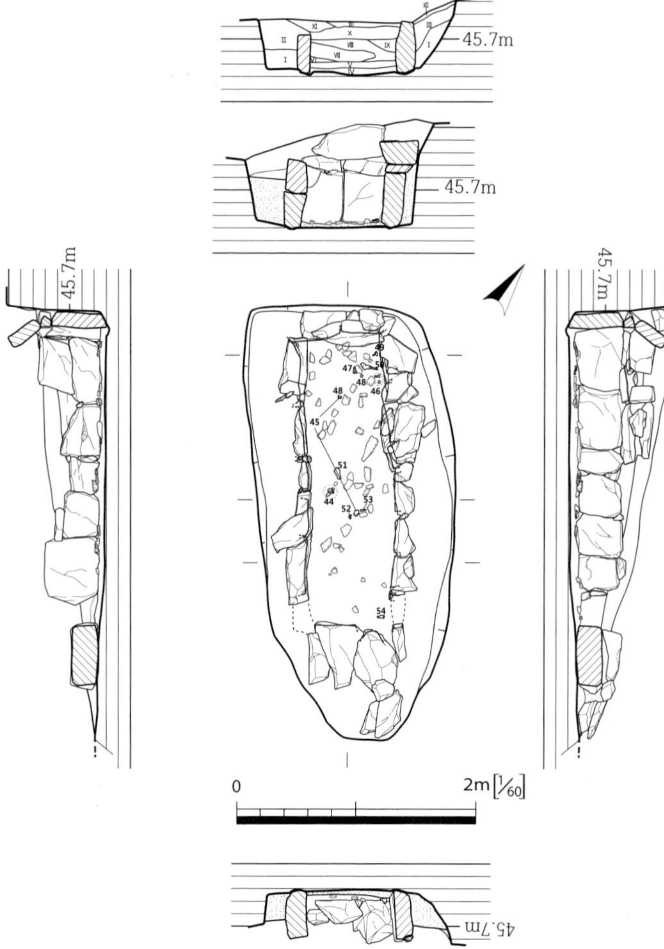

Ⅰ: 황갈색 사질점토 + 생토부스러기
Ⅱ: 밝은 명황색 사질토(석립 약간 혼입)
Ⅲ: 명황색 사질점토(Ⅶ층 유사)
Ⅳ: 부석-점토다짐층
Ⅴ: 황회색 사질토(점성 약간)
Ⅵ: 명회색 사질토
Ⅶ: 황갈색 사질토(층보다 어두움, 석립 및 다수 생토부스러기 혼입)
Ⅷ: 황갈색 사질토
Ⅸ: 명황색 사질토
Ⅹ: 명황색 사질토
Ⅺ: 암회색 사질토
Ⅻ: 흑회색 사질토

[출토유물]

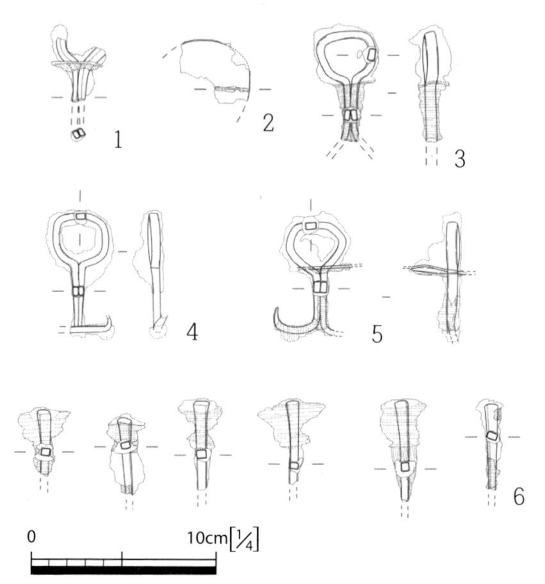

A-2지점 4호 석실묘

(단위 : cm)

봉토	크 기 (길이×너비×높이)	?	묘광	크 기 (길이×너비×깊이)	226×149×(86+)
	평면형태	?		장폭비	1.52:1
현실	크 기 (길이×너비×높이)	146×64×(50+)	천장형태		고임
	장폭비	2.28:1	횡구부위치		남측 단벽
횡구부	크 기 (길이×너비)	(66+)×(64+)	묘도크기 (길이×너비)		?
	장폭비	?	배수시설 (길이×너비×깊이)		?
시상/관대크기 (길이×너비×높이)		?	두 향		?
장축방향		N-12°-W	벽석종류		할석
유물	토 기	-			
	철 기	관정(2)			
	청동기	-			
	옥석류	-			
	기 타	-			
특기사항		횡구식 석실로 보고하였으나 파괴가 심하여 정확한 구조는 알 수 없음.			

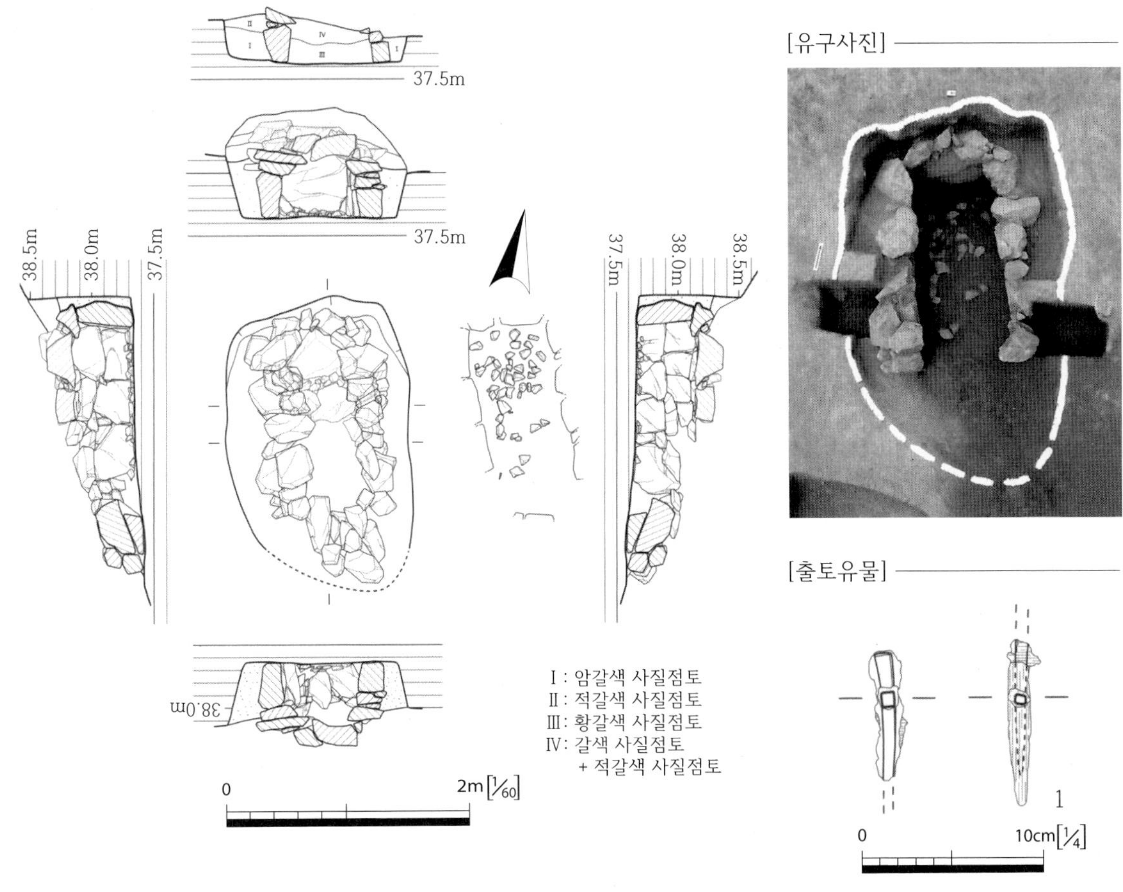

A-2지점 1호 횡혈묘

(단위 : cm)

현실	크 기 (길이×너비×높이)	282×72×(73+)	입구	크 기 (너비×높이)	275×67
	장폭비	3.92:1		막음방법	할석 막음
장축방향		N-24°-E	묘도크기 (길이×너비)		295×120
매장시설		목관	바닥시설		?
유물	토 기	-			
	철 기	관고리(4), 관정(37)			
	청동기	-			
	옥석류	-			
	기 타	-			
특기사항					

Ⅰ: 명갈색 사질토 + 회백색 마사토
(생토와 유사한 양상의 암반부스러기 다량 포함)
Ⅱ: 갈색 사질토(입자 곱고 잡물의 함량이 낮음,
비교적 점성 높음, 다소 부슬거림)
Ⅲ: 갈색 사질토 + 명황갈색 마사토(층에 비해 명갈색 사질토의
함량이 높음, 사질토와 마사토가 띠 형태로 분포하고 있음,
점성이 낮고 다소 부슬거림)
Ⅳ: 갈색 사질점토(약간 황색조를 띠고 있으며 입자가 거칠어 사질 강함,
점성 높고 다소 무른층)암반부스러기, 점토덩어리)
Ⅴ: 갈색 사질토 + 명황갈색 마사토(마사의 함량이 높고 다소 부슬거림)
Ⅵ: 갈색 사질토(Ⅷ층 보다 생토부스러기 함량이 낮음)
Ⅶ: 명황갈색 마사토(생토부스러기가 소량, 점성이 거의 없고 부슬거림)
Ⅷ: 갈색 사질토(잡물 혼입이 거의 없이 입자가 고르며, 점성이 낮고 다소 부슬거림)

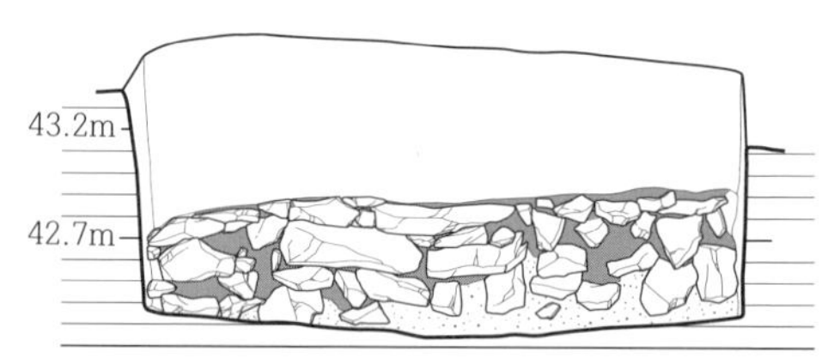

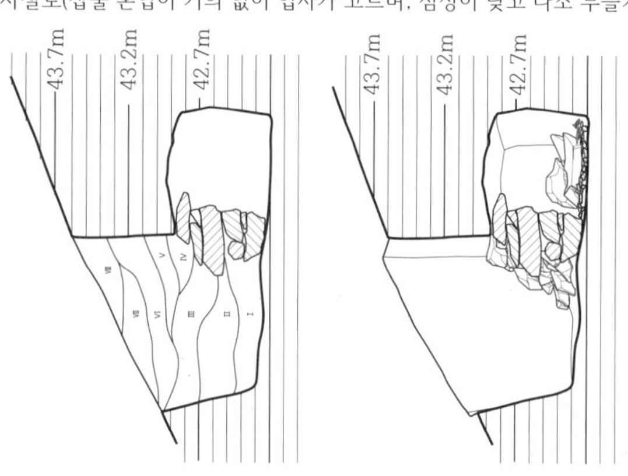

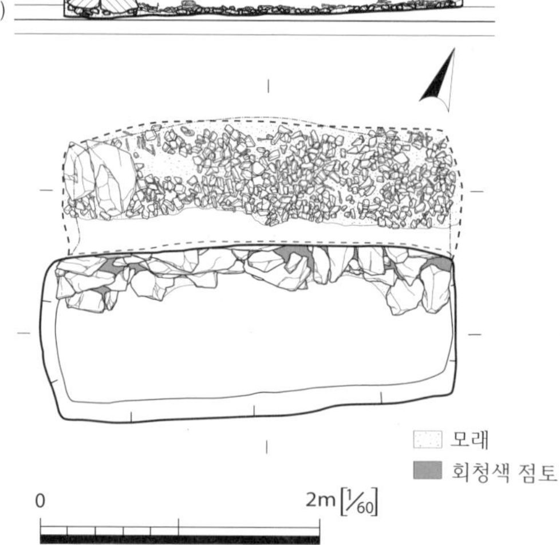

[유구사진]

현실 내부 모습

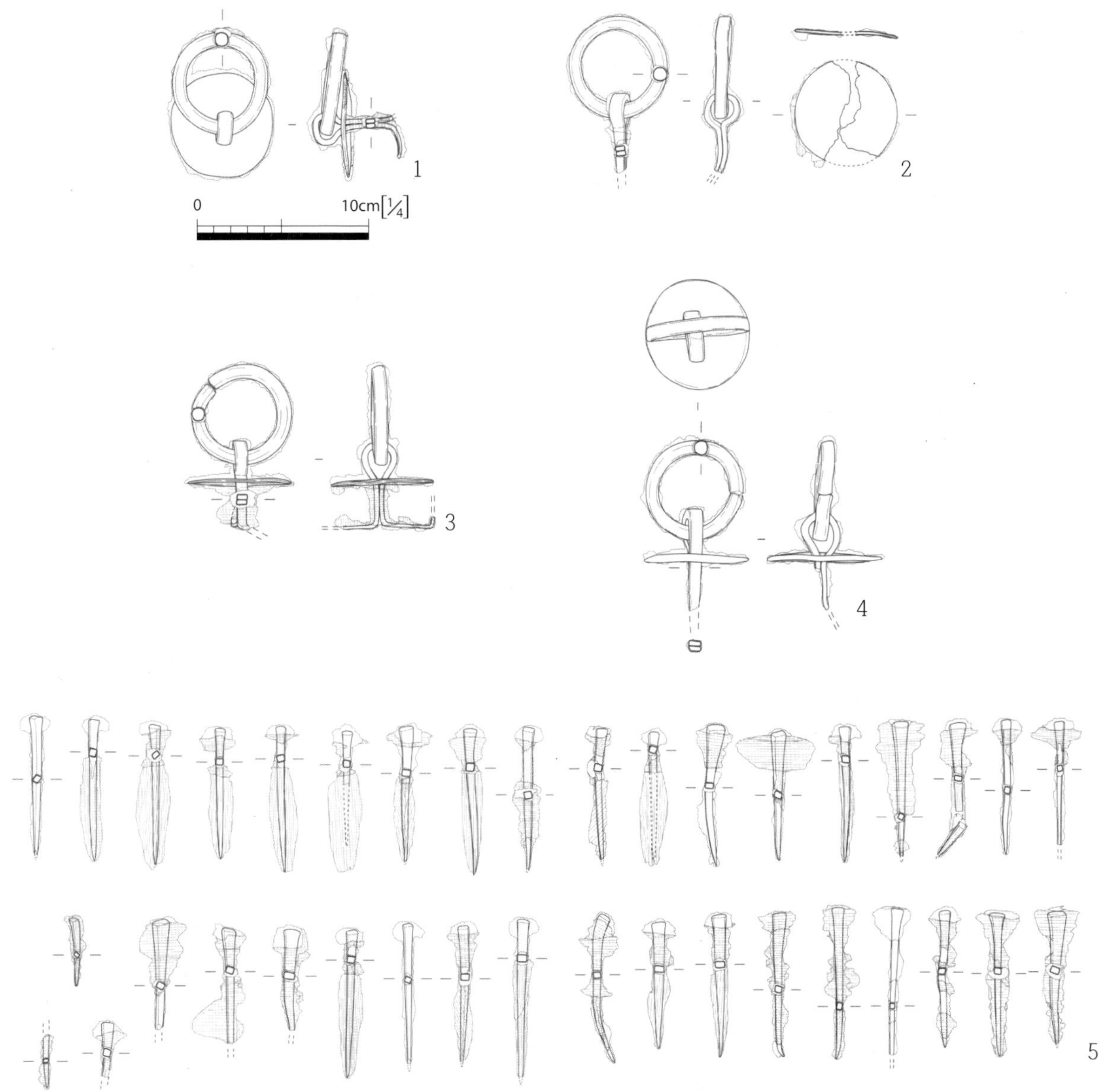
1
0
10cm[1/4]
2
3
4
5

A-2지점 2호 횡혈묘

(단위 : cm)

현실	크 기 (길이×너비×높이)	(240+)×(70+)×(110+)	입구	크 기 (너비×높이)	238×(78+)
	장폭비	?		막음방법	할석 막음
장축방향		N-27°-W	묘도크기 (길이×너비)		244×85
매장시설		목관	바닥시설		?
유물	토 기	-			
	철 기	관고리(4), 관정(16)			
	청동기	-			
	옥석류	-			
	기 타	-			
특기사항					

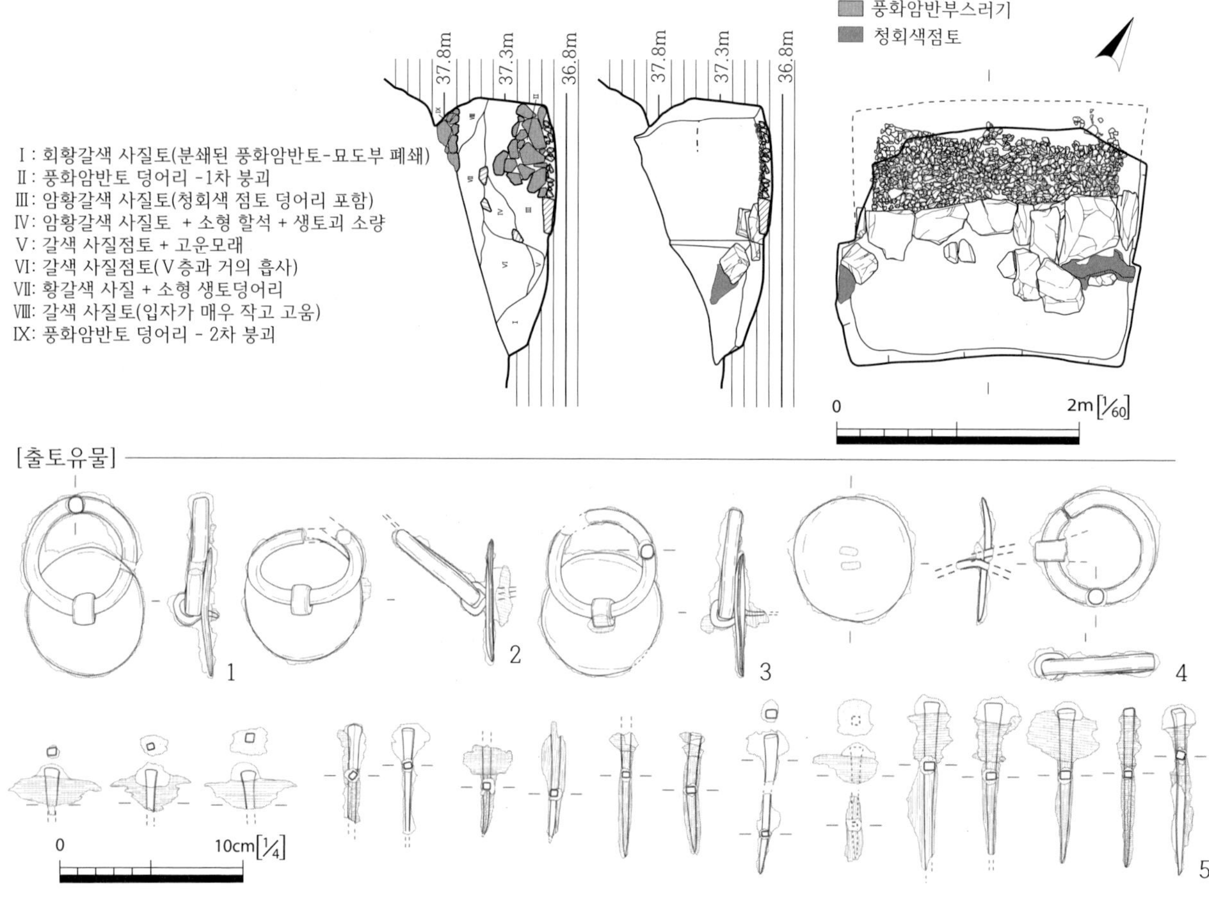

A-2지점 1호 매납유구

(단위 : cm)

묘광	크 기 (길이×너비×깊이)	(68+)×52×(12+)	목관	크 기 (길이×너비×높이)	?
	장폭비	?		장폭비	?
장축방향		N-65°-E	목곽	크 기 (길이×너비×높이)	?
두 향		?		장폭비	?
유물	토 기	호(1), 파수부호(1)			
	철 기	-			
	청동기	-			
	옥석류	-			
	기 타	-			
특기사항					

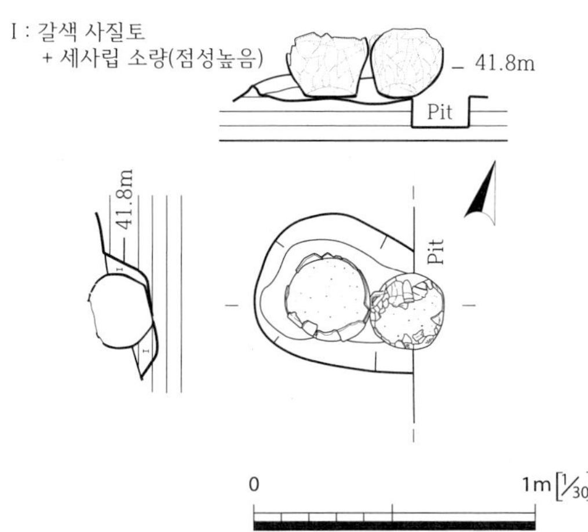

[유구사진]

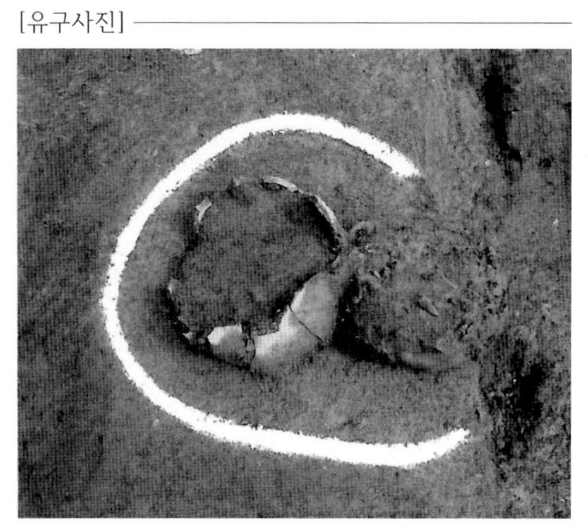

[출토유물]

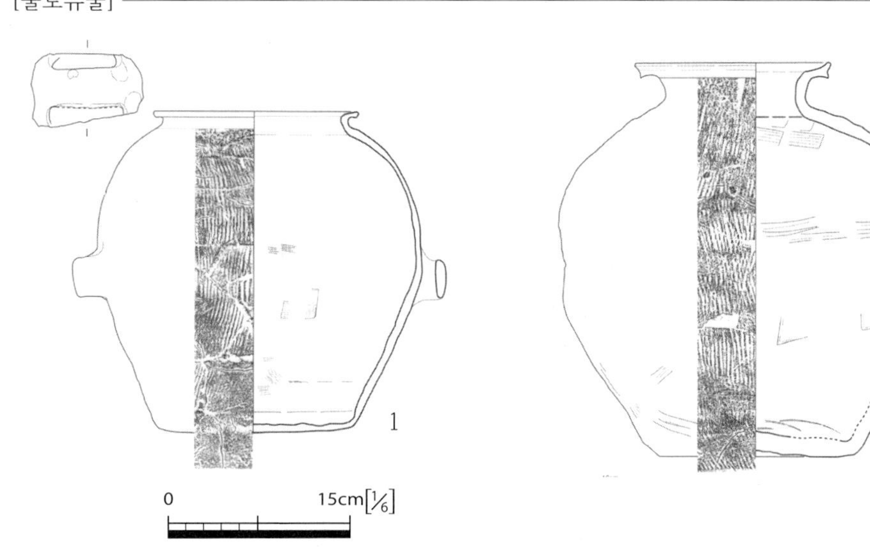

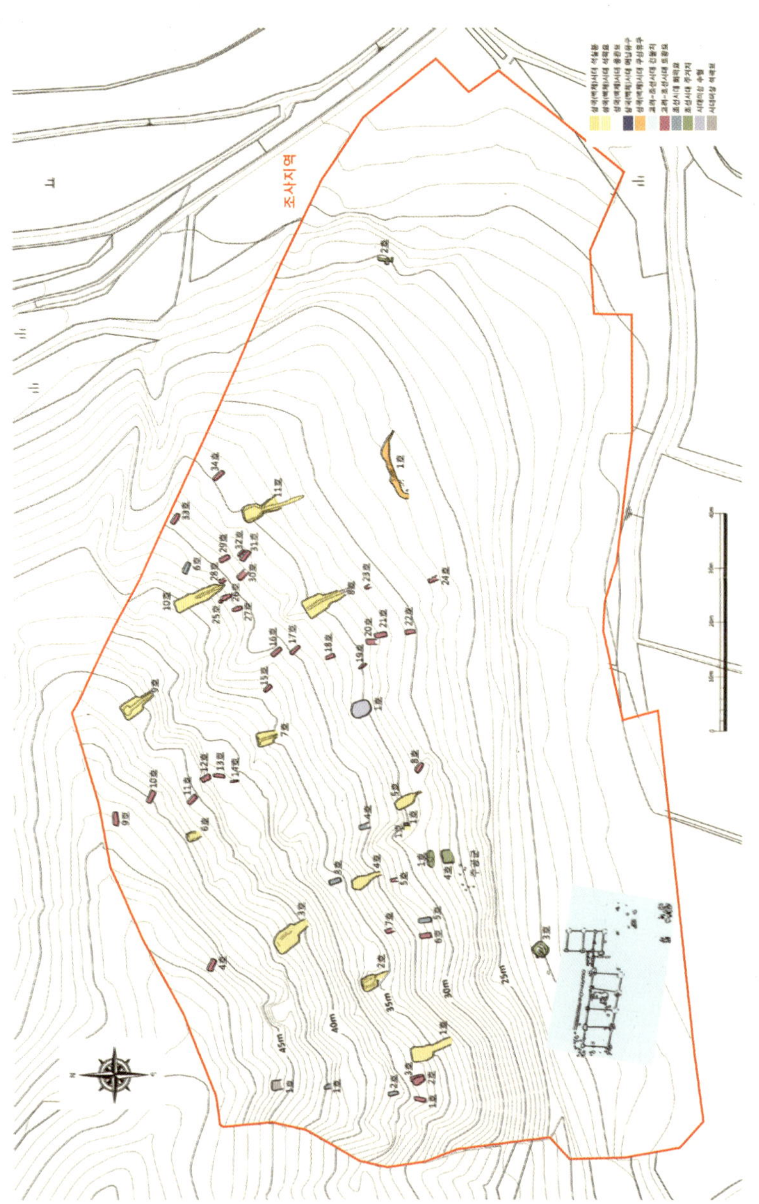

부여 오수리 큰독골 유적 A-3지점 유구배치도

부여 오수리 큰독골 유적 A-3지점 전경

A-3지점 1호 석곽묘

(단위 : cm)

묘광	크 기 (길이×너비×깊이)	(115+)×(72+)×(30+)	주체부	크 기 (길이×너비×높이)	?
	장폭비	?		장폭비	?
장축방향		N-3°-E	시상·관대	크 기 (길이×너비×높이)	?
두 향		?	벽석종류		?
유물	토 기	-			
	철 기	-			
	청동기	-			
	옥석류	-			
	기 타	-			
특기사항		출토유물 없음. 석곽으로 보고하였으나 파괴가 심하여 정확한 구조는 알 수 없음.			

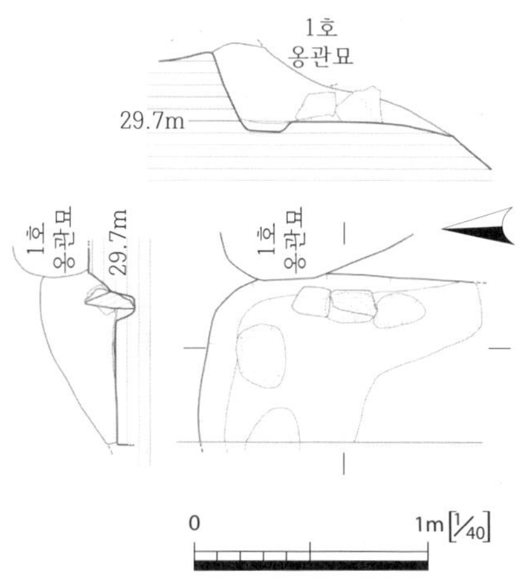

[유구사진]

A-3지점 1호 석실묘

(단위 : cm)

봉토	크 기 (길이×너비×높이)	?	묘광	크 기 (길이×너비×깊이)	465×284×(215+)
	평면형태	?		장폭비	1.64:1
현실	크 기 (길이×너비×높이)	255×129×135	천장형태		고임
	장폭비	1.98:1	연도위치		우편재
연도	크 기 (길이×너비×높이)	(60+)×(86+)×110	묘도크기 (길이×너비)		(404+)×(134+)
	장폭비	?	배수시설 (길이×너비×깊이)		-
시상/관대크기 (길이×너비×높이)		?	두 향		?
장축방향		N-25°-W	벽석종류		판석
유물	토 기	-			
	철 기	관고리(1), 관정(7)			
	청동기	-			
	옥석류	-			
	기 타	-			
특기사항					

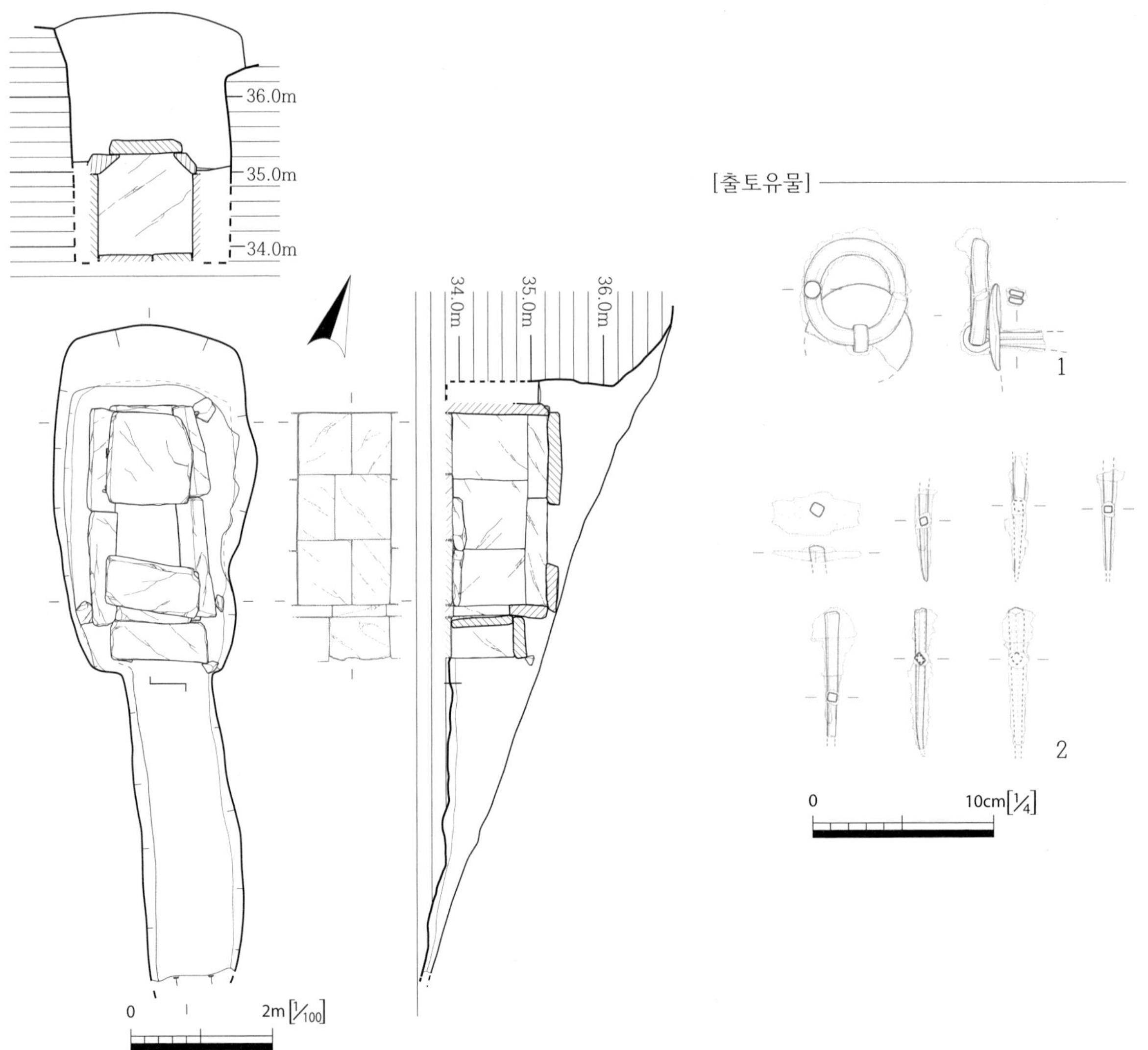

A-3지점 2호 석실묘

(단위 : cm)

봉토	크 기 (길이×너비×높이)	?	묘광	크 기 (길이×너비×깊이)	(300)×(280)×(105+)
	평면형태	?		장폭비	(1.07):1
현실	크 기 (길이×너비×높이)	(150)×(114+)×?	천장형태		?
	장폭비	?	연도위치		우편재
연도	크 기 (길이×너비×높이)	?	묘도크기 (길이×너비)		(275+)×?
	장폭비	?	배수시설 (길이×너비×깊이)		-
시상/관대크기 (길이×너비×높이)		?	두 향		?
장축방향		N-16°-W	벽석종류		?
유물	토 기	-			
	철 기	-			
	청동기	-			
	옥석류	-			
	기 타	-			
특기사항		출토유물 없음. 횡혈식 석실로 보고하였으나 파괴가 심하여 정확한 구조는 알 수 없음.			

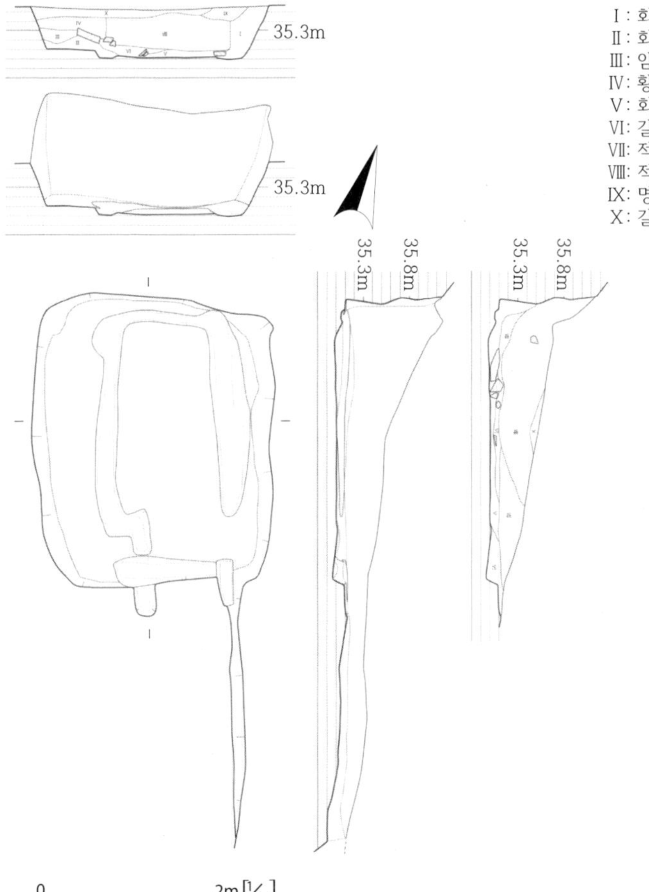

Ⅰ: 회갈색 사질토
Ⅱ: 회갈색 사질점토
Ⅲ: 암갈색 사질점토 + 풍화암반부스러기 다량(점성 약)
Ⅳ: 황갈색 사질점토 + 풍화암반부스러기 다량(점성 약)
Ⅴ: 회갈색 사질토 + 풍화암반부스러기 + 세사립
Ⅵ: 갈색 사질점토 + 풍화암반부스러기 다량
Ⅶ: 적갈색 사질점토 + 풍화암반부스러기 소량
Ⅷ: 적갈색 사질점토 + 풍화암반부스러기 소량(점성 강)
Ⅸ: 명갈색 사질토 + 세사립 다량
Ⅹ: 갈색 사질점토 + 풍화암반부스러기

[유구사진]

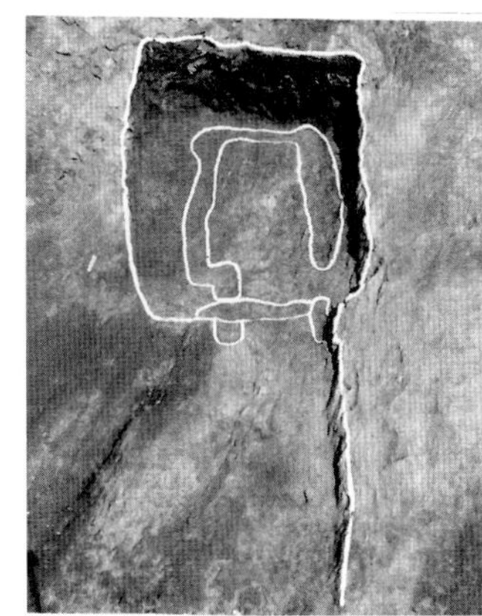

A-3지점 3호 석실묘

(단위 : cm)

봉토	크 기 (길이×너비×높이)	?	묘광	크 기 (길이×너비×깊이)	476×322×(216+)
	평면형태	?		장폭비	1.48:1
현실	크 기 (길이×너비×높이)	?	천장형태		?
	장폭비	?	연도위치		?
연도	크 기 (길이×너비×높이)	?	묘도크기 (길이×너비)		(294+)×(160+)
	장폭비	?	배수시설 (길이×너비×깊이)		(345+)×(40+)×(7+)
시상/관대크기 (길이×너비×높이)		?	두 향		?
장축방향		N-36°-W	벽석종류		?
유물	토 기	-			
	철 기	-			
	청동기	-			
	옥석류	-			
	기 타	-			
특기사항		출토유물 없음. 횡혈식 석실로 보고하였으나 파괴가 심하여 정확한 구조는 알 수 없음.			

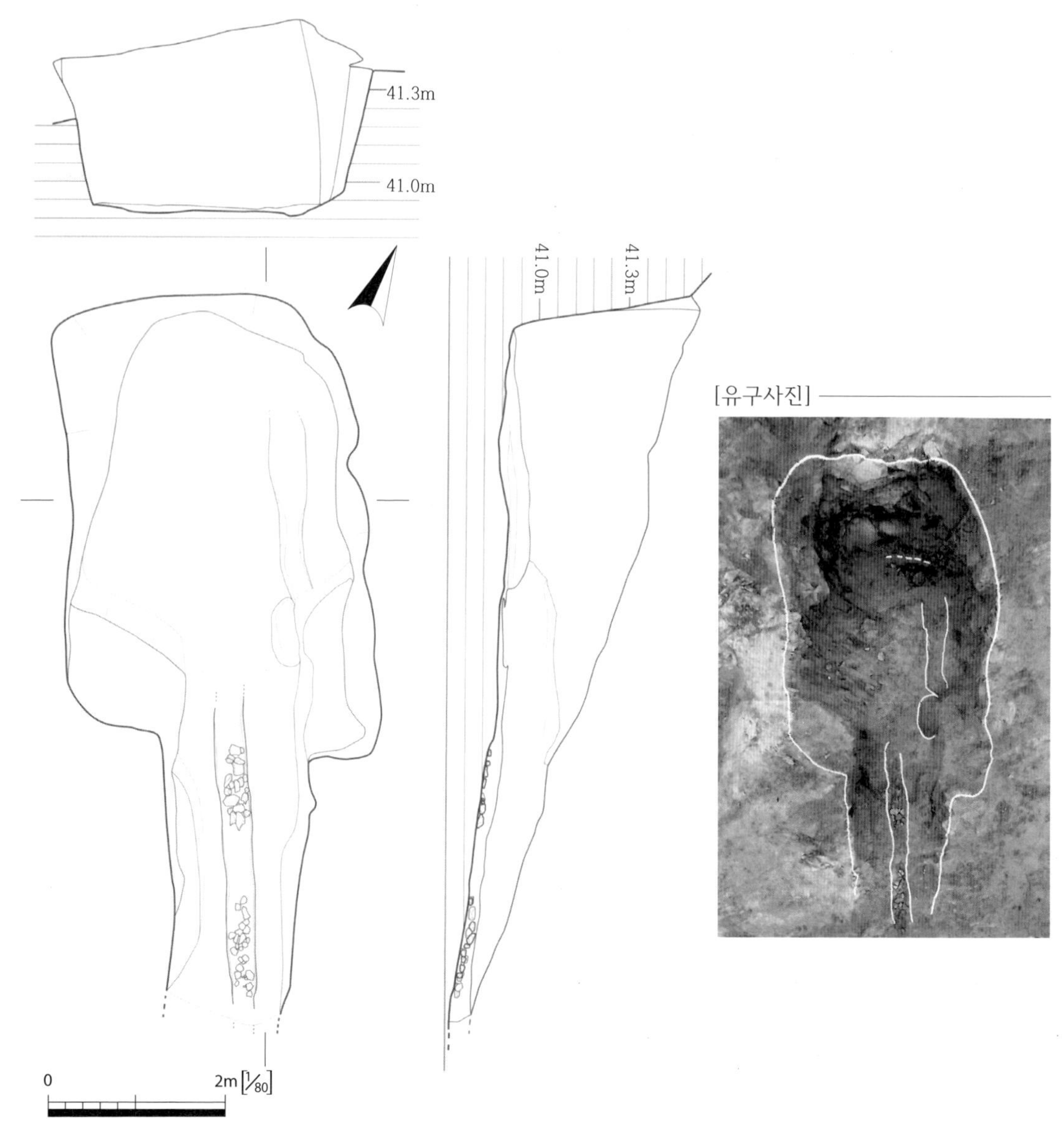

A-3지점 4호 석실묘

(단위 : cm)

봉토	크 기 (길이×너비×높이)	?	묘광	크 기 (길이×너비×깊이)	282×223×(126+)
	평면형태	?		장폭비	1.26:1
현실	크 기 (길이×너비×높이)	219×85×96	천장형태		고임
	장폭비	2.58:1	연도위치		우편재
연도	크 기 (길이×너비×높이)	40×62×67	묘도크기 (길이×너비)		(210+)×110
	장폭비	0.65:1	배수시설 (길이×너비×깊이)		(196+)×(40)×?
시상/관대크기 (길이×너비×높이)		?	두 향		?
장축방향		N-30°-W	벽석종류		할석
유물	토 기	-			
	철 기	관정(4)			
	청동기	-			
	옥석류	-			
	기 타	-			
특기사항		인골이 출토됨.			

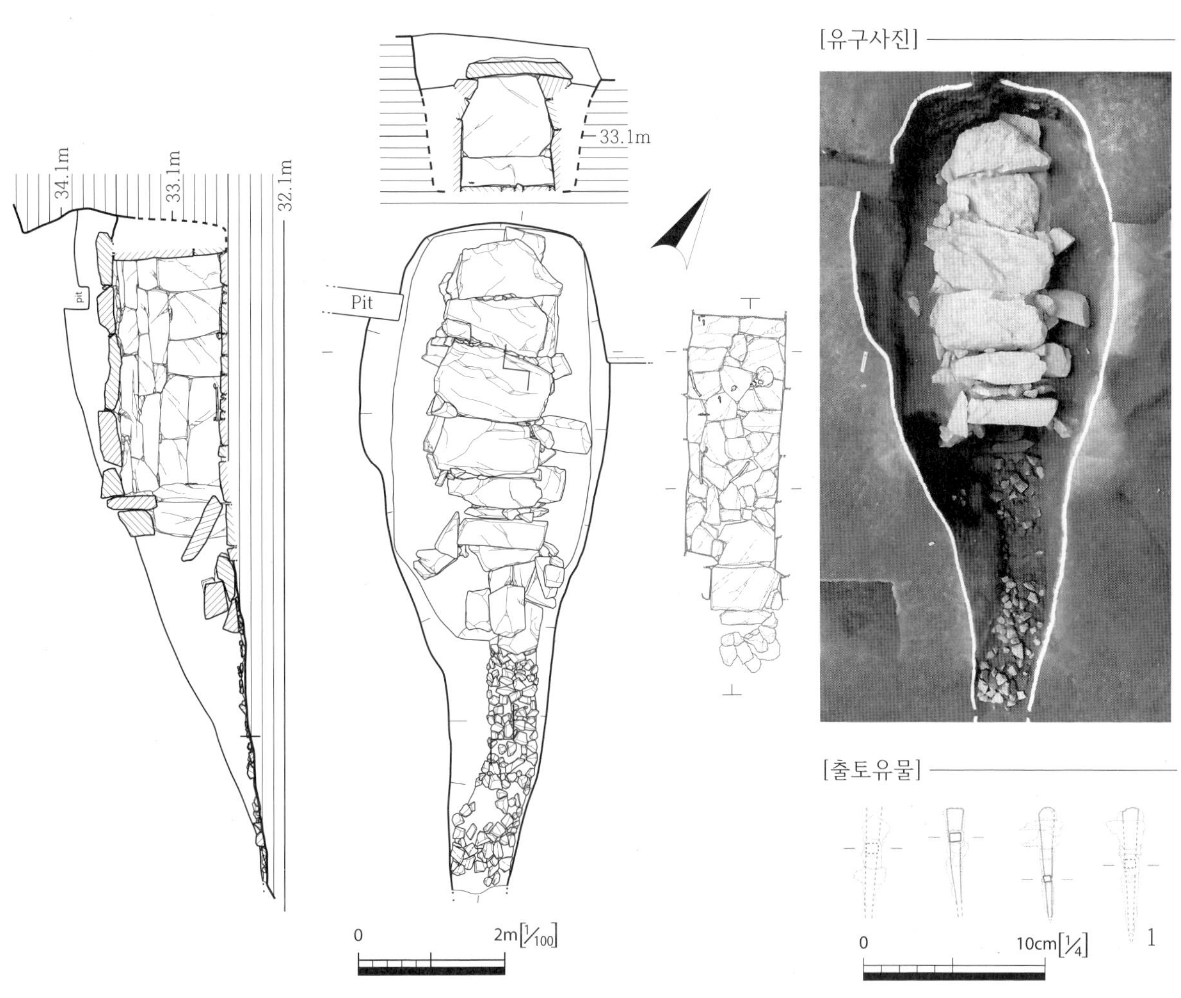

A-3지점 5호 석실묘

(단위 : cm)

<table>
<tr><td rowspan="2">봉토</td><td>크 기
(길이×너비×높이)</td><td>?</td><td rowspan="2">묘광</td><td>크 기
(길이×너비×깊이)</td><td>(370)×179×(150+)</td></tr>
<tr><td>평면형태</td><td>?</td><td>장폭비</td><td>(2.70):1</td></tr>
<tr><td rowspan="2">현실</td><td>크 기
(길이×너비×높이)</td><td>(252+)×102×(101+)</td><td colspan="2">천장형태</td><td>?</td></tr>
<tr><td>장폭비</td><td>?</td><td colspan="2">연도위치</td><td>우편재</td></tr>
<tr><td rowspan="2">연도</td><td>크 기
(길이×너비×높이)</td><td>?×(53+)×?</td><td colspan="2">묘도크기
(길이×너비)</td><td>?</td></tr>
<tr><td>장폭비</td><td>?</td><td colspan="2">배수시설
(길이×너비×깊이)</td><td>(180+)×(20+)×(7+)</td></tr>
<tr><td colspan="2">시상/관대크기
(길이×너비×높이)</td><td>?</td><td colspan="2">두 향</td><td>?</td></tr>
<tr><td colspan="2">장축방향</td><td>N-20°-W</td><td colspan="2">벽석종류</td><td>할석</td></tr>
<tr><td rowspan="5">유물</td><td>토 기</td><td colspan="4">-</td></tr>
<tr><td>철 기</td><td colspan="4">관정(3)</td></tr>
<tr><td>청동기</td><td colspan="4">-</td></tr>
<tr><td>옥석류</td><td colspan="4">-</td></tr>
<tr><td>기 타</td><td colspan="4">-</td></tr>
<tr><td colspan="2">특기사항</td><td colspan="4"></td></tr>
</table>

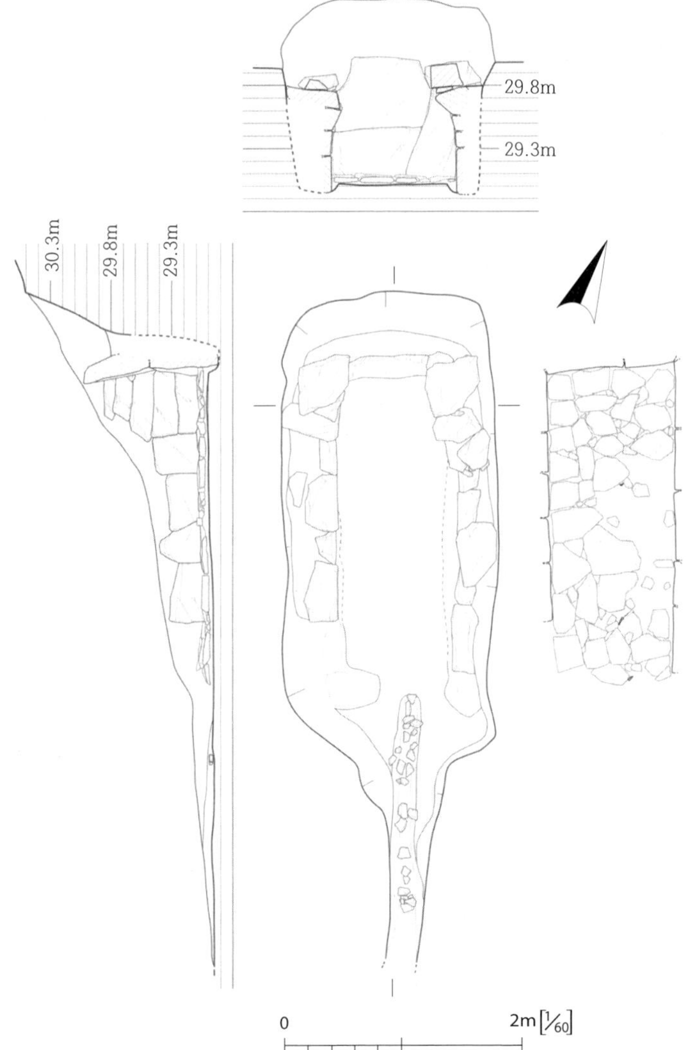

[유구사진]

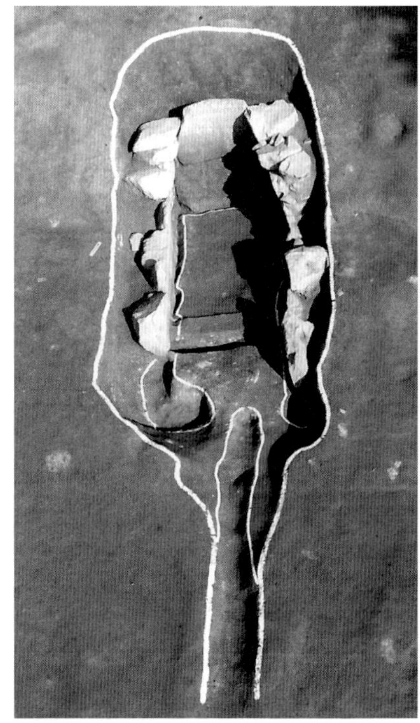

[출토유물]

1

0 10cm[1/4]

A-3지점 6호 석실묘

(단위 : cm)

봉토	크 기 (길이×너비×높이)	?	묘광	크 기 (길이×너비×깊이)	(246+)×(180+)×(84+)
	평면형태	?		장폭비	?
현실	크 기 (길이×너비×높이)	(174)×(102+)×?	천장형태		?
	장폭비	?	연도위치		?
연도	크 기 (길이×너비×높이)	?	묘도크기 (길이×너비)		?
	장폭비	?	배수시설 (길이×너비×깊이)		?
시상/관대크기 (길이×너비×높이)		?	두 향		?
장축방향		N-82°-E	벽석종류		?
유물	토 기	-			
	철 기	관정(6)			
	청동기	-			
	옥석류	-			
	기 타	-			
특기사항		횡혈식 석실로 보고하였으나 파괴가 심하여 정확한 구조는 알 수 없음.			

Ⅰ : 회황색 사질토 + 세사립
Ⅱ : 회색 사질토
Ⅲ : 황회색 사질토 + 풍화암반부스러기
Ⅳ : 명황갈색 사질토 + 풍화암반부스러기
Ⅴ : 황회색 사질점토
Ⅵ : 황회색 사질점토 + 풍화암반부스러기
Ⅶ : 황회색 사질토 + 풍화암반부스러기 다량

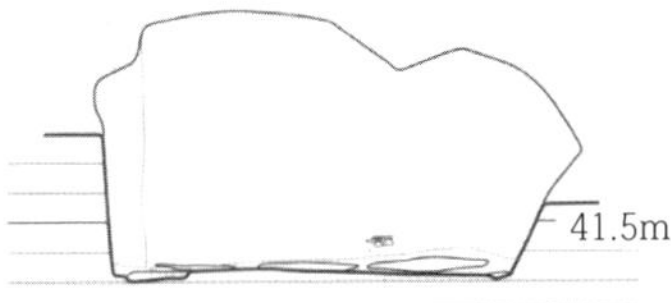

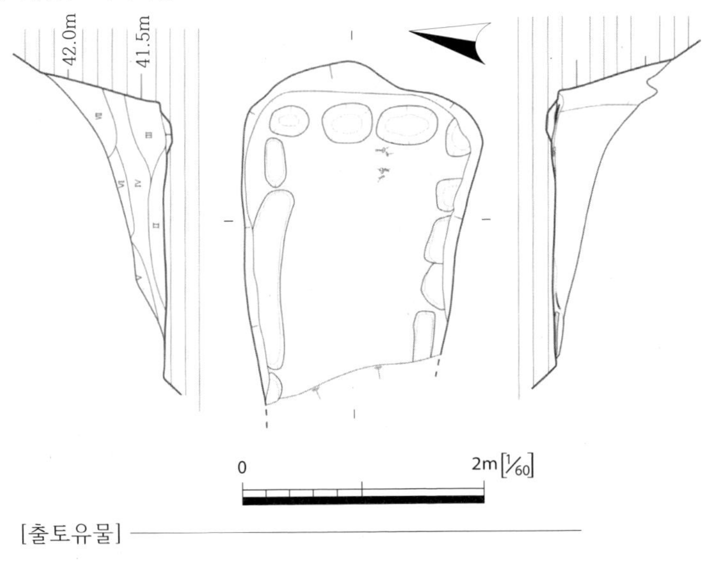

0 2m[1/60]

[출토유물]

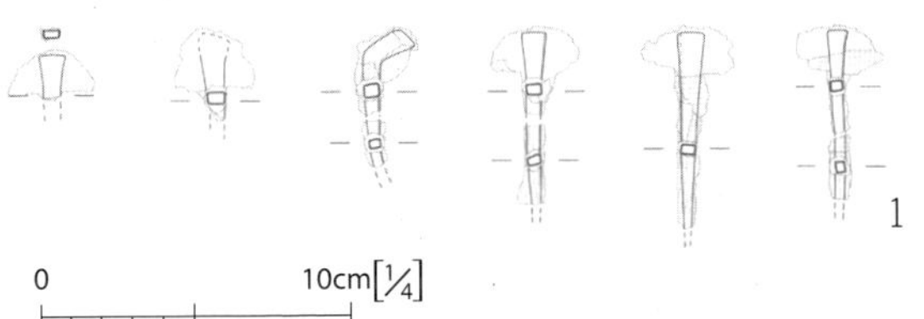

0 10cm[1/4]

A-3지점 7호 석실묘

(단위 : cm)

봉토	크 기 (길이×너비×높이)	?	묘광	크 기 (길이×너비×깊이)	(319+)×250×(121+)
	평면형태	?		장폭비	?
현실	크 기 (길이×너비×높이)	?	천장형태		?
	장폭비	?	연도위치		우편재
연도	크 기 (길이×너비×높이)	?	묘도크기 (길이×너비)		(90+)×(140)
	장폭비	?	배수시설 (길이×너비×깊이)		(384+)×(35+)×(6+)
시상/관대크기 (길이×너비×높이)		?	두 향		?
장축방향		N-5°-W	벽석종류		?
유물	토 기	-			
	철 기	-			
	청동기	-			
	옥석류	-			
	기 타	-			
특기사항		출토유물 없음. 횡혈식 석실로 보고하였으나 파괴가 심하여 정확한 구조는 알 수 없음.			

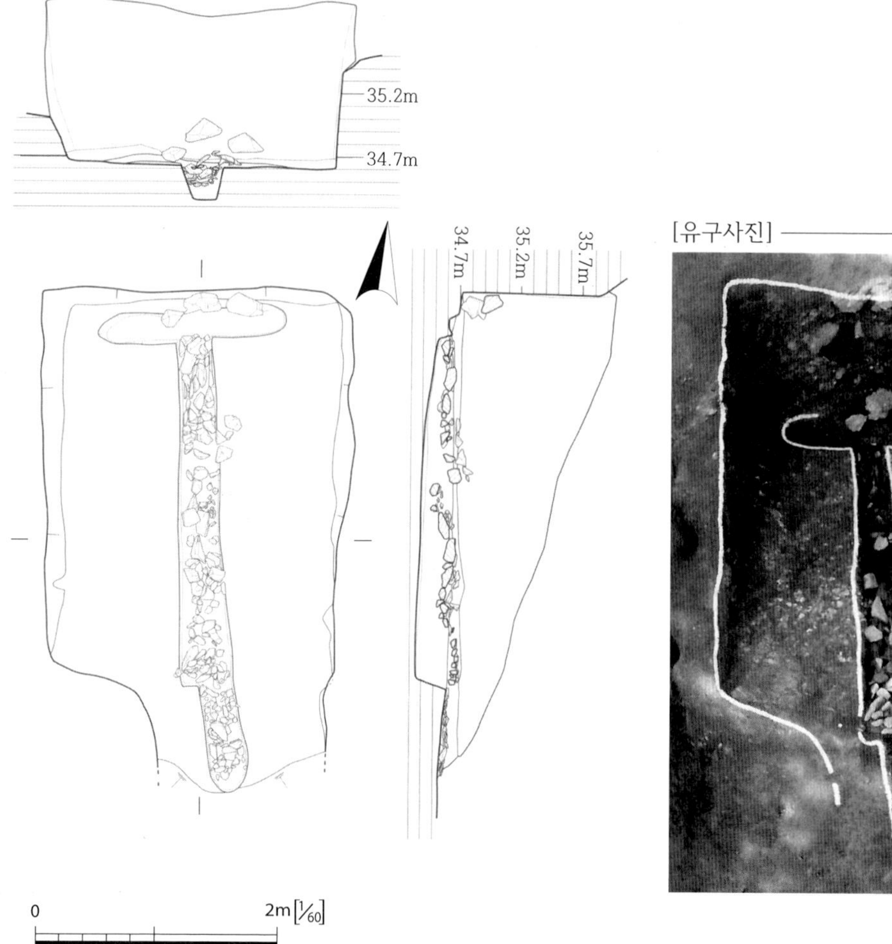

[유구사진]

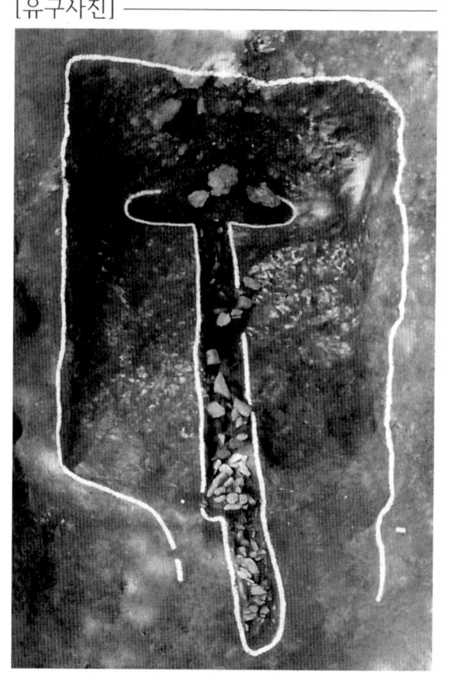

A-3지점 8호 석실묘

(단위 : cm)

봉토	크 기 (길이×너비×높이)	?	묘광	크 기 (길이×너비×깊이)	414×324×(186+)
	평면형태	?		장폭비	1.28:1
현실	크 기 (길이×너비×높이)	?	천장형태		?
	장폭비	?	연도위치		우편재
연도	크 기 (길이×너비×높이)	?	묘도크기 (길이×너비)		(320+)×(180)
	장폭비	?	배수시설 (길이×너비×깊이)		(970+)×(30+)×(10+)
시상/관대크기 (길이×너비×높이)		?	두 향		?
장축방향		N-22°-E	벽석종류		?
유물	토 기	-			
	철 기	-			
	청동기	-			
	옥석류	-			
	기 타	-			
특기사항		출토유물 없음. 횡혈식 석실로 보고하였으나 파괴가 심하여 정확한 구조는 알 수 없음.			

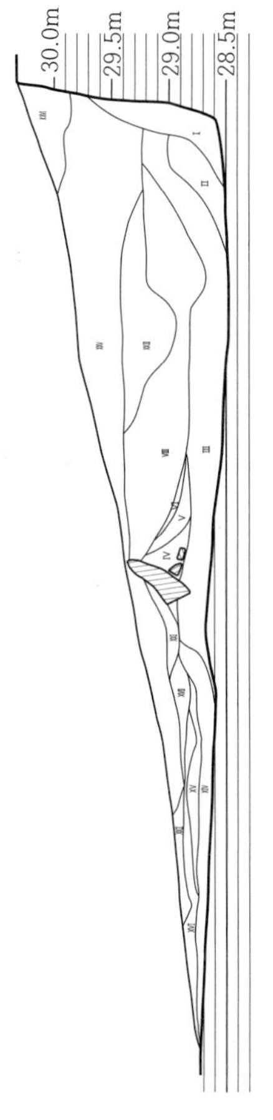

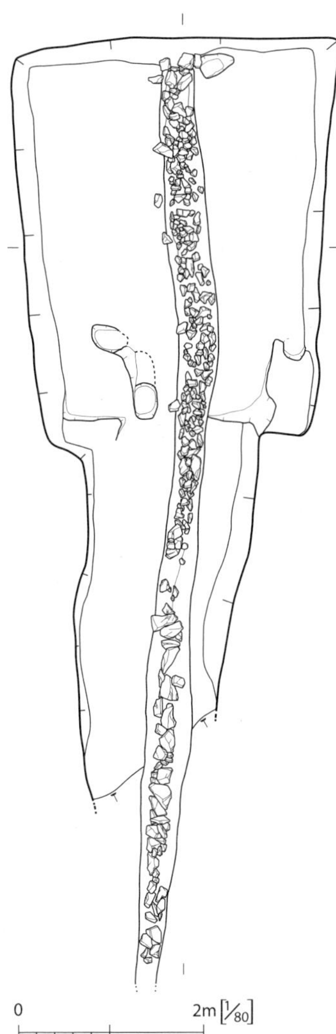

[유구사진]

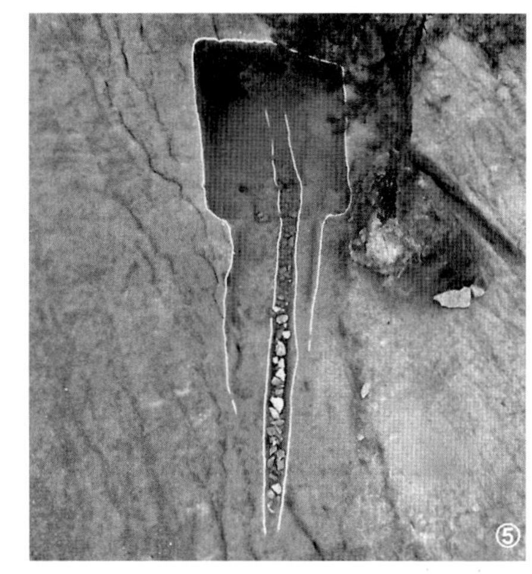

Ⅰ: 황갈색 점질토
Ⅱ: 적갈색 사질점토 + 풍화암반토
Ⅲ: 적갈색 사질점토
Ⅳ: 황갈색 풍화암반토
Ⅴ: 적갈색 사질점토
Ⅵ: 황적색 사질점토
Ⅶ: 적갈색 사질점토
Ⅷ: 적색 점질토
Ⅸ: 황갈색 사질점토 + 석립
Ⅹ: 황갈색 점질토 + 풍화암반토
Ⅺ: 적갈색 점질토
Ⅻ: 적갈색 사질점토 + 석립
XⅢ: 적색 점질토 + 풍화암반토
XⅣ: 황갈색 사질점토 + 풍화암반토
XⅤ: 황갈색 사질점토 + 풍화암반토
XⅥ: 황갈색 점질토 + 풍화암반토
XⅦ: 적색 점질토
XⅧ: 적갈색 점질토
XⅨ: 황갈색 사질점토
XX: 적갈색 사질점토 + 풍화암반토
XXⅠ: 적갈색 사질점토
XXⅡ: 적갈색 사질점토 + 세석립
XXⅢ: 적갈색 사질점토
XXⅣ: 적갈색 사질점토 + 세석립 다량
XXⅤ: 적갈색 사질점토
XXⅥ: 황갈색 사질점토
XXⅦ: 적색 점질토
XXⅧ: 적갈색 사질점토 + 풍화암반토
XXⅨ: 적갈색 사질점토

A-3지점 9호 석실묘

(단위 : cm)

<table>
<tr><td rowspan="2">봉토</td><td>크 기
(길이×너비×높이)</td><td>?</td><td rowspan="2">묘광</td><td>크 기
(길이×너비×깊이)</td><td>(200)×292×(152+)</td></tr>
<tr><td>평면형태</td><td>?</td><td>장폭비</td><td>(0.68):1</td></tr>
<tr><td rowspan="2">현실</td><td>크 기
(길이×너비×높이)</td><td>?</td><td colspan="2">천장형태</td><td>?</td></tr>
<tr><td>장폭비</td><td>?</td><td colspan="2">연도위치</td><td>?</td></tr>
<tr><td rowspan="2">연도</td><td>크 기
(길이×너비×높이)</td><td>?</td><td colspan="2">묘도크기
(길이×너비)</td><td>(172)×(63)</td></tr>
<tr><td>장폭비</td><td>?</td><td colspan="2">배수시설
(길이×너비×깊이)</td><td>(345+)×(32+)×(3+)</td></tr>
<tr><td colspan="2">시상/관대크기
(길이×너비×높이)</td><td>?</td><td colspan="2">두 향</td><td>?</td></tr>
<tr><td colspan="2">장축방향</td><td>N-29°-W</td><td colspan="2">벽석종류</td><td>?</td></tr>
<tr><td rowspan="5">유물</td><td>토 기</td><td colspan="4">-</td></tr>
<tr><td>철 기</td><td colspan="4">-</td></tr>
<tr><td>청동기</td><td colspan="4">-</td></tr>
<tr><td>옥석류</td><td colspan="4">-</td></tr>
<tr><td>기 타</td><td colspan="4">-</td></tr>
<tr><td colspan="2">특기사항</td><td colspan="4">출토유물 없음. 횡혈식 석실로 보고하였으나 파괴가 심하여 정확한 구조는 알 수 없음. 보고서 기술과 유구 도면 스케일바 비율이 모두 상이하여 상호 조정하지 않고 자료집에 게재하였음.</td></tr>
</table>

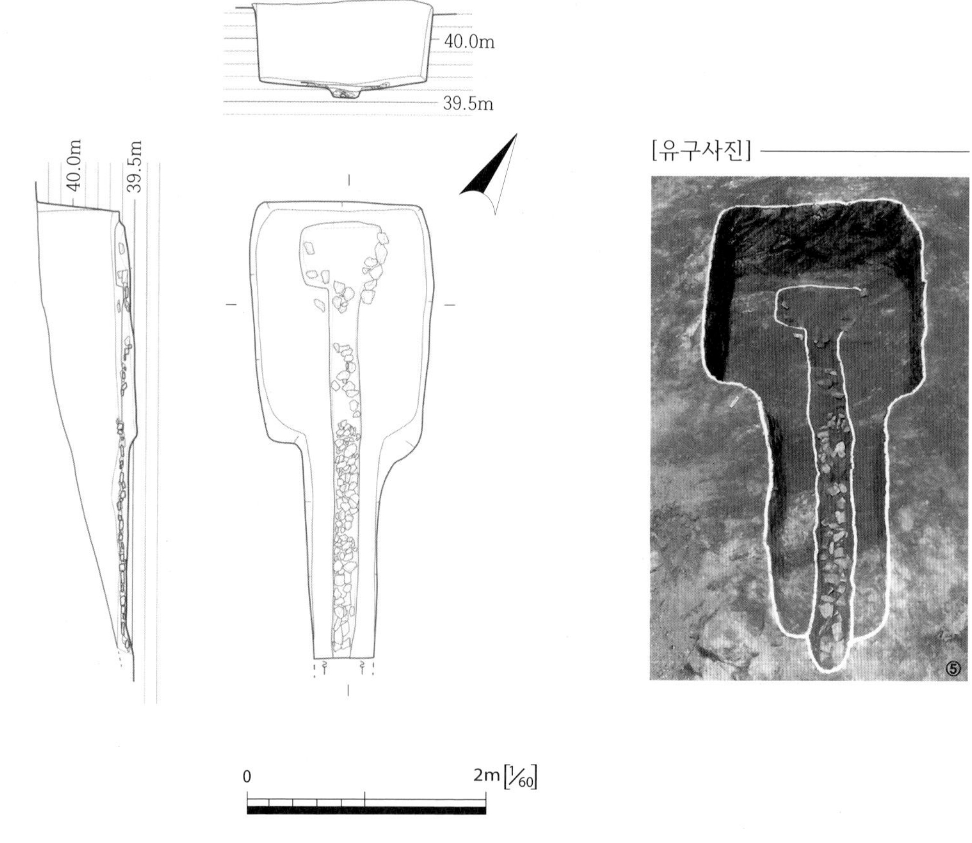

A-3지점 10호 석실묘

(단위 : cm)

봉토	크 기 (길이×너비×높이)	?	묘광	크 기 (길이×너비×깊이)	382×220×(230+)
	평면형태	?		장폭비	1.74:1
현실	크 기 (길이×너비×높이)	252×86×122	천장형태		고임
	장폭비	2.93:1	연도위치		(우편재)
연도	크 기 (길이×너비×높이)	59×70×80	묘도크기 (길이×너비)		(634+)×(204+)
	장폭비	0.84:1	배수시설 (길이×너비×깊이)		(635+)×(40+)×(10+)
시상/관대크기 (길이×너비×높이)		?	두 향		?
장축방향		N-30°-W	벽석종류		판석
유물	토 기	-			
	철 기	관정(3)			
	청동기	-			
	옥석류	-			
	기 타	-			
특기사항					

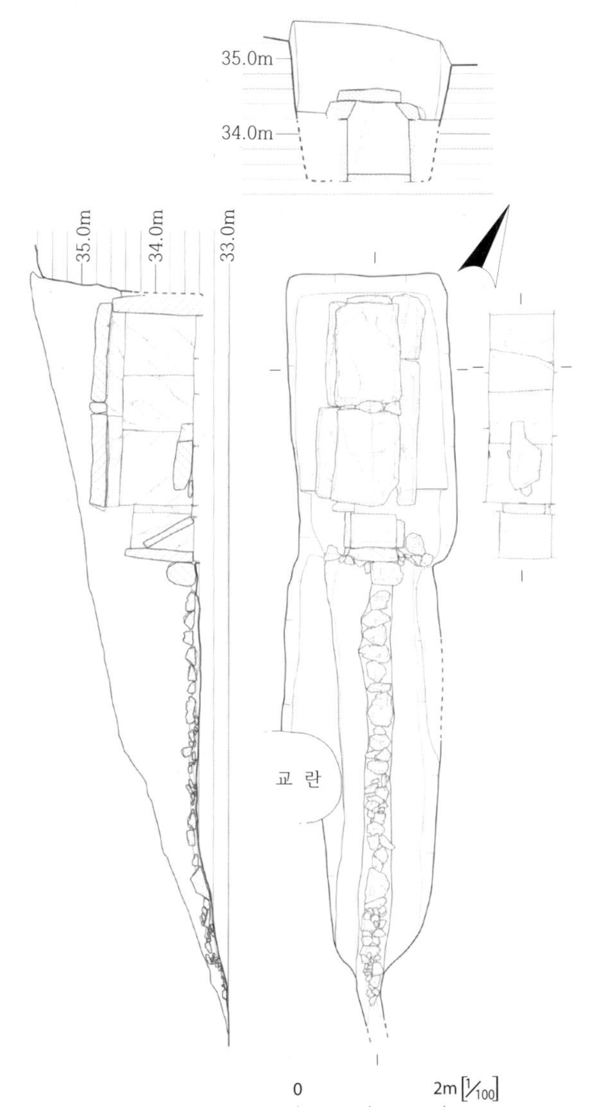

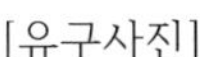
[유구사진]

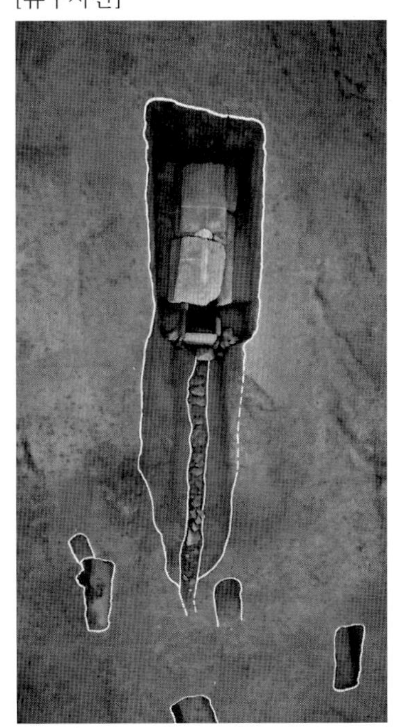

[출토유물]

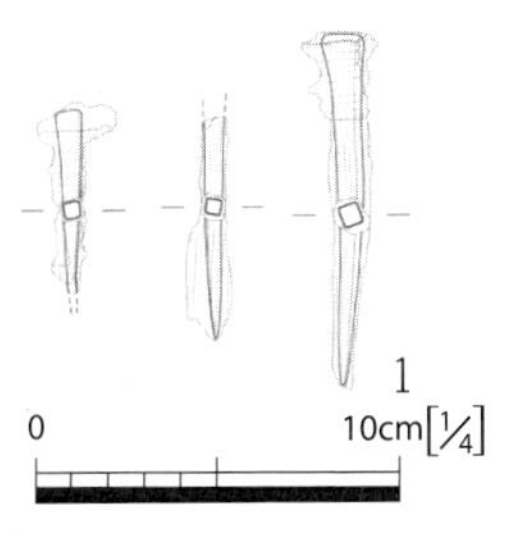

A-3지점 11호 석실묘

(단위 : cm)

봉토	크 기 (길이×너비×높이)	?	묘광	크 기 (길이×너비×깊이)	344×272×(78+)
	평면형태	?		장폭비	1.26:1
현실	크 기 (길이×너비×높이)	?	천장형태		?
	장폭비	?	연도위치		?
연도	크 기 (길이×너비×높이)	?	묘도크기 (길이×너비)		(326+)×(180+)
	장폭비	?	배수시설 (길이×너비×깊이)		(900+)×(58+)×(10+)
시상/관대크기 (길이×너비×높이)		?	두 향		?
장축방향		N-60°-E	벽석종류		?
유물	토 기	-			
	철 기	-			
	청동기	-			
	옥석류	-			
	기 타	-			
특기사항		출토유물 없음.			

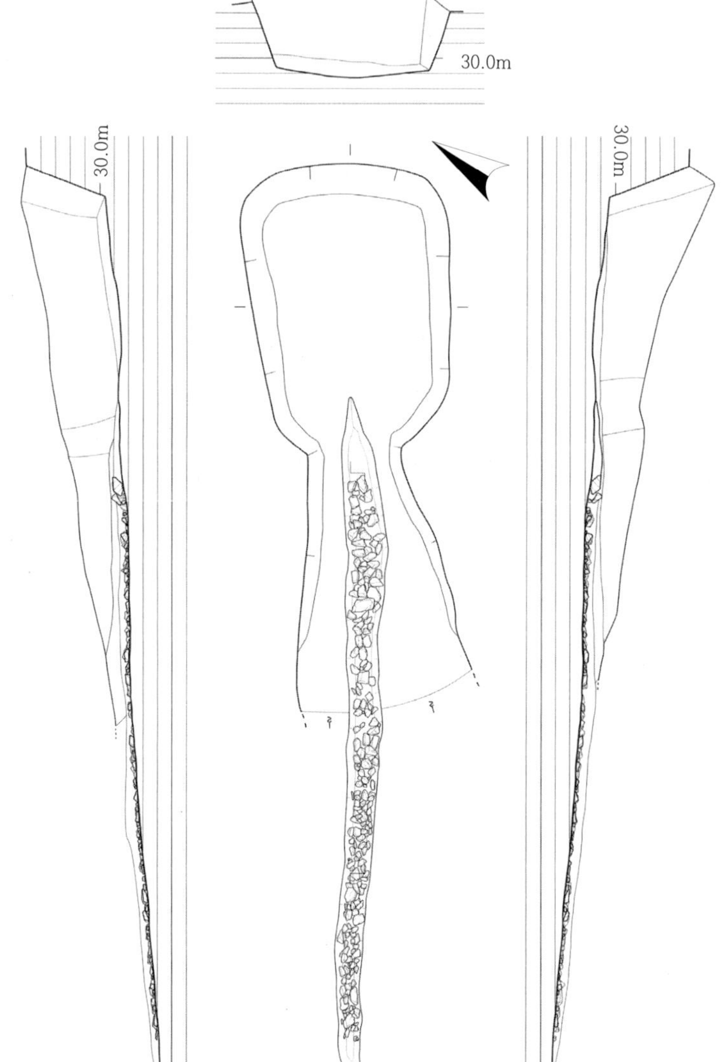

[유구사진]

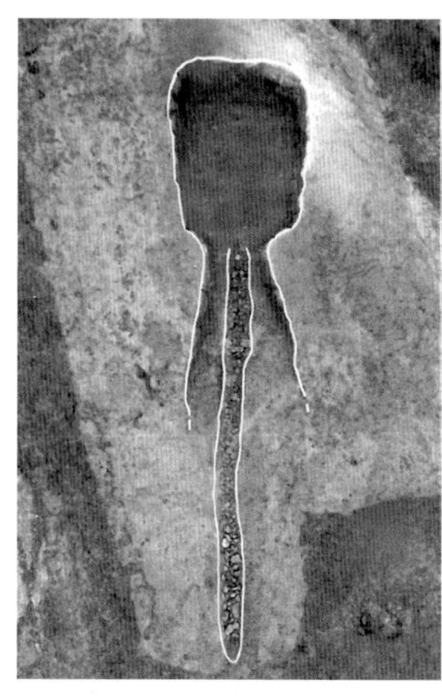

A-3지점 1호 옹관묘

(단위 : cm)

묘광	크 기 (길이×너비×깊이)	91×42×(18)	옹관길이	(66)
	장폭비	2.17:1	결합형식	합구식
장축방향		N-10°-W	안치형태	횡치
두 향		?		
유물	토 기	파수부옹(2)		
	철 기	-		
	청동기	-		
	옥석류	-		
	기 타	-		
특기사항		1호 석곽묘 북동벽 일부를 파괴하고 조성되었음.		

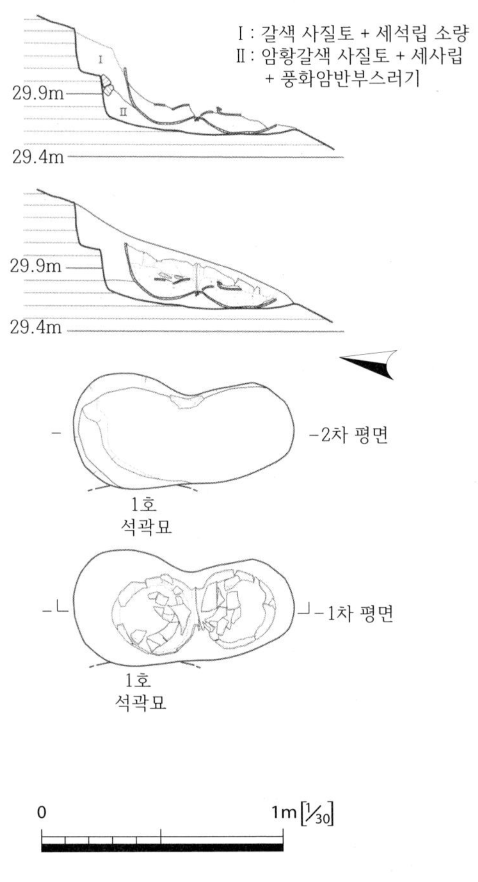

[옹관]

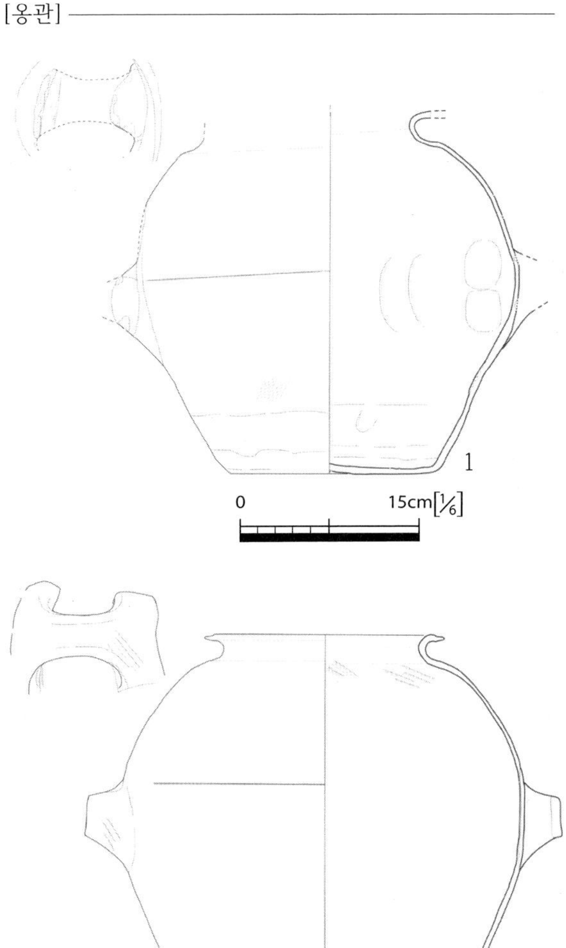

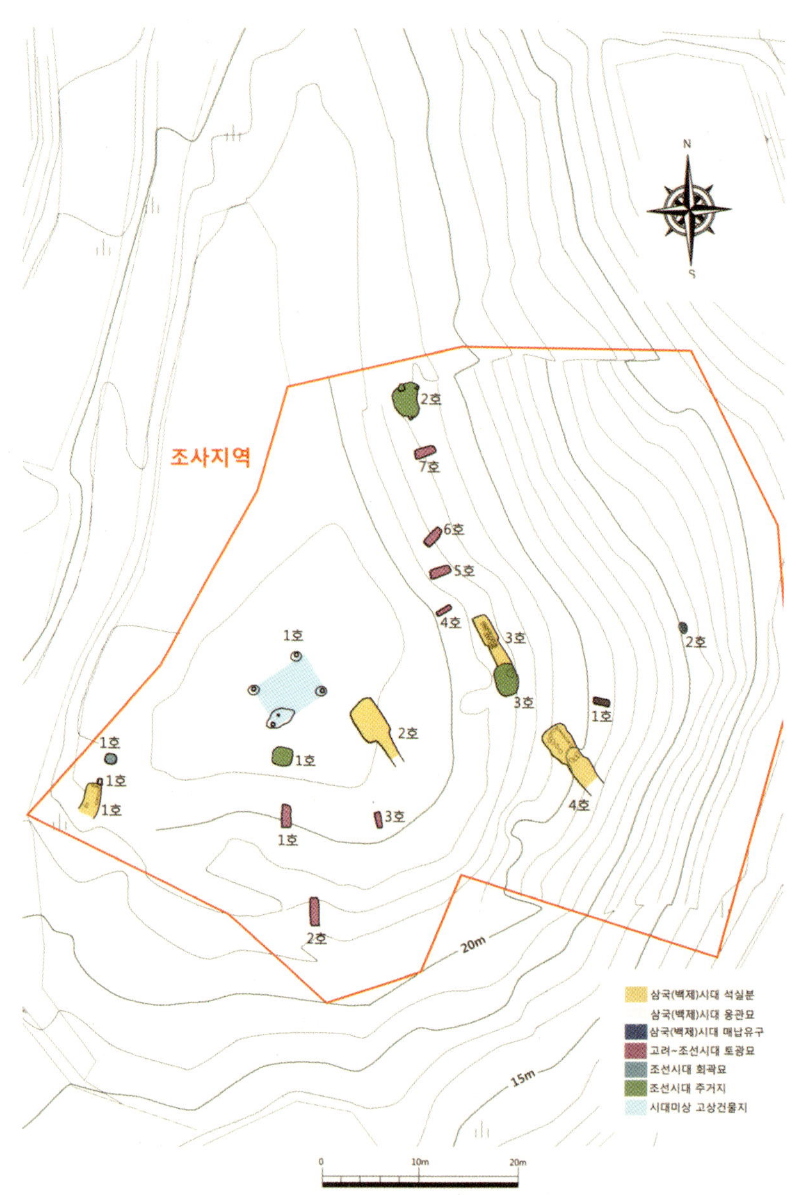

부여 오수리 큰독골 유적 C지점 유구배치도

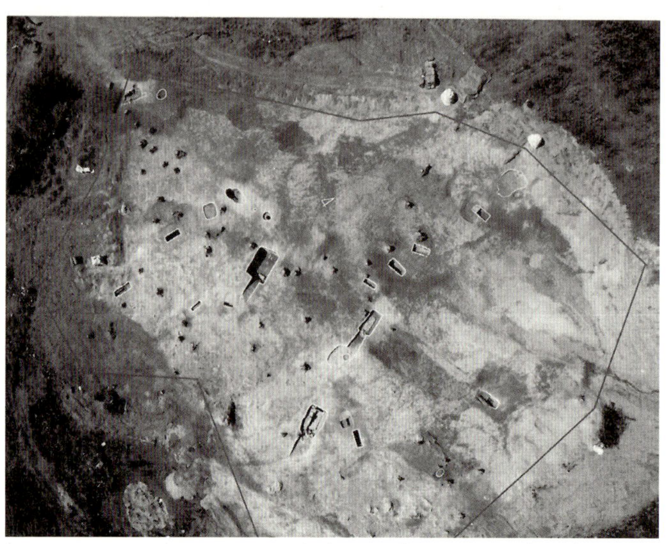
부여 오수리 큰독골 유적 C지점 전경

C지점 1호 석실묘

(단위 : cm)

봉토	크 기 (길이×너비×높이)	?	묘광	크 기 (길이×너비×깊이)	(347+)×(165+)×(55+)
	평면형태	?		장폭비	?
현실	크 기 (길이×너비×높이)	225×86×(56+)	천장형태		?
	장폭비	2.61:1	연도위치		?
연도	크 기 (길이×너비×높이)	?	묘도크기 (길이×너비)		?
	장폭비	?	배수시설 (길이×너비×깊이)		?
시상/관대크기 (길이×너비×높이)		?	두 향		?
장축방향		N-10°-E	벽석종류		판석
유물	토 기	-			
	철 기	-			
	청동기	-			
	옥석류	-			
	기 타	-			
특기사항		출토유물 없음. 횡혈식 석실로 보고하였으나 파괴가 심하여 정확한 구조는 알 수 없음.			

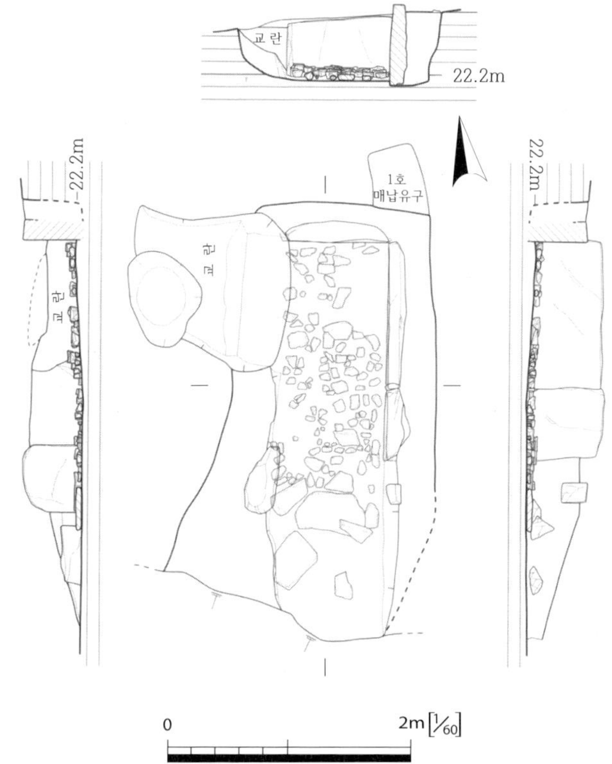

[유구사진]

C지점 2호 석실묘

(단위 : cm)

봉토	크 기 (길이×너비×높이)	?	묘광	크 기 (길이×너비×깊이)	400×263×(133+)
	평면형태	?		장 폭 비	1.52:1
현실	크 기 (길이×너비×높이)	?	천장형태		?
	장 폭 비	?	연도위치		?
연도	크 기 (길이×너비×높이)	?	묘도크기 (길이×너비)		(243+)×(113+)
	장 폭 비	?	배수시설 (길이×너비×깊이)		?
시상/관대크기 (길이×너비×높이)		?	두 향		?
장축방향		N-22°-W	벽석종류		-
유물	토 기	-			
	철 기	-			
	청 동 기	-			
	옥 석 류	-			
	기 타	-			
특기사항		출토유물 없음.			

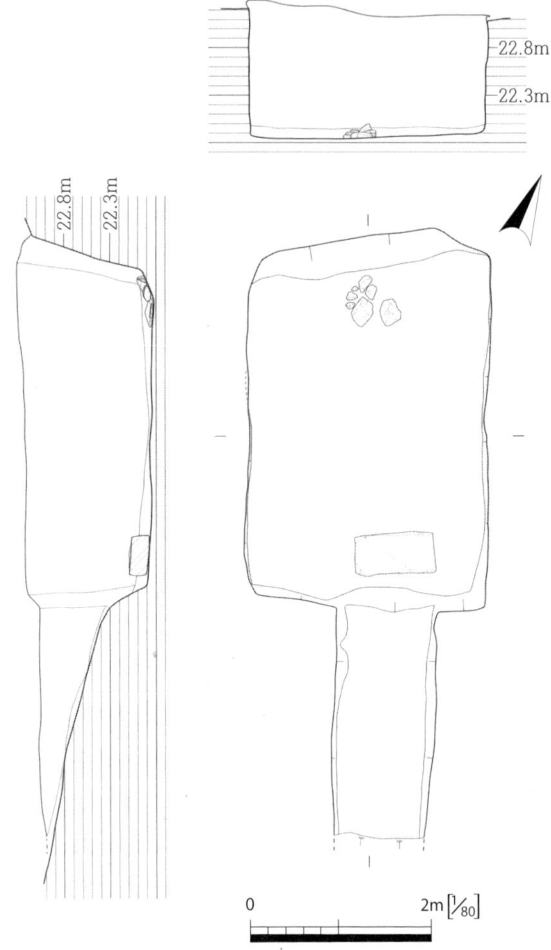

[유구사진]

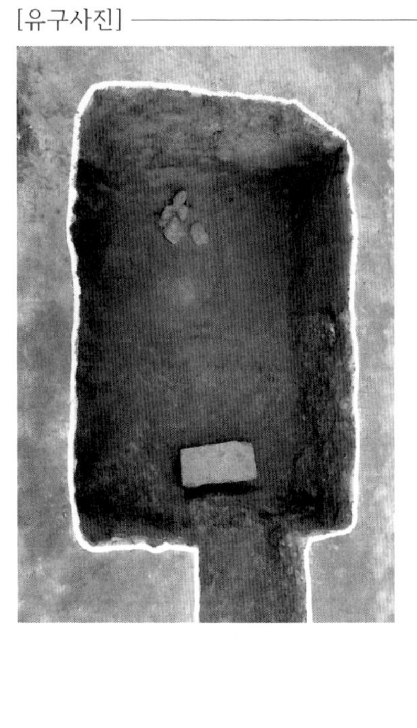

C지점 3호 석실묘

(단위 : cm)

봉토	크 기 (길이×너비×높이)	?	묘광	크 기 (길이×너비×깊이)	300×143×(50+)
	평면형태	?		장폭비	2.10:1
현실	크 기 (길이×너비×높이)	(185+)×(70+)×?	천장형태		?
	장폭비	?	연도위치		중앙
연도	크 기 (길이×너비×높이)	?	묘도크기 (길이×너비)		(325+)×(125+)
	장폭비	?	배수시설 (길이×너비×깊이)		?
시상/관대크기 (길이×너비×높이)		?	두 향		?
장축방향		N-22°-W	벽석종류		-
유물	토 기	-			
	철 기	-			
	청동기	-			
	옥석류	-			
	기 타	-			
특기사항		출토유물 없음.			

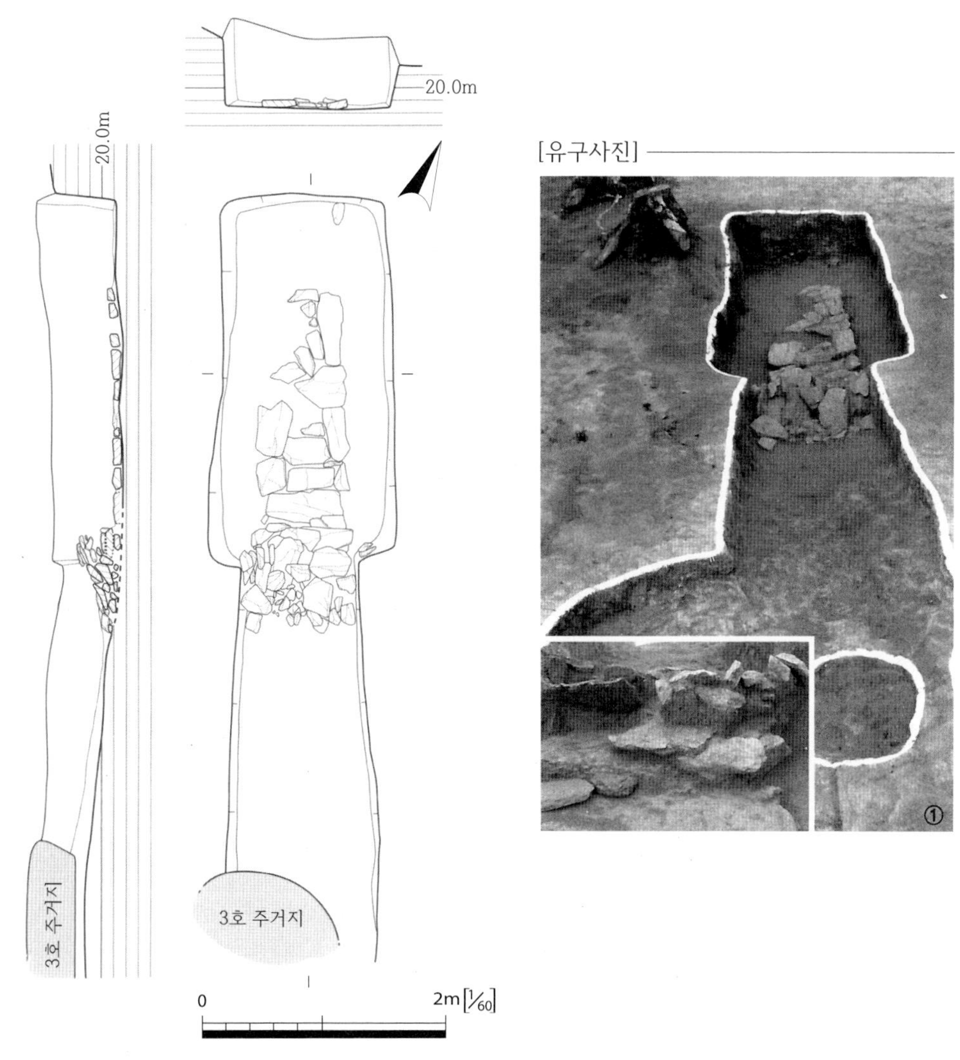

C지점 4호 석실묘

(단위 : cm)

봉토	크 기 (길이×너비×높이)	?	묘광	크 기 (길이×너비×깊이)	398×229×(132+)
	평면형태	?		장폭비	:1
현실	크 기 (길이×너비×높이)	(245+)×99×(101+)	천장형태		?
	장폭비	?	연도위치		?
연도	크 기 (길이×너비×높이)	?	묘도크기 (길이×너비)		(260+)×(178+)
	장폭비	?	배수시설 (길이×너비×깊이)		?
시상/관대크기 (길이×너비×높이)		?	두 향		?
장축방향		N-26°-W	벽석종류		할석
유물	토 기	-			
	철 기	-			
	청동기	-			
	옥석류	-			
	기 타	-			
특기사항		출토유물 없음.			

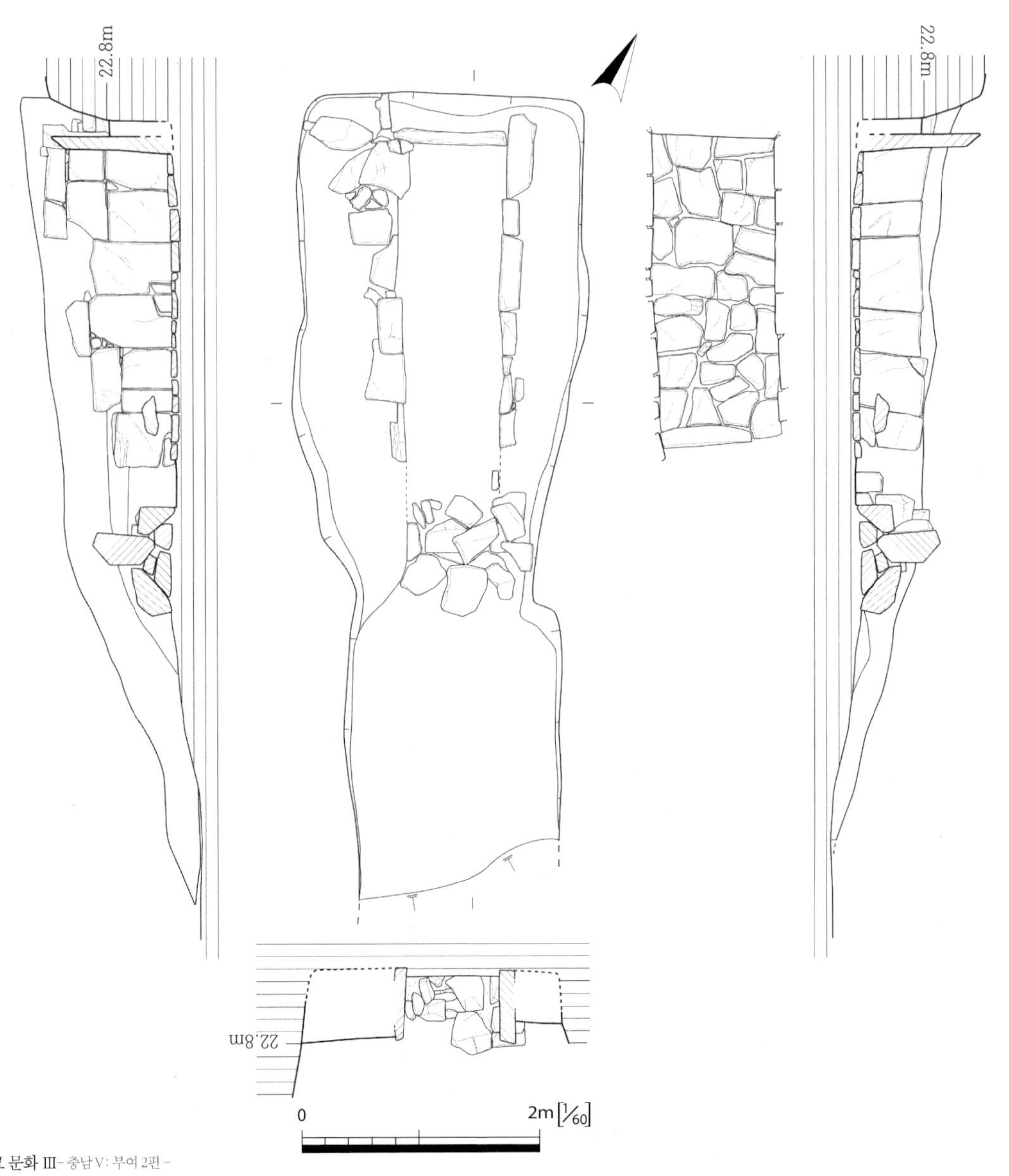

C지점 1호 옹관묘

(단위 : cm)

묘광	크 기 (길이×너비×깊이)	(123)×(110)×(65+)	옹관길이	(69)
	장폭비	(1.12):1	결합형식	3옹식
장축방향		N-30°-E	안치형태	횡치
두 향		?		
유물	토 기	호(2), 파수부호(1)		
	철 기	-		
	청동기	-		
	옥석류	-		
	기 타	-		
특기사항		보고서 기술과 유구 도면 스케일바 비율이 모두 상이하여 상호 조정하지 않고 자료집에 게재하였음.		

[옹관]

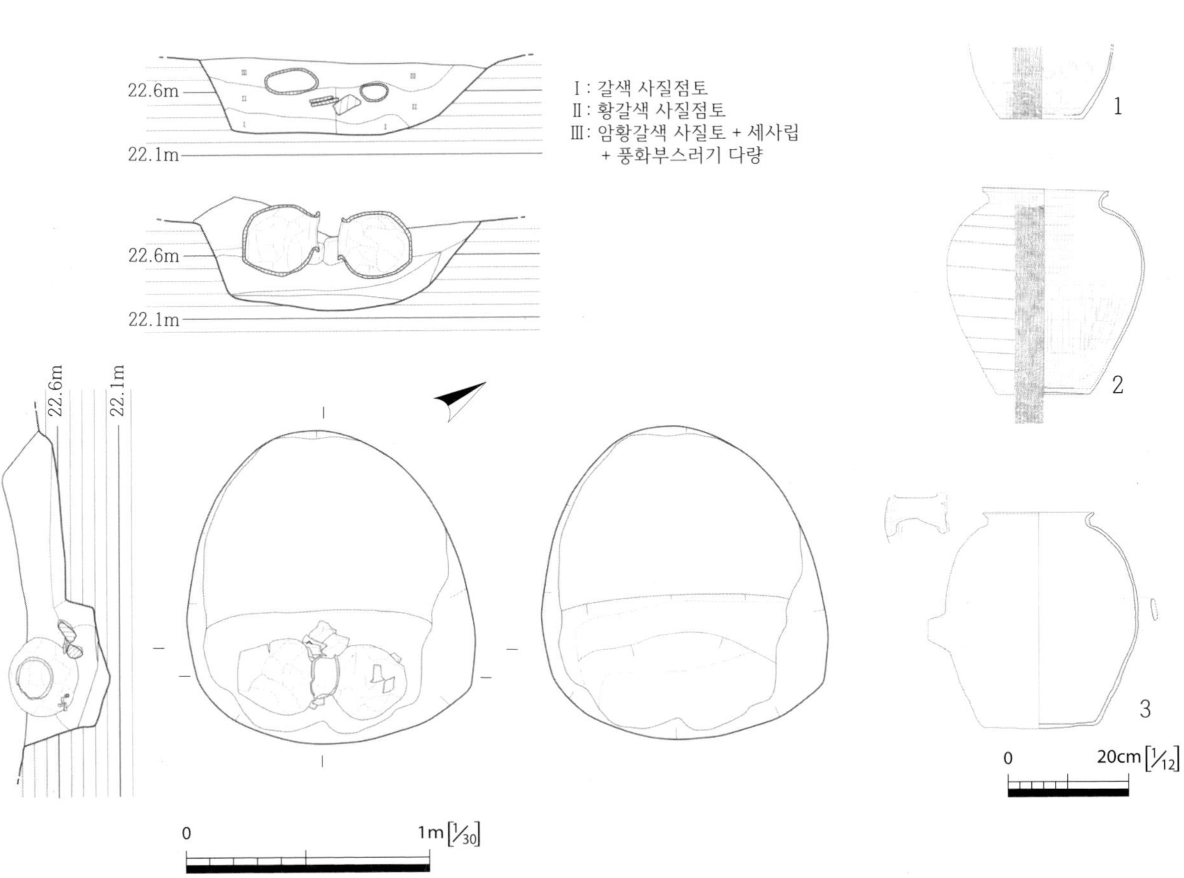

C지점 2호 옹관묘

(단위 : cm)

<table>
<tr><td rowspan="2">묘광</td><td>크 기
(길이×너비×깊이)</td><td>106×72×(17+)</td><td>옹관길이</td><td>(84)</td></tr>
<tr><td>장폭비</td><td>1.47:1</td><td>결합형식</td><td>3옹식</td></tr>
<tr><td colspan="2">장축방향</td><td>N-16°-W</td><td rowspan="2">안치형태</td><td rowspan="2">횡치</td></tr>
<tr><td colspan="2">두 향</td><td>?</td></tr>
<tr><td rowspan="5">유물</td><td>토 기</td><td colspan="3">호(2), 파수부호(1)</td></tr>
<tr><td>철 기</td><td colspan="3">-</td></tr>
<tr><td>청동기</td><td colspan="3">-</td></tr>
<tr><td>옥석류</td><td colspan="3">-</td></tr>
<tr><td>기 타</td><td colspan="3">-</td></tr>
<tr><td colspan="2">특기사항</td><td colspan="3"></td></tr>
</table>

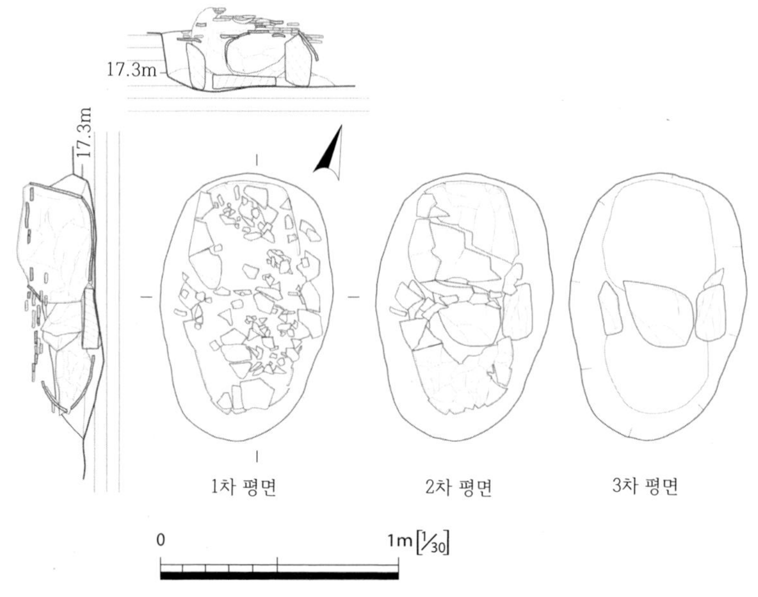

[옹관]

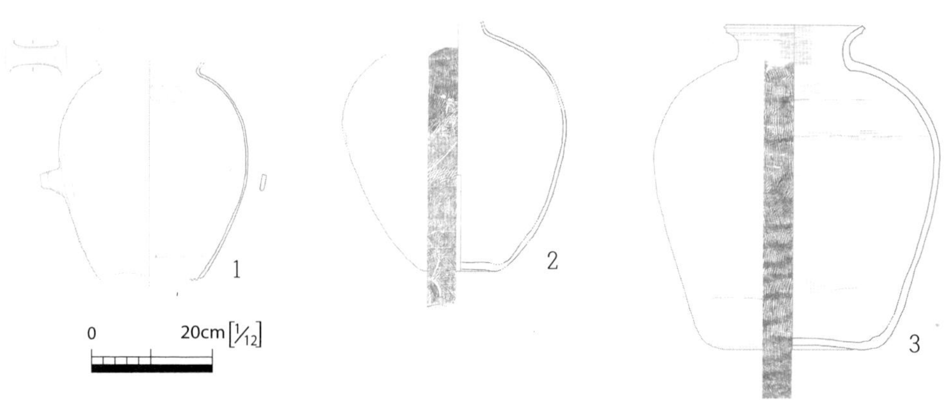

C지점 1호 매납유구

(단위 : cm)

묘광	크 기 (길이×너비×깊이)	(51+)×42×(28+)	목관	크 기 (길이×너비×높이)	?
	장폭비	?		장폭비	?
장축방향		N-8°-E	목곽	크 기 (길이×너비×높이)	?
두 향		?		장폭비	?
유물	토 기	파수부호(1)			
	철 기	-			
	청동기	-			
	옥석류	-			
	기 타	-			
특기사항					

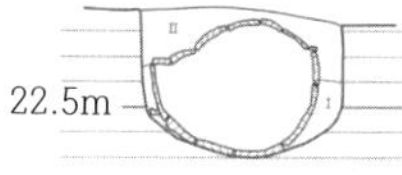

Ⅰ : 암갈색 사질점토
Ⅱ : 명갈색 사질점토 + 세사립
+ 풍화암반부스러기

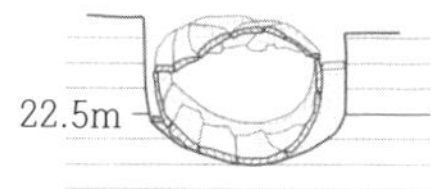

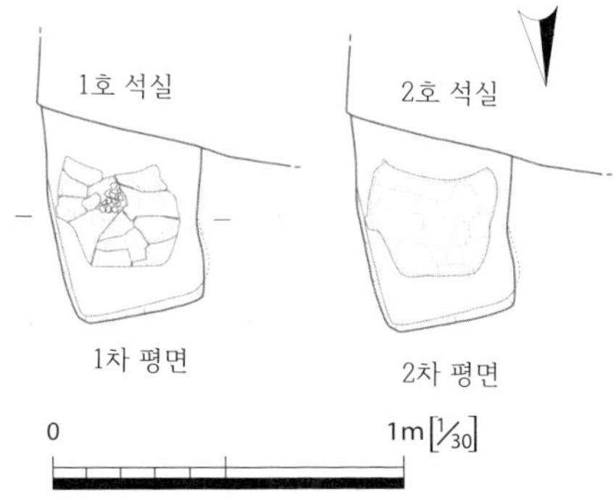

[유구사진]

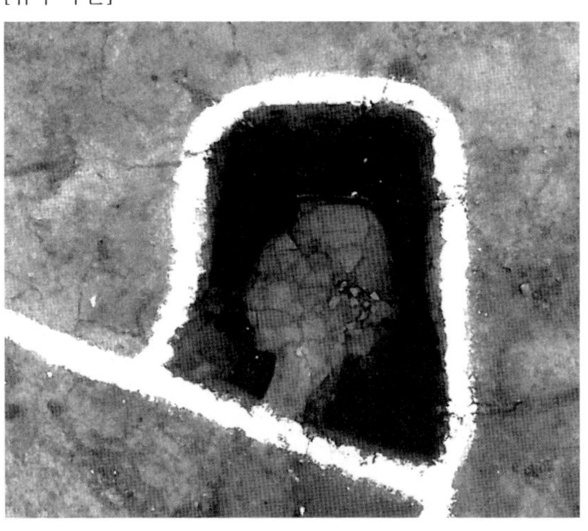

[출토유물]

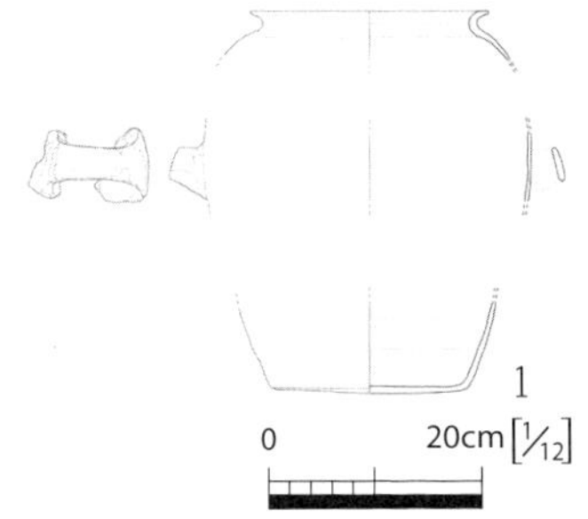

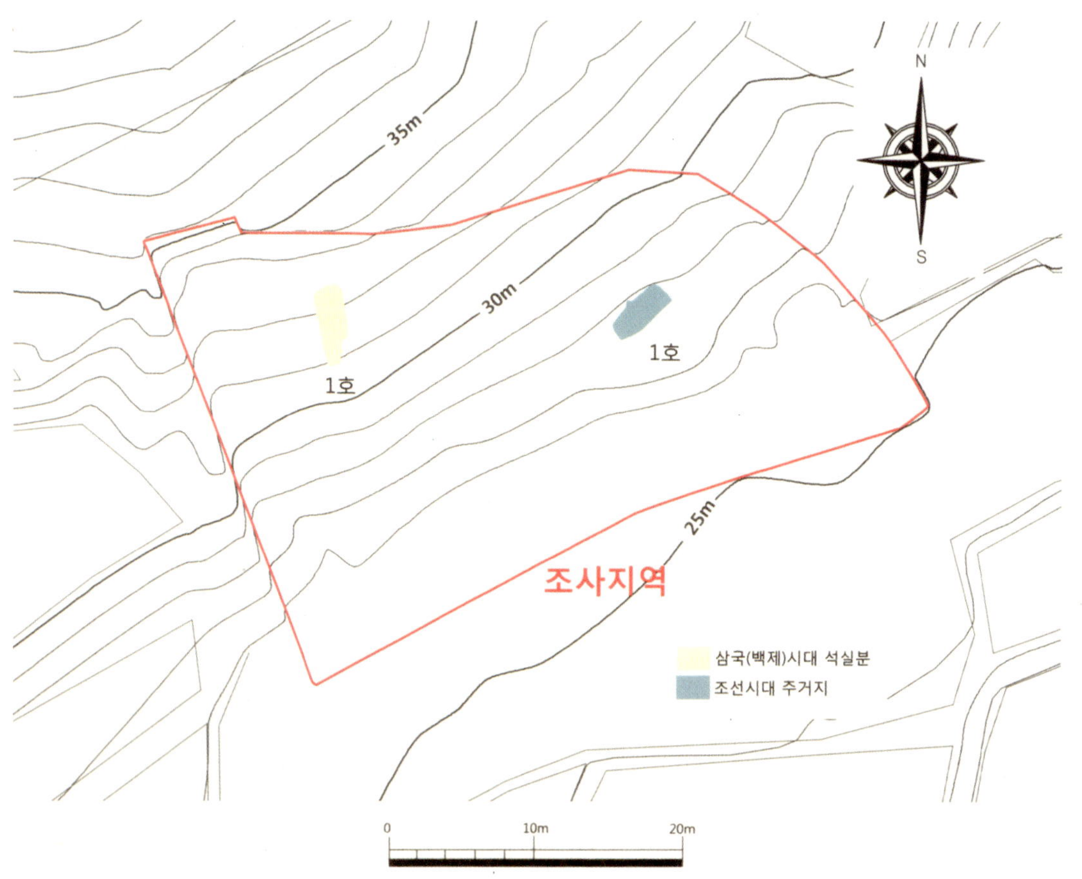

부여 오실골 유적 유구배치도

부여 오실골 유적 전경

1호 석실묘

(단위 : cm)

봉토	크 기 (길이×너비×높이)	?	묘광	크 기 (길이×너비×깊이)	(277)×(152)×(119+)
	평면형태	?		장폭비	(1.82):1
현실	크 기 (길이×너비×높이)	(180)×(63)×(82+)	천장형태		고임
	장폭비	(2.86):1	연도위치		좌편재
연도	크 기 (길이×너비×높이)	74×66×(68+)	묘도크기 (길이×너비)		(114+)×(100)
	장폭비	1.12:1	배수시설 (길이×너비×깊이)		?
시상/관대크기 (길이×너비×높이)		?	두 향		?
장축방향		N-0°-S	벽석종류		할석
유물	토 기	-			
	철 기	관정(4)			
	청동기	-			
	옥석류	-			
	기 타	금제이식(1)			
특기사항		보고서 기술과 유구 도면 스케일바 비율이 모두 상이하여 상호 조정하지 않고 자료집에 게재하였음.			

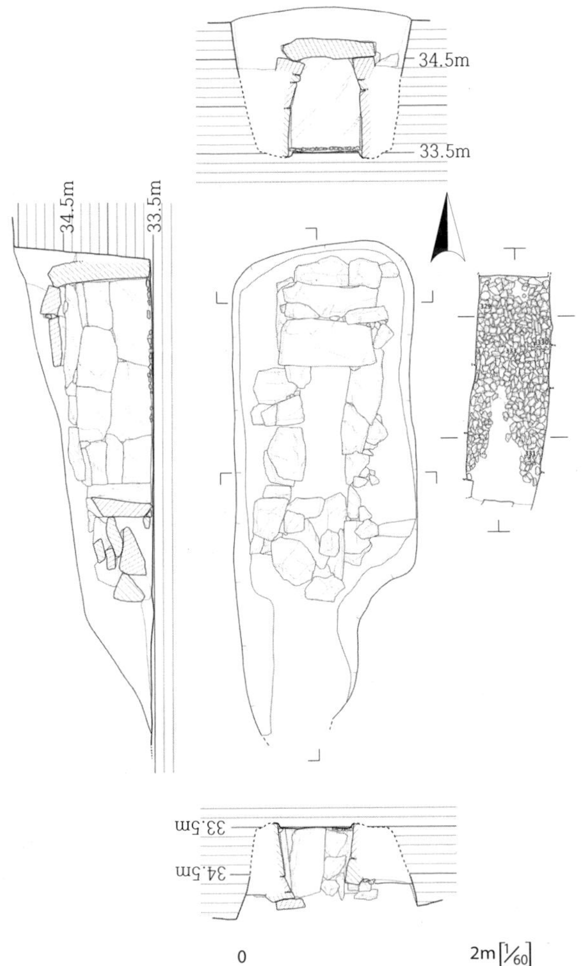

[유구사진]

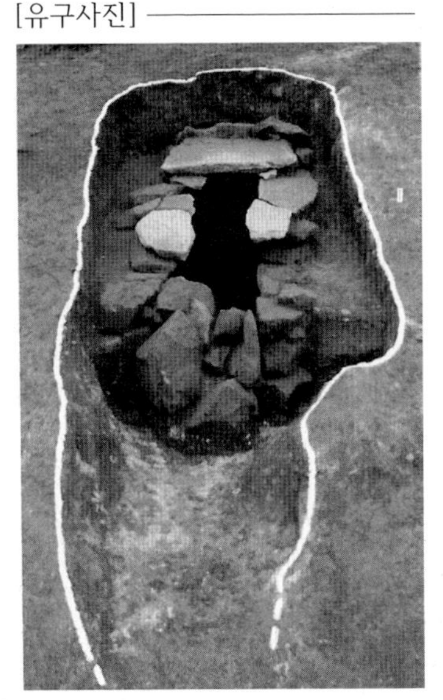

[출토유물]

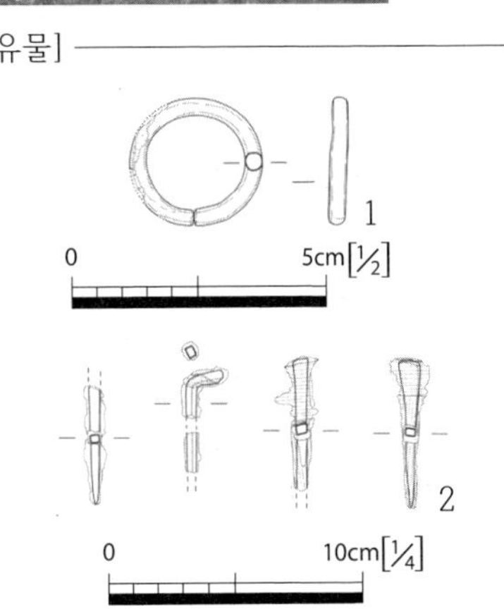

부여 정암리 수작골 백제고분유적扶餘 亭岩里 수작골 百濟古墳遺蹟

조사사유	군도 7호선 확·포장공사에 따른 구제발굴조사	
조사연혁	지표조사 : 2011. 07. 22.~ 2011. 08. 10. (한얼문화유산연구원) 1차 시굴조사 : 2011. 10. 07. ~ 2011. 12. 19. (한얼문화유산연구원) 2차 시굴조사 : 2012. 04. 20. ~ 2012. 06. 12. (한얼문화유산연구원) 발굴조사 : 2012. 04. 20. ~ 2012. 06. 12. (한얼문화유산연구원)	
유적위치	충청남도 부여군 장암면 정암리 산 68-1번지 일원	
	경·위도 126°54'08.65"E / 36°14'25.06"N	
유적입지	이 유적은 장암천을 사이에 두고 정암리 고분군과 마주하고 있으며, 해발 39m내외의 구릉 동사면 하단부에 240~260m의 거리를 두고 3기가 산발적으로 자리하고 있다.	
유구현황	초기철기시대	-
	원삼국시대	-
	삼 국 시 대	석실묘(3)
	기 타	-
주요유물	이식, 관정 등	
시대·성격	석실묘 3기 가운데 구조를 알 수 있는 것은 1·2호분이다. 1호는 단면육각형의 판석조 횡혈식 석실이며, 2호는 입구 전면을 할석으로 폐쇄한 할석조의 횡구식 석실이다. 유물은 관정외에는 이식이 1쌍 출토되었다. 구조와 축조방법이 사비도성을 중심으로 분포하는 백제 사비기 고분의 유형과 동일하여, 늦어도 A.D.7세기를 전후한 시점에 조영된 것으로 추정된다.	
참고문헌	한얼문화유산연구원, 2014, 『부여 정암리 수작골 백제고분 유적-부여 군도 7호(정암-지토간) 도로 확·포장공사 구간 내 문화재 시·발굴조사』, 發掘調査報告書 第26冊.	

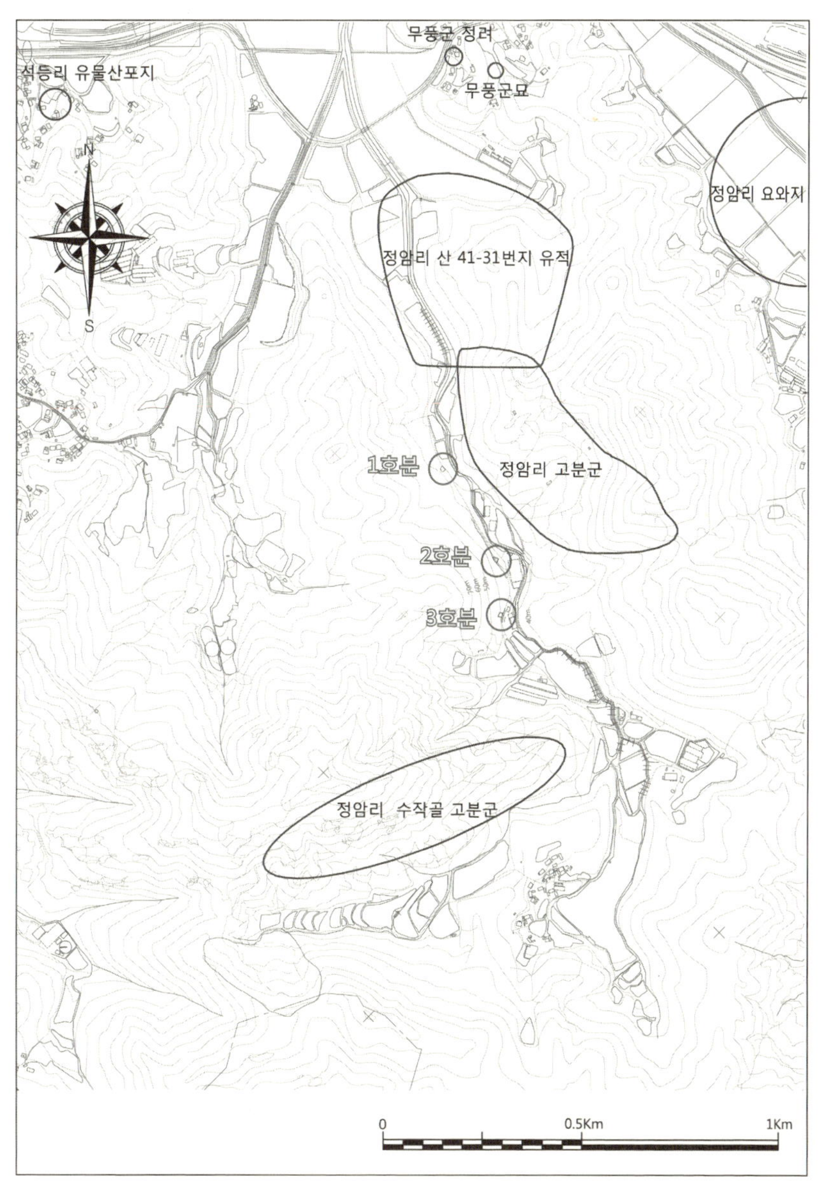

부여 정암리 수작골 백제고분유적 유구배치도

부여 정암리 수작골백제고분유적 원경

1호 석실묘

(단위 : cm)

봉토	크 기 (길이×너비×높이)	?	묘광	크 기 (길이×너비×깊이)	(420+)×(260+)×(121+)
	평면형태	?		장폭비	?
현실	크 기 (길이×너비×높이)	(320+)×(80)×(130+)	천장형태		?
	장폭비	?	연도위치		?
연도	크 기 (길이×너비×높이)	?	묘도크기 (길이×너비)		?
	장폭비	?	배수시설 (길이×너비×깊이)		-
시상/관대크기 (길이×너비×높이)		?	두 향		?
장축방향		N-30°-W	벽석종류		판석
유물	토 기	-			
	철 기	관정(2)			
	청동기	-			
	옥석류	-			
	기 타	금동제 이식(1)			
특기사항		횡혈식 석실로 보고하였으나 파괴가 심하여 정확한 구조는 알 수 없음. 보고서 기술과 유구 도면 스케일 바 비율이 모두 상이하여 상호 조정하지 않고 자료집에 게재하였음.			

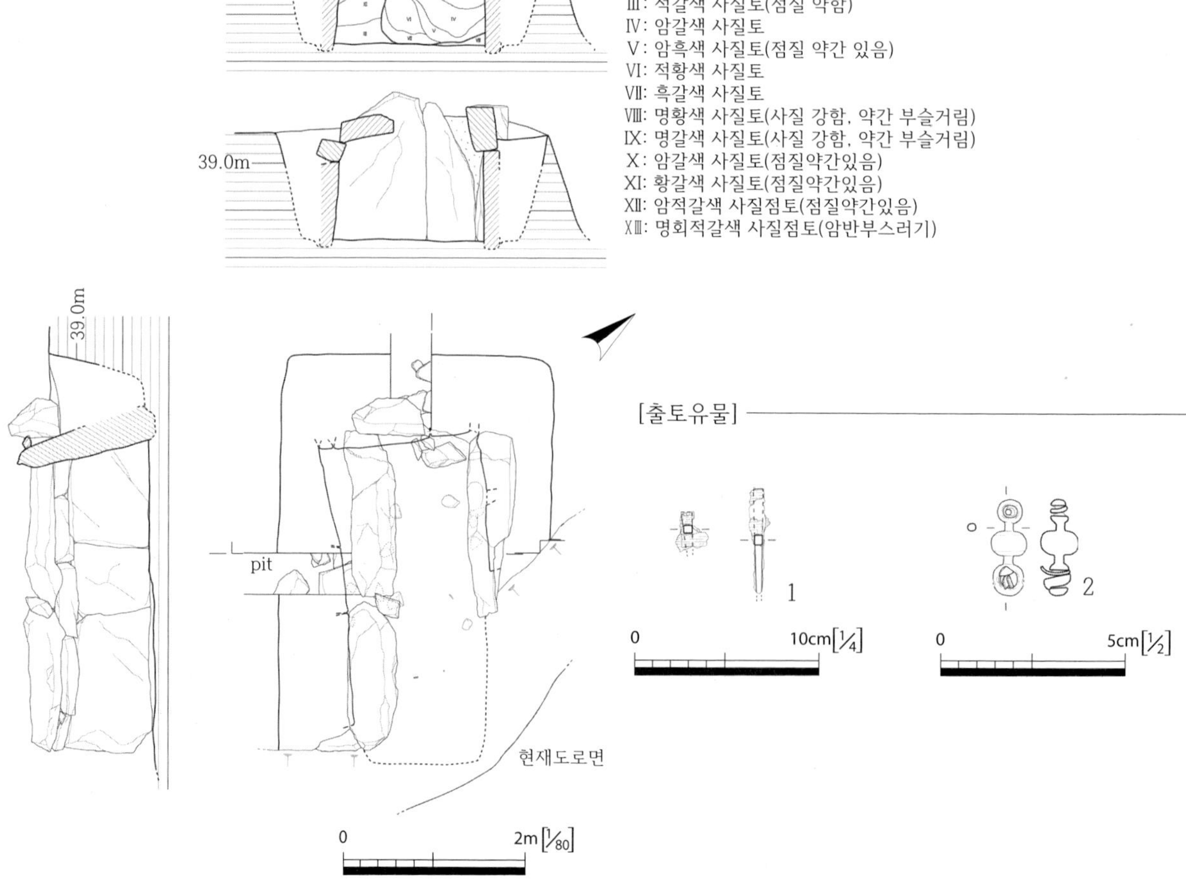

2호 석실묘

(단위 : cm)

봉토	크 기 (길이×너비×높이)	?	묘광	크 기 (길이×너비×깊이)	(320+)×(150+)×(50+)
	평면형태	?		장폭비	?
현실	크 기 (길이×너비×높이)	(225+)×58×(46+)	천장형태		?
	장폭비	?	횡구부위치		남측 단벽
횡구부	크 기 (길이×너비)	?	묘도크기 (길이×너비)		?
	장폭비	?	배수시설 (길이×너비×깊이)		-
시상/관대크기 (길이×너비×높이)		?	두 향		?
장축방향		N-35°-W	벽석종류		할석
유물	토 기	-			
	철 기	관정(13)			
	청동기	-			
	옥석류	-			
	기 타	금동제 이식(1)			
특기사항		횡구식 석실로 보고하였으나 파괴가 심하여 정확한 구조는 알 수 없음.			

[출토유물]

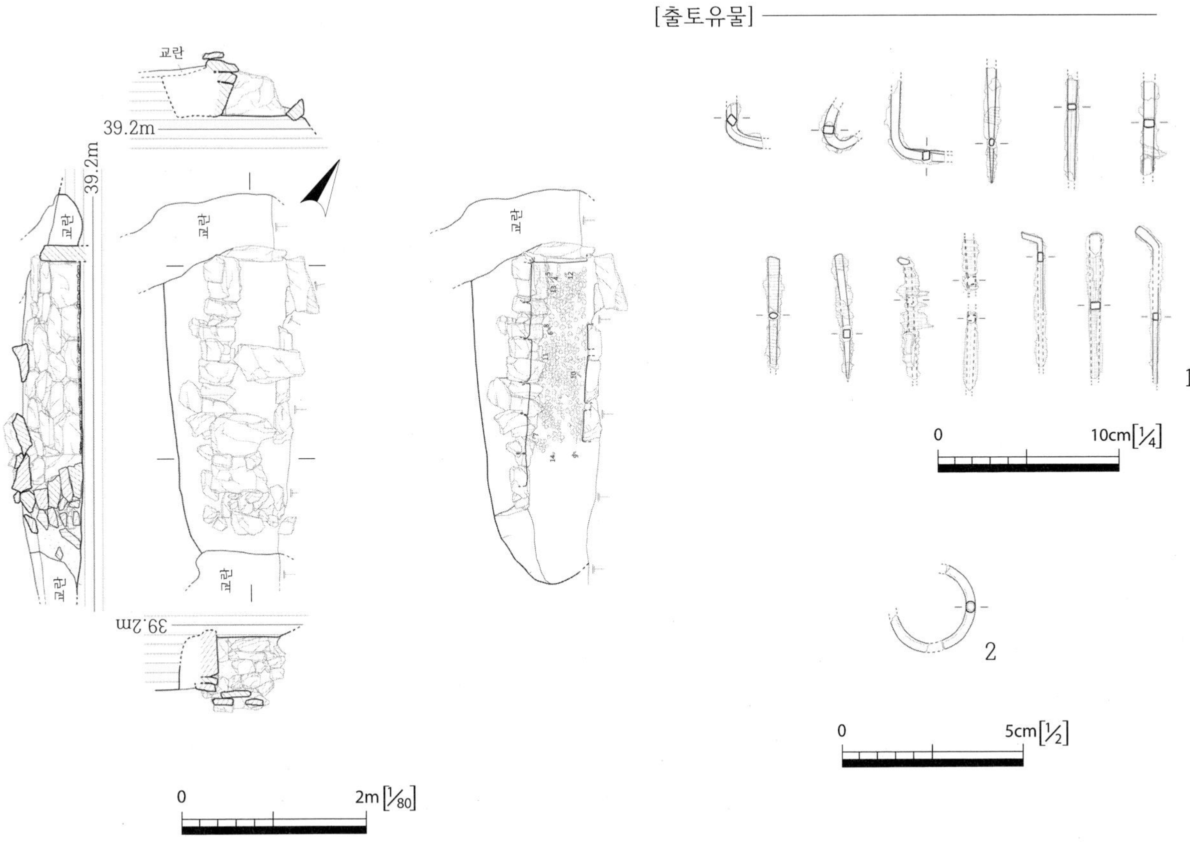

3호 석실묘

(단위 : cm)

봉토	크 기 (길이×너비×높이)	?	묘광	크 기 (길이×너비×깊이)	(280+)×(200+)×(80+)
	평면형태	?		장폭비	?
현실	크 기 (길이×너비×높이)	(368+)×(110+)×105	천장형태		?
	장폭비	?	횡구부위치		?
횡구부	크 기 (길이×너비)	?	묘도크기 (길이×너비)		?
	장폭비	?	배수시설 (길이×너비×깊이)		-
시상/관대크기 (길이×너비×높이)		?	두 향		?
장축방향		N-50°-W	벽석종류		할석
유물	토 기	-			
	철 기	관정(13)			
	청동기	-			
	옥석류	-			
	기 타	-			
특기사항		횡구식 석실로 보고하였으나 파괴가 심하여 정확한 구조는 알 수 없음.			

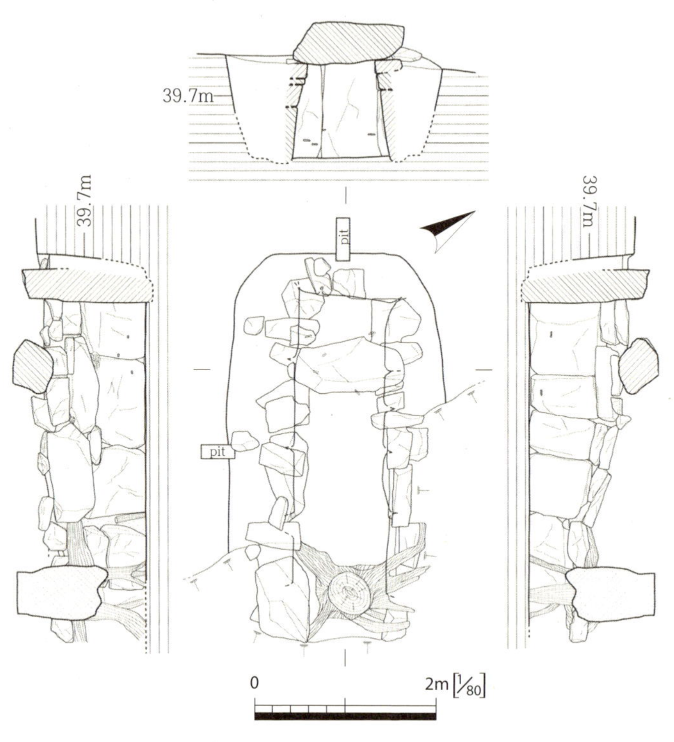

[유구사진]

[출토유물]

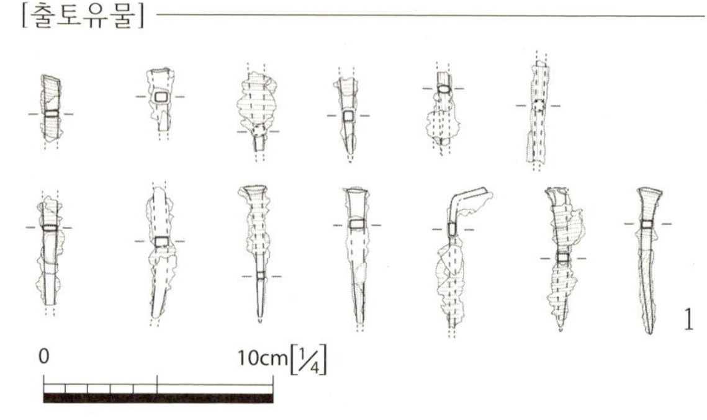

부여 정암리유적扶餘 定岩里遺蹟

<table>
<tr><td>조사사유</td><td colspan="2">부여군 장암면 일원에 대한 학술발굴조사</td></tr>
<tr><td>조사연혁</td><td colspan="2">발굴조사 : 1980. 07. 22. ~ 1980. 08. 10. (국립공주박물관 · 부여박물관)</td></tr>
<tr><td>유적위치</td><td colspan="2">충청남도 부여군 장암면 정암리 일원</td></tr>
<tr><td>유적입지</td><td colspan="2">정암나루터가 있던 정암마을의 남쪽에는 매봉산이 있고, 이 매봉산 줄기 남쪽에 안장산이 있다. 이 유적은 매봉산 남록과 안장산의 남사면에 무리지어 분포하고 있다.</td></tr>
<tr><td rowspan="4">유구현황</td><td>초기철기시대</td><td>-</td></tr>
<tr><td>원삼국시대</td><td>-</td></tr>
<tr><td>삼 국 시 대</td><td>석실묘(15)</td></tr>
<tr><td>기 타</td><td>-</td></tr>
<tr><td>주요유물</td><td colspan="2">배, 관고리, 관정, 금동제 이식</td></tr>
<tr><td>시대 · 성격</td><td colspan="2">이 유적의 석실들은 주변에서 쉽게 구할 수 있는 화강암 석괴를 그대로 이용하거나 약간만 다듬어 구축하였으며, 여러 유형이 확인되었다. 먼저 양 측벽과 안벽이 위로 갈수록 안으로 기우는 조임 구조로 단면이 터널형을 이루며, 벽면은 할석으로 구축하였고, 개구식 현문에 연도는 오른쪽에 마련되어 있는 형식이 있다. 20 · 25호분이 이에 해당되는데, 이 석실들은 공주지역 전축묘의 영향 아래 나타난 형식으로 추정된다. 두 번째로 현실 단면이 육각형으로 보이는 능산리식 석실이 있다. 이 형식은 괴임석 아래의 벽을 구축한 석재에 따라 다양한 양상을 보이며, 1 · 4 · 22 · 44 · 45 · 49호분 등이 이에 해당된다. 세 번째로 횡구식석실이 있는데 입구에 문틀시설을 마련하지 않은 것으로 벽면은 하부의 판석 또는 판상석이 전체의 1/2이하를 차지한다. 여기에는 2 · 3 · 5 · 6 · 8 · 46호분이 해당된다. 또, 50호분과 같은 소형분도 있는데 이는 어린아이의 무덤일 가능성도 있다. 이 유적은 웅진기 석실의 영향이 남아 있는 20호분으로 볼 때 사비기 초부터 구축되기 시작하였으며, 우편재 연도의 석실에 큰 것이 많은데 비해 판석재를 사용한 문틀식 현문구조의 석실은 소형인 점으로 보아 최상위 귀족층보다는 부여 외곽 유력 집단의 공동묘지로 추정된다.</td></tr>
<tr><td>참고문헌</td><td colspan="2">洪斌基 · 徐聲勳, 1981, 「附2:扶餘 亭岩里古墳群」, 『中島』 II, 國立中央博物館.</td></tr>
</table>

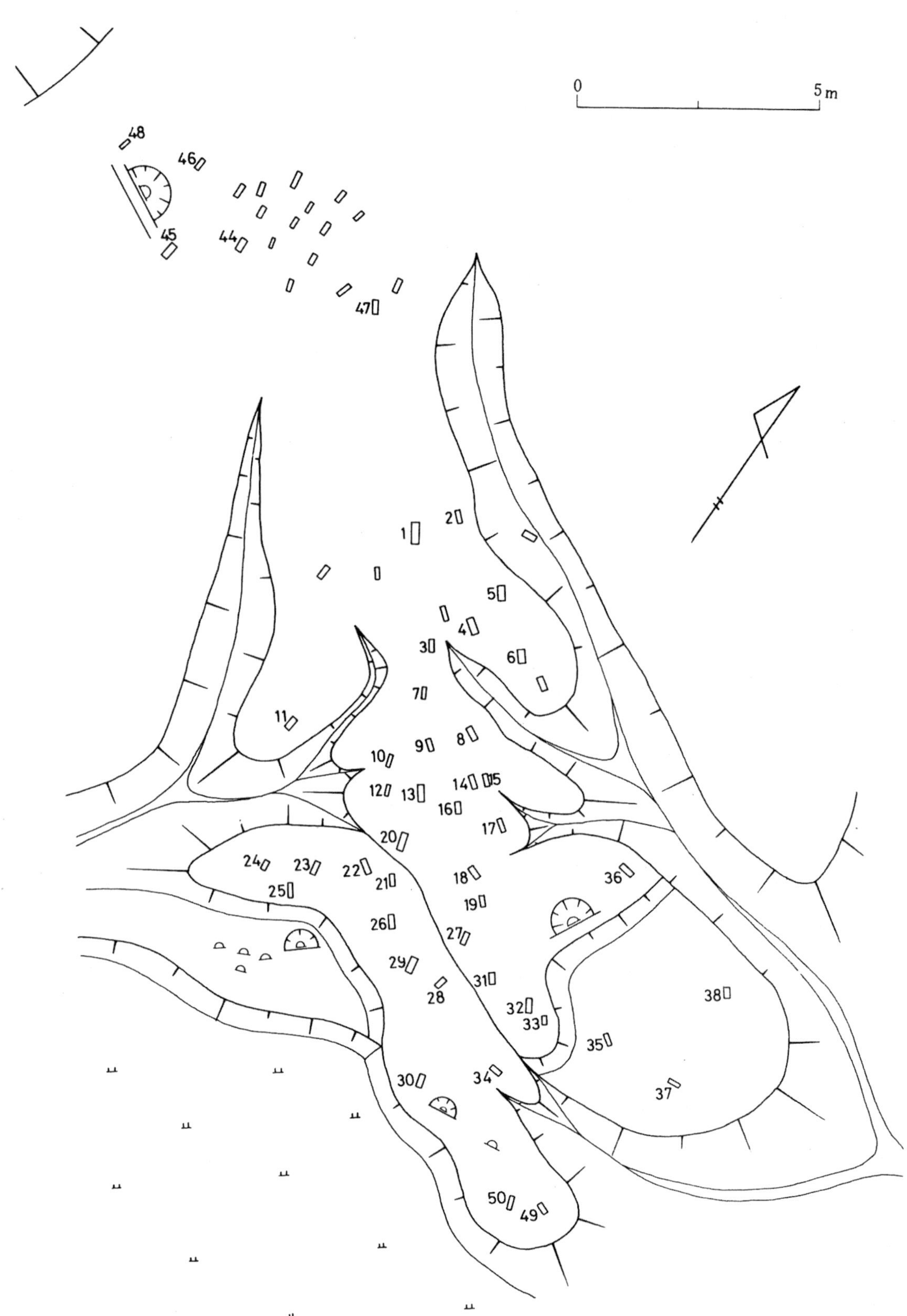

부여 정암리유적 유구배치도

1호 석실묘

(단위 : cm)

봉토	크 기 (길이×너비×높이)	?	묘광	크 기 (길이×너비×깊이)	?
	평면형태	?		장폭비	?
현실	크 기 (길이×너비×높이)	257×103×125	천장형태		(고임)
	장폭비	2.50:1	연도위치		?
연도	크 기 (길이×너비×높이)	100×81×80	묘도크기 (길이×너비)		?
	장폭비	1.23:1	배수시설 (길이×너비×깊이)		?
시상/관대크기 (길이×너비×높이)		?	두 향		?
장축방향		N-40°-W	벽석종류		판석
유물	토 기	-			
	철 기	관정(2)			
	청동기	-			
	옥석류	-			
	기 타	-			
특기사항		해발고도 미기술.			

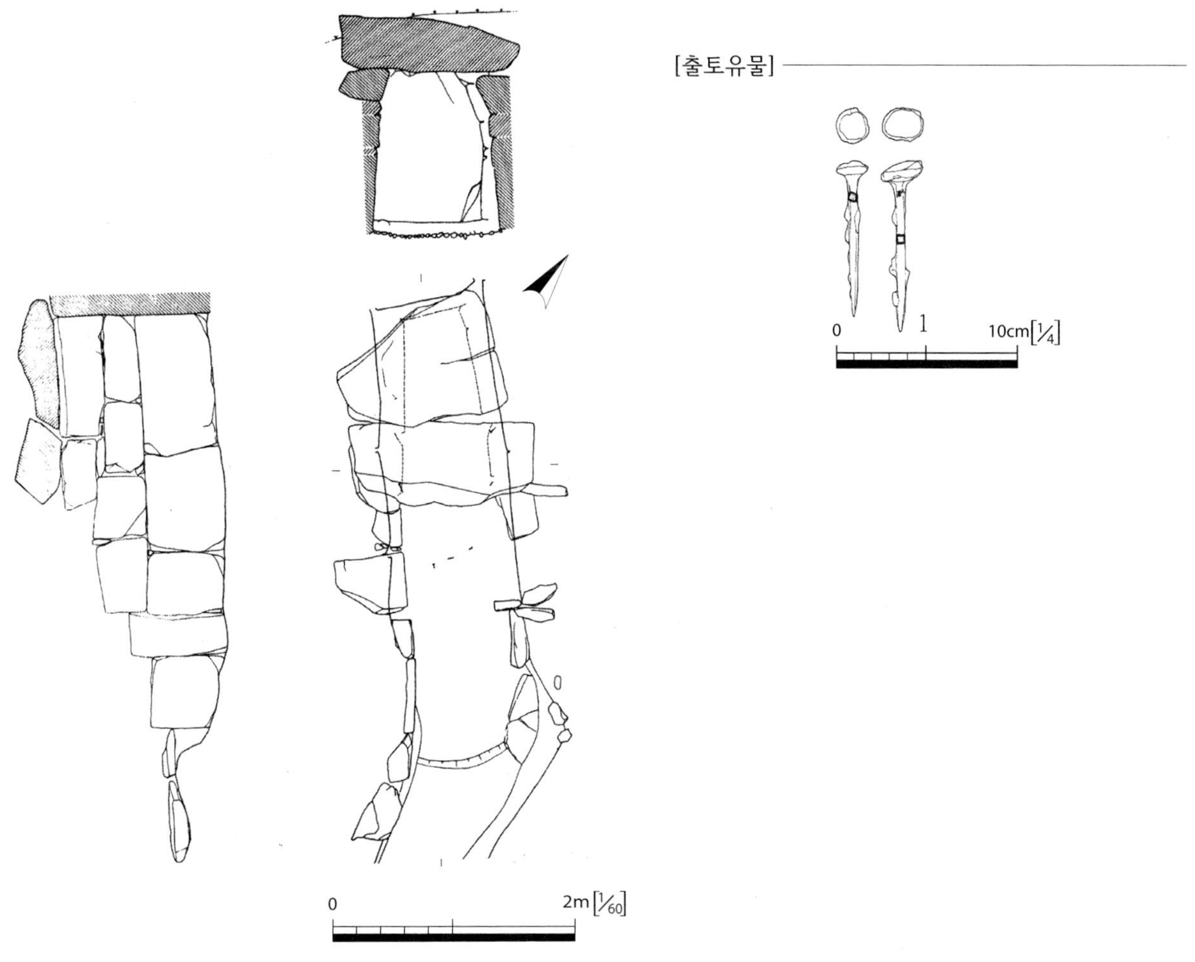

2호 석실묘

(단위 : cm)

봉토	크 기 (길이×너비×높이)	?	묘광	크 기 (길이×너비×깊이)	?
	평면형태	?		장폭비	?
현실	크 기 (길이×너비×높이)	(200+)×84×(62+)	천장형태		?
	장폭비	?	횡구부위치		?
횡구부	크 기 (길이×너비)	?	묘도크기 (길이×너비)		?
	장폭비	?	배수시설 (길이×너비×깊이)		?
시상/관대크기 (길이×너비×높이)		?	두 향		?
장축방향		N-45°-W	벽석종류		판석
유물	토 기	-			
	철 기	-			
	청동기	-			
	옥석류	-			
	기 타	-			
특기사항		해발고도 미기술. 출토유물 없음. 파괴가 심하여 정확한 구조는 알 수 없음.			

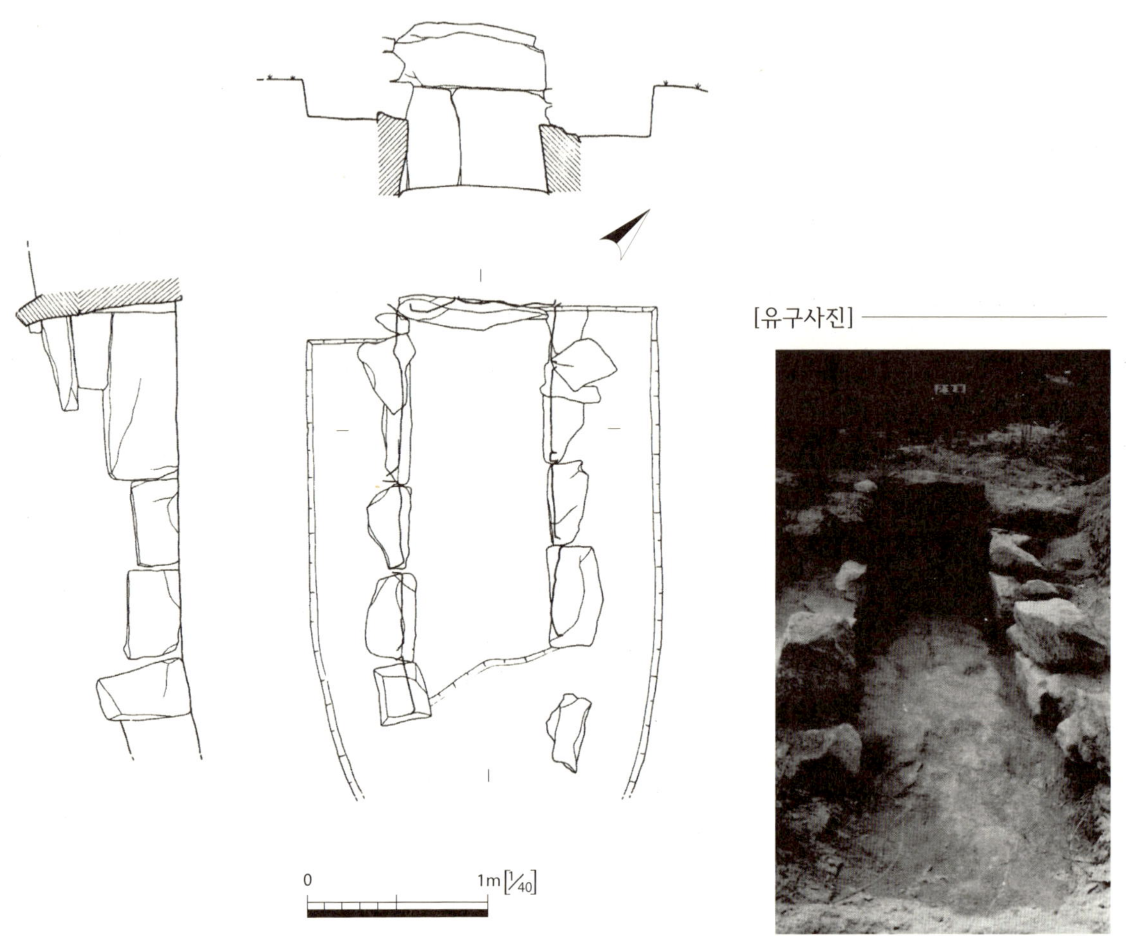

3호 석실묘

(단위 : cm)

봉토	크 기 (길이×너비×높이)	?	묘광	크 기 (길이×너비×깊이)	?
	평면형태	?		장폭비	?
현실	크 기 (길이×너비×높이)	(230+)×93×(62+)	천장형태		?
	장폭비	?	횡구부위치		?
횡구부	크 기 (길이×너비)	?	묘도크기 (길이×너비)		?
	장폭비	?	배수시설 (길이×너비×깊이)		?
시상/관대크기 (길이×너비×높이)		?	두 향		?
장축방향		N-45°-W	벽석종류		판석, 할석
유물	토 기	-			
	철 기	-			
	청동기	-			
	옥석류	-			
	기 타	-			
특기사항		출토유물 없음. 해발고도 미기술. 파괴가 심하여 정확한 구조는 알 수 없음.			

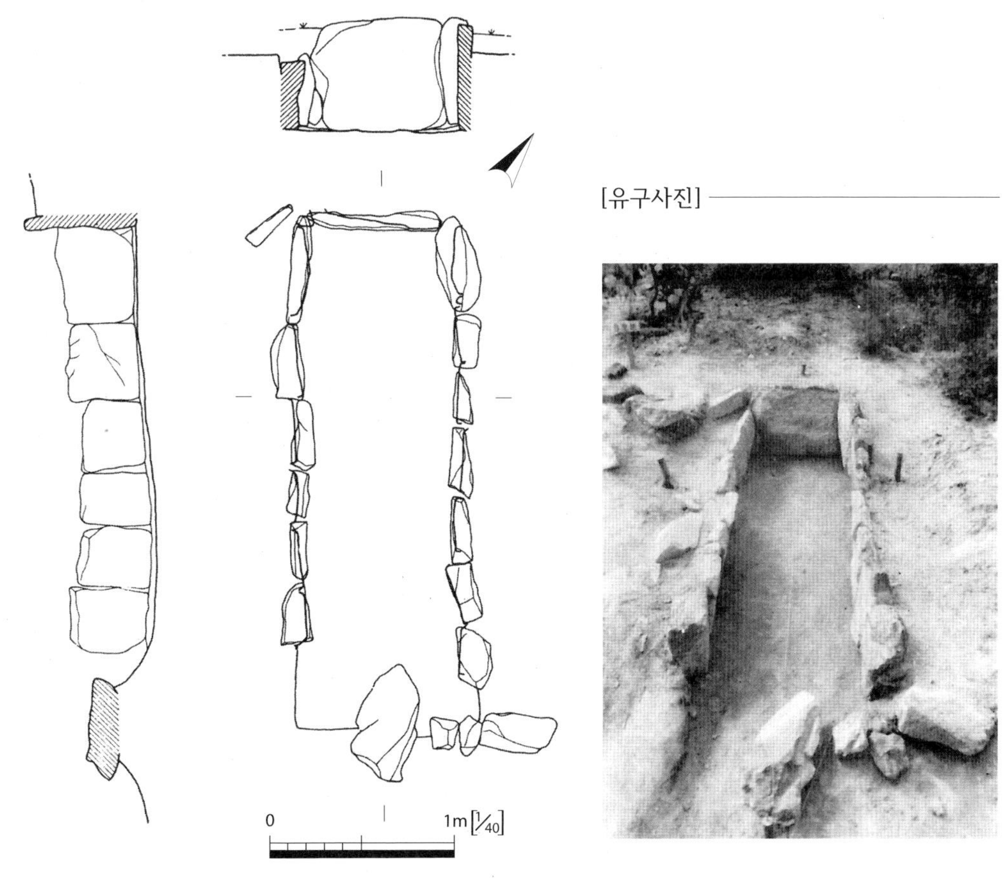

4호 석실묘

(단위 : cm)

봉토	크 기 (길이×너비×높이)	?	묘광	크 기 (길이×너비×깊이)	?
	평면형태	?		장폭비	?
현실	크 기 (길이×너비×높이)	(243+)×123×(90+)	천장형태		?
	장폭비	?	횡구부위치		?
횡구부	크 기 (길이×너비)	?	묘도크기 (길이×너비)		?
	장폭비	?	배수시설 (길이×너비×깊이)		?
시상/관대크기 (길이×너비×높이)		?	두 향		?
장축방향		N-45°-W	벽석종류		?
유물	토 기	-			
	철 기	관고리(3), 관정(13)			
	청동기	-			
	옥석류	-			
	기 타	-			
특기사항		관고리 1점 및 관정 12점 도면 미게재. 해발고도 미기술. 파괴가 심하여 정확한 구조는 알 수 없음.			

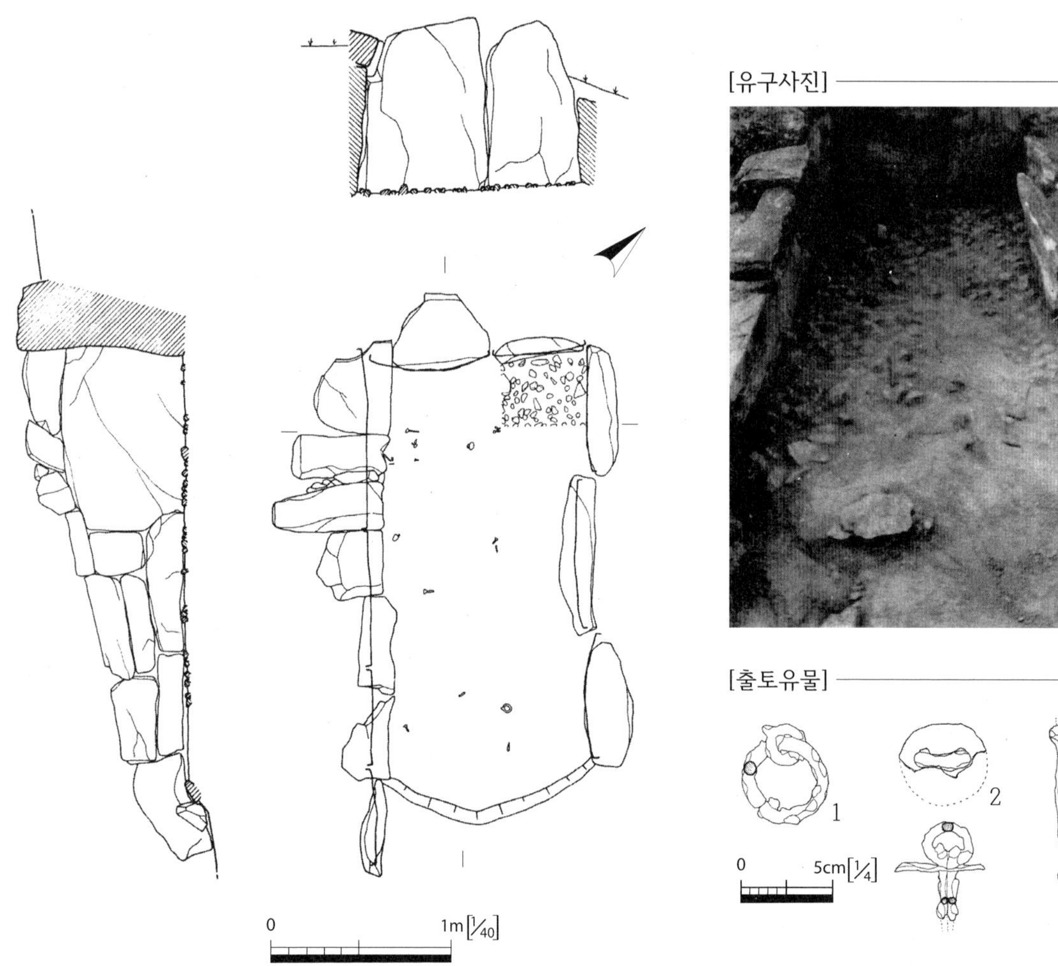

5호 석실묘

(단위 : cm)

봉토	크 기 (길이×너비×높이)	?	묘광	크 기 (길이×너비×깊이)	?
	평면형태	?		장폭비	?
현실	크 기 (길이×너비×높이)	267×103×115	천장형태		(고임)
	장폭비	2.59:1	횡구부위치		남동측 단벽
횡구부	크 기 (길이×너비)	?	묘도크기 (길이×너비)		?
	장폭비	?	배수시설 (길이×너비×깊이)		?
시상/관대크기 (길이×너비×높이)		?	두 향		?
장축방향		N-55°-W	벽석종류		할석
유물	토 기	-			
	철 기	관정(14)			
	청동기	-			
	옥석류	-			
	기 타	-			
특기사항		관정 13점 도면 미게재. 해발고도 미기술. 파괴가 심하여 정확한 구조는 알 수 없음.			

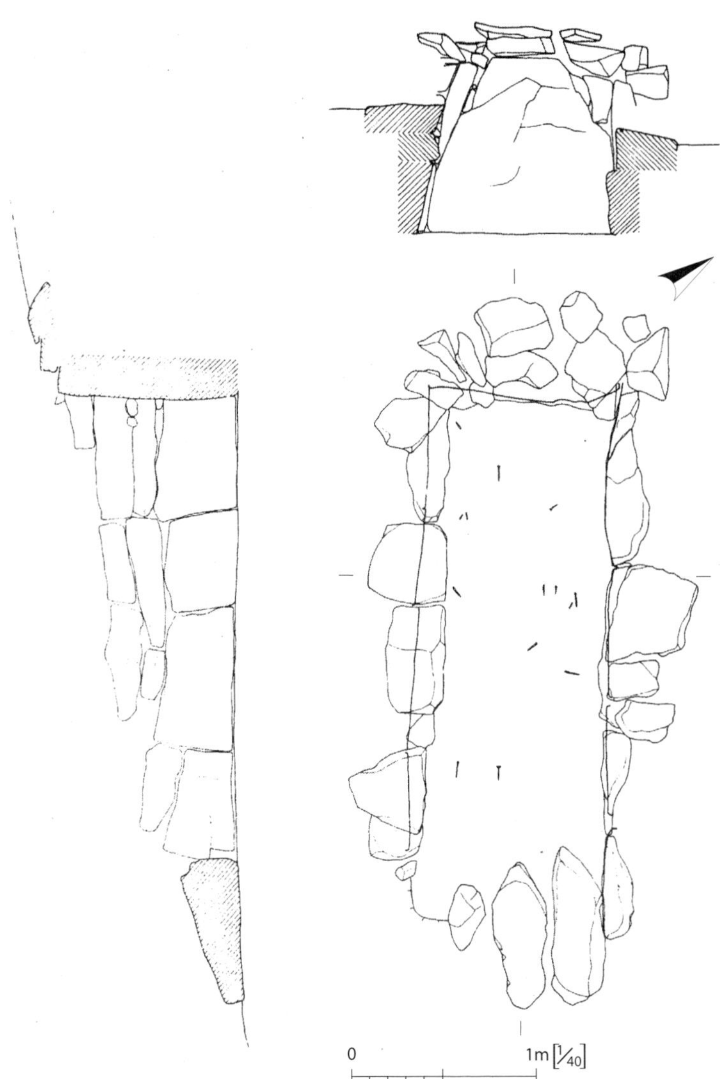

[유구사진]

[출토유물]

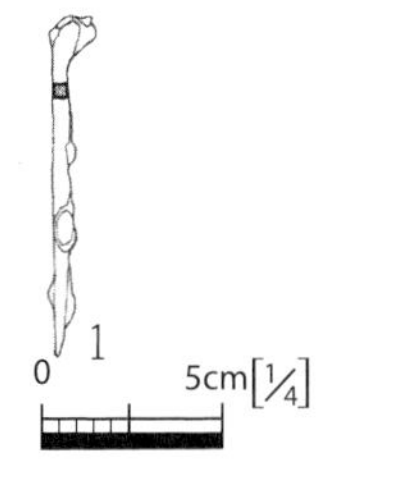

6호 석실묘

(단위 : cm)

봉토	크 기 (길이×너비×높이)	?	묘광	크 기 (길이×너비×깊이)	?
	평면형태	?		장폭비	?
현실	크 기 (길이×너비×높이)	251×123×87	천장형태		?
	장폭비	2.04:1	횡구부위치		?
횡구부	크 기 (길이×너비)	?	묘도크기 (길이×너비)		?
	장폭비	?	배수시설 (길이×너비×깊이)		?
시상/관대크기 (길이×너비×높이)		?	두 향		?
장축방향		N-60°-W	벽석종류		할석
유물	토 기	배(2)			
	철 기	관정(4), 미상철기(1)			
	청동기	-			
	옥석류	-			
	기 타	-			
특기사항		해발고도 미기술.			

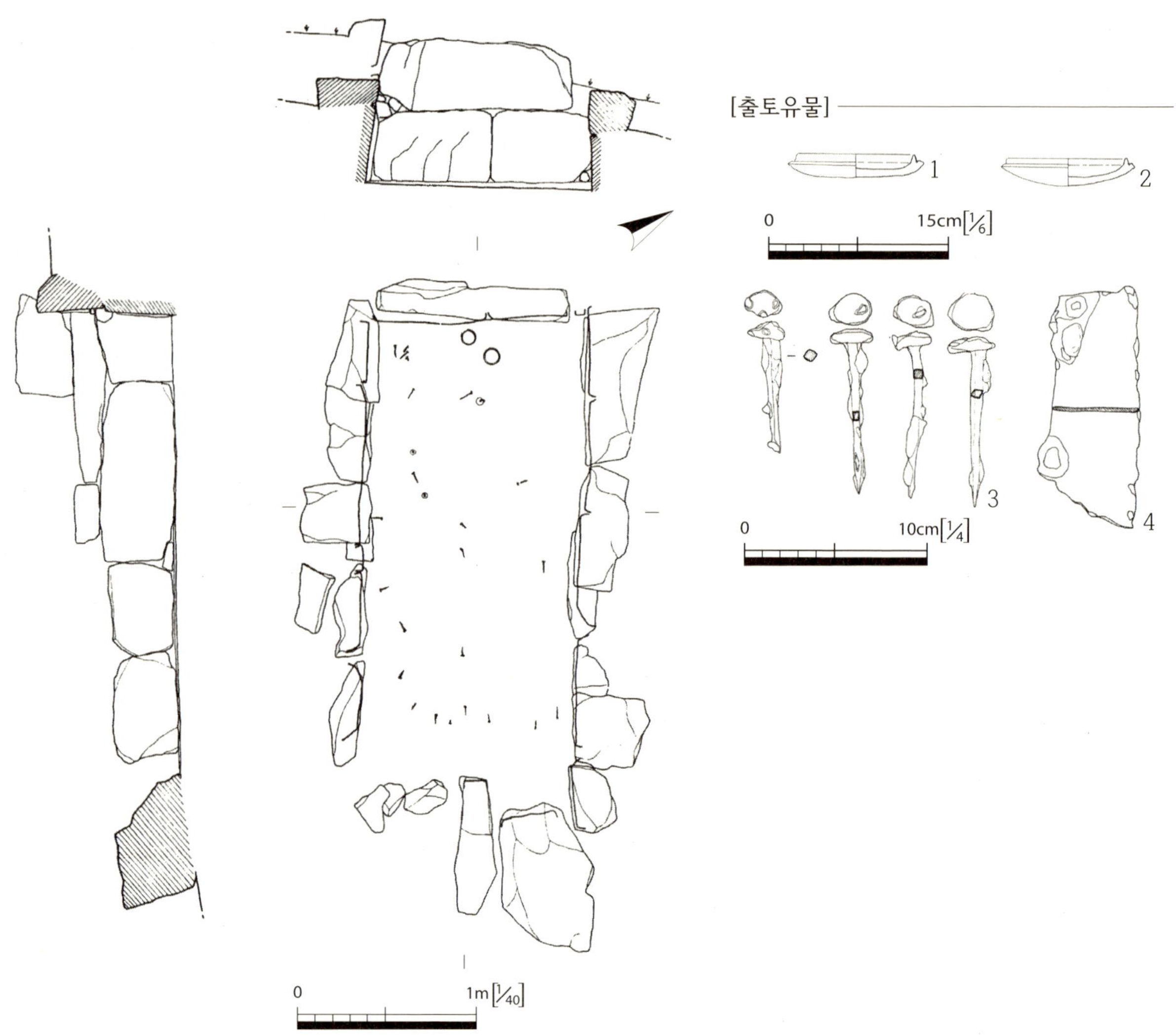

8호 석실묘

(단위 : cm)

봉토	크 기 (길이×너비×높이)	?	묘광	크 기 (길이×너비×깊이)	?
	평면형태	?		장폭비	?
현실	크 기 (길이×너비×높이)	(233+)×84×(88+)	천장형태		?
	장폭비	?	횡구부위치		?
횡구부	크 기 (길이×너비)	?	묘도크기 (길이×너비)		?
	장폭비	?	배수시설 (길이×너비×깊이)		?
시상/관대크기 (길이×너비×높이)		?	두 향		?
장축방향		N-41°-W	벽석종류		할석
유물	토 기	-			
	철 기	관정(8)			
	청동기	-			
	옥석류	-			
	기 타	-			
특기사항		관정 7점 도면 미게재. 해발고도 미기술. 파괴가 심하여 정확한 구조는 알 수 없음.			

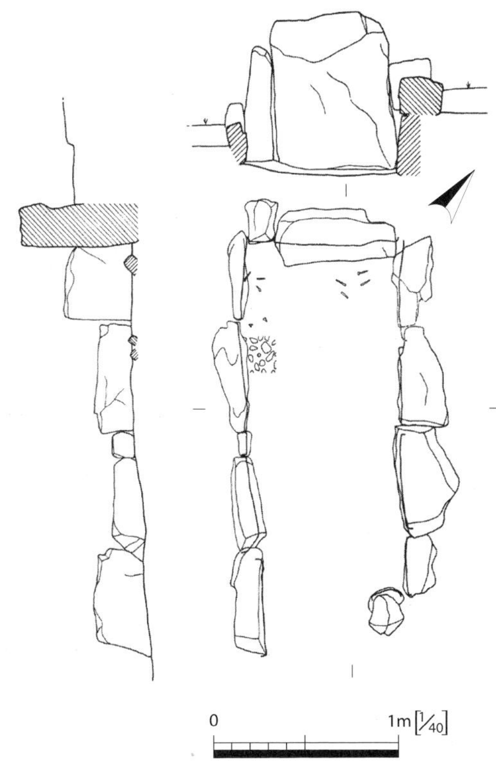

[출토유물] 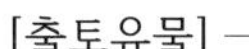

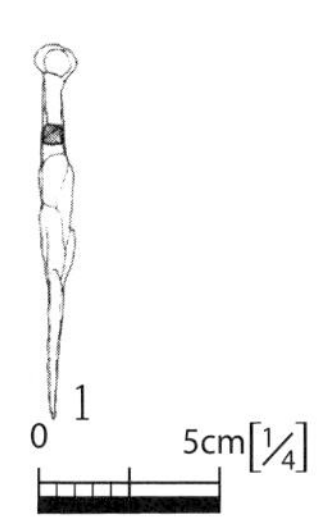

20호 석실묘

(단위 : cm)

봉토	크 기 (길이×너비×높이)	?	묘광	크 기 (길이×너비×깊이)	?
	평면형태	?		장폭비	?
현실	크 기 (길이×너비×높이)	253×104×(140+)	천장형태		(궁륭)
	장폭비	2.43:1	연도위치		?
연도	크 기 (길이×너비×높이)	?	묘도크기 (길이×너비)		?
	장폭비	?	배수시설 (길이×너비×깊이)		?
시상/관대크기 (길이×너비×높이)		?	두 향		?
장축방향		N-25°-W	벽석종류		할석
유물	토 기	-			
	철 기	관정(4)			
	청동기	-			
	옥석류	-			
	기 타	-			
특기사항		관정 2점 도면 미게재. 해발고도 미기술.			

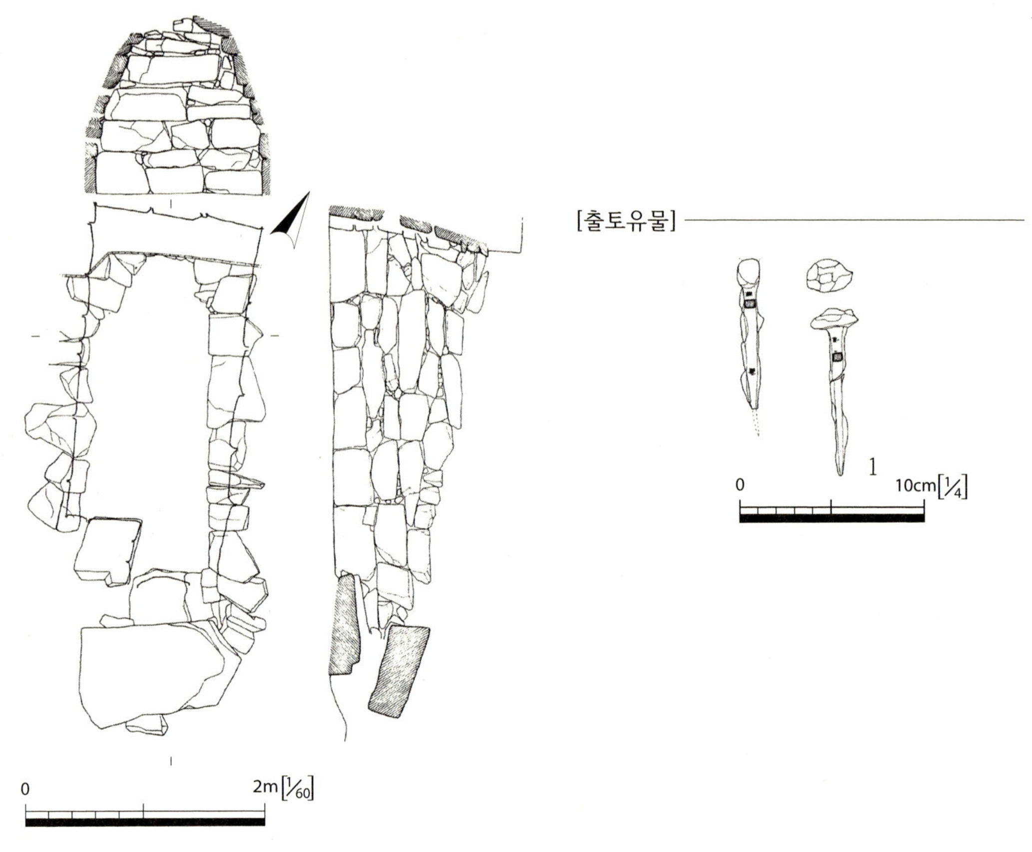

22호 석실묘

(단위 : cm)

봉토	크 기 (길이×너비×높이)	?	묘광	크 기 (길이×너비×깊이)	?
	평면형태	?		장폭비	?
현실	크 기 (길이×너비×높이)	268×140×140	천장형태		(고임)
	장폭비	?	연도위치		(우편재)
연도	크 기 (길이×너비×높이)	150×97×(75)	묘도크기 (길이×너비)		(160+)×(100)
	장폭비	1.55:1	배수시설 (길이×너비×깊이)		(530)×(400)×?
시상/관대크기 (길이×너비×높이)		?	두 향		?
장축방향		N-45°-W	벽석종류		할석
유물	토 기	-			
	철 기	관고리(1), 관정(4)			
	청동기	-			
	옥석류	-			
	기 타	-			
특기사항		해발고도 미기술. 보고서 기술과 유구 도면 스케일바 비율이 모두 상이하여 상호 조정하지 않고 자료집에 게재하였음.			

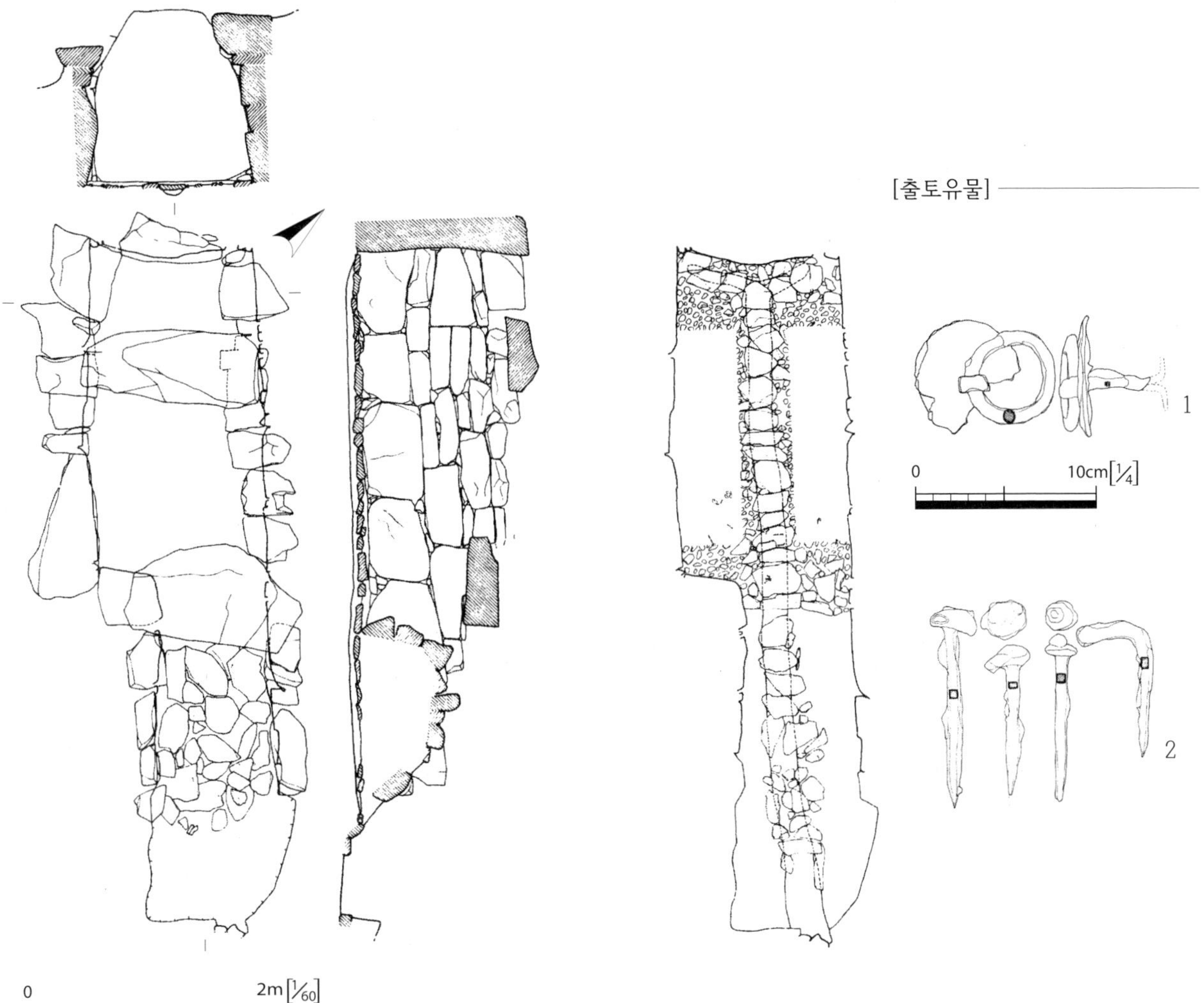

25호 석실묘

(단위 : cm)

봉토	크 기 (길이×너비×높이)	?	묘광 크 기 (길이×너비×깊이)	?
	평면형태	?	장폭비	?
현실	크 기 (길이×너비×높이)	240×130×109	천장형태	?
	장폭비	1.77:1	연도위치	(우편재)
연도	크 기 (길이×너비×높이)	(100)×(70)×(80+)	묘도크기 (길이×너비)	?
	장폭비	(1.43):1	배수시설 (길이×너비×깊이)	(450+)×(22)
시상/관대크기 (길이×너비×높이)		?	두 향	?
장축방향		?	벽석종류	?
유물	토 기	-		
	철 기	관정(11)		
	청동기	-		
	옥석류	-		
	기 타	-		
특기사항		관정 9점 도면 미게재. 해발고도 미기술. 보고서 기술과 유구 도면 스케일바 비율이 모두 상이하여 상호 조정하지 않고 자료집에 게재하였음.		

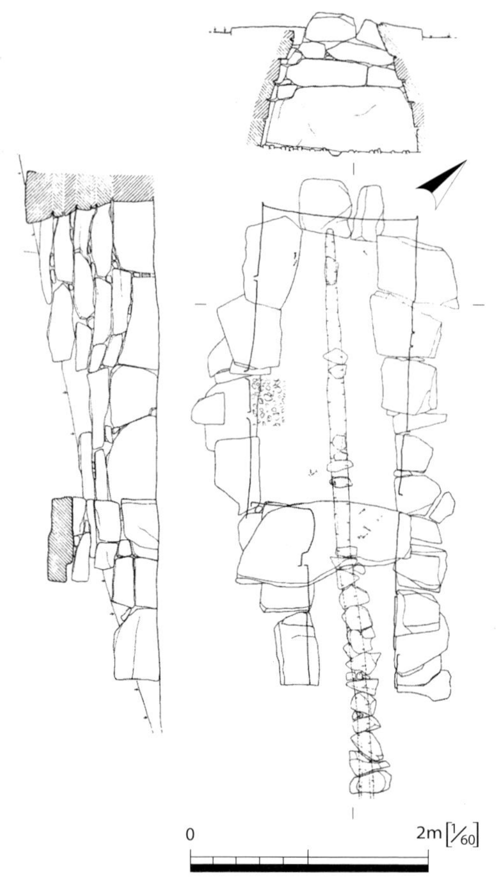

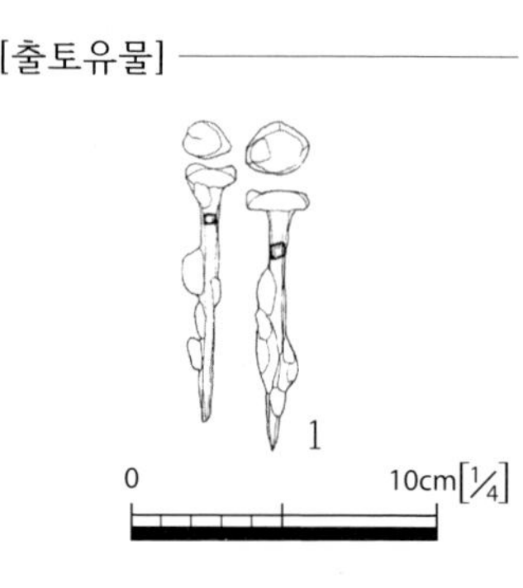

44호 석실묘

(단위 : cm)

봉토	크 기 (길이×너비×높이)	?	묘광	크 기 (길이×너비×깊이)	?
	평면형태	?		장폭비	?
현실	크 기 (길이×너비×높이)	243×123×105	천장형태		(고임)
	장폭비	1.98:1	연도위치		?
연도	크 기 (길이×너비×높이)	(88)×(84)×?	묘도크기 (길이×너비)		?
	장폭비	(1.05):1	배수시설 (길이×너비×깊이)		?
시상/관대크기 (길이×너비×높이)		?	두 향		?
장축방향		N-15°-W	벽석종류		판석, 할석
유물	토 기	-			
	철 기	관고리(1), 관정(1)			
	청동기	-			
	옥석류	-			
	기 타	金銅環(1)			
특기사항		해발고도 미기술. 보고서 기술과 유구 도면 스케일바 비율이 모두 상이하여 상호 조정하지 않고 자료집에 게재하였음.			

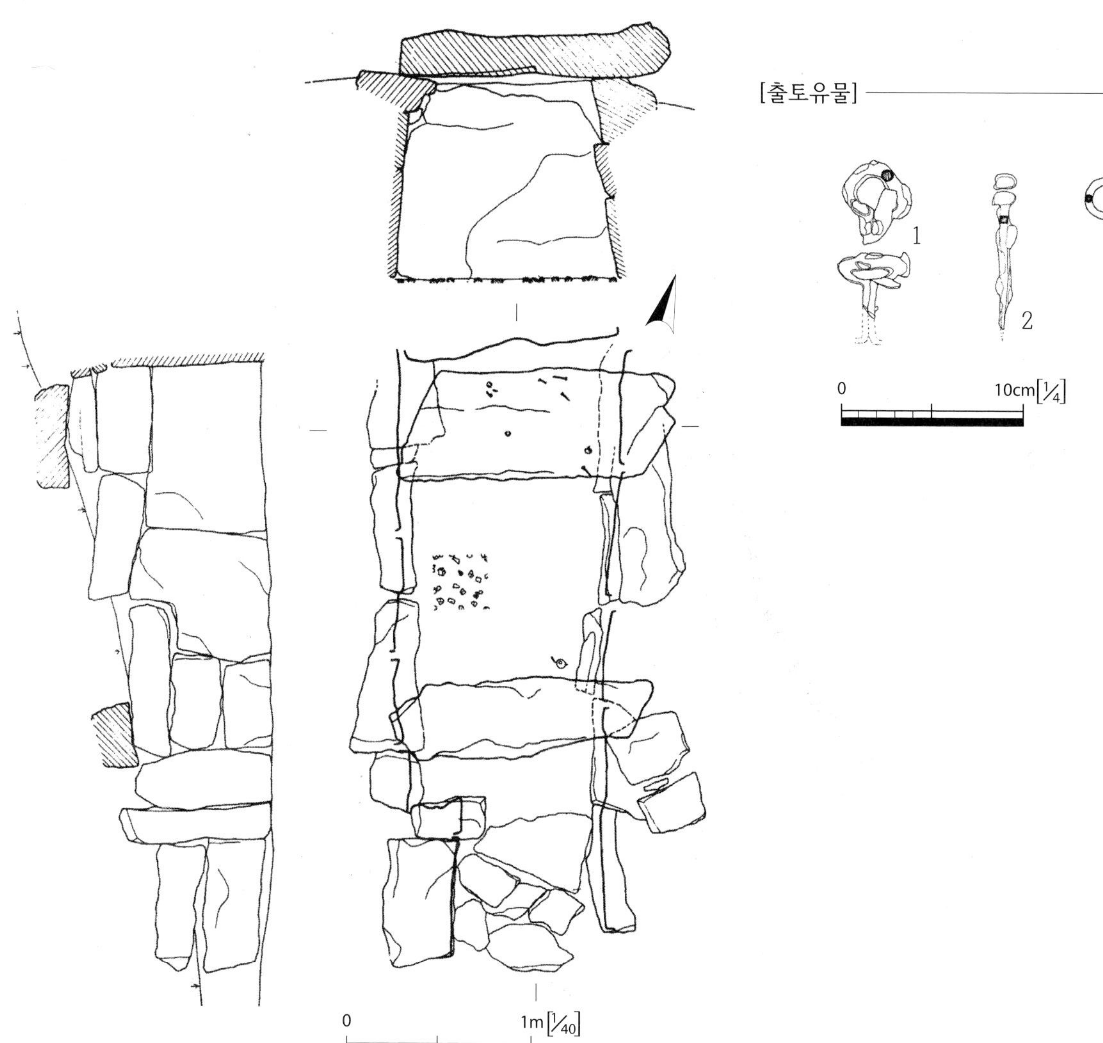

45호 석실묘

(단위 : cm)

봉토	크 기 (길이×너비×높이)	?	묘광	크 기 (길이×너비×깊이)	?
	평면형태	?		장폭비	?
현실	크 기 (길이×너비×높이)	243×132×132	천장형태		(고임)
	장폭비	1.84:1	연도위치		(우편재)
연도	크 기 (길이×너비×높이)	(120)×(132)×(90+)	묘도크기 (길이×너비)		?
	장폭비	(0.91):1	배수시설 (길이×너비×깊이)		?
시상/관대크기 (길이×너비×높이)		?	두 향		?
장축방향		N-(5)°-E	벽석종류		?
유물	토 기	-			
	철 기	관고리(1), 관정(11)			
	청동기	-			
	옥석류	-			
	기 타	-			
특기사항		관고리 1점 및 관정 10점 도면 미게재. 해발고도 미기술. 보고서 기술과 유구 도면 스케일바 비율이 모두 상이하여 상호 조정하지 않고 자료집에 게재하였음.			

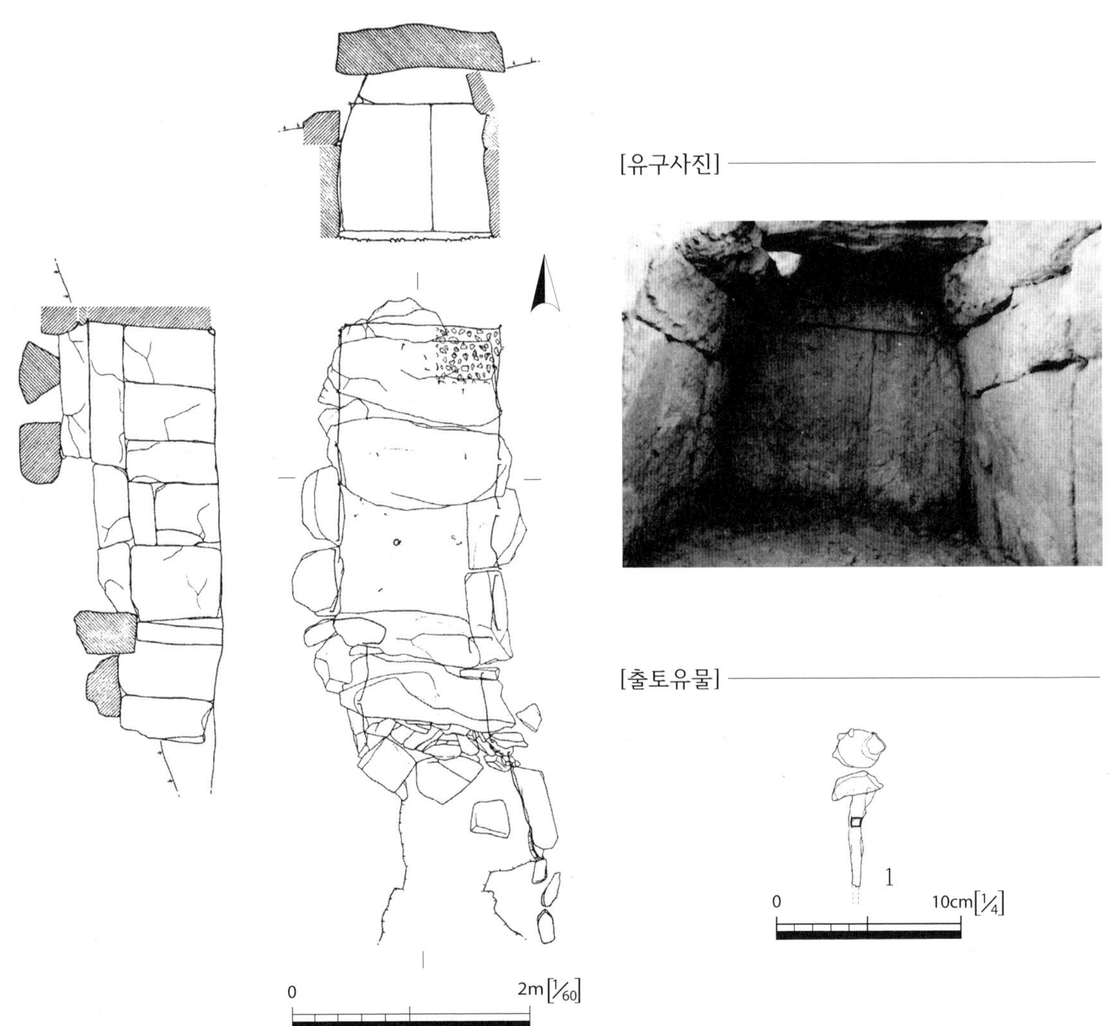

46호 석실묘

(단위 : cm)

봉토	크 기 (길이×너비×높이)	?	묘광	크 기 (길이×너비×깊이)	?
	평면형태	?		장폭비	?
현실	크 기 (길이×너비×높이)	248×86×73	천장형태		?
	장폭비	2.88:1	횡구부위치		남측 단벽
횡구부	크 기 (길이×너비)	(60)×(70)	묘도크기 (길이×너비)		?
	장폭비	(0.86):1	배수시설 (길이×너비×깊이)		?
시상/관대크기 (길이×너비×높이)		?	두 향		?
장축방향		N-10°-W	벽석종류		할석
유물	토 기	-			
	철 기	관고리(2), 관정(1)			
	청동기	-			
	옥석류	-			
	기 타	-			
특기사항		해발고도 미기술. 횡구식 석실로 보고하였으나 파괴가 심하여 정확한 구조는 알 수 없음.			

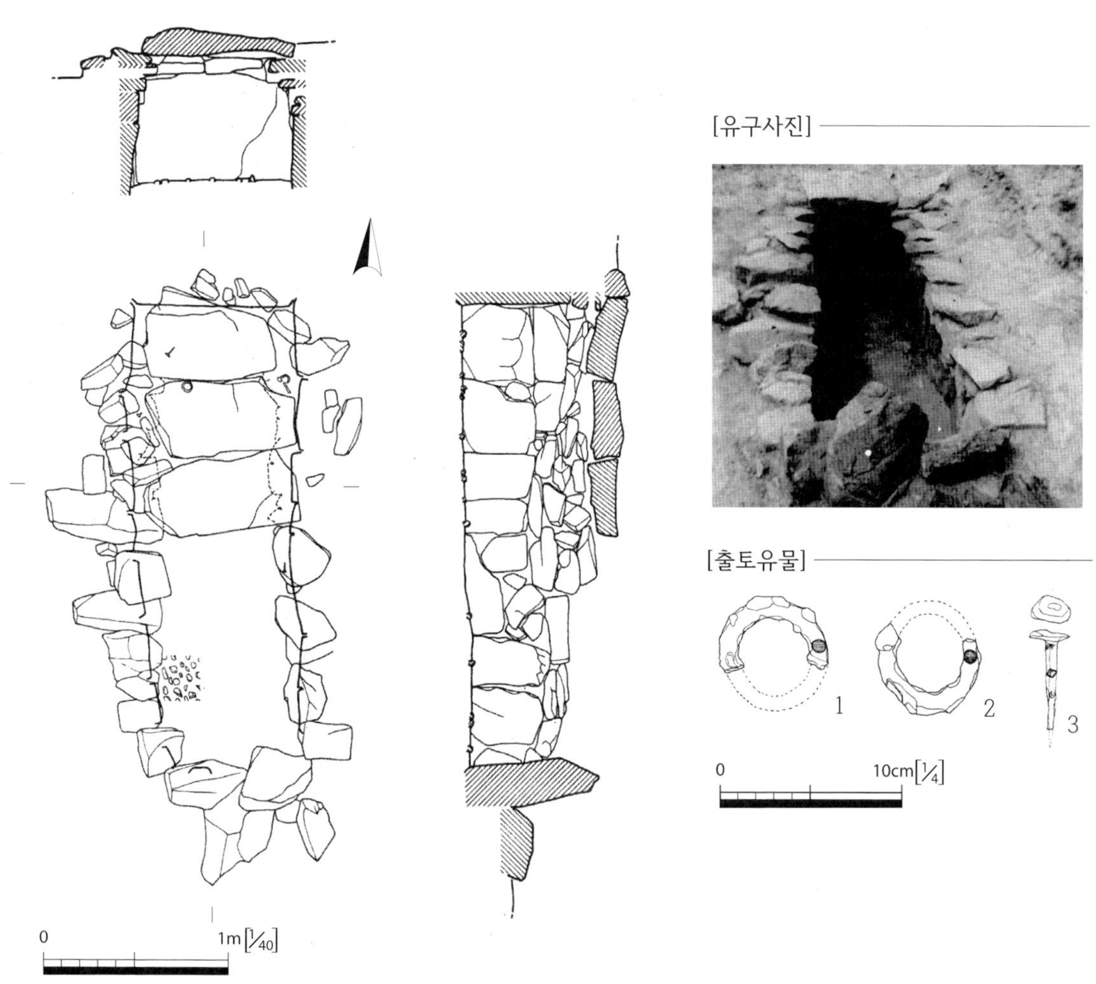

49호 석실묘

(단위 : cm)

<table>
<tr><td rowspan="2">봉토</td><td>크 기
(길이×너비×높이)</td><td>?</td><td rowspan="2">묘광</td><td>크 기
(길이×너비×깊이)</td><td>?</td></tr>
<tr><td>평면형태</td><td>?</td><td>장폭비</td><td>?</td></tr>
<tr><td rowspan="2">현실</td><td>크 기
(길이×너비×높이)</td><td>187×100×103</td><td colspan="2">천장형태</td><td>(고임)</td></tr>
<tr><td>장폭비</td><td>1.87:1</td><td colspan="2">연도위치</td><td>(중앙)</td></tr>
<tr><td rowspan="2">연도</td><td>크 기
(길이×너비×높이)</td><td>(100)×(70)×55</td><td colspan="2">묘도크기
(길이×너비)</td><td>?</td></tr>
<tr><td>장폭비</td><td>(1.43):1</td><td colspan="2">배수시설
(길이×너비×깊이)</td><td>?</td></tr>
<tr><td colspan="2">시상/관대크기
(길이×너비×높이)</td><td>?</td><td colspan="2">두 향</td><td>?</td></tr>
<tr><td colspan="2">장축방향</td><td>N-55°-W</td><td colspan="2">벽석종류</td><td>?</td></tr>
<tr><td rowspan="5">유물</td><td>토 기</td><td colspan="4">-</td></tr>
<tr><td>철 기</td><td colspan="4">-</td></tr>
<tr><td>청동기</td><td colspan="4">-</td></tr>
<tr><td>옥석류</td><td colspan="4">-</td></tr>
<tr><td>기 타</td><td colspan="4">-</td></tr>
<tr><td colspan="2">특기사항</td><td colspan="4">출토유물 없음. 해발고도 미기술.</td></tr>
</table>

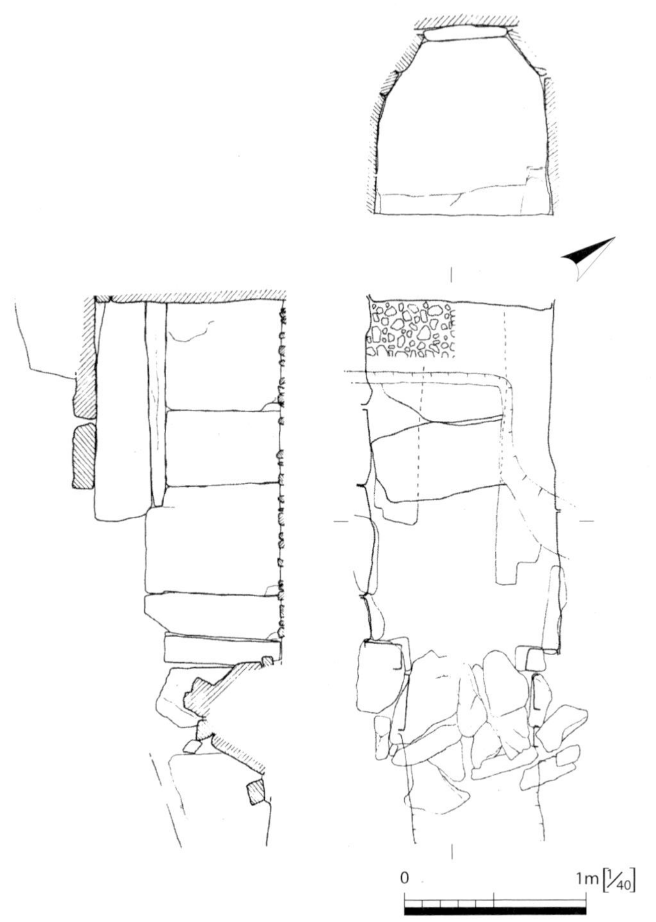

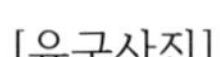

[유구사진]

50호 석실묘

(단위 : cm)

봉토	크 기 (길이×너비×높이)	?	묘광	크 기 (길이×너비×깊이)	?
	평면형태	?		장폭비	?
현실	크 기 (길이×너비×높이)	144×65×65	천장형태		(고임)
	장폭비	2.22:1	연도위치		?
연도	크 기 (길이×너비×높이)	(20+)×(60)×(55+)	묘도크기 (길이×너비)		(252)×(66)
	장폭비	?	배수시설 (길이×너비×깊이)		?
시상/관대크기 (길이×너비×높이)		?	두 향		?
장축방향		N-40°-W	벽석종류		?
유물	토 기	-			
	철 기	-			
	청동기	-			
	옥석류	-			
	기 타	-			
특기사항		횡혈식 석실로 보고하였으나 구조상 횡구식의 가능성이 높음. 출토유물 없음. 해발고도 미기술. 보고서 기술과 유구 도면 스케일바 비율이 모두 상이하여 상호 조정하지 않고 자료집에 게재하였음.			

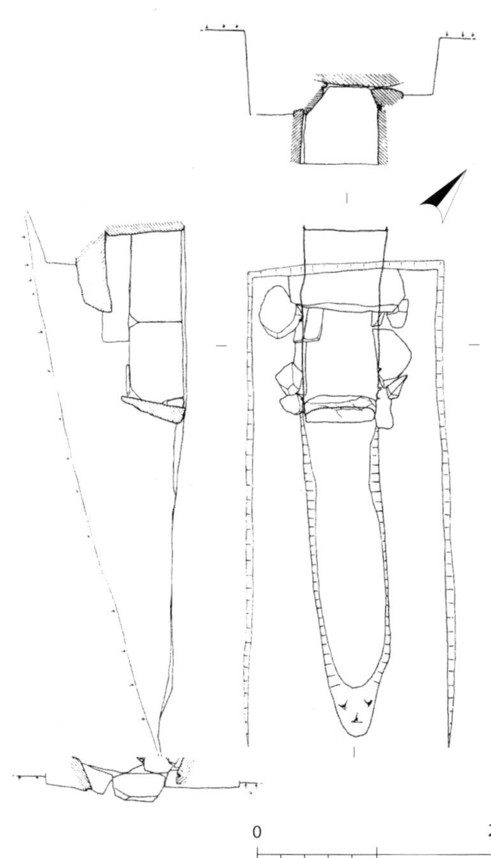

[유구사진]

부여 지선리유적扶餘 芝仙里遺蹟

조사사유	역사시대 고분 형태에 대한 학술발굴조사	
조사연혁	발굴조사: 1991. 07. 24. ~ 1991. 08. 24. (국립부여문화재연구소)	
유적위치	충청남도 부여군 부여읍 외산면 지선리 산20번지 일원	
유적입지	해발 400m 이상 되는 높은 산이 병풍처럼 둘러쳐진 산자락 중턱의 해발 230m 정도 되는 매우 높은 지대에 자리하고 있어, 백제 고분의 일반적인 입지와는 큰 차이를 보인다.	
유구현황	초기철기시대	-
	원삼국시대	-
	삼 국 시 대	석실묘(13)·석곽묘(1)·석축묘(1)·토광묘(1)
	기 타	-
주요유물	단경호, 병, 삼족기, 육이부병, 관정	
시대·성격	1호분은 격벽을 설치하여 동서 2개의 묘실을 만들었다. 조사 당시 이미 도굴되었으나 석실 안에서 관정이 출토되어 목관을 사용한 것으로 추정된다. 횡혈식 석실은 모두 연도가 오른쪽에 있고 바닥 판석 아래에 배수 시설이 마련되어 있다. 모두 평천장이며 경사면을 가진 천장 고임석은 보이지 않는다. 여기에는 6·8호분이 속하여, 11호분과 같이 문설주석을 설치하고 짧지만 연도가 접속된 형태의 석실도 있다. 고분군의 전체 규모가 16기 정도로 크지 않고 개별 고분의 규모 역시 소형이며, 산간지역에 입지한 점이 특징적이다. 8호분에서 출토된 삼족기 등으로 보아 6세기 후반에서 7세기 초반 경에 부여 외곽지역의 유력 집단이 조영한 고분군으로 보인다.	
참고문헌	국립부여문화재연구소, 1992, 『扶餘 芝仙里 古墳群』.	

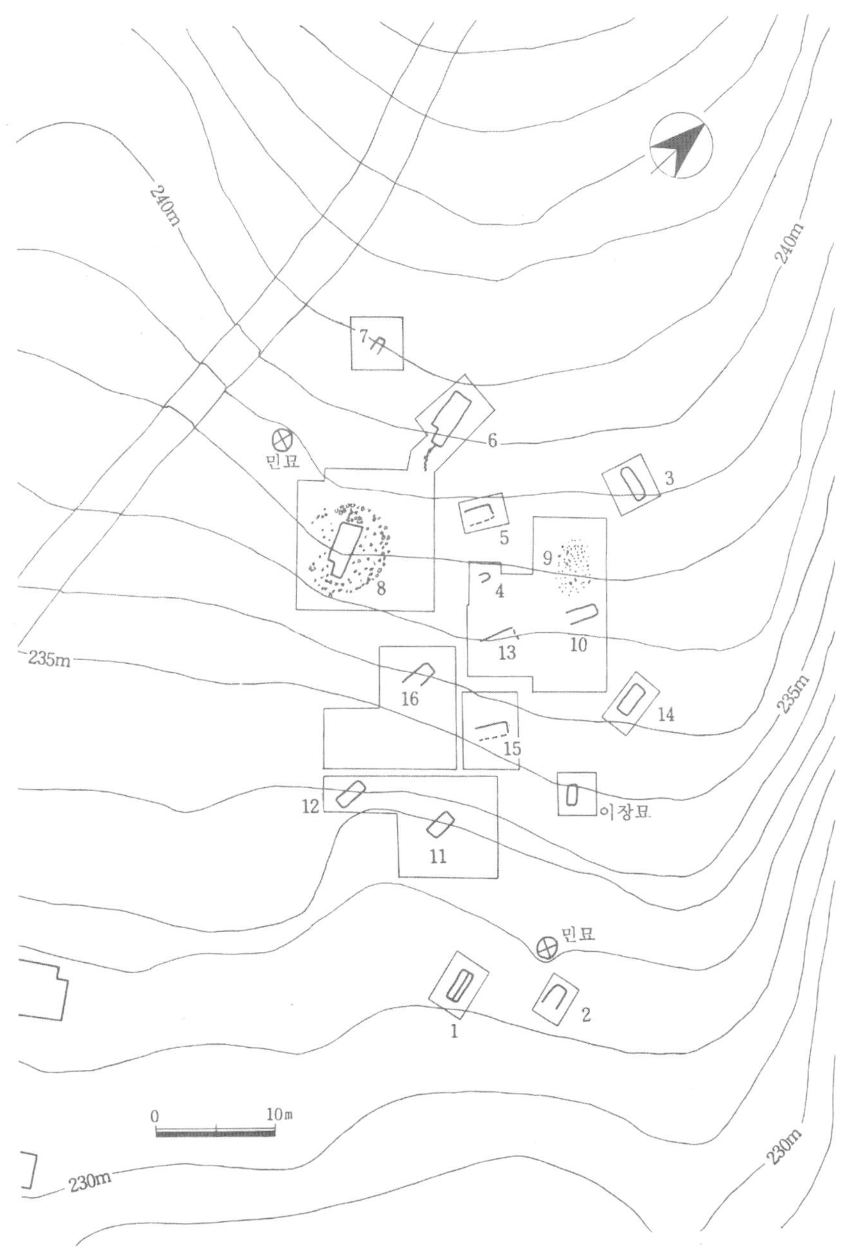

부여 지선리유적 유구배치도

부여 지선리유적 근경

1호 석실묘

(단위 : cm)

봉토	크 기 (길이×너비×높이)	?	묘광	크 기 (길이×너비×깊이)	320×270×(110+)
	장폭비	?		장폭비	1.19:1
현실	크 기 (길이×너비×높이)	동 - 230×43×(80+) 서- 240×68×(80+)	천장형태		?
	장폭비	동 - 5.34:1 서 - 3.53:1	횡구부위치		남측 단벽
횡구부	크 기 (길이×너비)	동 - (64)×(88) 서 - (64)×(56)	묘도크기 (길이×너비)		?
	장폭비	동 - (0.72):1 서 - (1.14):1	배수시설 (길이×너비×깊이)		-
시상/관대크기 (길이×너비×높이)		?	두 향		?
장축방향		N-10°-W	벽석종류		판석
유물	토 기	-			
	철 기	관정(1)			
	청동기	-			
	옥석류	-			
	기 타	-			
특기사항		판석 4매를 세워 놓아 2개의 묘실을 만든 형태.			

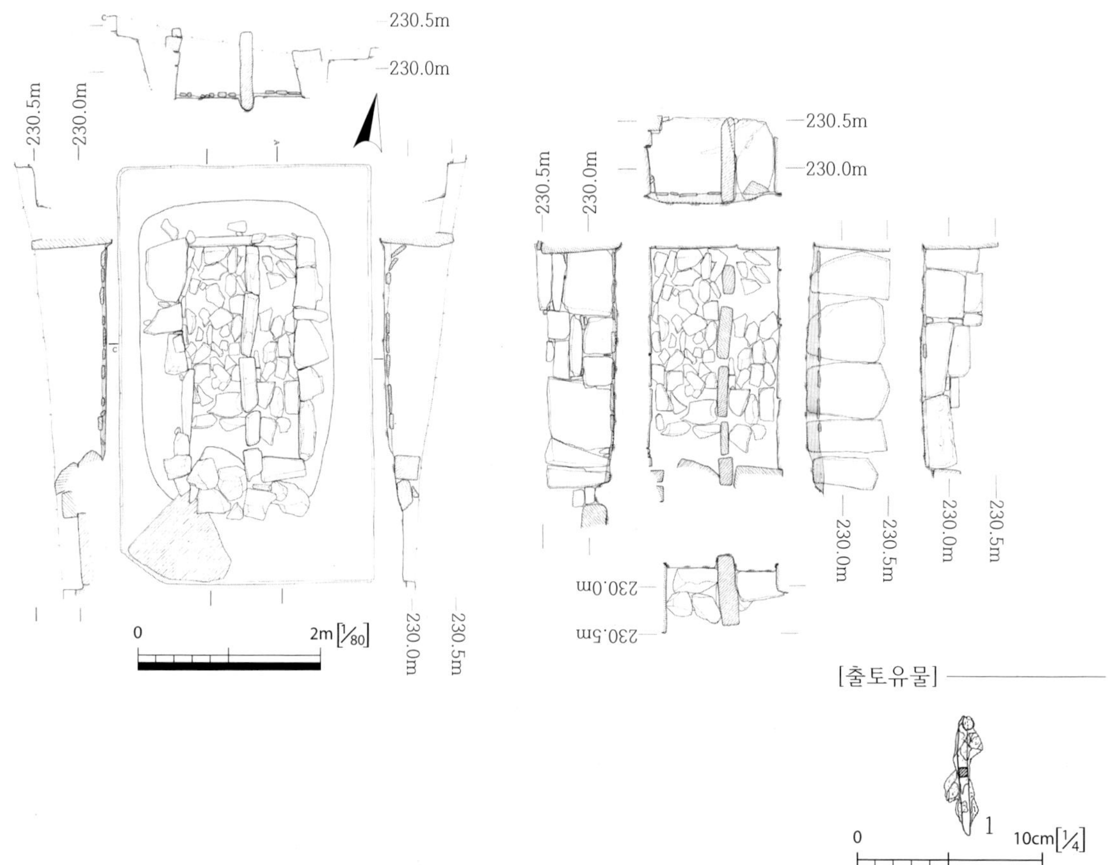

2호 석실묘

(단위 : cm)

<table>
<tr><td rowspan="2">봉토</td><td>크 기
(길이×너비×높이)</td><td>?</td><td rowspan="2">묘광</td><td>크 기
(길이×너비×깊이)</td><td>(269+)×142×(55+)</td></tr>
<tr><td>평면형태</td><td>?</td><td>장폭비</td><td>?</td></tr>
<tr><td rowspan="2">현실</td><td>크 기
(길이×너비×높이)</td><td>(245+)×65×(40+)</td><td colspan="2">천장형태</td><td>?</td></tr>
<tr><td>장폭비</td><td>?</td><td colspan="2">횡구부위치</td><td>?</td></tr>
<tr><td rowspan="2">횡구부</td><td>크 기
(길이×너비)</td><td>?</td><td colspan="2">묘도크기
(길이×너비)</td><td>?</td></tr>
<tr><td>장폭비</td><td>?</td><td colspan="2">배수시설
(길이×너비×깊이)</td><td>-</td></tr>
<tr><td colspan="2">시상/관대크기
(길이×너비×높이)</td><td>?</td><td colspan="2">두 향</td><td>?</td></tr>
<tr><td colspan="2">장축방향</td><td>N-5°-W</td><td colspan="2">벽석종류</td><td>판석</td></tr>
<tr><td rowspan="5">유물</td><td>토 기</td><td colspan="4">-</td></tr>
<tr><td>철 기</td><td colspan="4">관정(1)</td></tr>
<tr><td>청동기</td><td colspan="4">-</td></tr>
<tr><td>옥석류</td><td colspan="4">-</td></tr>
<tr><td>기 타</td><td colspan="4">-</td></tr>
<tr><td colspan="2">특기사항</td><td colspan="4">횡구식 석실로 보고하였으나 파괴가 심하여 정확한 구조는 알 수 없음.</td></tr>
</table>

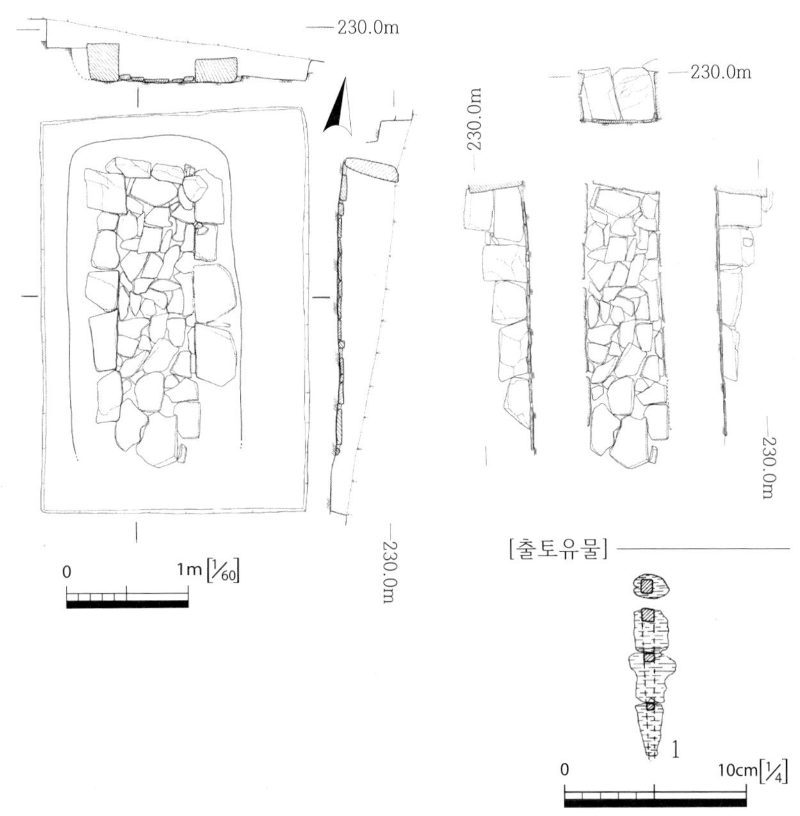

3호 토광묘

(단위 : cm)

묘광	크 기 (길이×너비×깊이)	250×70×(53+)	목관	크 기 (길이×너비×높이)	?
	장폭비	3.57:1		장폭비	?
장축방향		N-85°-W	목곽	크 기 (길이×너비×높이)	?
두 향		?		장폭비	?
유물	토 기	-			
	철 기	촉(1), 관정(4)			
	청동기	미상청동기(1)			
	옥석류	-			
	기 타	-			
특기사항		미상청동기 1점 도면 미게재.			

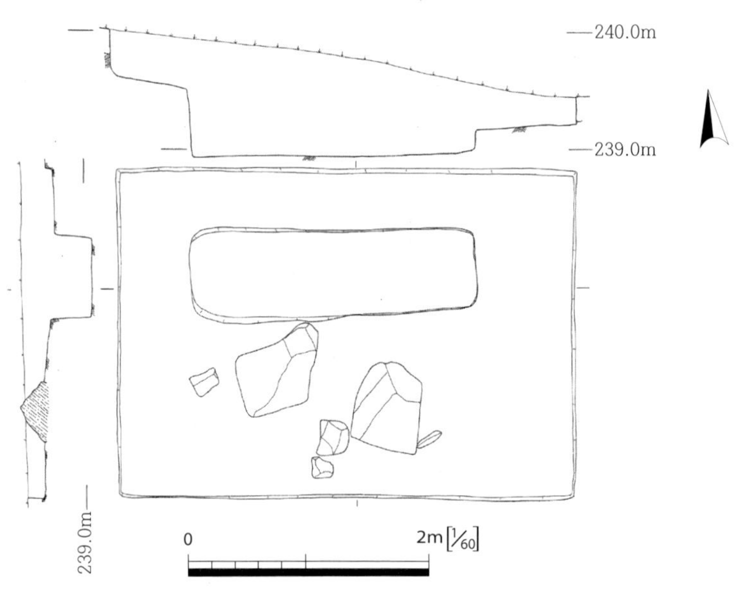

[출토유물]

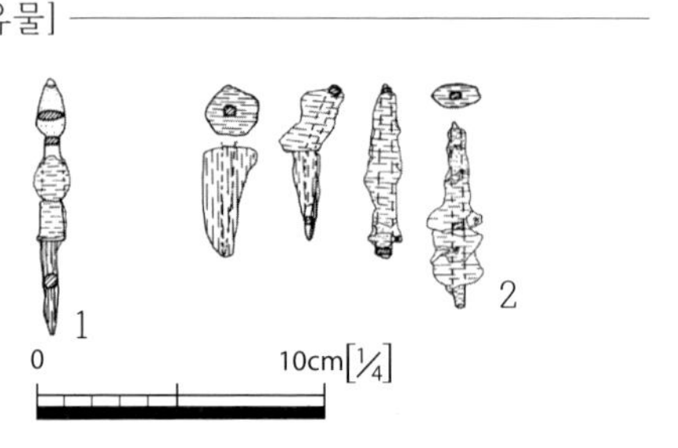

4호 석곽묘

(단위 : cm)

구분	세부	내용	구분	세부	내용
묘광	크 기 (길이×너비×깊이)	125×75×?	주체부	크 기 (길이×너비×높이)	98×30×26
	장폭비	1.67:1		장폭비	3.27:1
장축방향		N-60°-E	시상·관대	크 기 (길이×너비×높이)	-
두 향		?	벽석종류		?
유물	토 기	흑색마연완(1)			
	철 기	-			
	청동기	-			
	옥석류	-			
	기 타	-			
특기사항					

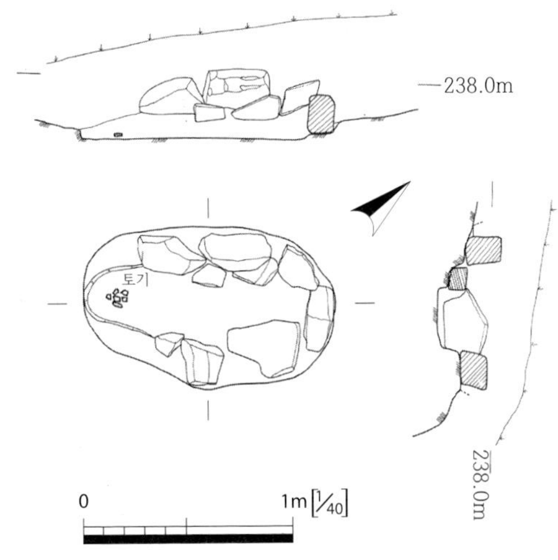

[출토유물]

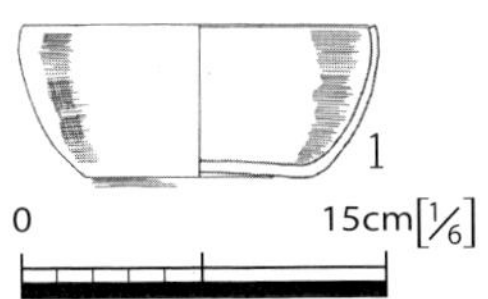

5호 석실묘

(단위 : cm)

<table>
<tr><td rowspan="2">묘광</td><td>크 기
(길이×너비×깊이)</td><td>(330+)×(190+)×?</td><td rowspan="2">현실</td><td>크 기
(길이×너비×높이)</td><td>(260+)×(80+)×(25+)</td></tr>
<tr><td>장폭비</td><td>?</td><td>장폭비</td><td>?</td></tr>
<tr><td colspan="2">시상/관대크기
(길이×너비×높이)</td><td>?</td><td colspan="2">천장형태</td><td>?</td></tr>
<tr><td colspan="2">묘도크기
(길이×너비)</td><td>?</td><td colspan="2">배수시설
(길이×너비×깊이)</td><td>?</td></tr>
<tr><td colspan="2">장축방향</td><td>N-20°-E</td><td colspan="2">두 향</td><td>-</td></tr>
<tr><td colspan="2">벽석종류</td><td>할석</td><td colspan="2">바닥시설</td><td>할석</td></tr>
<tr><td rowspan="5">유물</td><td>토 기</td><td colspan="4">-</td></tr>
<tr><td>철 기</td><td colspan="4">-</td></tr>
<tr><td>청동기</td><td colspan="4">-</td></tr>
<tr><td>옥석류</td><td colspan="4">-</td></tr>
<tr><td>기 타</td><td colspan="4">-</td></tr>
<tr><td colspan="2">특기사항</td><td colspan="4">출토유물 없음. 횡구식 석실로 보고하였으나 파괴가 심하여 정확한 구조는 알 수 없음.</td></tr>
</table>

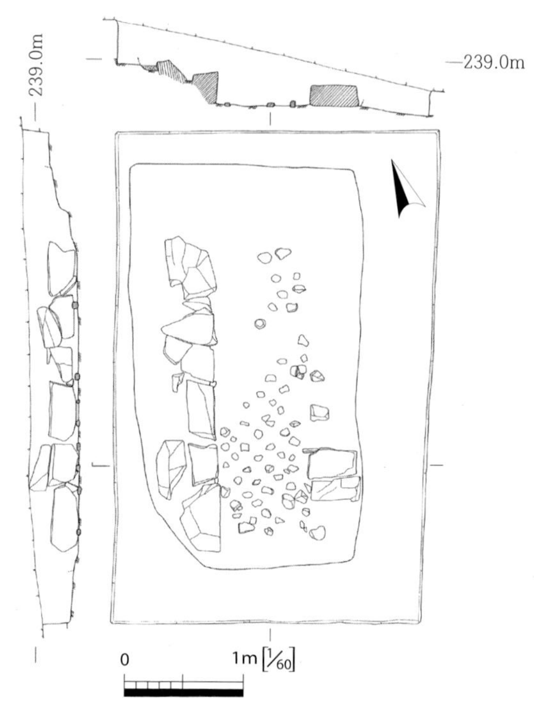

6호 석실묘

(단위 : cm)

봉토	크 기 (길이×너비×높이)	?	묘광	크 기 (길이×너비×깊이)	610×318×?
	평면형태	?		장폭비	1.92:1
현실	크 기 (길이×너비×높이)	244×143×94	천장형태		?
	장폭비	1.71:	연도위치		(우편재)
연도	크 기 (길이×너비×높이)	140×105×70	묘도크기 (길이×너비)		(320)×(136)
	장폭비	1.33:1	배수시설 (길이×너비×깊이)		644×20×10
시상/관대크기 (길이×너비×높이)		?	두 향		?
장축방향		N-10°-W	벽석종류		판석
유물	토 기	-			
	철 기	관정(15)			
	청동기	-			
	옥석류	-			
	기 타	-			
특기사항		관정 11점 도면 미게재. 보고서 기술과 유구 도면 스케일바 비율이 모두 상이하여 상호 조정하지 않고 자료집에 게재하였음.			

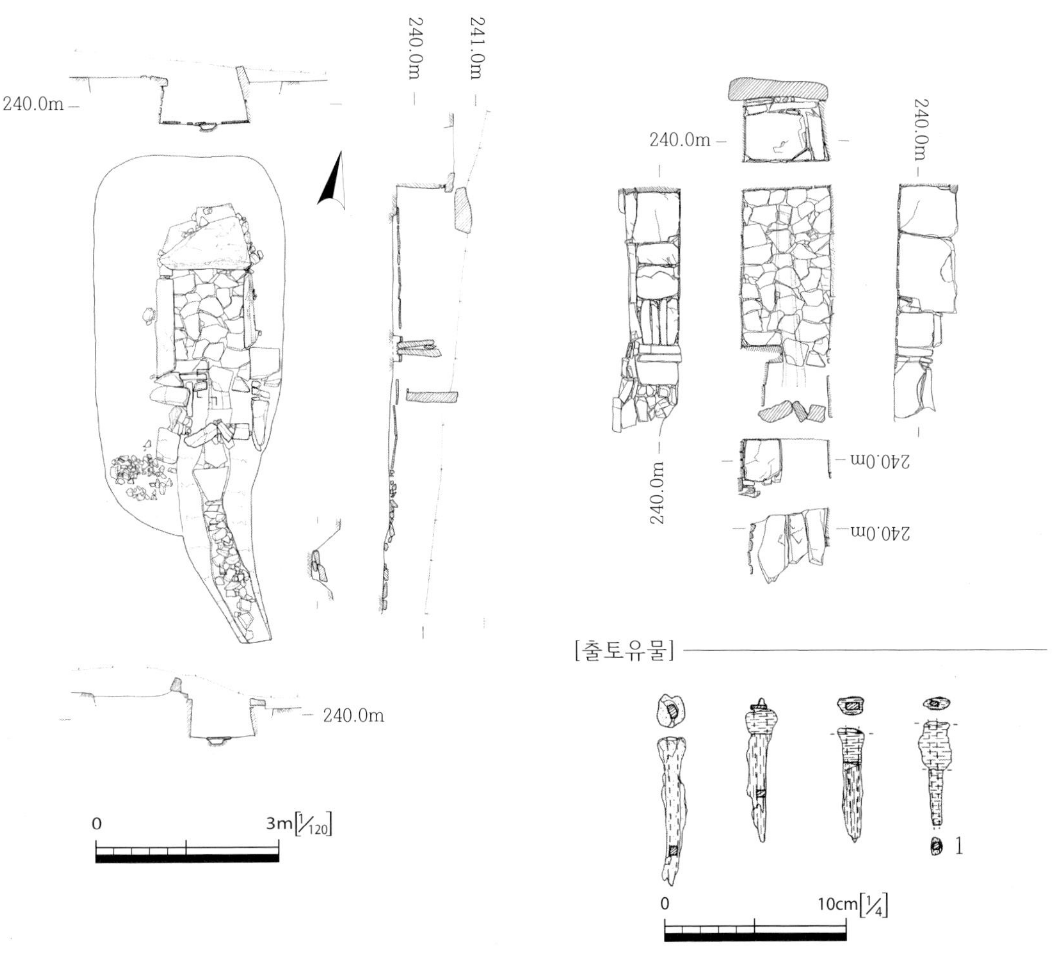

7호 석실묘

(단위 : cm)

봉토	크 기 (길이×너비×높이)	?	묘광	크 기 (길이×너비×깊이)	(260+)×130×?
	평면형태	?		장폭비	?
현실	크 기 (길이×너비×높이)	(166+)×51×(40+)	천장형태		?
	장폭비	?	횡구부위치		?
횡구부	크 기 (길이×너비)	?	묘도크기 (길이×너비)		?
	장폭비	?	배수시설 (길이×너비×깊이)		?
시상/관대크기 (길이×너비×높이)		?	두 향		?
장축방향		N-10°-W	벽석종류		?
유물	토 기	-			
	철 기	-			
	청동기	-			
	옥석류	-			
	기 타	-			
특기사항		출토유물 없음. 횡구식 석실로 보고하였으나 파괴가 심하여 정확한 구조는 알 수 없음.			

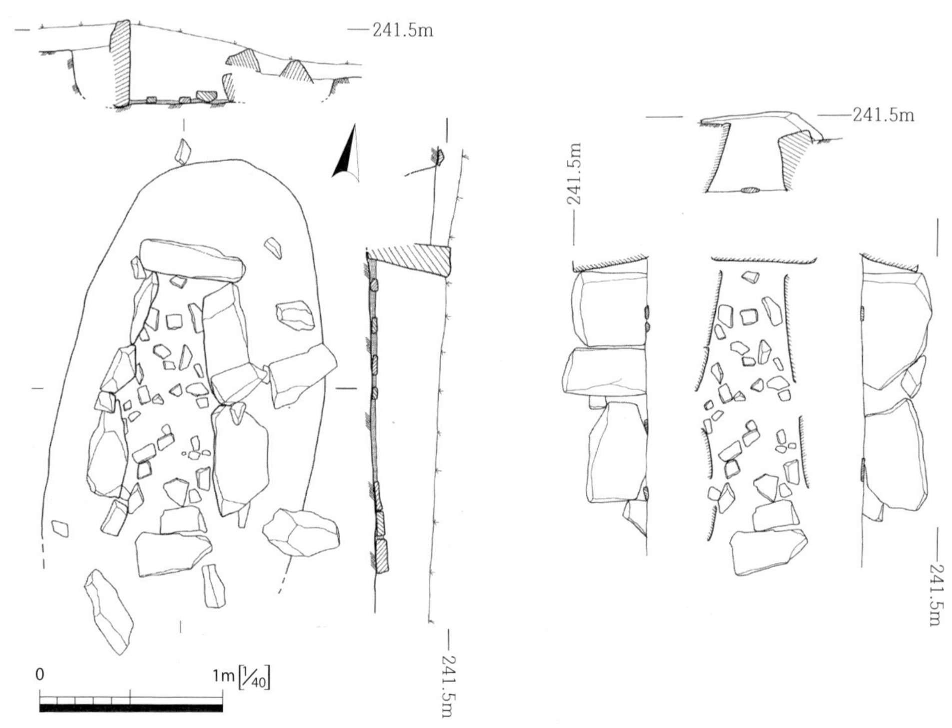

8호 석실묘

(단위 : cm)

<table>
<tr><td rowspan="2">봉토</td><td>크 기
(길이×너비×높이)</td><td>?</td><td rowspan="2">묘광</td><td>크 기
(길이×너비×깊이)</td><td>?</td></tr>
<tr><td>평면형태</td><td>?</td><td>장폭비</td><td>?</td></tr>
<tr><td rowspan="2">현실</td><td>크 기
(길이×너비×높이)</td><td>250×164×110</td><td colspan="2">천장형태</td><td>?</td></tr>
<tr><td>장폭비</td><td>1.52:1</td><td colspan="2">연도위치</td><td>?</td></tr>
<tr><td rowspan="2">연도</td><td>크 기
(길이×너비×높이)</td><td>148×78×62</td><td colspan="2">묘도크기
(길이×너비)</td><td>?</td></tr>
<tr><td>장폭비</td><td>1.90:1</td><td colspan="2">배수시설
(길이×너비×깊이)</td><td>(390)×20×5</td></tr>
<tr><td colspan="2">시상/관대크기
(길이×너비×높이)</td><td>?</td><td colspan="2">두 향</td><td>?</td></tr>
<tr><td colspan="2">장축방향</td><td>N-20°-W</td><td colspan="2">벽석종류</td><td>?</td></tr>
<tr><td rowspan="5">유물</td><td>토 기</td><td colspan="4">직구단경소호(1), 삼족기(1), 병(1)</td></tr>
<tr><td>철 기</td><td colspan="4">관정(23)</td></tr>
<tr><td>청동기</td><td colspan="4">-</td></tr>
<tr><td>옥석류</td><td colspan="4">-</td></tr>
<tr><td>기 타</td><td colspan="4">-</td></tr>
<tr><td colspan="2">특기사항</td><td colspan="4">관정 16점 도면 미게재. 보고서 기술과 유구 도면 스케일바 비율이 모두 상이하여 상호 조정하지 않고 자료집에 게재하였음.</td></tr>
</table>

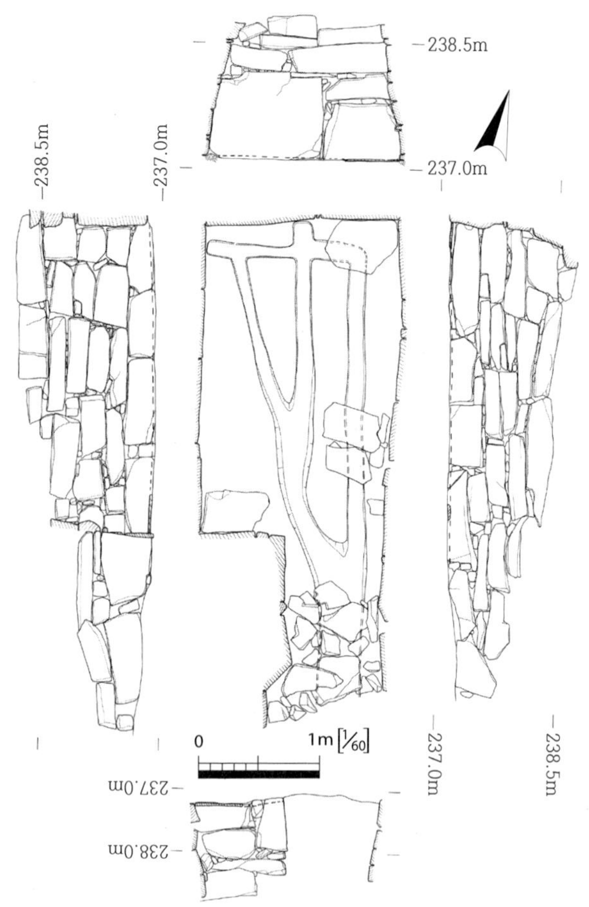
238.5m
237.0m
238.5m
237.0m
0
1m[1/60]
237.0m
238.5m
237.0m
238.0m

[유구사진]

[출토유물]

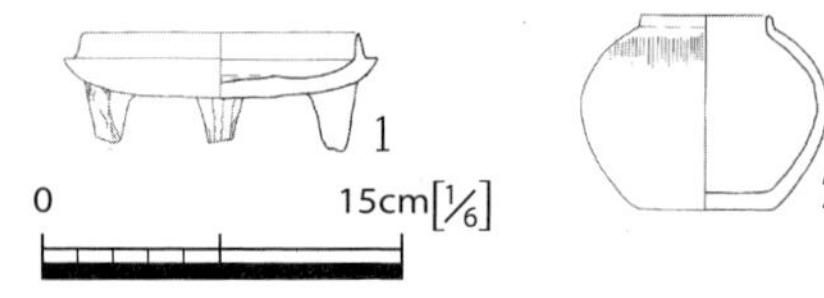
1
0
15cm[1/6]

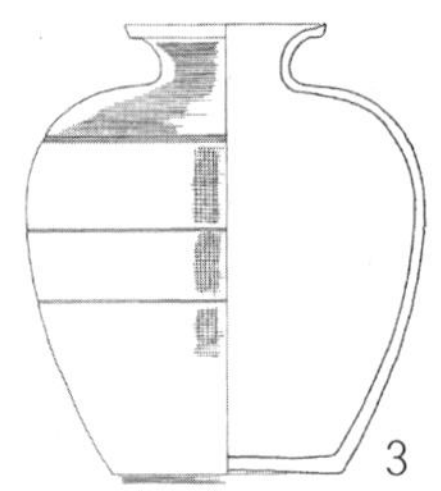
2
3

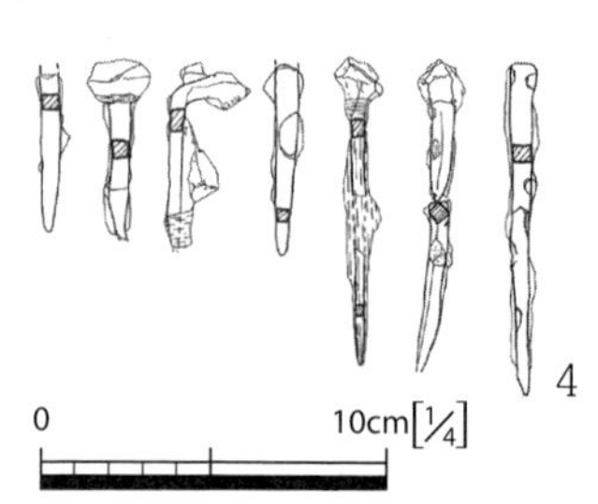
4
0
10cm[1/4]

9호분

(단위 : cm)

묘광	크 기 (길이×너비×깊이)	?	현실	크 기 (길이×너비×높이)	?
	장폭비	?		장폭비	?
시상/관대크기 (길이×너비×높이)		?	천장형태		?
묘도크기 (길이×너비)		?	배수시설 (길이×너비×깊이)		?
장축방향		N-45°-W	두 향		?
벽석종류		?	바닥시설		?
유물	토 기	-			
	철 기	-			
	청동기	-			
	옥석류	-			
	기 타	-			
특기사항		출토유물 없음. 파괴가 심하여 정확한 구조는 알 수 없음.			

10호 석실묘

(단위 : cm)

<table>
<tr><td rowspan="2">봉토</td><td>크 기
(길이×너비×높이)</td><td>?</td><td rowspan="2">묘광</td><td>크 기
(길이×너비×깊이)</td><td>(250+)×200×?</td></tr>
<tr><td>평면형태</td><td>?</td><td>장폭비</td><td>?</td></tr>
<tr><td rowspan="2">현실</td><td>크 기
(길이×너비×높이)</td><td>(200+)×80×30</td><td colspan="2">천장형태</td><td>?</td></tr>
<tr><td>장폭비</td><td>?</td><td colspan="2">횡구부위치</td><td>?</td></tr>
<tr><td rowspan="2">횡구부</td><td>크 기
(길이×너비)</td><td>?</td><td colspan="2">묘도크기
(길이×너비)</td><td>?</td></tr>
<tr><td>장폭비</td><td>?</td><td colspan="2">배수시설
(길이×너비×깊이)</td><td>?</td></tr>
<tr><td colspan="2">시상/관대크기
(길이×너비×높이)</td><td>?</td><td colspan="2">두 향</td><td>?</td></tr>
<tr><td colspan="2">장축방향</td><td>N-22°-E</td><td colspan="2">벽석종류</td><td>?</td></tr>
<tr><td rowspan="5">유물</td><td>토 기</td><td colspan="4">-</td></tr>
<tr><td>철 기</td><td colspan="4">-</td></tr>
<tr><td>청동기</td><td colspan="4">-</td></tr>
<tr><td>옥석류</td><td colspan="4">-</td></tr>
<tr><td>기 타</td><td colspan="4">-</td></tr>
<tr><td colspan="2">특기사항</td><td colspan="4">횡구식 석실로 보고하였으나 파괴가 심하여 정확한 구조는 알 수 없음. 출토유물 없음.</td></tr>
</table>

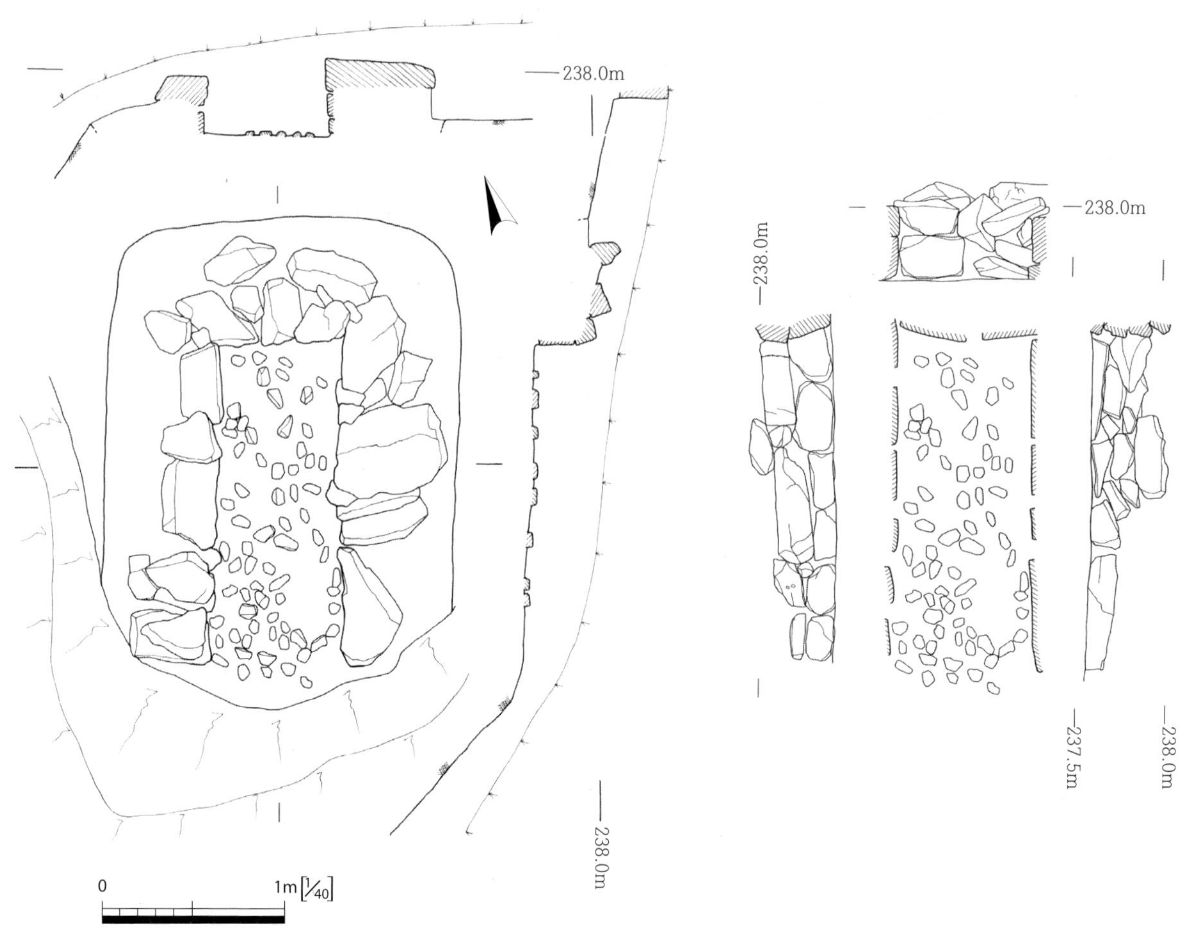

11호 석실묘

(단위 : cm)

<table>
<tr><td rowspan="2">봉토</td><td>크 기
(길이×너비×높이)</td><td>?</td><td rowspan="2">묘광</td><td>크 기
(길이×너비×깊이)</td><td>400×190×(92+)</td></tr>
<tr><td>평면형태</td><td>?</td><td>장폭비</td><td>2.11:1</td></tr>
<tr><td rowspan="2">현실</td><td>크 기
(길이×너비×높이)</td><td>215×85×80</td><td colspan="2">천장형태</td><td>(고임)</td></tr>
<tr><td>장폭비</td><td>2.53:1</td><td colspan="2">횡구부위치</td><td>남측 단벽</td></tr>
<tr><td rowspan="2">횡구부</td><td>크 기
(길이×너비)</td><td>(78)×(78)</td><td colspan="2">묘도크기
(길이×너비)</td><td>?</td></tr>
<tr><td>장폭비</td><td>(1.00):1</td><td colspan="2">배수시설
(길이×너비×깊이)</td><td>-</td></tr>
<tr><td colspan="2">시상/관대크기
(길이×너비×높이)</td><td>10×10×?</td><td colspan="2">두 향</td><td>?</td></tr>
<tr><td colspan="2">장축방향</td><td>N-0°-S</td><td colspan="2">벽석종류</td><td>할석</td></tr>
<tr><td rowspan="5">유물</td><td>토 기</td><td colspan="4">-</td></tr>
<tr><td>철 기</td><td colspan="4">-</td></tr>
<tr><td>청동기</td><td colspan="4">-</td></tr>
<tr><td>옥석류</td><td colspan="4">-</td></tr>
<tr><td>기 타</td><td colspan="4">-</td></tr>
<tr><td colspan="2">특기사항</td><td colspan="4">출토유물 없음. 보고서 기술과 유구 도면 스케일바 비율이 모두 상이하여 상호 조정하지 않고 자료집에 게재하였음.</td></tr>
</table>

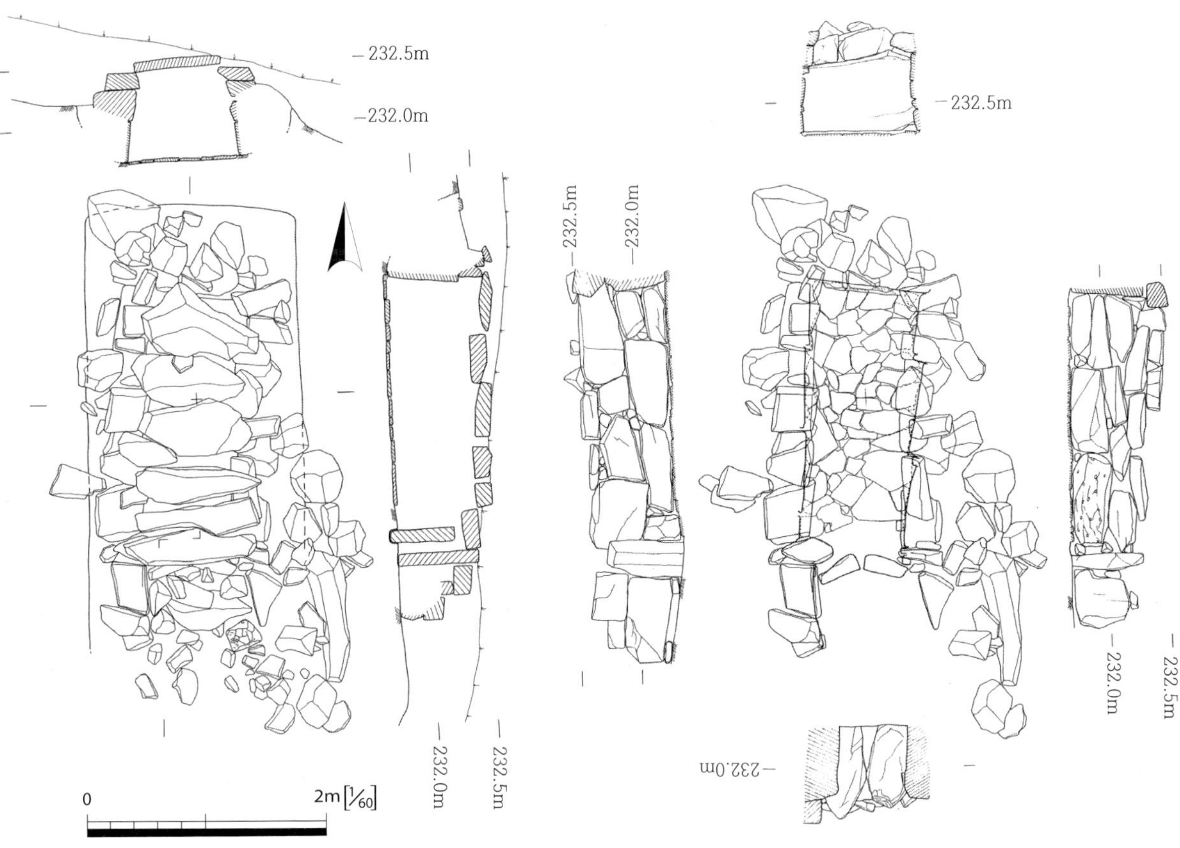

12호 석실묘

(단위 : cm)

봉토	크 기 (길이×너비×높이)	?	묘광	크 기 (길이×너비×깊이)	(420+)×(240)×?
	평면형태	?		장폭비	?
현실	크 기 (길이×너비×높이)	300×90×(90+)	천장형태		?
	장폭비	3.33:1	횡구부위치		남측 단벽
횡구부	크 기 (길이×너비)	(42+)×(90)	묘도크기 (길이×너비)		?
	장폭비	(1.47):1	배수시설 (길이×너비×깊이)		-
시상/관대크기 (길이×너비×높이)		?	두 향		?
장축방향		N-0°-S	벽석종류		?
유물	토 기	-			
	철 기	관정(20)			
	청동기	-			
	옥석류	-			
	기 타	-			
특기사항		관정 10점 도면 미게재. 보고서 기술과 유구 도면 스케일바 비율이 모두 상이하여 상호 조정하지 않고 자료집에 게재하였음.			

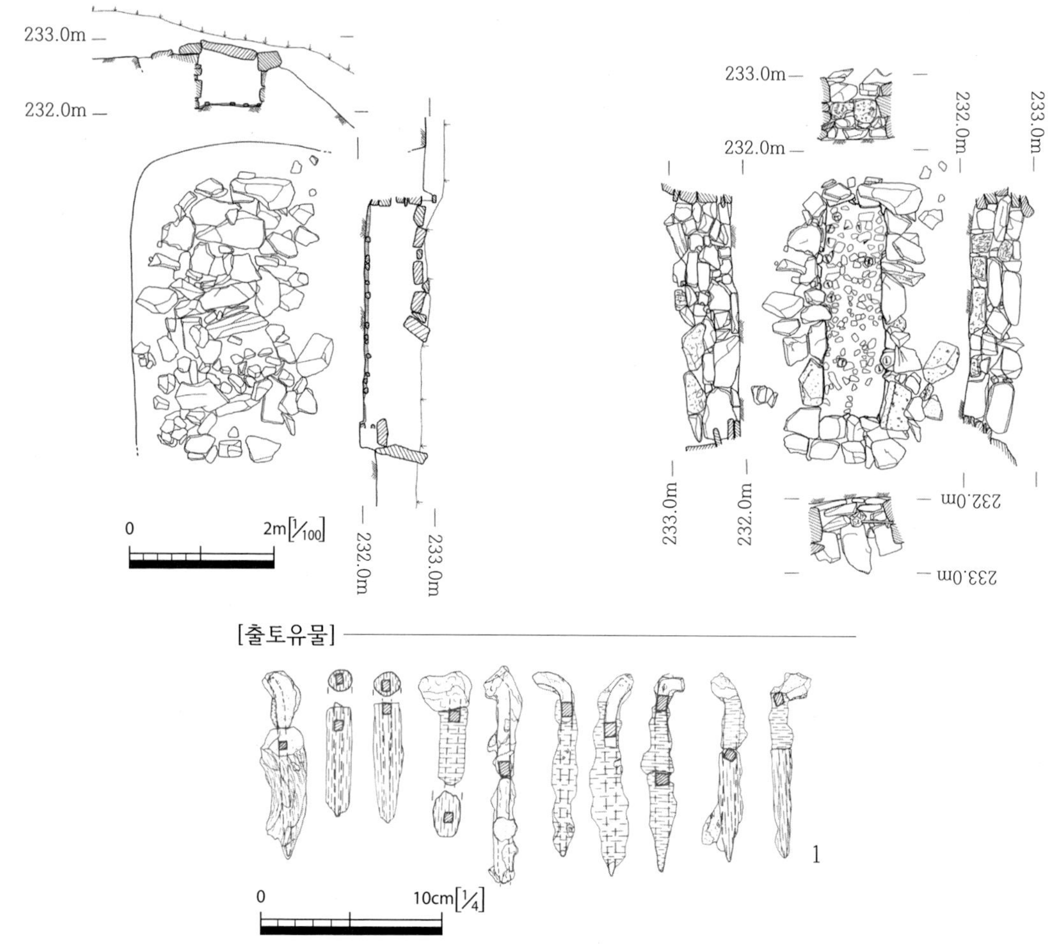

13호 석실묘

(단위 : cm)

묘광	크 기 (길이×너비×깊이)	?	현실	크 기 (길이×너비×높이)	(250+)×(80+)×?
	장폭비	?		장폭비	?
시상/관대크기 (길이×너비×높이)		?	천장형태		?
묘도크기 (길이×너비)		?	배수시설 (길이×너비×깊이)		?
장축방향		N-20°-E	두 향		?
벽석종류		할석	바닥시설		판석
유물	토 기	-			
	철 기	-			
	청동기	-			
	옥석류	-			
	기 타	-			
특기사항		출토유물 없음. 파괴가 심하여 정확한 구조는 알 수 없음.			

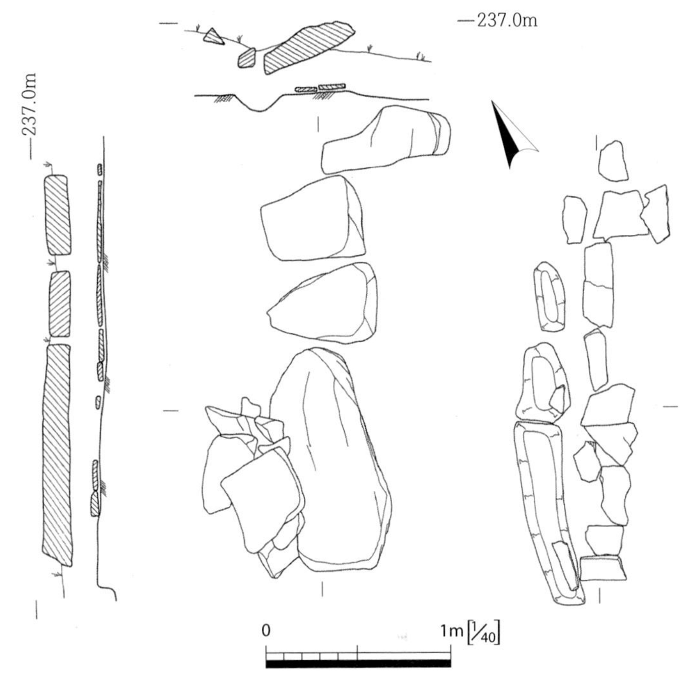

14호 석실묘

(단위 : cm)

봉토	크 기 (길이×너비×높이)	?	묘광	크 기 (길이×너비×깊이)	310×265×?
	평면형태	?		장폭비	1.17:1
현실	크 기 (길이×너비×높이)	210×65×65	천장형태		(고임)
	장폭비	3.23:1	횡구부위치		남측 단벽
횡구부	크 기 (길이×너비)	(48)×(48)	묘도크기 (길이×너비)		?
	장폭비	(1.0):1	배수시설 (길이×너비×깊이)		?
시상/관대크기 (길이×너비×높이)		50×50×?	두 향		?
장축방향		N-10°-E	벽석종류		할석
유물	토 기	-			
	철 기	-			
	청동기	-			
	옥석류	-			
	기 타	-			
특기사항		출토유물 없음. 보고서 기술과 유구 도면 스케일바 비율이 모두 상이하여 상호 조정하지 않고 자료집에 게재하였음.			

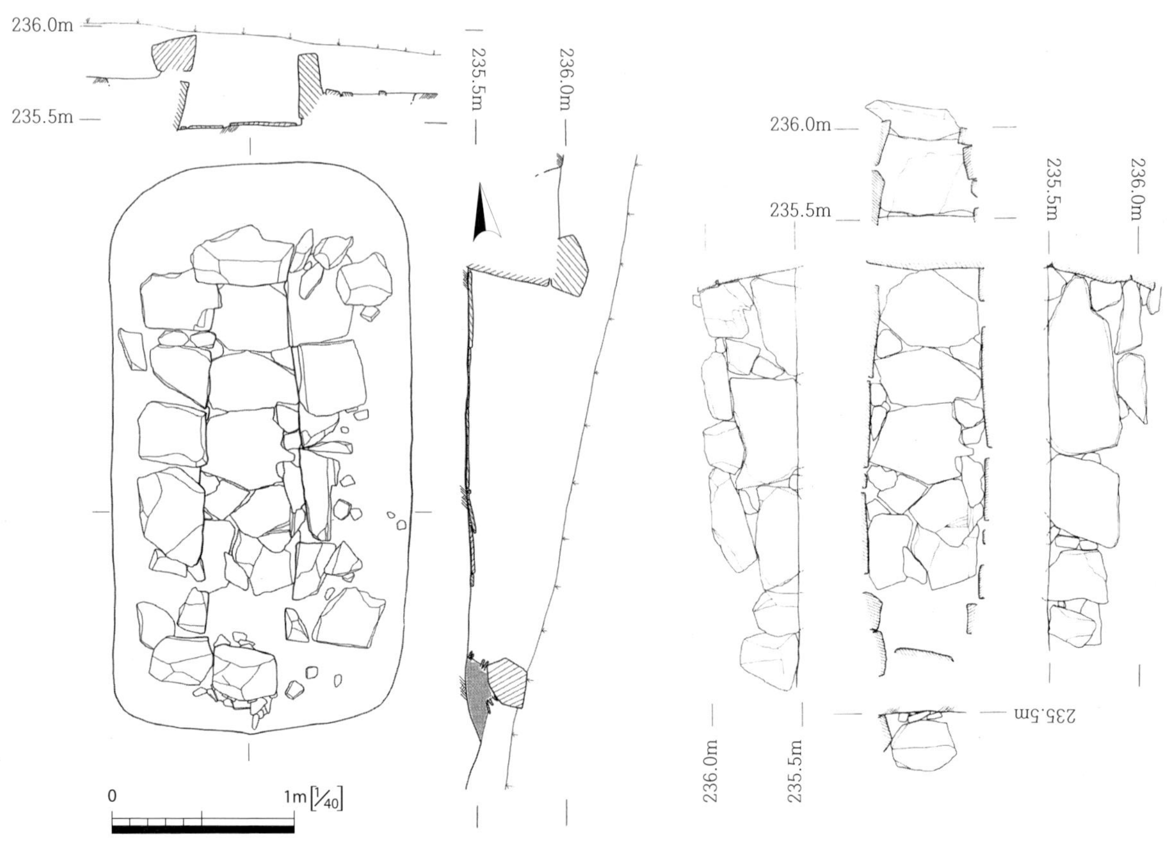

15호 석실묘

(단위 : cm)

봉토	크 기 (길이×너비×높이)	?	묘광	크 기 (길이×너비×깊이)	(320+)×(180+)×(46+)
	평면형태	?		장폭비	?
현실	크 기 (길이×너비×높이)	254×(80+)×?	천장형태		?
	장폭비	?	횡구부위치		?
횡구부	크 기 (길이×너비)	?	묘도크기 (길이×너비)		?
	장폭비	?	배수시설 (길이×너비×깊이)		-
시상/관대크기 (길이×너비×높이)		?	두 향		?
장축방향		N-20°-E	벽석종류		할석
유물	토 기	-			
	철 기	관정(1)			
	청동기	-			
	옥석류	-			
	기 타	-			
특기사항		파괴가 심하여 정확한 구조는 알 수 없음.			

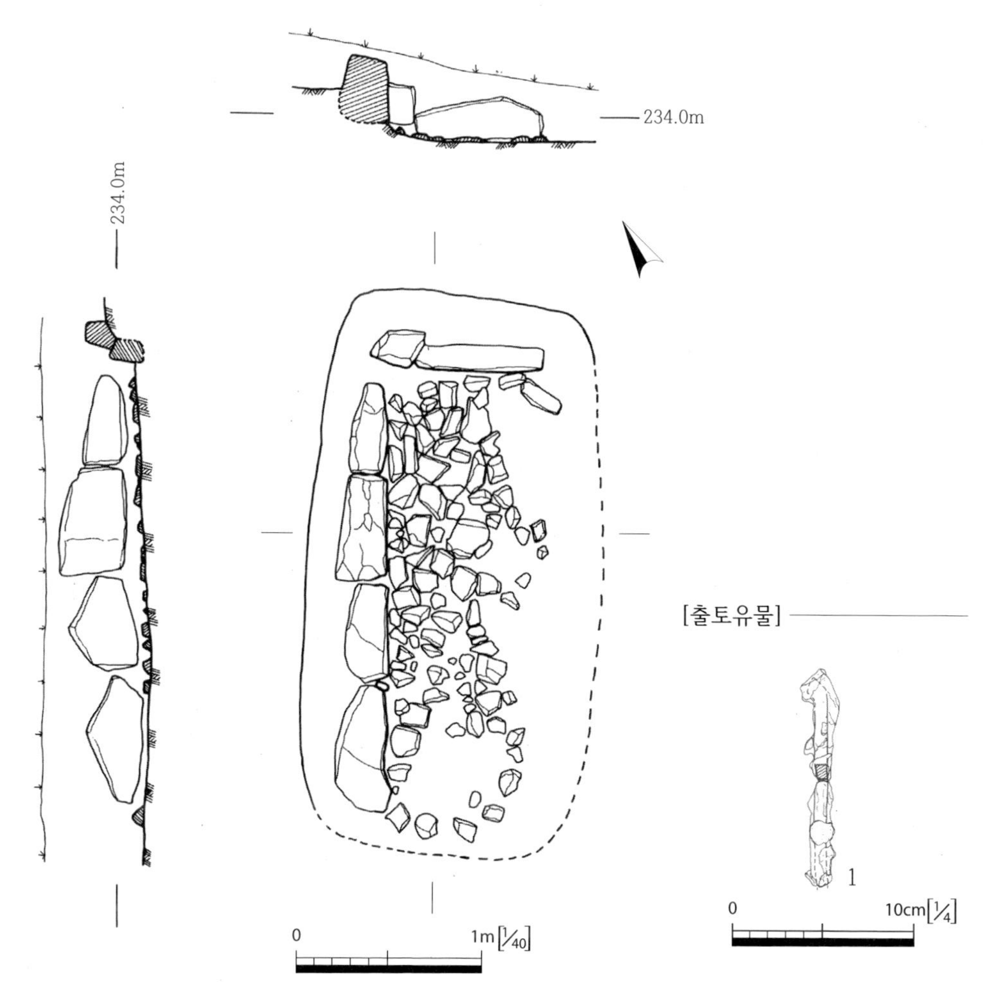

16호 석실묘

(단위 : cm)

묘광	크 기 (길이×너비×깊이)	(420+)×220×(66+)	현실	크 기 (길이×너비×높이)	(240+)×75×(47+)
	장폭비	?		장폭비	?
시상/관대크기 (길이×너비×높이)		?	천장형태		?
묘도크기 (길이×너비)		?	배수시설 (길이×너비×깊이)		?
장축방향		?	두 향		?
벽석종류		할석	바닥시설		?
유물	토 기	육이부병(1)			
	철 기	-			
	청동기	-			
	옥석류	-			
	기 타	-			
특기사항		파괴가 심하여 정확한 구조는 알 수 없음.			

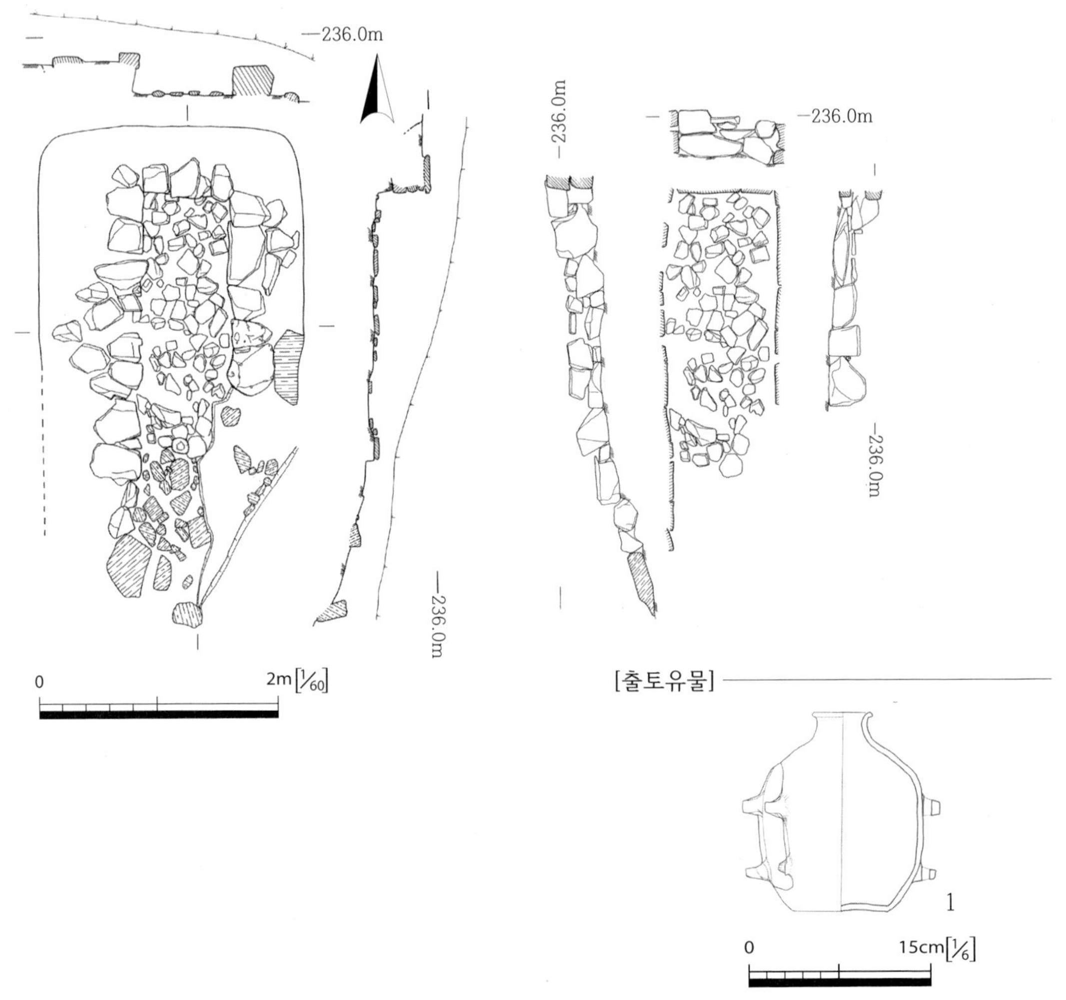

부여 태양리유적扶餘 太陽里遺蹟

조사사유	부여군 요청에 따른 학술발굴조사	
조사연혁	발굴조사 : 1983. 10. 04. ~ 1983. 10. 08. (국립부여박물관)	
유적위치	충청남도 부여군 구룡면 태양리 283-5	
유적입지	주변에 논티산성과 태양리지석묘군, 알력마을 폐고분군 등의 유적이 구룡천을 따라 산간곡지가 잘 발달된 구릉성산지에 밀집되어 분포한다.	
유구현황	초기철기시대	-
	원삼국시대	-
	삼 국 시 대	석실묘(1)
	기 타	-
주요유물	관정	
시대·성격	이 석실묘는 풍화암반토를 지하식으로 굴광하고 만들어진 것으로서, 묘실은 동서 약 260cm, 남북 약 400cm 규모의 장방형이다. 동벽에 1매, 서벽에 2매의 판석을 세워 벽체 하단을 꾸미고, 상단에 장대석 1매를 25°가량 내경되게 올려 고임식 벽체를 만들었다. 북벽도 1매의 판석을 세우고 모서리를 모두 잘라내어 내경각을 유지하도록 하였다. 남쪽에는 연도와 묘도가 있고 묘실 바닥은 소형 판석으로 조밀하게 부석하였으며, 유물은 관정만 출토되었다.	
참고문헌	이승섭·신광섭, 1983, 「扶餘 太陽里 百濟古墳 一例」, 『百濟文化』15, 公州師範大學 百濟文化研究所.	

석실묘

(단위 : cm)

봉토	크 기 (길이×너비×높이)	?	묘광	크 기 (길이×너비×깊이)	?
	평면형태	?		장폭비	고임
현실	크 기 (길이×너비×높이)	400×260×?	천장형태		?
	장폭비	?	연도위치		?
연도	크 기 (길이×너비×높이)	?	묘도크기 (길이×너비)		?
	장폭비	?	배수시설 (길이×너비×깊이)		?
시상/관대크기 (길이×너비×높이)		?	두 향		?
장축방향		?	벽석종류		판석, 할석
유물	토 기	-			
	철 기	관정(9)			
	청동기	-			
	옥석류	-			
	기 타	-			
특기사항		유구 도면 미게재.			

[유구사진]

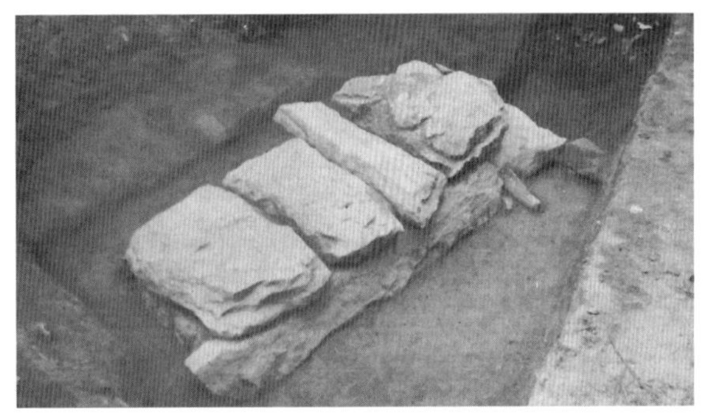

남벽 및 연도

[출토유물]

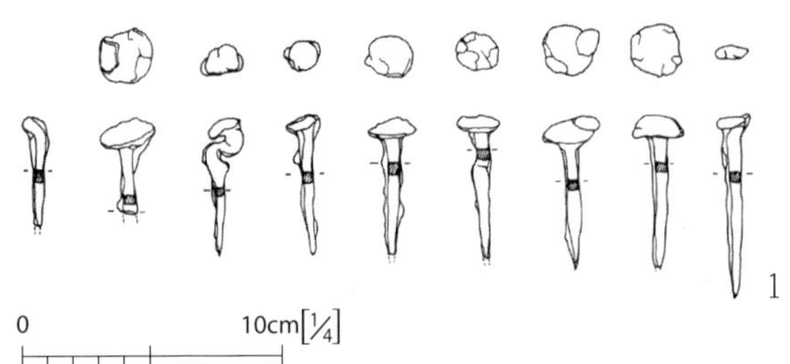

부여 합송리유적扶餘 合松里遺蹟

조사사유	주민신고에 따른 수습 발굴조사	
조사연혁	발굴조사 : 1989. 04. (국립부여박물관)	
유적위치	충청남도 부여군 규암면 합송리 1구 산4번지 일원	
유적입지	부여읍내에서 서쪽으로 백마강을 건너 약7km 정도 떨어진 곳에 위치하고 있다. 부여에서 서천행 국도를 따라가다 합송리에 이르면 설천리(북쪽)로 들어가는 작은 길이 나오는데, 이 길을 따라 약 1km쯤 가면 반산저수지가 있고 그 뒤쪽으로 낮은 야산이 연결되어 있다. 남쪽으로는 구룡평야가 펼쳐져 있고 그 사이로는 각각 九龍川과 金川이 흐르다 만나서 백마강으로 흘러 들어간다. 주변의 유적으로는 반산저수지 북서쪽에 위치한 나복리유적과 남쪽으로 약1km 가량 떨어져 있는 구봉리유적 등을 들 수 있다.	
유구현황	초기철기시대	위석식 목관묘(1)
	원삼국시대	-
	삼 국 시 대	-
	기 타	-
주요유물	세형동검, 세문경, 원개형동기, 철부, 동탁, 유리관옥 등	
시대·성격	이 유적에서는 분묘 1기만 확인되었는데, 조사 전에 이미 파괴되어 그 구조는 확실하지 않지만 할석으로 쌓은 소위 적석석곽묘이거나 묘광과 목관 사이의 공간에 할석을 돌린 위석목관묘 계통으로 추정된다. 청동기와 전국계 주조철기가 공반되고 있어, 초기철기시대에 조영된 것으로 보인다.	
참고문헌	李健茂, 1990,「扶餘 合松里遺蹟出土 一括遺物」,『考古學誌』2, 韓國考古美術硏究所.	

위석식 목관묘

(단위 : cm)

묘광	크 기 (길이×너비×깊이)	?	목관	크 기 (길이×너비×높이)	?
	장폭비	?		장폭비	?
장축방향		?	목곽	크 기 (길이×너비×높이)	-
두 향		?		장폭비	-
유물	토 기	흑도장경호(1), 토기편(1)			
	철 기	주조철부(2)			
	청동기	동탁(2), 동검(2), 동과(1), 원개형동기편(1), 정문경편(1), 이형동기(1)			
	옥석류	유리 관옥(8)			
	기 타	-			
특기사항		위석식 목관묘로 보고되었음. 유구·유물 도면 및 사진 미게재.			

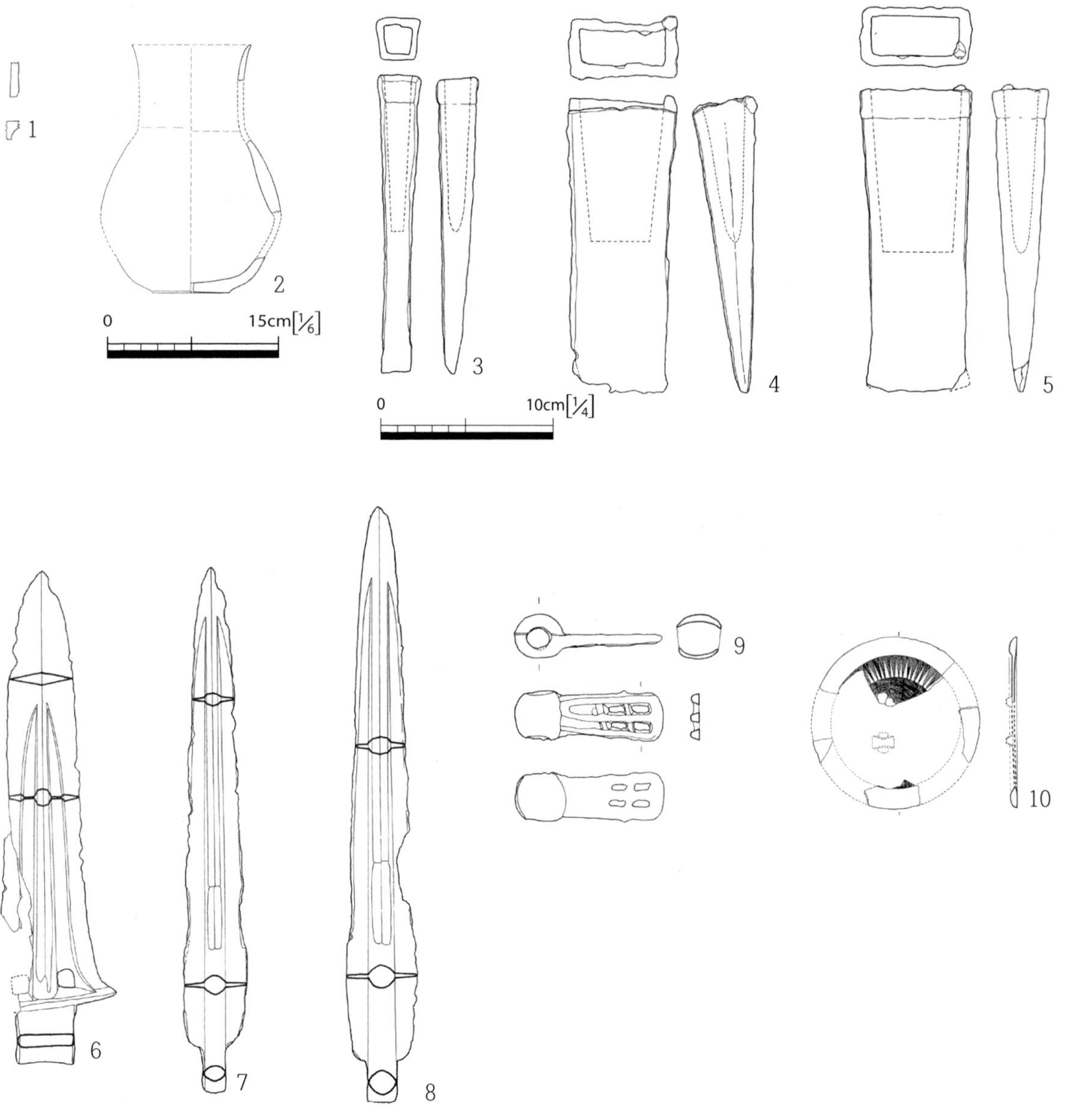

부여 합정리 갱고개골유적扶餘 合井里 갱고개골遺蹟

조사사유	골프장 조성에 따른 구제발굴조사	
조사연혁	지표조사 : 2010. 01 ~ 2010. 02 (금강문화유산연구원) 발굴조사(3-3-1지점) : 2011. 06. 15. ~ 2011. 10. 31. (忠淸南道歷史文化硏究院)	
유적위치	충청남도 부여군 규암면 합정리 산 7번지 일원	
	경 · 위도 127°16'17.79"E / 36°28'19.34"N	
유적입지	규암면 합정리는 부여읍의 서북쪽에 해당한다. 유적은 북쪽에 위치한 옥천산에서 남쪽으로 흘러내린 능선 서사면의 중하단부로, 3-1지점은 해발고도 70~90m 내외의 사면 중단부에 해당한다. 조사지역은 서남향의 사면으로 동쪽과 남쪽으로는 곡부가 형성되어 있다. 유구는 곡부를 피하여 양 곡부 사이의 중앙 사면부에 보다 많은 수의 고분이 위치하고 있으며, 특정한 군집 등의 분포양상은 보이지 않는다.	
유구현황	초기철기시대	-
	원삼국시대	-
	삼국시대	석실묘(49)
	기타	조선시대 토광묘(5) · 회곽묘(3), 시대미상 수혈유구(1)
주요유물	이식, 지환, 직구단경호, 관정, 관고리	
시대 · 성격	삼국시대 석실묘는 총 49기로 입구부가 남아있어 형식을 파악할 수 있는 것이 27기이다, 이 중 횡혈식석실묘는 5기이고, 21기는 횡구식석실묘이다. 횡구식 석실묘는 모두 남벽을 축조하지 않고 개구하여 그대로 입구부로 이용하였으며 괴석을 쌓아올려 입구를 폐쇄하였다. 천장구조는 고임식이 대부분이나 터널식도 확인된다. 횡혈식 석실묘는 우편재가 4기, 중앙연도가 2기이며 입구부 석재가 남아있지 않은 31호 석실묘를 제외하면 우편재의 경우는 문비석을 세우고 괴석을 기대어 쌓는 형태이고, 중앙연도의 경우는 문비석 없이 괴석을 쌓아올리는 형태로 입구를 폐쇄하였다. 묘실 단면은 육각형이며 모두 고임식으로 축조되어 있다. 출토유물은 전체적으로 매우 영세한 편으로 대부분 유물이 관정이나 관고리 등 목관에 부착되어 있던 철제 유물이고, 이 외의 부장유물은 이식, 지환, 직구단경호 뿐이다. 관정이 대부분의 유구에서 확인되어 목관을 보편적으로 사용했음을 알 수 있다.	
참고문헌	忠淸南道歷史文化硏究院, 2013, 『부여 백제역사재현단지 골프장 코스 3지구 3지점 내 (3-3-1지점) 扶餘 合井里 갱고개골遺蹟』, 遺蹟調査報告 96冊.	

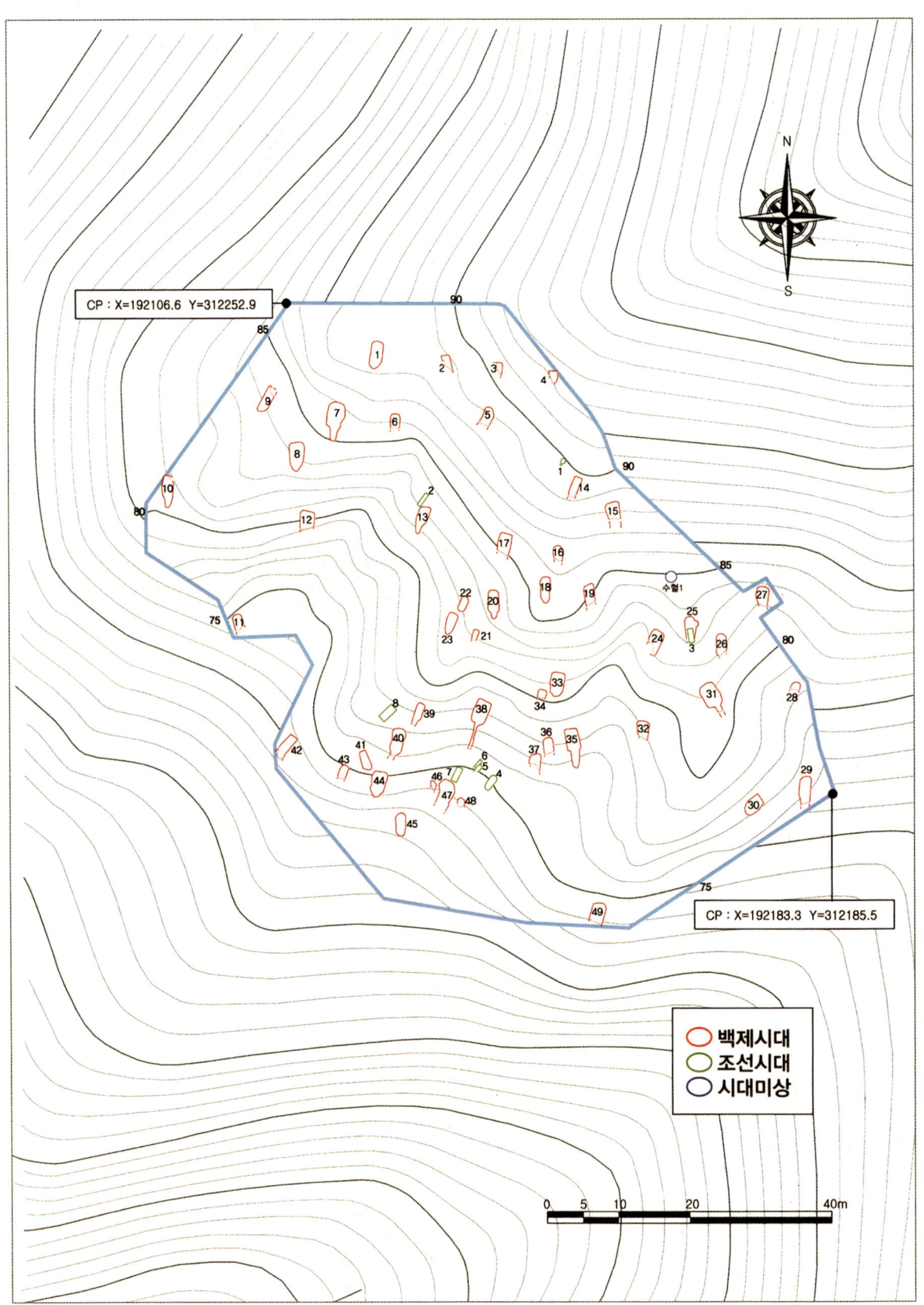

부여 합정리 갱고개골유적 3지구 3-1지점 유구배치도

부여 합정리 갱고개골유적 3지구 3지점 전경

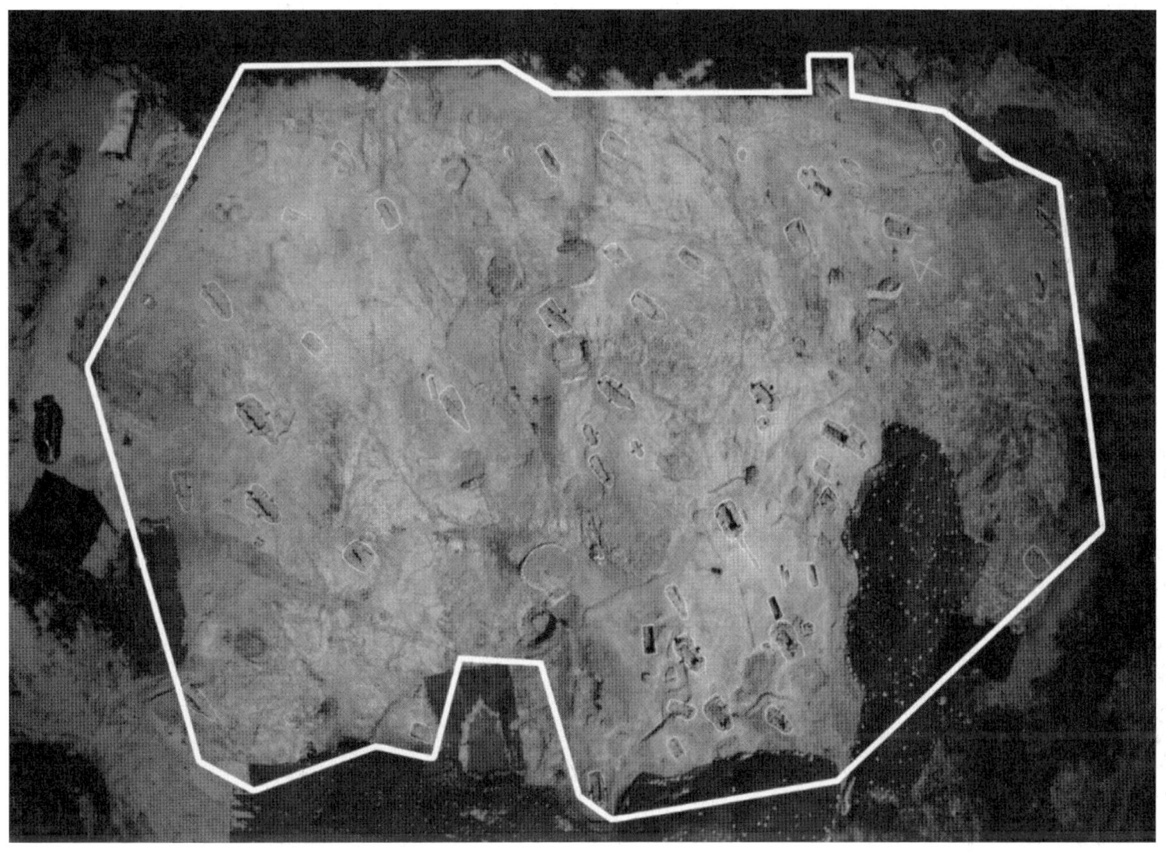

부여 합정리 갱고개골유적 3지구 3-1지점 전경

1호 석실묘

(단위 : cm)

봉토	크 기 (길이×너비×높이)	?	묘광	크 기 (길이×너비×깊이)	388×178×(65+)
	평면형태	?		장폭비	2.18:1
현실	크 기 (길이×너비×높이)	220×66×(93+)	천장형태		?
	장폭비	3.33:1	횡구부위치		남서측 단벽
횡구부	크 기 (길이×너비)	(75+)×(78)	묘도크기 (길이×너비)		?
	장폭비	?	배수시설 (길이×너비×깊이)		-
시상/관대크기 (길이×너비×높이)		-	두 향		?
장축방향		N-(13)°-E	벽석종류		할석
유물	토 기	-			
	철 기	관고리(1), 관정(1)			
	청동기	-			
	옥석류	-			
	기 타	-			
특기사항					

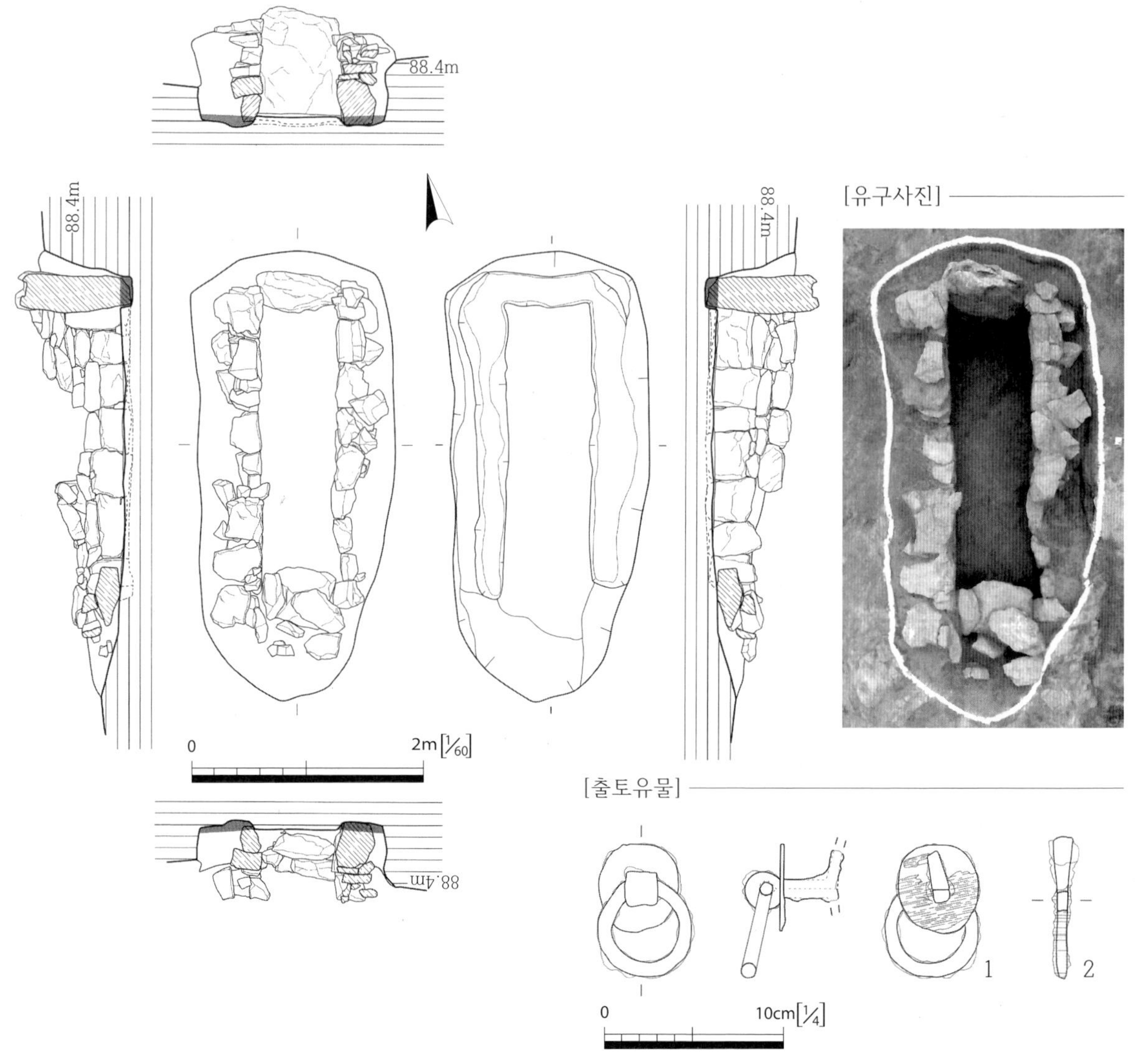

2호 석실묘

(단위 : cm)

묘광	크 기 (길이×너비×높이)	(237+)×119×(25+)	현실	크 기 (길이×너비×깊이)	(140+)×(70)×(24+)
	장폭비	?		장폭비	?
시상/관대크기 (길이×너비×높이)		?	천장형태		?
묘도크기 (길이×너비)		?	배수시설 (길이×너비×깊이)		?
장축방향		N-(6)°-E	두 향		?
벽석종류		할석	바닥시설		할석
유물	토 기	-			
	철 기	관고리(1), 관정(9)			
	청동기	-			
	옥석류	-			
	기 타	-			
특기사항		석실로 보고하였으나 파괴가 심하여 정확한 구조는 알 수 없음.			

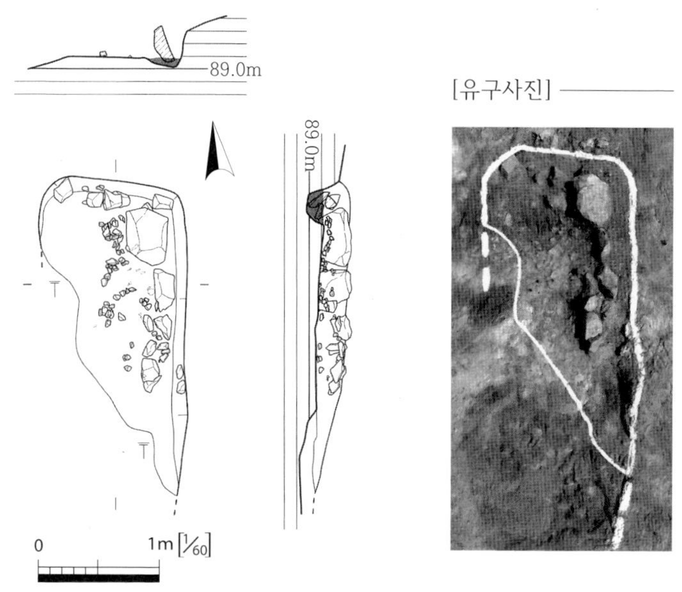

[출토유물]

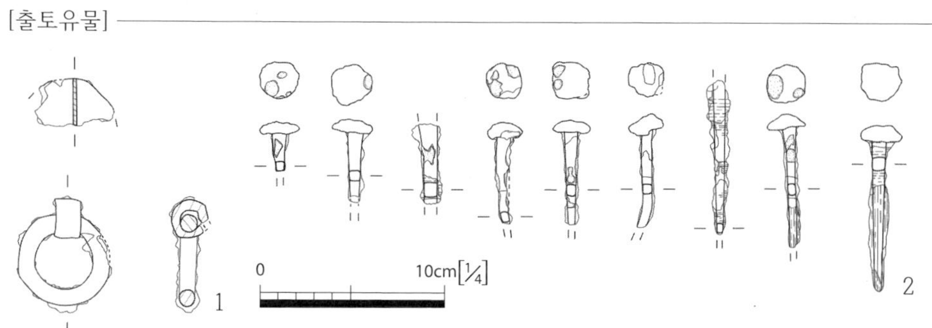

3호 석실묘

(단위 : cm)

묘광	크 기 (길이×너비×높이)	(176+)×(82+)×(28+)	현실	크 기 (길이×너비×깊이)	(153+)×(58+)×(24+)
	장폭비	?		장폭비	?
시상/관대크기 (길이×너비×높이)		?	천장형태		?
묘도크기 (길이×너비)		?	배수시설 (길이×너비×깊이)		?
장축방향		N-(14)°-W	두 향		?
벽석종류		할석	바닥시설		할석
유물	토 기	-			
	철 기	관정(2)			
	청동기	-			
	옥석류	-			
	기 타	금동제 이식(1)			
특기사항		석실로 보고하였으나 파괴가 심하여 정확한 구조는 알 수 없음. 보고서 기술과 도면의 축척이 상이하여 보고서 기술에 따라 축척을 조정하였음.			

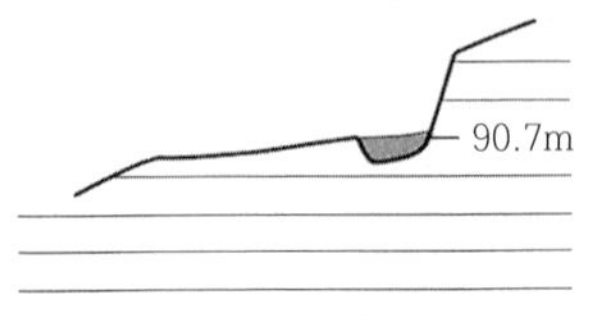

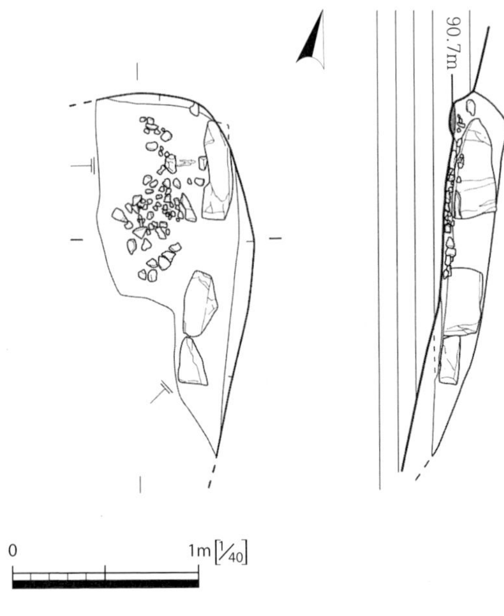

[유구사진]

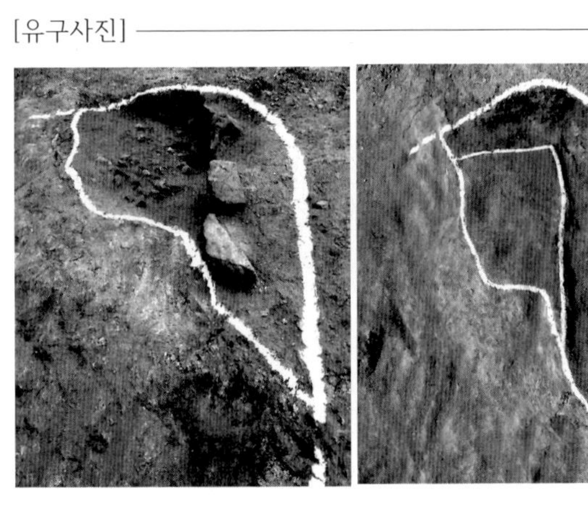

[출토유물]

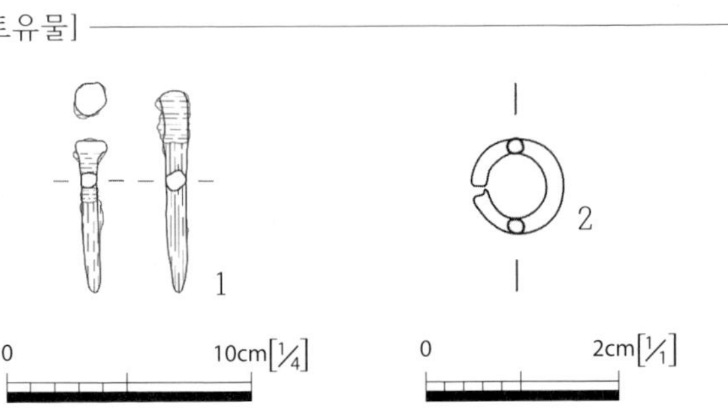

4호 석실묘

(단위 : cm)

묘광	크 기 (길이×너비×높이)	(173+)×(104+)×(58+)	현실	크 기 (길이×너비×깊이)	(146+)×(57+)×(62+)
	장폭비	?		장폭비	?
시상/관대크기 (길이×너비×높이)		?	천장형태		?
묘도크기 (길이×너비)		?	배수시설 (길이×너비×깊이)		?
장축방향		N-0°-S	두 향		?
벽석종류		할석	바닥시설		할석
유물	토 기	-			
	철 기	관정(6)			
	청동기	-			
	옥석류	-			
	기 타	-			
특기사항		석실로 보고하였으나 파괴가 심하여 정확한 구조는 알 수 없음. 보고서 기술과 도면의 축척이 상이하여 보고서 기술에 따라 축척을 조정하였음.			

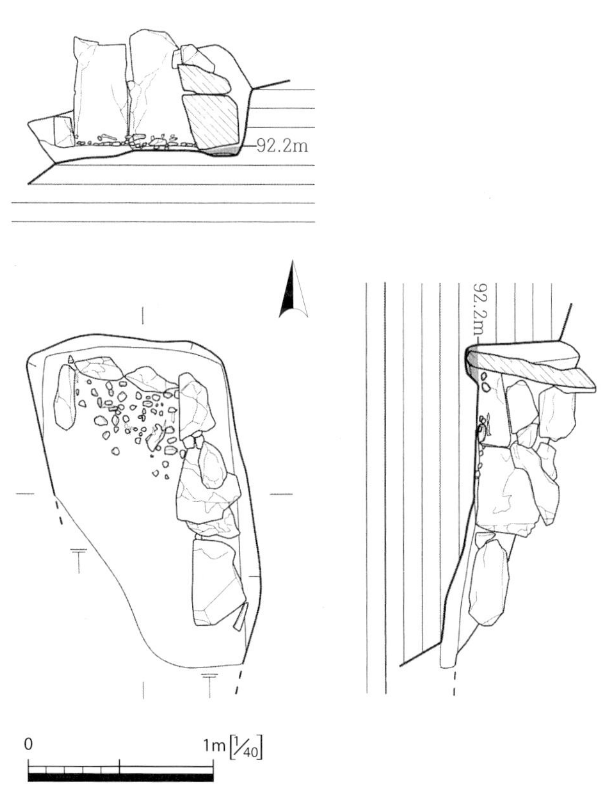

[유구사진]

[출토유물]

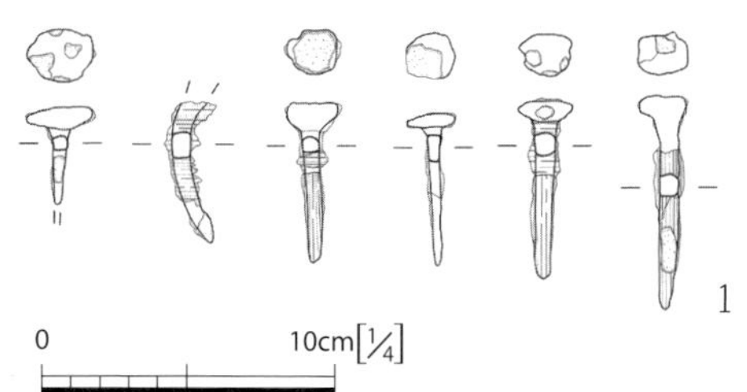

5호 석실묘

(단위 : cm)

봉토	크 기 (길이×너비×높이)	?	묘광	크 기 (길이×너비×깊이)	(268+)×153×(52+)
	평면형태	?		장폭비	?
현실	크 기 (길이×너비×높이)	(162+)×48×(53+)	천장형태		?
	장폭비	?	횡구부위치		남서측 단벽
횡구부	크 기 (길이×너비)	?	묘도크기 (길이×너비)		?
	장폭비	?	배수시설 (길이×너비×깊이)		-
시상/관대크기 (길이×너비×높이)		?	두 향		?
장축방향		N-(30)°-E	벽석종류		할석
유물	토 기	-			
	철 기	관모테(1), 관정(9)			
	청동기	-			
	옥석류	-			
	기 타	-			
특기사항					

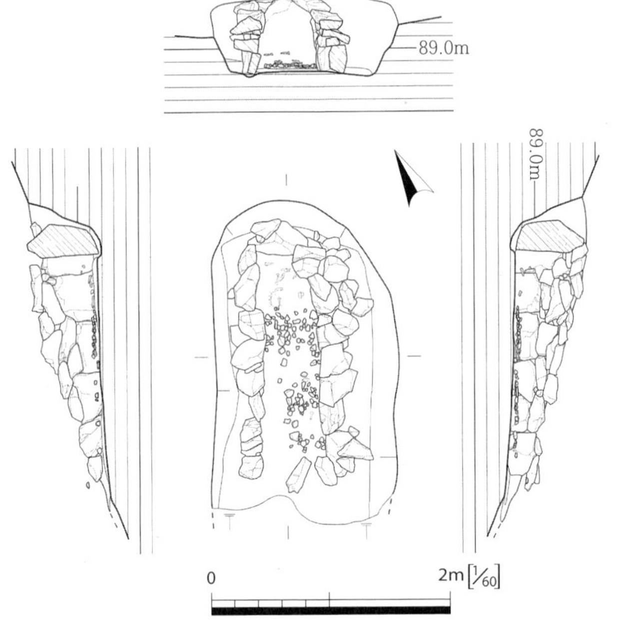

[유구사진]

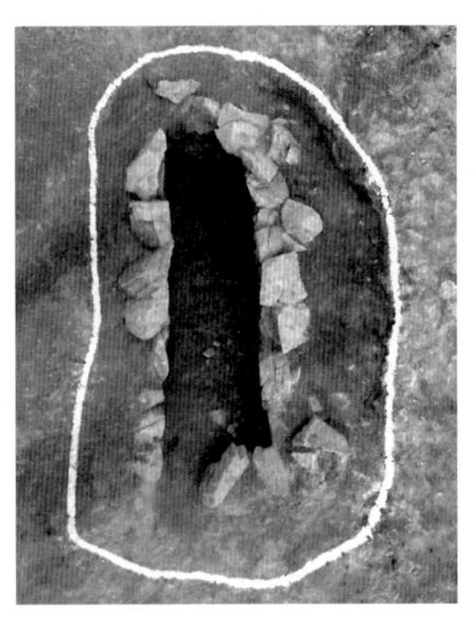

[출토유물]

1

2

0 10cm[1/4]

6호 석실묘

(단위 : cm)

봉토	크 기 (길이×너비×높이)	?	묘광	크 기 (길이×너비×깊이)	(199+)×136×(60+)
	평면형태	?		장폭비	?
현실	크 기 (길이×너비×높이)	(174+)×64×(57+)	천장형태		?
	장폭비	?	횡구부위치		?
횡구부	크 기 (길이×너비)	?	묘도크기 (길이×너비)		?
	장폭비	?	배수시설 (길이×너비×깊이)		-
시상/관대크기 (길이×너비×높이)		?	두 향		?
장축방향		N-(9)°-E	벽석종류		할석
유물	토 기	-			
	철 기	관고리(2), 관정(9)			
	청동기	-			
	옥석류	-			
	기 타	-			
특기사항		횡구식 석실로 보고하였으나 파괴가 심하여 정확한 구조는 알 수 없음.			

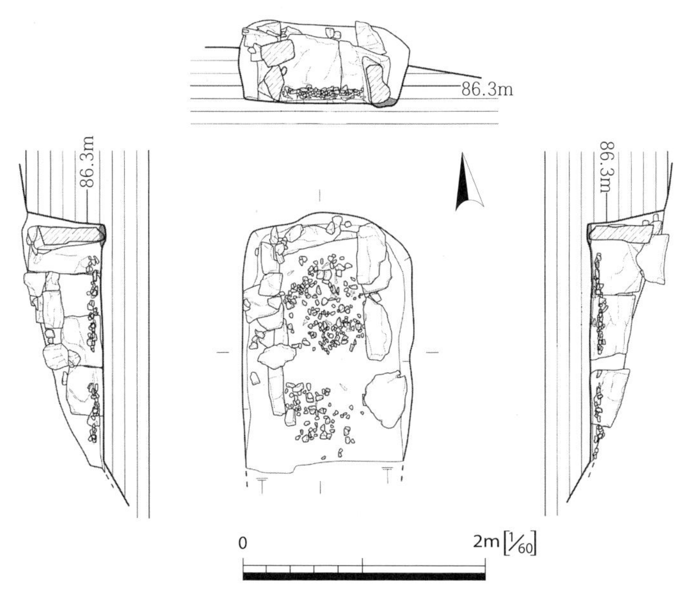

[유구사진]

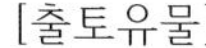

[출토유물]

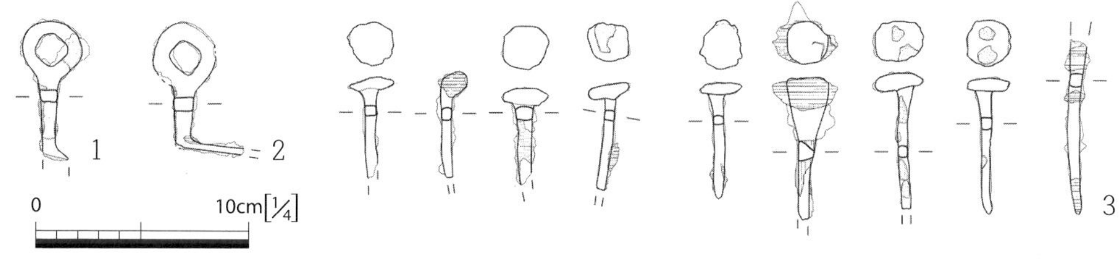

7호 석실묘

(단위 : cm)

봉토	크 기 (길이×너비×높이)	?	묘광	크 기 (길이×너비×깊이)	525×230×(144+)
	평면형태	?		장폭비	2.28:1
현실	크 기 (길이×너비×높이)	262×100×(127+)	천장형태		고임
	장폭비	2.62:1	연도위치		우편재
연도	크 기 (길이×너비×높이)	(80)×(78)×(98+)	묘도크기 (길이×너비)		(95)×(90)
	장폭비	(0.82):1	배수시설 (길이×너비×깊이)		?
시상/관대크기 (길이×너비×높이)		?	두 향		?
장축방향		N-(5)°-E	벽석종류		판석, 할석
유물	토 기	-			
	철 기	관고리(2), 관정(14)			
	청동기	-			
	옥석류	-			
	기 타	-			
특기사항					

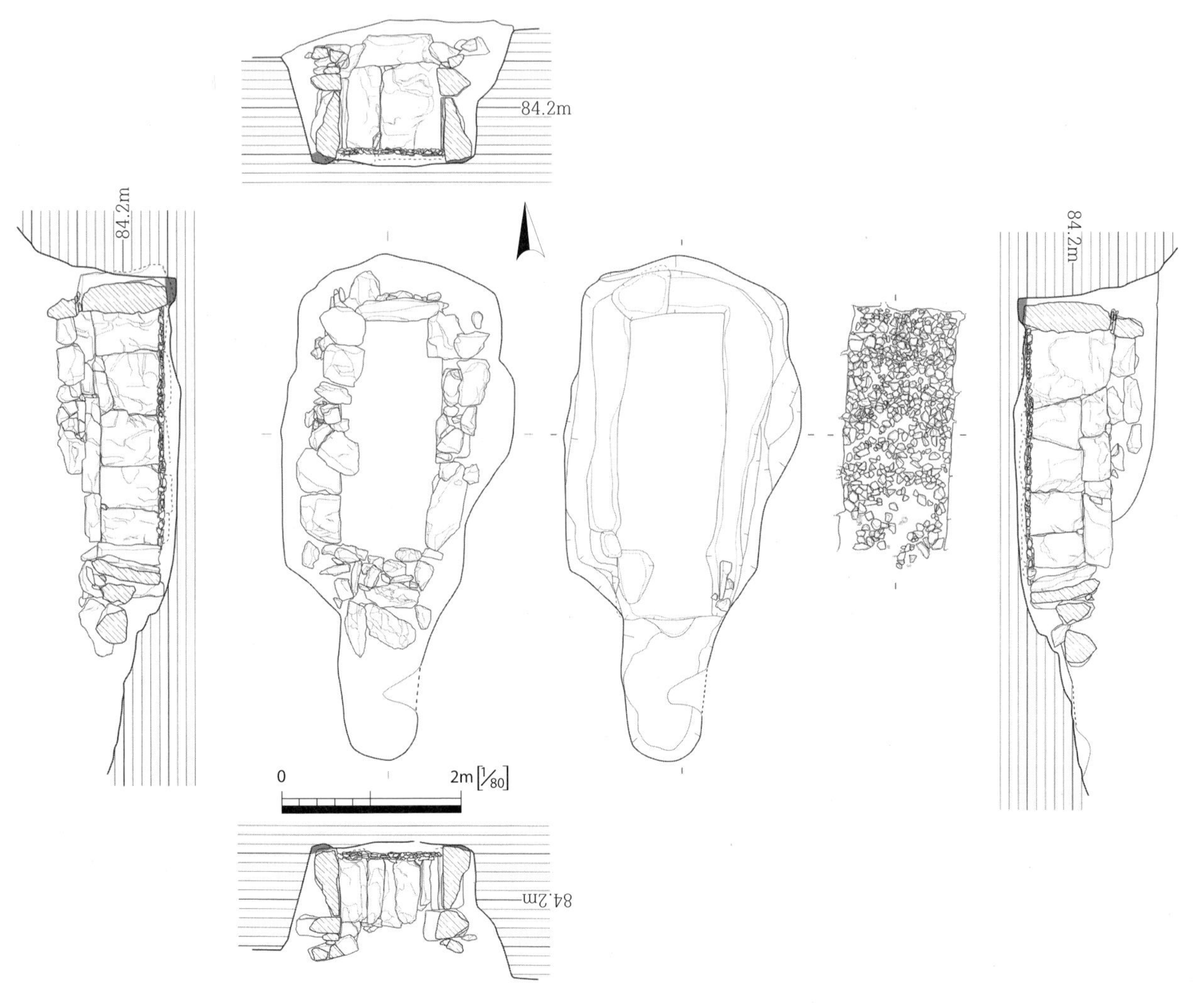

[유구사진]

북벽

서벽

[출토유물]

1

2

3

0 10cm[1/4]

8호 석실묘

(단위 : cm)

봉토	크 기 (길이×너비×높이)	?	묘광	크 기 (길이×너비×깊이)	394×196×(100+)
	평면형태	?		장폭비	2.01:1
현실	크 기 (길이×너비×높이)	232×58×(59+)	천장형태		?
	장폭비	4.00:1	횡구부위치		남측 단벽
횡구부	크 기 (길이×너비)	(115)×(72)	묘도크기 (길이×너비)		?
	장폭비	(1.60):1	배수시설 (길이×너비×깊이)		-
시상/관대크기 (길이×너비×높이)		?	두 향		?
장축방향		N-(12)°-E	벽석종류		할석
유물	토 기	-			
	철 기	관정(1)			
	청동기	-			
	옥석류	-			
	기 타	-			
특기사항					

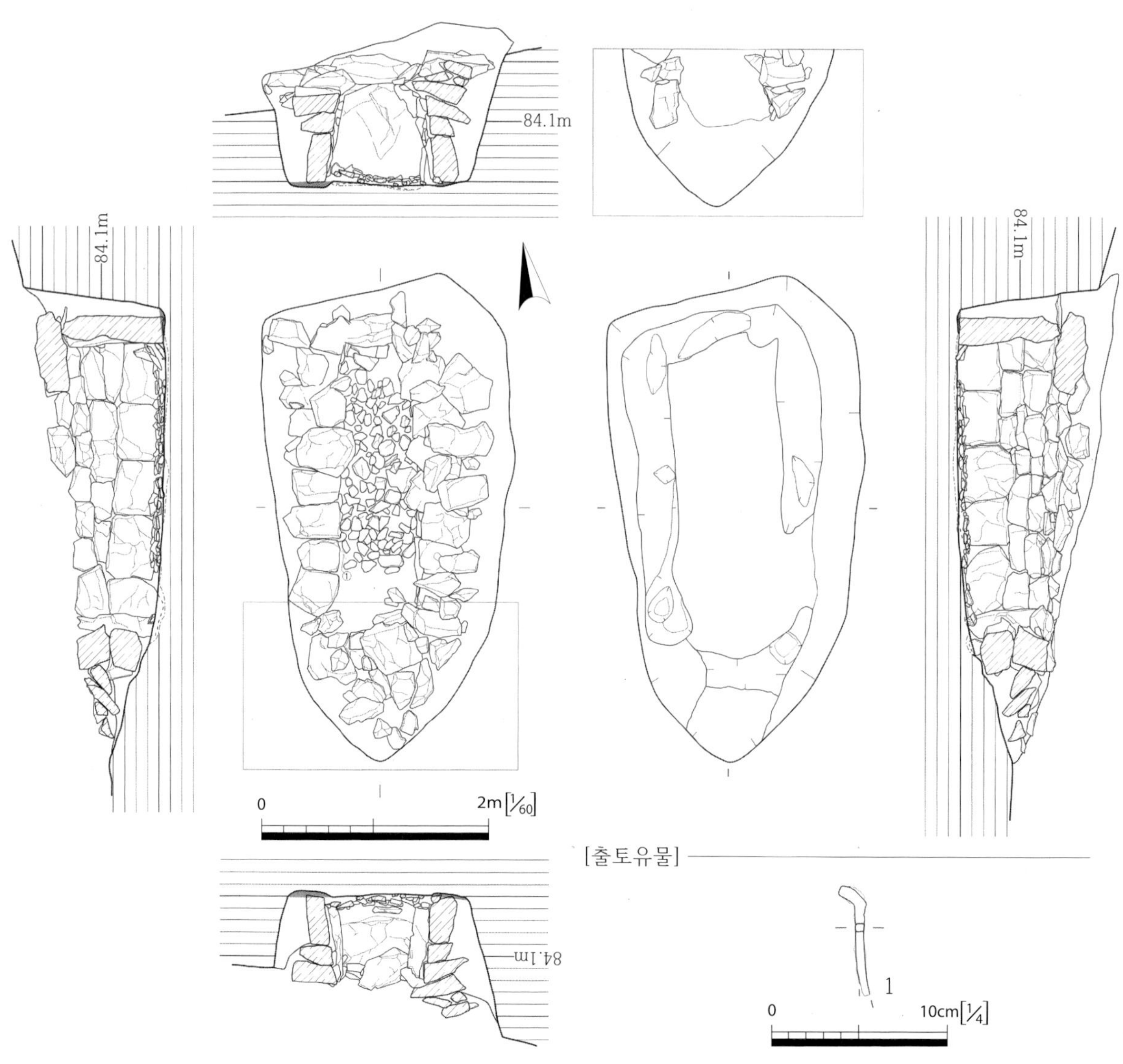

9호 석실묘

(단위 : cm)

봉토	크 기 (길이×너비×높이)	?	묘광	크 기 (길이×너비×깊이)	(350+)×140×(32+)
	평면형태	?		장폭비	?
현실	크 기 (길이×너비×높이)	(242+)×72×(35+)	천장형태		?
	장폭비	?	횡구부위치		남서측 단벽
횡구부	크 기 (길이×너비)	?	묘도크기 (길이×너비)		?
	장폭비	?	배수시설 (길이×너비×깊이)		-
시상/관대크기 (길이×너비×높이)		?	두 향		?
장축방향		N-(47)°-E	벽석종류		할석
유물	토 기	직구호(1)			
	철 기	관고리(3), 관정(10)			
	청동기	-			
	옥석류	-			
	기 타	금동제 이식(1), 指環(1)			
특기사항					

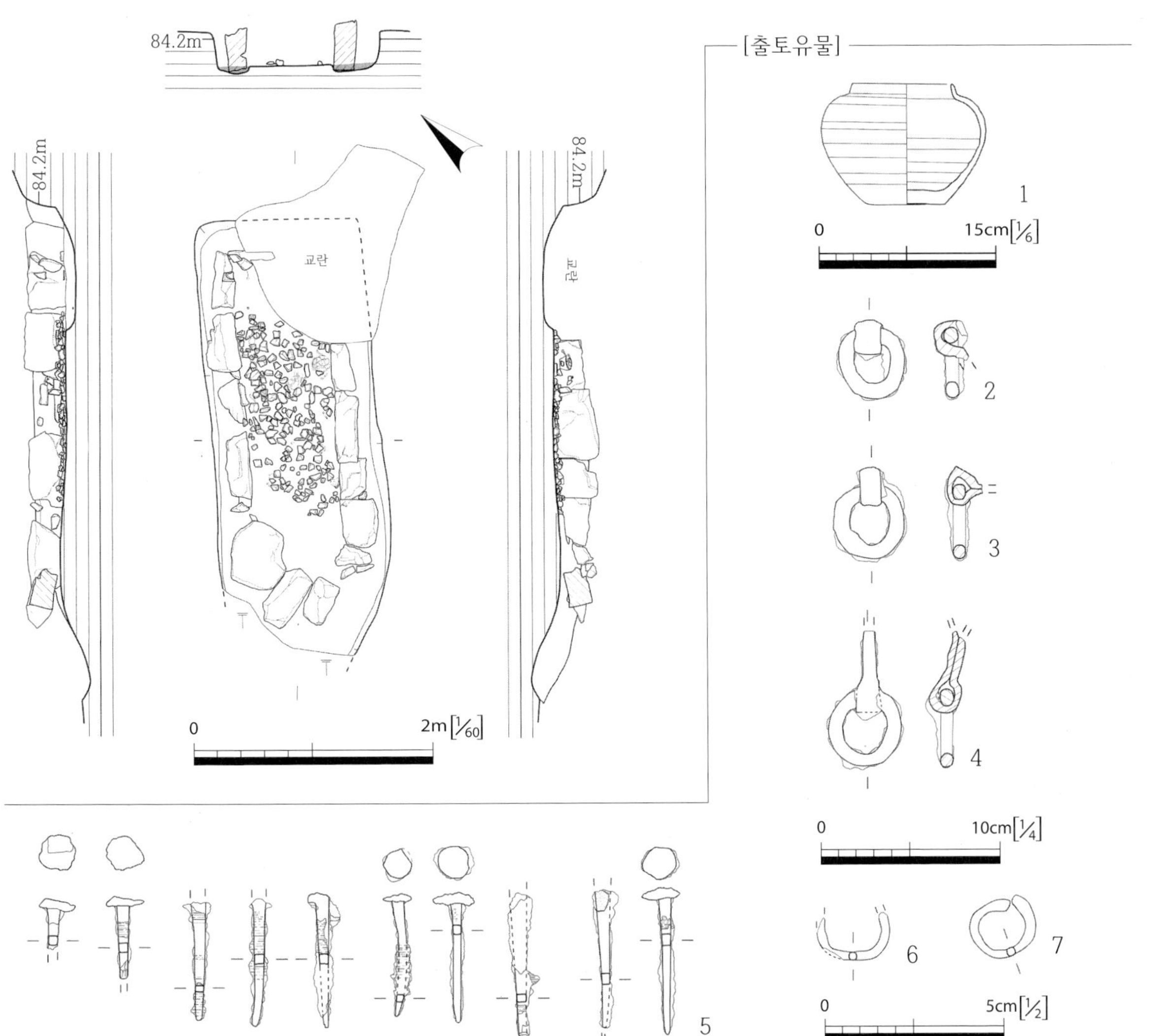

10호 석실묘

(단위 : cm)

봉토	크 기 (길이×너비×높이)	?	묘광	크 기 (길이×너비×깊이)	(400)×172×(32+)
	평면형태	?		장 폭 비	(2.33):1
현실	크 기 (길이×너비×높이)	(260+)×65×(52+)	천장형태		?
	장 폭 비	?	횡구부위치		남측 단벽
횡구부	크 기 (길이×너비)	(85)×(70)	묘도크기 (길이×너비)		(40+)×(70)
	장 폭 비	(1.21):1	배수시설 (길이×너비×깊이)		-
시상/관대크기 (길이×너비×높이)		?	두 향		?
장축방향		N-(14)°-E	벽석종류		할석
유물	토 기	-			
	철 기	관정(15)			
	청 동 기	-			
	옥 석 류	-			
	기 타	-			
특기사항					

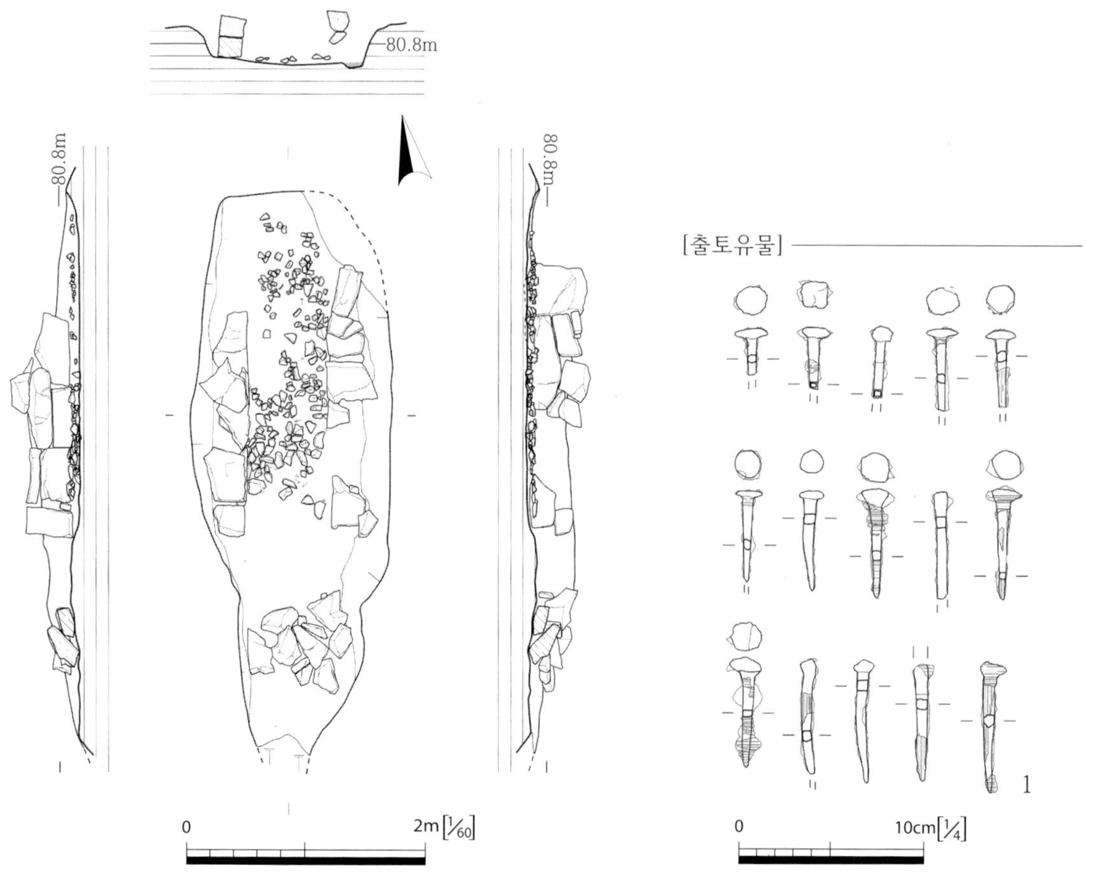

11호 석실묘

(단위 : cm)

묘광	크 기 (길이×너비×높이)	(206+)×123×(58+)	현실	크 기 (길이×너비×깊이)	(176+)×64×(45+)
	장폭비	?		장폭비	?
시상/관대크기 (길이×너비×높이)		?	천장형태		?
묘도크기 (길이×너비)		?	배수시설 (길이×너비×깊이)		?
장축방향		N-(16)°-W	두 향		?
벽석종류		할석	바닥시설		-
유물	토 기	-			
	철 기	관고리(3), 관정(11)			
	청동기	-			
	옥석류	-			
	기 타	-			
특기사항		석실로 보고하였으나 파괴가 심하여 정확한 구조는 알 수 없음.			

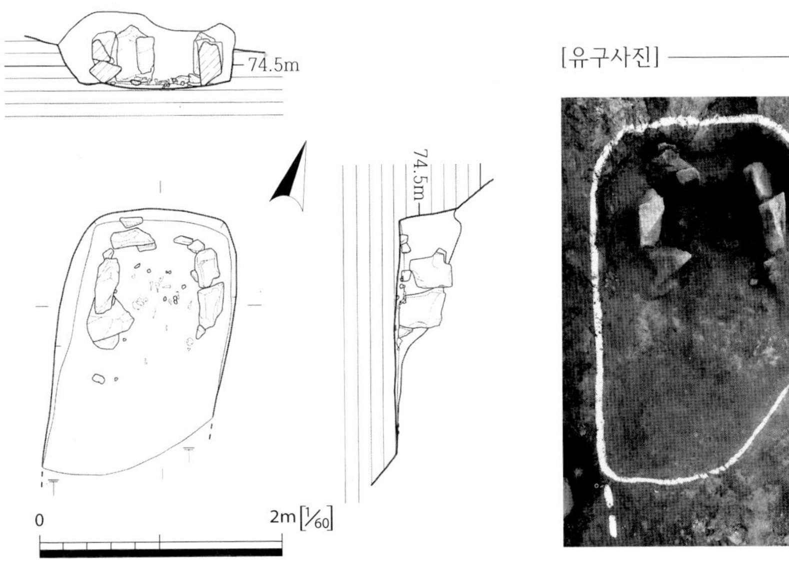

[출토유물]

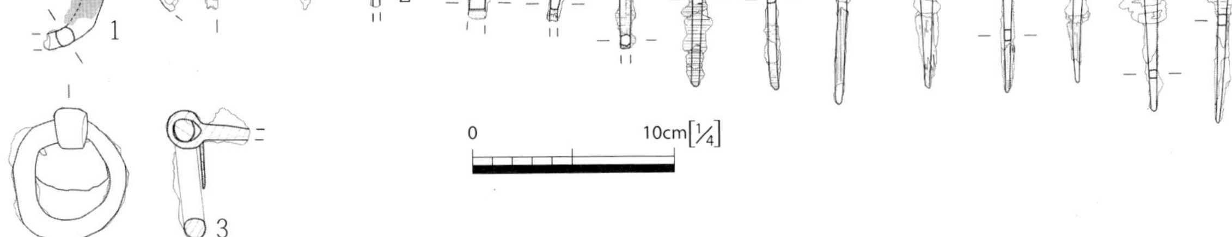

12호 석실묘

(단위 : cm)

묘광	크 기 (길이×너비×높이)	(246+)×220×(184+)	현실	크 기 (길이×너비×깊이)	(228+)×112×114
	장폭비	?		장폭비	?
시상/관대크기 (길이×너비×높이)		?	천장형태		고임
묘도크기 (길이×너비)		?	배수시설 (길이×너비×깊이)		?
장축방향		N-(14)°-E	두 향		?
벽석종류		할석	바닥시설		할석
유물	토 기	-			
	철 기	관고리(4), 관정(16)			
	청동기	-			
	옥석류	-			
	기 타	-			
특기사항		석실로 보고하였으나 파괴가 심하여 정확한 구조는 알 수 없음.			

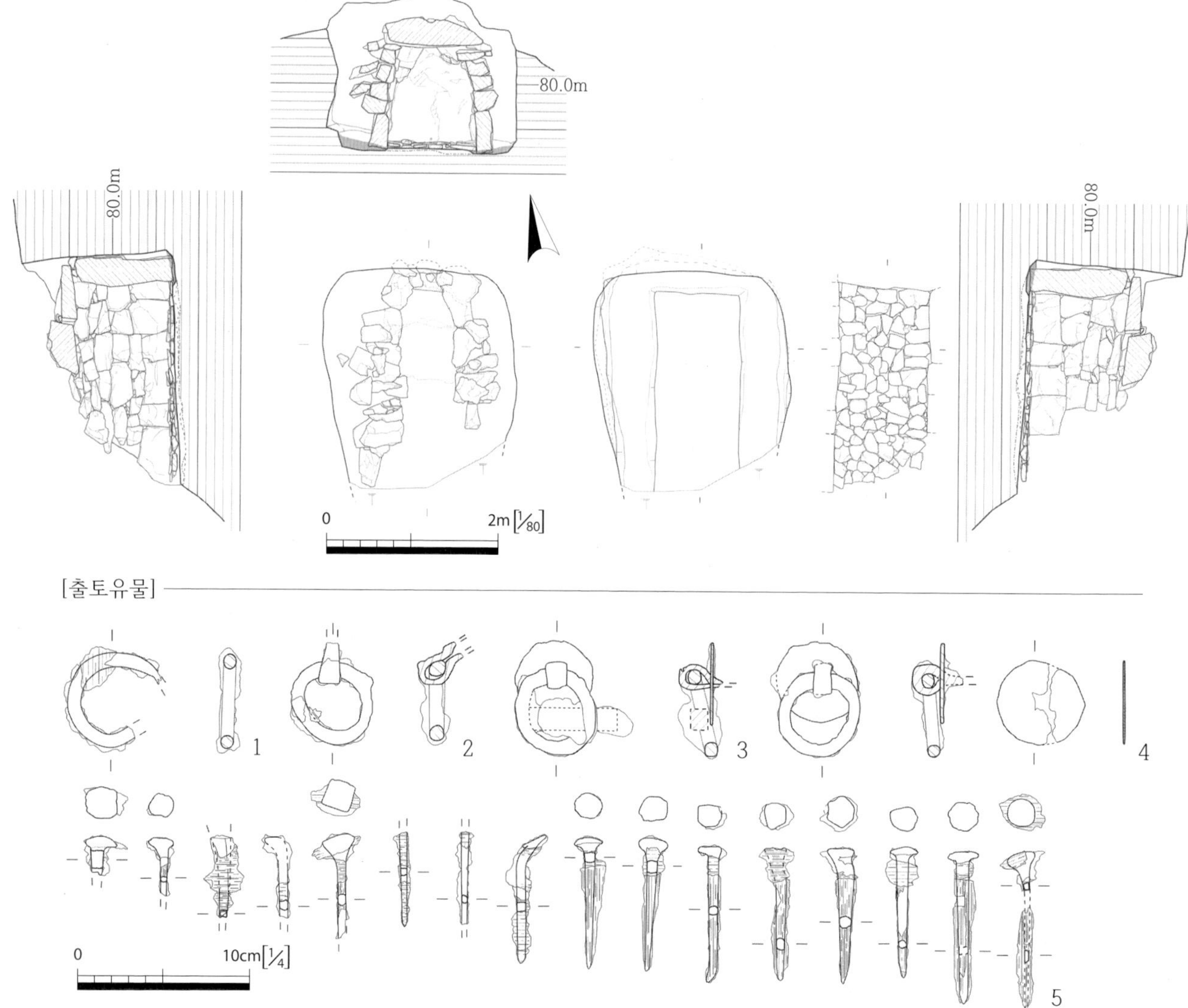

13호 석실묘

(단위 : cm)

봉토	크 기 (길이×너비×높이)	?	묘광	크 기 (길이×너비×깊이)	(315)×174×(136+)
	평면형태	?		장폭비	(1.81):1
현실	크 기 (길이×너비×높이)	188×80×71	천장형태		고임
	장폭비	2.25:1	횡구부위치		남서측 단벽
횡구부	크 기 (길이×너비)	(90)×(51)	묘도크기 (길이×너비)		110×80
	장폭비	(1.77):1	배수시설 (길이×너비×깊이)		378×33×(10+)
시상/관대크기 (길이×너비×높이)		?	두 향		?
장축방향		N-(20)°-E	벽석종류		할석
유물	토 기	-			
	철 기	관고리(5), 관정(19)			
	청동기	-			
	옥석류	-			
	기 타	-			
특기사항					

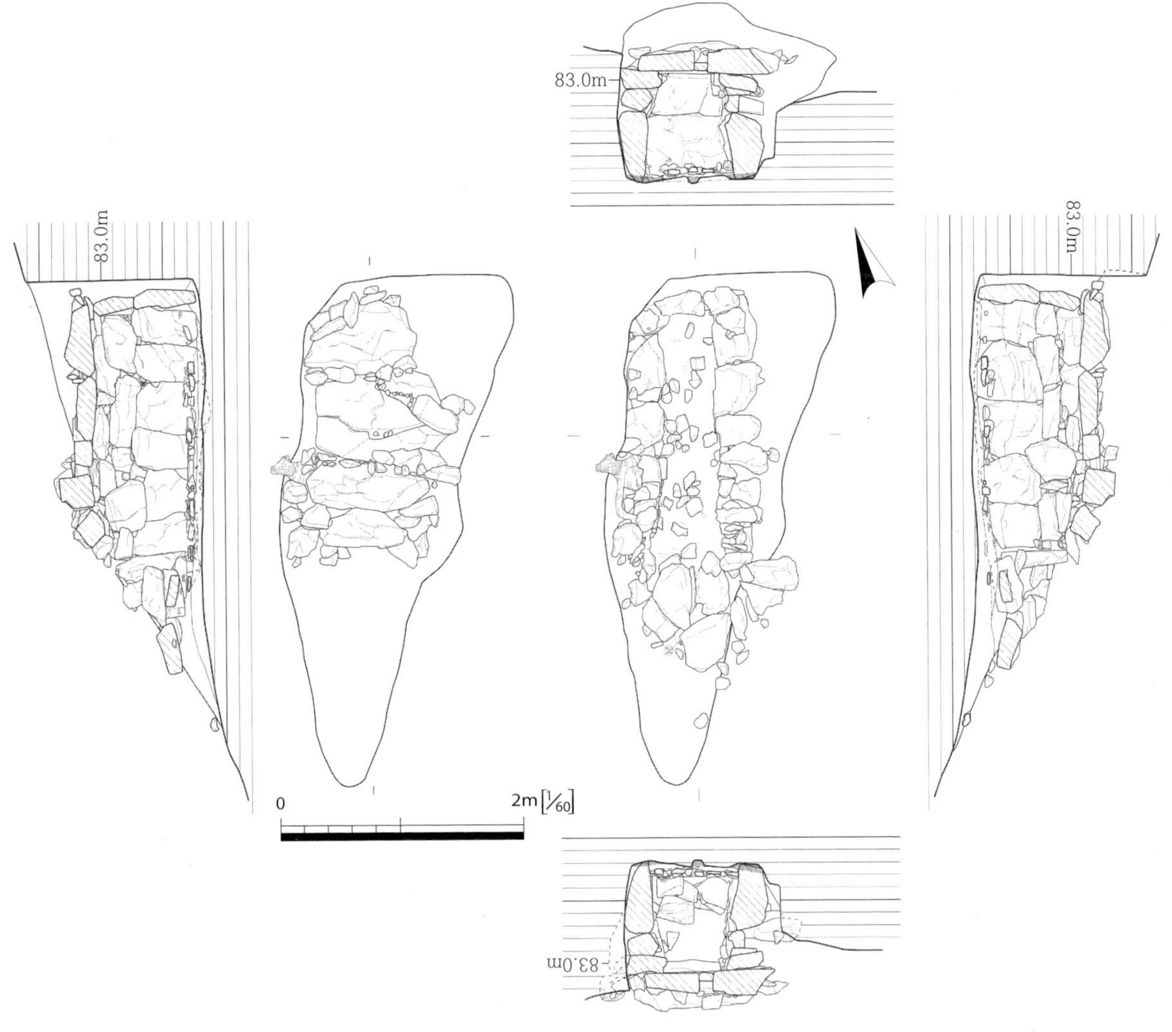

[3차 평면]

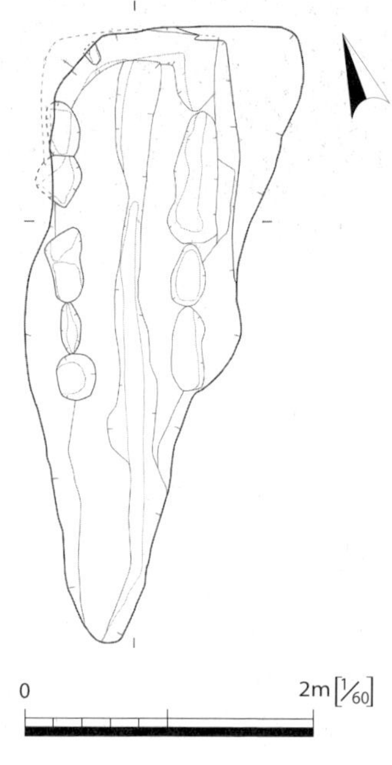

[유구사진]

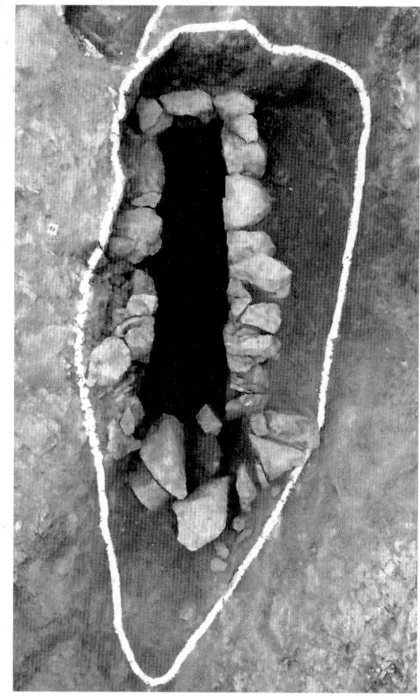

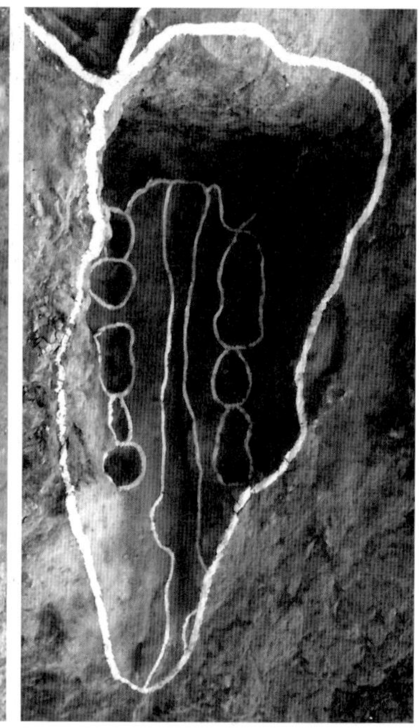

[출토유물]

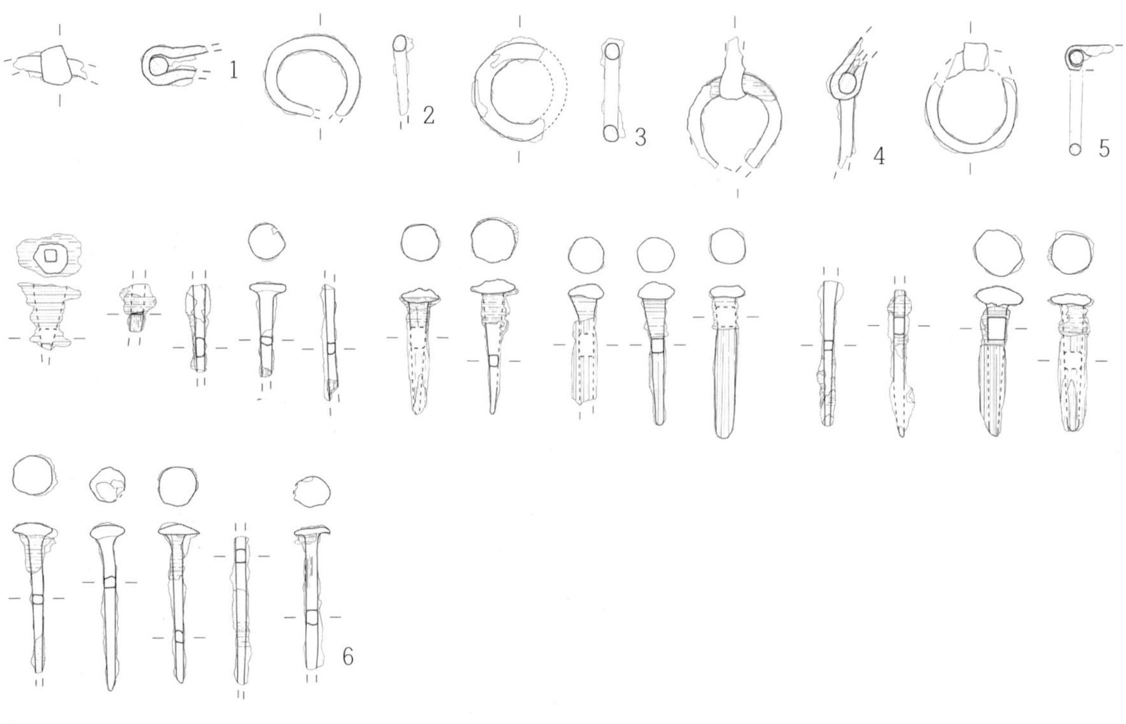

14호 석실묘

(단위 : cm)

봉토	크 기 (길이×너비×높이)	?	묘광	크 기 (길이×너비×깊이)	(268)×119×(76+)
	평면형태	?		장폭비	(2.25):1
현실	크 기 (길이×너비×높이)	233×58×(68+)	천장형태		?
	장폭비	?	횡구부위치		남서측 단벽
횡구부	크 기 (길이×너비)	?	묘도크기 (길이×너비)		(20+)×(65)
	장폭비	?	배수시설 (길이×너비×깊이)		-
시상/관대크기 (길이×너비×높이)		?	두 향		?
장축방향		N-(50)°-E	벽석종류		할석
유물	토 기	-			
	철 기	-			
	청동기	-			
	옥석류	-			
	기 타	-			
특기사항		횡구식 석실로 보고하였으나 파괴가 심하여 정확한 구조는 알 수 없음. 출토유물 없음.			

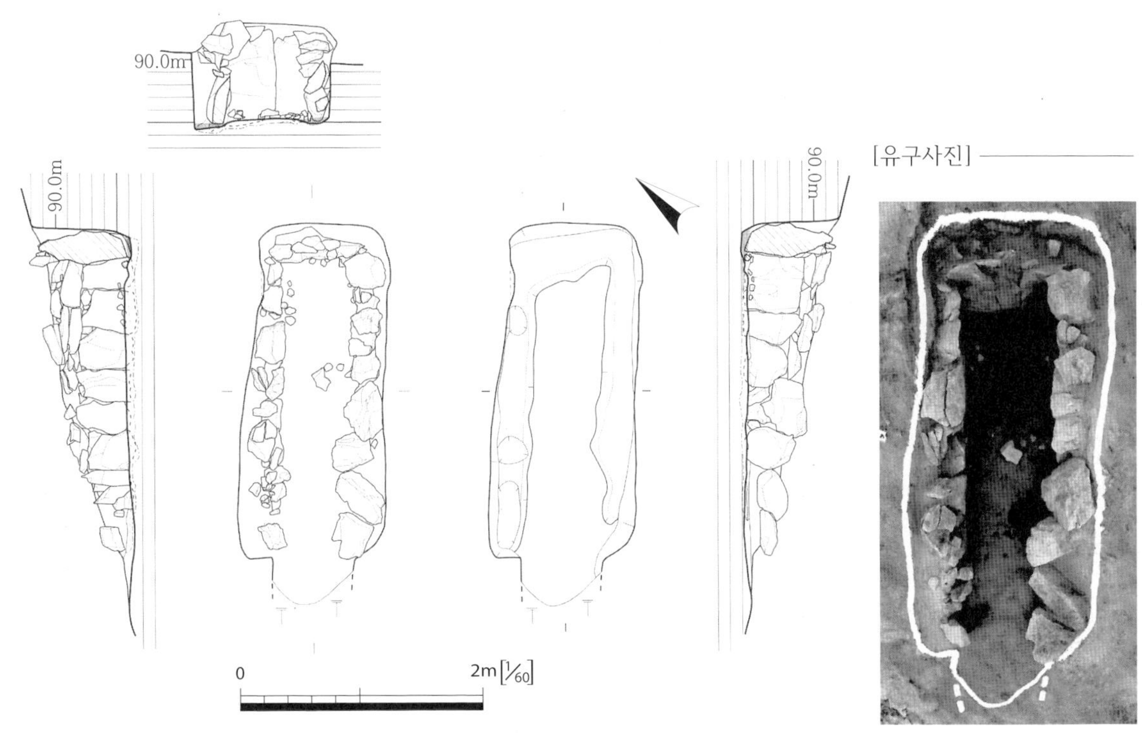

15호 석실묘

(단위 : cm)

묘광	크 기 (길이×너비×높이)	(248+)×195×(86+)	현실	크 기 (길이×너비×깊이)	(164+)×123×(86+)
	장폭비	?		장폭비	?
시상/관대크기 (길이×너비×높이)		?	천장형태		?
묘도크기 (길이×너비)		?	배수시설 (길이×너비×깊이)		?
장축방향		N-(5)°-W	두 향		?
벽석종류		할석	바닥시설		할석
유물	토 기	-			
	철 기	관고리(1), 관정(5)			
	청동기	-			
	옥석류	-			
	기 타	-			
특기사항		석실로 보고하였으나 파괴가 심하여 정확한 구조는 알 수 없음.			

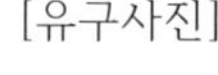
[유구사진]

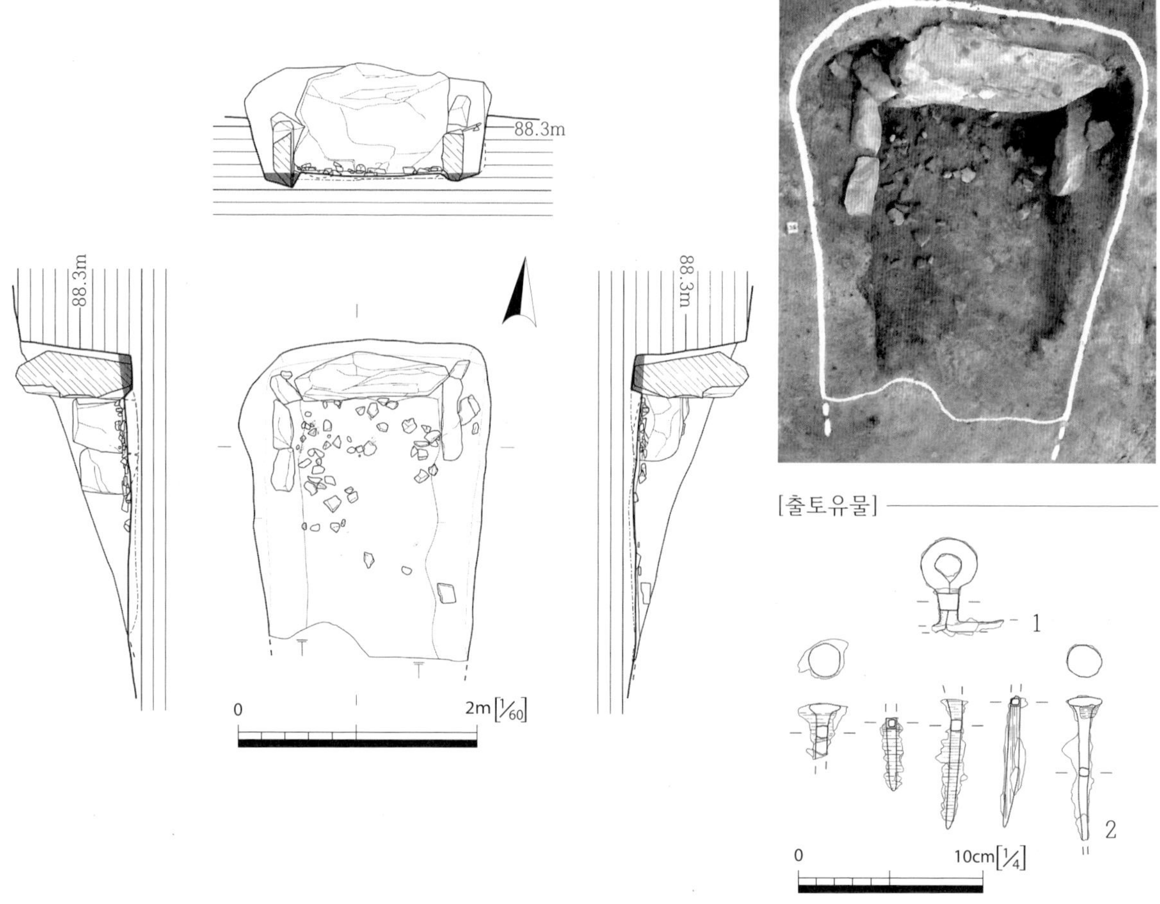

16호 석실묘

(단위 : cm)

묘광	크 기 (길이×너비×높이)	(227+)×152×(41+)	현실	크 기 (길이×너비×깊이)	(183+)×44×(33+)
	장폭비	?		장폭비	?
시상/관대크기 (길이×너비×높이)		?	천장형태		?
묘도크기 (길이×너비)		?	배수시설 (길이×너비×깊이)		?
장축방향		N-(3)°-W	두 향		?
벽석종류		할석	바닥시설		-
유물	토 기	-			
	철 기	관고리(2), 관정(2)			
	청동기	-			
	옥석류	-			
	기 타	-			
특기사항		석실로 보고하였으나 파괴가 심하여 정확한 구조는 알 수 없음.			

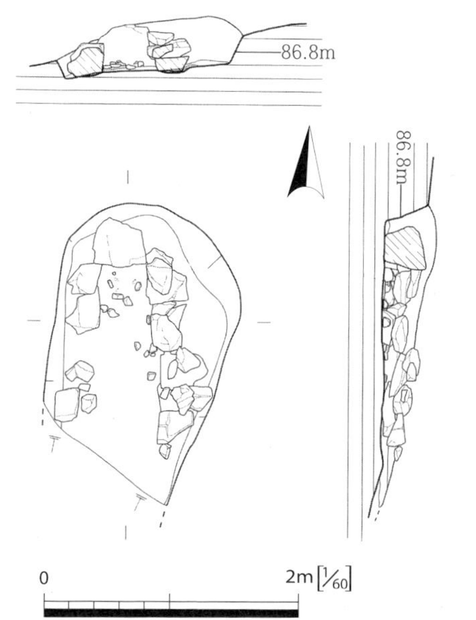

[유구사진]

[출토유물]

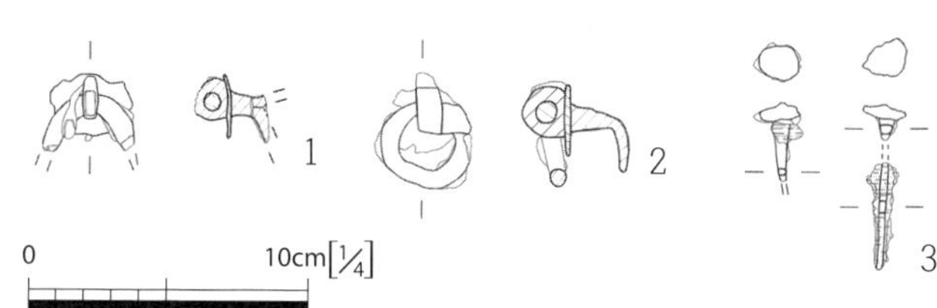

17호 석실묘

(단위 : cm)

봉토	크 기 (길이×너비×높이)	?	묘광	크 기 (길이×너비×깊이)	(319+)×187×(126+)
	평면형태	?		장 폭 비	?
현실	크 기 (길이×너비×높이)	224×67×(93+)	천장형태		고임
	장 폭 비	3.34:1	횡구부위치		남서측 단벽
횡구부	크 기 (길이×너비)	(50+)×(63)	묘도크기 (길이×너비)		?
	장 폭 비	?	배수시설 (길이×너비×깊이)		-
시상/관대크기 (길이×너비×높이)		-	두 향		?
장축방향		N-(18)°-E	벽석종류		할석
유물	토 기	-			
	철 기	관정(9)			
	청 동 기	-			
	옥 석 류	-			
	기 타	-			
특기사항					

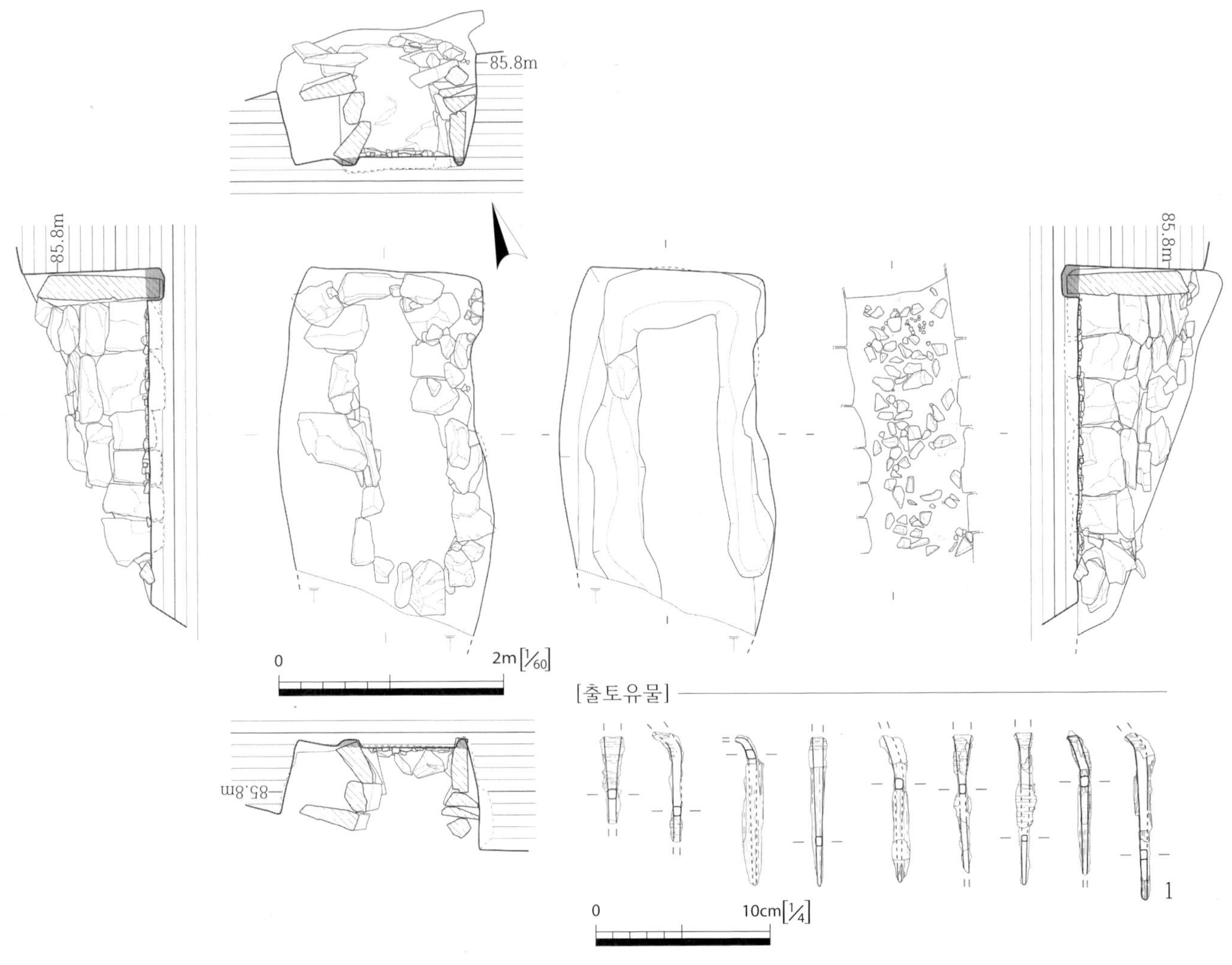

18호 석실묘

(단위 : cm)

봉토	크 기 (길이×너비×높이)	?	묘광	크 기 (길이×너비×깊이)	362×137×(47+)
	평면형태	?		장폭비	2.64:1
현실	크 기 (길이×너비×높이)	222×72×(47+)	천장형태		?
	장폭비	3.34:1	횡구부위치		남측 단벽
횡구부	크 기 (길이×너비)	(64+)×(68+)	묘도크기 (길이×너비)		?
	장폭비	?	배수시설 (길이×너비×깊이)		?
시상/관대크기 (길이×너비×높이)		?	두 향		?
장축방향		N-(13)°-E	벽석종류		할석
유물	토 기	-			
	철 기	관정(4)			
	청동기	-			
	옥석류	-			
	기 타	-			
특기사항		횡구식 석실로 보고하였으나 파괴가 심하여 정확한 구조는 알 수 없음.			

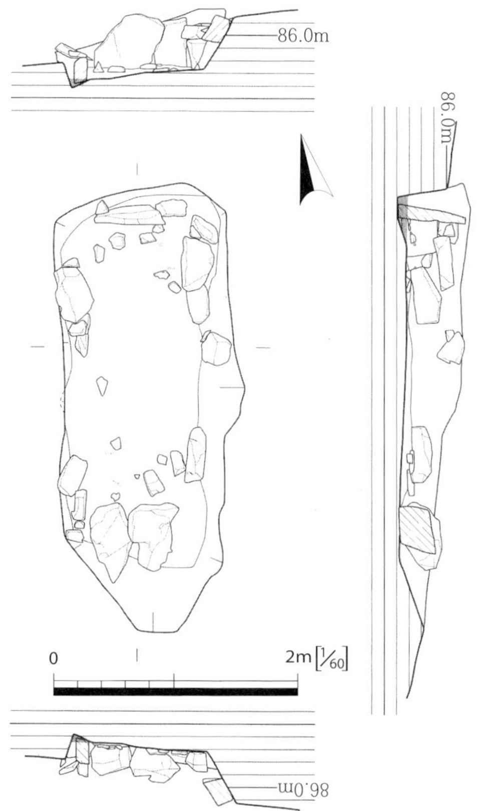

[유구사진]

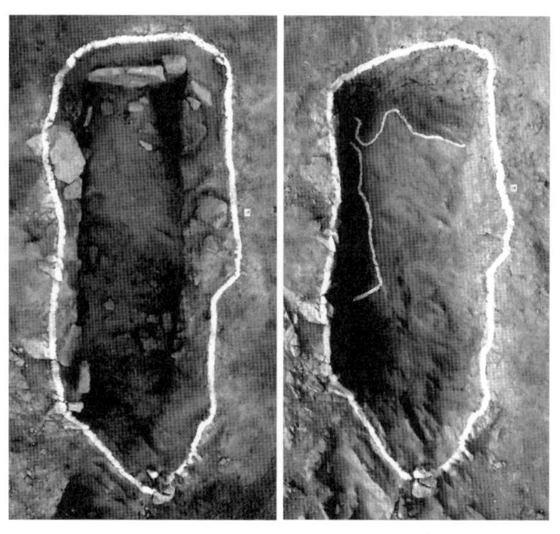

[출토유물]

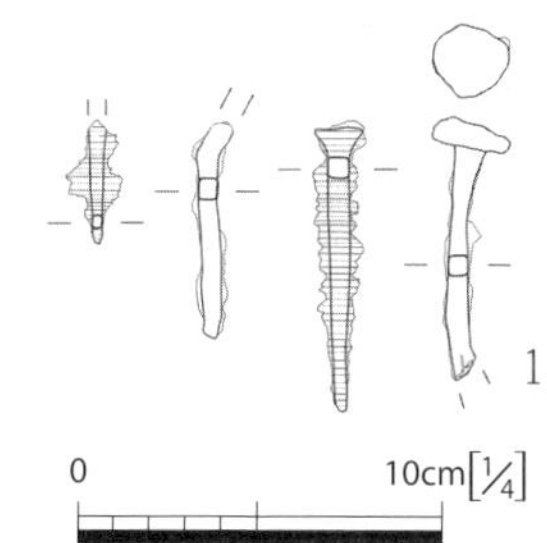

19호 석실묘

(단위 : cm)

묘광	크 기 (길이×너비×높이)	(284+)×149×(60+)	현실	크 기 (길이×너비×깊이)	(204+)×76×(60+)
	장폭비	?		장폭비	?
시상/관대크기 (길이×너비×높이)		?	천장형태		?
묘도크기 (길이×너비)		?	배수시설 (길이×너비×깊이)		(212+)×26×(6+)
장축방향		N-(0)°-S	두 향		?
벽석종류		할석	바닥시설		할석
유물	토 기	-			
	철 기	관정(3)			
	청동기	-			
	옥석류	-			
	기 타	-			
특기사항		석실로 보고하였으나 파괴가 심하여 정확한 구조는 알 수 없음.			

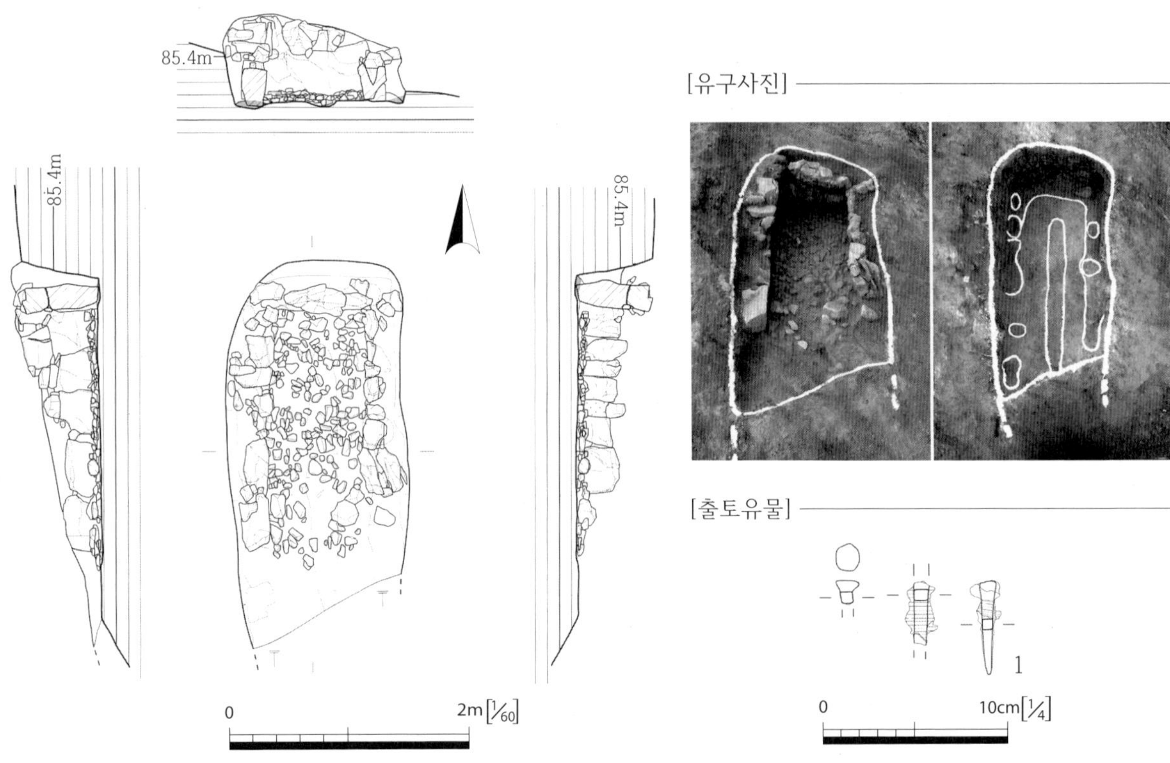

20호 석실묘

(단위 : cm)

봉토	크 기 (길이×너비×높이)	?	묘광	크 기 (길이×너비×깊이)	403×164×(78+)
	평면형태	?		장폭비	2.46:1
현실	크 기 (길이×너비×높이)	242×66×(74+)	천장형태		고임
	장폭비	3.67:1	횡구부위치		남서측 단벽
횡구부	크 기 (길이×너비)	(100)×(69)	묘도크기 (길이×너비)		?
	장폭비	(1.45):1	배수시설 (길이×너비×깊이)		-
시상/관대크기 (길이×너비×높이)		?	두 향		?
장축방향		N-(13)°-E	벽석종류		할석
유물	토 기	-			
	철 기	관고리(3), 관정(13)			
	청동기	-			
	옥석류	-			
	기 타	-			
특기사항					

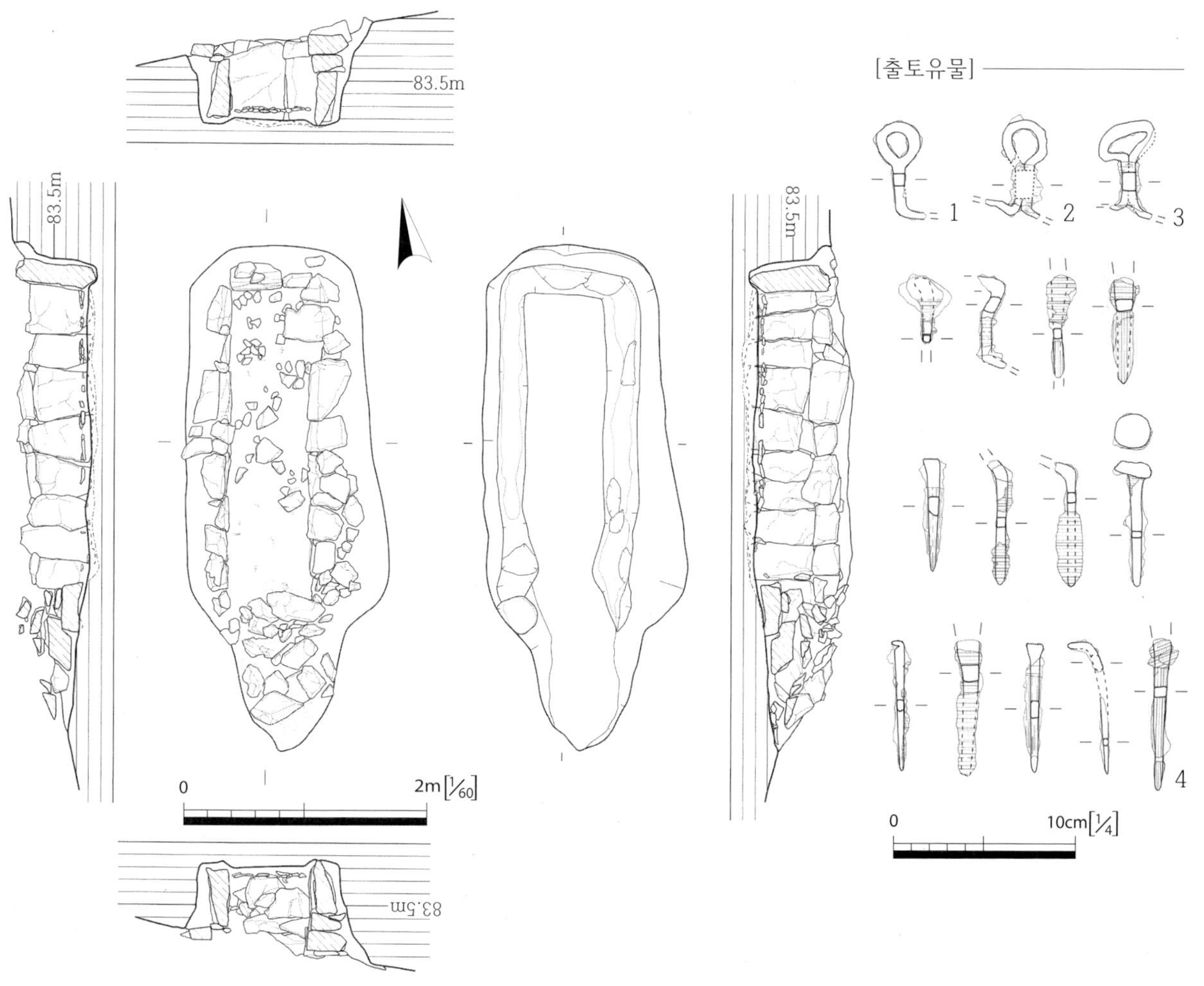

21호 석실묘

(단위 : cm)

<table>
<tr><td rowspan="2">묘광</td><td>크 기
(길이×너비×높이)</td><td>159×78×(44+)</td><td rowspan="2">현실</td><td>크 기
(길이×너비×깊이)</td><td>(125+)×40×(46+)</td></tr>
<tr><td>장폭비</td><td>2.04:1</td><td>장폭비</td><td>?</td></tr>
<tr><td colspan="2">시상/관대크기
(길이×너비×높이)</td><td>?</td><td colspan="2">천장형태</td><td>?</td></tr>
<tr><td colspan="2">묘도크기
(길이×너비)</td><td>?</td><td colspan="2">배수시설
(길이×너비×깊이)</td><td>?</td></tr>
<tr><td colspan="2">장축방향</td><td>N-(50)°-E</td><td colspan="2">두 향</td><td>?</td></tr>
<tr><td colspan="2">벽석종류</td><td>할석</td><td colspan="2">바닥시설</td><td>-</td></tr>
<tr><td rowspan="5">유물</td><td>토 기</td><td colspan="4">-</td></tr>
<tr><td>철 기</td><td colspan="4">관정(7)</td></tr>
<tr><td>청동기</td><td colspan="4">-</td></tr>
<tr><td>옥석류</td><td colspan="4">-</td></tr>
<tr><td>기 타</td><td colspan="4">-</td></tr>
<tr><td colspan="2">특기사항</td><td colspan="4">석실로 보고하였으나 파괴가 심하여 정확한 구조는 알 수 없음.</td></tr>
</table>

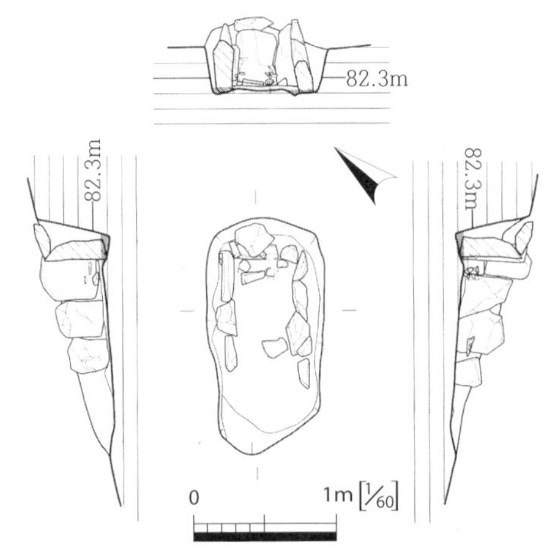

[유구사진]

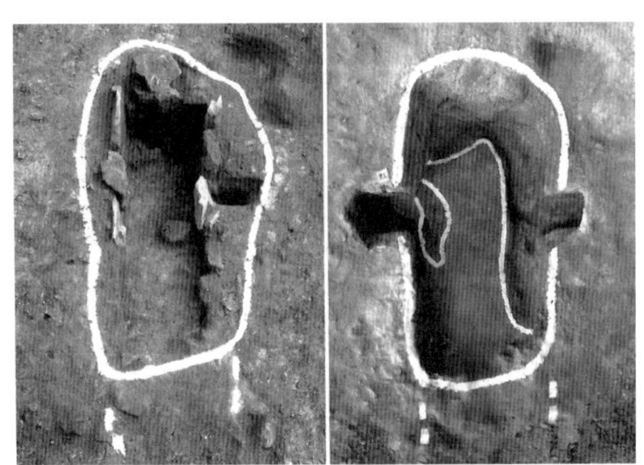

[출토유물]

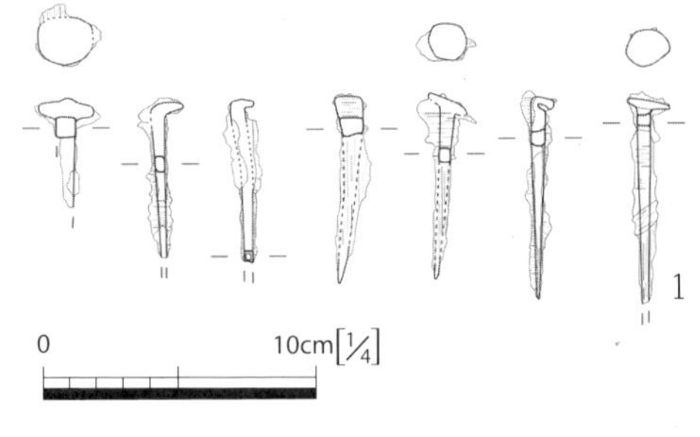

22호 석실묘

(단위 : cm)

봉토	크 기 (길이×너비×높이)	?	묘광	크 기 (길이×너비×깊이)	219×114×(29+)
	평면형태	?		장폭비	1.92:1
현실	크 기 (길이×너비×높이)	(140)×47×(36+)	천장형태		?
	장폭비	(2.98):1	횡구부위치		남서측 단벽
횡구부	크 기 (길이×너비)	(30)×(42)	묘도크기 (길이×너비)		?
	장폭비	(0.71):1	배수시설 (길이×너비×깊이)		-
시상/관대크기 (길이×너비×높이)		-	두 향		?
장축방향		N-(30°)-E	벽석종류		할석
유물	토 기	-			
	철 기	관정(4)			
	청동기	-			
	옥석류	-			
	기 타	-			
특기사항					

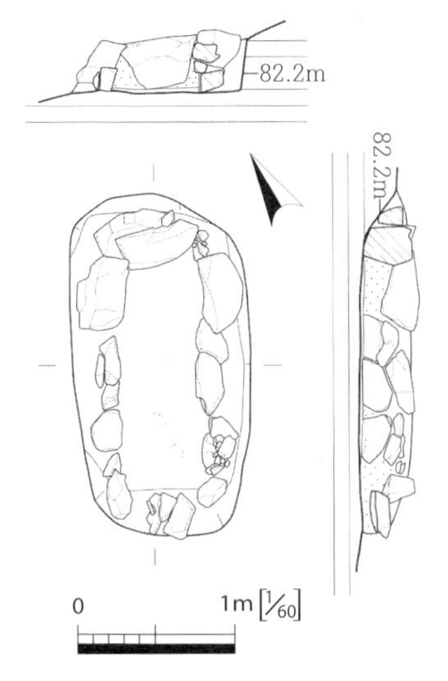

[출토유물]

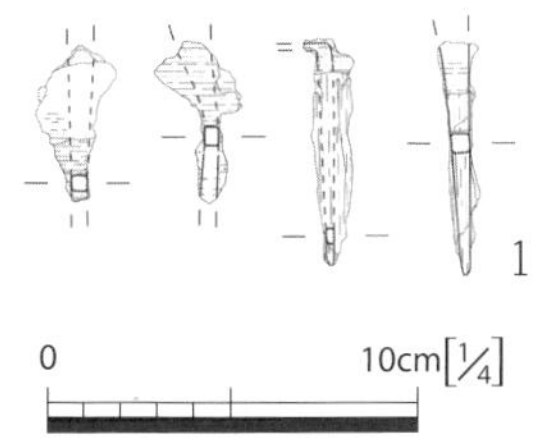

[유구사진]

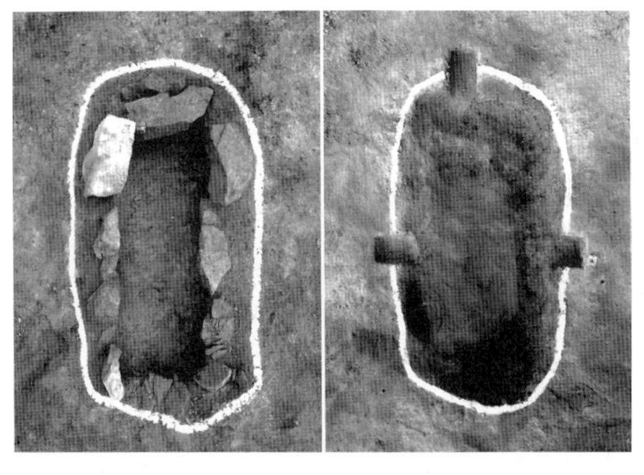

동벽

서벽

23호 석실묘

(단위 : cm)

봉토	크 기 (길이×너비×높이)	?	묘광	크 기 (길이×너비×깊이)	293×132×(44+)
	평면형태	?		장폭비	2.22:1
현실	크 기 (길이×너비×높이)	213×70×(48+)	천장형태		?
	장폭비	3.04:1	횡구부위치		남서측 단벽
횡구부	크 기 (길이×너비)	(65)×(51)	묘도크기 (길이×너비)		?
	장폭비	(1.27):1	배수시설 (길이×너비×깊이)		-
시상/관대크기 (길이×너비×높이)		-	두 향		?
장축방향		N-(29)°-E	벽석종류		할석
유물	토 기	-			
	철 기	관정(5)			
	청동기	-			
	옥석류	-			
	기 타	-			
특기사항					

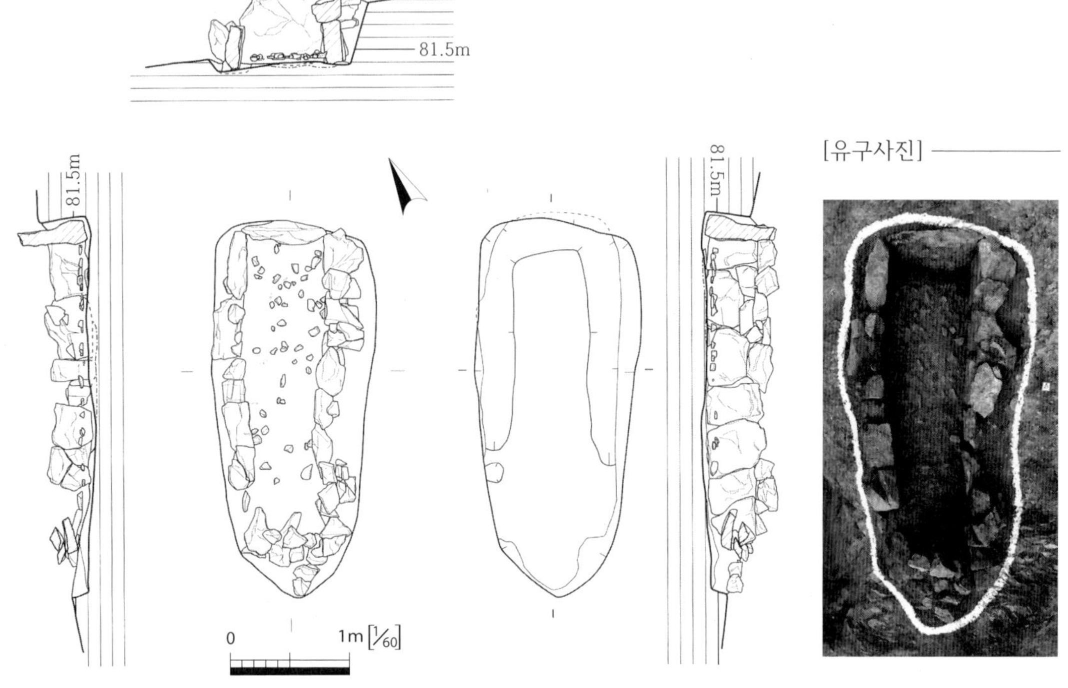

[출토유물]

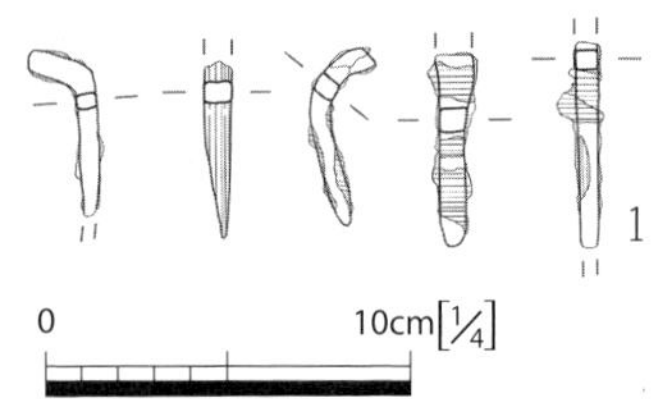

24호 석실묘

(단위 : cm)

묘광	크 기 (길이×너비×높이)	(318+)×190×(84+)	현실	크 기 (길이×너비×깊이)	(260+)×118×(70+)
	장폭비	?		장폭비	?
시상/관대크기 (길이×너비×높이)		?	천장형태		?
묘도크기 (길이×너비)		?	배수시설 (길이×너비×깊이)		?
장축방향		N-(38)°-E	두 향		?
벽석종류		할석	바닥시설		할석
유물	토 기	-			
	철 기	관모테(1), 관정(8)			
	청동기	-			
	옥석류	-			
	기 타	-			
특기사항		석실로 보고하였으나 파괴가 심하여 정확한 구조는 알 수 없음.			

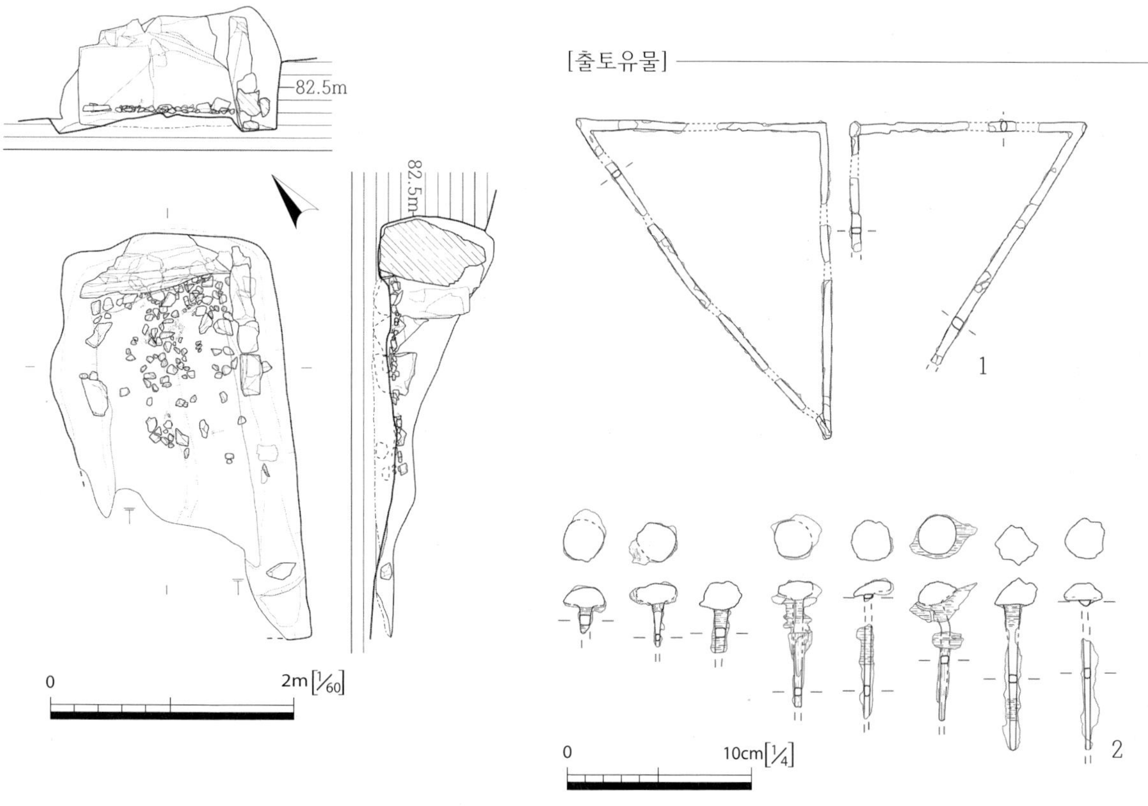

25호 석실묘

(단위 : cm)

묘광	크 기 (길이×너비×높이)	(336+)×150×(68+)	현실	크 기 (길이×너비×깊이)	(289+)×77×(54+)
	장폭비	?		장폭비	?
시상/관대크기 (길이×너비×높이)		?	천장형태		?
묘도크기 (길이×너비)		?	배수시설 (길이×너비×깊이)		?
장축방향		N-(3)°-W	두 향		?
벽석종류		할석	바닥시설		-
유물	토 기	-			
	철 기	관정(6)			
	청동기	-			
	옥석류	-			
	기 타	-			
특기사항		석실로 보고하였으나 파괴가 심하여 정확한 구조는 알 수 없음.			

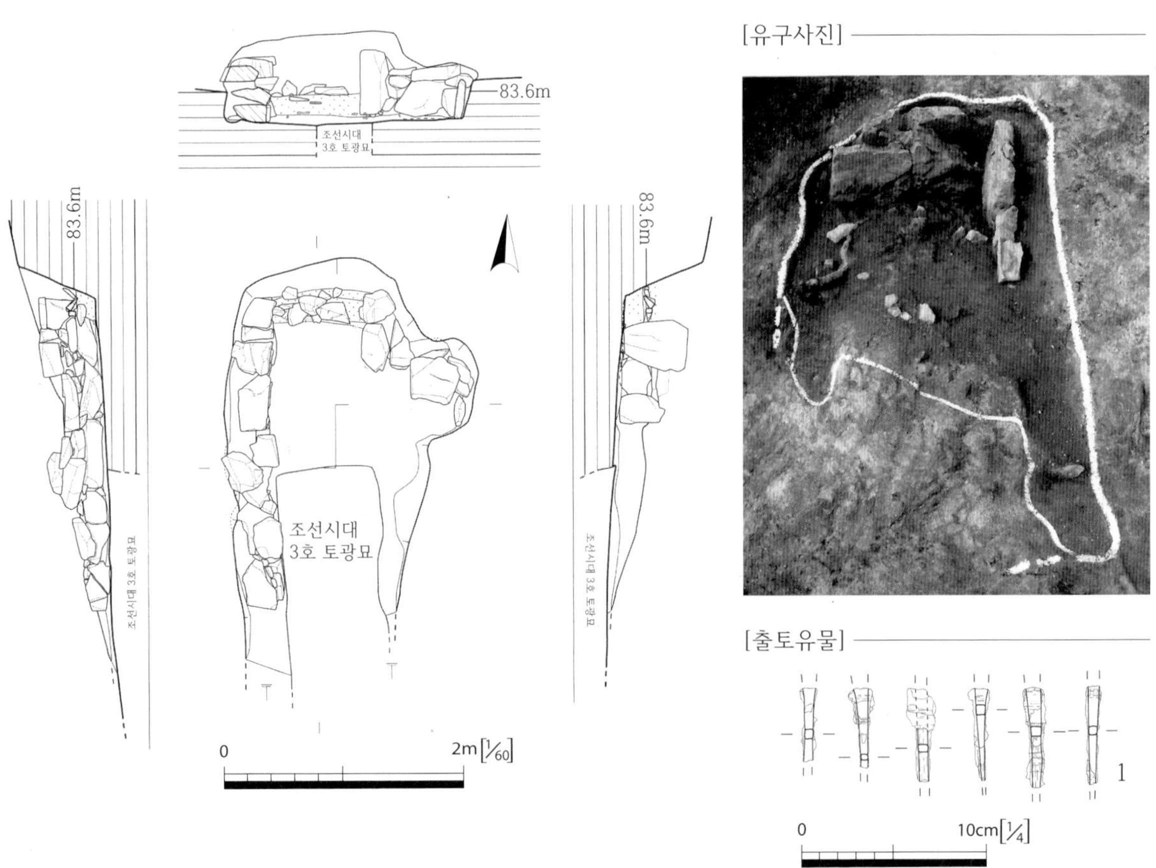

26호 석실묘

(단위 : cm)

묘광	크 기 (길이×너비×높이)	(216+)×157×(70+)	현실	크 기 (길이×너비×깊이)	(160+)×83×(60+)
	장폭비	?		장폭비	?
시상/관대크기 (길이×너비×높이)		?	천장형태		?
묘도크기 (길이×너비)		?	배수시설 (길이×너비×깊이)		?
장축방향		N-(11)°-W	두 향		?
벽석종류		할석	바닥시설		할석
유물	토 기	-			
	철 기	관정(12)			
	청동기	-			
	옥석류	-			
	기 타	-			
특기사항		석실로 보고하였으나 파괴가 심하여 정확한 구조는 알 수 없음.			

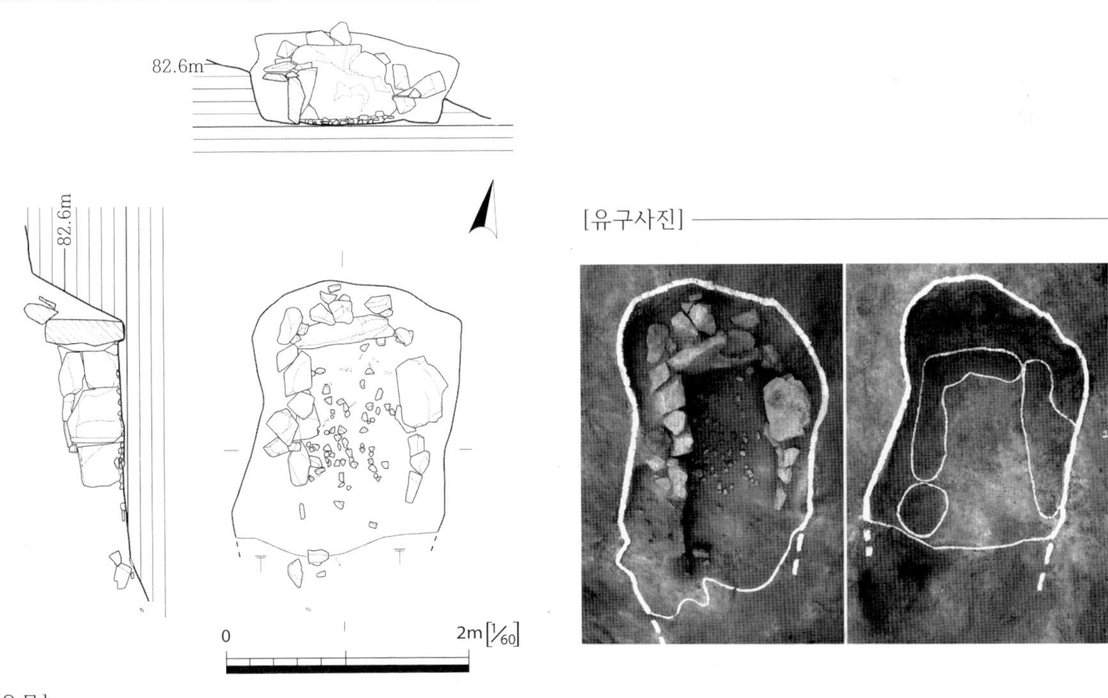

[출토유물]

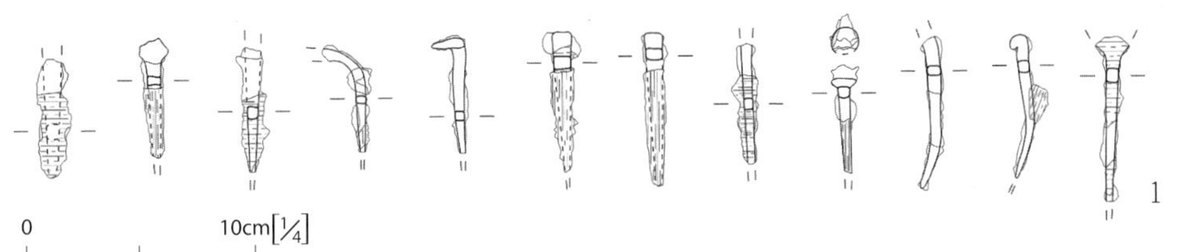

27호 석실묘

(단위 : cm)

묘광	크 기 (길이×너비×높이)	(276+)×174×(94+)	현실	크 기 (길이×너비×깊이)	(214+)×71×(59+)
	장폭비	?		장폭비	?
시상/관대크기 (길이×너비×높이)		?	천장형태		?
묘도크기 (길이×너비)		?	배수시설 (길이×너비×깊이)		?
장축방향		N-(3)°-E	두 향		?
벽석종류		할석	바닥시설		할석
유물	토 기	-			
	철 기	관정(8)			
	청동기	-			
	옥석류	-			
	기 타	-			
특기사항		석실로 보고하였으나 파괴가 심하여 정확한 구조는 알 수 없음.			

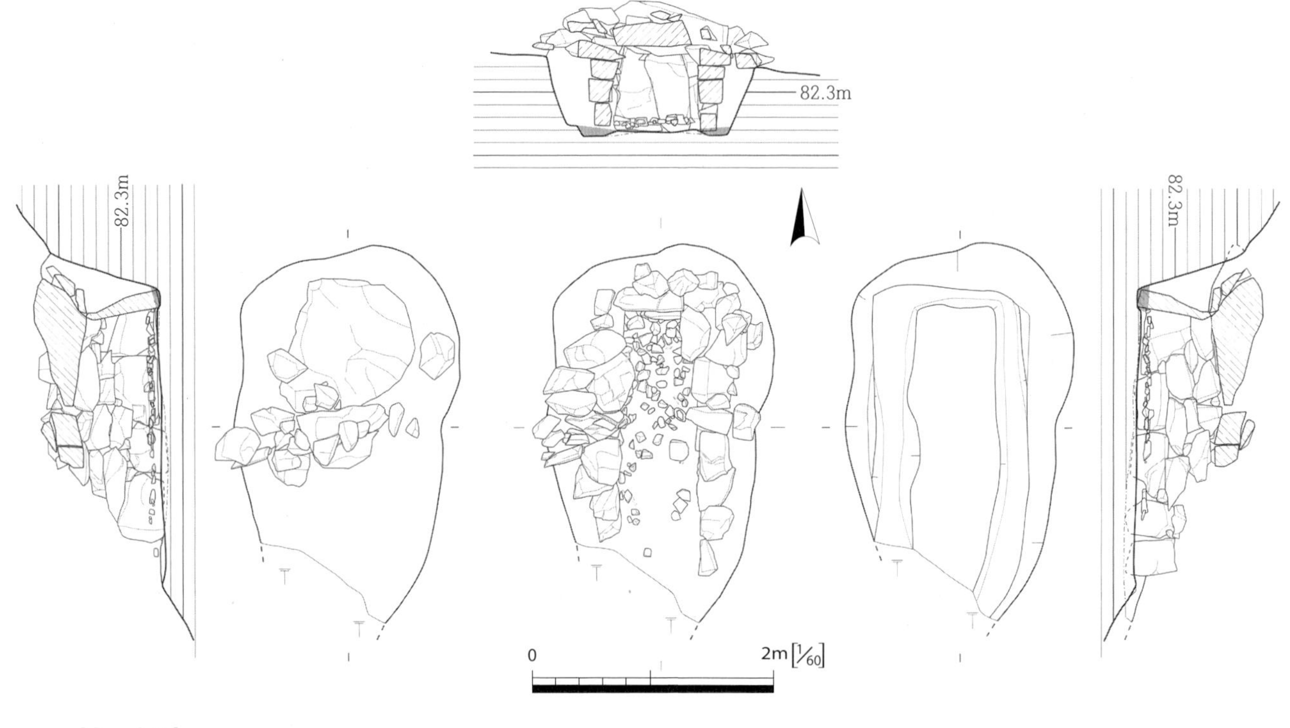

[출토유물]

28호 석실묘

(단위 : cm)

묘광	크 기 (길이×너비×높이)	(106+)×127×(22+)	현실	크 기 (길이×너비×깊이)	(77+)×(80+)×(59+)
	장폭비	?		장폭비	?
시상/관대크기 (길이×너비×높이)		?	천장형태		?
묘도크기 (길이×너비)		?	배수시설 (길이×너비×깊이)		?
장축방향		N-(29)°-E	두 향		?
벽석종류		할석	바닥시설		-
유물	토 기	-			
	철 기	관정(1)			
	청동기	-			
	옥석류	-			
	기 타	-			
특기사항		석실로 보고하였으나 파괴가 심하여 정확한 구조는 알 수 없음.			

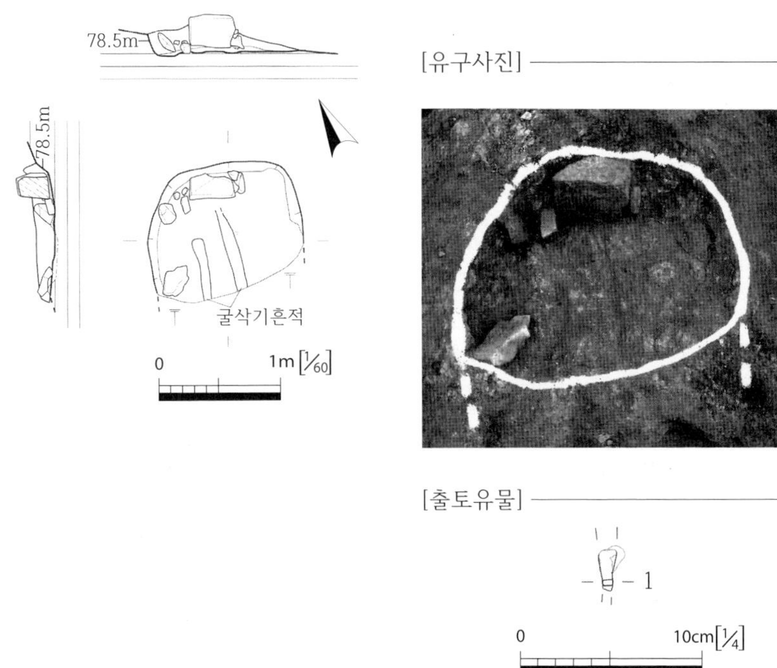

29호 석실묘

(단위 : cm)

봉토	크 기 (길이×너비×높이)	?	묘광	크 기 (길이×너비×깊이)	(378+)×153×(59+)
	평면형태	?		장폭비	?
현실	크 기 (길이×너비×높이)	226×58×(59+)	천장형태		?
	장폭비	3.89:1	횡구부위치		남측 단벽
횡구부	크 기 (길이×너비)	(80+)×58	묘도크기 (길이×너비)		?
	장폭비	?	배수시설 (길이×너비×깊이)		-
시상/관대크기 (길이×너비×높이)		-	두 향		?
장축방향		N-(11°)-E	벽석종류		할석
유물	토 기	-			
	철 기	관정(21)			
	청동기	-			
	옥석류	-			
	기 타	금동제 이식(1)			
특기사항					

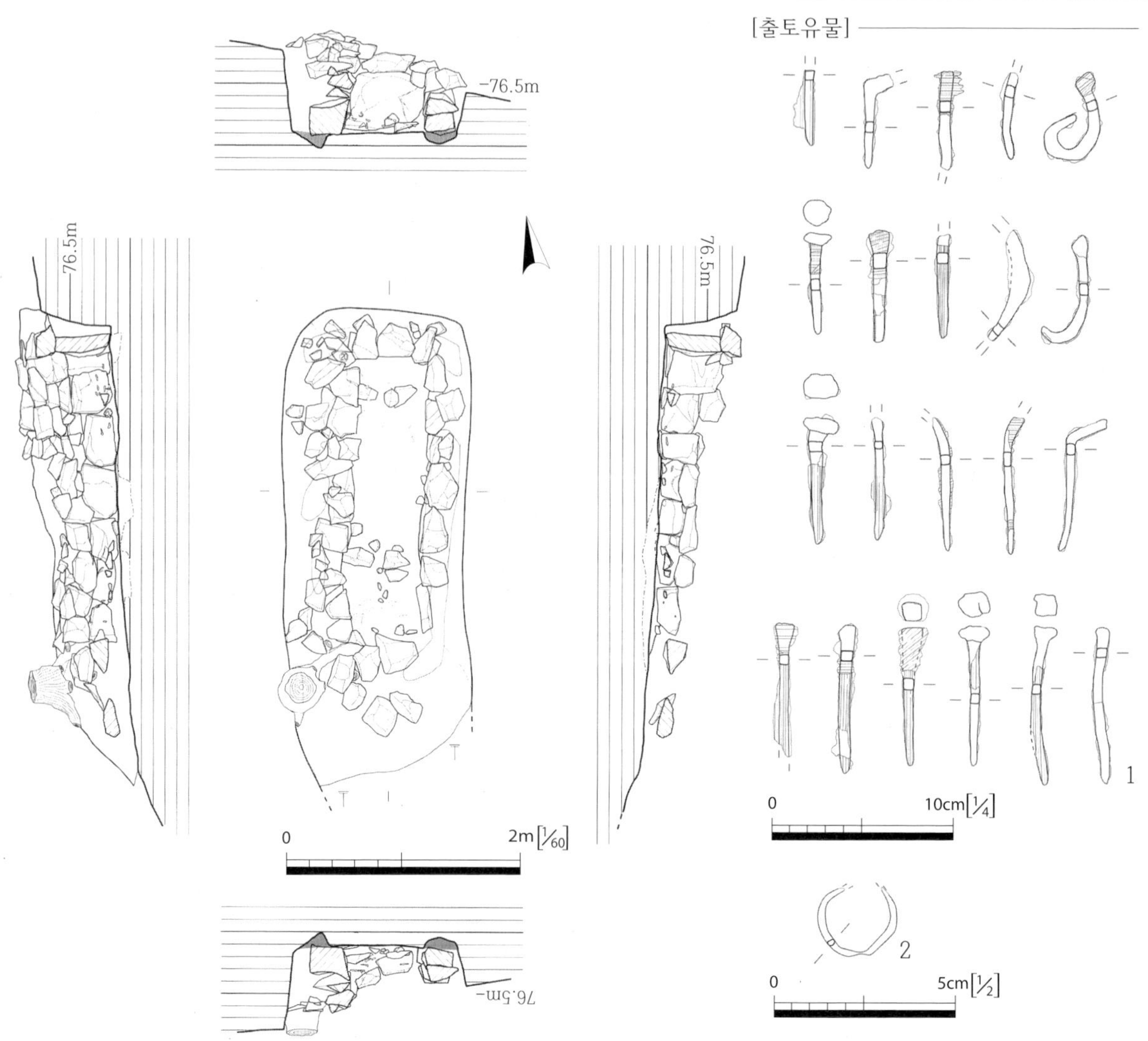

30호 석실묘

(단위 : cm)

봉토	크 기 (길이×너비×높이)	?	묘광	크 기 (길이×너비×깊이)	(318+)×178×(85+)
	평면형태	?		장폭비	?
현실	크 기 (길이×너비×높이)	(208+)×76×(59+)	천장형태		?
	장폭비	?	횡구부위치		?
횡구부	크 기 (길이×너비)	?	묘도크기 (길이×너비)		?
	장폭비	?	배수시설 (길이×너비×깊이)		-
시상/관대크기 (길이×너비×높이)		-	두 향		?
장축방향		N-(47)°-E	벽석종류		할석
유물	토 기	-			
	철 기	관정(1)			
	청동기	-			
	옥석류	-			
	기 타	-			
특기사항		횡구식 석실로 보고하였으나 파괴가 심하여 정확한 구조는 알 수 없음.			

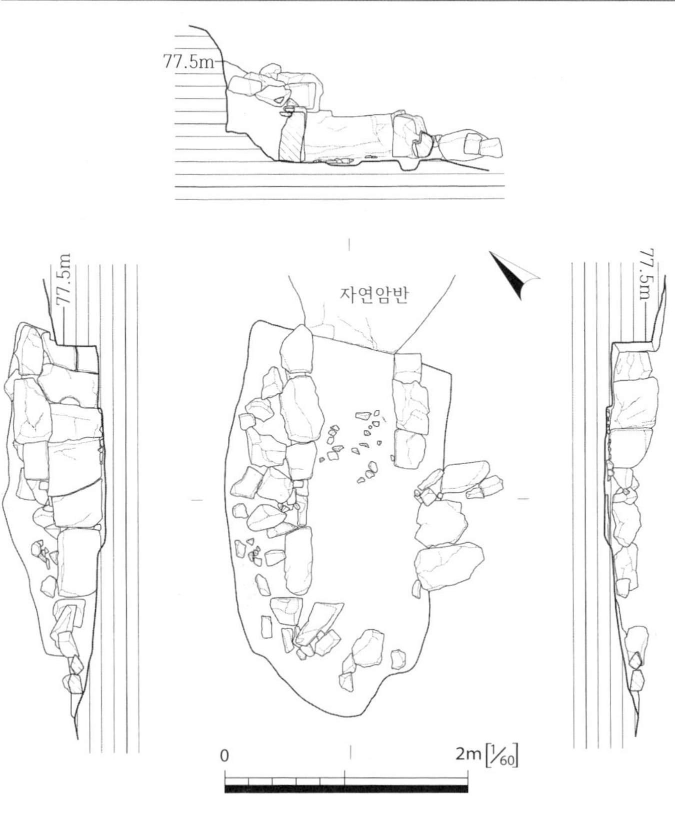

[유구사진]

[출토유물]

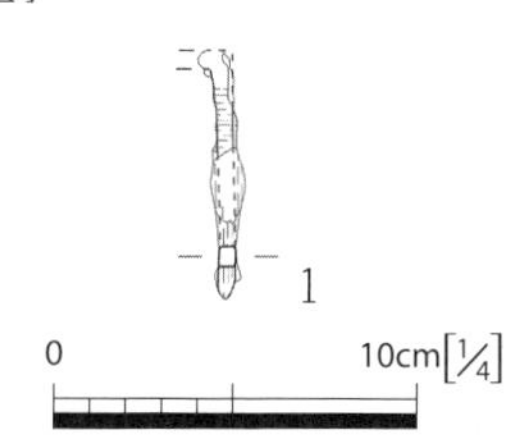

31호 석실묘

(단위 : cm)

봉토	크 기 (길이×너비×높이)	?	묘광	크 기 (길이×너비×깊이)	(330)×241×(101+)
	평면형태	?		장폭비	(1.37):1
현실	크 기 (길이×너비×높이)	242×120×(107+)	천장형태		?
	장폭비	2.02:1	연도위치		?
연도	크 기 (길이×너비×높이)	?	묘도크기 (길이×너비)		110×80
	장폭비	?	배수시설 (길이×너비×깊이)		?
시상/관대크기 (길이×너비×높이)		?	두 향		?
장축방향		N-(22)°-W	벽석종류		할석
유물	토 기	-			
	철 기	관정(2)			
	청동기	-			
	옥석류	-			
	기 타	-			
특기사항		횡혈식 석실로 보고하였으나 파괴가 심하여 정확한 구조는 알 수 없음.			

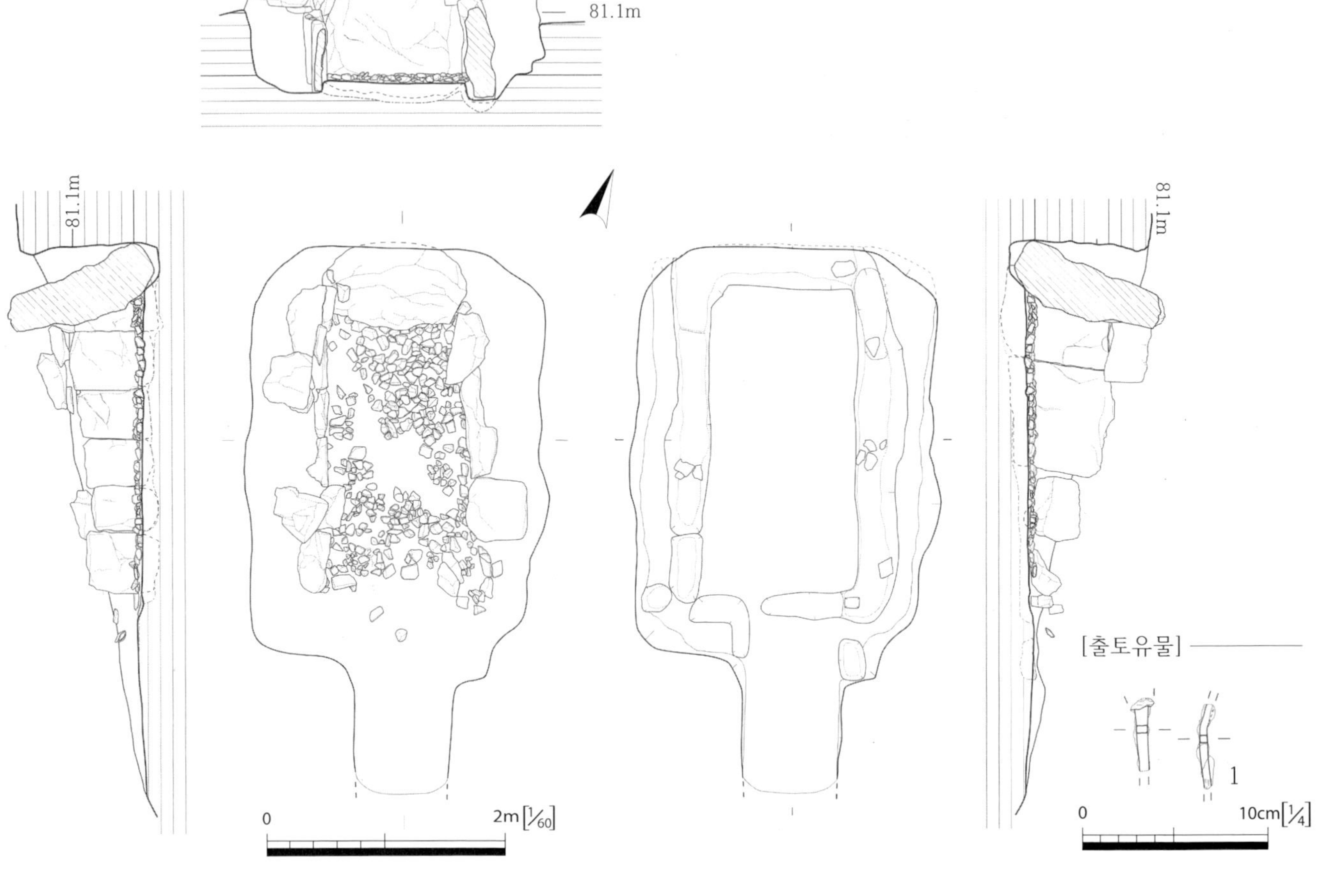

32호 석실묘

(단위 : cm)

묘광	크 기 (길이×너비×높이)	(228+)×170×(32+)	현실	크 기 (길이×너비×깊이)	(187+)×121×(48+)
	장폭비	?		장폭비	?
시상/관대크기 (길이×너비×높이)		?	천장형태		?
묘도크기 (길이×너비)		?	배수시설 (길이×너비×깊이)		?
장축방향		N-(25)°-E	두 향		?
벽석종류		할석	바닥시설		할석
유물	토 기	-			
	철 기	관정(25)			
	청동기	-			
	옥석류	-			
	기 타	-			
특기사항		석실로 보고하였으나 파괴가 심하여 정확한 구조는 알 수 없음.			

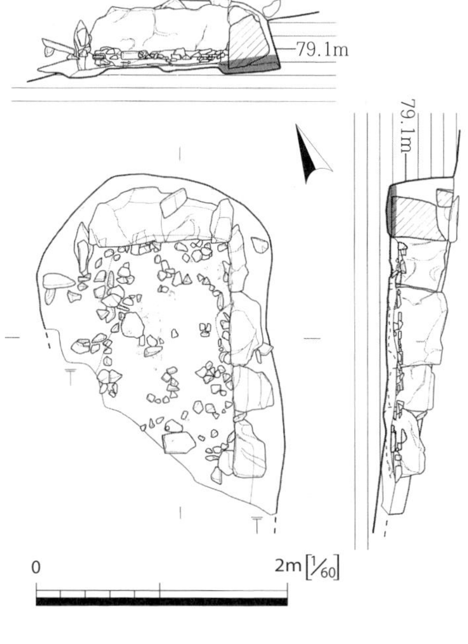

[유구사진]

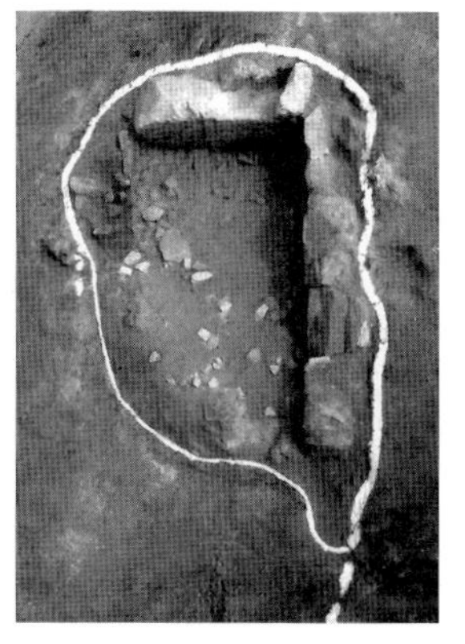

[출토유물]

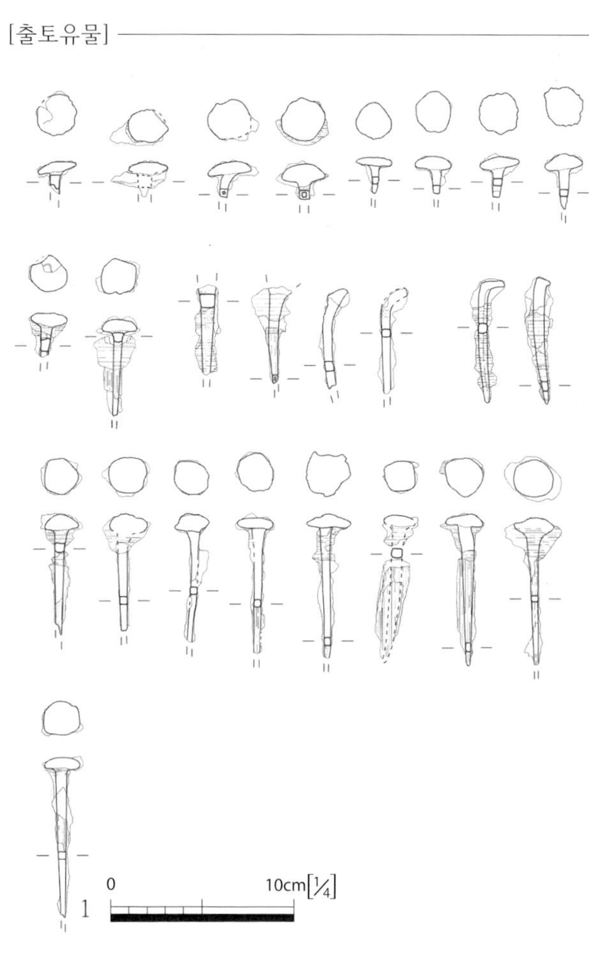

33호 석실묘

(단위 : cm)

봉토	크 기 (길이×너비×높이)	?	묘광	크 기 (길이×너비×깊이)	(300)×200×(94+)
	평면형태	?		장 폭 비	(1.50):1
현실	크 기 (길이×너비×높이)	191×91×(94+)	천장형태		고임
	장 폭 비	2.10:1	횡구부위치		남서측 단벽
횡구부	크 기 (길이×너비)	?	묘도크기 (길이×너비)		(34)×(78)
	장 폭 비	?	배수시설 (길이×너비×깊이)		-
시상/관대크기 (길이×너비×높이)		?	두 향		?
장축방향		N-(21)°-E	벽석종류		할석
유물	토 기	-			
	철 기	관정(4)			
	청 동 기	-			
	옥 석 류	-			
	기 타	-			
특기사항					

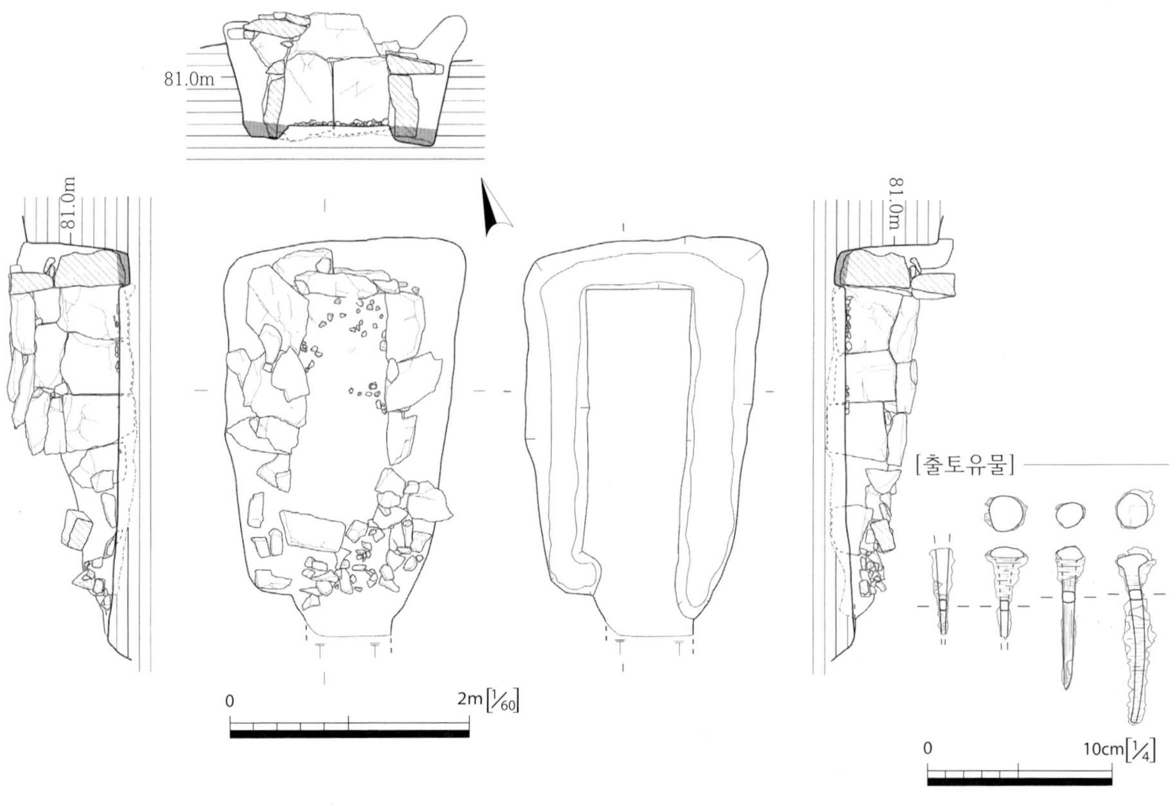

34호 석실묘

(단위 : cm)

묘광	크 기 (길이×너비×높이)	(118+)×129×(71+)	현실	크 기 (길이×너비×깊이)	(99+)×56×(65+)
	장폭비	?		장폭비	?
시상/관대크기 (길이×너비×높이)		?	천장형태		?
묘도크기 (길이×너비)		?	배수시설 (길이×너비×깊이)		(207+)×(18+)×?
장축방향		N-(23)°-E	두 향		?
벽석종류		할석	바닥시설		할석
유물	토 기	-			
	철 기	관정(7)			
	청동기	-			
	옥석류	-			
	기 타	-			
특기사항		석실로 보고하였으나 파괴가 심하여 정확한 구조는 알 수 없음.			

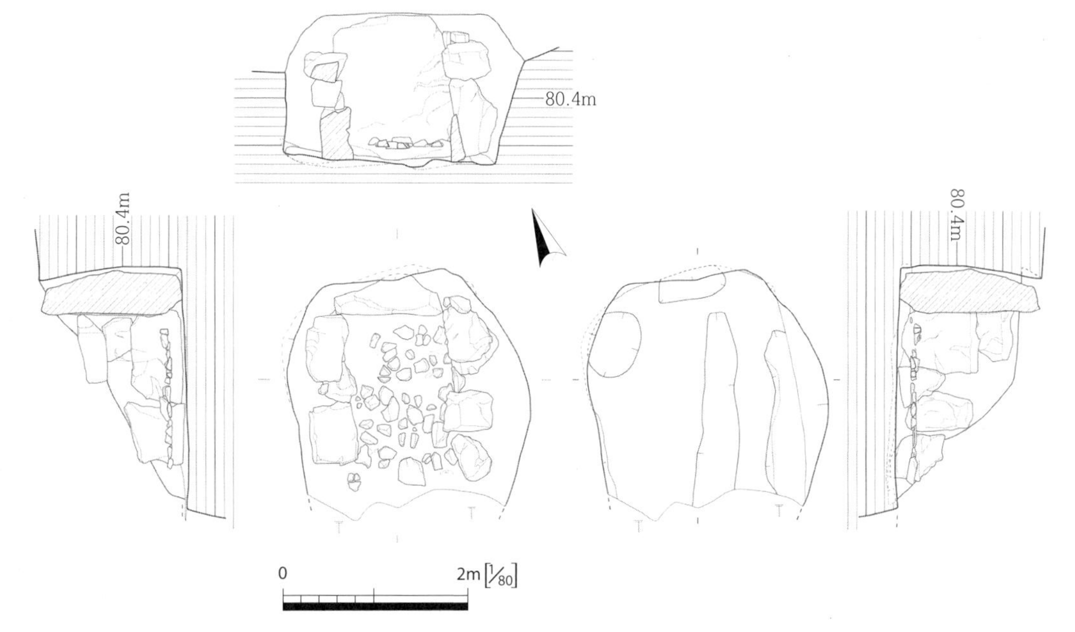

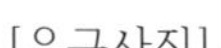

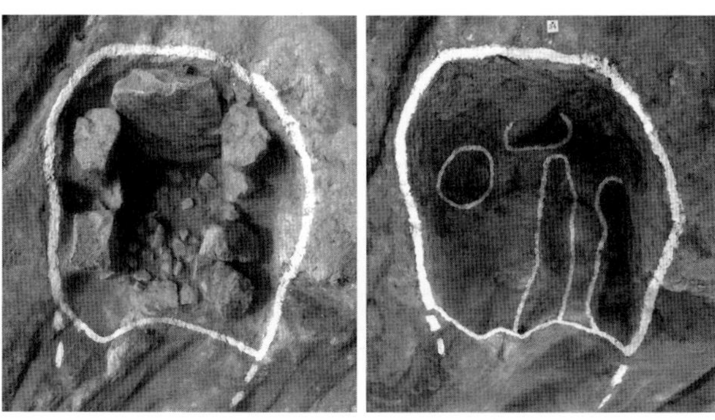

[출토유물]

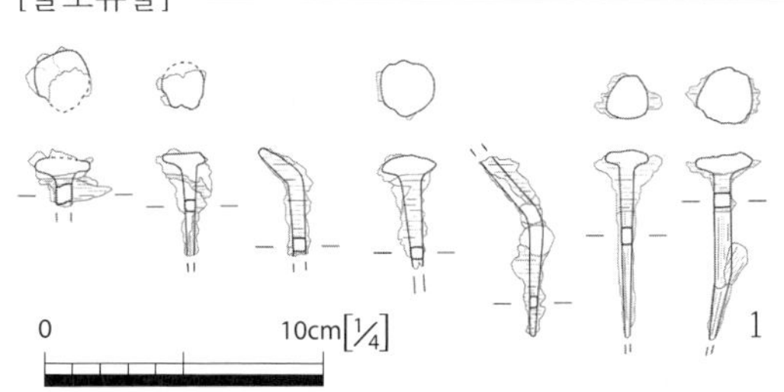

35호 석실묘

(단위 : cm)

<table>
<tr><td rowspan="2">봉토</td><td>크 기
(길이×너비×높이)</td><td>?</td><td rowspan="2">묘광</td><td>크 기
(길이×너비×깊이)</td><td>(290)×181×(132+)</td></tr>
<tr><td>평면형태</td><td>?</td><td>장폭비</td><td>(1.60):1</td></tr>
<tr><td rowspan="2">현실</td><td>크 기
(길이×너비×높이)</td><td>240×114×107</td><td colspan="2">천장형태</td><td>고임</td></tr>
<tr><td>장폭비</td><td>2.10:1</td><td colspan="2">연도위치</td><td>중앙</td></tr>
<tr><td rowspan="2">연도</td><td>크 기
(길이×너비×높이)</td><td>(38)×(90)×(84+)</td><td colspan="2">묘도크기
(길이×너비)</td><td>(216)×100</td></tr>
<tr><td>장폭비</td><td>(0.42):1</td><td colspan="2">배수시설
(길이×너비×깊이)</td><td>(960+)×(20+)×(10+)</td></tr>
<tr><td colspan="2">시상/관대크기
(길이×너비×높이)</td><td>?</td><td colspan="2">두 향</td><td>?</td></tr>
<tr><td colspan="2">장축방향</td><td>N-(8)°-W</td><td colspan="2">벽석종류</td><td>할석</td></tr>
<tr><td rowspan="5">유물</td><td>토 기</td><td colspan="4">-</td></tr>
<tr><td>철 기</td><td colspan="4">관고리(2), 관정(14)</td></tr>
<tr><td>청동기</td><td colspan="4">-</td></tr>
<tr><td>옥석류</td><td colspan="4">-</td></tr>
<tr><td>기 타</td><td colspan="4">-</td></tr>
<tr><td colspan="2">특기사항</td><td colspan="4"></td></tr>
</table>

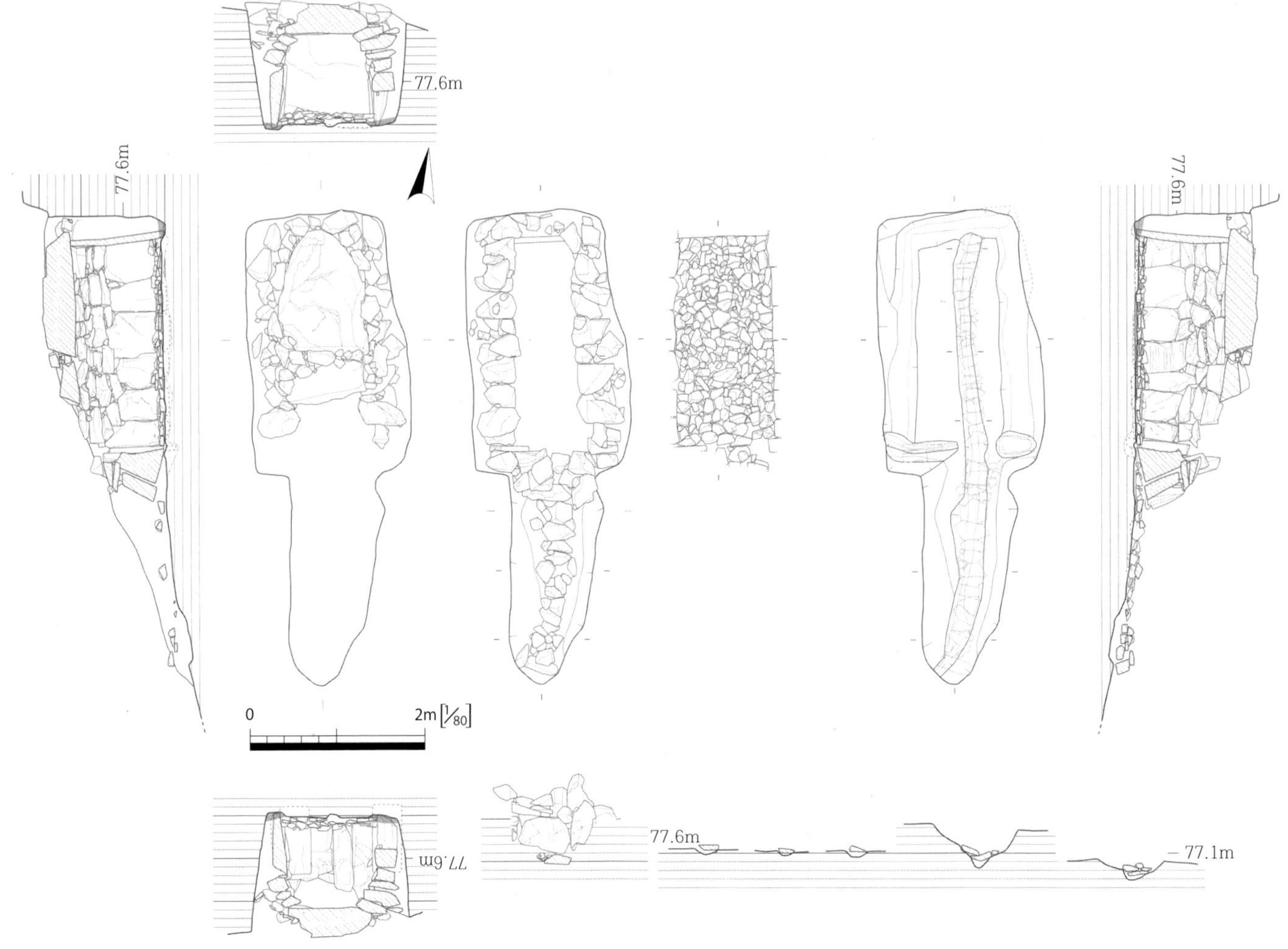

[유구사진]

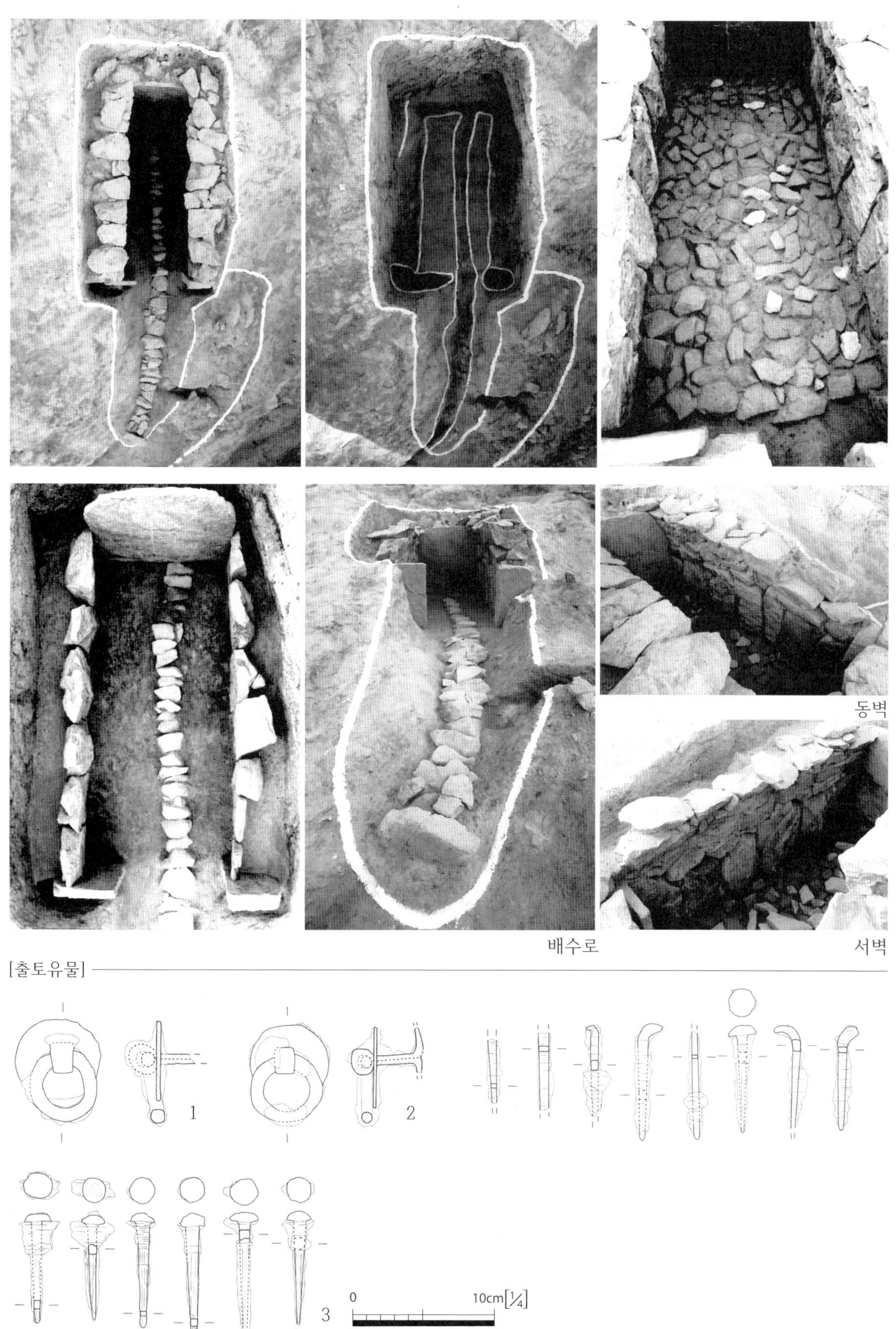

36호 석실묘

(단위 : cm)

묘광	크 기 (길이×너비×높이)	(228+)×147×(63+)	현실	크 기 (길이×너비×깊이)	(124+)×(60)×(22+)
	장폭비	?		장폭비	?
시상/관대크기 (길이×너비×높이)		?	천장형태		?
묘도크기 (길이×너비)		?	배수시설 (길이×너비×깊이)		?
장축방향		N-(3)°-E	두 향		?
벽석종류		할석	바닥시설		할석
유물	토 기	-			
	철 기	-			
	청동기	-			
	옥석류	-			
	기 타	-			
특기사항		출토유물 없음. 석실로 보고하였으나 파괴가 심하여 정확한 구조는 알 수 없음.			

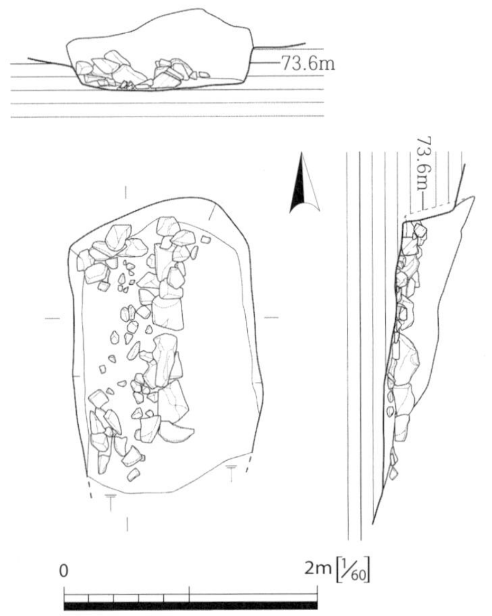

[유구사진]

37호 석실묘

(단위 : cm)

묘광	크 기 (길이×너비×높이)	(246+)×164×(162+)	현실	크 기 (길이×너비×깊이)	(188+)×82×(108+)
	장폭비	?		장폭비	?
시상/관대크기 (길이×너비×높이)		?	천장형태		?
묘도크기 (길이×너비)		?	배수시설 (길이×너비×깊이)		?
장축방향		N-(20)°-E	두 향		?
벽석종류		할석	바닥시설		-
유물	토 기	-			
	철 기	-			
	청동기	-			
	옥석류	-			
	기 타	-			
특기사항		출토유물 없음. 석실로 보고하였으나 파괴가 심하여 정확한 구조는 알 수 없음.			

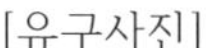
[유구사진]

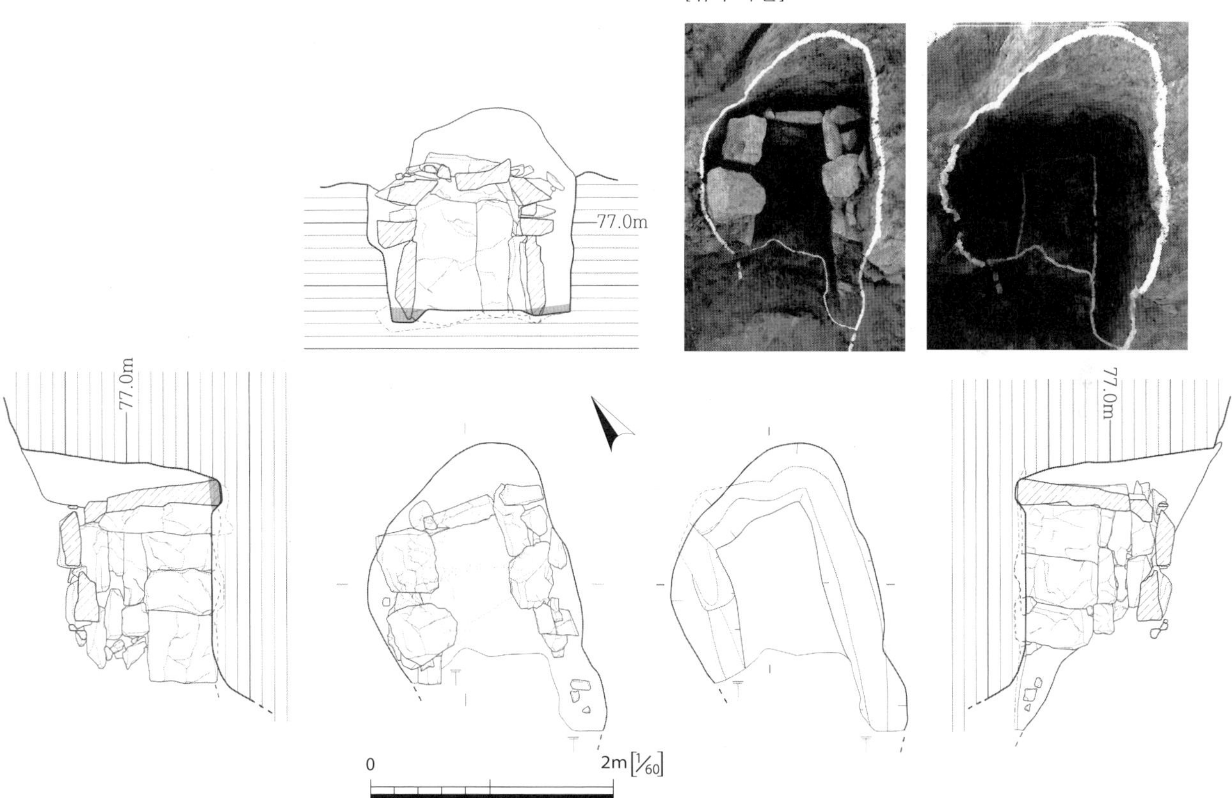

38호 석실묘

(단위 : cm)

봉토	크 기 (길이×너비×높이)	?	묘광	크 기 (길이×너비×깊이)	(322)×214×(118+)
	평면형태	?		장폭비	(1.50):1
현실	크 기 (길이×너비×높이)	220×103×(92+)	천장형태		고임
	장폭비	2.14:1	연도위치		우편재
연도	크 기 (길이×너비×높이)	(104)×(80)×?	묘도크기 (길이×너비)		(358+)×(60)
	장폭비	?	배수시설 (길이×너비×깊이)		390×57×?
시상/관대크기 (길이×너비×높이)		?	두 향		?
장축방향		N-(80)°-E	벽석종류		할석
유물	토 기	-			
	철 기	관정(30)			
	청동기	-			
	옥석류	-			
	기 타	-			
특기사항					

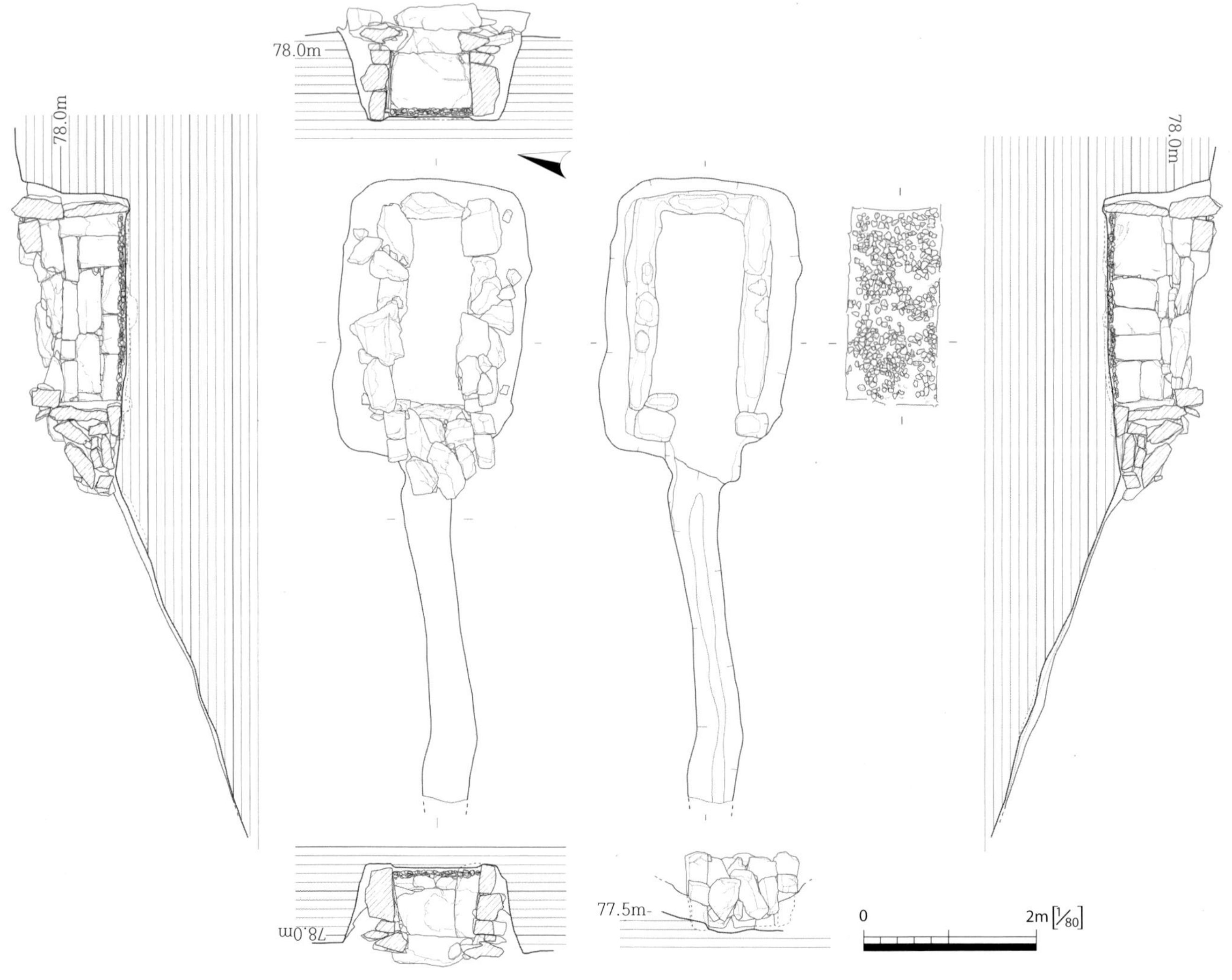

[유구사진]

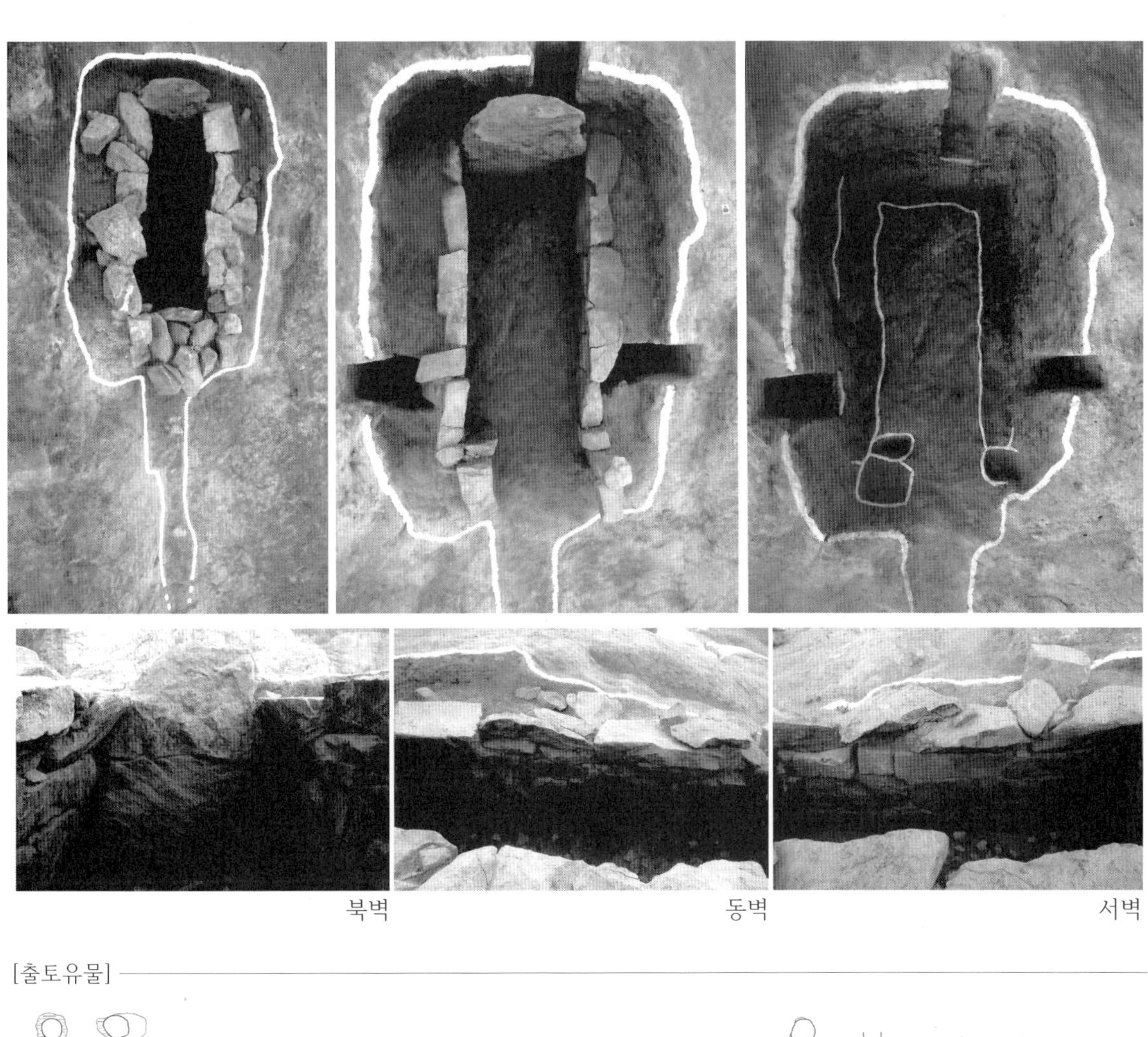

북벽 동벽 서벽

[출토유물]

0 10cm[1/4]

1

39호 석실묘

(단위 : cm)

봉토	크 기 (길이×너비×높이)	?	묘광	크 기 (길이×너비×깊이)	(225+)×113×(49+)
	평면형태	?		장폭비	?
현실	크 기 (길이×너비×높이)	(134+)×60×(49+)	천장형태		?
	장폭비	?	횡구부위치		?
횡구부	크 기 (길이×너비)	?	묘도크기 (길이×너비)		?
	장폭비	?	배수시설 (길이×너비×깊이)		-
시상/관대크기 (길이×너비×높이)		?	두 향		?
장축방향		N-(37)°-E	벽석종류		할석
유물	토 기	-			
	철 기	관정(1)			
	청동기	-			
	옥석류	-			
	기 타	-			
특기사항		횡구식 석실로 보고하였으나 파괴가 심하여 정확한 구조는 알 수 없음. 보고서 기술과 유구 도면 스케일바 비율이 모두 상이하여 상호 조정하지 않고 자료집에 게재하였음.			

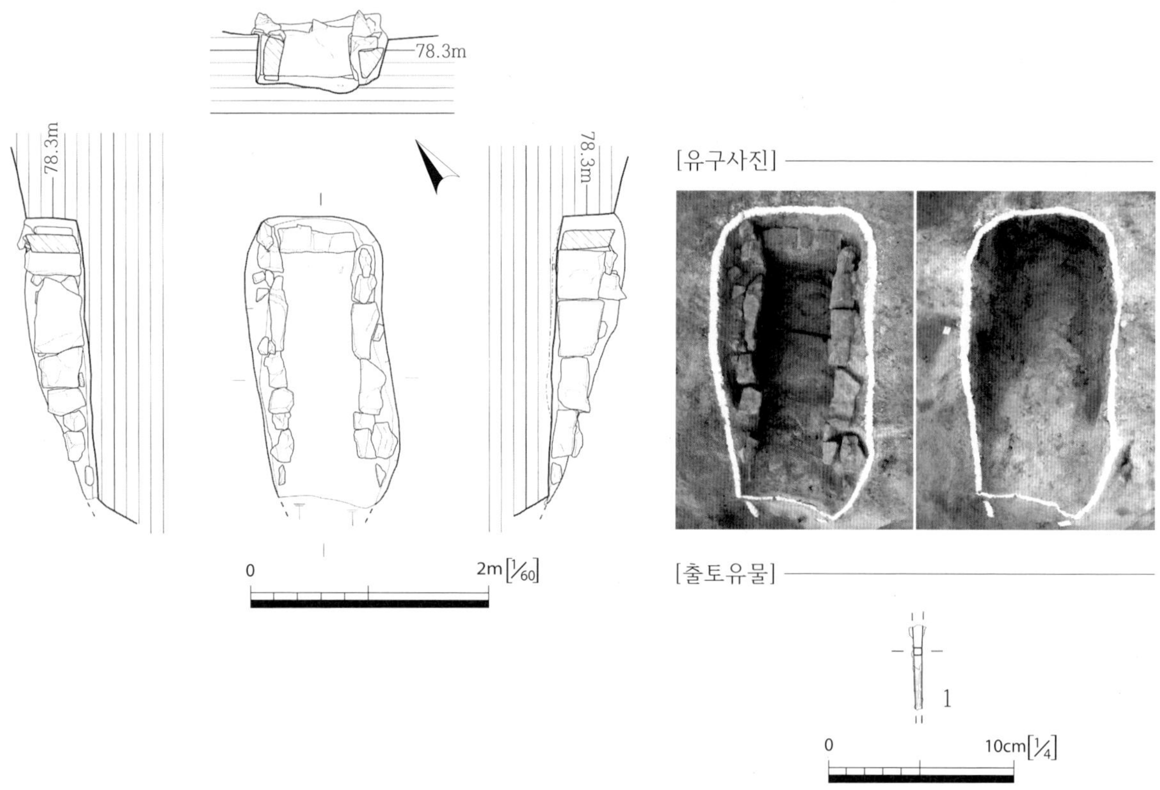

40호 석실묘

(단위 : cm)

봉토	크 기 (길이×너비×높이)	?	묘광	크 기 (길이×너비×깊이)	(335)×183×(103+)
	평면형태	?		장폭비	(1.83):1
현실	크 기 (길이×너비×높이)	231×80×(98+)	천장형태		고임
	장폭비	2.89:1	횡구부위치		남서측 단벽
횡구부	크 기 (길이×너비)	(97)×(75)	묘도크기 (길이×너비)		(72+)×(90)
	장폭비	(1.29):1	배수시설 (길이×너비×깊이)		-
시상/관대크기 (길이×너비×높이)		-	두 향		?
장축방향		N-(21)°-E	벽석종류		할석
유물	토 기	-			
	철 기	관모테(1), 관고리(1), 관정(25)			
	청동기	-			
	옥석류	-			
	기 타	금동제 이식(1)			
특기사항		관정 분포 위치로 목관 규모(208×60×?) 추정.			

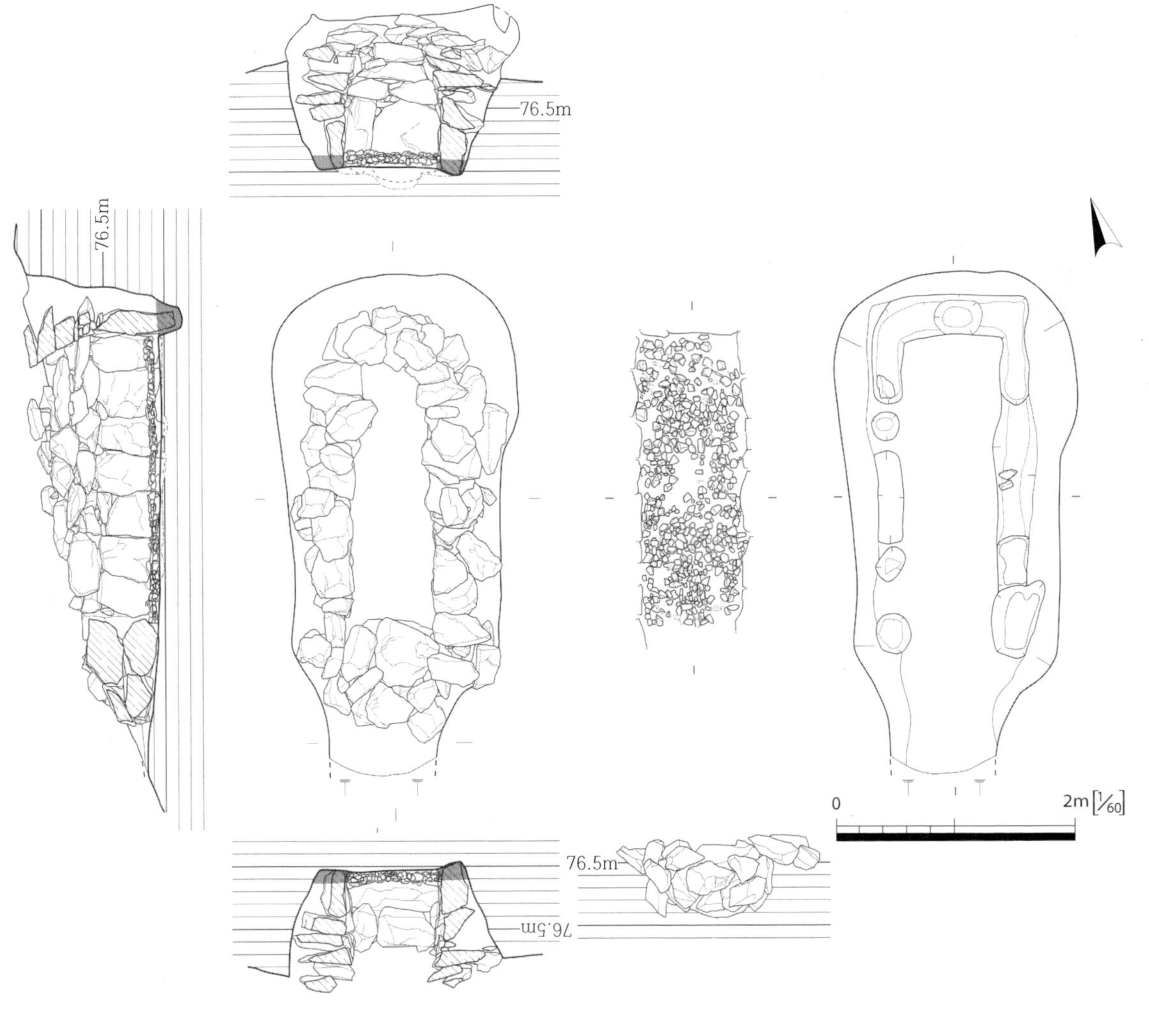

[유구사진]

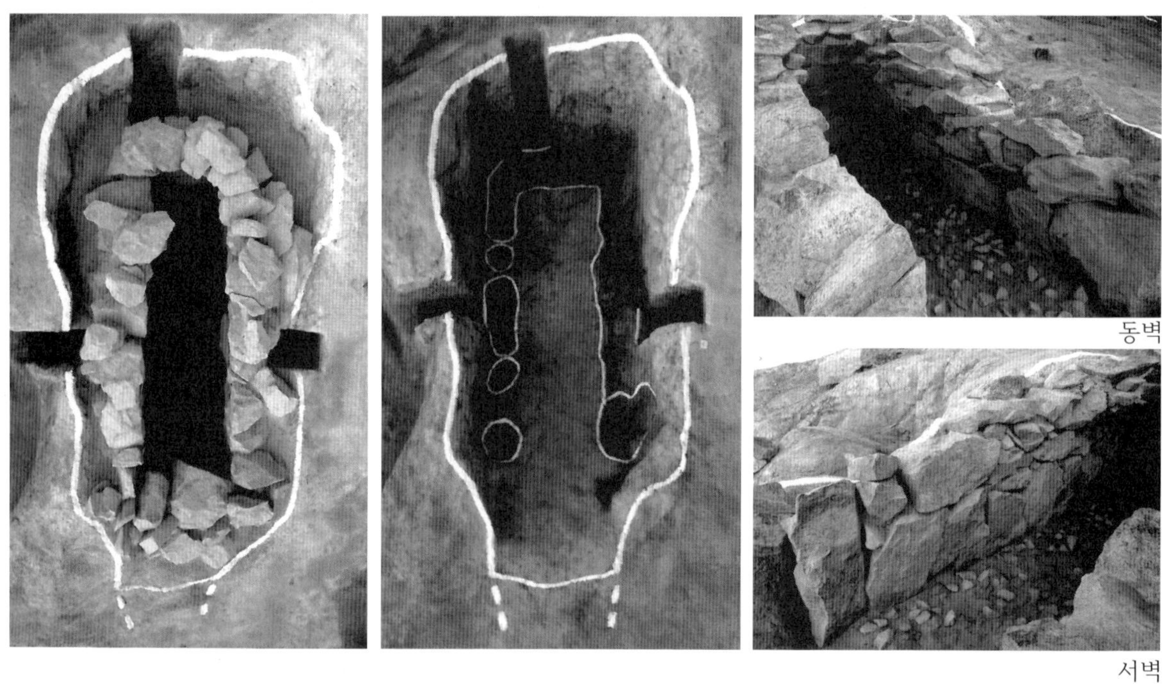

[출토유물]

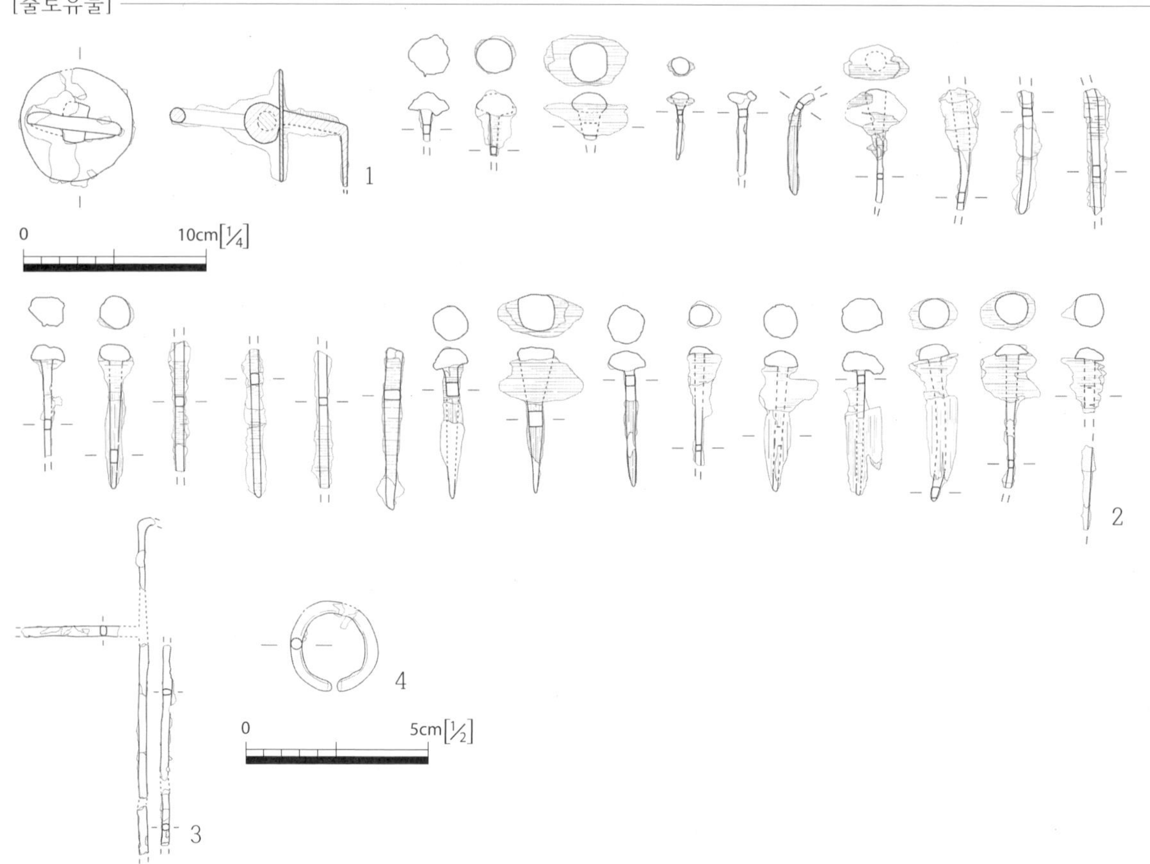

41호 석실묘

(단위 : cm)

봉토	크 기 (길이×너비×높이)	?	묘광	크 기 (길이×너비×깊이)	273×120×(26+)
	평면형태	?		장폭비	2.28:1
현실	크 기 (길이×너비×높이)	(207)×59×(44+)	천장형태		?
	장폭비	(3.57):1	횡구부위치		남측 단벽
횡구부	크 기 (길이×너비)	(45)×(60)	묘도크기 (길이×너비)		?
	장폭비	(0.75):1	배수시설 (길이×너비×깊이)		-
시상/관대크기 (길이×너비×높이)		-	두 향		?
장축방향		N-(8)°-W	벽석종류		할석
유물	토 기	-			
	철 기	관정(2)			
	청동기	-			
	옥석류	-			
	기 타	-			
특기사항					

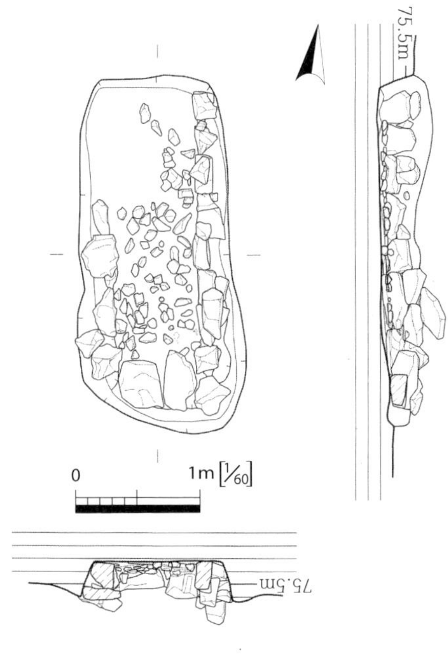

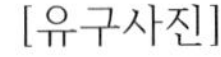

[유구사진]

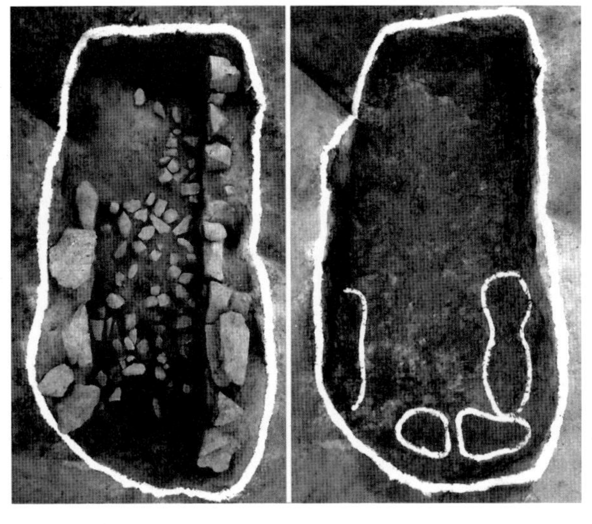

[출토유물]

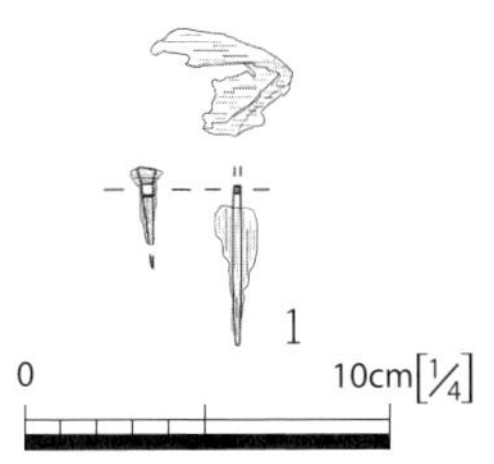

42호 석실묘

(단위 : cm)

봉토	크 기 (길이×너비×높이)	?	묘광	크 기 (길이×너비×깊이)	(255+)×(109)×(60+)
	평면형태	?		장폭비	?
현실	크 기 (길이×너비×높이)	(150)×(40)×(62+)	천장형태		?
	장폭비	(3.88):1	횡구부위치		남서측 단벽
횡구부	크 기 (길이×너비)	(67)×(30)	묘도크기 (길이×너비)		?
	장폭비	(2.23):1	배수시설 (길이×너비×깊이)		-
시상/관대크기 (길이×너비×높이)		-	두 향		?
장축방향		N-(44)°-E	벽석종류		할석
유물	토 기	-			
	철 기	-			
	청동기	-			
	옥석류	-			
	기 타	-			
특기사항		출토유물 없음.			

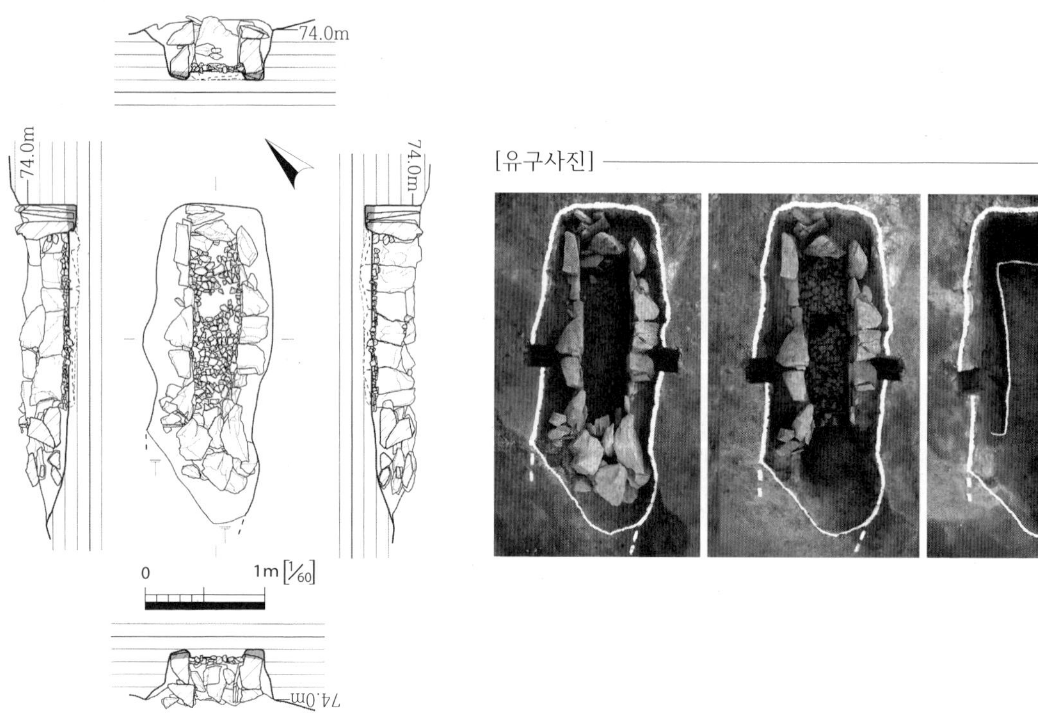

43호 석실묘

(단위 : cm)

묘광	크 기 (길이×너비×높이)	(196+)×118×(30+)	현실	크 기 (길이×너비×깊이)	(162+)×48×(33+)
	장폭비	?		장폭비	?
시상/관대크기 (길이×너비×높이)		?	천장형태		?
묘도크기 (길이×너비)		?	배수시설 (길이×너비×깊이)		?
장축방향		N-(55)°-E	두 향		?
벽석종류		할석	바닥시설		-
유물	토 기	-			
	철 기	관정(8)			
	청동기	-			
	옥석류	-			
	기 타	-			
특기사항		석실로 보고하였으나 파괴가 심하여 정확한 구조는 알 수 없음.			

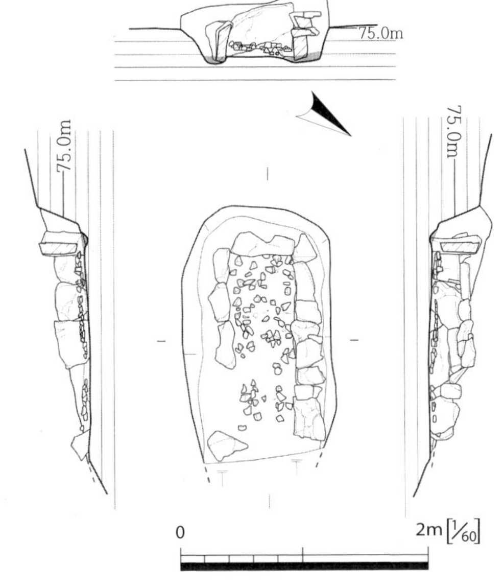

[유구사진]

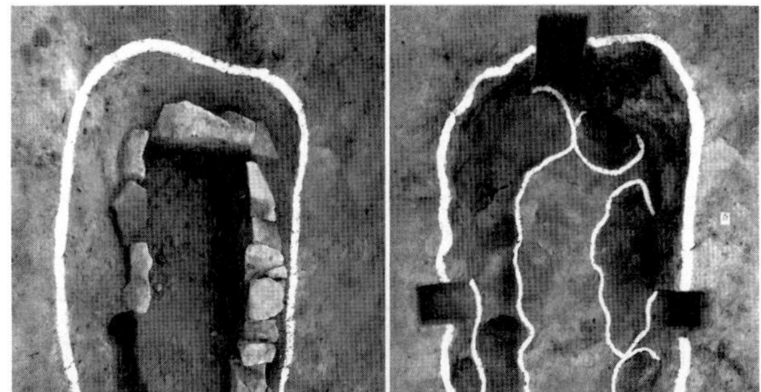

[출토유물]

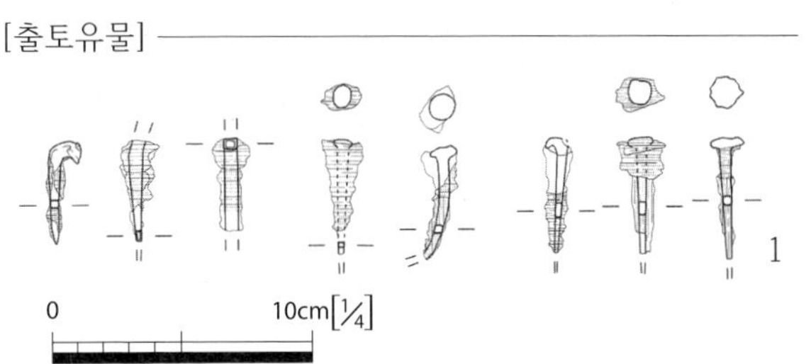

44호 석실묘

(단위 : cm)

봉토	크 기 (길이×너비×높이)	?	묘광	크 기 (길이×너비×깊이)	365×212×(132+)
	평면형태	?		장폭비	1.72:1
현실	크 기 (길이×너비×높이)	238×123×(87+)	천장형태		고임
	장폭비	1.93:1	연도위치		중앙
연도	크 기 (길이×너비×높이)	(80)×(99)	묘도크기 (길이×너비)		?
	장폭비	(0.81):1	배수시설 (길이×너비×깊이)		?
시상/관대크기 (길이×너비×높이)		?	두 향		?
장축방향		N-(12)°-E	벽석종류		할석
유물	토 기	-			
	철 기	-			
	청동기	-			
	옥석류	-			
	기 타	-			
특기사항		출토유물 없음.			

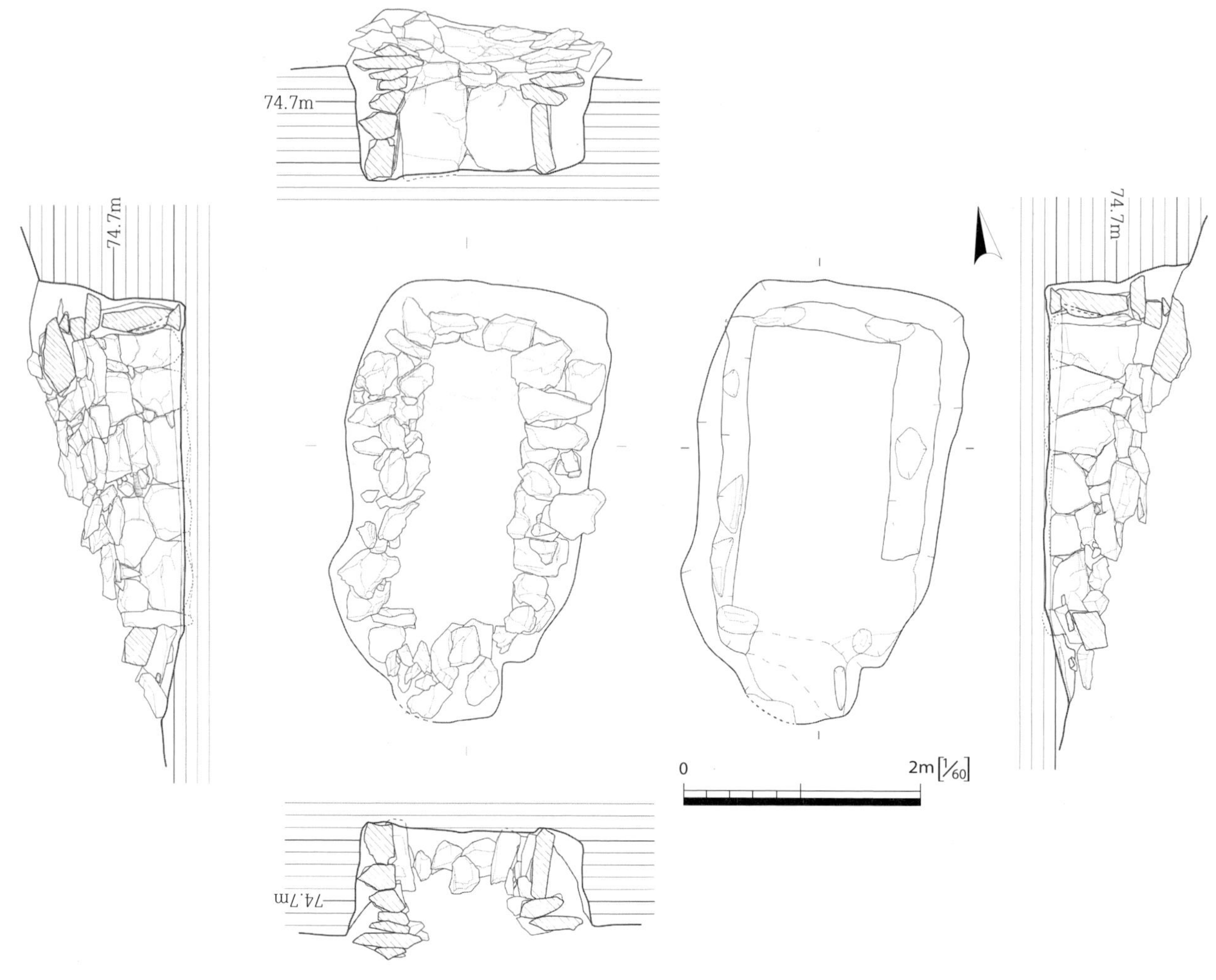

45호 석실묘

(단위 : cm)

봉토	크 기 (길이×너비×높이)	?	묘광	크 기 (길이×너비×깊이)	(323+)×148×(73+)
	평면형태	?		장폭비	?
현실	크 기 (길이×너비×높이)	156×53×(73+)	천장형태		고임
	장폭비	2.94:1	횡구부위치		남측 단벽
횡구부	크 기 (길이×너비)	(90)×(48)	묘도크기 (길이×너비)		?
	장폭비	(1.88):1	배수시설 (길이×너비×깊이)		-
시상/관대크기 (길이×너비×높이)		-	두 향		?
장축방향		N-(9)°-E	벽석종류		할석
유물	토 기	-			
	철 기	관정(11)			
	청동기	-			
	옥석류	-			
	기 타	-			
특기사항					

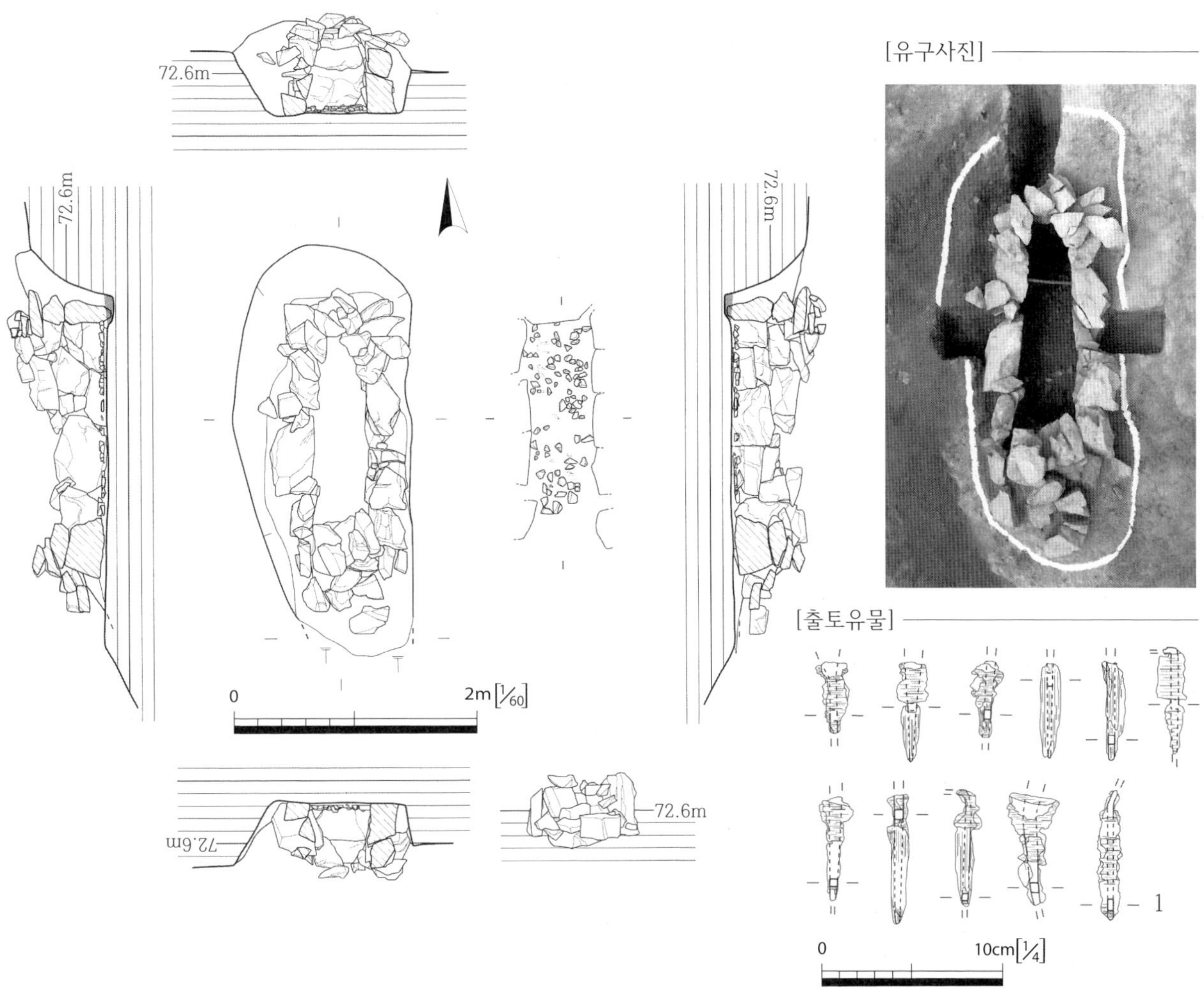

46호 석실묘

(단위 : cm)

묘광	크 기 (길이×너비×높이)	(106+)×(96+)×(60+)	현실	크 기 (길이×너비×깊이)	(66+)×(50+)×(49+)
	장폭비	?		장폭비	?
시상/관대크기 (길이×너비×높이)		?	천장형태		?
묘도크기 (길이×너비)		?	배수시설 (길이×너비×깊이)		?
장축방향		N-(39)°-E	두 향		?
벽석종류		할석	바닥시설		-
유물	토 기	-			
	철 기	관정(1)			
	청동기	-			
	옥석류	-			
	기 타	-			
특기사항		석실로 보고하였으나 파괴가 심하여 정확한 구조는 알 수 없음.			

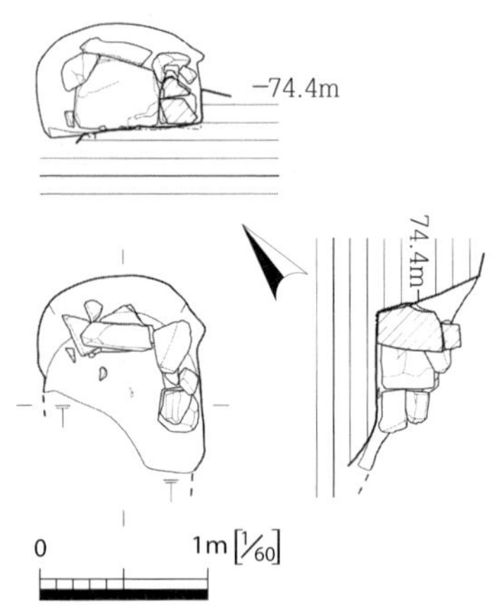

[유구사진]

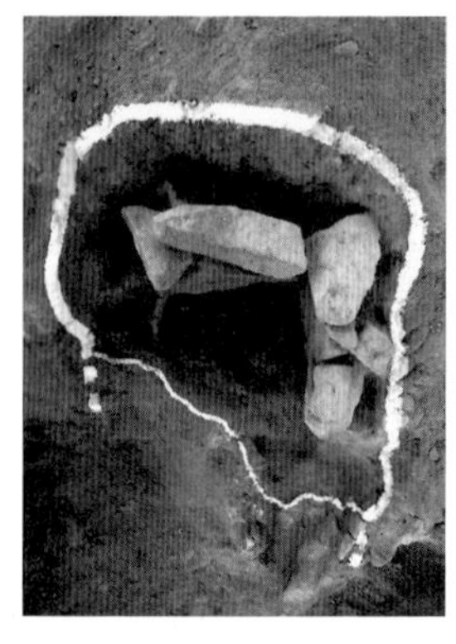

[출토유물]

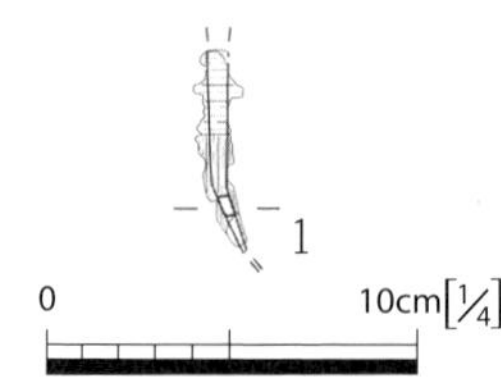

47호 석실묘

(단위 : cm)

봉토	크 기 (길이×너비×높이)	?	묘광	크 기 (길이×너비×깊이)	(389+)×220×(116+)
	평면형태	?		장폭비	?
현실	크 기 (길이×너비×높이)	166×73×(80+)	천장형태		?
	장폭비	2.27:1	횡구부위치		남서측 단벽
횡구부	크 기 (길이×너비)	(100)×(60)	묘도크기 (길이×너비)		(80)×(100)
	장폭비	(1.67):1	배수시설 (길이×너비×깊이)		-
시상/관대크기 (길이×너비×높이)		-	두 향		?
장축방향		N-(20)°-E	벽석종류		할석
유물	토 기	-			
	철 기	관정(32)			
	청동기	-			
	옥석류	-			
	기 타	-			
특기사항					

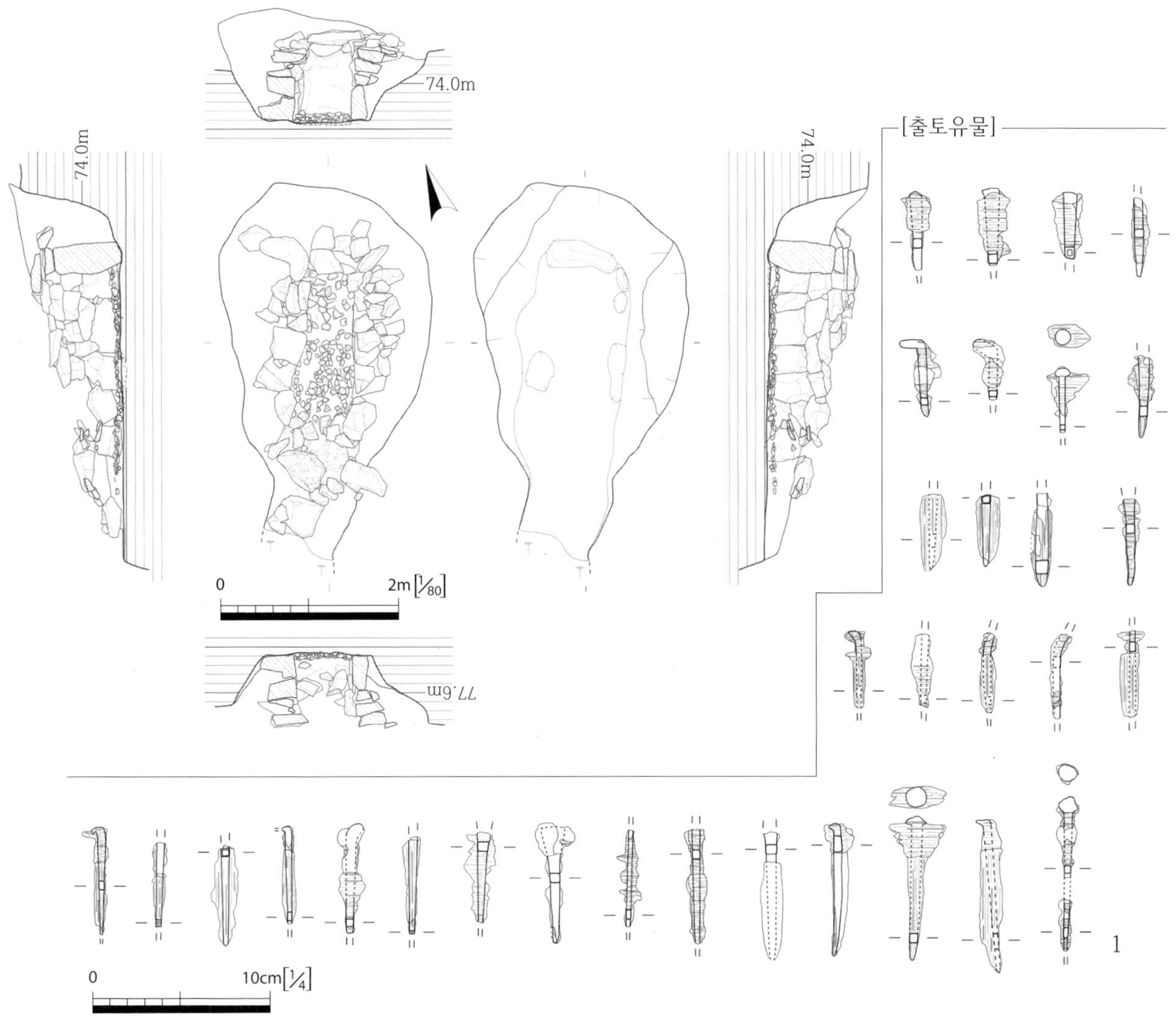

48호 석실묘

(단위 : cm)

묘광	크 기 (길이×너비×높이)	(132+)×(102+)×?	현실	크 기 (길이×너비×깊이)	(105+)×(40+)×(26+)
	장폭비	?		장폭비	?
시상/관대크기 (길이×너비×높이)		?	천장형태		?
묘도크기 (길이×너비)		?	배수시설 (길이×너비×깊이)		?
장축방향		N-(43)°-E	두 향		?
벽석종류		할석	바닥시설		-
유물	토 기	-			
	철 기	-			
	청동기	-			
	옥석류	-			
	기 타	-			
특기사항		출토유물 없음. 석실로 보고하였으나 파괴가 심하여 정확한 구조는 알 수 없음. 보고서 기술과 도면의 축척이 상이하여 보고서 기술에 따라 축척을 조정하였음.			

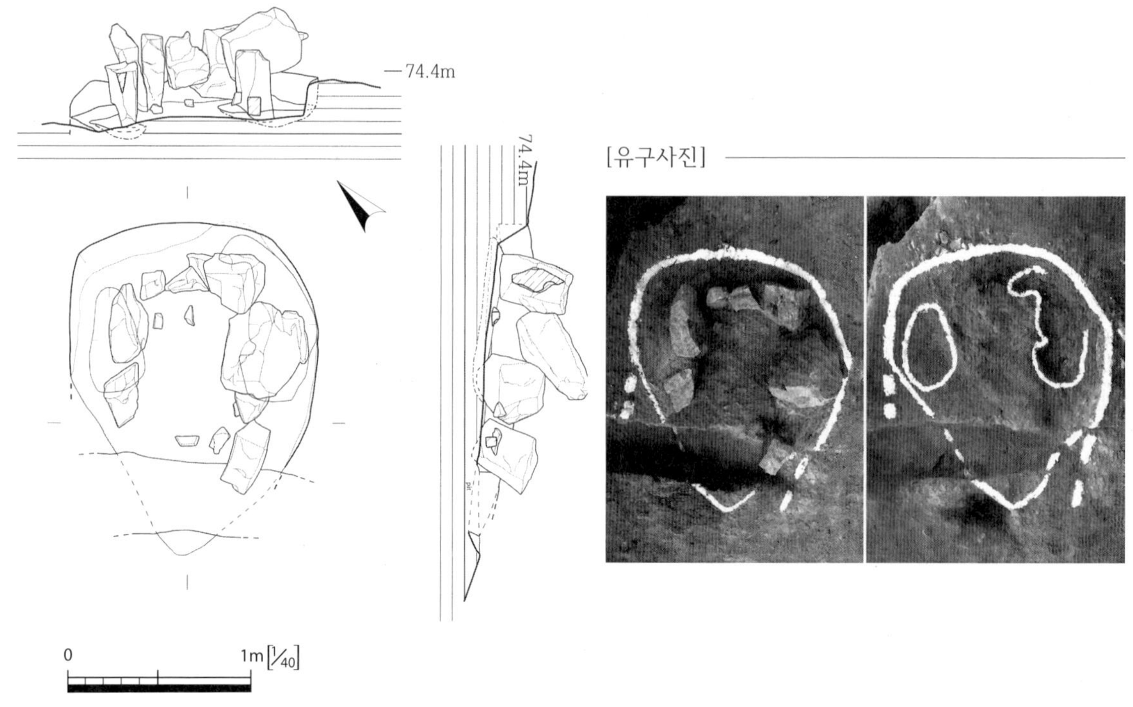

49호 석실묘

(단위 : cm)

묘광	크 기 (길이×너비×높이)	(272+)×204×(62+)	현실	크 기 (길이×너비×깊이)	(226+)×106×(46+)
	장폭비	?		장폭비	?
시상/관대크기 (길이×너비×높이)		?	천장형태		?
묘도크기 (길이×너비)		?	배수시설 (길이×너비×깊이)		?
장축방향		N-(17)°-E	두 향		?
벽석종류		할석	바닥시설		할석
유물	토 기	-			
	철 기	관정(8)			
	청동기	-			
	옥석류	-			
	기 타	-			
특기사항		석실로 보고하였으나 파괴가 심하여 정확한 구조는 알 수 없음.			

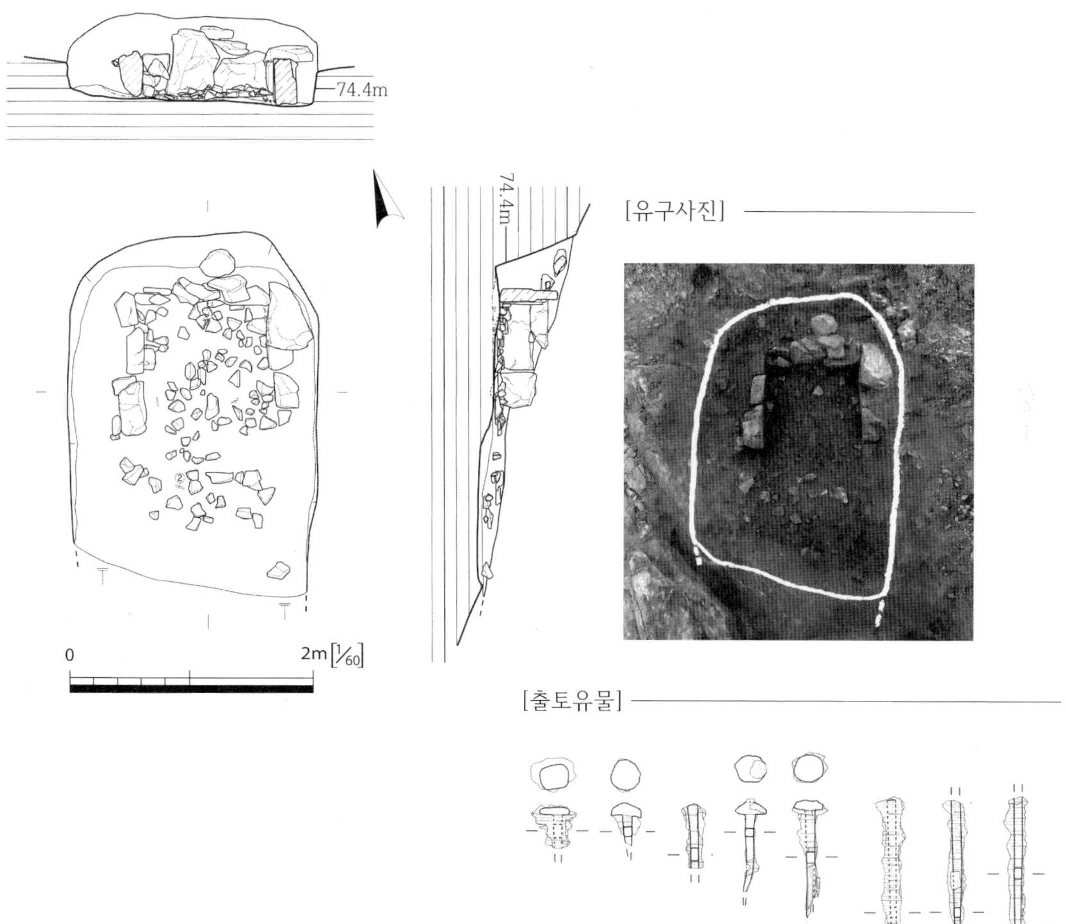

부여 합정리 문냉이골유적扶餘 合井里 문냉이골遺蹟

조사사유	부여 백제역사재현단지 내 골프장 코스 조성에 따른 구제발굴조사	
조사연혁	지표조사 : 2010. 01. 20. ~ 2010. 02. 05. (금강문화유산연구원) 시굴조사 : 2010. 06. 14. ~ 2010. 07. 01. (금강문화유산연구원) 발굴조사 : 2011. 05. 20. ~ 2011. 10. 28. (금강문화유산연구원)	
유적위치	충청남도 부여군 규암면 합정리 산1번지 일원	
	경·위도 126°54'8.44"E / 36°18'31.91"N	
유적입지	규암면의 북동쪽에 자리 잡은 호암리·신리·합정리 일대는 중앙부가 해발12~16m 정도의 곡저평야가 형성되어 있으며, 주변으로는 해발 100m 내외의 구릉들이 둘러싸고 있어 작은 분지형태를 이루고 있다. 구릉의 남사면 전체에 고분이 조성된 것으로 추정되어 대규모 묘역이 형성된 것으로 판단된다.	
유구현황	초기철기시대	-
	원삼국시대	-
	삼국시대	1지역: 석실묘(25)·석곽묘(7)·옹관묘(1) 2지역: 석실묘(62)·석곽묘(7)·석축묘(15)·옹관묘(3)
	기타	통일신라시대 석곽묘(1), 고려시대 석곽묘(2), 조선시대 토광묘(50)·주거지(4)·수혈유구(6)
주요유물	호, 심발형토기, 금동제 세환이식, 관고리, 관정	
시대·성격	전체적으로 백제 사비기로 추정되는 묘제들로 대규모 묘역을 이루었음을 알 수 있다. 전체적으로 출토유물이 빈약하고, 구조적으로도 불규칙적인 횡구식석실묘가 다수를 이룬다. 따라서 당시의 장례나 축조집단의 성격, 묘역의 변천과정 등을 구체적으로 살펴보기엔 어려운 점이 많다. 하지만 석실의 천장형태 등의 구조상으로 보았을 때 한성기말 정도로 추정되는 횡혈식석실묘는 소수로 발견되며, 많은 수의 불규칙적인 구조의 횡구식석실묘가 등장하는 점 등에서 중심 시기는 사비기 중·후반으로 볼 수 있다.	
참고문헌	(財)錦江文化遺産硏究院, 2010, 『百濟歷史再現團地 골프장 코스 文化財 地表調査 報告書』. __________, 2010, 『扶餘 百濟歷史再現團地 골프장 코스 敷地內 文化財 發掘(標本試掘)調査 指導委員會議資料集』. __________, 2013, 『扶餘 百濟歷史再現團地 골프장 코스 調査敷地(2地區) 扶餘 合井里 문냉이골 墳墓群』, 第19輯.	

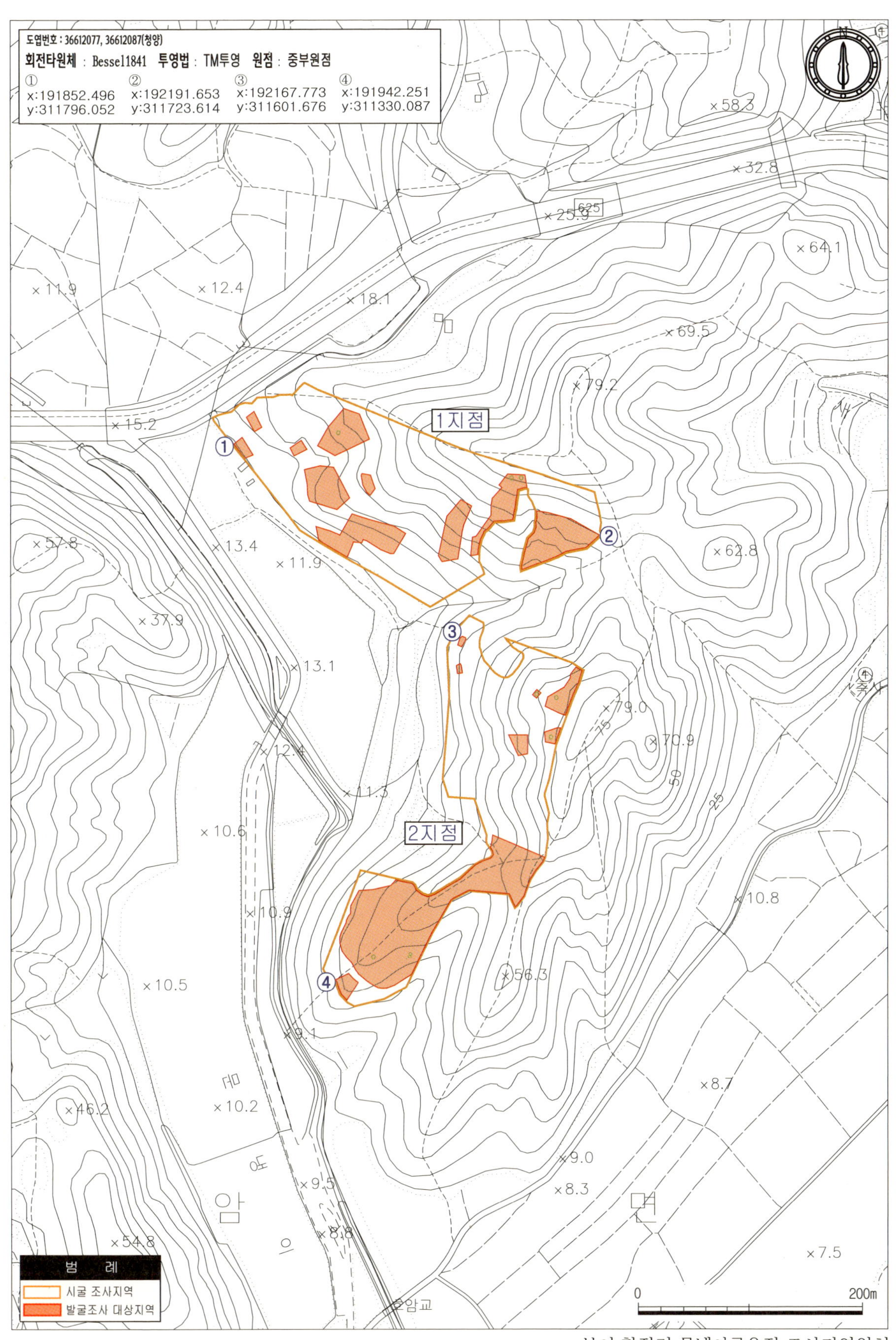

부여 합정리 문냉이골유적 조사지역위치

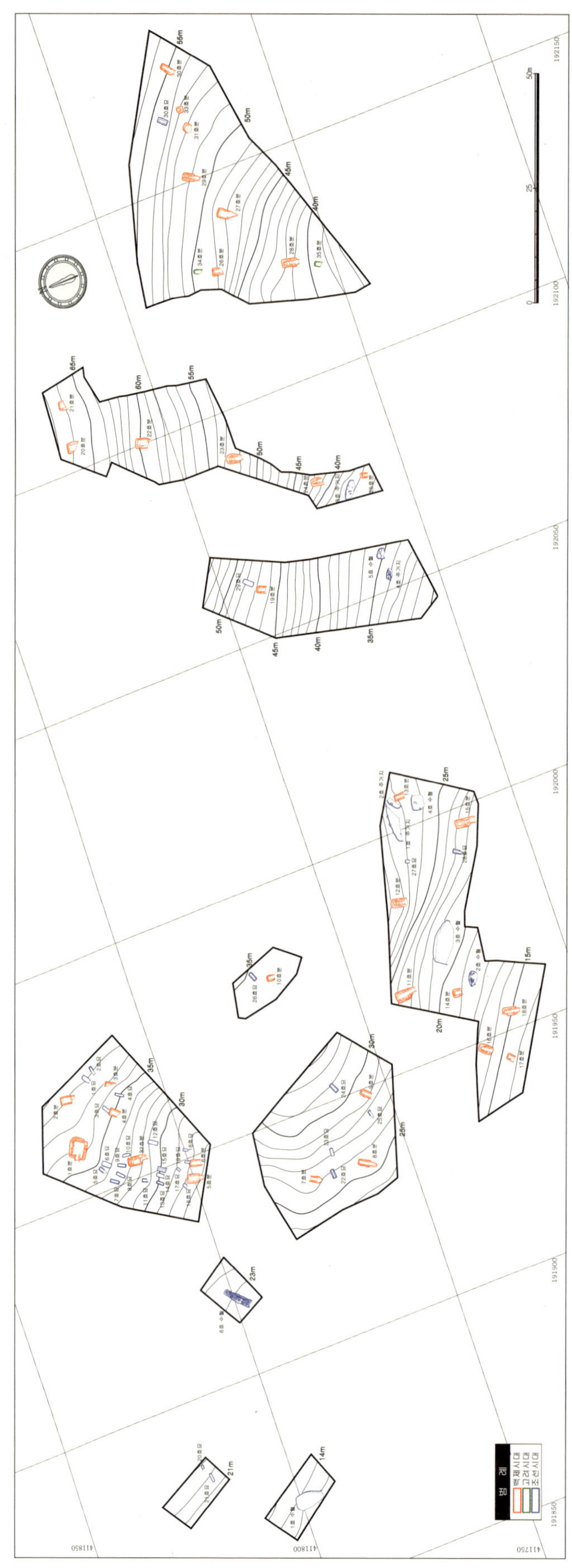

부여 합정리 문냉이골유적 1지역 유구배치도

1지역 1호 석실묘

(단위 : cm)

봉토	크 기 (길이×너비×높이)	?	묘광	크 기 (길이×너비×깊이)	478×446×?
	평면형태	?		장폭비	?
현실	크 기 (길이×너비×높이)	355×314×(+140)	천장형태		(궁륭)
	장폭비	1.13:1	연도위치		중앙
연도	크 기 (길이×너비×높이)	(90+)×(79)×(40+)	묘도크기 (길이×너비)		?
	장폭비	?	배수시설 (길이×너비×깊이)		?
시상/관대크기 (길이×너비×높이)		1차 - 290×(77)×(12+) 2차 - 256×123×(6+)	두 향		?
장축방향		N-58°-W	벽석종류		할석
유물	토 기	심발형토기(1), 고배(1), 장경호(1), 단경호(1), 단경소호(1)			
	철 기	관정(11)			
	청동기	-			
	옥석류	석제 방추차(1), 유리제 곡옥(1), 유리제 구슬(64)			
	기 타	금동제 세환이식(1)			
특기사항					

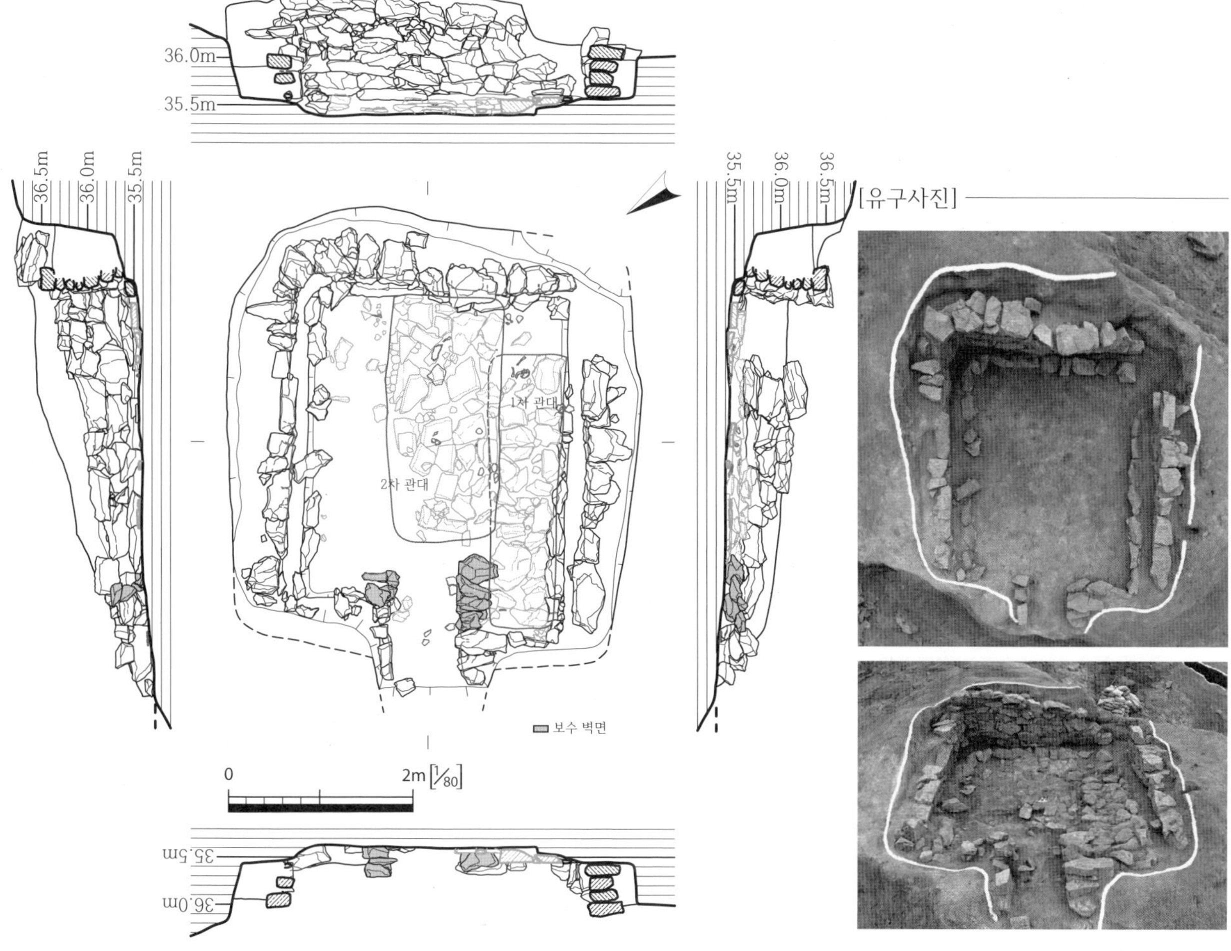

[유구사진]

[출토유물]

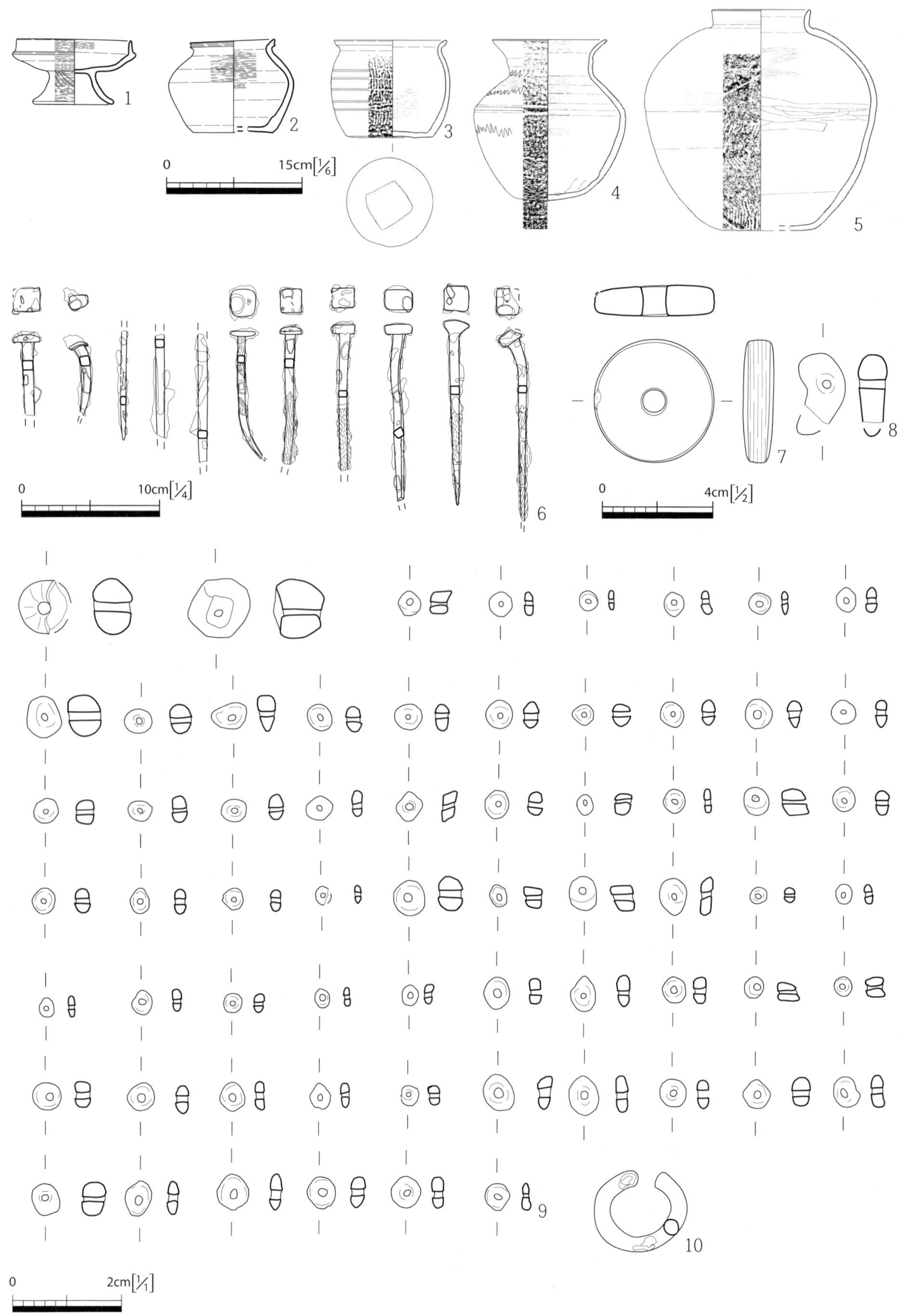

1지역 2호 석실묘

(단위 : cm)

<table>
<tr><td rowspan="2">봉토</td><td>크 기
(길이×너비×높이)</td><td>?</td><td rowspan="2">묘광</td><td>크 기
(길이×너비×깊이)</td><td>(260+)×180×(55+)</td></tr>
<tr><td>평면형태</td><td>?</td><td>장폭비</td><td>?</td></tr>
<tr><td rowspan="2">현실</td><td>크 기
(길이×너비×높이)</td><td>227×116×(55+)</td><td colspan="2">천장형태</td><td>?</td></tr>
<tr><td>장폭비</td><td>1.96:1</td><td colspan="2">연도위치</td><td>우편재</td></tr>
<tr><td rowspan="2">연도</td><td>크 기
(길이×너비×높이)</td><td>(100+)×(75+)×?</td><td colspan="2">묘도크기
(길이×너비)</td><td>?</td></tr>
<tr><td>장폭비</td><td>?</td><td colspan="2">배수시설
(길이×너비×깊이)</td><td>?</td></tr>
<tr><td colspan="2">시상/관대크기
(길이×너비×높이)</td><td>?</td><td colspan="2">두 향</td><td>?</td></tr>
<tr><td colspan="2">장축방향</td><td>N-11°-E</td><td colspan="2">벽석종류</td><td>할석</td></tr>
<tr><td rowspan="5">유물</td><td>토 기</td><td colspan="4">-</td></tr>
<tr><td>철 기</td><td colspan="4">관정(7)</td></tr>
<tr><td>청동기</td><td colspan="4">-</td></tr>
<tr><td>옥석류</td><td colspan="4">-</td></tr>
<tr><td>기 타</td><td colspan="4">-</td></tr>
<tr><td colspan="2">특기사항</td><td colspan="4"></td></tr>
</table>

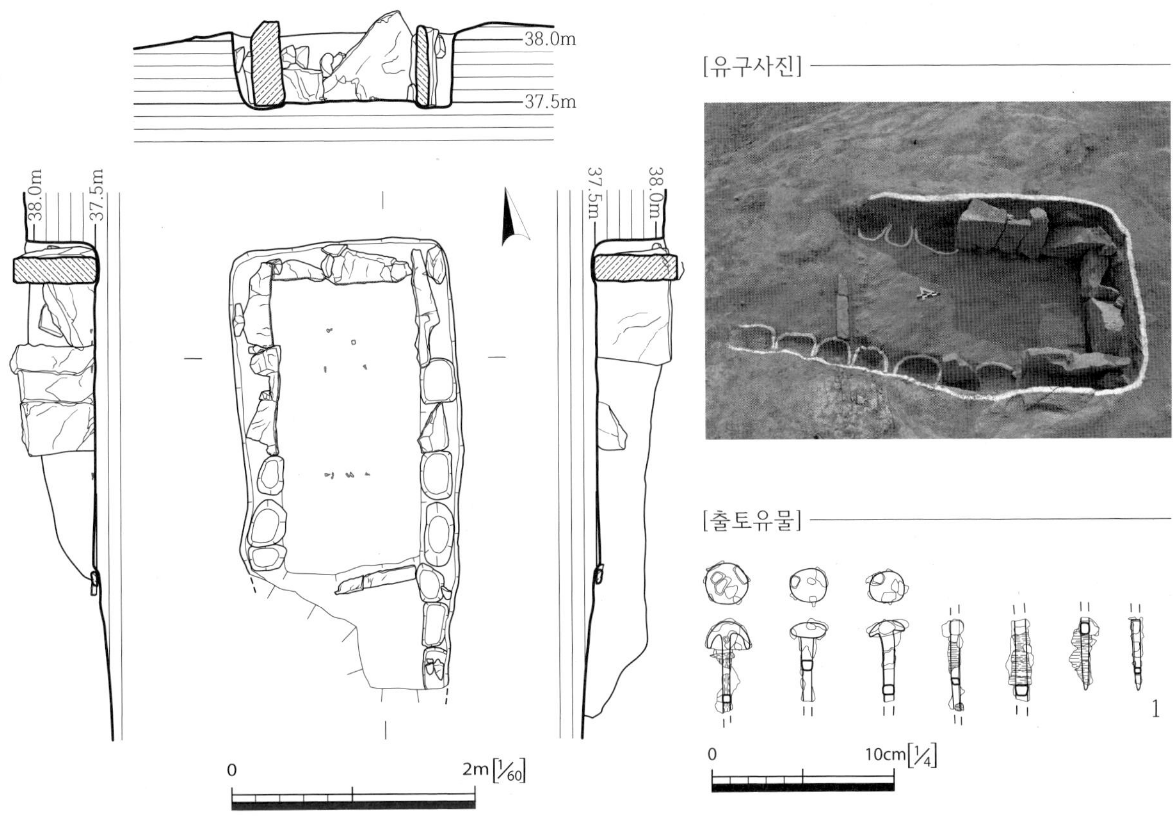

1지역 3호 석곽묘

(단위 : cm)

묘광	크 기 (길이×너비×깊이)	(247+)×(104+)×(74+)	주체부	크 기 (길이×너비×높이)	(146+)×(70+)×(20+)
	장폭비	?		장폭비	?
장축방향		N-1°-W	시상·관대	크 기 (길이×너비×높이)	?
두 향		?	벽석종류		할석
유물	토 기	-			
	철 기	-			
	청동기	-			
	옥석류	-			
	기 타	-			
특기사항		출토유물 없음. 석곽으로 보고하였으나 파괴가 심하여 정확한 구조는 알 수 없음.			

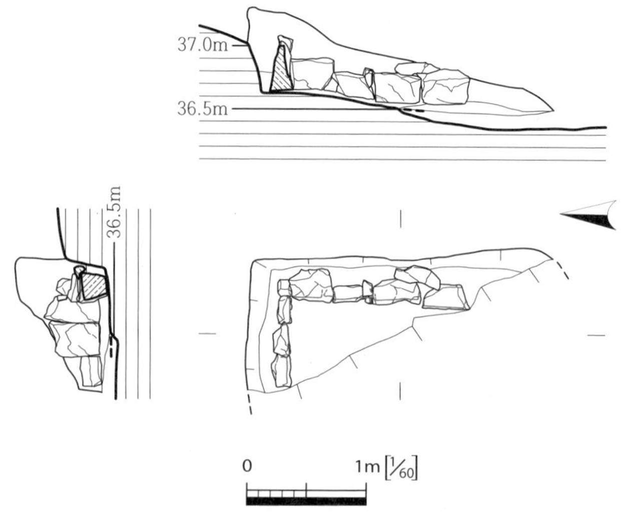

[유구사진]

1지역 4호 석곽묘

(단위 : cm)

묘광	크 기 (길이×너비×깊이)	(260+)×(150+)×(74+)	주체부	크 기 (길이×너비×높이)	(220+)×(80)×(50+)
	장폭비	장방형		장폭비	?
장축방향		N-26°-E	시상·관대	크 기 (길이×너비×높이)	?
두 향		?	벽석종류		할석
유물	토 기	-			
	철 기	관고리(3), 관정(20), 미상철기(1)			
	청동기	-			
	옥석류	-			
	기 타	금동제 세환이식(1)			
특기사항		석곽으로 보고되었으나 파괴가 심하여 정확한 구조는 알 수 없음.			

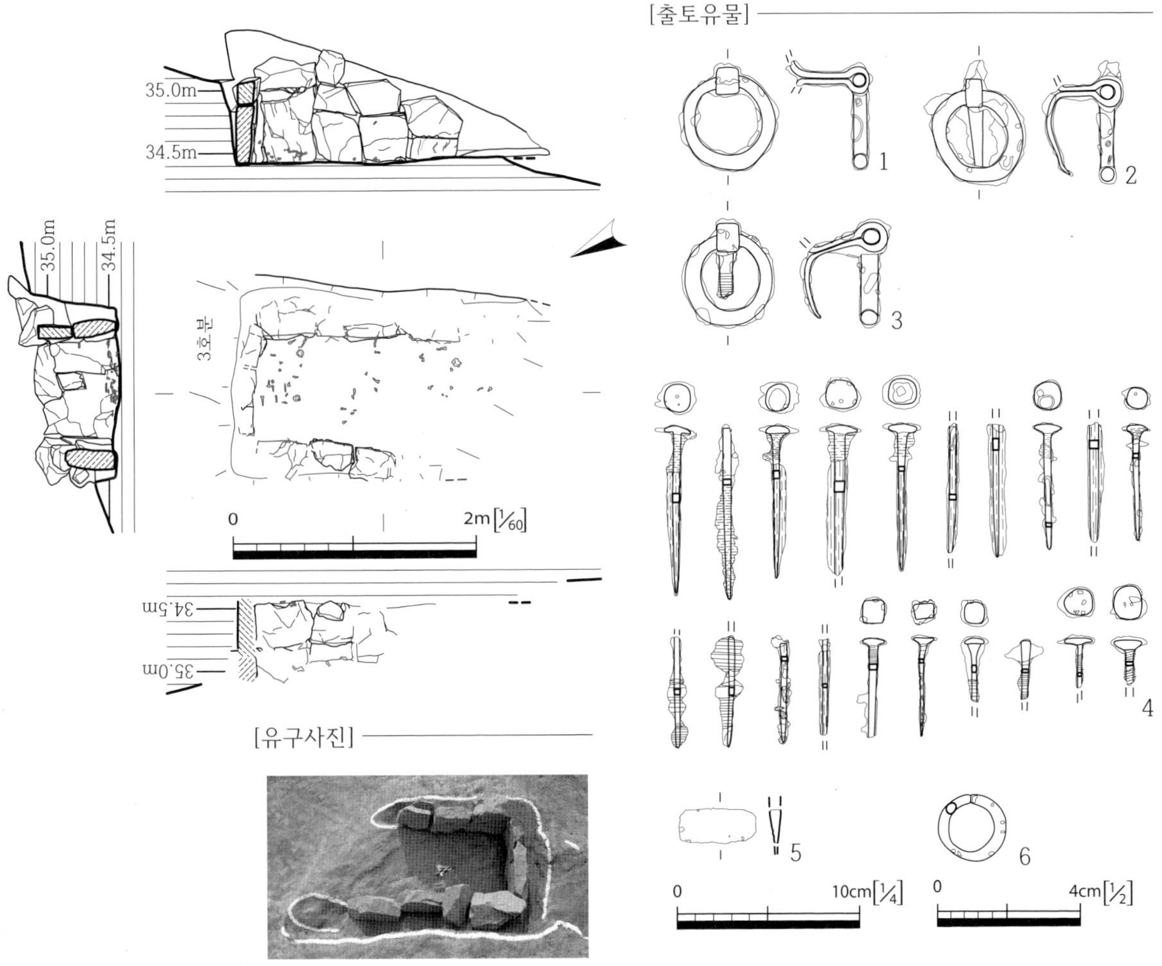

1지역 5호 석실묘

(단위 : cm)

<table>
<tr><td rowspan="2">봉토</td><td>크 기
(길이×너비×높이)</td><td>?</td><td rowspan="2">묘광</td><td>크 기
(길이×너비×깊이)</td><td>(300)×200×(86+)</td></tr>
<tr><td>평면형태</td><td>?</td><td>장폭비</td><td>1.50:1</td></tr>
<tr><td rowspan="2">현실</td><td>크 기
(길이×너비×높이)</td><td>198×106×(46+)</td><td colspan="2">천장형태</td><td>?</td></tr>
<tr><td>장폭비</td><td>1.87:1</td><td colspan="2">연도위치</td><td>중앙</td></tr>
<tr><td rowspan="2">연도</td><td>크 기
(길이×너비×높이)</td><td>?</td><td colspan="2">묘도크기
(길이×너비)</td><td>(90+)×106</td></tr>
<tr><td>장폭비</td><td>?</td><td colspan="2">배수시설
(길이×너비×깊이)</td><td>?</td></tr>
<tr><td colspan="2">시상/관대크기
(길이×너비×높이)</td><td>?</td><td colspan="2">두 향</td><td>?</td></tr>
<tr><td colspan="2">장축방향</td><td>N-18°-E</td><td colspan="2">벽석종류</td><td>할석</td></tr>
<tr><td rowspan="5">유물</td><td>토 기</td><td colspan="4">-</td></tr>
<tr><td>철 기</td><td colspan="4">관고리(4), 관정(17)</td></tr>
<tr><td>청동기</td><td colspan="4">-</td></tr>
<tr><td>옥석류</td><td colspan="4">-</td></tr>
<tr><td>기 타</td><td colspan="4">-</td></tr>
<tr><td colspan="2">특기사항</td><td colspan="4"></td></tr>
</table>

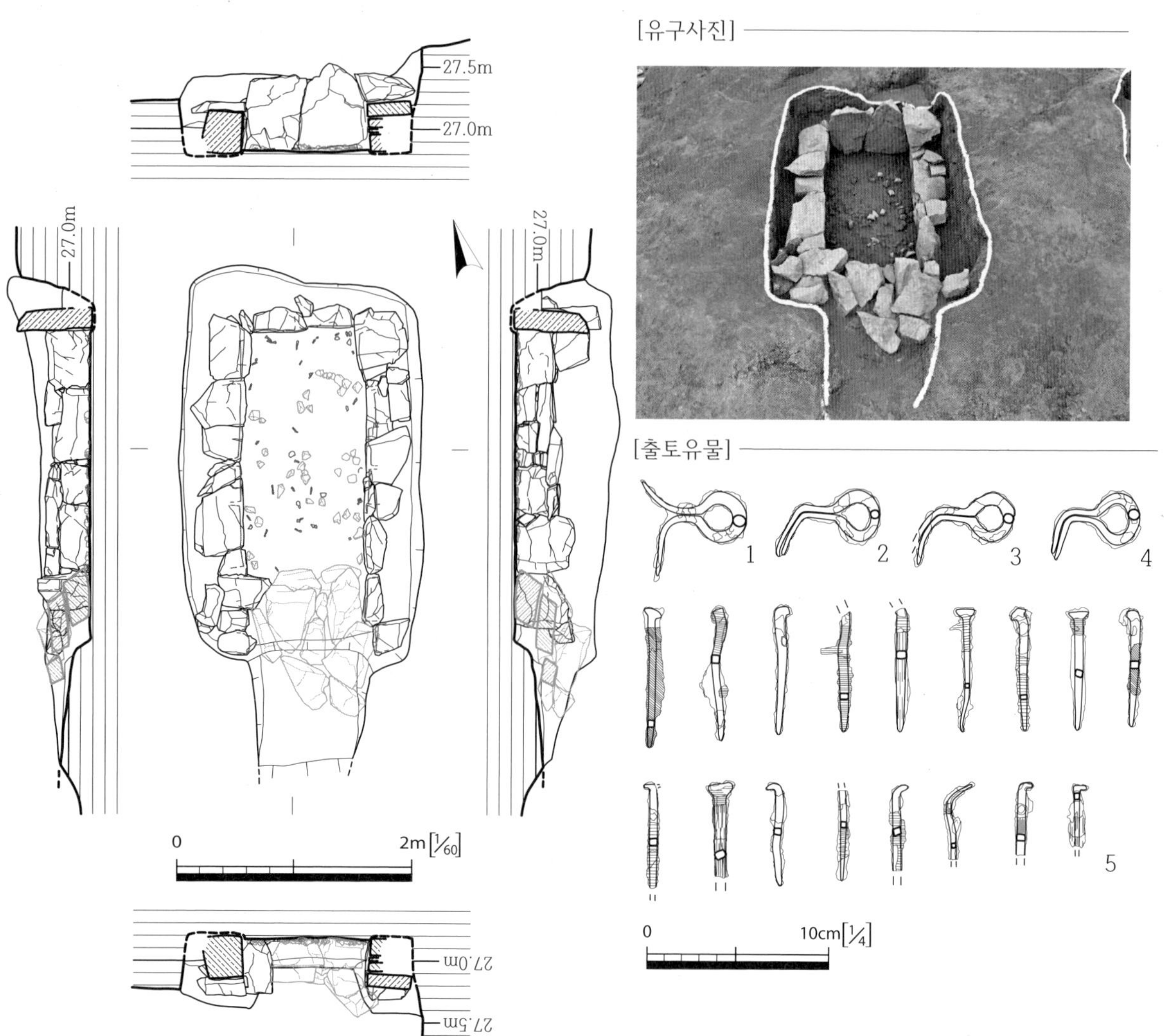

1지역 6호 석곽묘

(단위 : cm)

묘광	크 기 (길이×너비×깊이)	(263+)×(147)×(77+)	주체부	크 기 (길이×너비×높이)	(161+)×(77)×(40+)
	장폭비	?		장폭비	?
장축방향		N-20°-E	시상·관대	크 기 (길이×너비×높이)	?
두 향		?	벽석종류		할석
유물	토 기	-			
	철 기	관고리(2), 관정(12)			
	청동기	-			
	옥석류	-			
	기 타	-			
특기사항		석곽으로 보고되었으나 파괴가 심하여 정확한 구조는 알 수 없음.			

[유구사진]

[출토유물]

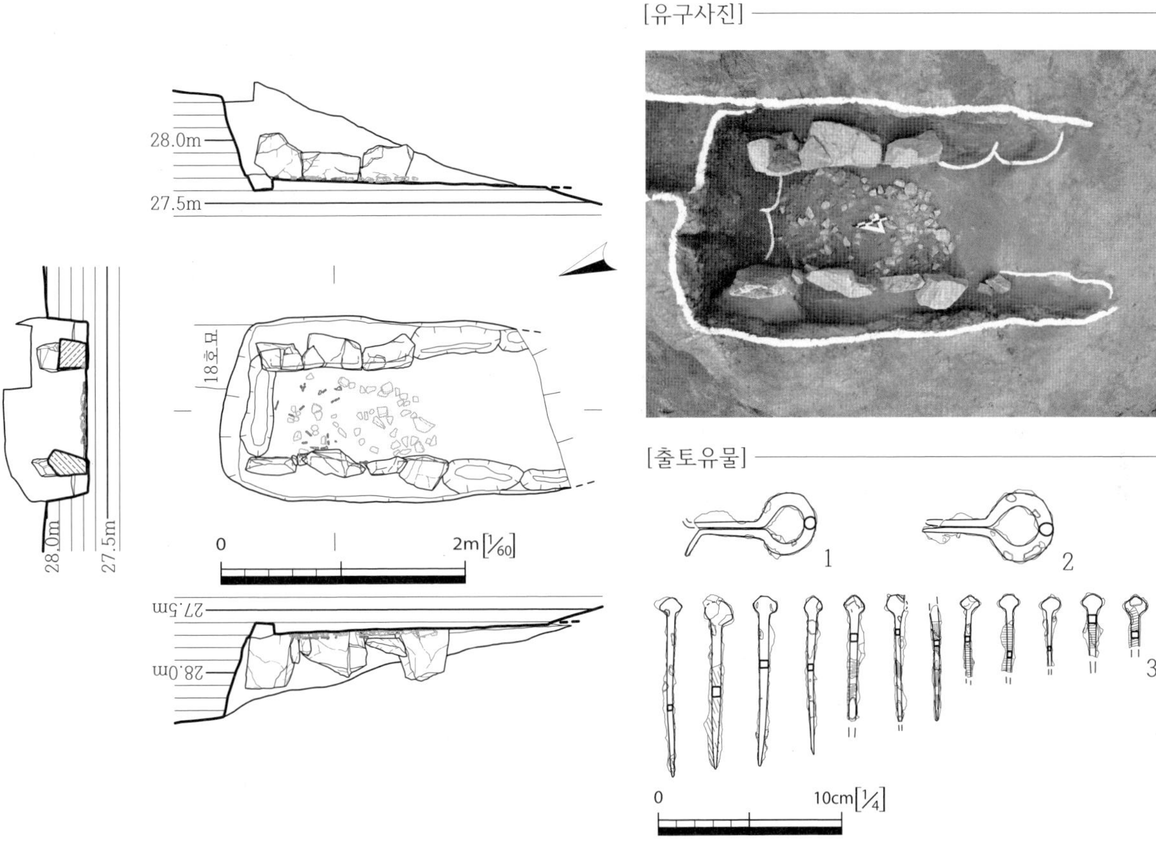

1지역 7호 석실묘

(단위 : cm)

봉토	크 기 (길이×너비×높이)	?	묘광	크 기 (길이×너비×깊이)	(270+)×(135)×(58+)
	평면형태	?		평면형태	?
현실	크 기 (길이×너비×높이)	(154+)×(64)×(58+)	천장형태		?
	평면형태	?	횡구부위치		남서측 단벽
횡구부	크 기 (길이×너비)	(80)×(60)	묘도크기 (길이×너비)		?
	장폭비	1.33:1	배수시설 (길이×너비×깊이)		?
시상/관대크기 (길이×너비×높이)		?	두 향		?
장축방향		N-46°-E	벽석종류		할석
유물	토 기	-			
	철 기	관정(5)			
	청동기	-			
	옥석류	-			
	기 타	-			
특기사항					

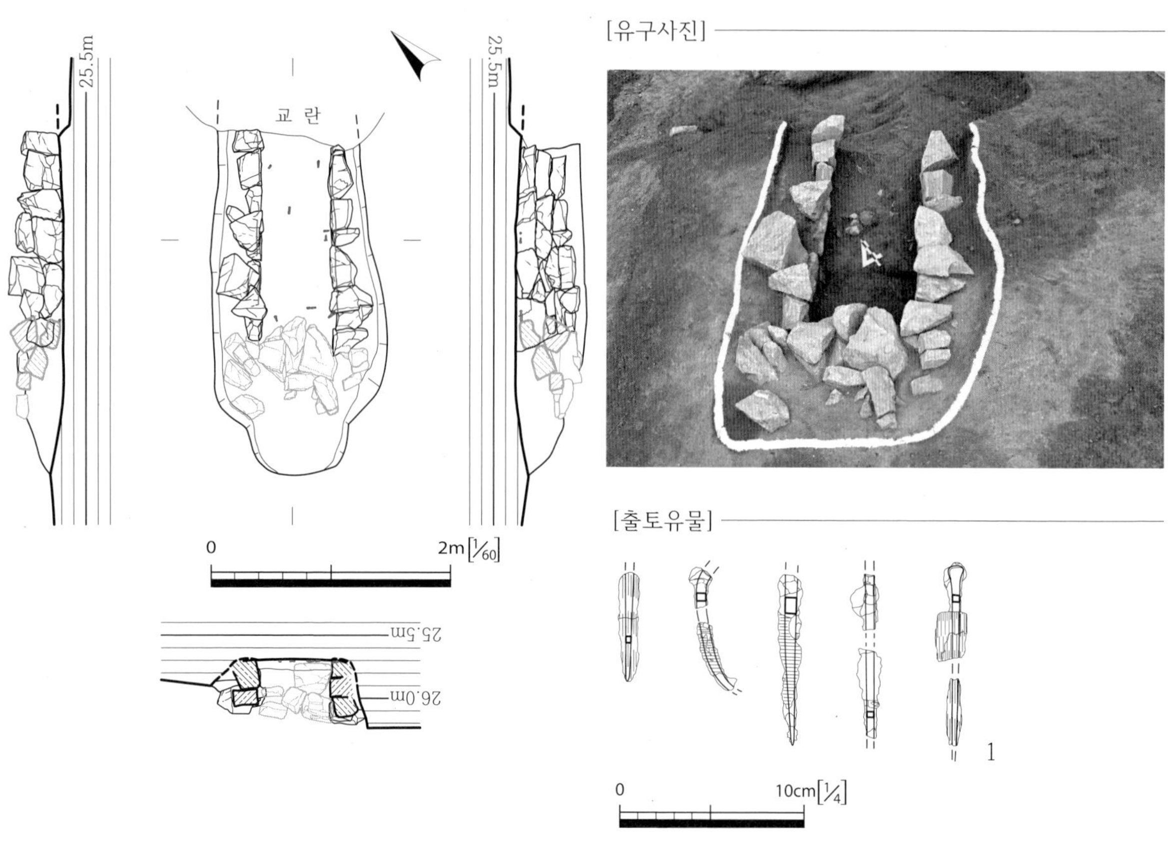

1지역 8호 석실묘

(단위 : cm)

봉토	크 기 (길이×너비×높이)	?	묘광	크 기 (길이×너비×깊이)	400×133×(62+)
	평면형태	?		평면형태	3.01:1
현실	크 기 (길이×너비×높이)	217×67×(40+)	천장형태		?
	평면형태	3.24:1	횡구부위치		남서측 단벽
횡구부	크 기 (길이×너비)	110×55	묘도크기 (길이×너비)		90×92
	장폭비	2.00:1	배수시설 (길이×너비×깊이)		?
시상/관대크기 (길이×너비×높이)		?	두 향		?
장축방향		N-31°-E	벽석종류		판석, 할석
유물	토 기	-			
	철 기	관고리(4), 관정(24)			
	청동기	-			
	옥석류	-			
	기 타	-			
특기사항					

[출토유물]

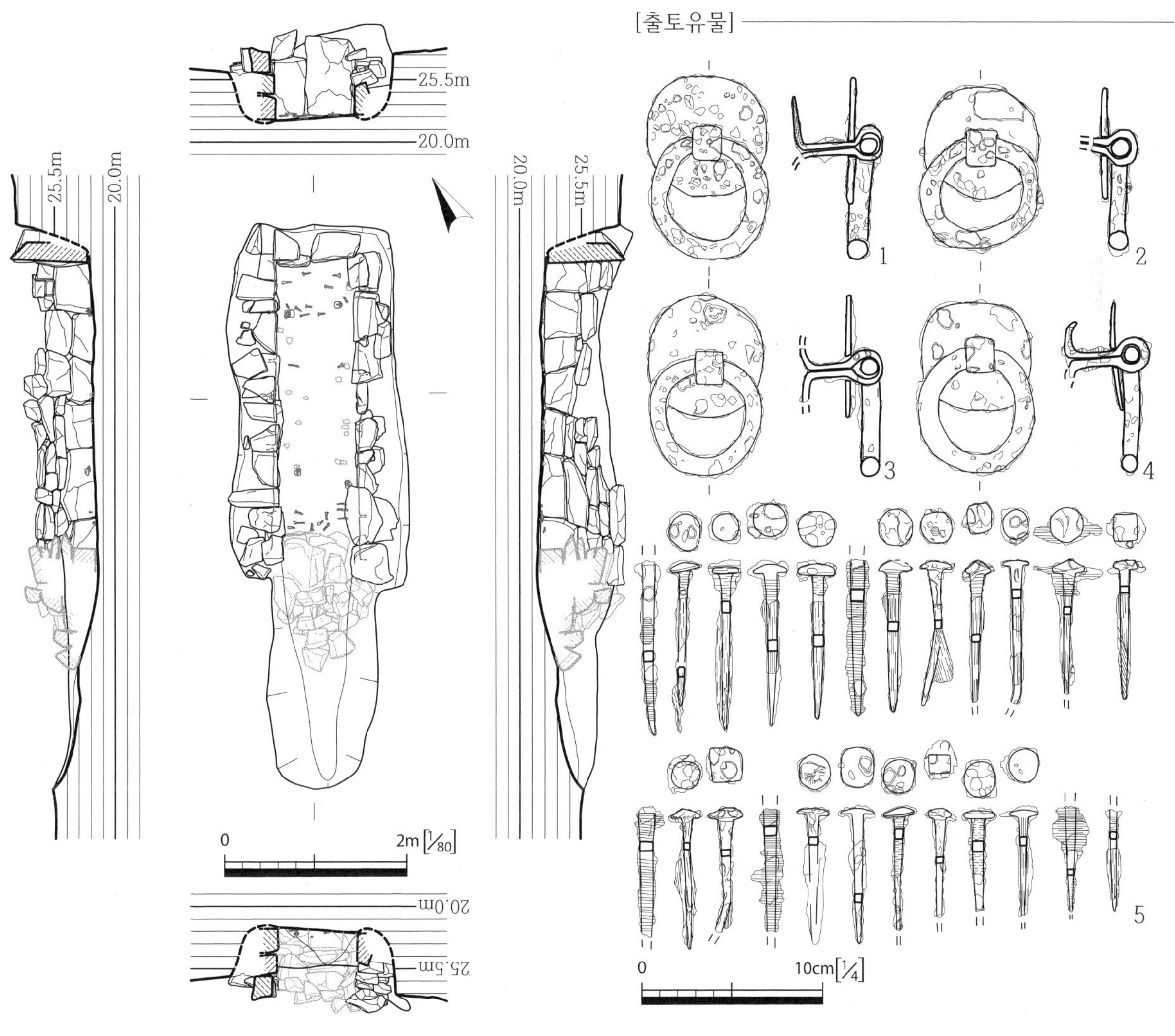

1지역 9호 석실묘

(단위 : cm)

봉토	크 기 (길이×너비×높이)	?	묘광	크 기 (길이×너비×깊이)	(272+)×147×(34+)
	평면형태	?		장폭비	?
현실	크 기 (길이×너비×높이)	(226+)×66×(30+)	천장형태		?
	장폭비	?	횡구부위치		남측 단벽
횡구부	크 기 (길이×너비)	?	묘도크기 (길이×너비)		?
	장폭비	?	배수시설 (길이×너비×깊이)		?
시상/관대크기 (길이×너비×높이)		-	두 향		?
장축방향		N-43°-E	벽석종류		할석
유물	토 기	-			
	철 기	관정(8)			
	청동기	-			
	옥석류	-			
	기 타	-			
특기사항		횡구식 석실로 보고하였으나 파괴가 심하여 정확한 구조는 알 수 없음.			

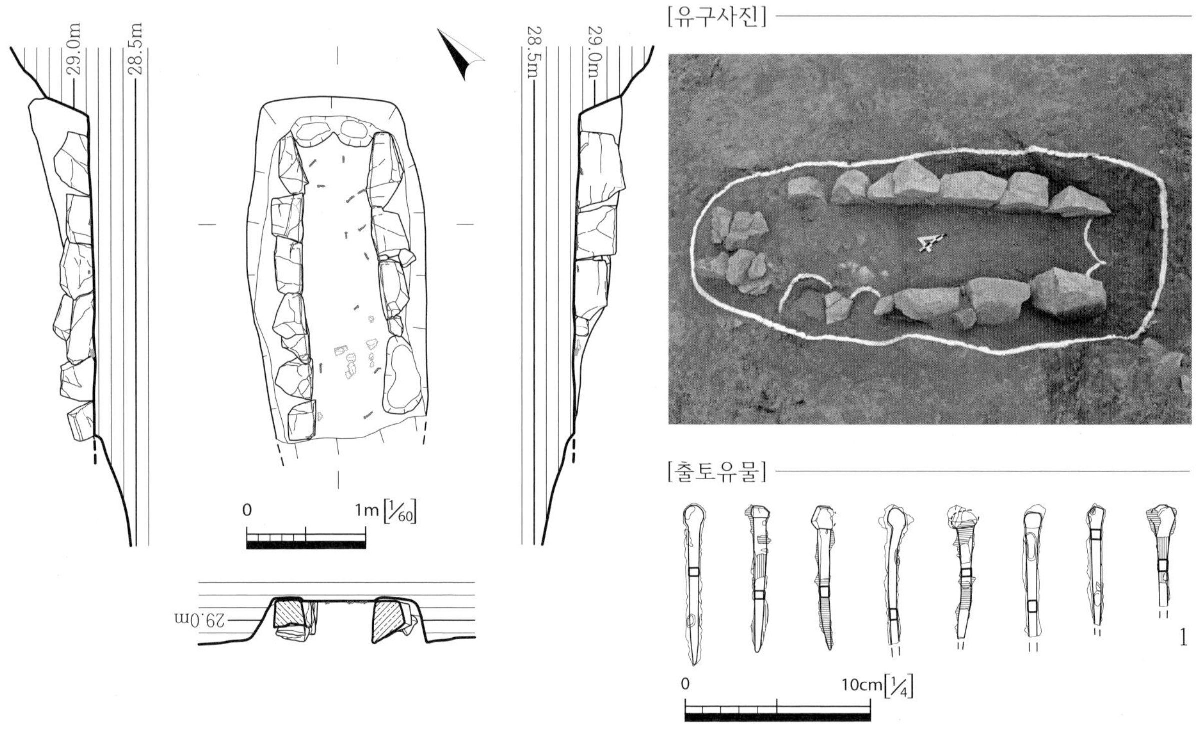

1지역 10호 석실묘

(단위 : cm)

봉토	크 기 (길이×너비×높이)	?	묘광	크 기 (길이×너비×깊이)	(184+)×(132)×(60+)
	평면형태	?		평면형태	?
현실	크 기 (길이×너비×높이)	(141+)×(71)×(33+)	천장형태		?
	평면형태	?	횡구부위치		남측 단벽
횡구부	크 기 (길이×너비)	?	묘도크기 (길이×너비)		?
	장폭비	?	배수시설 (길이×너비×깊이)		?
시상/관대크기 (길이×너비×높이)		?	두 향		?
장축방향		N-6°-E	벽석종류		할석
유물	토 기	-			
	철 기	관고리(2), 관정(3)			
	청동기	-			
	옥석류	-			
	기 타	-			
특기사항		횡구식 석실로 보고하였으나 파괴가 심하여 정확한 구조는 알 수 없음.			

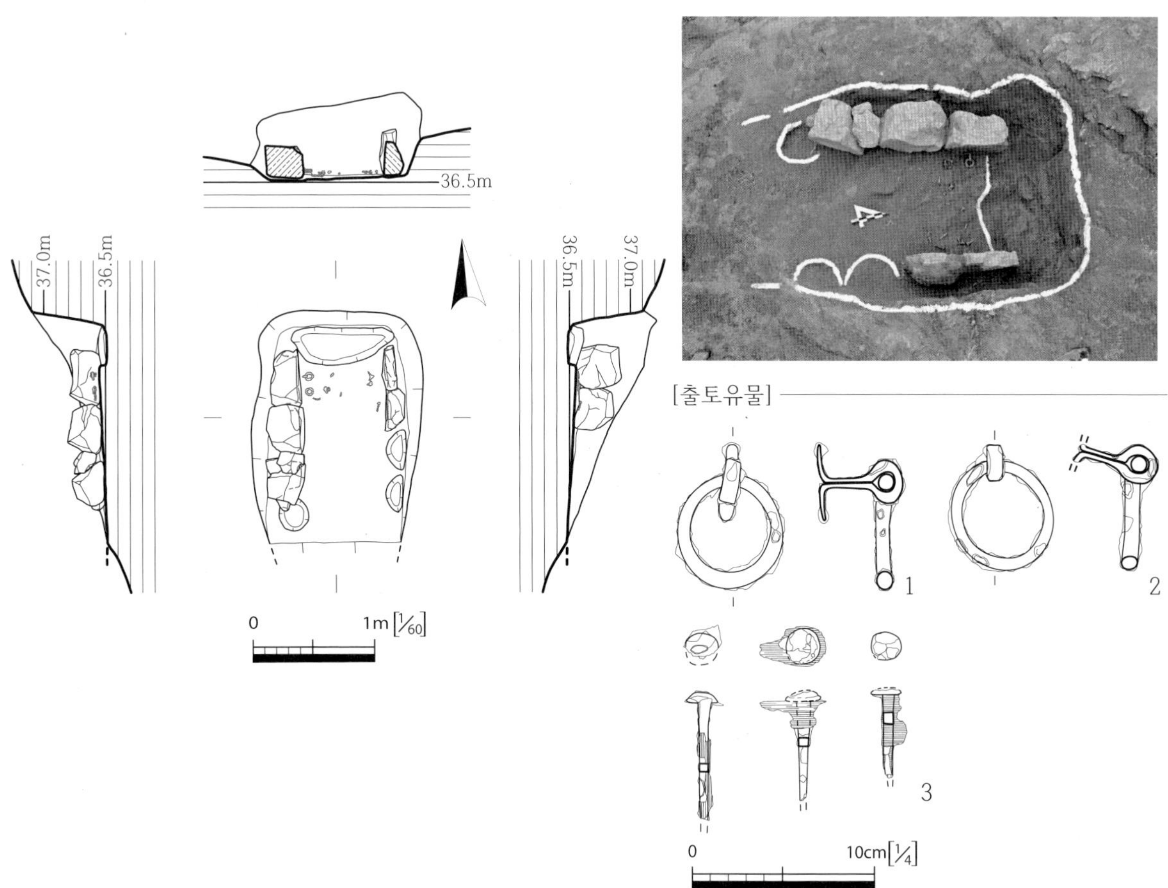

1지역 11호 석실묘

(단위 : cm)

봉토	크 기 (길이×너비×높이)	?	묘광	크 기 (길이×너비×깊이)	358×245×(110+)
	평면형태	?		장폭비	1.46:1
현실	크 기 (길이×너비×높이)	243×112×?	천장형태		고임
	장폭비	2.16:1	연도위치		우편재
연도	크 기 (길이×너비×높이)	112×80×(48+)	묘도크기 (길이×너비)		(80+)×104
	장폭비	1.4:1	배수시설 (길이×너비×깊이)		?
시상/관대크기 (길이×너비×높이)		?	두 향		?
장축방향		N-5°-W	벽석종류		할석
유물	토 기	-			
	철 기	관고리(1), 관정(10)			
	청동기	청동과대(5)			
	옥석류	-			
	기 타	금동제 세환이식(4)			
특기사항					

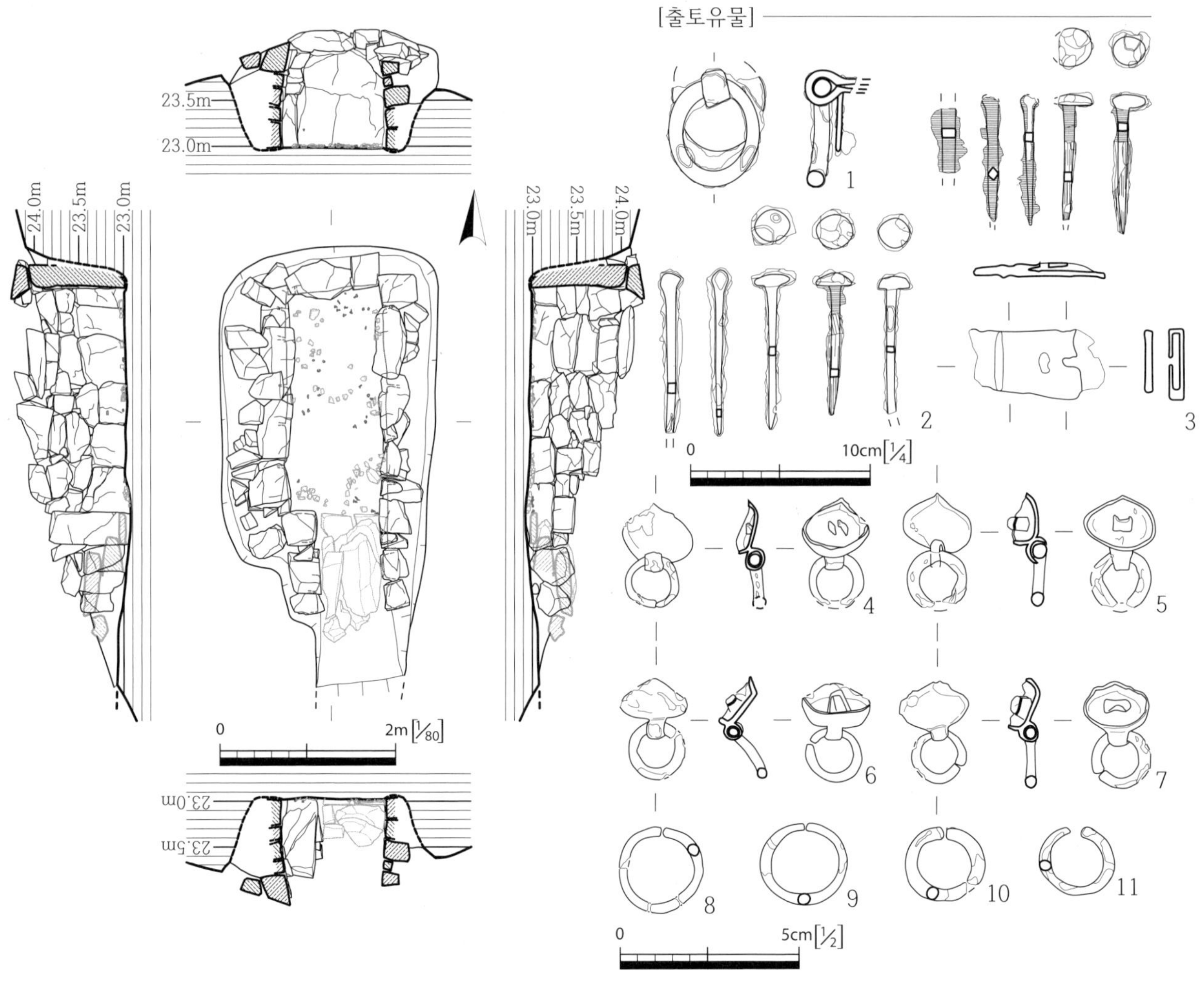

1지역 12호 석실묘

(단위 : cm)

봉토	크 기 (길이×너비×높이)	?	묘광	크 기 (길이×너비×깊이)	(399+)×199×(138+)
	평면형태	?		장폭비	?
현실	크 기 (길이×너비×높이)	240×67×(90)	천장형태		?
	장폭비	3.58:1	횡구부위치		남측 단벽
횡구부	크 기 (길이×너비)	(100+)×64	묘도크기 (길이×너비)		?
	장폭비	?	배수시설 (길이×너비×깊이)		?
시상/관대크기 (길이×너비×높이)		?	두 향		?
장축방향		N-25°-E	벽석종류		할석
유물	토 기	-			
	철 기	관고리(4), 관정(5)			
	청동기	-			
	옥석류	-			
	기 타	금동제 세환이식(2)			
특기사항					

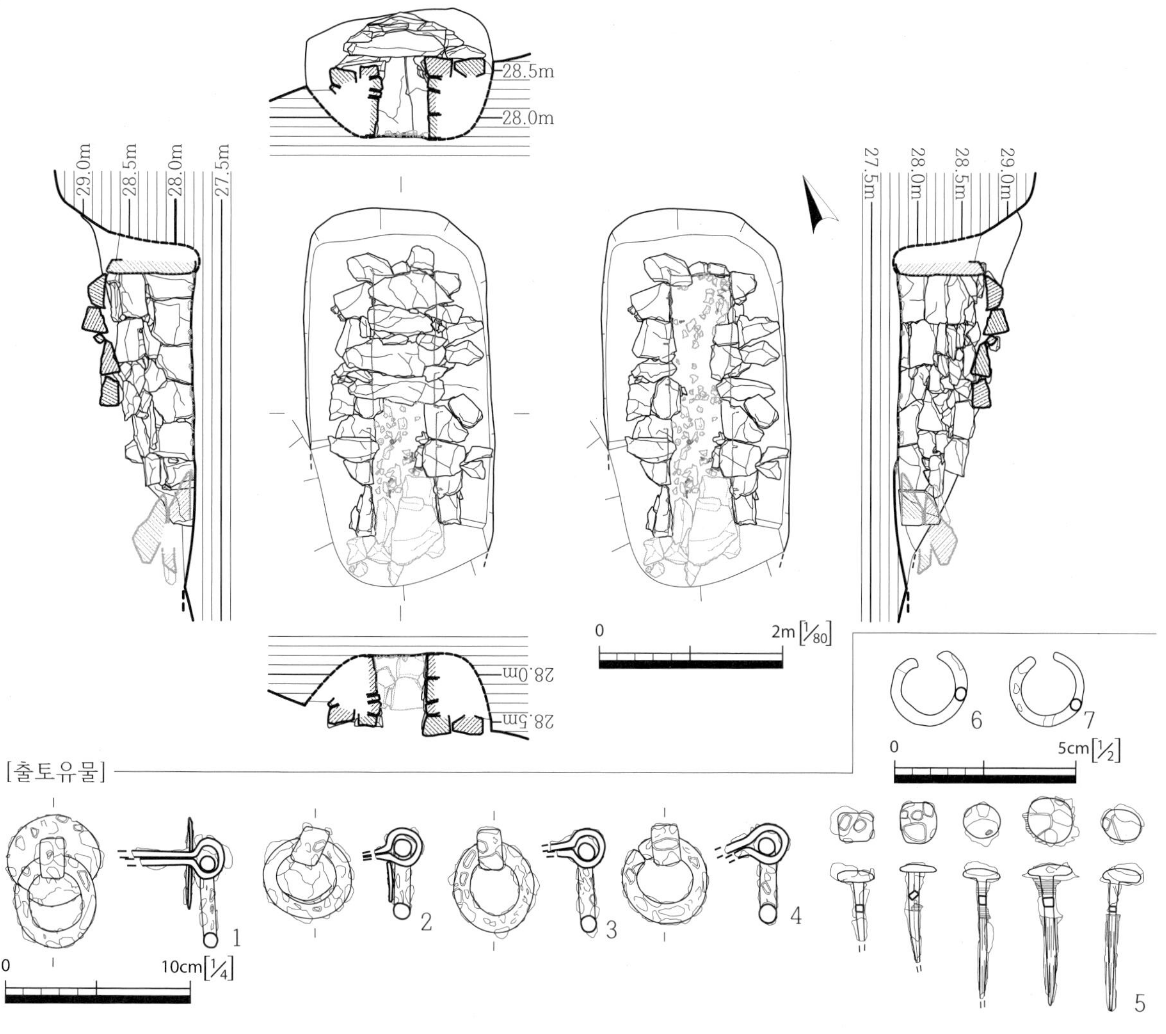

1지역 13호 석실묘

(단위 : cm)

<table>
<tr><td rowspan="2">봉토</td><td>크 기
(길이×너비×높이)</td><td>?</td><td rowspan="2">묘광</td><td>크 기
(길이×너비×깊이)</td><td>(240+)×126×(48+)</td></tr>
<tr><td>평면형태</td><td>?</td><td>장 폭 비</td><td>?</td></tr>
<tr><td rowspan="2">현실</td><td>크 기
(길이×너비×높이)</td><td>(208+)×61×(42+)</td><td colspan="2">천장형태</td><td>평</td></tr>
<tr><td>장 폭 비</td><td>?</td><td colspan="2">횡구부위치</td><td>남측 단벽</td></tr>
<tr><td rowspan="2">횡구부</td><td>크 기
(길이×너비)</td><td>?</td><td colspan="2">묘도크기
(길이×너비)</td><td>?</td></tr>
<tr><td>장 폭 비</td><td>?</td><td colspan="2">배수시설
(길이×너비×깊이)</td><td>?</td></tr>
<tr><td colspan="2">시상/관대크기
(길이×너비×높이)</td><td>-</td><td colspan="2">두 향</td><td>?</td></tr>
<tr><td colspan="2">장축방향</td><td>N-1°-E</td><td colspan="2">벽석종류</td><td>할석</td></tr>
<tr><td rowspan="5">유물</td><td>토 기</td><td colspan="4">-</td></tr>
<tr><td>철 기</td><td colspan="4">관정(3)</td></tr>
<tr><td>청 동 기</td><td colspan="4">-</td></tr>
<tr><td>옥 석 류</td><td colspan="4">-</td></tr>
<tr><td>기 타</td><td colspan="4">-</td></tr>
<tr><td colspan="2">특기사항</td><td colspan="4">횡구식 석실로 보고하였으나 파괴가 심하여 정확한 구조를 알 수 없음.</td></tr>
</table>

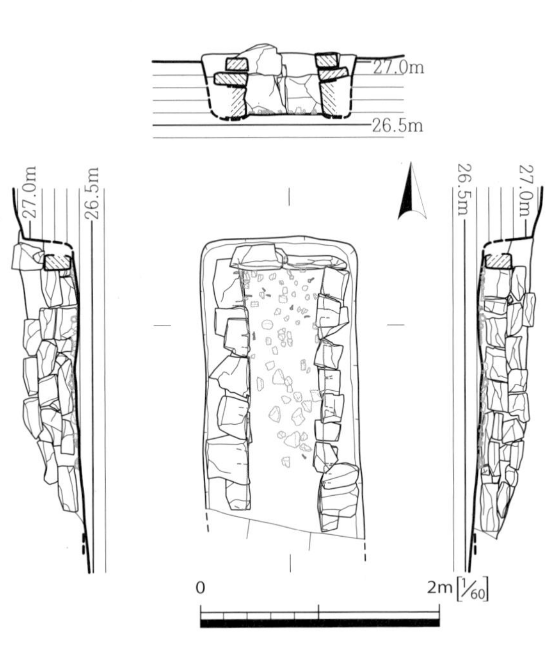

[유구사진]

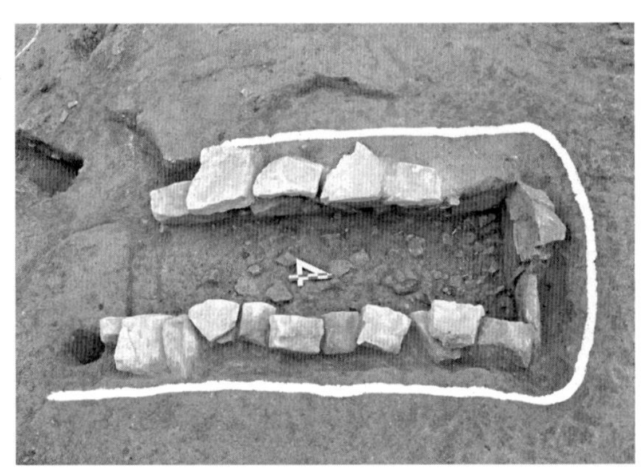

[출토유물]

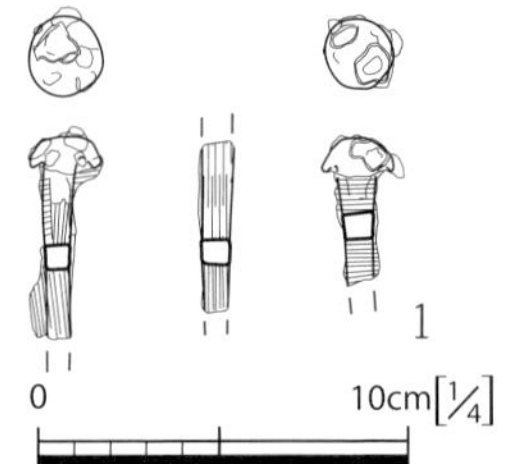

1지역 14호 석실묘

(단위 : cm)

봉토	크 기 (길이×너비×높이)	?	묘광	크 기 (길이×너비×깊이)	(219+)×185×(68+)
	평면형태	?		장폭비	?
현실	크 기 (길이×너비×높이)	(155+)×80×(42+)	천장형태		?
	장폭비	?	횡구부위치		남측 단벽
횡구부	크 기 (길이×너비)	?	묘도크기 (길이×너비)		?
	장폭비	?	배수시설 (길이×너비×깊이)		?
시상/관대크기 (길이×너비×높이)		-	두 향		?
장축방향		N-2°-E	벽석종류		판석, 할석
유물	토 기	-			
	철 기	관고리(1), 관정(5)			
	청동기	-			
	옥석류	-			
	기 타	-			
특기사항		횡구식 석실로 보고하였으나 파괴가 심하여 정확한 구조를 알 수 없음.			

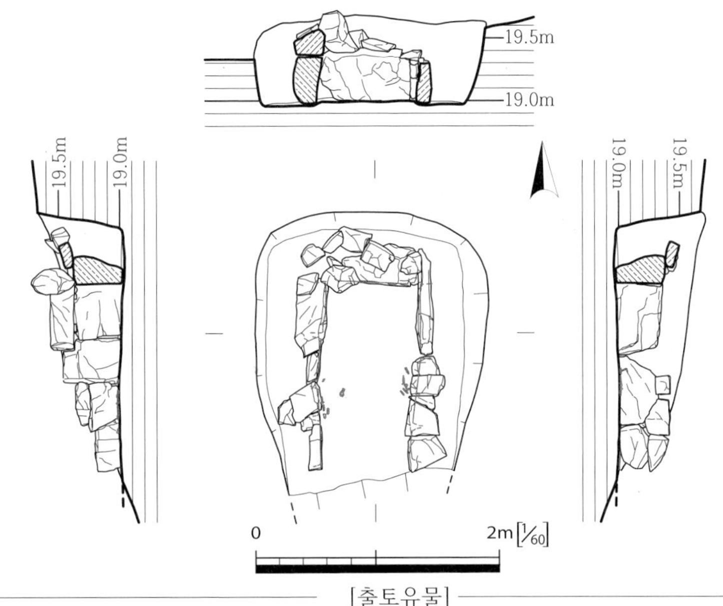

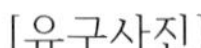
[유구사진]

[출토유물]

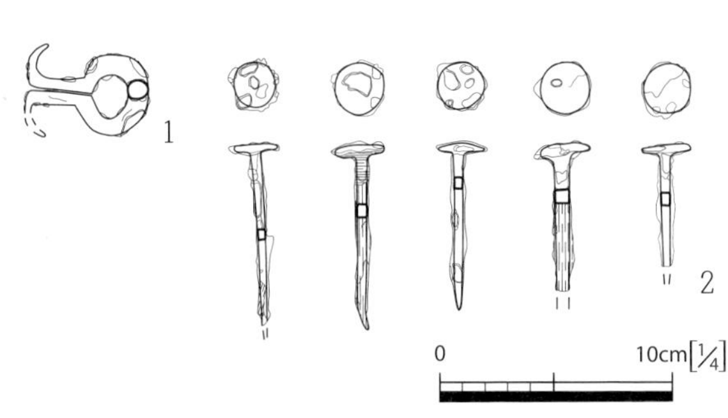

1지역 15호 석실묘

(단위 : cm)

봉토	크 기 (길이×너비×높이)	?	묘광	크 기 (길이×너비×깊이)	(366+)×188×(143+)
	평면형태	?		장폭비	?
현실	크 기 (길이×너비×높이)	223×73×(24+)	천장형태		평
	장폭비	3.05:1	연도위치		우편재
연도	크 기 (길이×너비×높이)	70×120×?	묘도크기 (길이×너비)		(100+)×(138+)
	장폭비	0.58:1	배수시설 (길이×너비×깊이)		?
시상/관대크기 (길이×너비×높이)		?	두 향		?
장축방향		N-3°-E	벽석종류		판석
유물	토 기	-			
	철 기	관정(2)			
	청동기	-			
	옥석류	-			
	기 타	-			
특기사항					

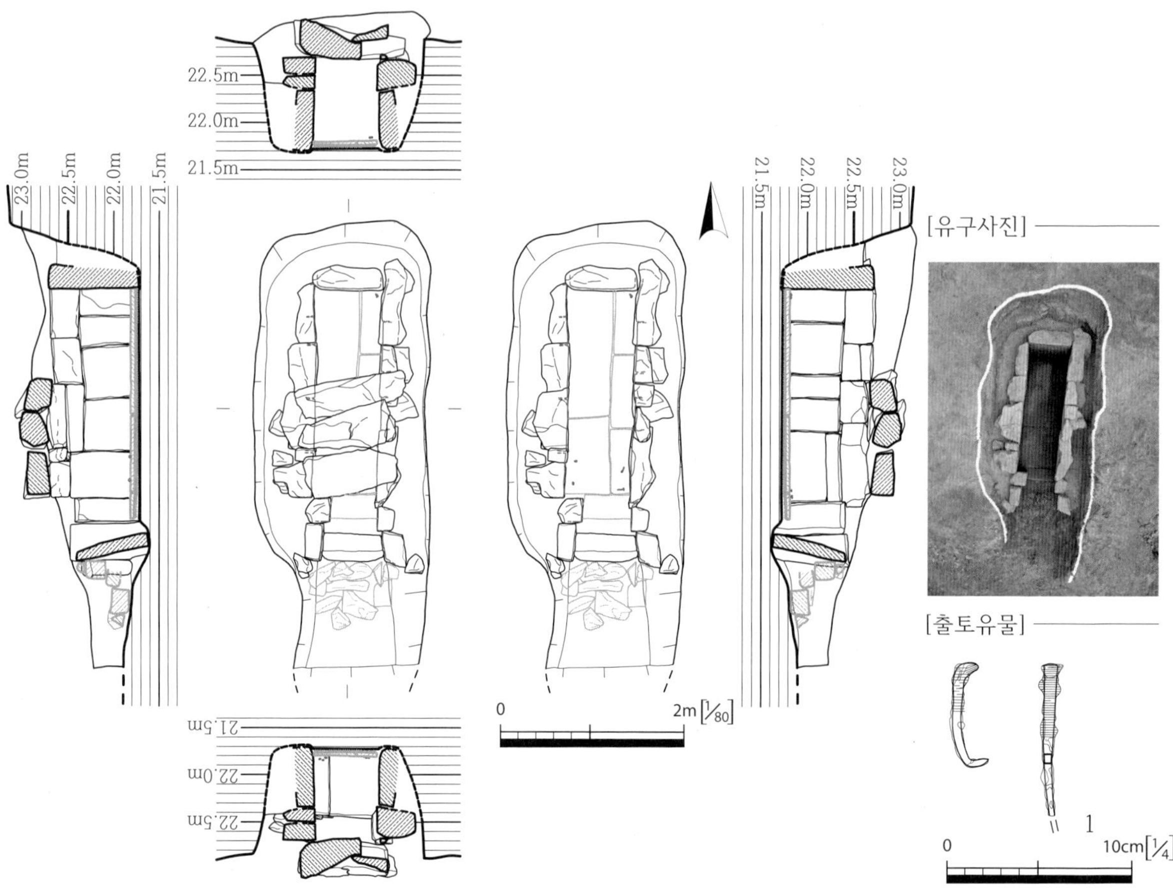

1지역 16호 석실묘

(단위 : cm)

봉토	크 기 (길이×너비×높이)	?	묘광	크 기 (길이×너비×깊이)	342×200×(100+)
	평면형태	?		장폭비	1.71:1
현실	크 기 (길이×너비×높이)	227×70×(78+)	천장형태		고임
	장폭비	(3.24):1	횡구부위치		남서측 단벽
횡구부	크 기 (길이×너비)	25×72	묘도크기 (길이×너비)		?
	장폭비	0.35:1	배수시설 (길이×너비×깊이)		?
시상/관대크기 (길이×너비×높이)		?	두 향		?
장축방향		N-38°-E	벽석종류		판석, 할석
유물	토 기	-			
	철 기	관정(5)			
	청동기	-			
	옥석류	-			
	기 타	-			
특기사항					

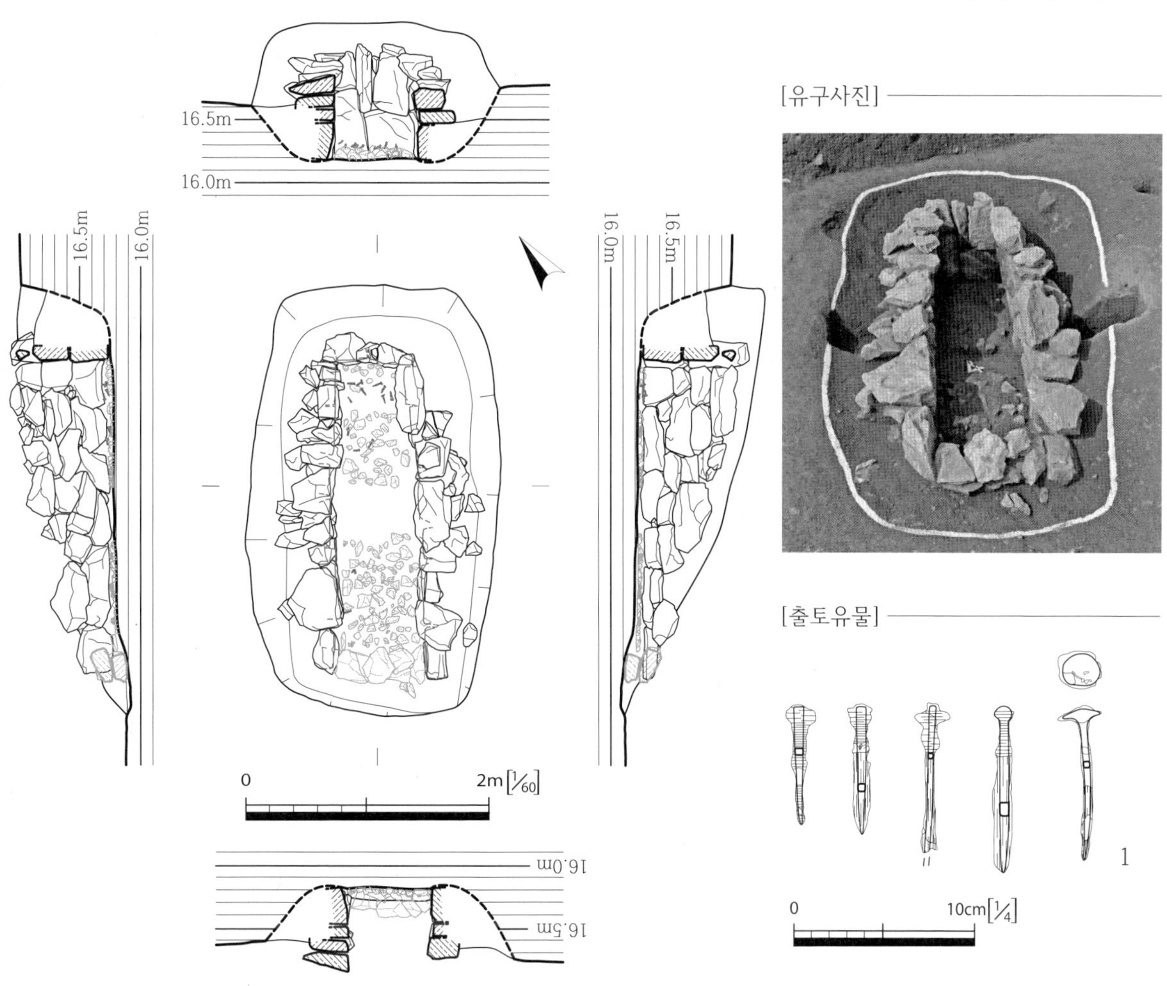

1지역 17호 석곽묘

(단위 : cm)

묘광	크 기 (길이×너비×깊이)	(172+)×(138)×(52+)	주체부	크 기 (길이×너비×높이)	(146+)×(71)×(48+)
	장폭비	?		장폭비	?
장축방향		N-44°-E	시상·관대	크 기 (길이×너비×높이)	?
두 향			벽석종류		판석, 할석
유물	토 기	-			
	철 기	관정(2)			
	청동기	-			
	옥석류	-			
	기 타	-			
특기사항		석곽으로 보고하였으나 파괴가 심하여 정확한 구조를 알 수 없음.			

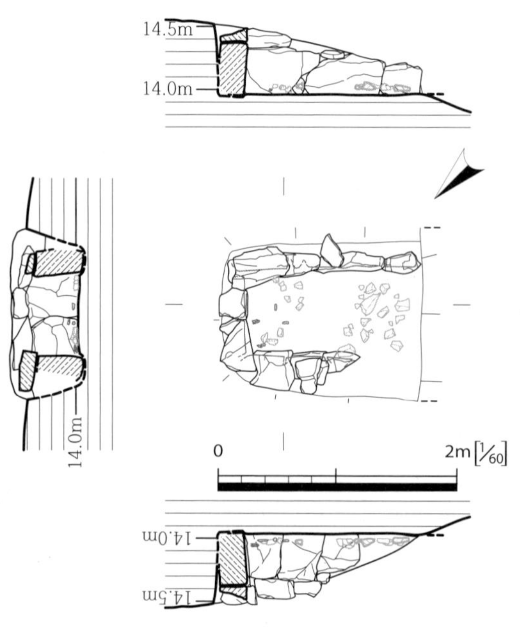

[유구사진]

[출토유물]

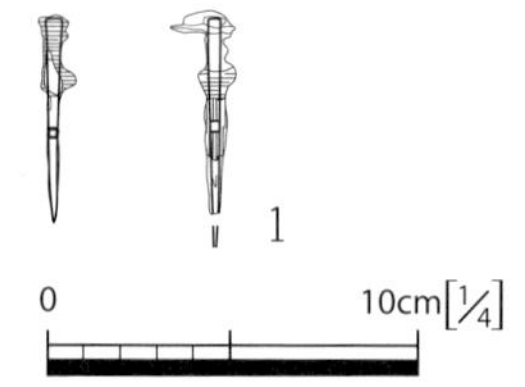

1지역 18호 석실묘

(단위 : cm)

봉토	크 기 (길이×너비×높이)	?	묘광	크 기 (길이×너비×깊이)	(334+)×185×(106+)
	평면형태	?		장폭비	?
현실	크 기 (길이×너비×높이)	248×66×64	천장형태		?
	장폭비	3.75:1	횡구부위치		남측 단벽
횡구부	크 기 (길이×너비)	30×(64)	묘도크기 (길이×너비)		?
	장폭비	(0.46):1	배수시설 (길이×너비×깊이)		?
시상/관대크기 (길이×너비×높이)		?	두 향		?
장축방향		N-13°-E	벽석종류		할석
유물	토 기	-			
	철 기	관고리(1), 관정(5)			
	청동기	-			
	옥석류	-			
	기 타	-			
특기사항					

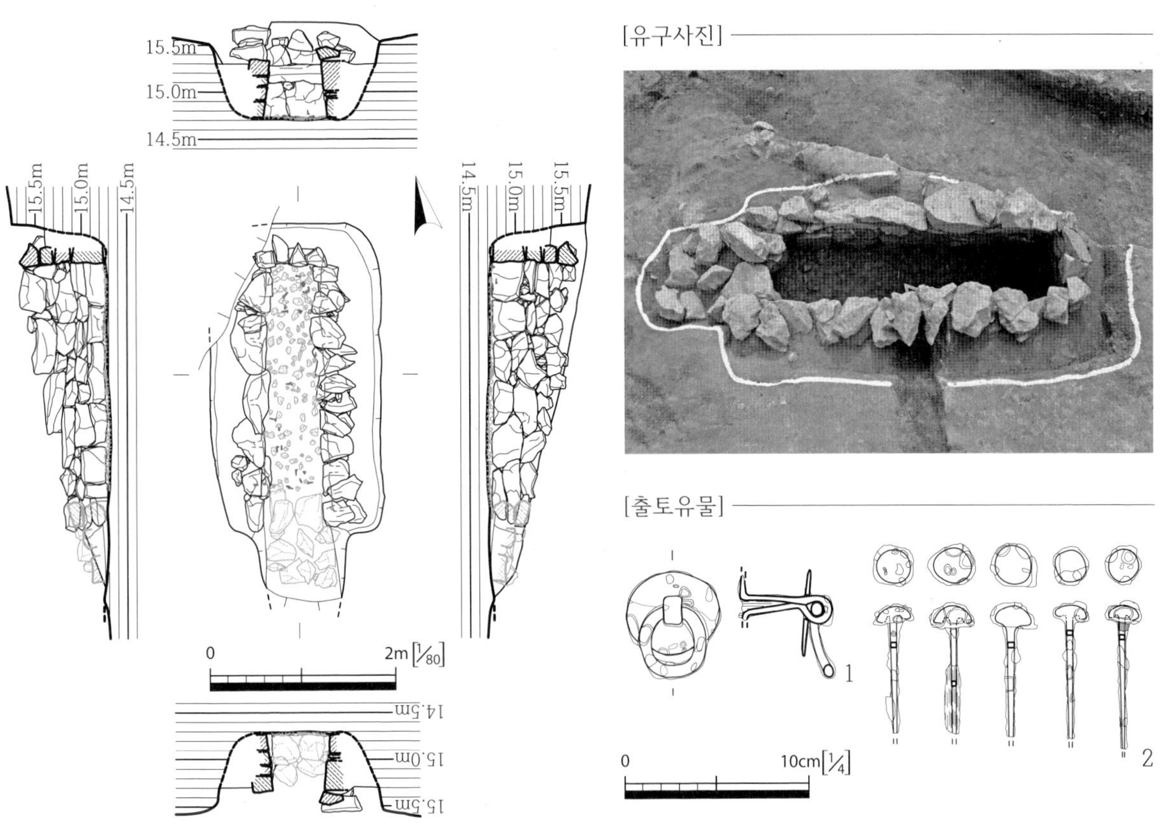

1지역 19호 석곽묘

(단위 : cm)

묘광	크 기 (길이×너비×깊이)	(225+)×(154)×(75+)	주체부	크 기 (길이×너비×높이)	(172+)×(78)×(66+)
	장폭비	?		장폭비	?
장축방향		N-37°-E	시상·관대	크 기 (길이×너비×높이)	?
두 향		?	벽석종류		할석
유물	토 기	-			
	철 기	관고리(2), 관정(1)			
	청동기	-			
	옥석류	-			
	기 타	-			
특기사항		석곽으로 보고하였으나 파괴가 심하여 정확한 구조를 알 수 없음.			

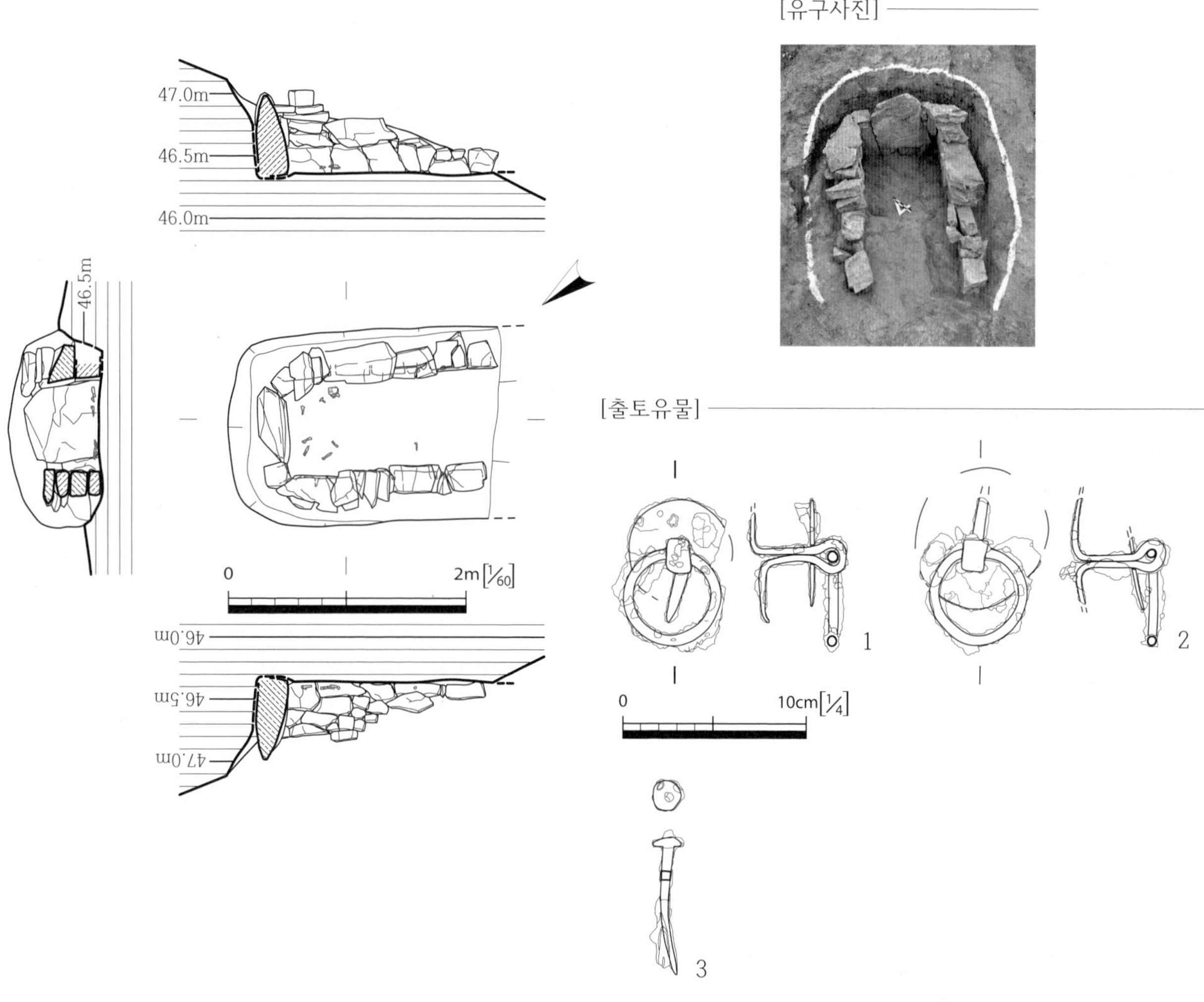

1지점 20호 석실묘

(단위 : cm)

봉토	크 기 (길이×너비×높이)	?	묘광	크 기 (길이×너비×깊이)		(282+)×(231)×(83+)
	평면형태	?		장폭비		?
현실	크 기 (길이×너비×높이)	(220+)×(123)×(60+)	천장형태			?
	장폭비	?	횡구부위치			남측 단벽
횡구부	크 기 (길이×너비)	?	묘도크기 (길이×너비)			?
	장폭비	?	배수시설 (길이×너비×깊이)			?
시상/관대크기 (길이×너비×높이)		-	두 향			?
장축방향		N-7°-E	벽석종류			판석
유물	토 기	-				
	철 기	관정(2)				
	청동기	-				
	옥석류	-				
	기 타	-				
특기사항		횡구식 석실묘로 보고하였으나 파괴가 심하여 정확한 구조를 알 수 없음.				

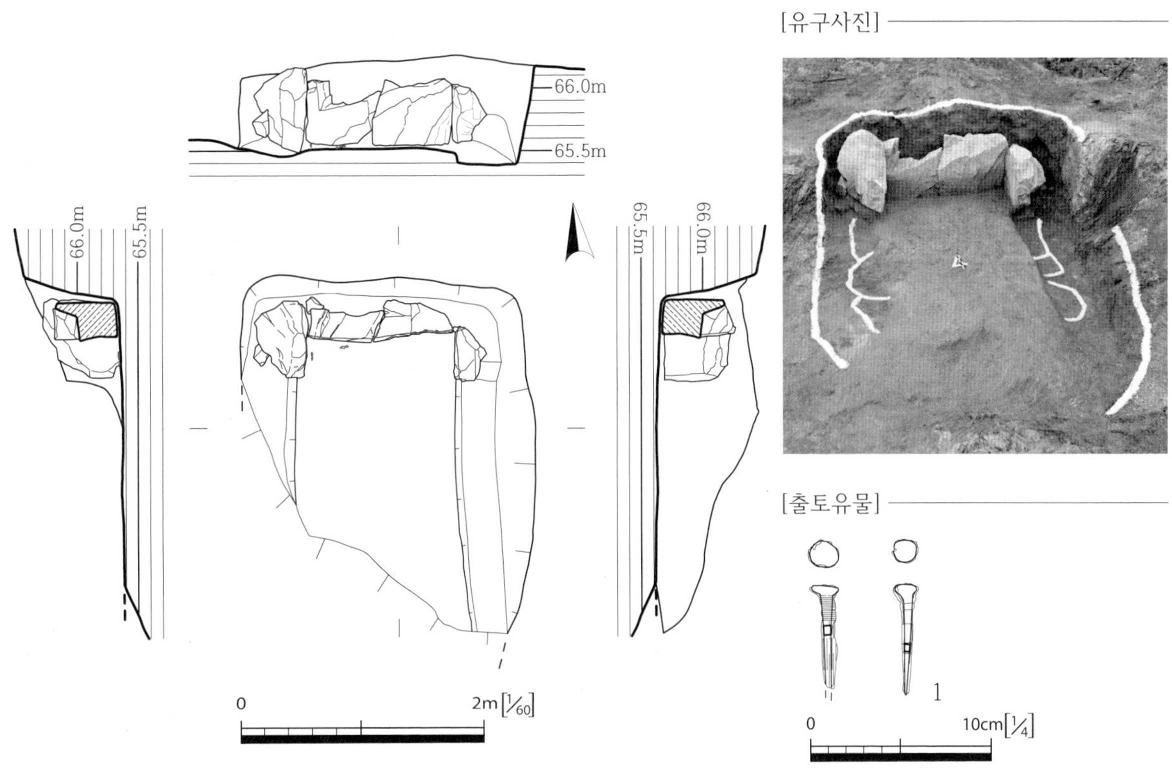

1지역 21호 석곽묘

(단위 : cm)

묘광	크 기 (길이×너비×깊이)	(190+)×(201)×(68+)	주체부	크 기 (길이×너비×높이)	(118+)×(120)×(54+)
	장폭비	?		장폭비	?
장축방향		N-13°-E	시상·관대	크 기 (길이×너비×높이)	?
두 향		?	벽석종류		판석
유물	토 기	-			
	철 기	관정(2)			
	청동기	-			
	옥석류	-			
	기 타	-			
특기사항		석곽으로 보고하였으나 파괴가 심하여 정확한 구조를 알 수 없음.			

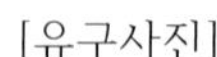

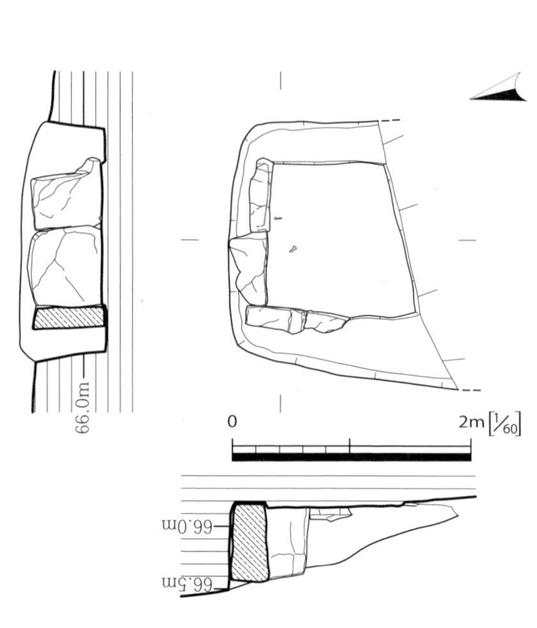

[유구사진]

[출토유물]

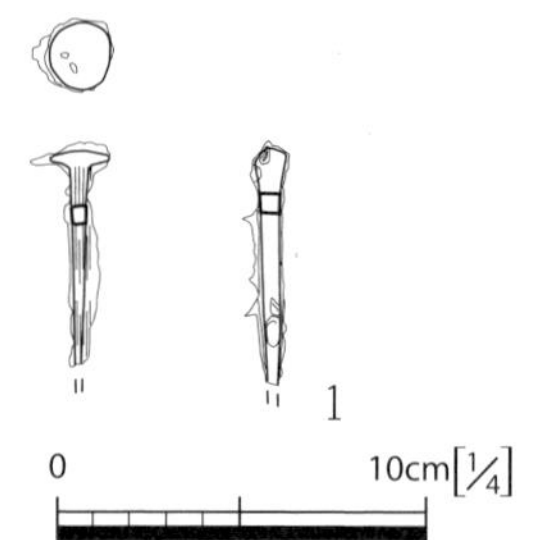

1지역 22호 석실묘

(단위 : cm)

봉토	크 기 (길이×너비×높이)	?	묘광	크 기 (길이×너비×깊이)	(327+)×(218)×(150+)
	평면형태	?		장폭비	?
현실	크 기 (길이×너비×높이)	(230+)×(122)×(90+)	천장형태		?
	평면형태	?	연도위치		?
연도	크 기 (길이×너비×높이)	?	묘도크기 (길이×너비)		?
	장폭비	?	배수시설 (길이×너비×깊이)		?
시상/관대크기 (길이×너비×높이)		?	두 향		?
장축방향		N-20°-E	벽석종류		판석, 할석
유물	토 기	-			
	철 기	관정(1)			
	청동기	-			
	옥석류	-			
	기 타	-			
특기사항		횡혈식 석실로 보고하였으나 파괴가 심하여 정확한 구조는 알 수 없음.			

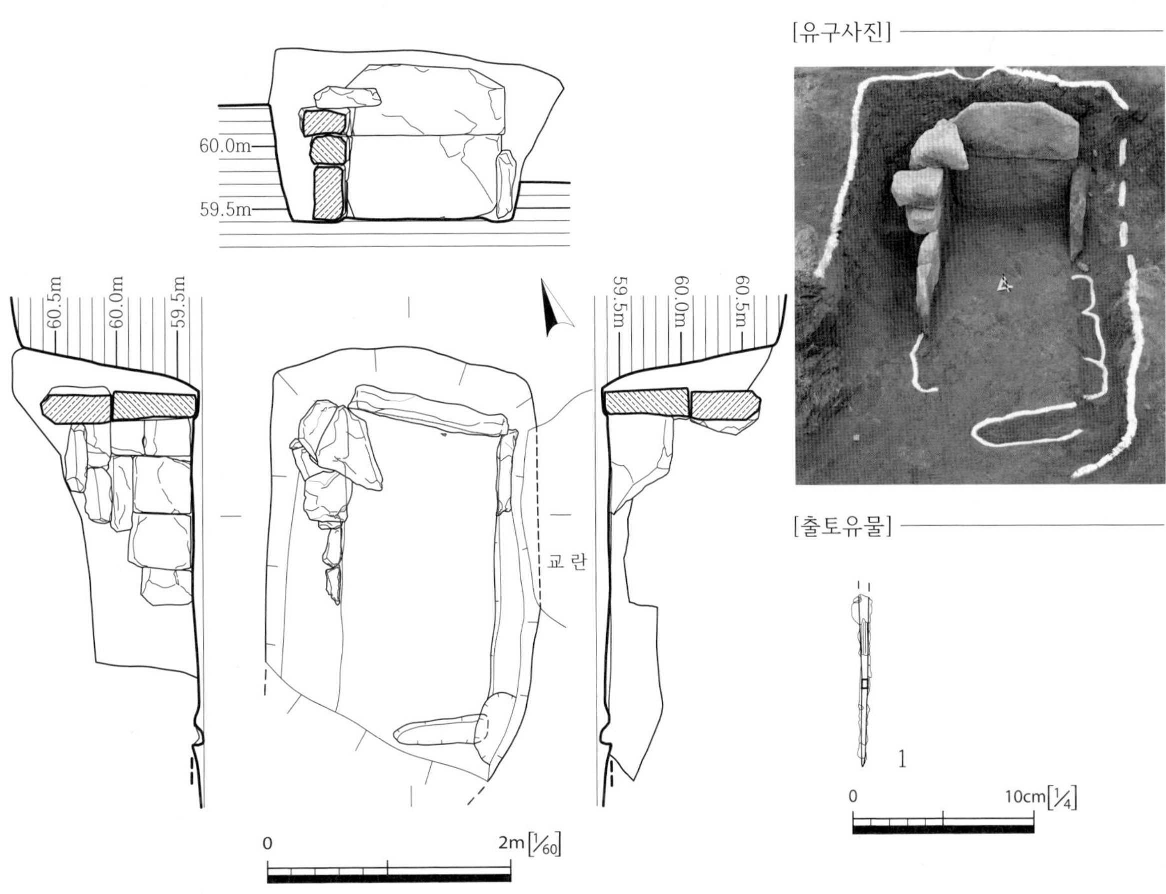

1지역 23호 석실묘

(단위 : cm)

봉토	크 기 (길이×너비×높이)	?	묘광	크 기 (길이×너비×깊이)	(330+)×210×(216+)
	평면형태	?		장폭비	?
현실	크 기 (길이×너비×높이)	(225+)×76×(105)	천장형태		조임
	평면형태	?	연도위치		?
연도	크 기 (길이×너비×높이)	?	묘도크기 (길이×너비)		?
	장폭비	?	배수시설 (길이×너비×깊이)		?
시상/관대크기 (길이×너비×높이)		?	두 향		?
장축방향		N-15°-E	벽석종류		할석
유물	토 기	-			
	철 기	관고리(3)			
	청동기	-			
	옥석류	-			
	기 타	-			
특기사항					

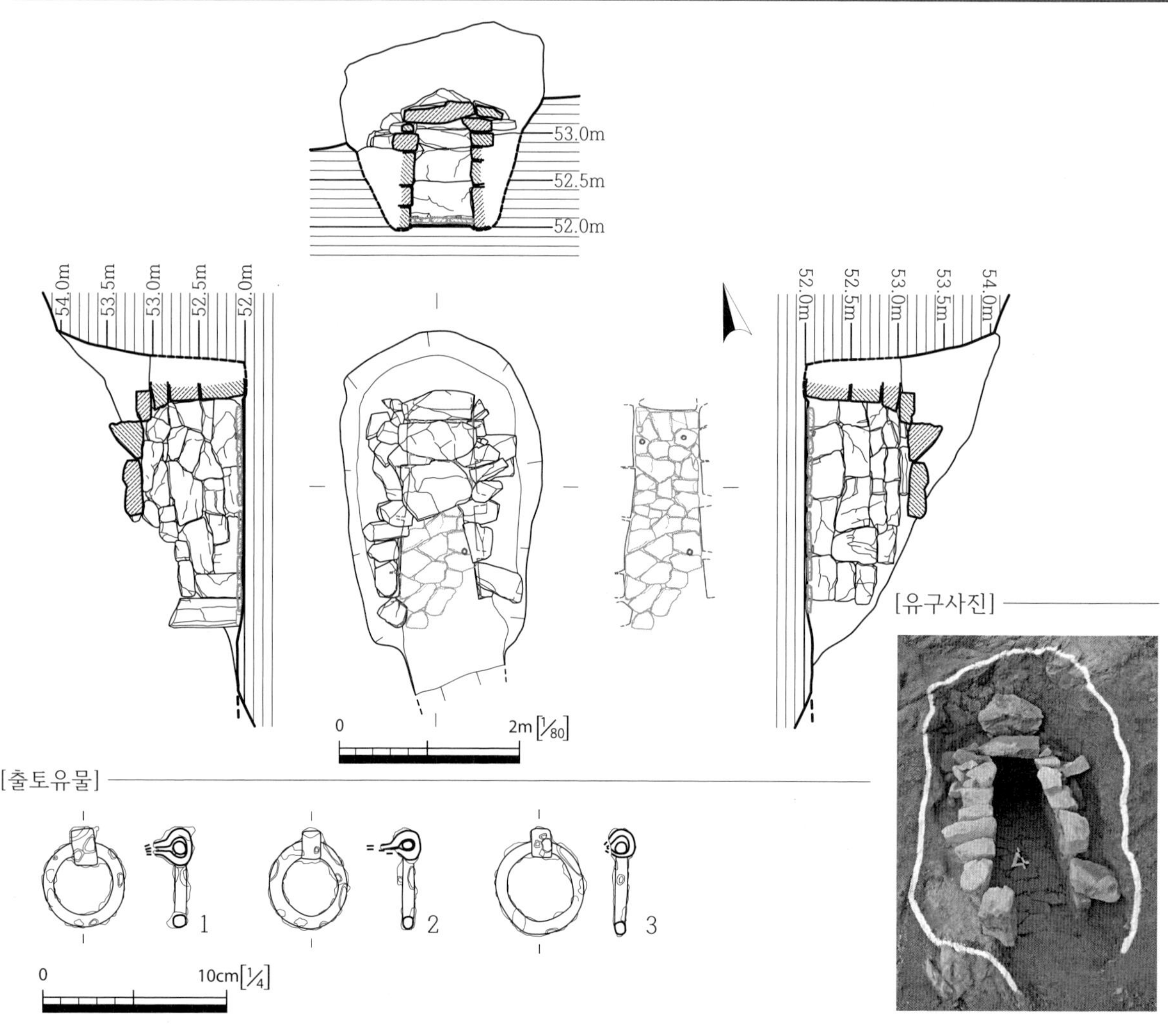

1지역 24호 석실묘

(단위 : cm)

봉토	크 기 (길이×너비×높이)	?	묘광	크 기 (길이×너비×깊이)	(275+)×178×(108+)
	평면형태	?		장폭비	?
현실	크 기 (길이×너비×높이)	(180+)×73×(65+)	천장형태		고임
	장폭비	?	횡구부위치		남측 단벽
횡구부	크 기 (길이×너비)	(50+)×65	묘도크기 (길이×너비)		?
	장폭비	?	배수시설 (길이×너비×깊이)		?
시상/관대크기 (길이×너비×높이)		?	두 향		?
장축방향		N-8°-E	벽석종류		할석
유물	토 기	-			
	철 기	관고리(2), 관정(2)			
	청동기	-			
	옥석류	-			
	기 타	-			
특기사항					

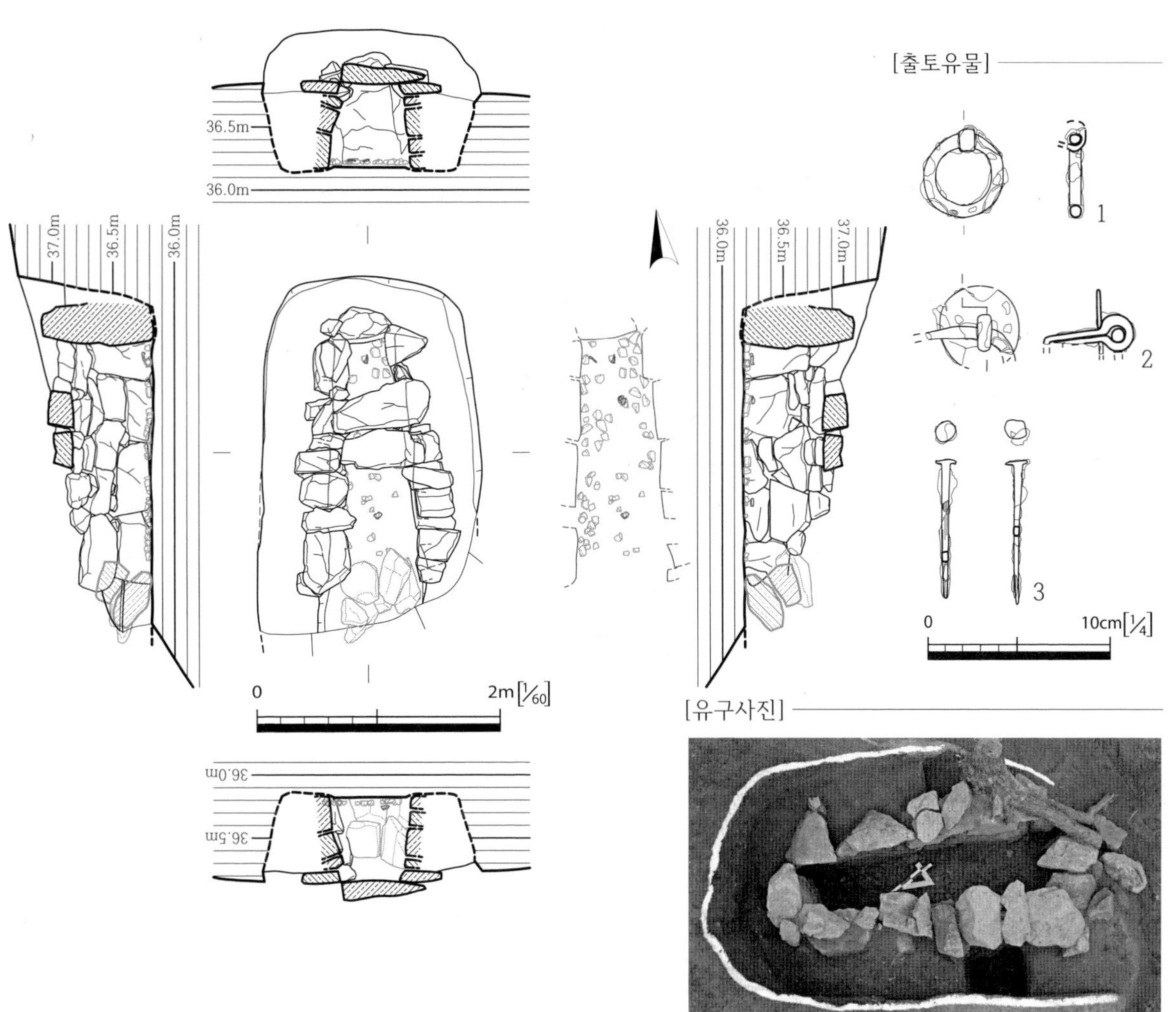

1지역 25호 석실묘

(단위 : cm)

봉토	크 기 (길이×너비×높이)	?	묘광	크 기 (길이×너비×깊이)	(183+)×117×(68+)
	평면형태	?		장 폭 비	?
현실	크 기 (길이×너비×높이)	(120+)×45×(52+)	천장형태		?
	장 폭 비	?	횡구부위치		남측 단벽
횡구부	크 기 (길이×너비)	?	묘도크기 (길이×너비)		?
	장 폭 비	?	배수시설 (길이×너비×깊이)		?
시상/관대크기 (길이×너비×높이)		-	두 향		?
장축방향		N-16°-E	벽석종류		할석
유물	토 기	-			
	철 기	관정(1)			
	청 동 기	-			
	옥 석 류	-			
	기 타	-			
특기사항		횡구식 석실로 보고하였으나 파괴가 심하여 정확한 구조를 알 수 없음.			

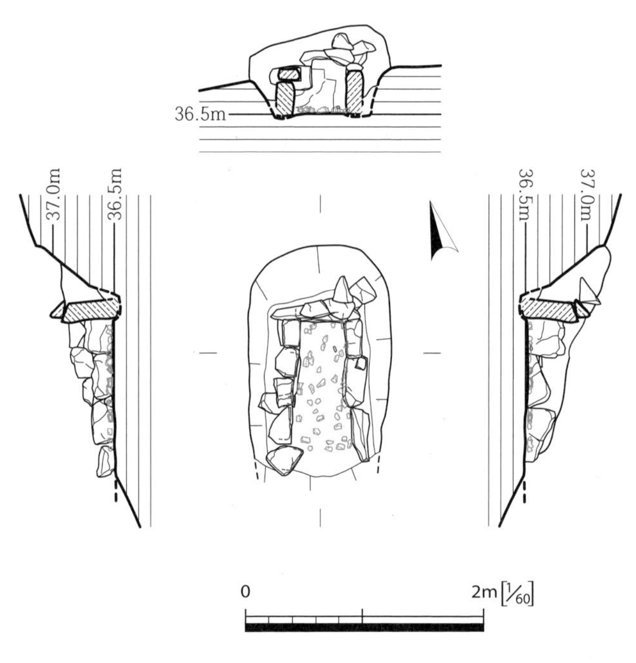

[유구사진]

[출토유물]

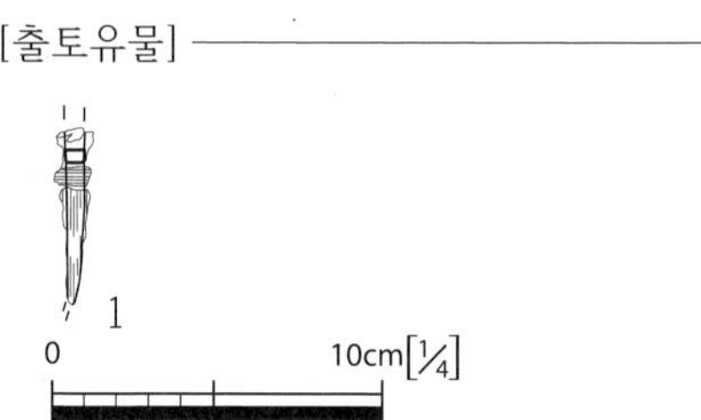

1지역 26호 석곽묘

(단위 : cm)

묘광	크 기 (길이×너비×깊이)	(252+)×(175)×(90+)	주체부	크 기 (길이×너비×높이)	(207+)×(85)×(76+)
	장폭비	?		장폭비	?
장축방향		N-24°-E	시상·관대	크 기 (길이×너비×높이)	?
두 향		?	벽석종류		할석
유물	토 기	-			
	철 기	관정(1)			
	청동기	-			
	옥석류	-			
	기 타	-			
특기사항		석곽으로 보고하였으나 파괴가 심하여 정확한 구조를 알 수 없음.			

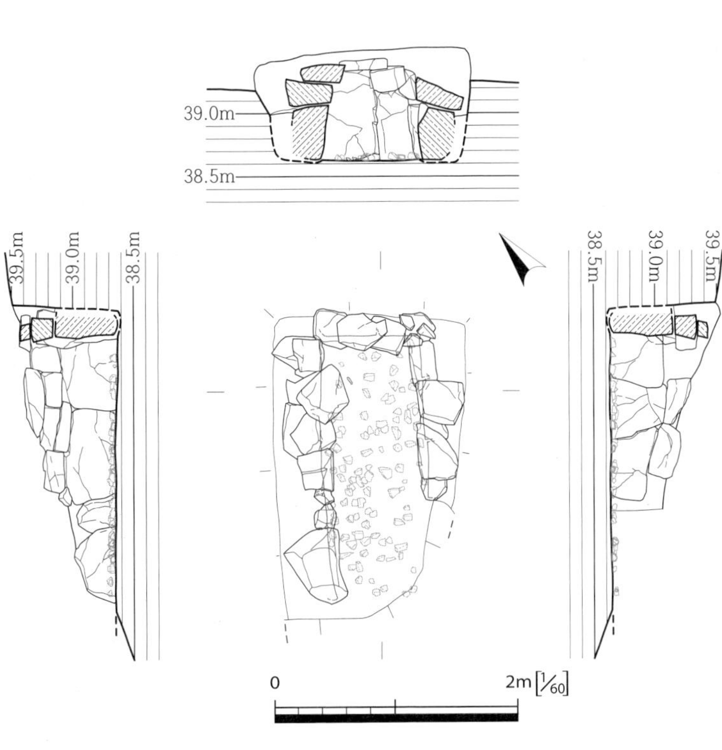

[유구사진]

[출토유물]

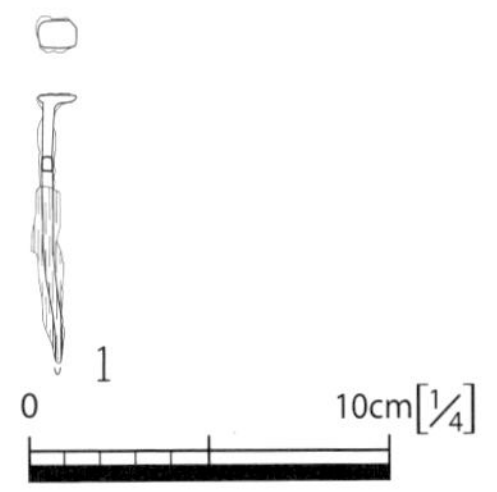

1지역 27호 석실묘

(단위 : cm)

봉토	크 기 (길이×너비×높이)	?	묘광	크 기 (길이×너비×깊이)	(315+)×(213)×(144+)
	평면형태	?		장폭비	?
현실	크 기 (길이×너비×높이)	(212)×(134)×(92+)	천장형태		?
	장폭비	(1.58):1	연도위치		(우편재)
연도	크 기 (길이×너비×높이)	?	묘도크기 (길이×너비)		?
	장폭비	?	배수시설 (길이×너비×깊이)		?
시상/관대크기 (길이×너비×높이)		?	두 향		?
장축방향		N-35°-E	벽석종류		?
유물	토 기	-			
	철 기	관고리(4), 관정(2)			
	청동기	-			
	옥석류	-			
	기 타	-			
특기사항					

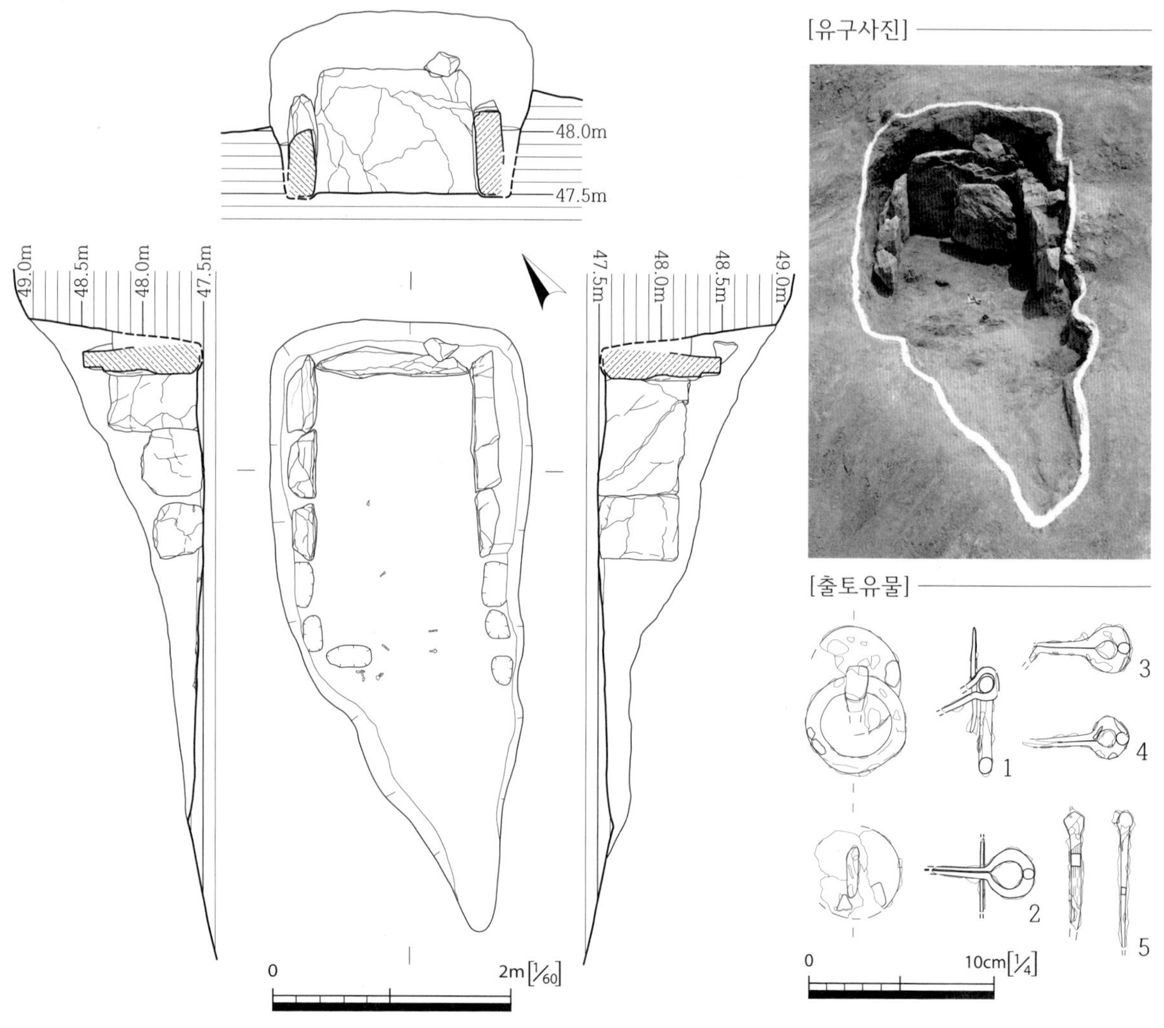

1지역 28호 석실묘

(단위 : cm)

봉토	크 기 (길이×너비×높이)	?	묘광	크 기 (길이×너비×깊이)	(346+)×185×(120+)
	평면형태	?		장폭비	?
현실	크 기 (길이×너비×높이)	219×69×(89+)	천장형태		조임
	장폭비	3.17:1	횡구부위치		남서측 단벽
횡구부	크 기 (길이×너비)	(110+)×60	묘도크기 (길이×너비)		?
	장폭비	?	배수시설 (길이×너비×깊이)		?
시상/관대크기 (길이×너비×높이)		?	두 향		?
장축방향		N-25°-E	벽석종류		할석
유물	토 기	-			
	철 기	관정(4)			
	청동기	-			
	옥석류	-			
	기 타	-			
특기사항					

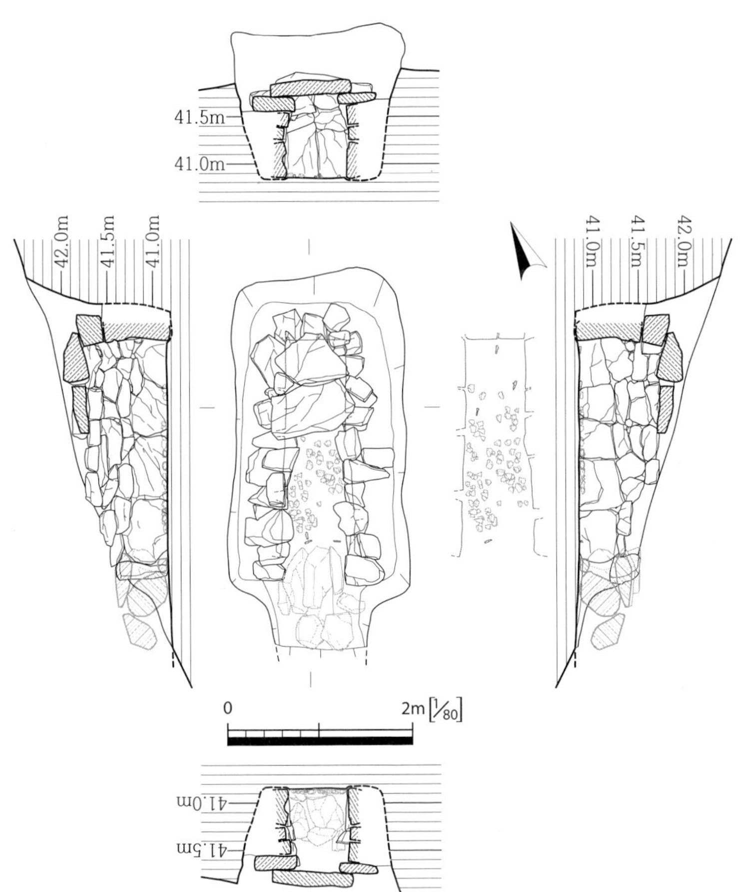

[유구사진]

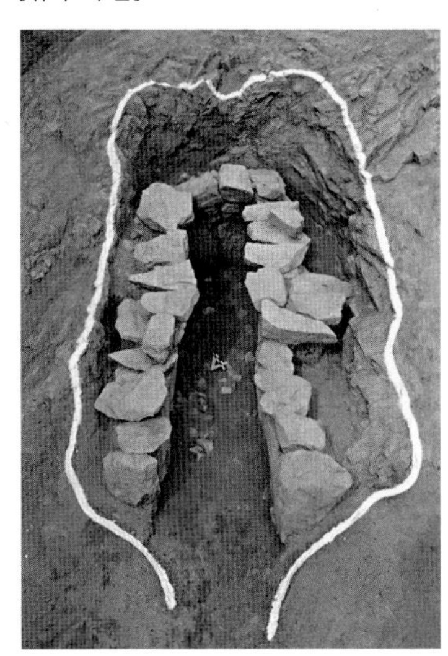

[출토유물]

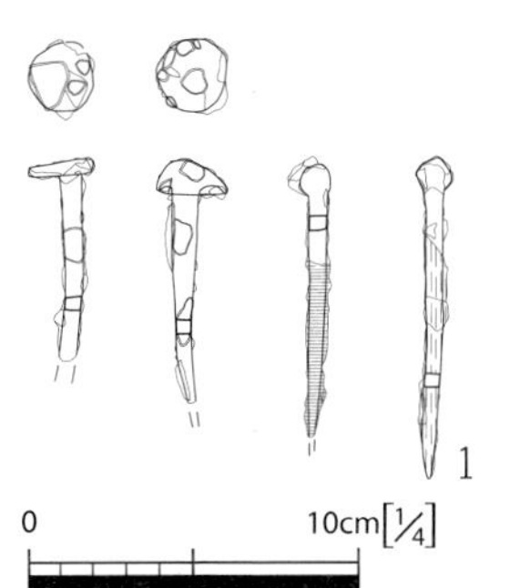

1지역 29호 석실묘

(단위 : cm)

봉토	크 기 (길이×너비×높이)	?	묘광	크 기 (길이×너비×깊이)	296×181×(145+)
	평면형태	?		장폭비	1.64:1
현실	크 기 (길이×너비×높이)	208×66×93	천장형태		고임
	장폭비	3.15:1	횡구부위치		남서측 단벽
횡구부	크 기 (길이×너비)	120×50	묘도크기 (길이×너비)		120×100
	장폭비	2.40:1	배수시설 (길이×너비×깊이)		?
시상/관대크기 (길이×너비×높이)		?	두 향		?
장축방향		N-29°-E	벽석종류		할석
유물	토 기	-			
	철 기	관정(1)			
	청동기	-			
	옥석류	-			
	기 타	-			
특기사항					

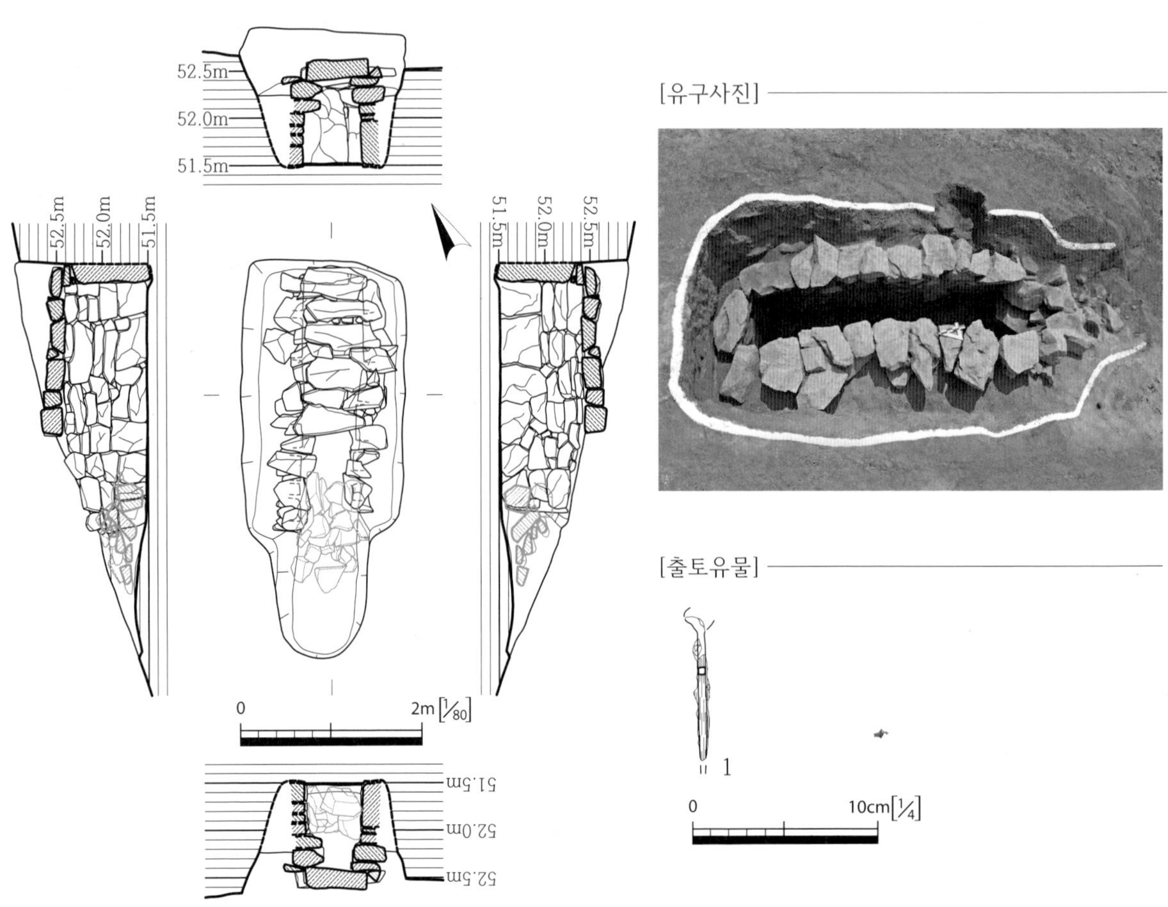

1지역 30호 석실묘

(단위 : cm)

봉토	크 기 (길이×너비×높이)	?	묘광	크 기 (길이×너비×깊이)	(341+)×(150)×(74+)
	평면형태	?		장폭비	?
현실	크 기 (길이×너비×높이)	(215+)×60×(64+)	천장형태		?
	장폭비	?	횡구부위치		남서측 단벽
횡구부	크 기 (길이×너비)	(95+)×60	묘도크기 (길이×너비)		?
	장폭비	1.58:1	배수시설 (길이×너비×깊이)		?
시상/관대크기 (길이×너비×높이)		?	두 향		?
장축방향		N-45°-E	벽석종류		할석
유물	토 기	-			
	철 기	관정(2)			
	청동기	-			
	옥석류	-			
	기 타	-			
특기사항					

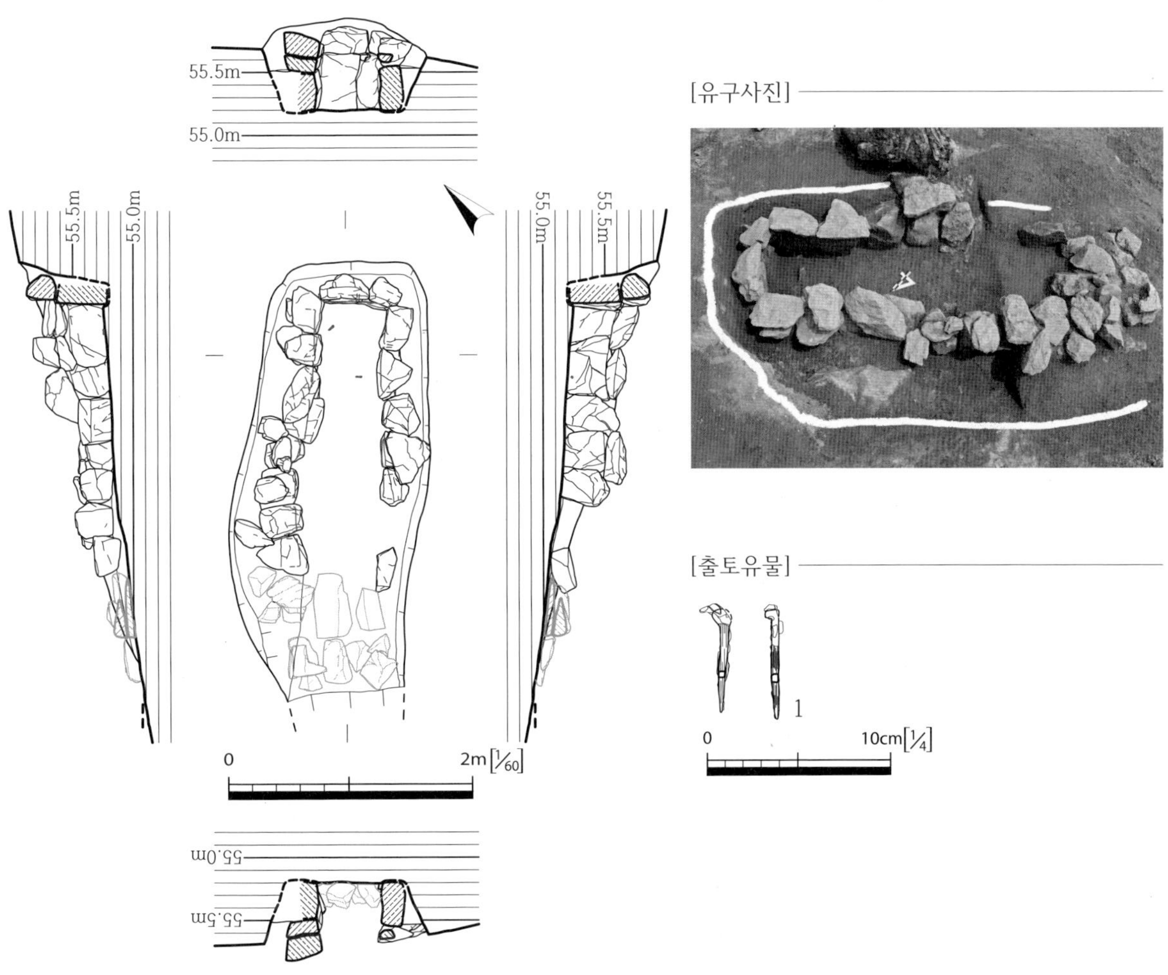

1지역 31호 석실묘

(단위 : cm)

봉토	크 기 (길이×너비×높이)	?	묘광	크 기 (길이×너비×깊이)	(207+)×(192)×(102+)
봉토	평면형태	?	묘광	장 폭 비	?
현실	크 기 (길이×너비×높이)	(160+)×(116)×(80+)	천장형태		?
현실	장 폭 비	?	연도위치		?
연도	크 기 (길이×너비×높이)	?	묘도크기 (길이×너비)		?
연도	장 폭 비	?	배수시설 (길이×너비×깊이)		?
시상/관대크기 (길이×너비×높이)		-	두 향		?
장축방향		N-47°-E	벽석종류		할석
유물	토 기	-			
유물	철 기	관정(2)			
유물	청 동 기	-			
유물	옥 석 류	-			
유물	기 타	-			
특기사항		횡혈식 석실로 보고하였으나 파괴가 심하여 정확한 구조를 알 수 없음.			

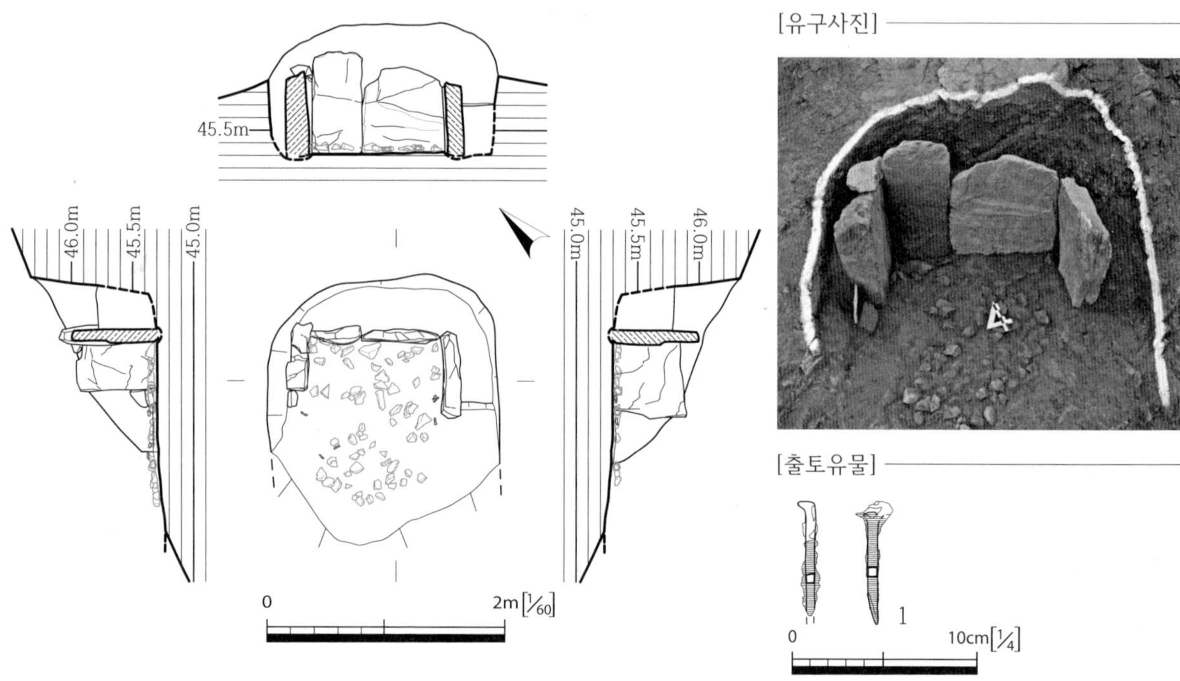

1지역 32호 석실묘

(단위 : cm)

봉토	크 기 (길이×너비×높이)	?	묘광	크 기 (길이×너비×깊이)	(333)×200×(210+)
	평면형태	?		장폭비	(1.67):1
현실	크 기 (길이×너비×높이)	256×117×(50+)	천장형태		조임
	장폭비	2.19:1	연도위치		우편재
연도	크 기 (길이×너비×높이)	?	묘도크기 (길이×너비)		?
	장폭비	?	배수시설 (길이×너비×깊이)		?
시상/관대크기 (길이×너비×높이)		?	두 향		?
장축방향		N-14°-E	벽석종류		할석
유물	토 기	-			
	철 기	관고리(3), 관정(17)			
	청동기	-			
	옥석류	-			
	기 타	-			
특기사항					

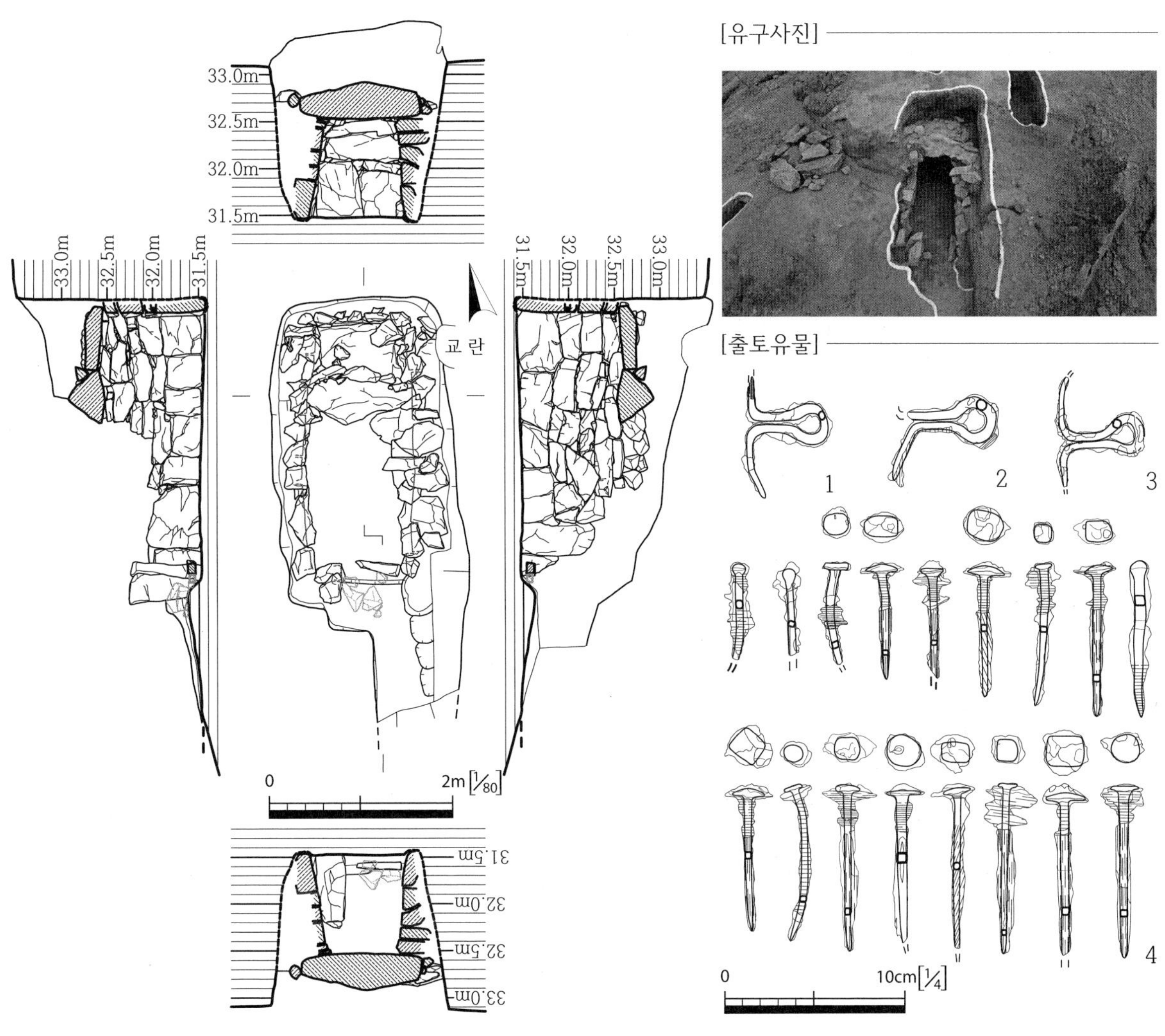

1지역 33호 옹관묘

(단위 : cm)

묘광	크 기 (길이×너비×깊이)	160×142×(82+)	옹관길이	(53+)
	장폭비	1.13:1	결합형식	(3옹식)
장축방향		N-2°-E	안치형태	횡치
두 향		?		
유물	토 기	옹(2), 토기편(1)		
	철 기	-		
	청동기	-		
	옥석류	-		
	기 타	-		
특기사항		석관옹관묘로 추정됨.		

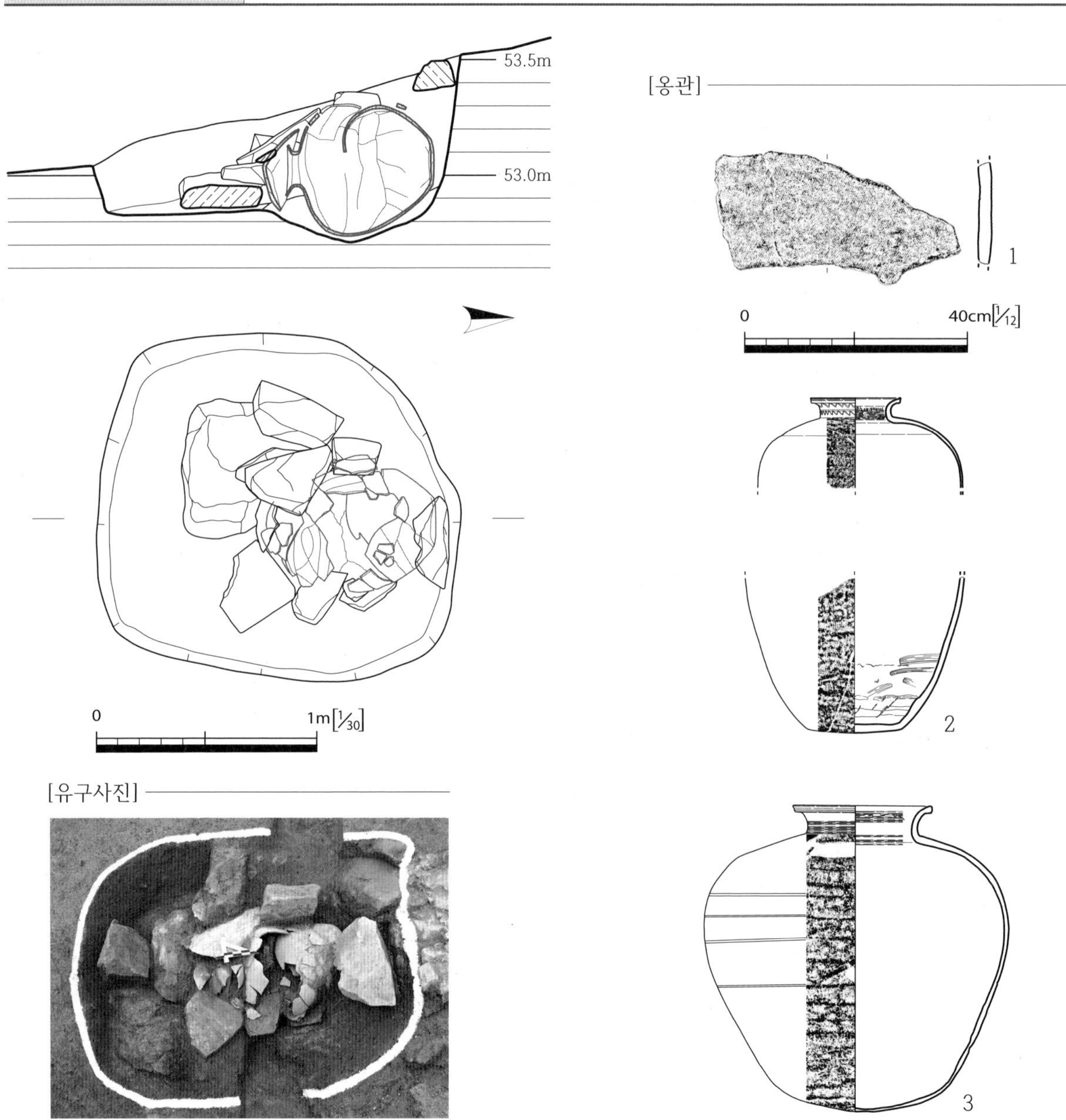

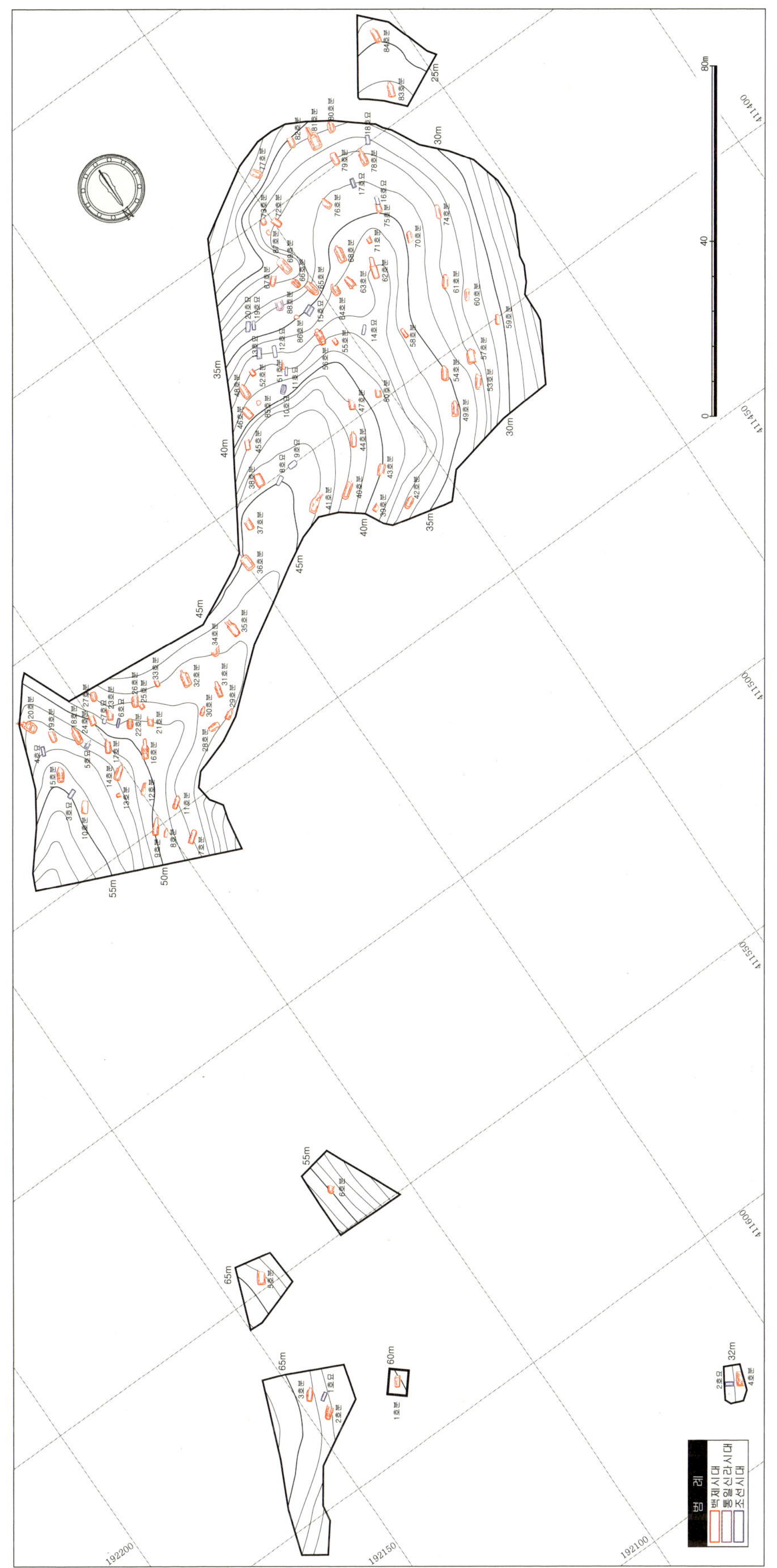

부여 합정리 문냉이골유적 2지역 유구배치도

2지역 1호 석실묘

(단위 : cm)

봉토	크 기 (길이×너비×높이)	?	묘광	크 기 (길이×너비×깊이)	(267+)×(124+)×(116+)
	평면형태	?		장폭비	?
현실	크 기 (길이×너비×높이)	(208)×(56+)×88	천장형태		평
	장폭비	?	연도위치		?
연도	크 기 (길이×너비×높이)	?	묘도크기 (길이×너비)		?
	장폭비	?	배수시설 (길이×너비×깊이)		?
시상/관대크기 (길이×너비×높이)		?	두 향		북동쪽
장축방향		N-37°-E	벽석종류		판석, 할석
유물	토 기	-			
	철 기	관고리(3), 관정(15)			
	청동기	-			
	옥석류	-			
	기 타	-			
특기사항		인골(두개골 등)이 출토됨.			

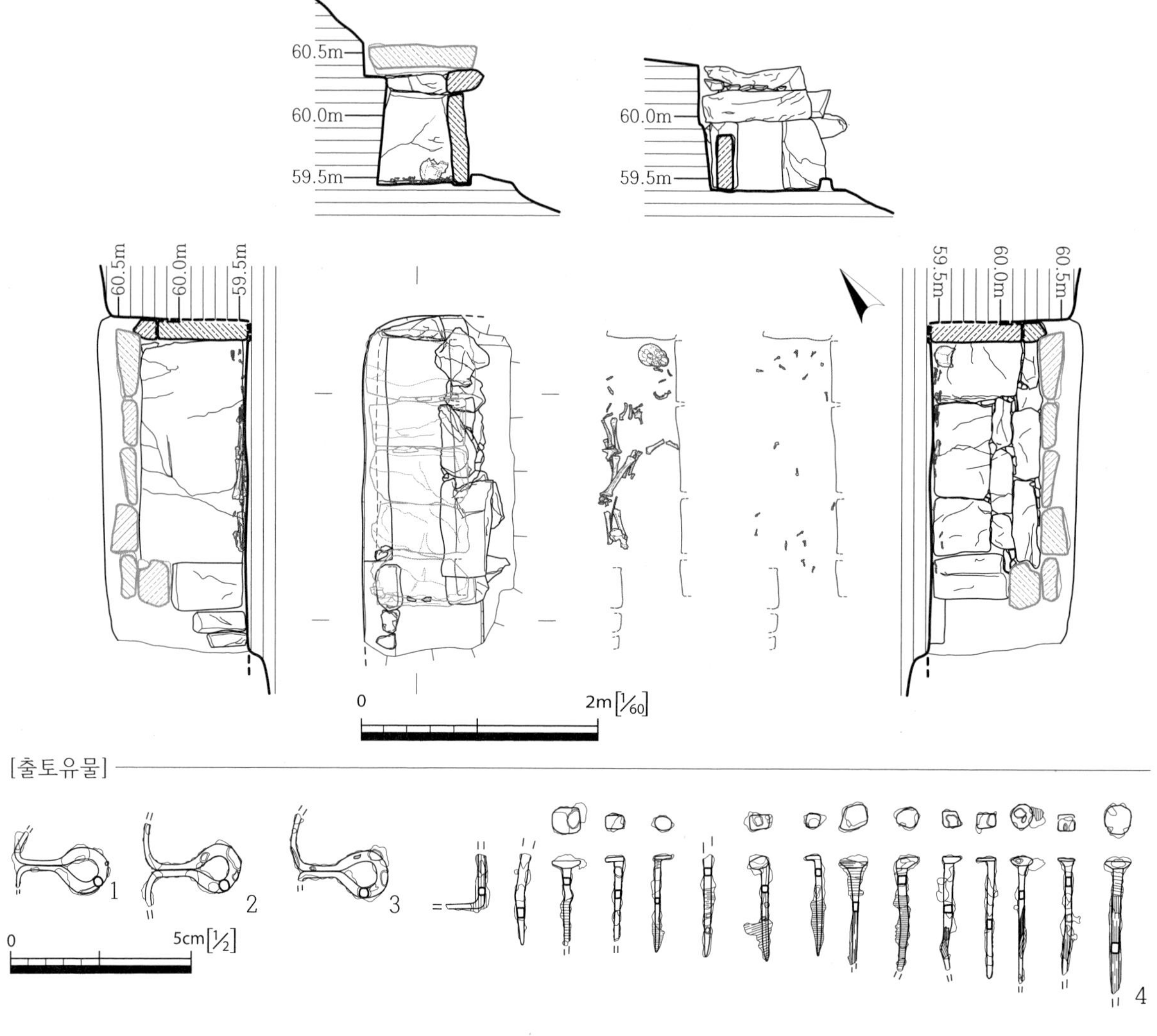

2지역 2호 석실묘

(단위 : cm)

<table>
<tr><td rowspan="2">봉토</td><td>크 기
(길이×너비×높이)</td><td>?</td><td rowspan="2">묘광</td><td>크 기
(길이×너비×깊이)</td><td>(285+)×(149)×(88+)</td></tr>
<tr><td>평면형태</td><td>?</td><td>장폭비</td><td>?</td></tr>
<tr><td rowspan="2">현실</td><td>크 기
(길이×너비×높이)</td><td>185×59×76</td><td colspan="2">천장형태</td><td>조임</td></tr>
<tr><td>장폭비</td><td>3.14:1</td><td colspan="2">횡구부위치</td><td>남서측 단벽</td></tr>
<tr><td rowspan="2">횡구부</td><td>크 기
(길이×너비)</td><td>(55+)×42</td><td colspan="2">묘도크기
(길이×너비)</td><td>?</td></tr>
<tr><td>장폭비</td><td>?</td><td colspan="2">배수시설
(길이×너비×깊이)</td><td>?</td></tr>
<tr><td colspan="2">시상/관대크기
(길이×너비×높이)</td><td>?</td><td colspan="2">두 향</td><td>?</td></tr>
<tr><td colspan="2">장축방향</td><td>N-27°-E</td><td colspan="2">벽석종류</td><td>할석</td></tr>
<tr><td rowspan="5">유물</td><td>토 기</td><td colspan="4">-</td></tr>
<tr><td>철 기</td><td colspan="4">관정(2)</td></tr>
<tr><td>청동기</td><td colspan="4">-</td></tr>
<tr><td>옥석류</td><td colspan="4">-</td></tr>
<tr><td>기 타</td><td colspan="4">-</td></tr>
<tr><td colspan="2">특기사항</td><td colspan="4"></td></tr>
</table>

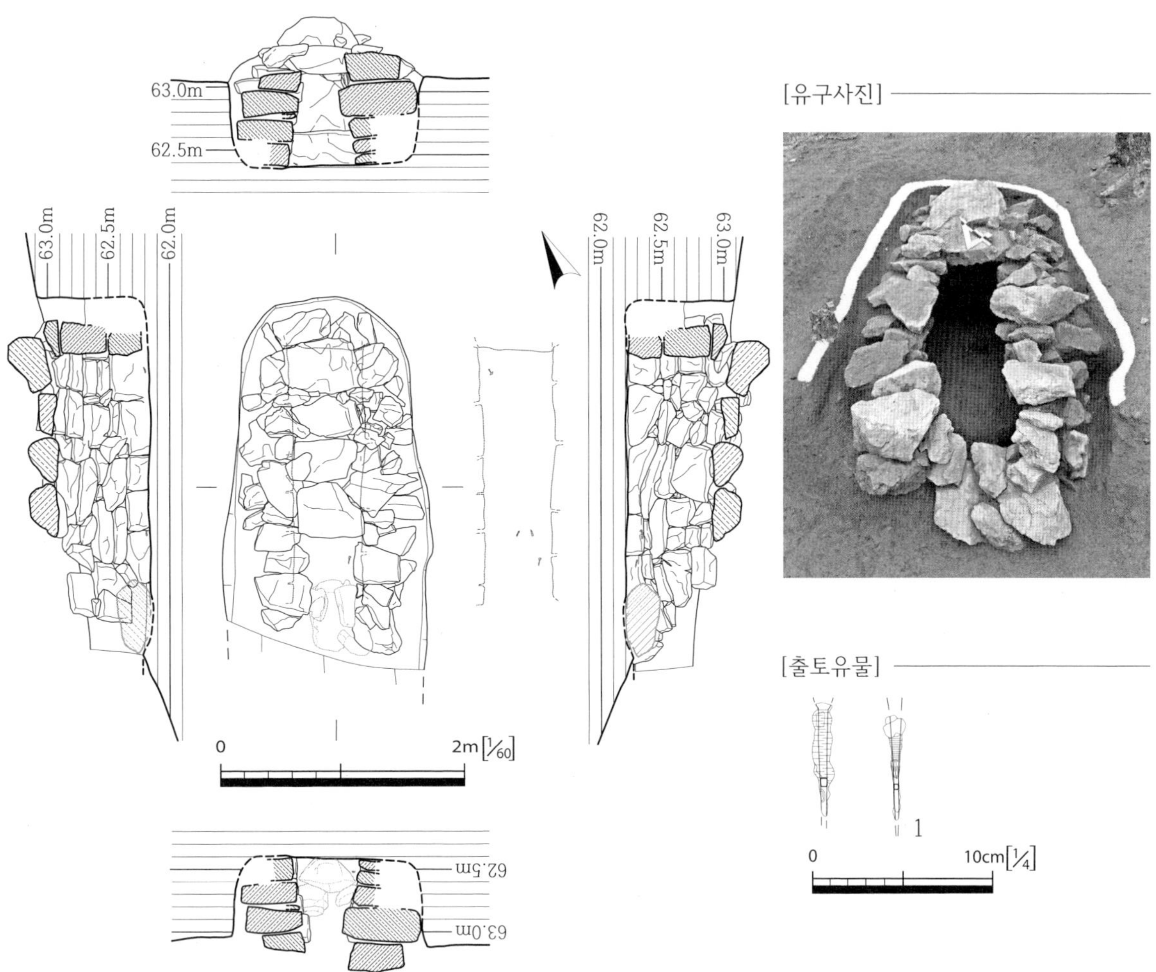

[유구사진]

[출토유물]

1

0 10cm [1/4]

2지역 3호 석실묘

(단위 : cm)

봉토	크 기 (길이×너비×높이)	?	묘광	크 기 (길이×너비×깊이)	(267+)×(142)×(48+)
	평면형태	?		장 폭 비	?
현실	크 기 (길이×너비×높이)	197×78×(52+)	천장형태		?
	장 폭 비	2.53:1	횡구부위치		남서측 단벽
횡구부	크 기 (길이×너비)	48×72	묘도크기 (길이×너비)		(25+)×(72+)
	장 폭 비	0.67:1	배수시설 (길이×너비×깊이)		?
시상/관대크기 (길이×너비×높이)		?	두 향		?
장축방향		N-42°-E	벽석종류		할석
유물	토 기	-			
	철 기	관고리(4), 관정(9)			
	청 동 기	-			
	옥 석 류	-			
	기 타	-			
특기사항					

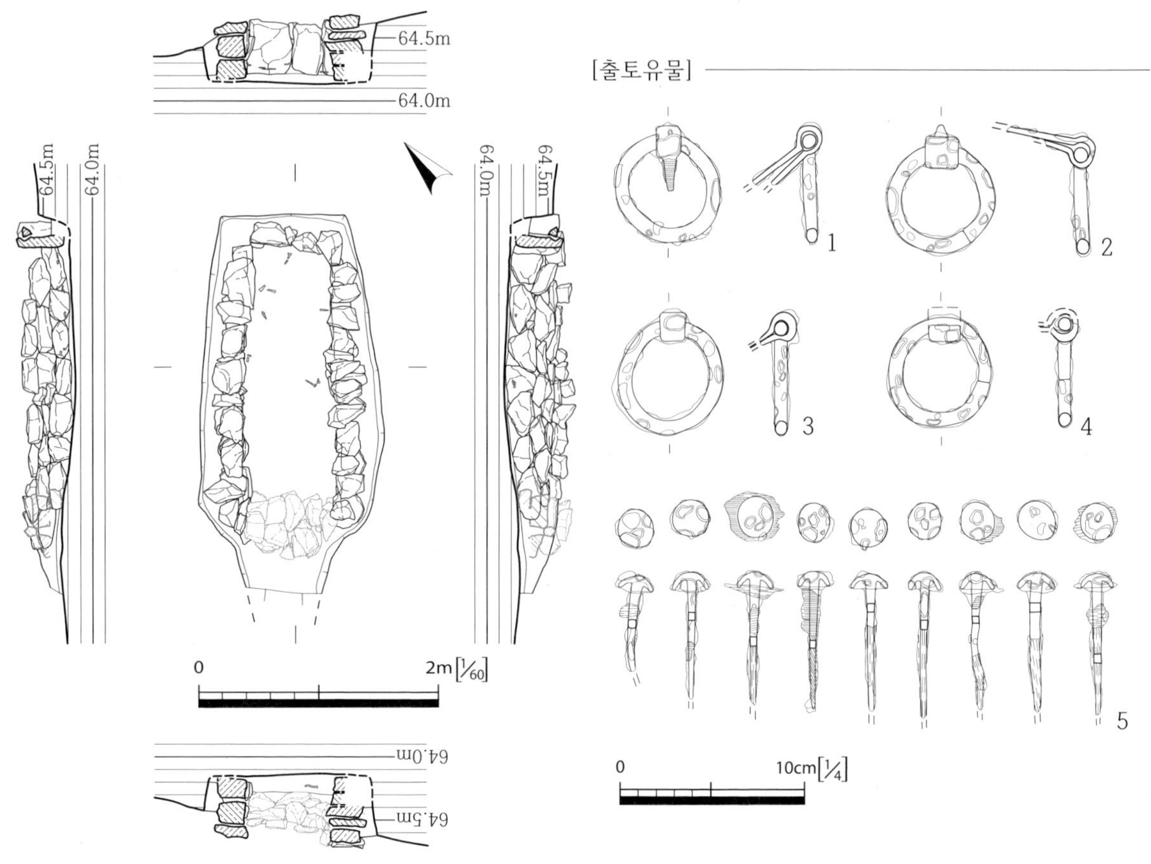

2지역 4호분

(단위 : cm)

묘광	크 기 (길이×너비×높이)	(334+)×(134+)×(94+)	현실	크 기 (길이×너비×깊이)	(235+)×69×(92+)
	평면형태	?		장폭비	?
시상/관대크기 (길이×너비×높이)		?	천장형태		?
묘도크기 (길이×너비)		?	배수시설 (길이×너비×깊이)		?
장축방향		N-42°-E	두 향		?
벽석종류		판석, 할석	바닥시설		할석
유물	토 기	-			
	철 기	관고리(3), 관정(2)			
	청동기	-			
	옥석류	-			
	기 타	-			
특기사항		파괴가 심하여 정확한 구조는 알 수 없음.			

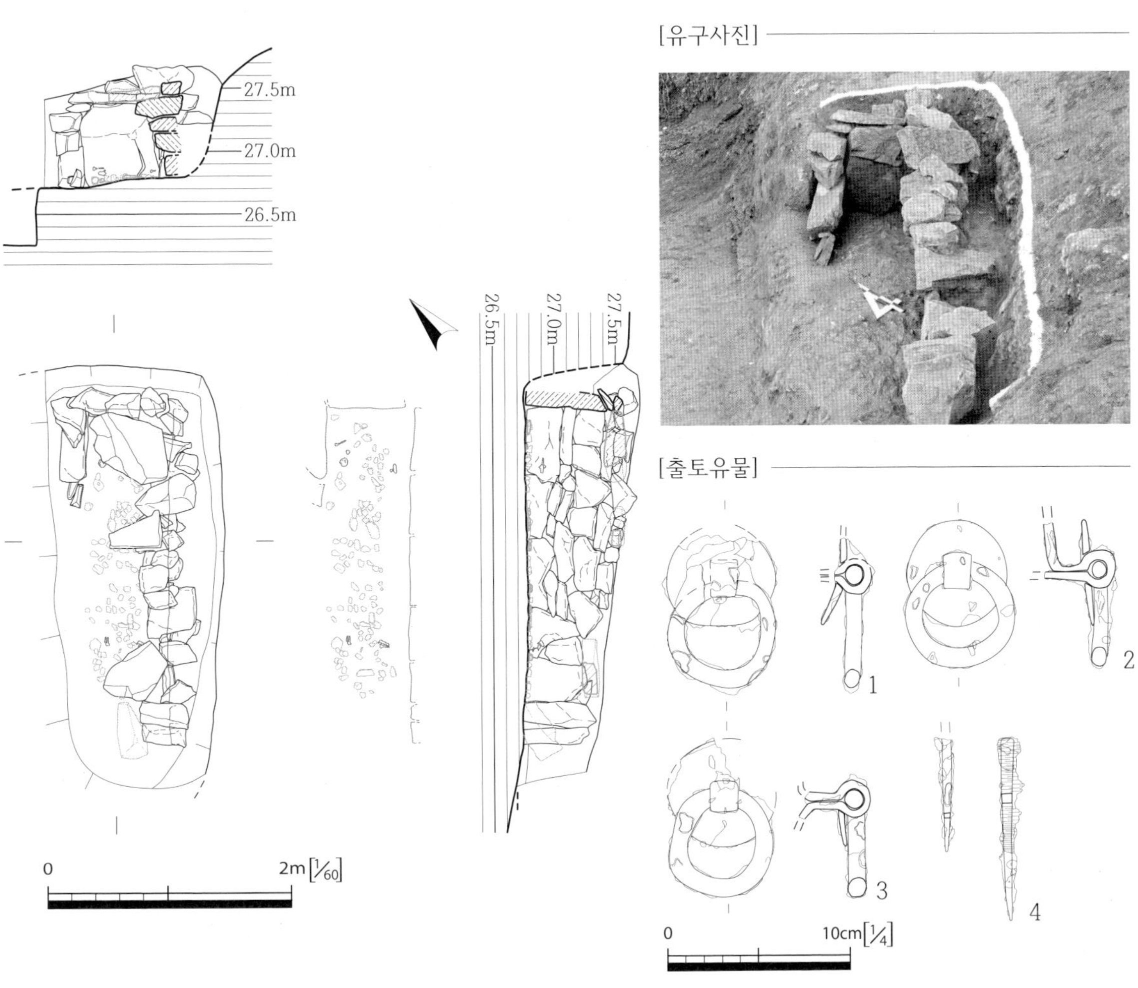

2지역 5호분

(단위 : cm)

<table>
<tr><td rowspan="2">묘광</td><td>크 기
(길이×너비×높이)</td><td>(299+)×(179)×(90+)</td><td rowspan="2">현실</td><td>크 기
(길이×너비×깊이)</td><td>(250+)×(107)×(62+)</td></tr>
<tr><td>평면형태</td><td>?</td><td>장폭비</td><td>?</td></tr>
<tr><td colspan="2">시상/관대크기
(길이×너비×높이)</td><td>?</td><td colspan="2">천장형태</td><td>?</td></tr>
<tr><td colspan="2">묘도크기
(길이×너비)</td><td>?</td><td colspan="2">배수시설
(길이×너비×깊이)</td><td>?</td></tr>
<tr><td colspan="2">장축방향</td><td>N-32°-E</td><td colspan="2">두 향</td><td>?</td></tr>
<tr><td colspan="2">벽석종류</td><td>할석</td><td colspan="2">바닥시설</td><td>할석</td></tr>
<tr><td rowspan="5">유물</td><td>토 기</td><td colspan="4">-</td></tr>
<tr><td>철 기</td><td colspan="4">관고리(1), 관정(1)</td></tr>
<tr><td>청동기</td><td colspan="4">-</td></tr>
<tr><td>옥석류</td><td colspan="4">-</td></tr>
<tr><td>기 타</td><td colspan="4">-</td></tr>
<tr><td colspan="2">특기사항</td><td colspan="4">파괴가 심하여 정확한 구조는 알 수 없음.</td></tr>
</table>

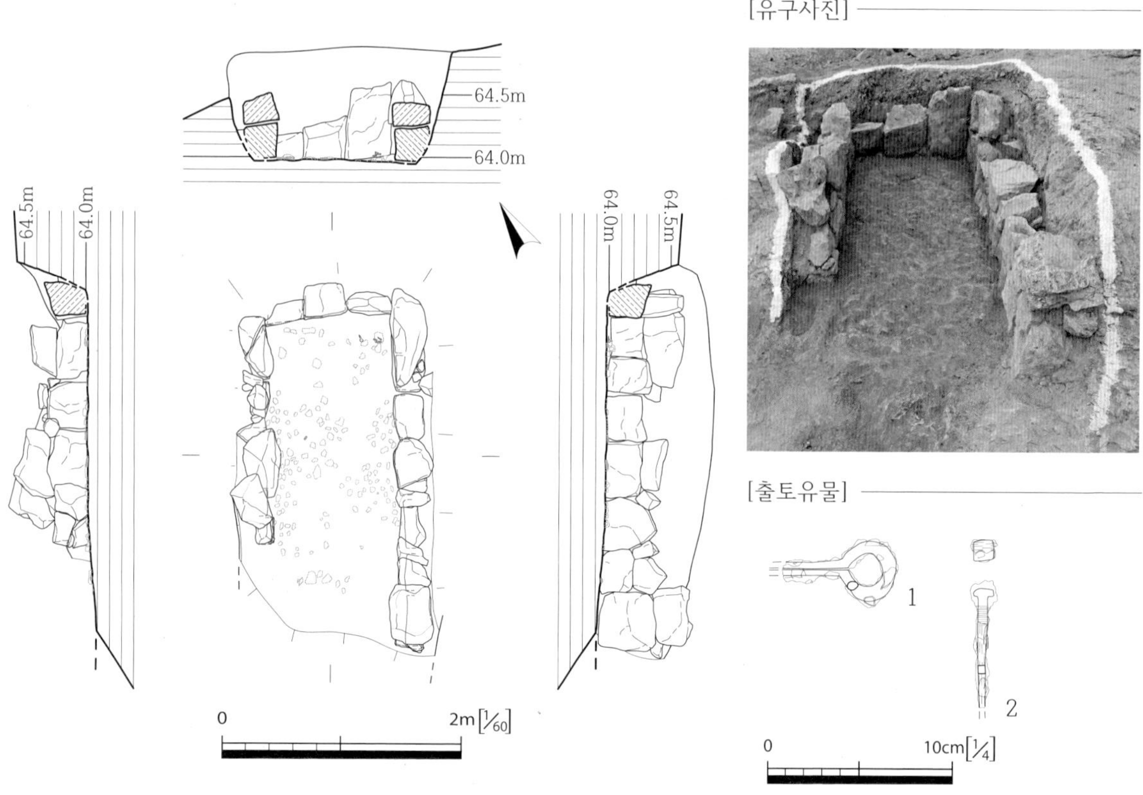

2지역 6호 석곽묘

(단위 : cm)

묘광	크 기 (길이×너비×깊이)	(179+)×(140)×(88+)	주체부	크 기 (길이×너비×높이)	(134+)×(65)×(76+)
	장폭비	?		장폭비	?
장축방향		N-38°-E	시상·관대	크 기 (길이×너비×높이)	?
두 향		?	벽석종류		할석
유물	토 기	-			
	철 기	-			
	청동기	-			
	옥석류	-			
	기 타	-			
특기사항		석곽으로 보고하였으나 파괴가 심하여 정확한 구조를 알 수 없음.			

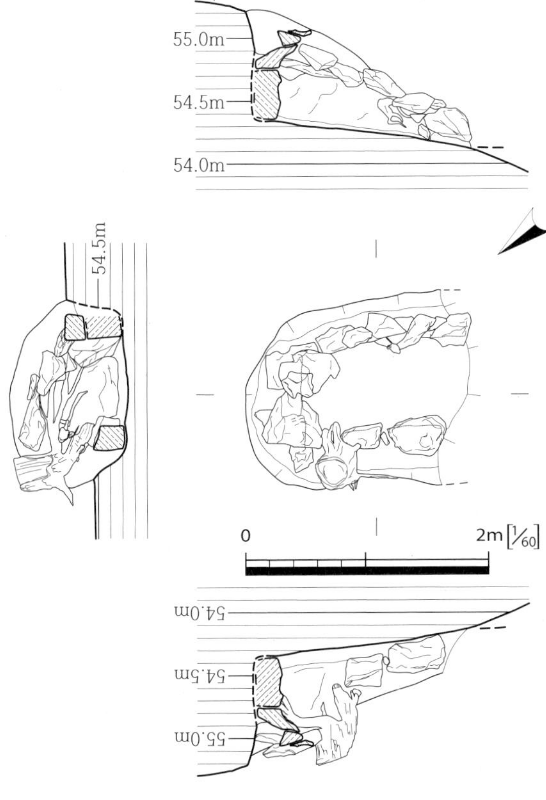

[유구사진]

2지역 7호 석실묘

(단위 : cm)

봉토	크 기 (길이×너비×높이)	?	묘광	크 기 (길이×너비×깊이)	(320)×(120)×(56+)
	평면형태	?		장폭비	(2.67):1
현실	크 기 (길이×너비×높이)	225×68×(56+)	천장형태		?
	장폭비	3.31:1	횡구부위치		서측 단벽
횡구부	크 기 (길이×너비)	(72)×(70)	묘도크기 (길이×너비)		?
	장폭비	1.03:1	배수시설 (길이×너비×깊이)		?
시상/관대크기 (길이×너비×높이)		?	두 향		?
장축방향		N-62°-E	벽석종류		할석
유물	토 기	-			
	철 기	관고리(4), 관정(3)			
	청동기	-			
	옥석류	-			
	기 타	-			
특기사항					

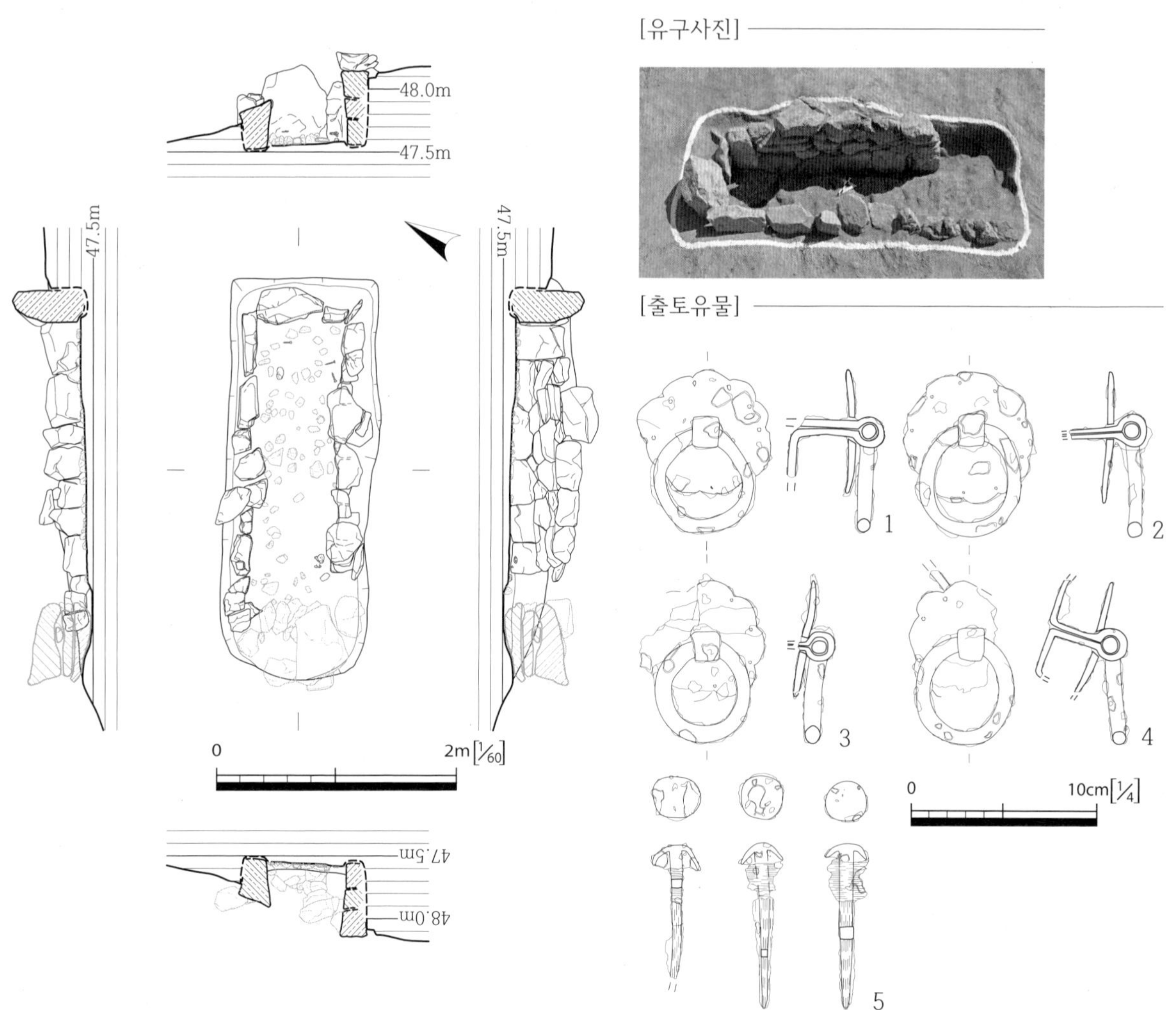

2지역 8호 석실묘

(단위 : cm)

봉토	크 기 (길이×너비×높이)	?	묘광	크 기 (길이×너비×깊이)	(162+)×(81+)×(24+)
	평면형태	?		장폭비	?
현실	크 기 (길이×너비×높이)	(134+)×(54+)×(18+)	천장형태		?
	장폭비	?	횡구부위치		남서측 단벽
횡구부	크 기 (길이×너비)	?	묘도크기 (길이×너비)		?
	장폭비	?	배수시설 (길이×너비×깊이)		?
시상/관대크기 (길이×너비×높이)		?	두 향		?
장축방향		N-44°-E	벽석종류		할석
유물	토 기	-			
	철 기	-			
	청동기	-			
	옥석류	-			
	기 타	-			
특기사항		횡구식 석실로 보고하였으나 파괴가 심하여 정확한 구조는 알 수 없음. 출토유물 없음.			

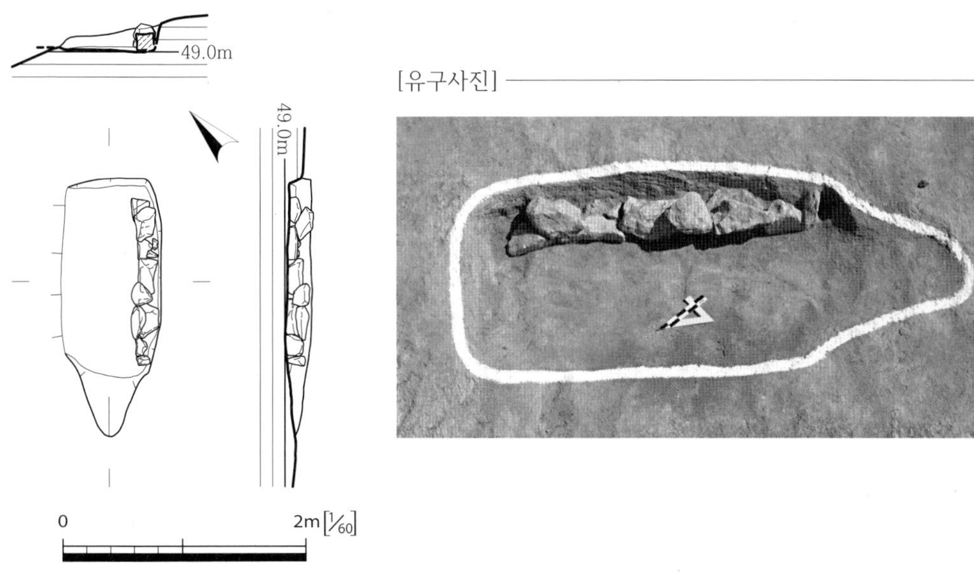

2지역 9호 석실묘

(단위 : cm)

봉토	크 기 (길이×너비×높이)	?	묘광	크 기 (길이×너비×깊이)	274×137×(70+)
	평면형태	?		장폭비	1.80:1
현실	크 기 (길이×너비×높이)	206×66×(64+)	천장형태		?
	장폭비	3.12:1	횡구부위치		남서측 단벽
횡구부	크 기 (길이×너비)	57×70	묘도크기 (길이×너비)		(120+)×(69)
	장폭비	0.81:1	배수시설 (길이×너비×깊이)		?
시상/관대크기 (길이×너비×높이)		?	두 향		?
장축방향		N-36°-E	벽석종류		할석
유물	토 기	-			
	철 기	관정(3)			
	청동기	-			
	옥석류	-			
	기 타	-			
특기사항					

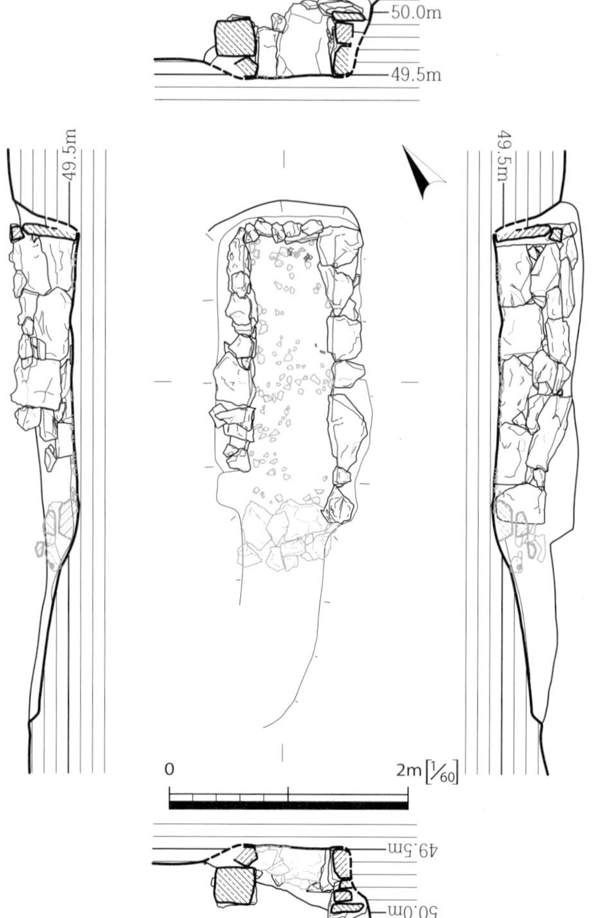

[유구사진]

[출토유물]

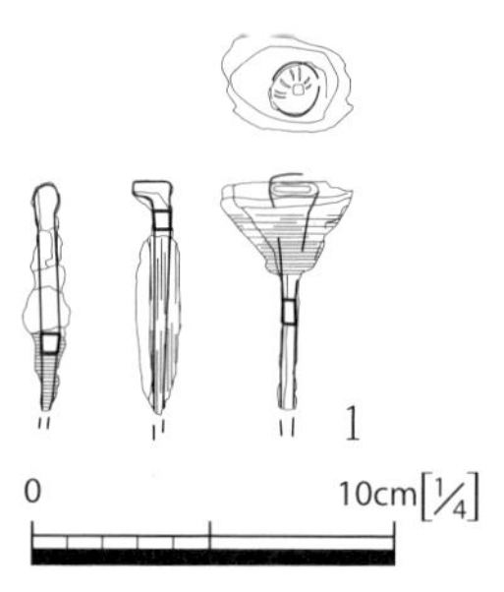

2지역 10호 석곽묘

(단위 : cm)

묘광	크 기 (길이×너비×깊이)	(287+)×(147+)×(68+)	주체부	크 기 (길이×너비×높이)	(109+)×(81+)×(60+)
	장폭비	?		장폭비	?
장축방향		N-37°-E	시상·관대	크 기 (길이×너비×높이)	?
두 향		?	벽석종류		할석
유물	토 기	-			
	철 기	관고리(2), 관정(3)			
	청동기	-			
	옥석류	-			
	기 타	금동제 세환이식(1)			
특기사항		석곽으로 보고하였으나 파괴가 심하여 정확한 구조를 알 수 없음.			

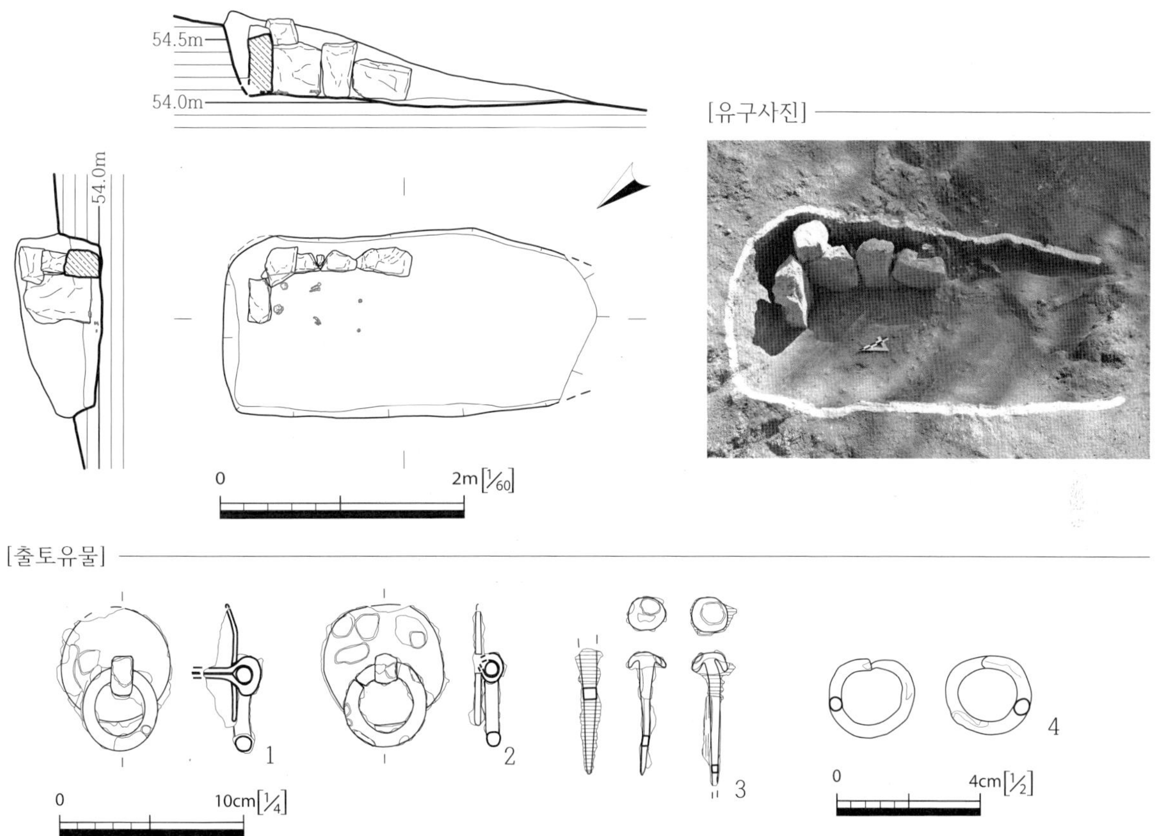

[출토유물]

1 2 3 4

0 10cm[1/4]

0 4cm[1/2]

2지역 11호 석실묘

(단위 : cm)

봉토	크 기 (길이×너비×높이)	?	묘광	크 기 (길이×너비×깊이)	262×110×(50+)
	평면형태	?		장폭비	2.38:1
현실	크 기 (길이×너비×높이)	166×50×(50+)	천장형태		?
	장폭비	3.32:1	횡구부위치		남서측 단벽
횡구부	크 기 (길이×너비)	46×54	묘도크기 (길이×너비)		(60)×(70)
	장폭비	0.85:1	배수시설 (길이×너비×깊이)		?
시상/관대크기 (길이×너비×높이)		?	두 향		?
장축방향		N-53°-E	벽석종류		할석
유물	토 기	-			
	철 기	관정(3)			
	청동기	-			
	옥석류	-			
	기 타	-			
특기사항					

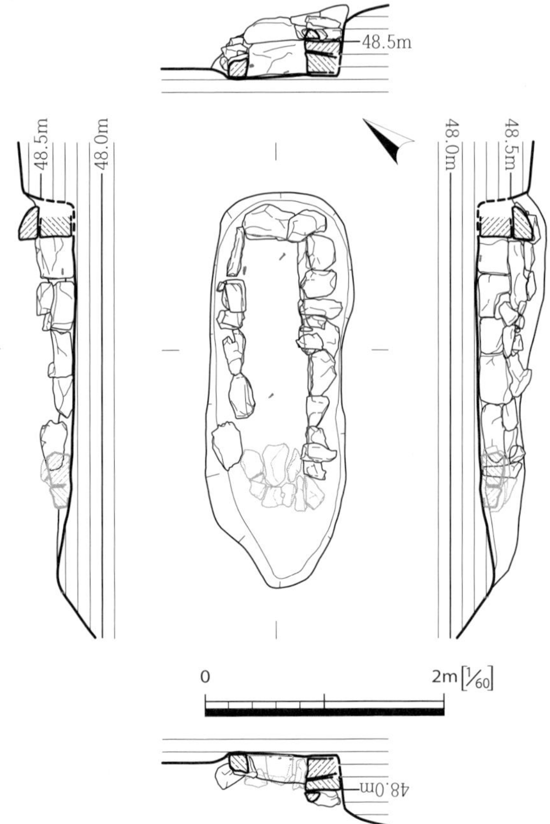

[유구사진]

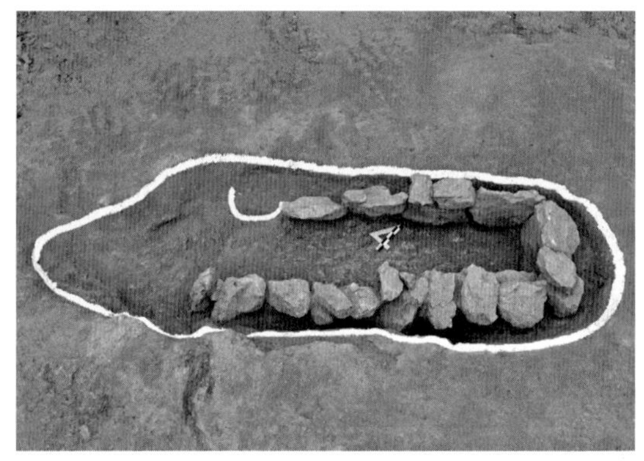

[출토유물]

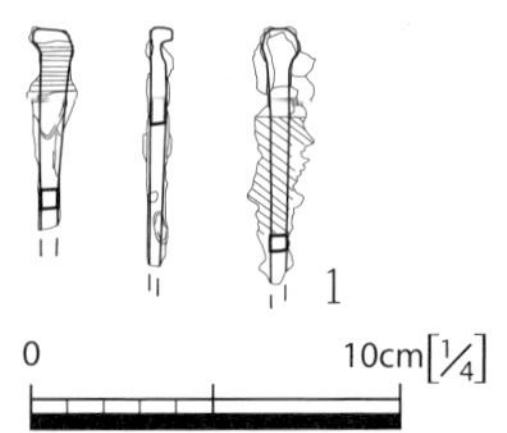

2지역 12호 석곽묘

(단위 : cm)

묘광	크 기 (길이×너비×깊이)	(282+)×(87+)×(38+)	주체부	크 기 (길이×너비×높이)	(183+)×(45+)×(36+)
	장폭비	?		장폭비	?
장축방향		N-49°-E	시상·관대	크 기 (길이×너비×높이)	?
두 향		?	벽석종류		할석
유물	토 기	-			
	철 기	관고리(2), 관정(1)			
	청동기	-			
	옥석류	-			
	기 타	금동제 이식(1)			
특기사항		석곽으로 보고하였으나 파괴가 심하여 정확한 구조를 알 수 없음.			

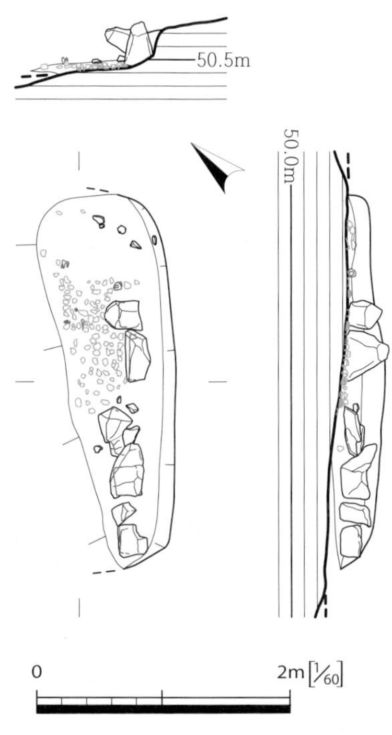

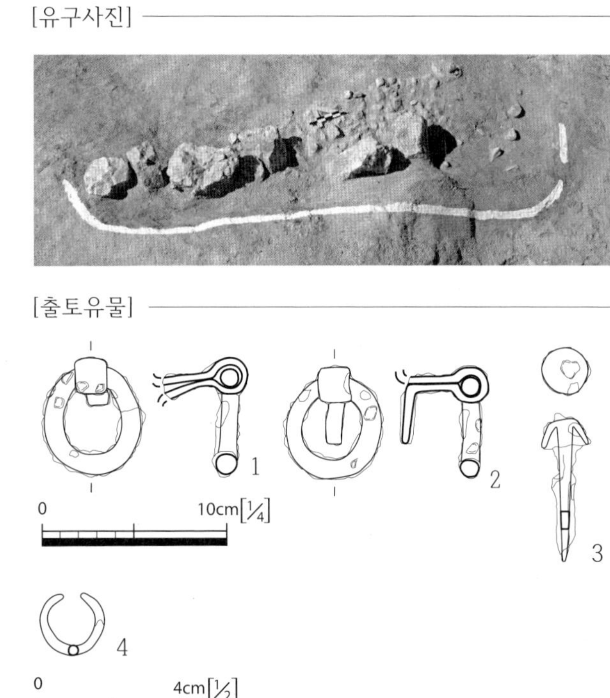

2지역 13호분

(단위 : cm)

묘광	크 기 (길이×너비×높이)	(89+)×(86+)×(48+)	현실	크 기 (길이×너비×높이)	?
	평면형태	?		장폭비	?
시상/관대크기 (길이×너비×높이)		?	천장형태		?
묘도크기 (길이×너비)		?	배수시설 (길이×너비×깊이)		?
장축방향		N-74°-W	두 향		?
벽석종류		할석	바닥시설		?
유물	토 기	-			
	철 기	관정(3)			
	청동기	-			
	옥석류	-			
	기 타	-			
특기사항		파괴가 심하여 정확한 구조는 알 수 없음.			

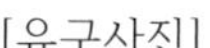

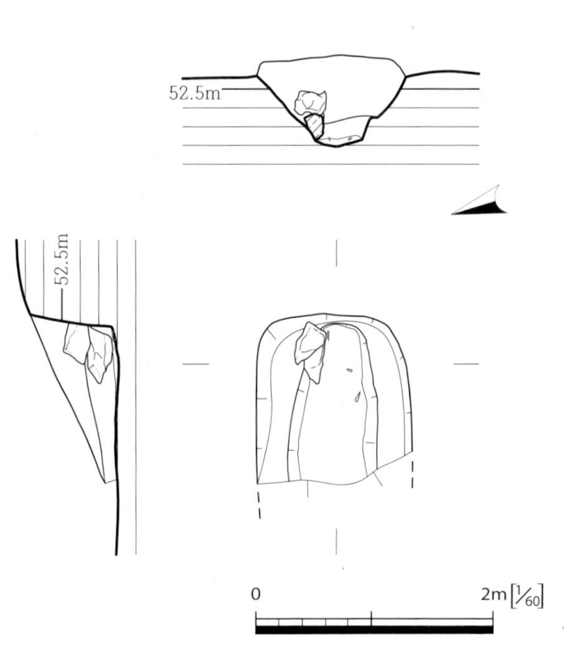

[유구사진]

[출토유물]

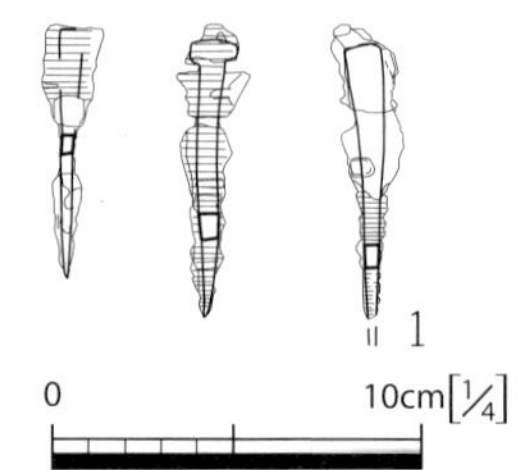

2지역 14호 석실묘

(단위 : cm)

봉토	크 기 (길이×너비×높이)	?	묘광	크 기 (길이×너비×깊이)	286×151×(76+)
	평면형태	?		장폭비	1.89:1
현실	크 기 (길이×너비×높이)	212×68×(66+)	천장형태		?
	장폭비	3.12:1	횡구부위치		남서측 단벽
횡구부	크 기 (길이×너비)	88×68	묘도크기 (길이×너비)		?
	장폭비	1.29:1	배수시설 (길이×너비×깊이)		?
시상/관대크기 (길이×너비×높이)		?	두 향		?
장축방향		N-55°-E	벽석종류		할석
유물	토 기	-			
	철 기	관고리(4), 관정(6)			
	청동기	-			
	옥석류	-			
	기 타	-			
특기사항					

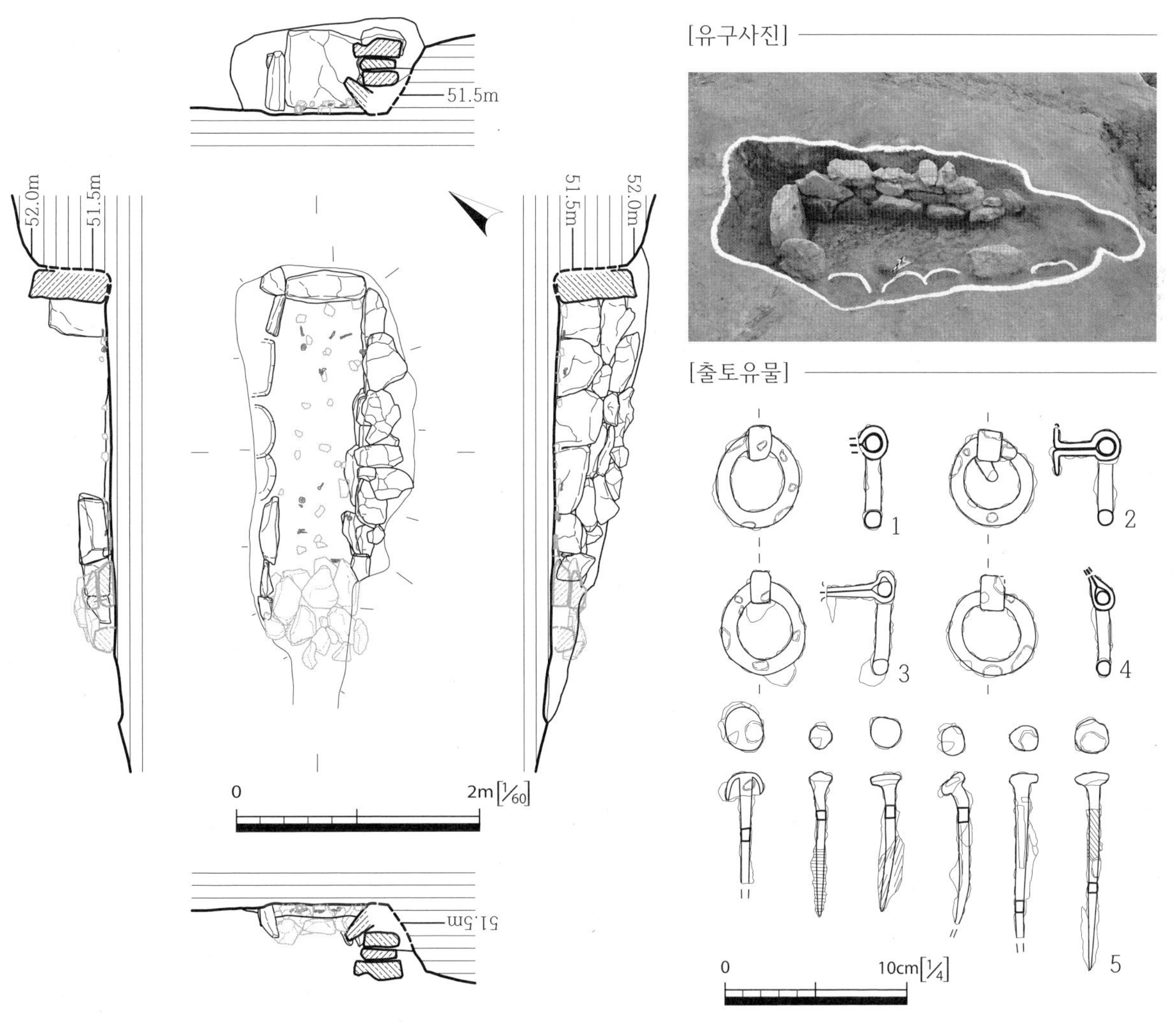

2지역 15호 석실묘

(단위 : cm)

봉토	크 기 (길이×너비×높이)	?	묘광	크 기 (길이×너비×깊이)	(297+)×163×(104+)
	평면형태	?		장폭비	?
현실	크 기 (길이×너비×높이)	157×61×84	천장형태		조임
	장폭비	2.57:1	횡구부위치		남서측 단벽
횡구부	크 기 (길이×너비)	(92)×(70)	묘도크기 (길이×너비)		?
	장폭비	1.31:1	배수시설 (길이×너비×깊이)		?
시상/관대크기 (길이×너비×높이)		?	두 향		?
장축방향		N-27°-E	벽석종류		할석
유물	토 기	-			
	철 기	관고리(3), 관정(4)			
	청동기	-			
	옥석류	-			
	기 타	-			
특기사항					

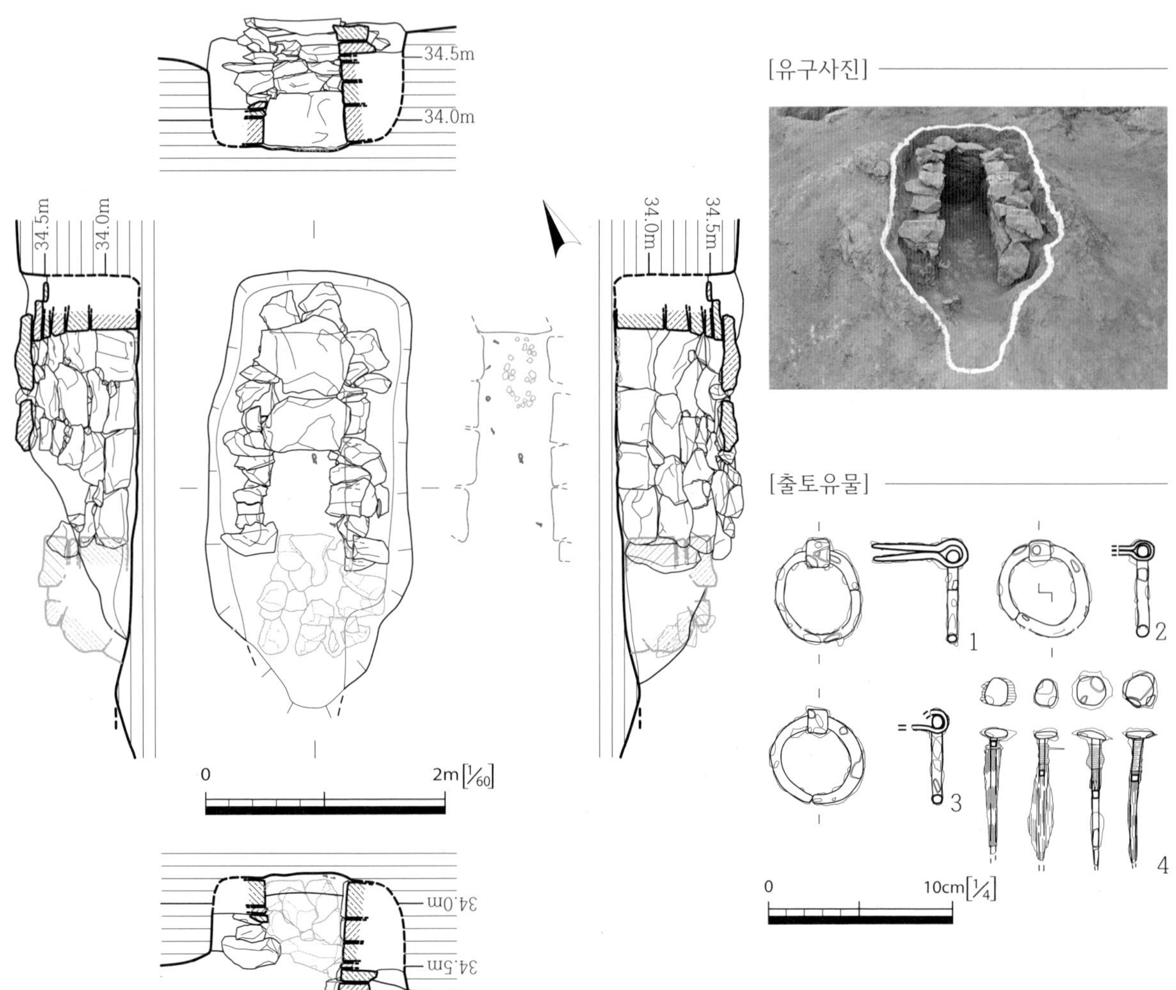

2지역 16호 석실묘

(단위 : cm)

봉토	크 기 (길이×너비×높이)	?	묘광	크 기 (길이×너비×깊이)	309×155×(78+)
	평면형태	?		장폭비	1.99:1
현실	크 기 (길이×너비×높이)	222×74×(66+)	천장형태		평
	장폭비	3.00:1	횡구부위치		남서측 단벽
횡구부	크 기 (길이×너비)	56×76	묘도크기 (길이×너비)		(150)×(75)
	장폭비	0.74:1	배수시설 (길이×너비×깊이)		?
시상/관대크기 (길이×너비×높이)		?	두 향		북동쪽
장축방향		N-42°-E	벽석종류		할석
유물	토 기	-			
	철 기	관고리(4), 관정(13)			
	청동기	-			
	옥석류	-			
	기 타	금동제 세환이식(2)			
특기사항					

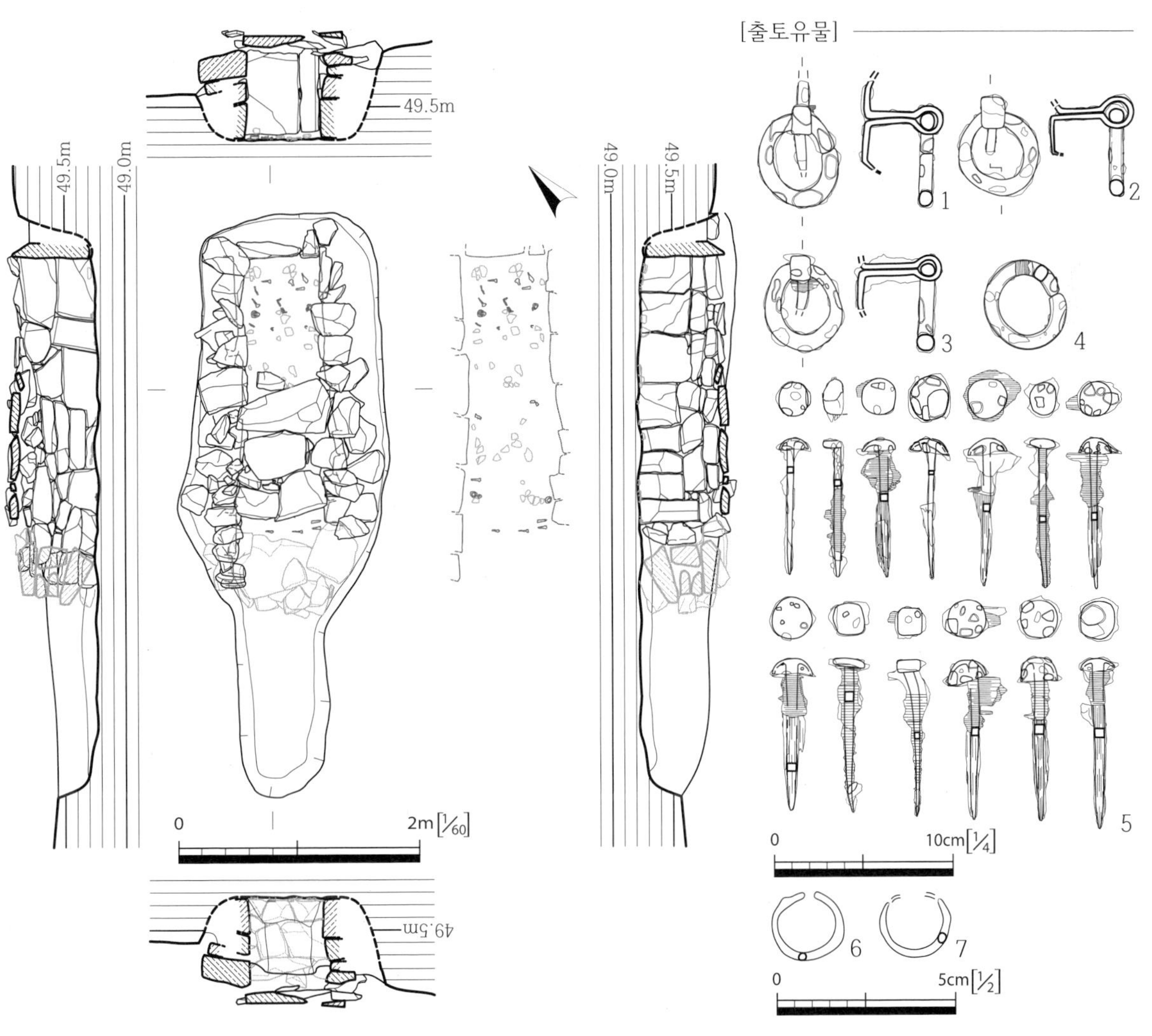

2지역 17호 석실묘

(단위 : cm)

봉토	크 기 (길이×너비×높이)	?	묘광	크 기 (길이×너비×깊이)	(286+)×142×(53+)
	평면형태	?		장폭비	?
현실	크 기 (길이×너비×높이)	(230)×75×(62+)	천장형태		?
	장폭비	3.07:1	횡구부위치		남서측 단벽
횡구부	크 기 (길이×너비)	?	묘도크기 (길이×너비)		?
	장폭비	?	배수시설 (길이×너비×깊이)		?
시상/관대크기 (길이×너비×높이)		?	두 향		?
장축방향		N-30°-E	벽석종류		할석
유물	토 기	-			
	철 기	관고리(4), 관정(6)			
	청동기	-			
	옥석류	-			
	기 타	-			
특기사항					

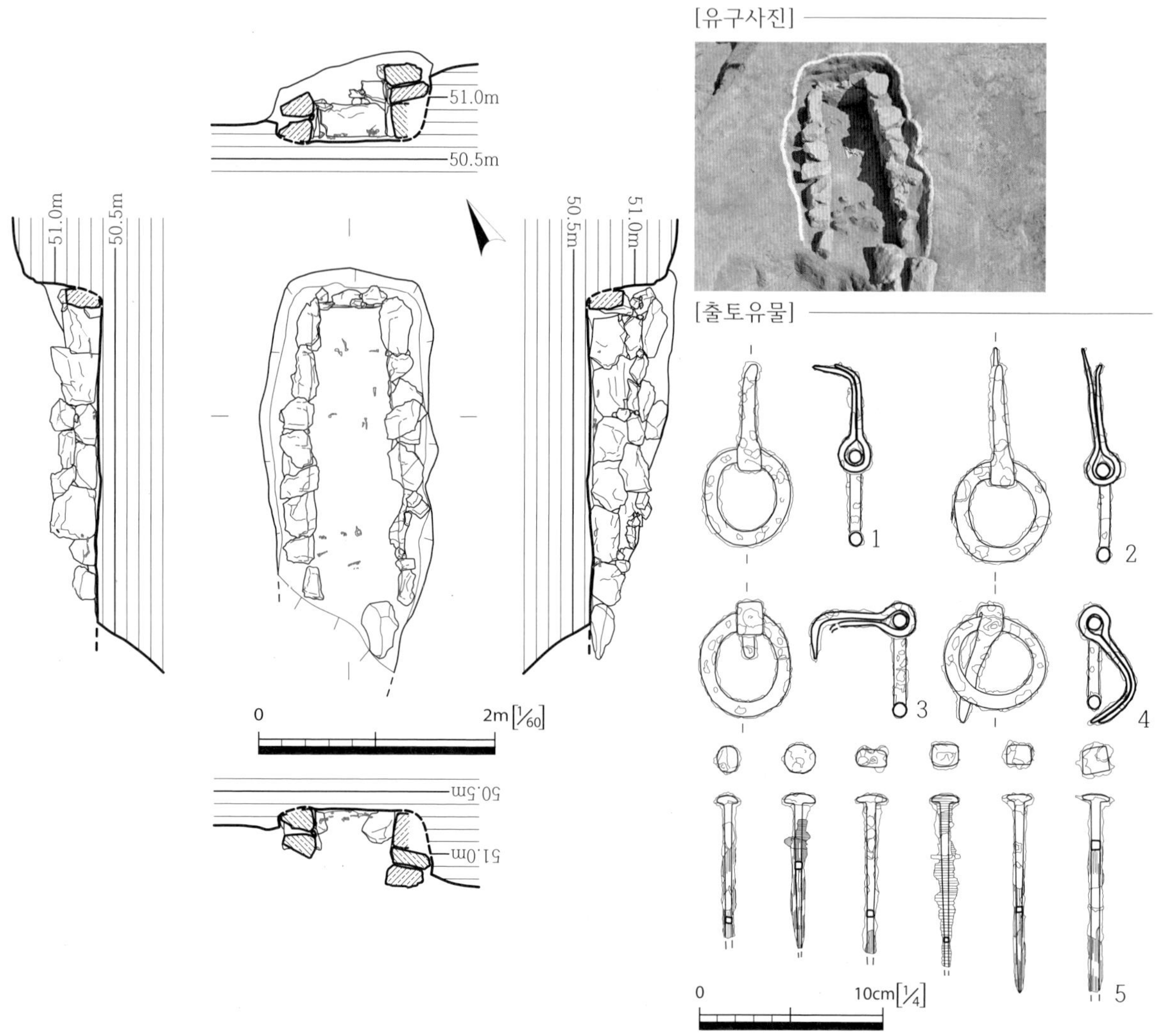

2지역 18호 석실묘

(단위 : cm)

봉토	크 기 (길이×너비×높이)	?	묘광	크 기 (길이×너비×깊이)	(322+)×167×(107+)
	평면형태	?		장 폭 비	?
현실	크 기 (길이×너비×높이)	186×74×(85+)	천장형태		고임
	장 폭 비	2.51:1	횡구부위치		남측 단벽
횡구부	크 기 (길이×너비)	103×60	묘도크기 (길이×너비)		(70)×63
	장 폭 비	1.72:1	배수시설 (길이×너비×깊이)		?
시상/관대크기 (길이×너비×높이)		?	두 향		?
장축방향		N-22°-E	벽석종류		할석
유물	토 기	-			
	철 기	관고리(4), 관정(2)			
	청 동 기	-			
	옥 석 류	-			
	기 타	-			
특기사항					

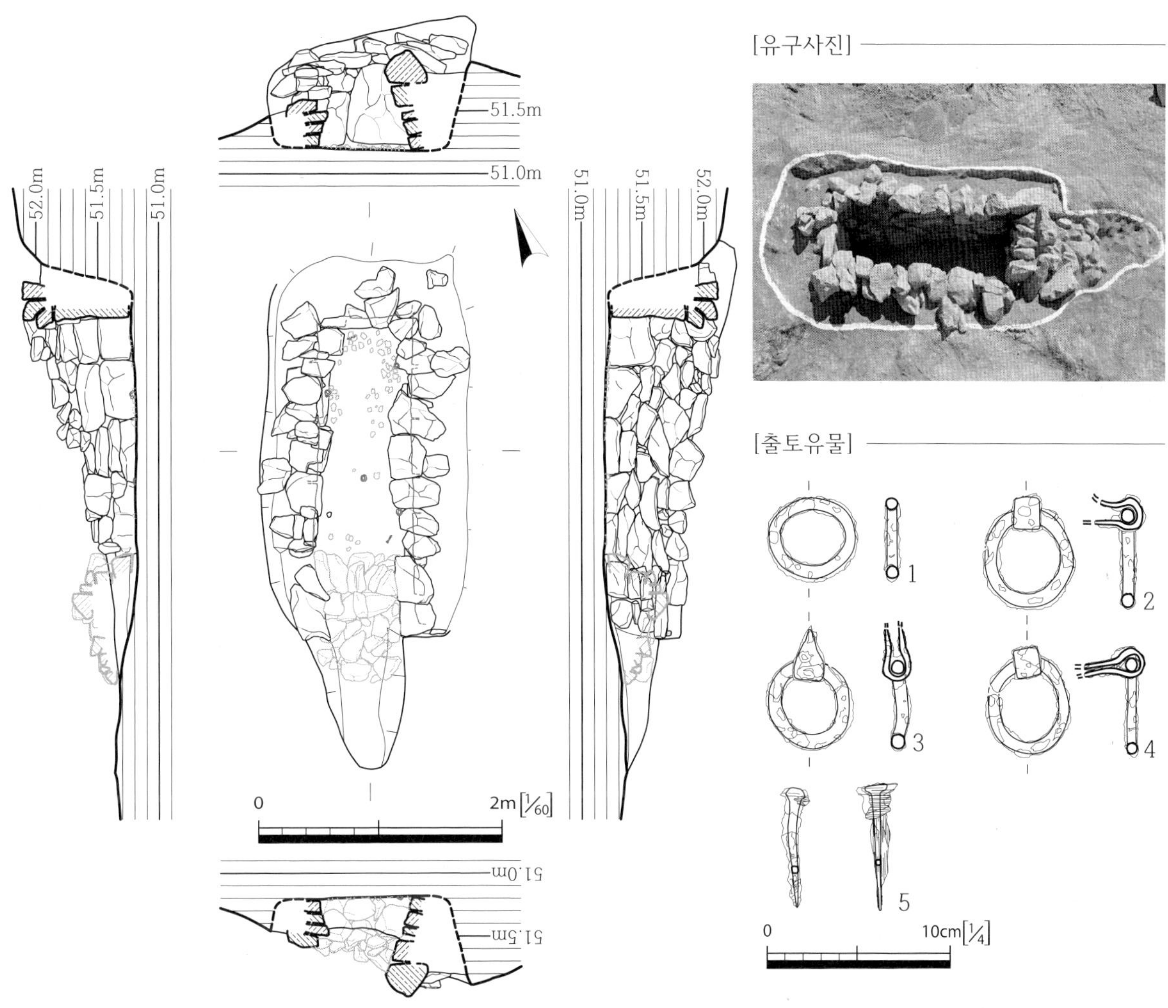

2지역 19호 석곽묘

(단위 : cm)

묘광	크 기 (길이×너비×깊이)	(253+)×143+×(40+)	주체부	크 기 (길이×너비×높이)	(173+)×72×(58+)
	장폭비	?		장폭비	?
장축방향		N-12°-E	시상·관대	크 기 (길이×너비×높이)	?
두 향		?	벽석종류		할석
유물	토 기	-			
	철 기	-			
	청동기	-			
	옥석류	-			
	기 타	-			
특기사항		출토유물 없음. 석곽으로 보고하였으나 파괴가 심하여 정확한 구조를 알 수 없음.			

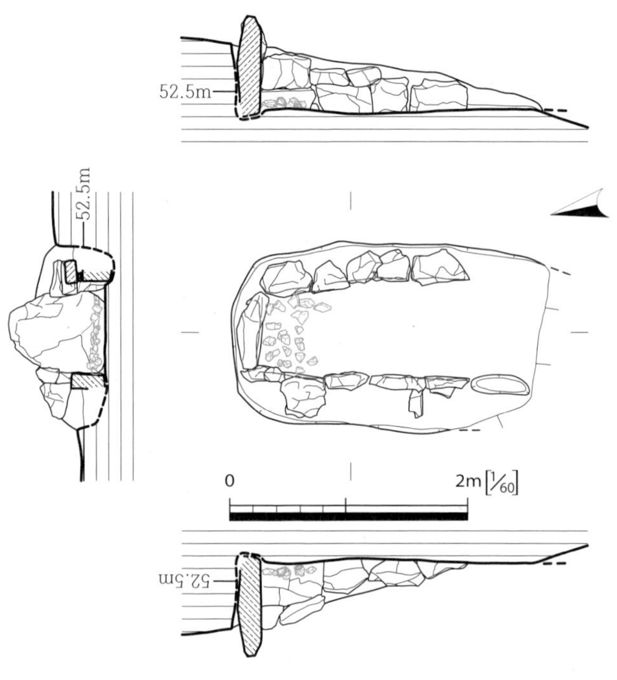

[유구사진]

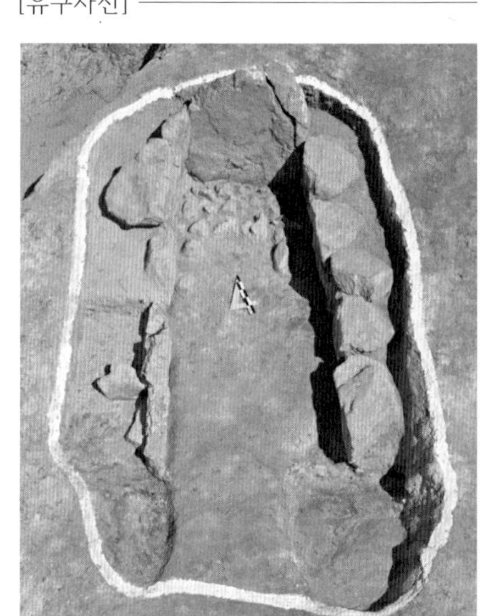

2지역 20호 석실묘

(단위 : cm)

봉토	크 기 (길이×너비×높이)	?	묘광	크 기 (길이×너비×깊이)	(286+)×210×(170+)
	평면형태	?		장폭비	?
현실	크 기 (길이×너비×높이)	228×98×105	천장형태		고임
	장폭비	2.33:1	연도위치		우편재
연도	크 기 (길이×너비×높이)	(80+)×68×(100)	묘도크기 (길이×너비)		130×100
	장폭비	?	배수시설 (길이×너비×깊이)		(104+)×(40)
시상/관대크기 (길이×너비×높이)		?	두 향		?
장축방향		N-17°-W	벽석종류		할석
유물	토 기	-			
	철 기	관고리(8), 관정(23)			
	청동기	-			
	옥석류	-			
	기 타	-			
특기사항					

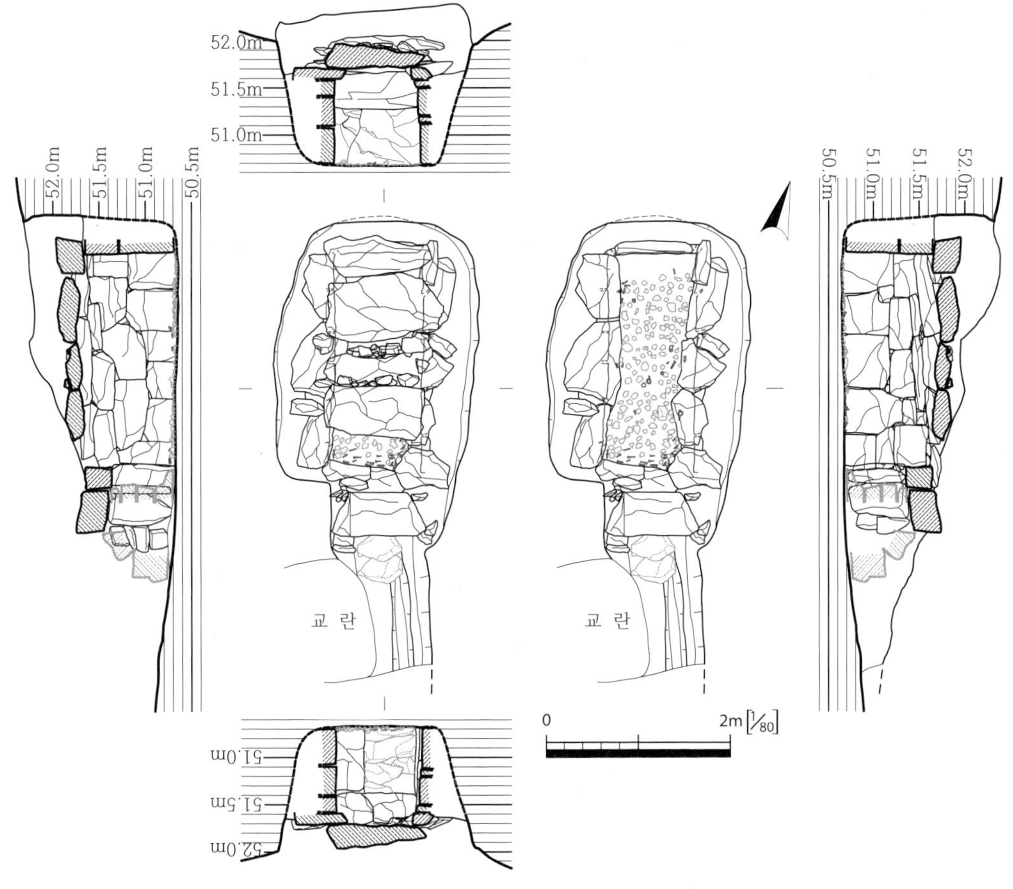

[유구사진]

[출토유물]

1 2 3 4

5 6 7 8

9

0 10cm[1/4]

2지역 21호 석곽묘

(단위 : cm)

묘광	크 기 (길이×너비×깊이)	(157+)×136×(68+)	주체부	크 기 (길이×너비×높이)	(114+)×71×(90+)
	장폭비	?		장폭비	?
장축방향		N-40°-E	시상·관대	크 기 (길이×너비×높이)	?
두 향		?	벽석종류		할석
유물	토 기	-			
	철 기	관정(4)			
	청동기	-			
	옥석류	-			
	기 타	-			
특기사항		석곽으로 보고하였으나 파괴가 심하여 정확한 구조를 알 수 없음.			

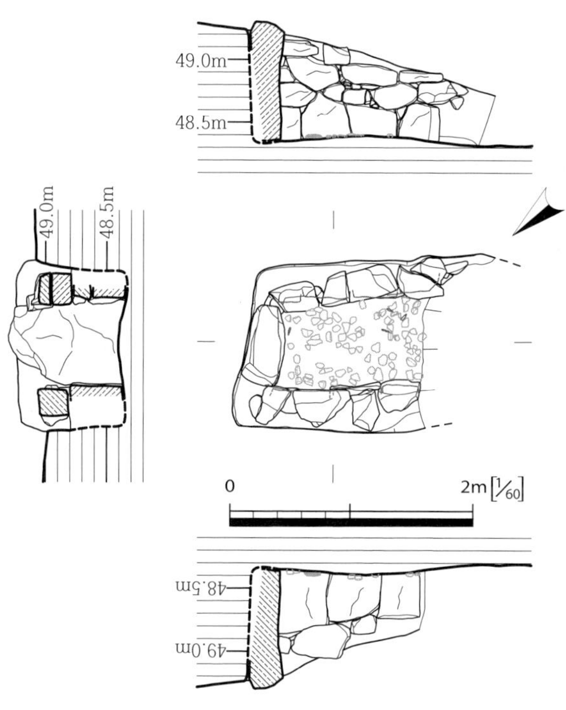

[유구사진]

[출토유물]

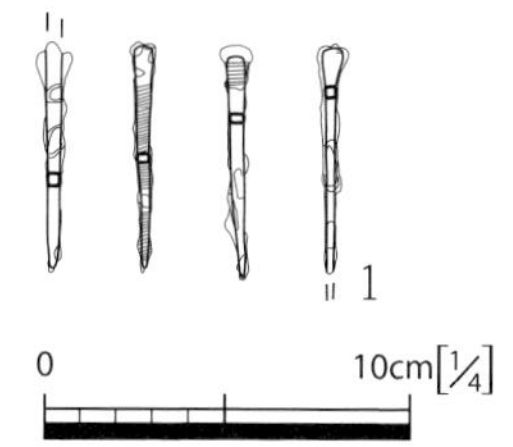

2지역 22호 석실묘

(단위 : cm)

봉토	크 기 (길이×너비×높이)	?	묘광	크 기 (길이×너비×깊이)	209×144×(47+)
	평면형태	?		장폭비	1.45:1
현실	크 기 (길이×너비×높이)	(156)×60×(62+)	천장형태		고임
	장폭비	(2.60):1	횡구부위치		남서측 단벽
횡구부	크 기 (길이×너비)	?	묘도크기 (길이×너비)		?
	장폭비	?	배수시설 (길이×너비×깊이)		?
시상/관대크기 (길이×너비×높이)		?	두 향		?
장축방향		N-46°-E	벽석종류		할석
유물	토 기	-			
	철 기	관고리(1), 관정(3)			
	청동기	-			
	옥석류	-			
	기 타	-			
특기사항		관고리 1점 도면 미게재.			

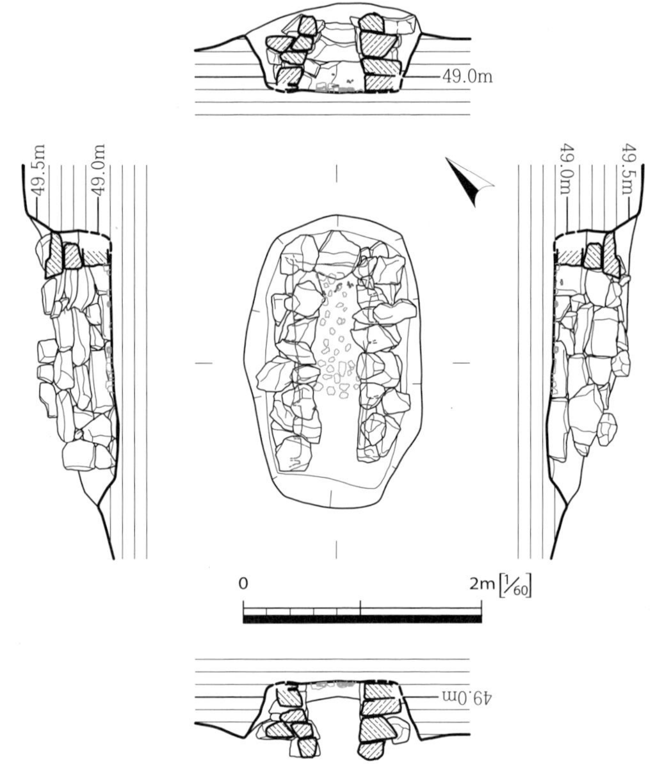

[유구사진]

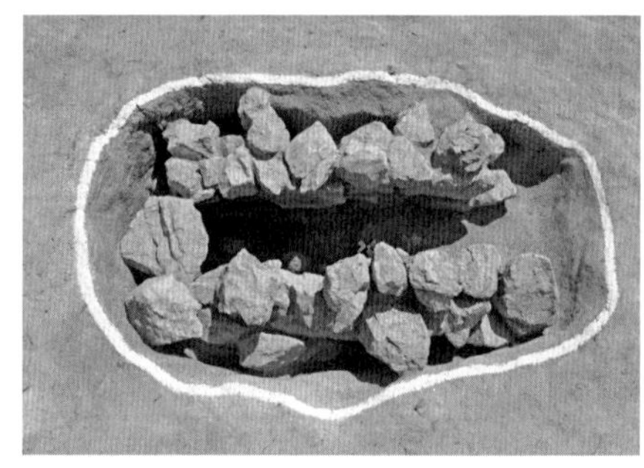

[출토유물]

1

0 10cm[1/4]

2지역 23호 석곽묘

(단위 : cm)

묘광	크 기 (길이×너비×깊이)	(227+)×152×(64+)	주체부	크 기 (길이×너비×높이)	(179+)×70×(51+)
	장폭비	?		장폭비	?
장축방향		N-49°-E	시상·관대	크 기 (길이×너비×높이)	?
두 향		?	벽석종류		할석
유물	토 기	-			
	철 기	관정(5)			
	청동기	-			
	옥석류	-			
	기 타	-			
특기사항		석곽으로 보고하였으나 파괴가 심하여 정확한 구조를 알 수 없음.			

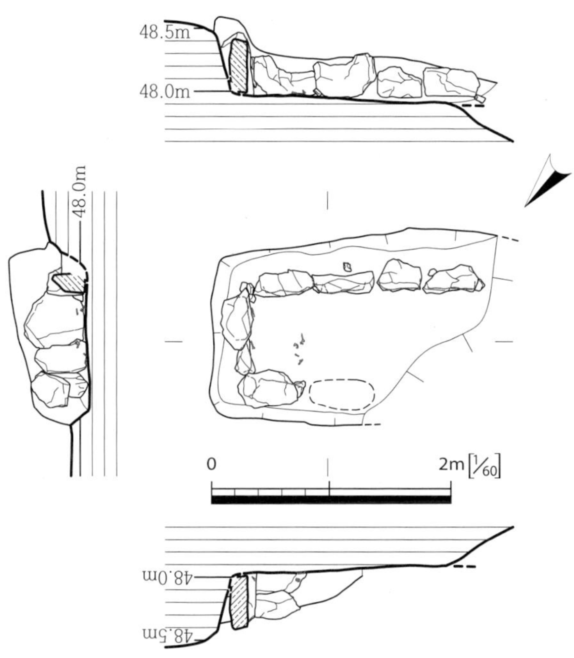

[유구사진]

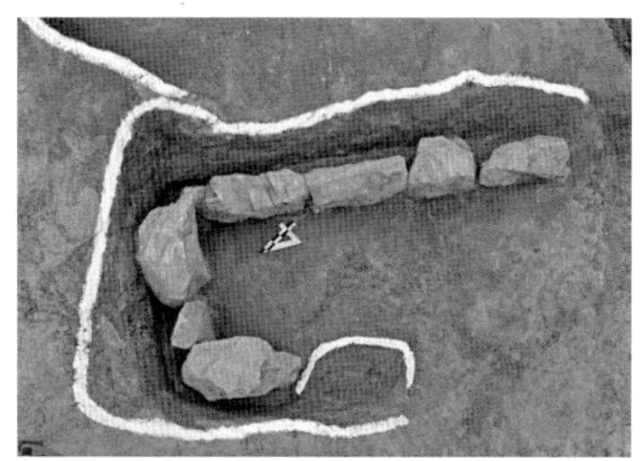

[출토유물]

1

0 10cm[1/4]

2지역 24호 석곽묘

(단위 : cm)

묘광	크 기 (길이×너비×깊이)	(198+)×133×(68+)	주체부	크 기 (길이×너비×높이)	(165+)×(75)×(58+)
	장폭비	?		장폭비	?
장축방향		N-26°-E	시상·관대	크 기 (길이×너비×높이)	?
두 향		?	벽석종류		할석
유물	토 기	-			
	철 기	관정(2)			
	청동기	-			
	옥석류	-			
	기 타	-			
특기사항		석곽으로 보고하였으나 파괴가 심하여 정확한 구조를 알 수 없음.			

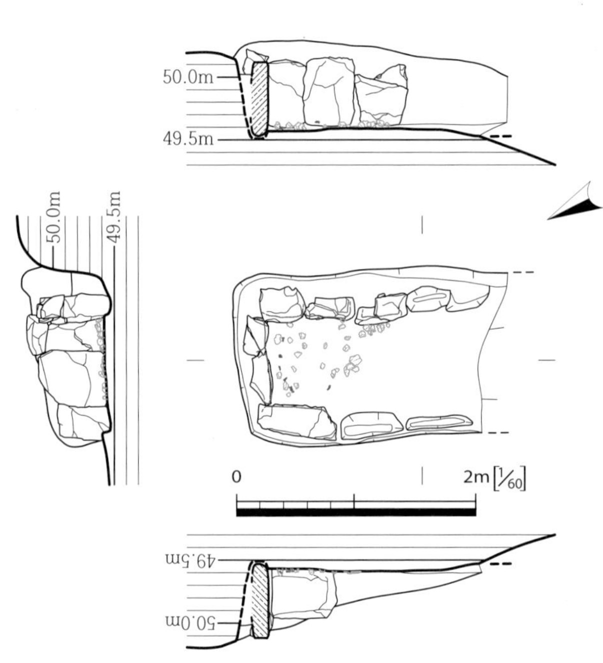

[유구사진]

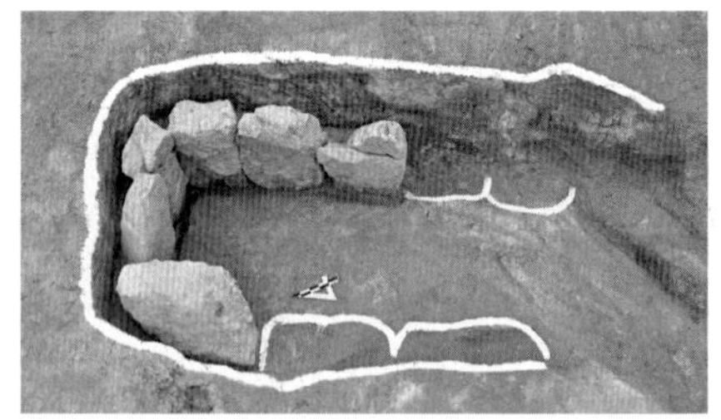

[출토유물]

1

0 10cm[1/4]

2지역 25호분

(단위 : cm)

묘광	크 기 (길이×너비×높이)	(110+)×(110)×(33+)	현실	크 기 (길이×너비×높이)	(84+)×(49)×(31+)
	평면형태	?		장폭비	?
시상/관대크기 (길이×너비×높이)		?	천장형태		?
묘도크기 (길이×너비)		?	배수시설 (길이×너비×깊이)		?
장축방향		N-8°-W	두 향		?
벽석종류		할석	바닥시설		-
유물	토 기	-			
	철 기	관정(?)			
	청동기	-			
	옥석류	-			
	기 타	-			
특기사항		파괴가 심하여 정확한 구조는 알 수 없음. 유물 도면 미게재.			

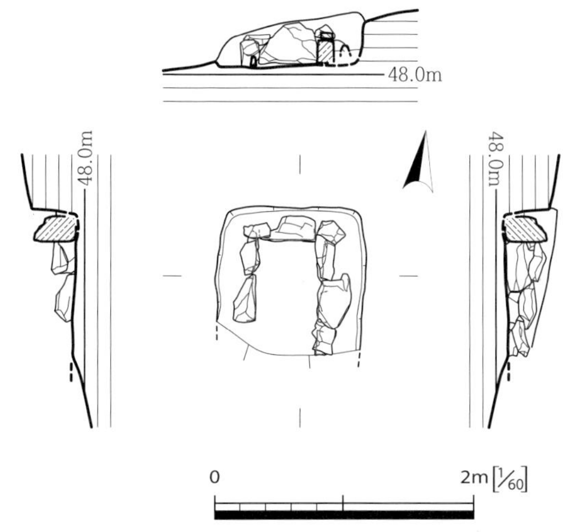

[유구사진]

2지역 26호 석실묘

(단위 : cm)

<table>
<tr><td rowspan="2">봉토</td><td>크 기
(길이×너비×높이)</td><td>?</td><td rowspan="2">묘광</td><td>크 기
(길이×너비×깊이)</td><td>(255+)×146×(88+)</td></tr>
<tr><td>평면형태</td><td>?</td><td>장폭비</td><td>?</td></tr>
<tr><td rowspan="2">현실</td><td>크 기
(길이×너비×높이)</td><td>(185+)×63×(68+)</td><td colspan="2">천장형태</td><td>?</td></tr>
<tr><td>장폭비</td><td>?</td><td colspan="2">횡구부위치</td><td>남서측 단벽</td></tr>
<tr><td rowspan="2">횡구부</td><td>크 기
(길이×너비)</td><td>(40+)×60</td><td colspan="2">묘도크기
(길이×너비)</td><td>?</td></tr>
<tr><td>장폭비</td><td>?</td><td colspan="2">배수시설
(길이×너비×깊이)</td><td>?</td></tr>
<tr><td colspan="2">시상/관대크기
(길이×너비×높이)</td><td>?</td><td colspan="2">두 향</td><td>?</td></tr>
<tr><td colspan="2">장축방향</td><td>N-51°-E</td><td colspan="2">벽석종류</td><td>할석</td></tr>
<tr><td rowspan="5">유물</td><td>토 기</td><td colspan="4">-</td></tr>
<tr><td>철 기</td><td colspan="4">관정(2)</td></tr>
<tr><td>청동기</td><td colspan="4">-</td></tr>
<tr><td>옥석류</td><td colspan="4">-</td></tr>
<tr><td>기 타</td><td colspan="4">-</td></tr>
<tr><td colspan="2">특기사항</td><td colspan="4"></td></tr>
</table>

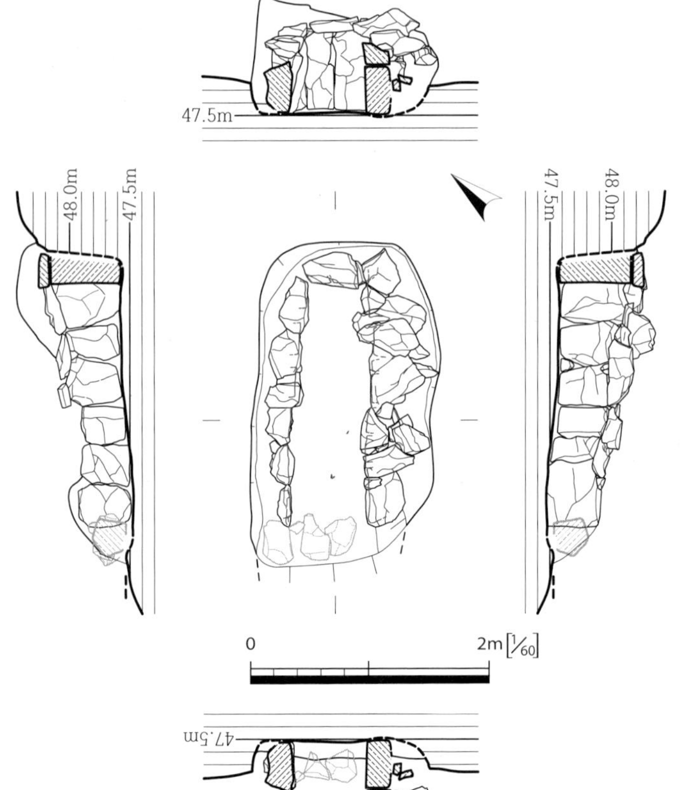

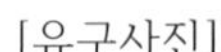

[유구사진]

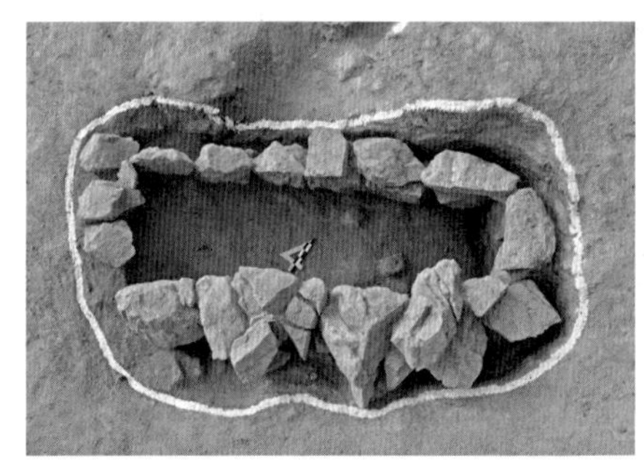

[출토유물]

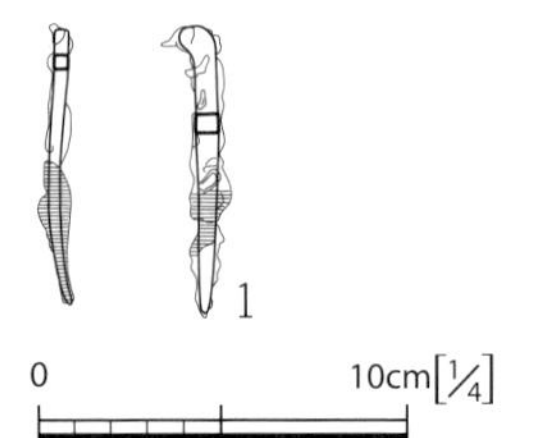

2지역 27호 석실묘

(단위 : cm)

봉토	크 기 (길이×너비×높이)	?	묘광	크 기 (길이×너비×깊이)	(213+)×147×(46+)
	평면형태	?		장폭비	?
현실	크 기 (길이×너비×높이)	(116)×53×(36+)	천장형태		?
	장폭비	(2.19):1	횡구부위치		남측 단벽
횡구부	크 기 (길이×너비)	(50)×(65)	묘도크기 (길이×너비)		?
	장폭비	(0.77):1	배수시설 (길이×너비×깊이)		?
시상/관대크기 (길이×너비×높이)		?	두 향		?
장축방향		N-17°-E	벽석종류		할석
유물	토 기	-			
	철 기	관정(2)			
	청동기	-			
	옥석류	-			
	기 타	-			
특기사항					

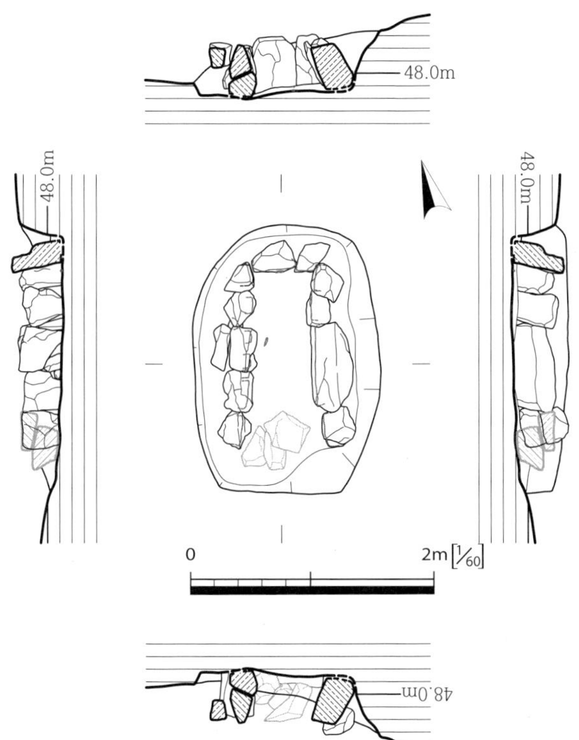

[유구사진]

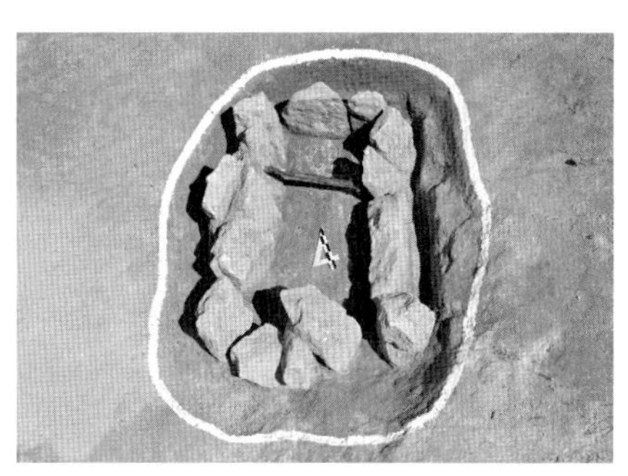

[출토유물]

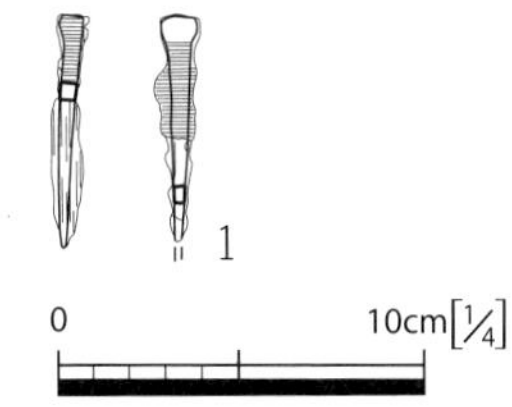

2지역 28호 석실묘

(단위 : cm)

<table>
<tr><td rowspan="2">봉토</td><td>크 기
(길이×너비×높이)</td><td>?</td><td rowspan="2">묘광</td><td>크 기
(길이×너비×깊이)</td><td>(246+)×(135+)×(45+)</td></tr>
<tr><td>평면형태</td><td>?</td><td>장폭비</td><td>?</td></tr>
<tr><td rowspan="2">현실</td><td>크 기
(길이×너비×높이)</td><td>(178+)×(64+)×(57+)</td><td colspan="2">천장형태</td><td>?</td></tr>
<tr><td>장폭비</td><td>?</td><td colspan="2">횡구부위치</td><td>?</td></tr>
<tr><td rowspan="2">횡구부</td><td>크 기
(길이×너비)</td><td>(95)×(50)</td><td colspan="2">묘도크기
(길이×너비)</td><td>?</td></tr>
<tr><td>장폭비</td><td>(1.90):1</td><td colspan="2">배수시설
(길이×너비×깊이)</td><td>?</td></tr>
<tr><td colspan="2">시상/관대크기
(길이×너비×높이)</td><td>?</td><td colspan="2">두 향</td><td>?</td></tr>
<tr><td colspan="2">장축방향</td><td>N-82°-E</td><td colspan="2">벽석종류</td><td>할석</td></tr>
<tr><td rowspan="5">유물</td><td>토 기</td><td colspan="4">-</td></tr>
<tr><td>철 기</td><td colspan="4">-</td></tr>
<tr><td>청동기</td><td colspan="4">-</td></tr>
<tr><td>옥석류</td><td colspan="4">-</td></tr>
<tr><td>기 타</td><td colspan="4">-</td></tr>
<tr><td colspan="2">특기사항</td><td colspan="4">출토유물 없음.</td></tr>
</table>

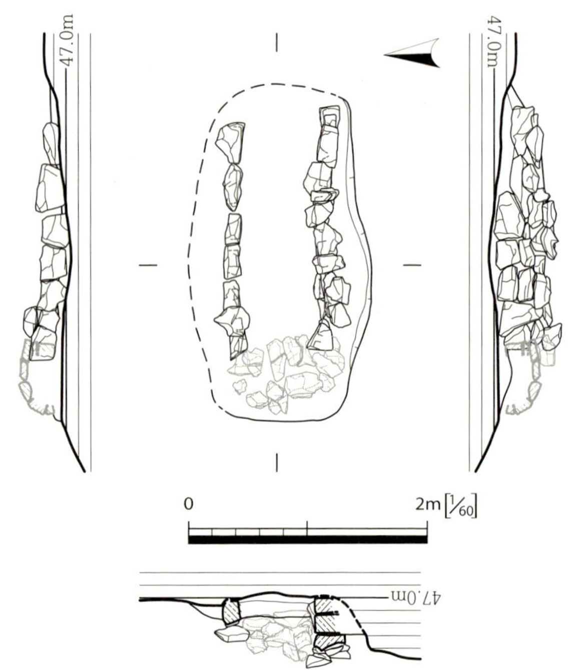

[유구사진]

2지역 29호 석실묘

(단위 : cm)

봉토	크 기 (길이×너비×높이)	?	묘광	크 기 (길이×너비×깊이)	192×116×(23+)
	평면형태	?		장폭비	1.66:1
현실	크 기 (길이×너비×높이)	114×44×(45+)	천장형태		?
	장폭비	2.59:1	횡구부위치		남서측 단벽
횡구부	크 기 (길이×너비)	(72)×(50)	묘도크기 (길이×너비)		(56)×(40)
	장폭비	(1.44):1	배수시설 (길이×너비×깊이)		?
시상/관대크기 (길이×너비×높이)		?	두 향		?
장축방향		N-72°-E	벽석종류		할석
유물	토 기	-			
	철 기	관정(2)			
	청동기	-			
	옥석류	-			
	기 타	-			
특기사항					

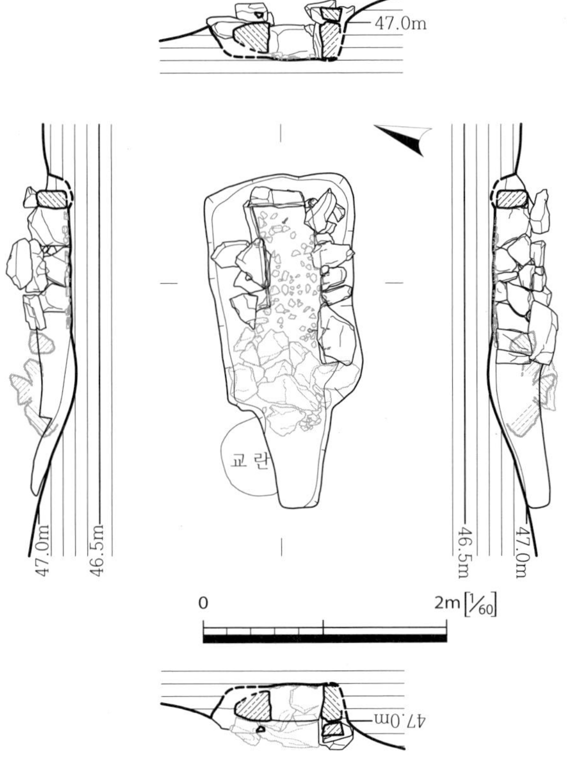

[유구사진]

[출토유물]

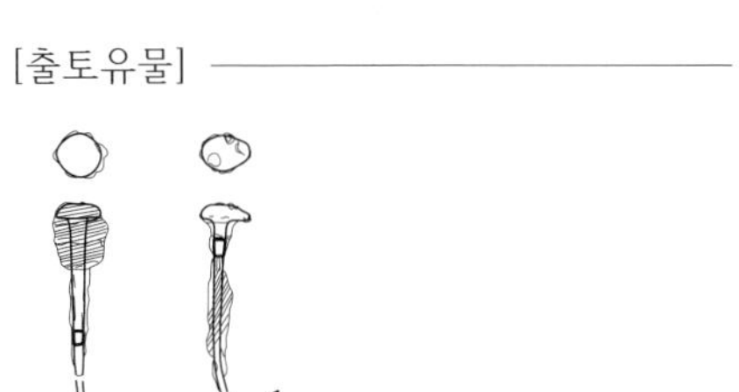

2지역 30호 석실묘

(단위 : cm)

봉토	크 기 (길이×너비×높이)	?	묘광	크 기 (길이×너비×깊이)	(174)×(93)×(23+)
	평면형태	?		장폭비	(1.87):1
현실	크 기 (길이×너비×높이)	(103+)×(44+)×(32+)	천장형태		?
	장폭비	?	횡구부위치		남서측 단벽
횡구부	크 기 (길이×너비)	?	묘도크기 (길이×너비)		44×44
	장폭비	?	배수시설 (길이×너비×깊이)		?
시상/관대크기 (길이×너비×높이)		?	두 향		?
장축방향		N-54°-E	벽석종류		할석
유물	토 기	-			
	철 기	-			
	청동기	-			
	옥석류	-			
	기 타	-			
특기사항		출토유물 없음.			

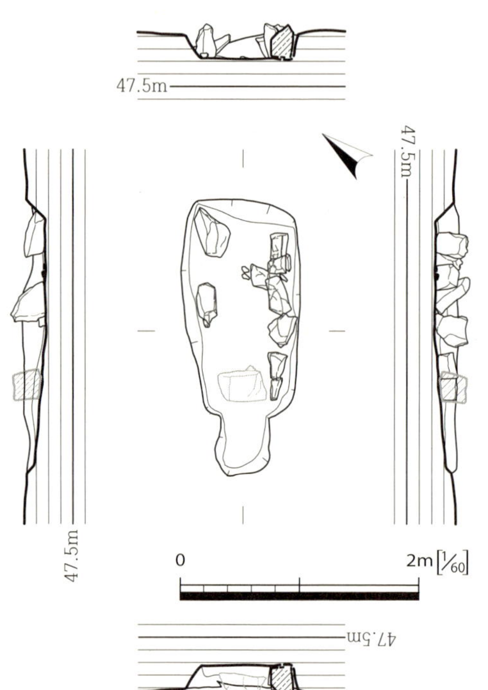

[유구사진]

2지역 31호 석실묘

(단위 : cm)

봉토	크 기 (길이×너비×높이)	?	묘광	크 기 (길이×너비×깊이)	273×127×(62+)
	평면형태	?		장폭비	2.15:1
현실	크 기 (길이×너비×높이)	180×61×(61+)	천장형태		?
	장폭비	2.95:1	횡구부위치		남서측 단벽
횡구부	크 기 (길이×너비)	108×76	묘도크기 (길이×너비)		(96)×(78)
	장폭비	1.42:1	배수시설 (길이×너비×깊이)		?
시상/관대크기 (길이×너비×높이)		?	두 향		?
장축방향		N-25°-E	벽석종류		할석
유물	토 기	-			
	철 기	관고리(4), 관정(5)			
	청동기	-			
	옥석류	-			
	기 타	-			
특기사항					

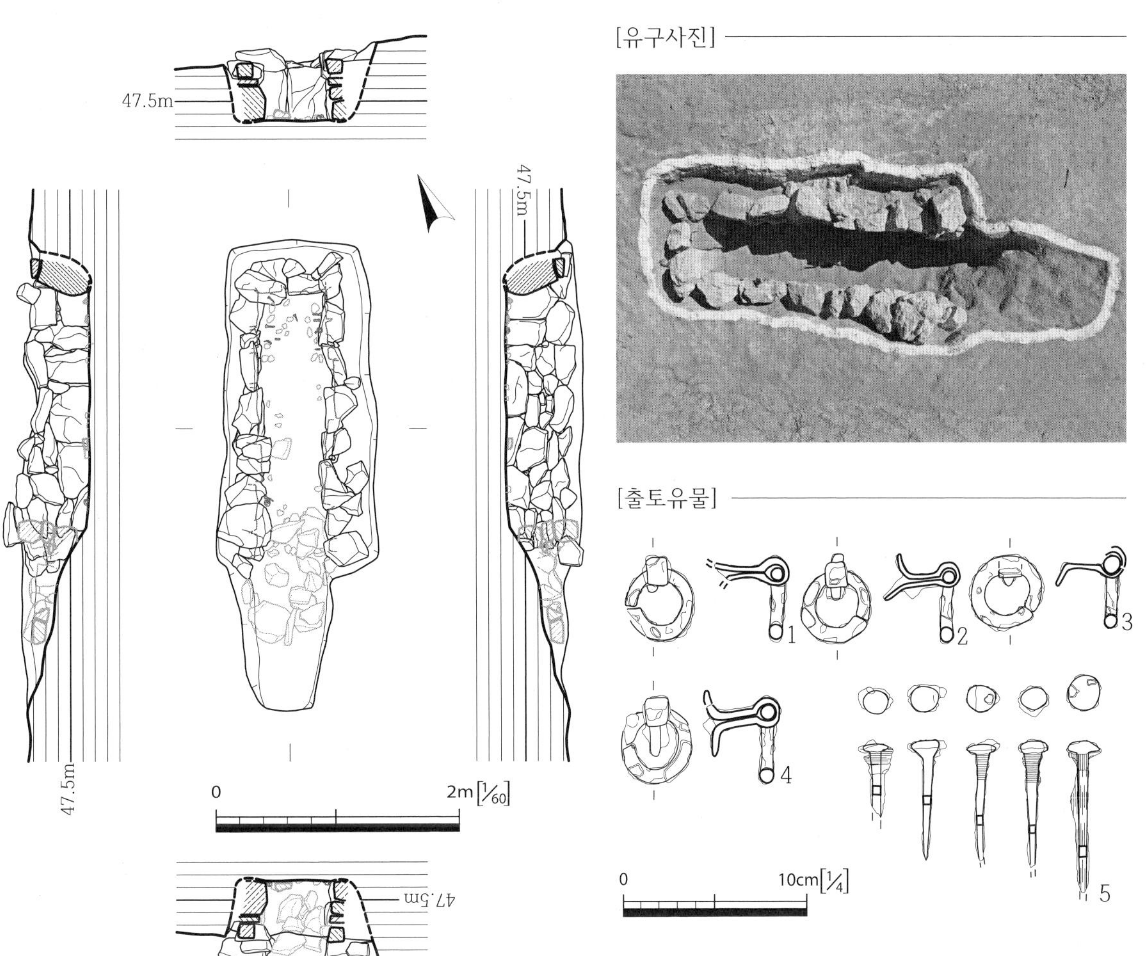

2지역 32호 석실묘

(단위 : cm)

봉토	크 기 (길이×너비×높이)	?	묘광	크 기 (길이×너비×깊이)	(339+)×(183)×(63+)
	평면형태	?		장폭비	?
현실	크 기 (길이×너비×높이)	232×72×(60+)	천장형태		?
	장폭비	3.22:1	횡구부위치		남측 단벽
횡구부	크 기 (길이×너비)	96×80	묘도크기 (길이×너비)		(52+)×(40)
	장폭비	1.20:1	배수시설 (길이×너비×깊이)		?
시상/관대크기 (길이×너비×높이)		?	두 향		?
장축방향		N-16°-E	벽석종류		할석
유물	토 기	-			
	철 기	관고리(2), 관정(7)			
	청동기	-			
	옥석류	-			
	기 타	-			
특기사항					

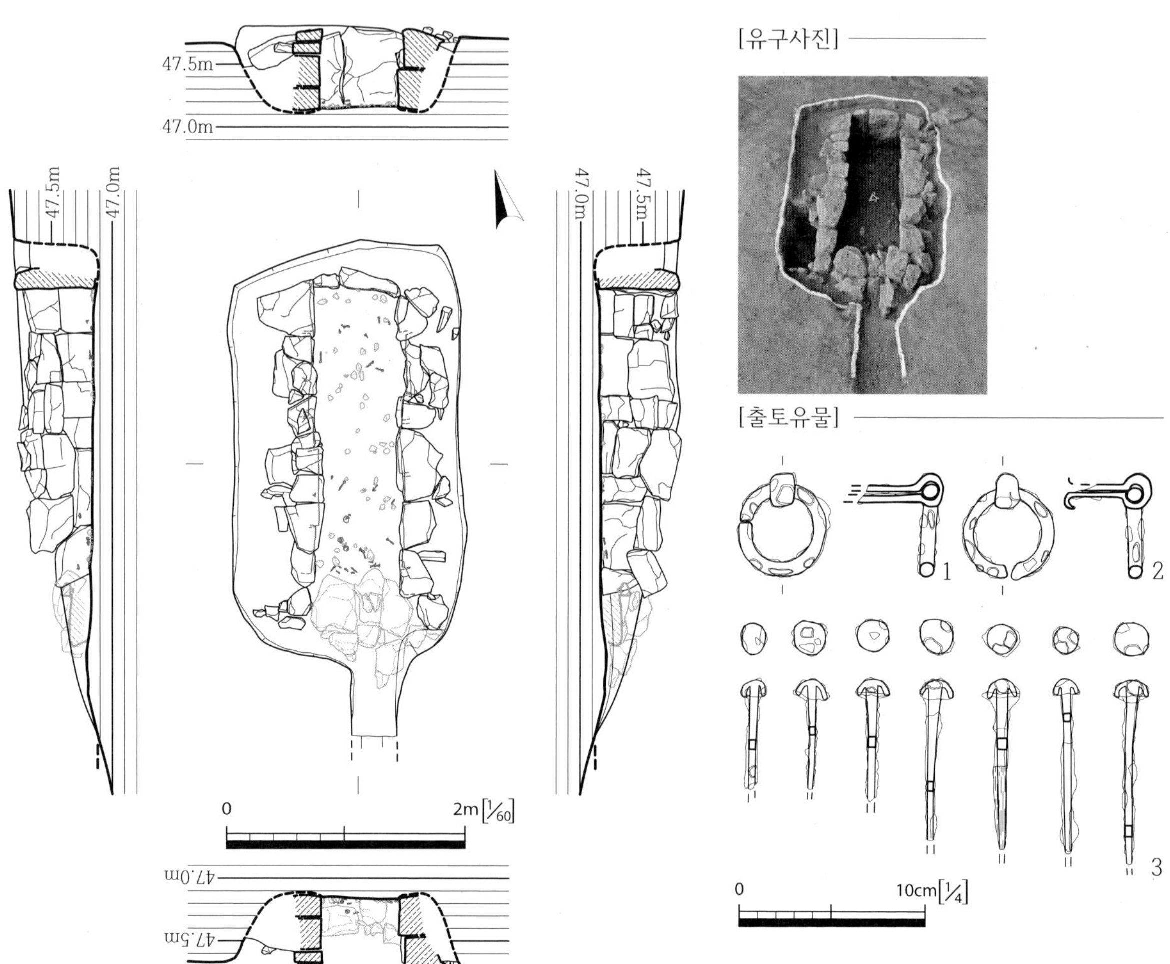

2지역 33호 석실묘

(단위 : cm)

봉토	크 기 (길이×너비×높이)	?	묘광	크 기 (길이×너비×깊이)	(155+)×(97)×(42+)
	평면형태	?		장폭비	?
현실	크 기 (길이×너비×높이)	(139+)×(53)×(51+)	천장형태		?
	장폭비	?	횡구부위치		?
횡구부	크 기 (길이×너비)	?	묘도크기 (길이×너비)		?
	장폭비	?	배수시설 (길이×너비×깊이)		?
시상/관대크기 (길이×너비×높이)		?	두 향		?
장축방향		N-10°-E	벽석종류		할석
유물	토 기	-			
	철 기	관정(1)			
	청동기	-			
	옥석류	-			
	기 타	-			
특기사항		횡구식 석실로 보고하였으나 파괴가 심하여 정확한 구조는 알 수 없음.			

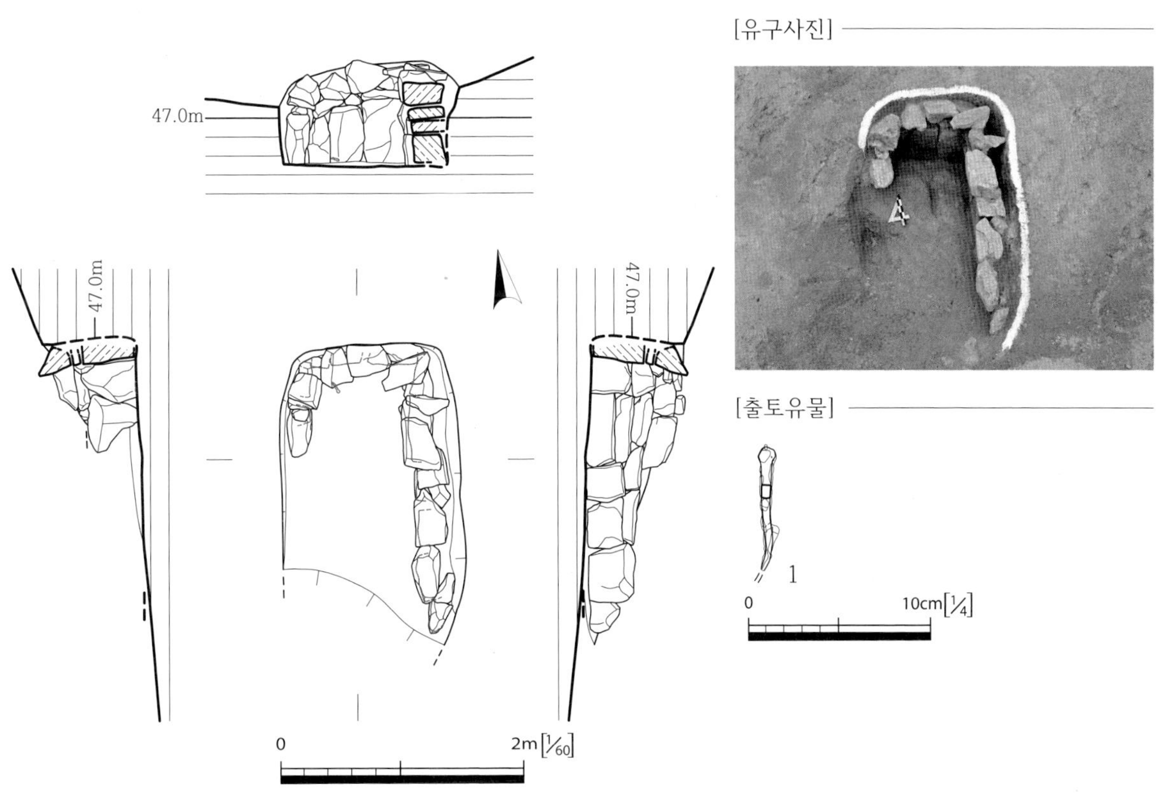

2지역 34호 석실묘

(단위 : cm)

봉토	크 기 (길이×너비×높이)	?	묘광	크 기 (길이×너비×깊이)	(225+)×(174+)×(72+)
	평면형태	?		장폭비	?
현실	크 기 (길이×너비×높이)	(127+)×(74+)×(60+)	천장형태		?
	장폭비	?	횡구부위치		?
횡구부	크 기 (길이×너비)	?	묘도크기 (길이×너비)		?
	장폭비	?	배수시설 (길이×너비×깊이)		?
시상/관대크기 (길이×너비×높이)		?	두 향		?
장축방향		N-31°-E	벽석종류		할석
유물	토 기	-			
	철 기	관고리(1), 관정(1)			
	청동기	-			
	옥석류	-			
	기 타	-			
특기사항		횡구식 석실로 보고하였으나 파괴가 심하여 정확한 구조는 알 수 없음.			

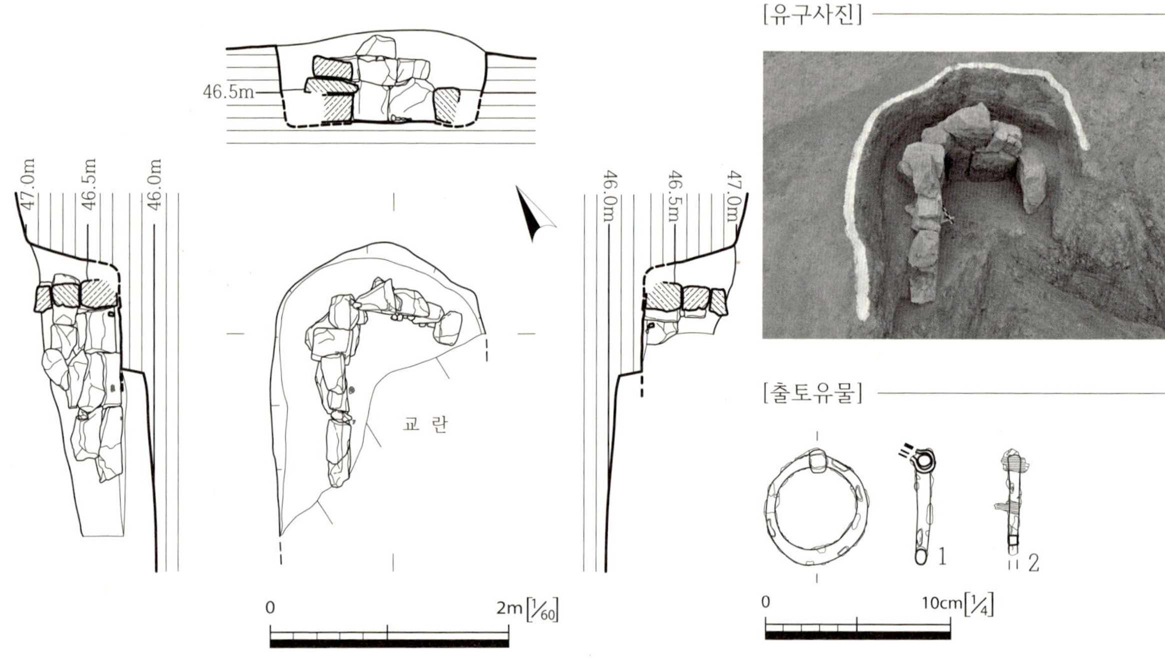

2지역 35호 석실묘

(단위 : cm)

봉토	크 기 (길이×너비×높이)	?	묘광	크 기 (길이×너비×깊이)	(319)×(165)×(76+)
	평면형태	?		장폭비	1.93:1
현실	크 기 (길이×너비×높이)	(256)×(113)×(70+)	천장형태		?
	장폭비	(2.27):1	연도위치		우편재
연도	크 기 (길이×너비×높이)	(90)×(76)×(85+)	묘도크기 (길이×너비)		(130+)×(100)
	장폭비	(1.18):1	배수시설 (길이×너비×깊이)		(120+)×(36+)×?
시상/관대크기 (길이×너비×높이)		?	두 향		?
장축방향		N-1°-E	벽석종류		판석, 할석
유물	토 기	-			
	철 기	관고리(1), 관정(2)			
	청동기	-			
	옥석류	-			
	기 타	-			
특기사항					

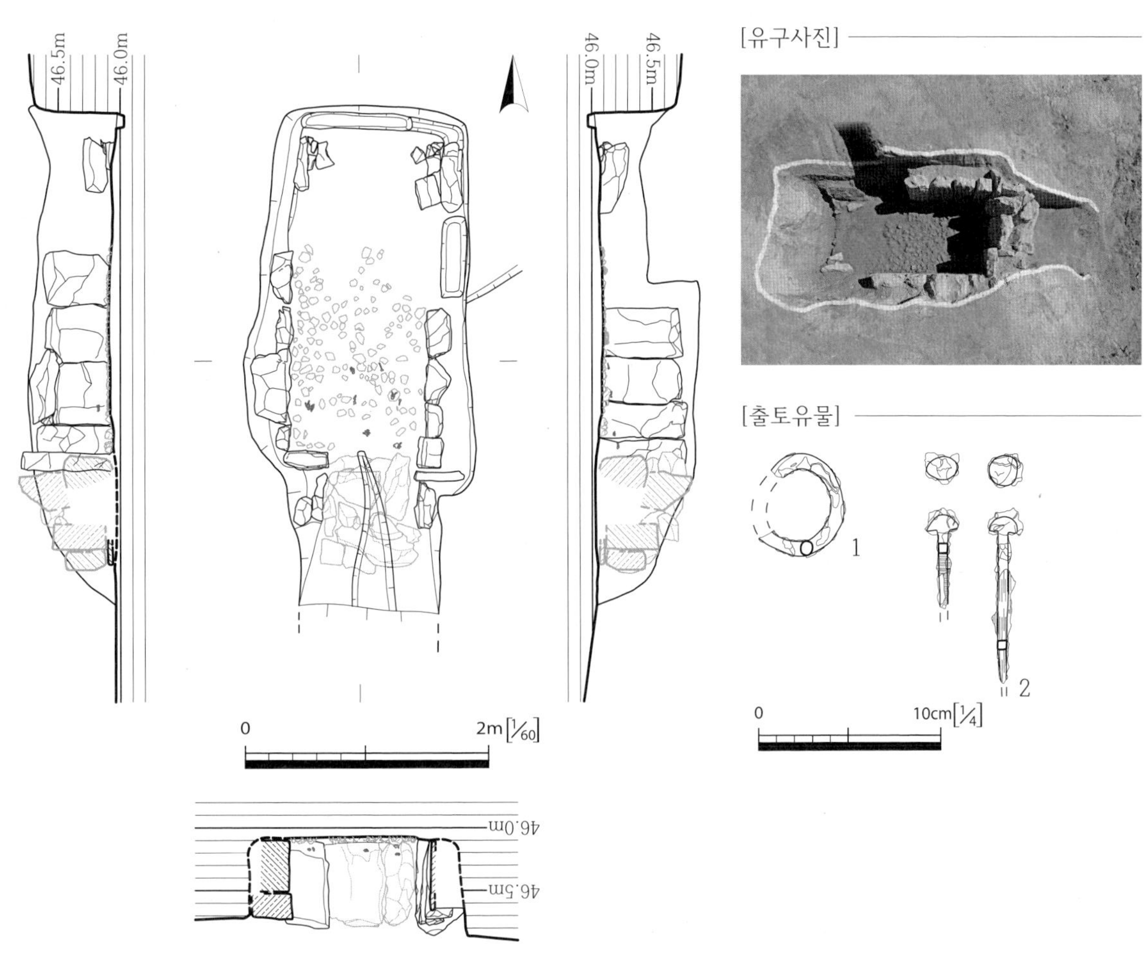

2지역 36호 석실묘

(단위 : cm)

<table>
<tr><td rowspan="2">봉토</td><td>크 기
(길이×너비×높이)</td><td>?</td><td rowspan="2">묘광</td><td>크 기
(길이×너비×깊이)</td><td>(357+)×209×(84+)</td></tr>
<tr><td>평면형태</td><td>?</td><td>장폭비</td><td>?</td></tr>
<tr><td rowspan="2">현실</td><td>크 기
(길이×너비×높이)</td><td>242×136×(126+)</td><td colspan="2">천장형태</td><td>?</td></tr>
<tr><td>장폭비</td><td>1.78:1</td><td colspan="2">연도위치</td><td>(우편재)</td></tr>
<tr><td rowspan="2">연도</td><td>크 기
(길이×너비×높이)</td><td>?</td><td colspan="2">묘도크기
(길이×너비)</td><td>?</td></tr>
<tr><td>장폭비</td><td>?</td><td colspan="2">배수시설
(길이×너비×깊이)</td><td>?</td></tr>
<tr><td colspan="2">시상/관대크기
(길이×너비×높이)</td><td>?</td><td colspan="2">두 향</td><td>?</td></tr>
<tr><td colspan="2">장축방향</td><td>N-10°-E</td><td colspan="2">벽석종류</td><td>판석, 할석</td></tr>
<tr><td rowspan="5">유물</td><td>토 기</td><td colspan="4">-</td></tr>
<tr><td>철 기</td><td colspan="4">관고리(5), 관정(6)</td></tr>
<tr><td>청동기</td><td colspan="4">-</td></tr>
<tr><td>옥석류</td><td colspan="4">-</td></tr>
<tr><td>기 타</td><td colspan="4">-</td></tr>
<tr><td colspan="2">특기사항</td><td colspan="4">횡혈식 석실로 보고 하였으나 파괴가 심하여 정확한 구조는 알 수 없음.</td></tr>
</table>

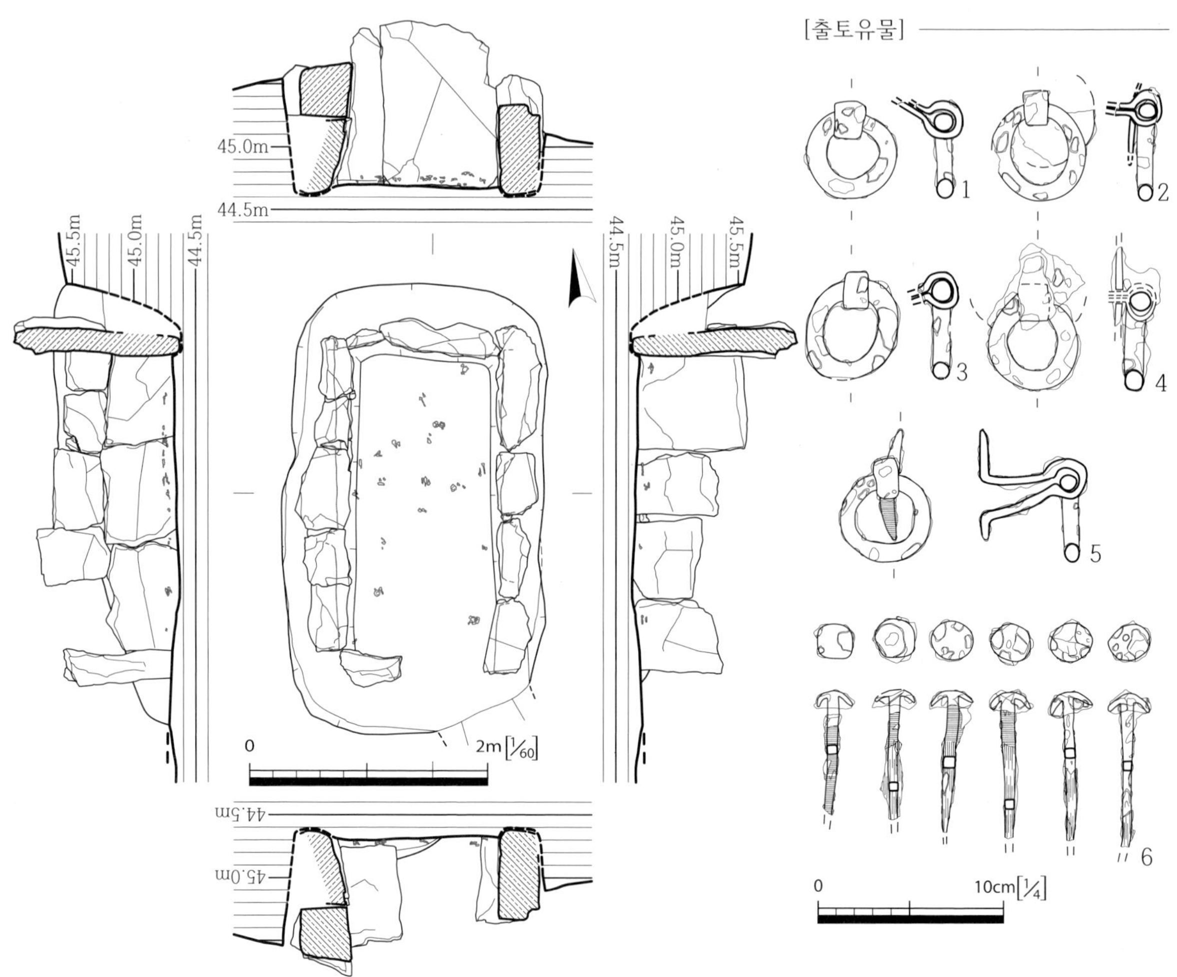

2지역 37호 석실묘

(단위 : cm)

봉토	크 기 (길이×너비×높이)	?	묘광	크 기 (길이×너비×깊이)	(223+)×(156)×(75+)
	평면형태	?		장폭비	?
현실	크 기 (길이×너비×높이)	(166+)×(79+)×(46+)	천장형태		?
	장폭비	?	횡구부위치		?
횡구부	크 기 (길이×너비)	?	묘도크기 (길이×너비)		?
	장폭비	?	배수시설 (길이×너비×깊이)		?
시상/관대크기 (길이×너비×높이)		?	두 향		?
장축방향		N-12°-E	벽석종류		할석
유물	토 기	-			
	철 기	관고리(2), 관정(2)			
	청동기	-			
	옥석류	-			
	기 타	-			
특기사항		횡구식 석실로 보고하였으나 파괴가 심하여 정확한 구조는 알 수 없음.			

[유구사진]

[출토유물]

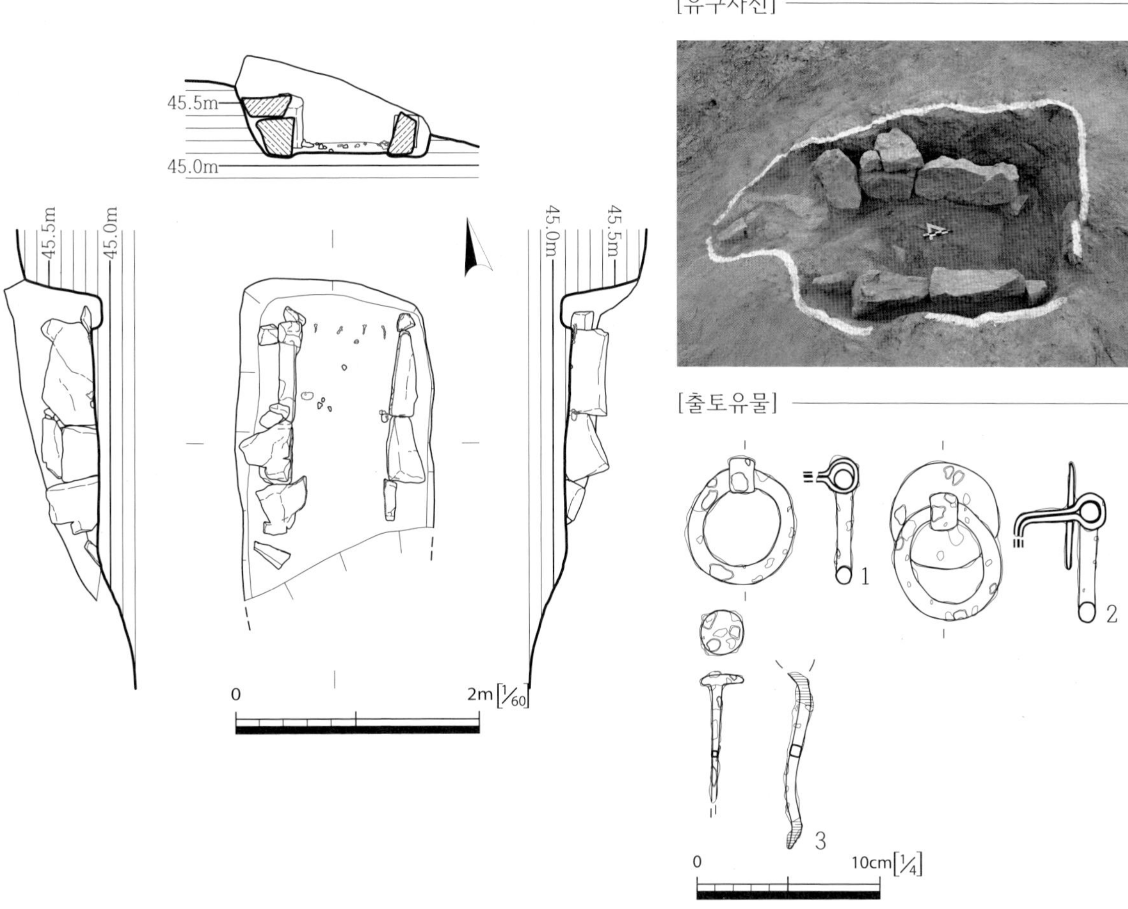

2지역 38호 석실묘

(단위 : cm)

<table>
<tr><td rowspan="2">봉토</td><td>크 기
(길이×너비×높이)</td><td>?</td><td rowspan="2">묘광</td><td>크 기
(길이×너비×깊이)</td><td>(299+)×(198)×(97+)</td></tr>
<tr><td>평면형태</td><td>?</td><td>장폭비</td><td>?</td></tr>
<tr><td rowspan="2">현실</td><td>크 기
(길이×너비×높이)</td><td>(236+)×(123)×(67+)</td><td colspan="2">천장형태</td><td>?</td></tr>
<tr><td>장폭비</td><td>?</td><td colspan="2">연도위치</td><td>?</td></tr>
<tr><td rowspan="2">연도</td><td>크 기
(길이×너비×높이)</td><td>?</td><td colspan="2">묘도크기
(길이×너비)</td><td>?</td></tr>
<tr><td>장폭비</td><td>?</td><td colspan="2">배수시설
(길이×너비×깊이)</td><td>?</td></tr>
<tr><td colspan="2">시상/관대크기
(길이×너비×높이)</td><td>?</td><td colspan="2">두 향</td><td>?</td></tr>
<tr><td colspan="2">장축방향</td><td>N-15°-E</td><td colspan="2">벽석종류</td><td>할석</td></tr>
<tr><td rowspan="5">유물</td><td>토 기</td><td colspan="4">-</td></tr>
<tr><td>철 기</td><td colspan="4">관정(2)</td></tr>
<tr><td>청동기</td><td colspan="4">-</td></tr>
<tr><td>옥석류</td><td colspan="4">-</td></tr>
<tr><td>기 타</td><td colspan="4">-</td></tr>
<tr><td colspan="2">특기사항</td><td colspan="4">횡혈식 석실로 보고하였으나 파괴가 심하여 정확한 구조는 알 수 없음.</td></tr>
</table>

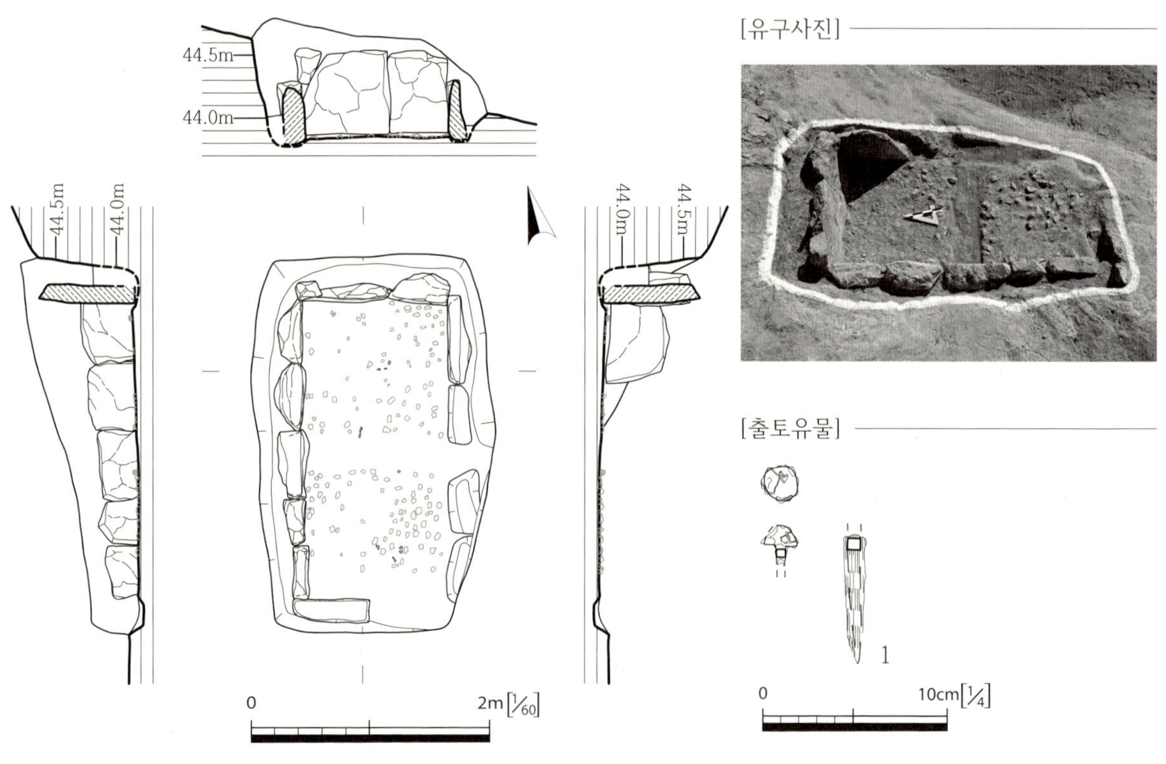

2지역 39호 석실묘

(단위 : cm)

봉토	크 기 (길이×너비×높이)	?	묘광	크 기 (길이×너비×깊이)	(169+)×(101+)×(45+)
	평면형태	?		장폭비	?
현실	크 기 (길이×너비×높이)	(112+)×(69+)×(58+)	천장형태		?
	장폭비	?	횡구부위치		?
횡구부	크 기 (길이×너비)	?	묘도크기 (길이×너비)		?
	장폭비	?	배수시설 (길이×너비×깊이)		?
시상/관대크기 (길이×너비×높이)		?	두 향		?
장축방향		N-71°-E	벽석종류		할석
유물	토 기	-			
	철 기	관정(2)			
	청동기	-			
	옥석류	-			
	기 타	-			
특기사항		횡구식 석실로 보고하였으나 파괴가 심하여 정확한 구조는 알 수 없음.			

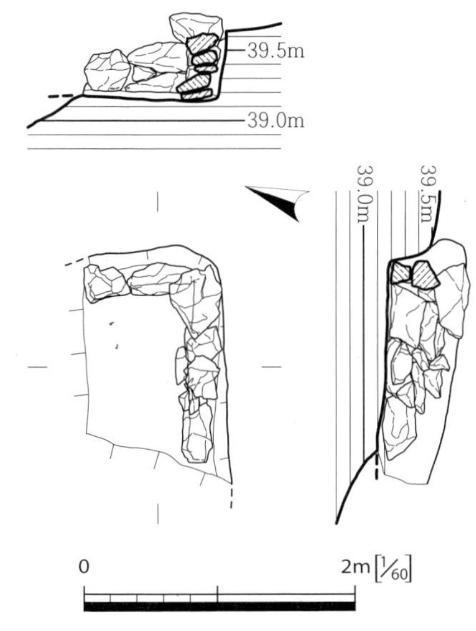

[유구사진]

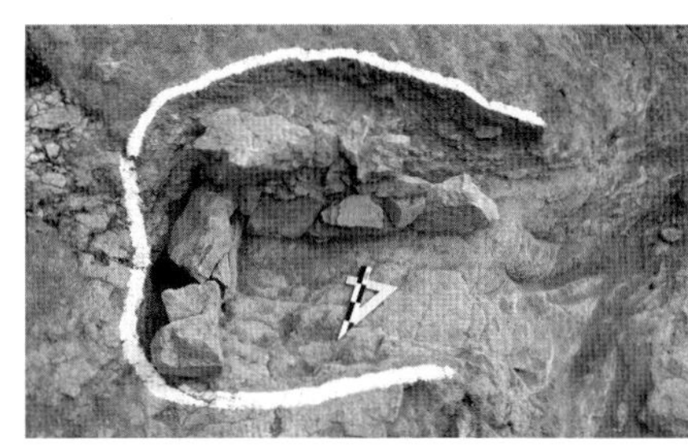

[출토유물]

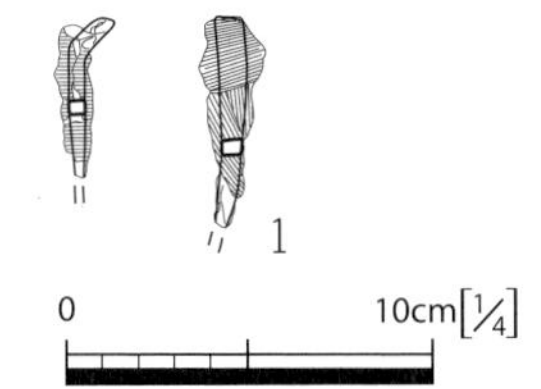

2지역 40호 석실묘

(단위 : cm)

봉토	크 기 (길이×너비×높이)	?	묘광	크 기 (길이×너비×깊이)	(393+)×143×(80+)
	평면형태	?		장폭비	?
현실	크 기 (길이×너비×높이)	302×64×(38+)	천장형태		?
	장폭비	4.72:1	횡구부위치		남서측 단벽
횡구부	크 기 (길이×너비)	(95+)×(70)	묘도크기 (길이×너비)		?
	장폭비	(1.36):1	배수시설 (길이×너비×깊이)		?
시상/관대크기 (길이×너비×높이)		?	두 향		?
장축방향		N-70°-E	벽석종류		할석
유물	토 기	-			
	철 기	관고리(2), 관정(4)			
	청동기	-			
	옥석류	-			
	기 타	-			
특기사항					

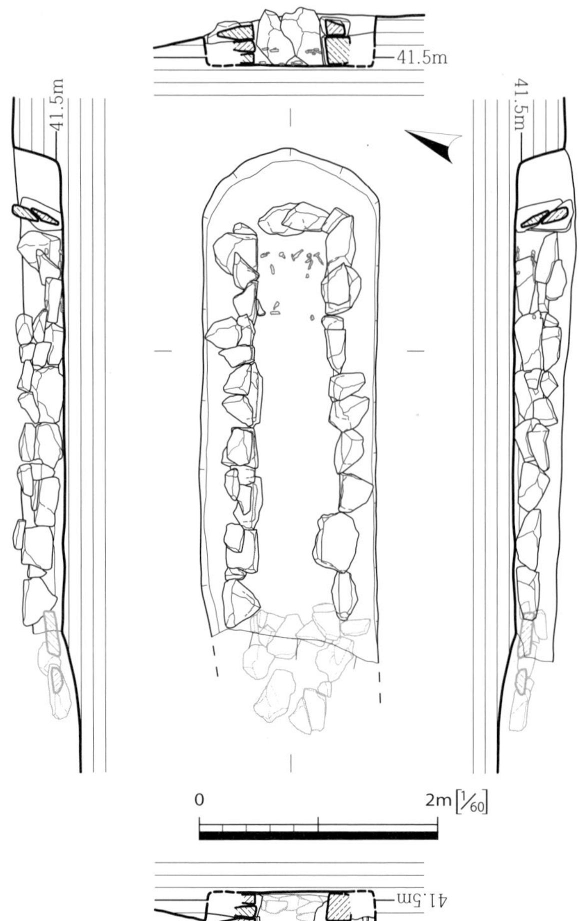

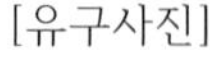
[유구사진]

[출토유물]

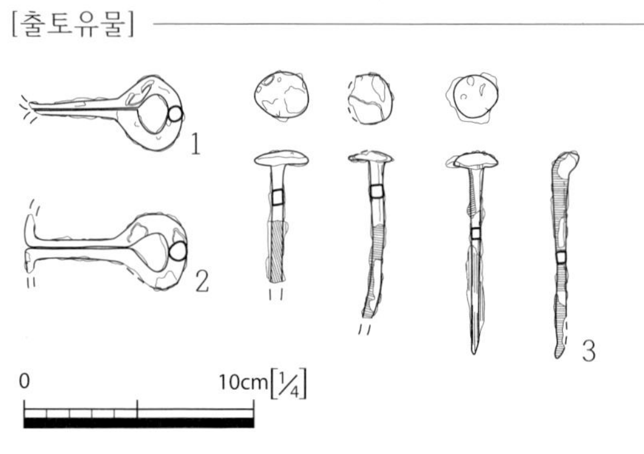

2지역 41호 석실묘

(단위 : cm)

봉토	크 기 (길이×너비×높이)	?	묘광	크 기 (길이×너비×깊이)	(331+)×(178+)×(80+)
	평면형태	?		장폭비	?
현실	크 기 (길이×너비×높이)	(151+)×(78+)×(70+)	천장형태		?
	장폭비	?	연도위치		?
연도	크 기 (길이×너비×높이)	?	묘도크기 (길이×너비)		?
	장폭비	?	배수시설 (길이×너비×깊이)		(220+)×(41+)×?
시상/관대크기 (길이×너비×높이)		?	두 향		?
장축방향		N-59°-E	벽석종류		판석, 할석
유물	토 기	-			
	철 기	관정(?)			
	청동기	-			
	옥석류	-			
	기 타	-			
특기사항		횡혈식 석실로 보고하였으나 파괴가 심하여 정확한 구조를 알 수 없음. 관정 도면 미게재.			

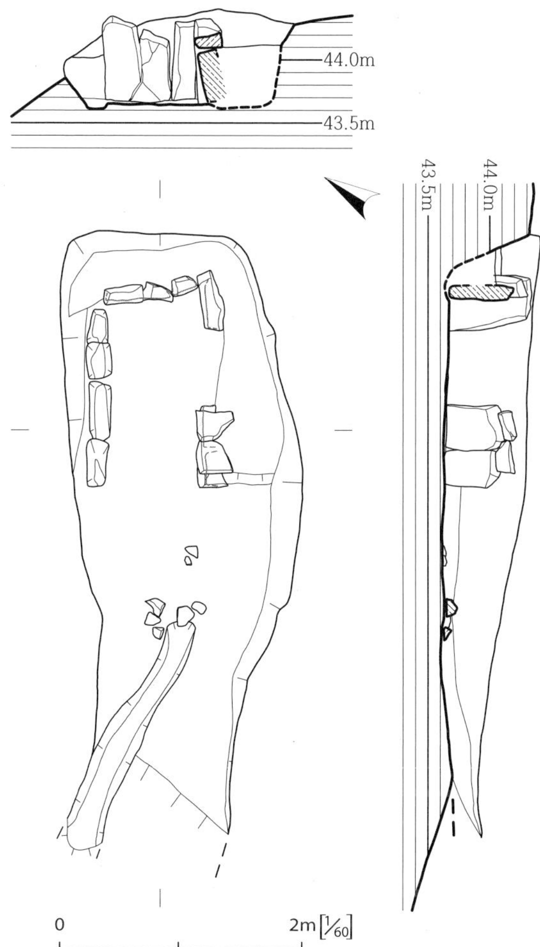

[유구사진]

2지역 42호 석실묘

(단위 : cm)

봉토	크 기 (길이×너비×높이)	?	묘광	크 기 (길이×너비×깊이)	(283+)×139×(58+)
	평면형태	?		장폭비	?
현실	크 기 (길이×너비×높이)	(202+)×76×(67+)	천장형태		?
	장폭비	?	횡구부위치		서측 단벽
횡구부	크 기 (길이×너비)	?	묘도크기 (길이×너비)		?
	장폭비	?	배수시설 (길이×너비×깊이)		?
시상/관대크기 (길이×너비×높이)		?	두 향		?
장축방향		N-87°-E	벽석종류		할석
유물	토 기	-			
	철 기	관고리(3), 관정(2)			
	청동기	-			
	옥석류	-			
	기 타	-			
특기사항		횡구식 석실로 보고하였으나 파괴가 심하여 정확한 구조는 알 수 없음.			

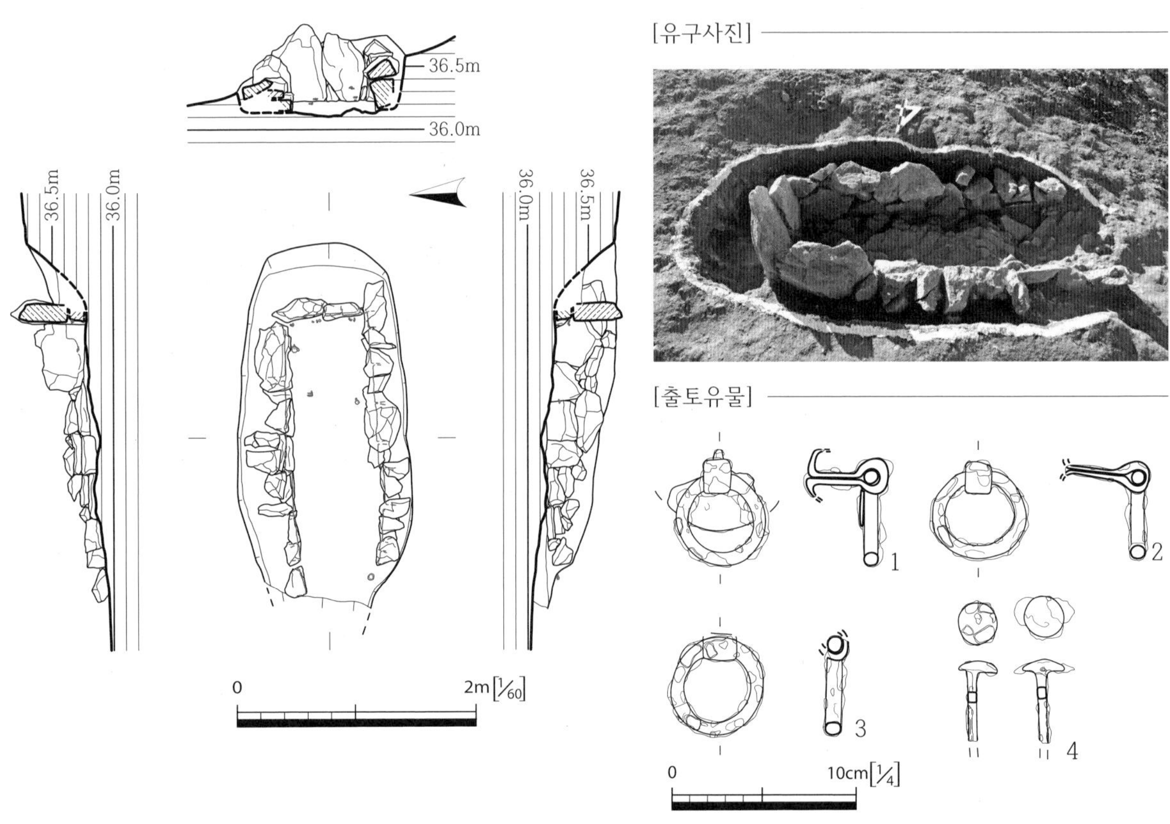

2지역 43호 석실묘

(단위 : cm)

봉토	크 기 (길이×너비×높이)	?	묘광	크 기 (길이×너비×깊이)	(263+)×154×(40+)
	평면형태	?		장폭비	?
현실	크 기 (길이×너비×높이)	(169+)×(70)×(30+)	천장형태		?
	장폭비	?	횡구부위치		?
횡구부	크 기 (길이×너비)	?	묘도크기 (길이×너비)		?
	장폭비	?	배수시설 (길이×너비×깊이)		?
시상/관대크기 (길이×너비×높이)		?	두 향		?
장축방향		N-53°-E	벽석종류		할석
유물	토 기	-			
	철 기	-			
	청동기	-			
	옥석류	-			
	기 타	-			
특기사항		횡구식 석실로 보고하였으나 파괴가 심하여 정확한 구조는 알 수 없음.			

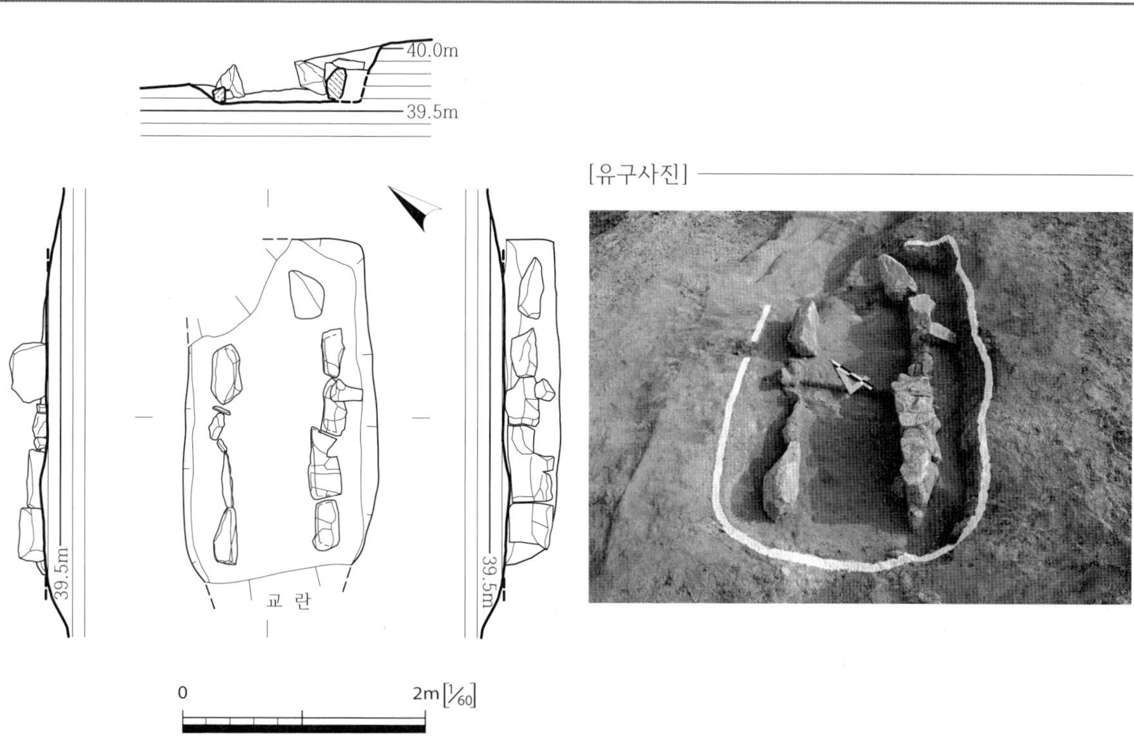

2지역 44호 석실묘

(단위 : cm)

봉토	크 기 (길이×너비×높이)	?	묘광	크 기 (길이×너비×깊이)	(306+)×(143)×(58+)
	평면형태	?		장폭비	?
현실	크 기 (길이×너비×높이)	(227)×(82)×(58+)	천장형태		?
	장폭비	(2.77):1	횡구부위치		?
횡구부	크 기 (길이×너비)	(55+)×(65+)	묘도크기 (길이×너비)		(37)×(46)
	장폭비	?	배수시설 (길이×너비×깊이)		?
시상/관대크기 (길이×너비×높이)		?	두 향		?
장축방향		N-22°-E	벽석종류		판석, 할석
유물	토 기	-			
	철 기	관고리(3), 관정(5)			
	청동기	-			
	옥석류	-			
	기 타	-			
특기사항					

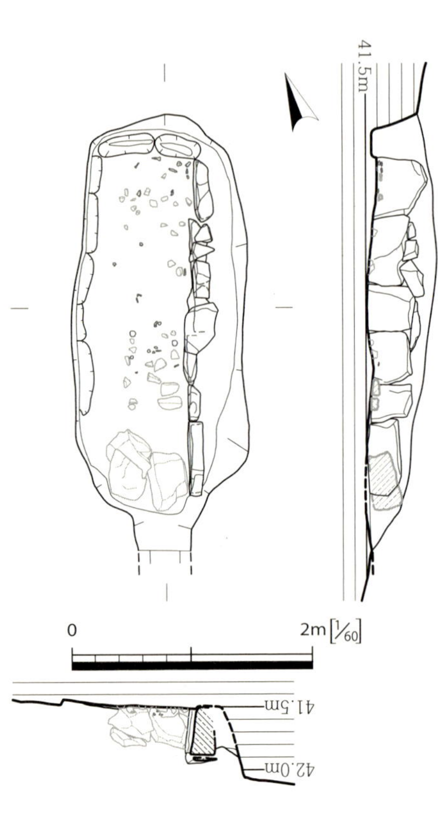

[유구사진]

[출토유물]

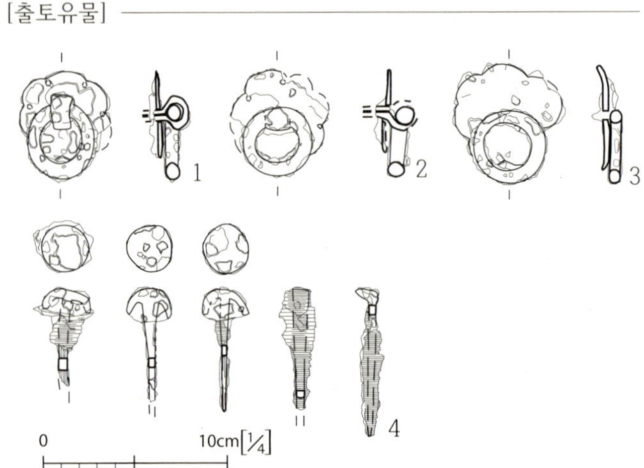

2지역 45호분

(단위 : cm)

묘광	크 기 (길이×너비×높이)	(224+)×(114)×(67+)	현실	크 기 (길이×너비×깊이)	(184+)×(84)×(24+)
	평면형태	?		장폭비	?
시상/관대크기 (길이×너비×높이)		?	천장형태		?
묘도크기 (길이×너비)		?	배수시설 (길이×너비×깊이)		?
장축방향		N-22°-E	두 향		?
벽석종류		할석	바닥시설		할석
유물	토 기	-			
	철 기	관고리(2), 관정(3)			
	청동기	-			
	옥석류	-			
	기 타	-			
특기사항		파괴가 심하여 정확한 구조는 알 수 없음.			

[유구사진]

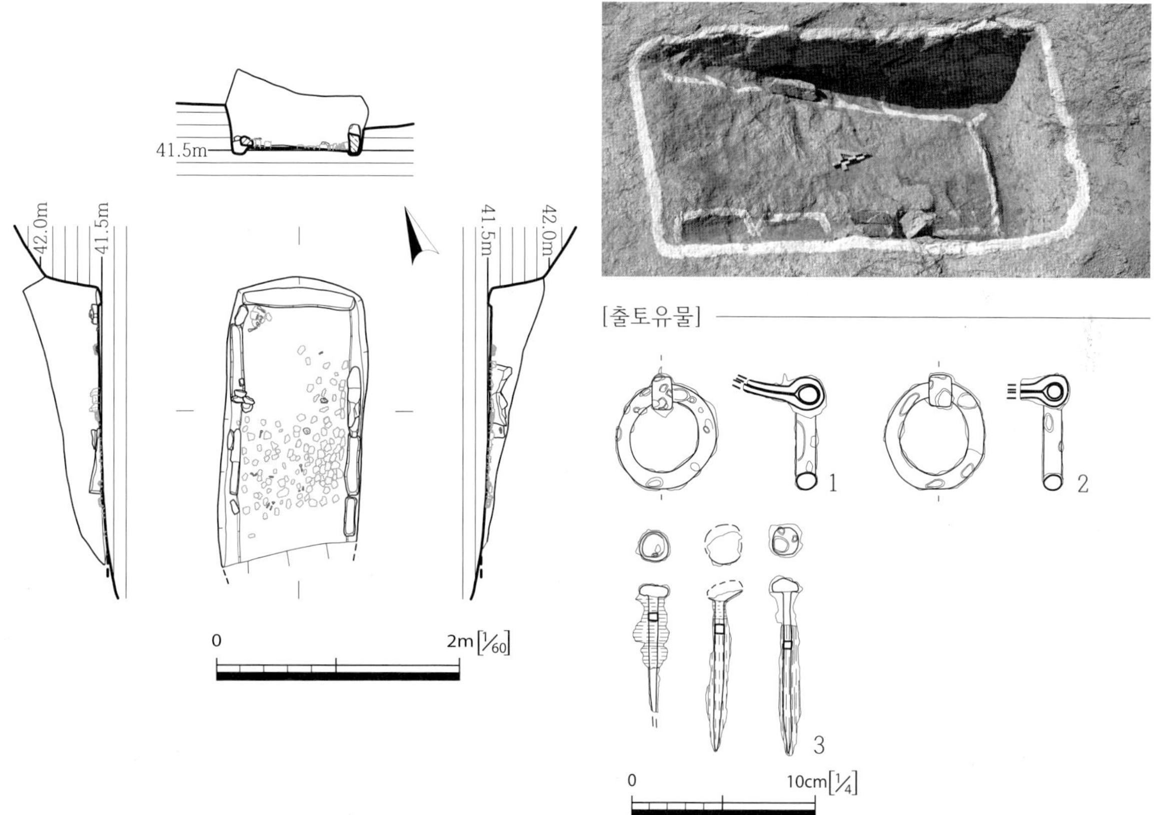

2지역 46호분

(단위 : cm)

묘광	크 기 (길이×너비×높이)	(272+)×(163)×(112+)	현실	크 기 (길이×너비×깊이)	(217+)×96×(96+)
	평면형태	?		장폭비	?
시상/관대크기 (길이×너비×높이)		?	천장형태		?
묘도크기 (길이×너비)		?	배수시설 (길이×너비×깊이)		?
장축방향		N-7°-E	두 향		?
벽석종류		할석	바닥시설		?
유물	토 기	-			
	철 기	관정(2)			
	청동기	-			
	옥석류	-			
	기 타	-			
특기사항		석실로 보고하였으나 파괴가 심하여 정확한 구조는 알 수 없음.			

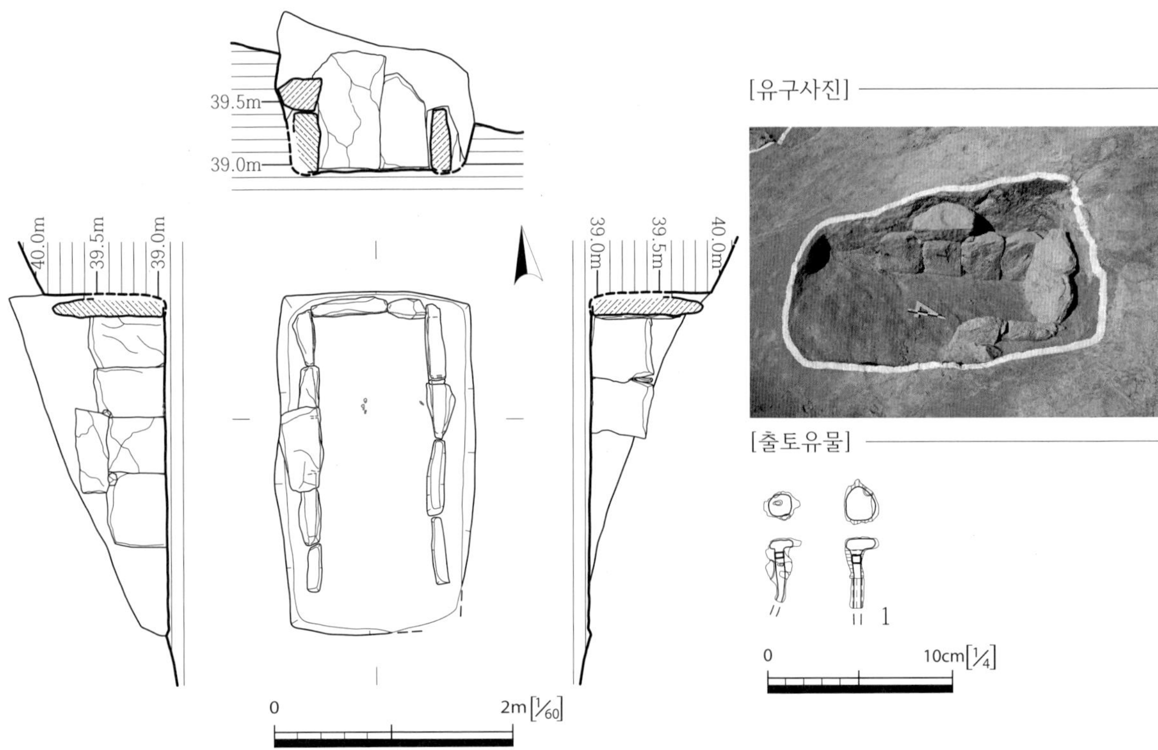

2지역 47호 석실묘

(단위 : cm)

봉토	크 기 (길이×너비×높이)	?	묘광	크 기 (길이×너비×깊이)	(239+)×(143)×(115+)
	평면형태	?		장폭비	?
현실	크 기 (길이×너비×높이)	(187+)×(72)×(45+)	천장형태		?
	장폭비	?	횡구부위치		?
횡구부	크 기 (길이×너비)	?	묘도크기 (길이×너비)		?
	장폭비	?	배수시설 (길이×너비×깊이)		?
시상/관대크기 (길이×너비×높이)		?	두 향		?
장축방향		N-48°-E	벽석종류		할석
유물	토 기	-			
	철 기	관정(4)			
	청동기	-			
	옥석류	-			
	기 타	-			
특기사항		횡구식 석실로 보고하였으나 파괴가 심하여 정확한 구조는 알 수 없음.			

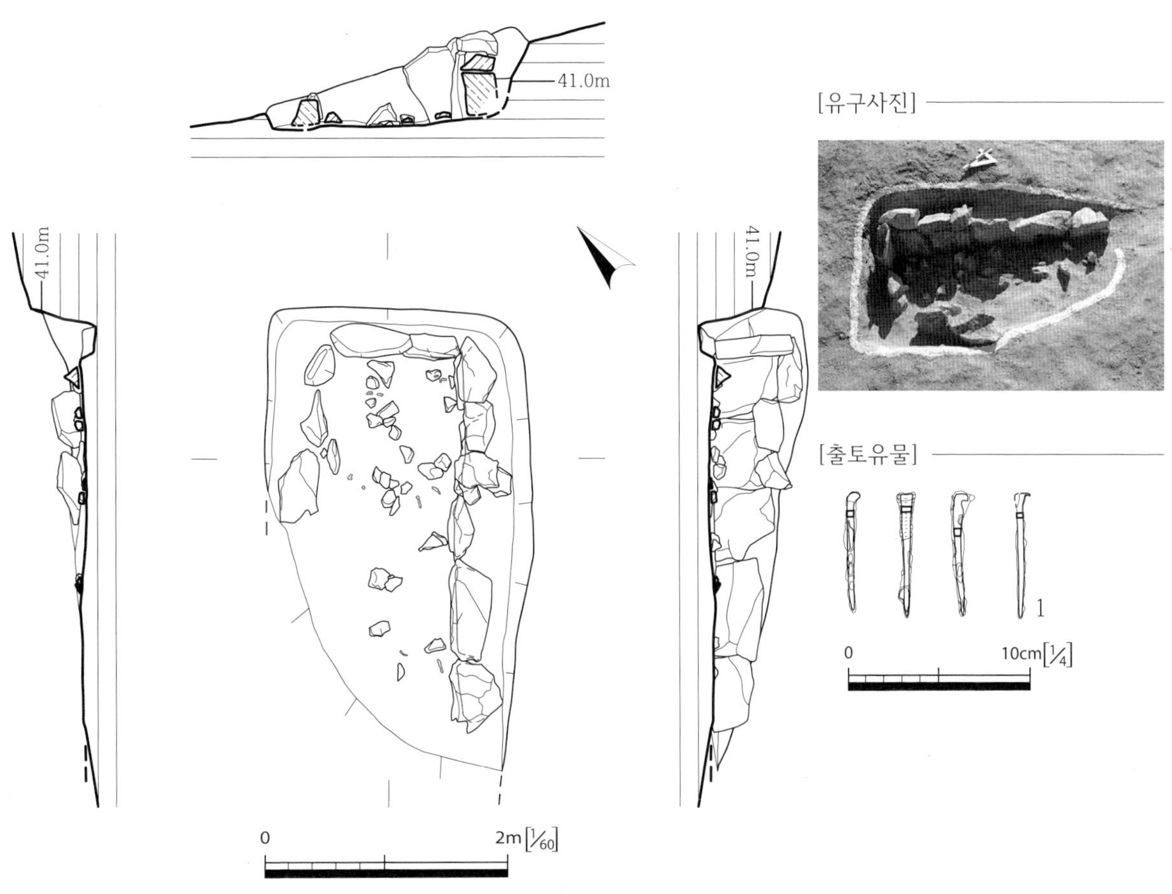

[유구사진]

[출토유물]

1

0 10cm[1/4]

2지역 48호 석실묘

(단위 : cm)

봉토	크 기 (길이×너비×높이)	?	묘광	크 기 (길이×너비×깊이)	(318+)×173×(115+)
	평면형태	?		장폭비	?
현실	크 기 (길이×너비×높이)	(231+)×81×(65+)	천장형태		고임
	장폭비	?	횡구부위치		남측 단벽
횡구부	크 기 (길이×너비)	?	묘도크기 (길이×너비)		?
	장폭비	?	배수시설 (길이×너비×깊이)		?
시상/관대크기 (길이×너비×높이)		?	두 향		?
장축방향		N-20°-E	벽석종류		할석
유물	토 기	-			
	철 기	관고리(4), 관정(17)			
	청동기	-			
	옥석류	-			
	기 타	-			
특기사항					

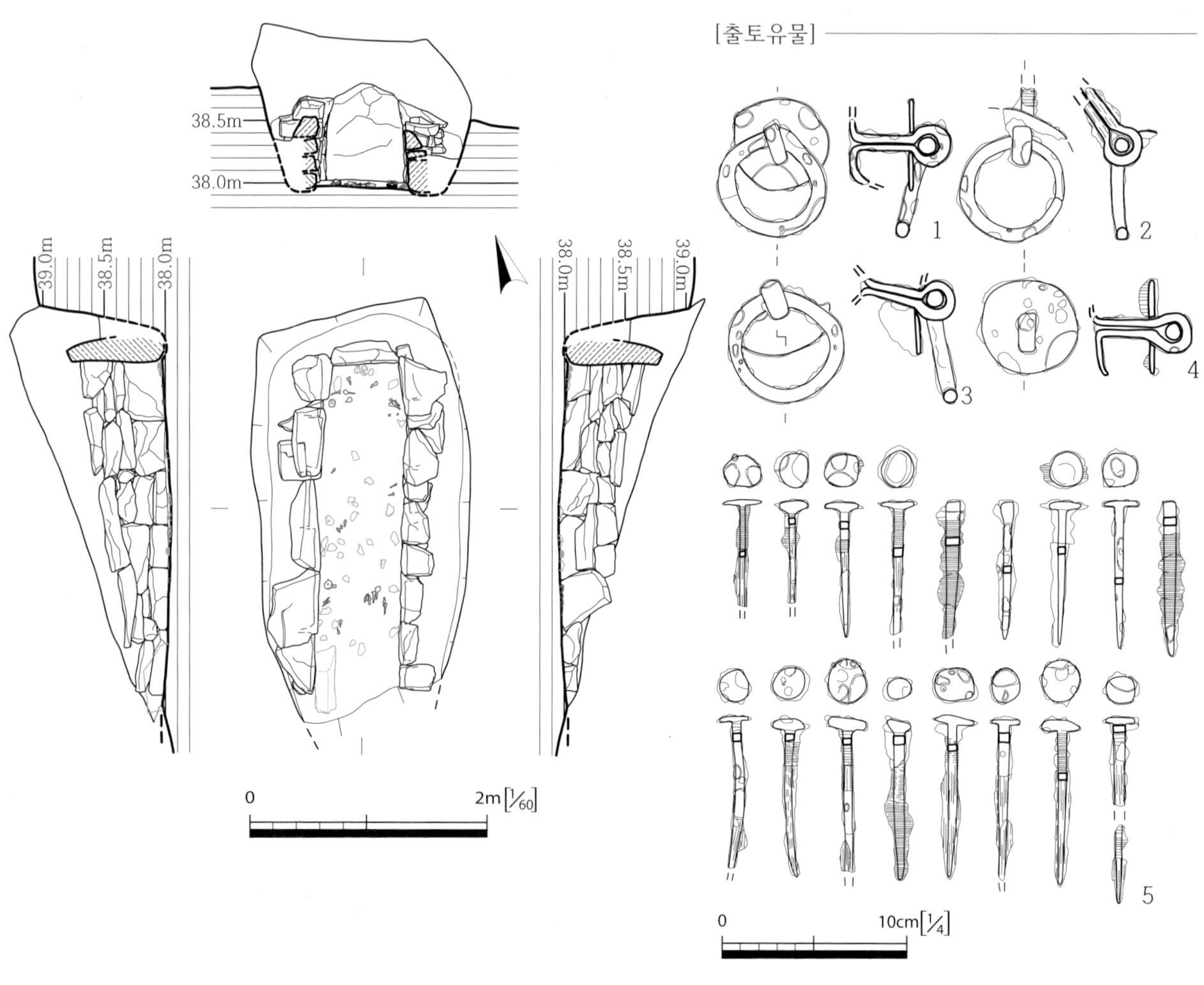

2지역 49호 석실묘

(단위 : cm)

봉토	크 기 (길이×너비×높이)	?	묘광	크 기 (길이×너비×깊이)	(326+)×140×(58+)
	평면형태	?		장폭비	?
현실	크 기 (길이×너비×높이)	(202+)×61×(34+)	천장형태		?
	장폭비	?	횡구부위치		남서측 단벽
횡구부	크 기 (길이×너비)	?	묘도크기 (길이×너비)		(36+)×(65)
	장폭비	?	배수시설 (길이×너비×깊이)		?
시상/관대크기 (길이×너비×높이)		?	두 향		?
장축방향		N-34°-E	벽석종류		할석
유물	토 기	-			
	철 기	관고리(3), 관정(1)			
	청동기	-			
	옥석류	-			
	기 타	-			
특기사항					

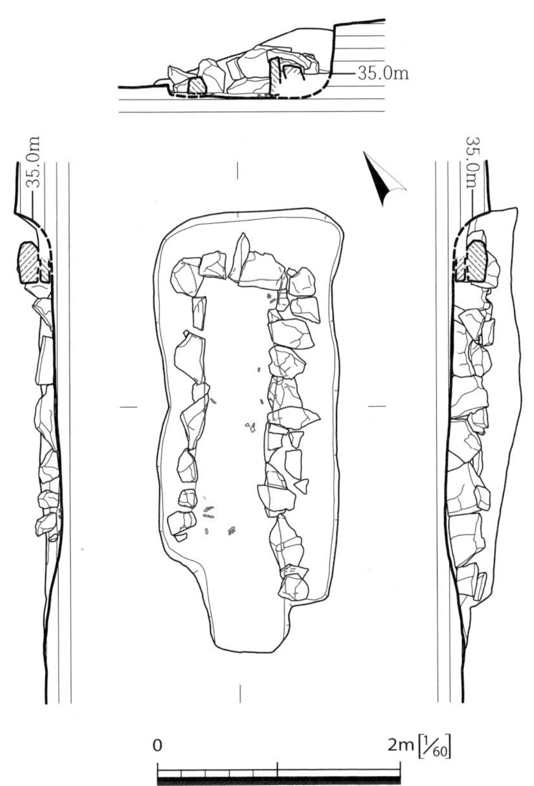

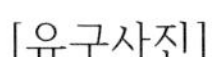

[유구사진]

[출토유물]

1 2 3 4

0 10cm[1/4]

2지역 50호 석실묘

(단위 : cm)

<table>
<tr><td rowspan="2">봉토</td><td>크 기
(길이×너비×높이)</td><td>?</td><td rowspan="2">묘광</td><td>크 기
(길이×너비×깊이)</td><td>(171+)×(135+)×(44+)</td></tr>
<tr><td>평면형태</td><td>?</td><td>장폭비</td><td>?</td></tr>
<tr><td rowspan="2">현실</td><td>크 기
(길이×너비×높이)</td><td>(127+)×(73+)×(42+)</td><td colspan="2">천장형태</td><td>?</td></tr>
<tr><td>장폭비</td><td>?</td><td colspan="2">횡구부위치</td><td>?</td></tr>
<tr><td rowspan="2">횡구부</td><td>크 기
(길이×너비)</td><td>?</td><td colspan="2">묘도크기
(길이×너비)</td><td>?</td></tr>
<tr><td>장폭비</td><td>?</td><td colspan="2">배수시설
(길이×너비×깊이)</td><td>?</td></tr>
<tr><td colspan="2">시상/관대크기
(길이×너비×높이)</td><td>?</td><td colspan="2">두 향</td><td>?</td></tr>
<tr><td colspan="2">장축방향</td><td>N-68°-E</td><td colspan="2">벽석종류</td><td>할석</td></tr>
<tr><td rowspan="5">유물</td><td>토 기</td><td colspan="4">-</td></tr>
<tr><td>철 기</td><td colspan="4">관정(4)</td></tr>
<tr><td>청동기</td><td colspan="4">-</td></tr>
<tr><td>옥석류</td><td colspan="4">-</td></tr>
<tr><td>기 타</td><td colspan="4">금동제 이식(2)</td></tr>
<tr><td colspan="2">특기사항</td><td colspan="4">횡구식 석실로 보고하였으나 파괴가 심하여 정확한 구조는 알 수 없음.</td></tr>
</table>

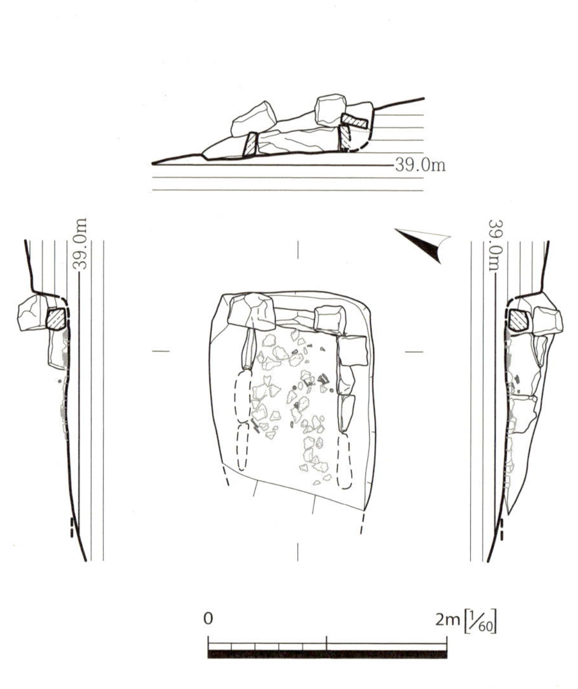

[유구사진]

[출토유물]

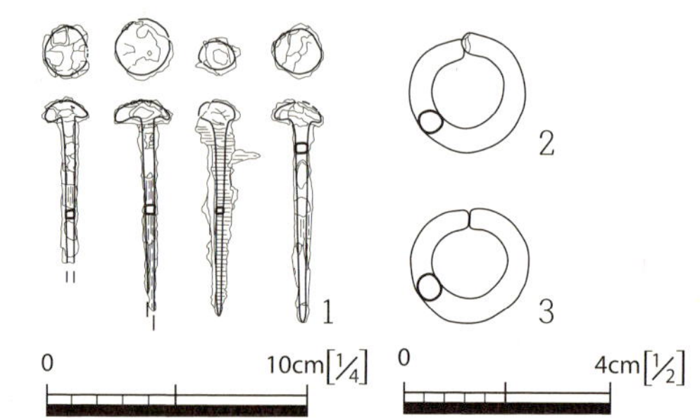

2지역 51호 석실묘

(단위 : cm)

봉토	크 기 (길이×너비×높이)	?	묘광	크 기 (길이×너비×깊이)	(165+)×(85+)×(28+)
	평면형태	?		장 폭 비	?
현실	크 기 (길이×너비×높이)	(122+)×?×(46+)	천장형태		?
	장 폭 비	?	횡구부위치		?
횡구부	크 기 (길이×너비)	?	묘도크기 (길이×너비)		?
	장 폭 비	?	배수시설 (길이×너비×깊이)		?
시상/관대크기 (길이×너비×높이)		?	두 향		?
장축방향		N-30°-E	벽석종류		할석
유물	토 기	-			
	철 기	관정(2)			
	청 동 기	-			
	옥 석 류	-			
	기 타	-			
특기사항		횡구식 석실로 보고하였으나 파괴가 심하여 정확한 구조는 알 수 없음.			

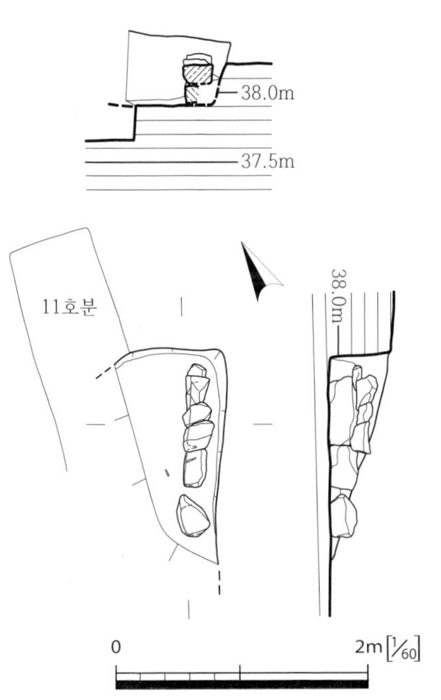

[유구사진]

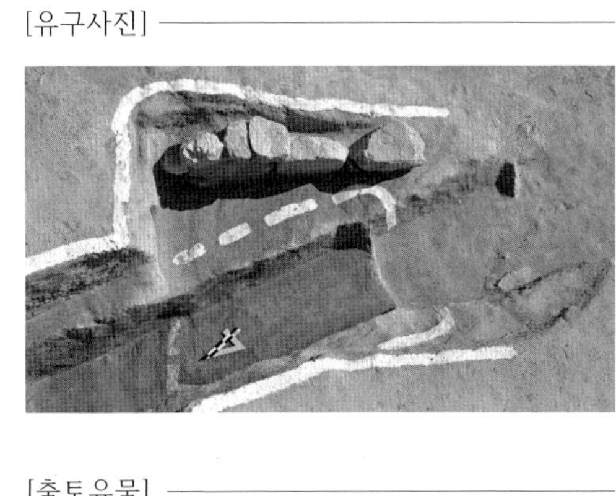

[출토유물]

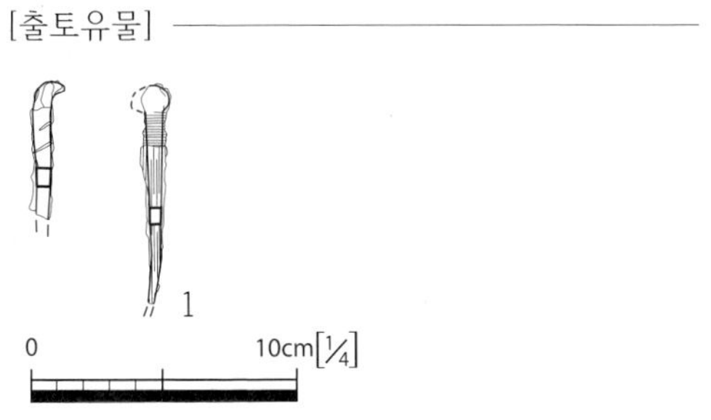

2지역 52호 석실묘

(단위 : cm)

봉토	크 기 (길이×너비×높이)	?	묘광	크 기 (길이×너비×깊이)	(150+)×(112)×(38+)
	평면형태	?		장폭비	?
현실	크 기 (길이×너비×높이)	(122+)×(64+)×(44+)	천장형태		?
	장폭비	?	횡구부위치		?
횡구부	크 기 (길이×너비)	?	묘도크기 (길이×너비)		?
	장폭비	?	배수시설 (길이×너비×깊이)		?
시상/관대크기 (길이×너비×높이)		?	두 향		?
장축방향		N-7°-E	벽석종류		할석
유물	토 기	-			
	철 기	관정(3)			
	청동기	-			
	옥석류	-			
	기 타	-			
특기사항		횡구식 석실로 보고하였으나 파괴가 심하여 정확한 구조는 알 수 없음.			

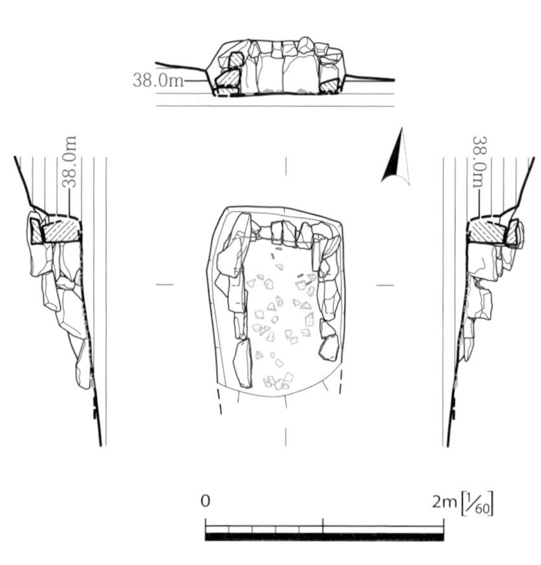

[유구사진]

[출토유물]

1

0 10cm[1/4]

2지역 53호 석실묘

(단위 : cm)

봉토	크 기 (길이×너비×높이)	?	묘광	크 기 (길이×너비×깊이)	(340+)×(139)×(24+)
	평면형태	?		장폭비	?
현실	크 기 (길이×너비×높이)	(178+)×(74)×(23+)	천장형태		?
	장폭비	?	횡구부위치		남서측 단벽
횡구부	크 기 (길이×너비)	(65)×(60)	묘도크기 (길이×너비)		?
	장폭비	1.08:1	배수시설 (길이×너비×깊이)		?
시상/관대크기 (길이×너비×높이)		?	두 향		?
장축방향		N-40°-E	벽석종류		할석
유물	토 기	-			
	철 기	관정(2)			
	청동기	-			
	옥석류	-			
	기 타	-			
특기사항					

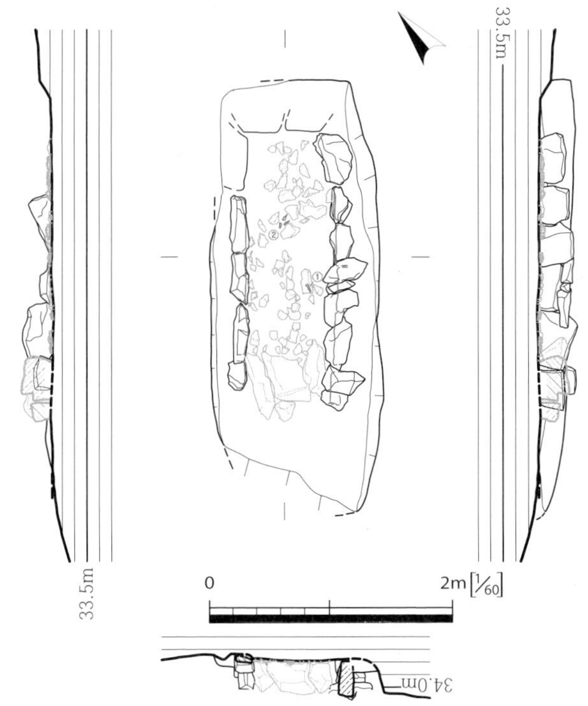

[유구사진]

[출토유물]

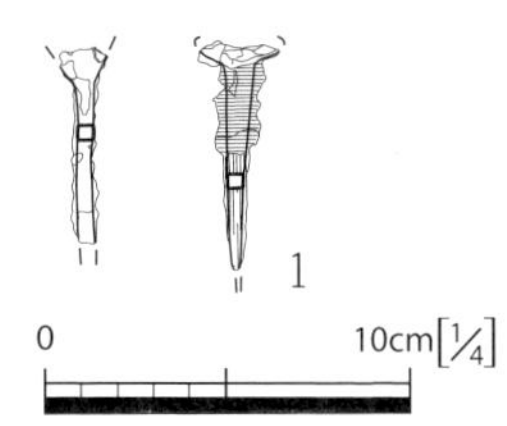

2지역 54호 석실묘

(단위 : cm)

봉토	크 기 (길이×너비×높이)	?	묘광	크 기 (길이×너비×깊이)	292×157×(56+)
	평면형태	?		장 폭 비	1.86:1
현실	크 기 (길이×너비×높이)	207×67×(70+)	천장형태		?
	장 폭 비	3.09:1	횡구부위치		남서측 단벽
횡구부	크 기 (길이×너비)	(60)×(45)	묘도크기 (길이×너비)		40×58
	장 폭 비	1.44:1	배수시설 (길이×너비×깊이)		?
시상/관대크기 (길이×너비×높이)		?	두 향		?
장축방향		N-34°-E	벽석종류		할석
유물	토 기	-			
	철 기	관정(3)			
	청 동 기	-			
	옥 석 류	-			
	기 타	-			
특기사항					

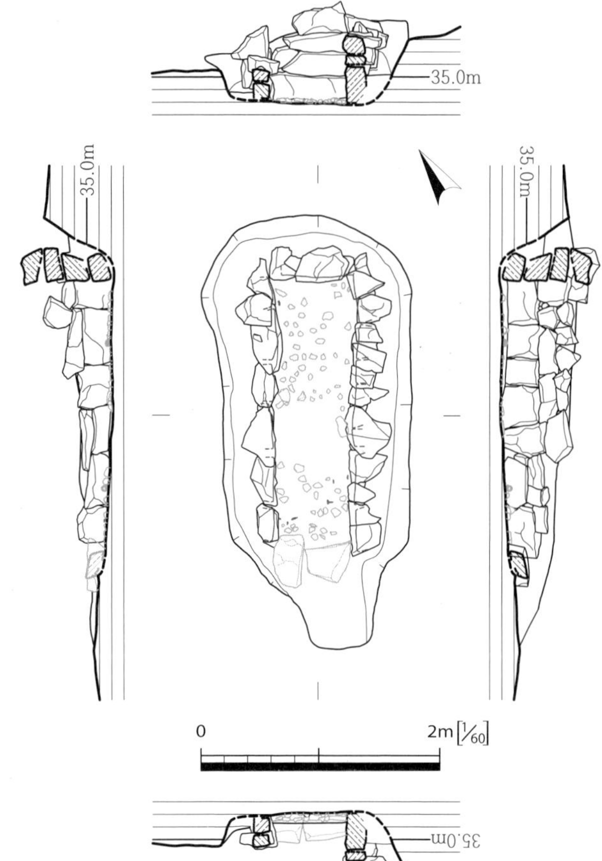

[유구사진]

[출토유물]

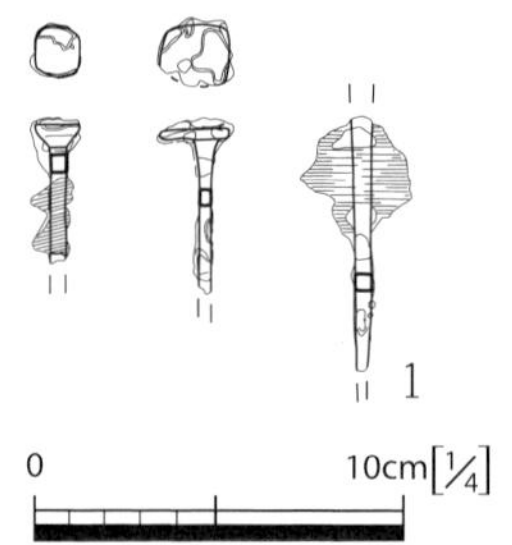

2지역 55호 석실묘

(단위 : cm)

봉토	크 기 (길이×너비×높이)	?	묘광	크 기 (길이×너비×깊이)	(150+)×101×(38+)
	평면형태	?		장폭비	?
현실	크 기 (길이×너비×높이)	(76+)×47×(40+)	천장형태		?
	장폭비	?	횡구부위치		?
횡구부	크 기 (길이×너비)	?	묘도크기 (길이×너비)		?
	장폭비	?	배수시설 (길이×너비×깊이)		?
시상/관대크기 (길이×너비×높이)		?	두 향		?
장축방향		N-5°-E	벽석종류		할석
유물	토 기	-			
	철 기	관정(?)			
	청동기	-			
	옥석류	-			
	기 타	-			
특기사항		횡구식 석실로 보고하였으나 파괴가 심하여 정확한 구조는 알 수 없음. 관정 도면 미게재.			

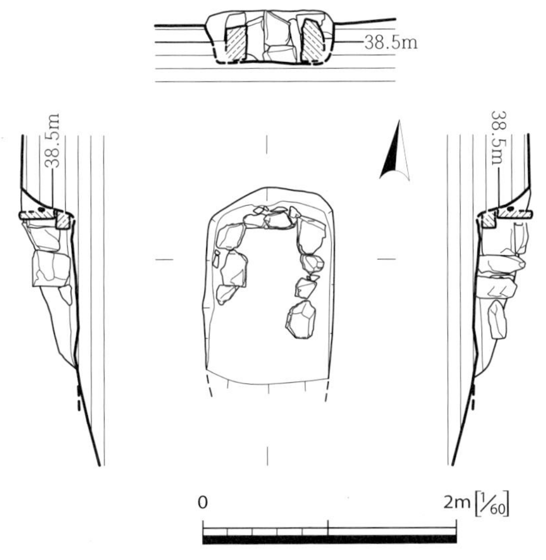

[유구사진]

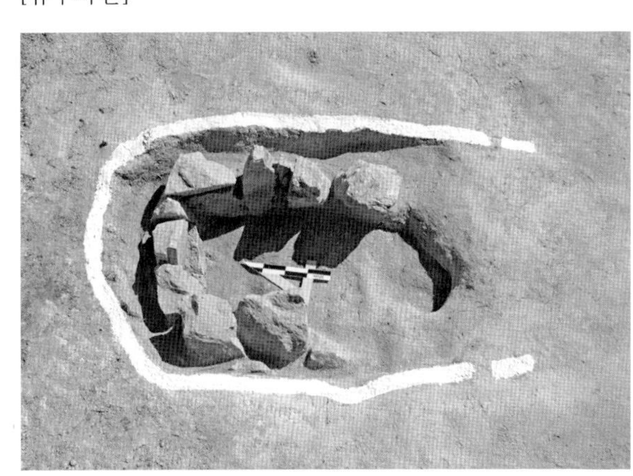

2지역 56호 석실묘

(단위 : cm)

봉토	크 기 (길이×너비×높이)	?	묘광	크 기 (길이×너비×깊이)	344×173×(142+)
	평면형태	?		장 폭 비	1.99:1
현실	크 기 (길이×너비×높이)	258×80×82+	천장형태		고임
	장 폭 비	3.23:1	횡구부위치		남서측 단벽
횡구부	크 기 (길이×너비)	(62)×(70)	묘도크기 (길이×너비)		56×82
	장 폭 비	(0.88):1	배수시설 (길이×너비×깊이)		?
시상/관대크기 (길이×너비×높이)		?	두 향		?
장축방향		N-49°-E	벽석종류		할석
유물	토 기	-			
	철 기	관정(8)			
	청 동 기	-			
	옥 석 류	-			
	기 타	-			
특기사항					

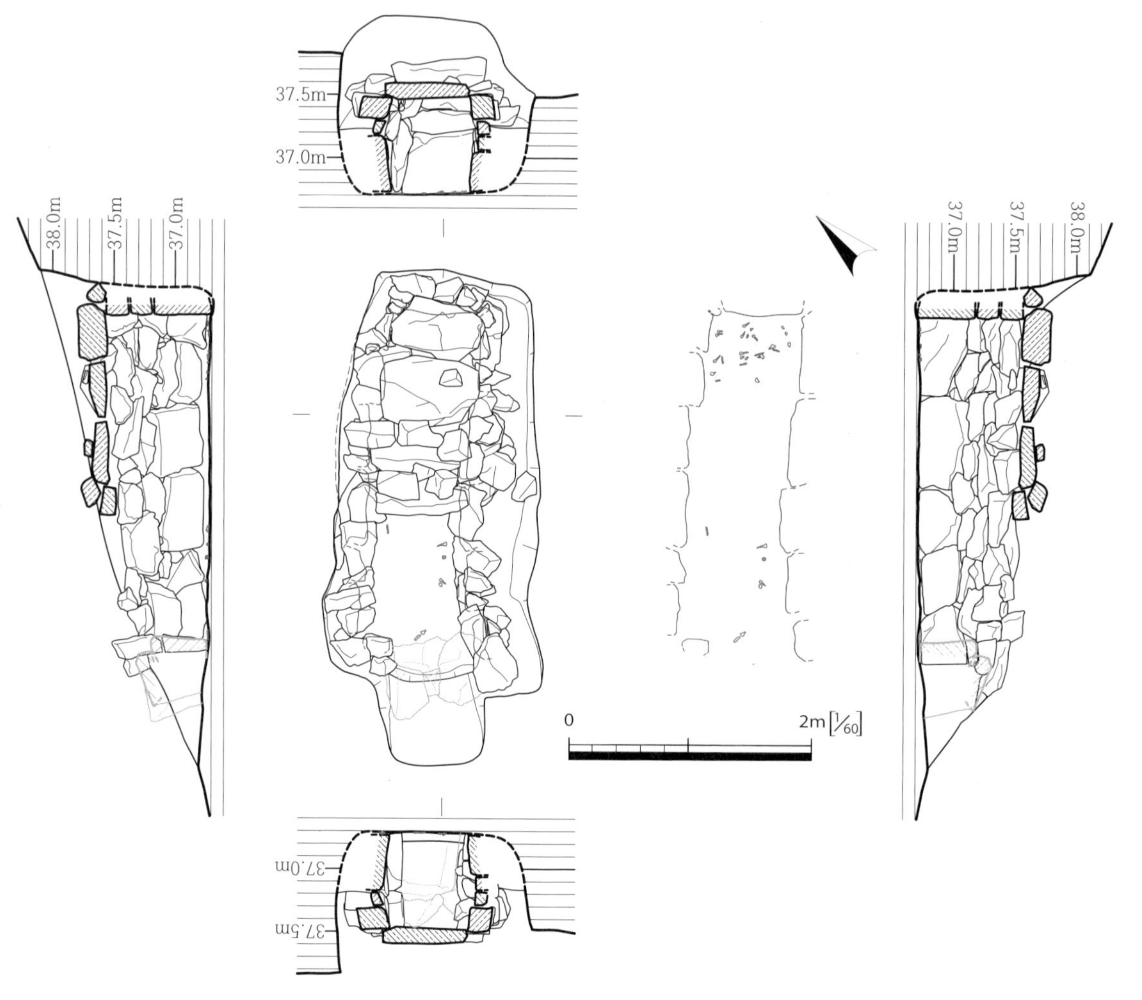

[유구사진]

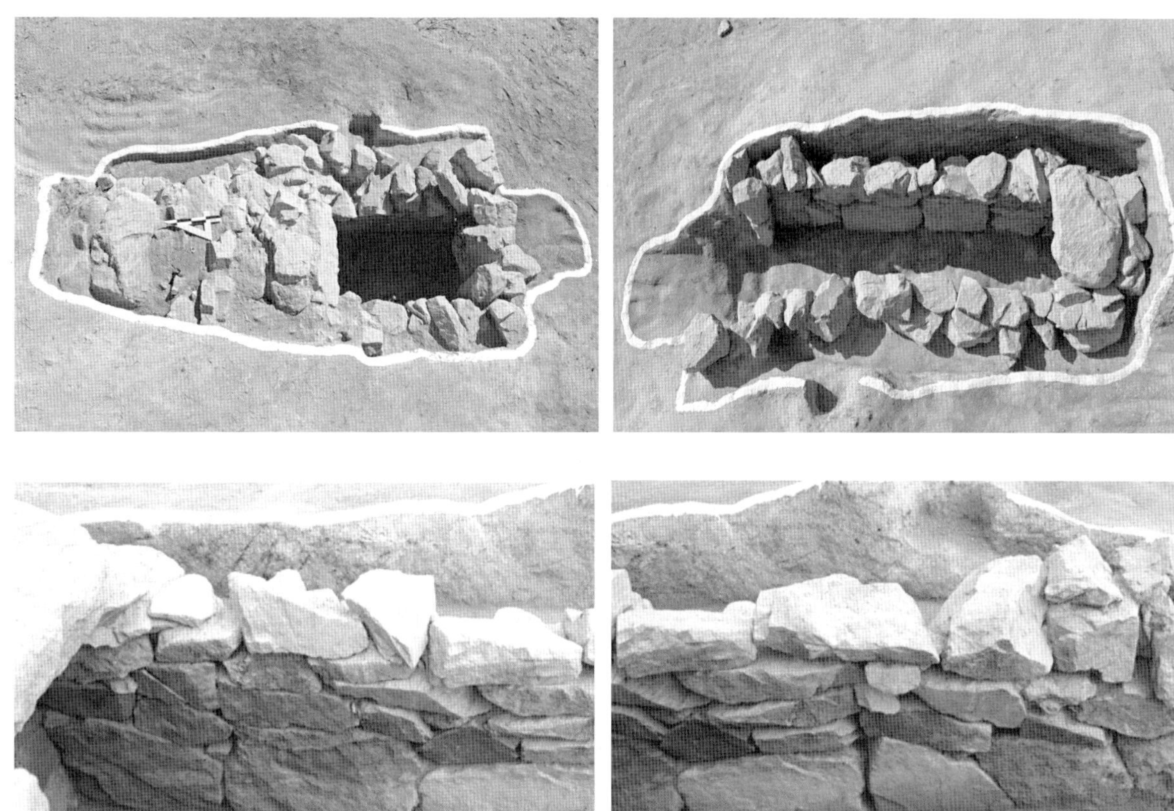

56호분 동벽(1-2)북서에서

[출토유물]

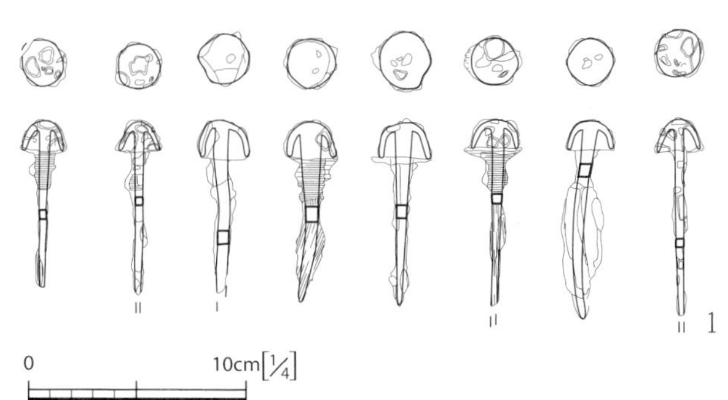

2지역 57호 석실묘

(단위 : cm)

봉토	크 기 (길이×너비×높이)	?	묘광	크 기 (길이×너비×깊이)	(311+)×(216+)×(62+)
	평면형태	?		장폭비	?
현실	크 기 (길이×너비×높이)	(228+)×(122+)×?	천장형태		?
	장폭비	?	횡구부위치		?
횡구부	크 기 (길이×너비)	?	묘도크기 (길이×너비)		(28+)×(60+)
	장폭비	?	배수시설 (길이×너비×깊이)		?
시상/관대크기 (길이×너비×높이)		?	두 향		?
장축방향		N-48°-E	벽석종류		할석
유물	토 기	-			
	철 기	관정(?)			
	청동기	-			
	옥석류	-			
	기 타	-			
특기사항		횡구식 석실로 보고하였으나 파괴가 심하여 정확한 구조는 알 수 없음. 관정 도면 미게재.			

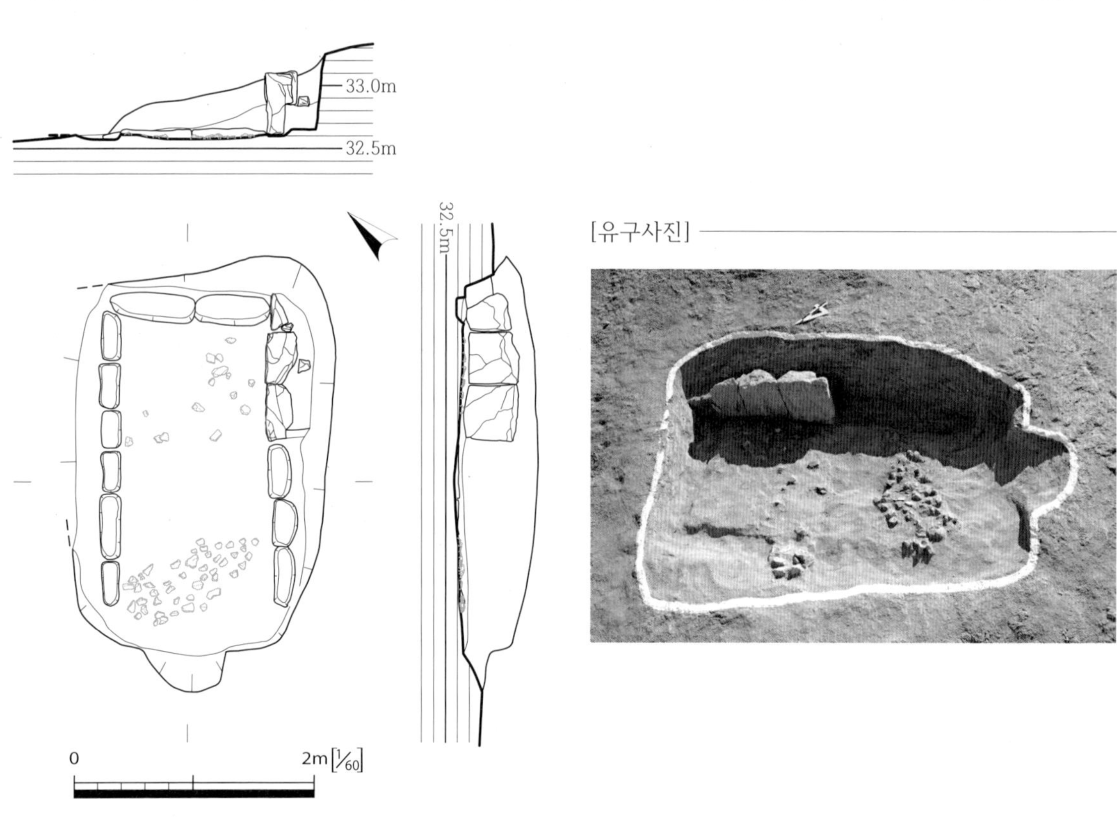

2지역 58호분

(단위 : cm)

묘광	크 기 (길이×너비×높이)	(230+)×(95)×(24+)	현실	크 기 (길이×너비×깊이)	(125+)×(50+)×?
	평면형태	?		장폭비	?
시상/관대크기 (길이×너비×높이)		?	천장형태		?
묘도크기 (길이×너비)		?	배수시설 (길이×너비×깊이)		?
장축방향		N-8°-W	두 향		?
벽석종류		할석	바닥시설		?
유물	토 기	-			
	철 기	관정(2)			
	청동기	-			
	옥석류	-			
	기 타	-			
특기사항		파괴가 심하여 정확한 구조는 알 수 없음.			

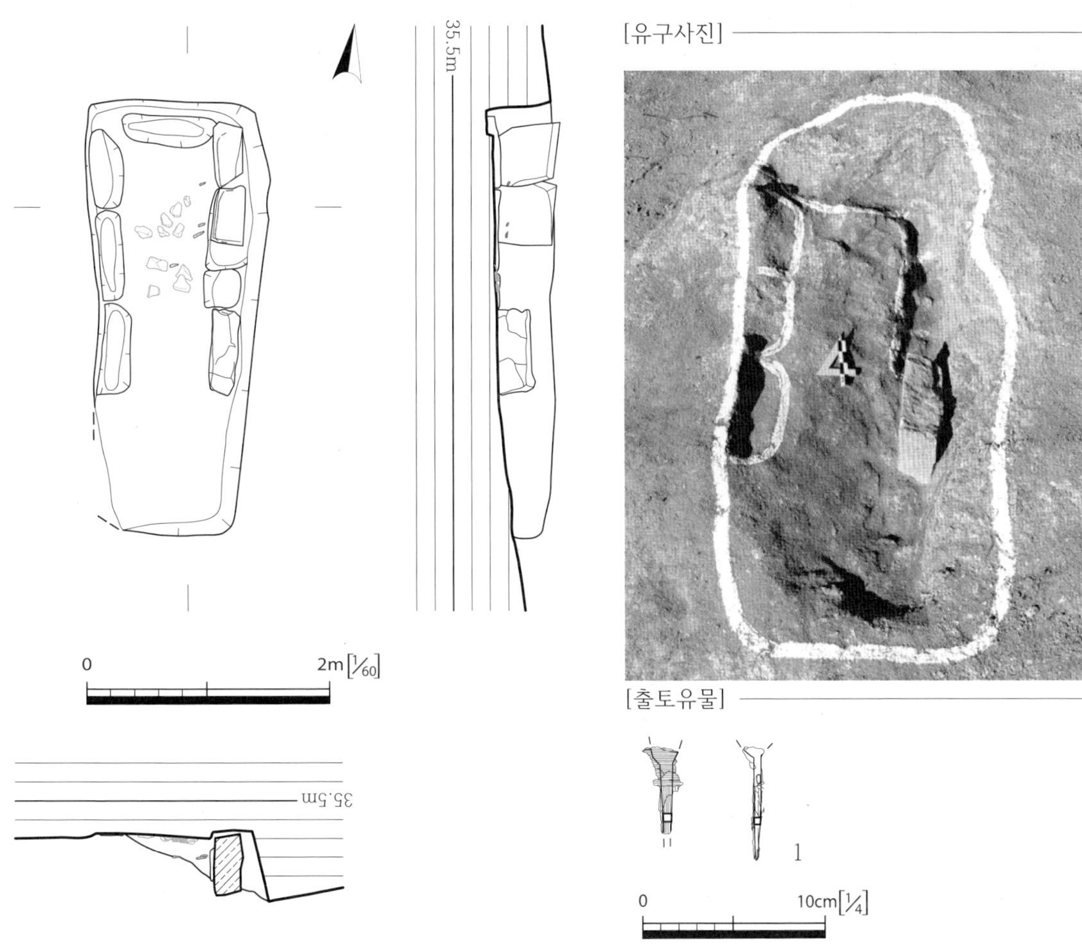

2지역 59호분

(단위 : cm)

묘광	크 기 (길이×너비×높이)	(223+)×(104+)×(27+)	현실	크 기 (길이×너비×깊이)	(157+)×(30+)×(58+)
	평면형태	?		장폭비	?
시상/관대크기 (길이×너비×높이)		?	천장형태		?
묘도크기 (길이×너비)		?	배수시설 (길이×너비×깊이)		?
장축방향		N-24°-E	두 향		?
벽석종류		할석	바닥시설		할석
유물	토 기	-			
	철 기	관정(2)			
	청동기	-			
	옥석류	-			
	기 타	-			
특기사항		파괴가 심하여 정확한 구조는 알 수 없음.			

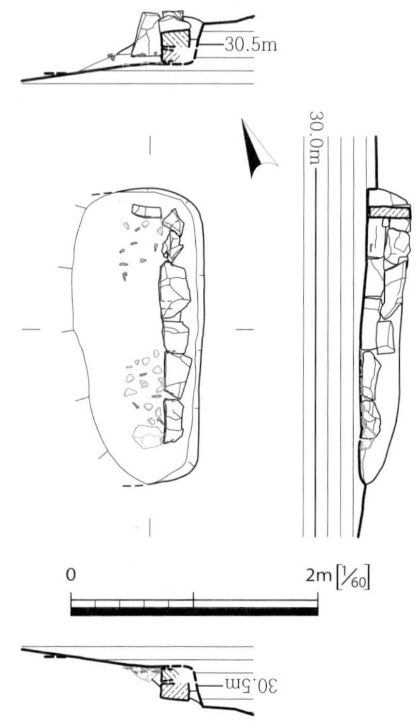

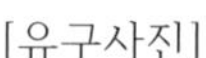

[유구사진]

[출토유물]

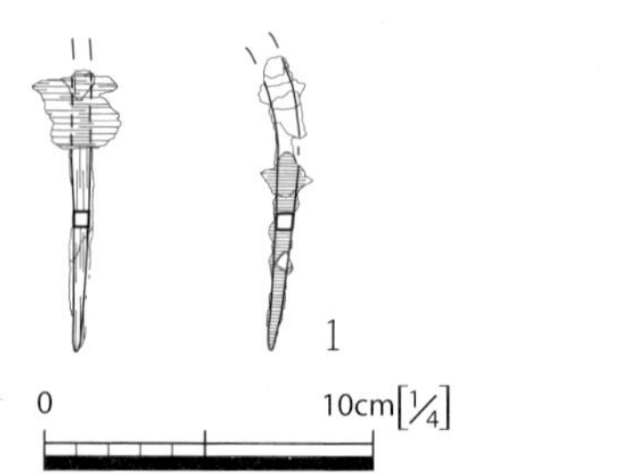

2지역 60호 석실묘

(단위 : cm)

봉토	크 기 (길이×너비×높이)	?	묘광	크 기 (길이×너비×깊이)	(259+)×(109+)×(25+)
	평면형태	?		장폭비	?
현실	크 기 (길이×너비×높이)	(145+)×(39+)×?	천장형태		?
	장폭비	?	횡구부위치		남서측 단벽
횡구부	크 기 (길이×너비)	(62)×(46)	묘도크기 (길이×너비)		?
	장폭비	(1.35):1	배수시설 (길이×너비×깊이)		?
시상/관대크기 (길이×너비×높이)		?	두 향		?
장축방향		N-49°-E	벽석종류		할석
유물	토 기	-			
	철 기	관정(1)			
	청동기	-			
	옥석류	-			
	기 타	-			
특기사항		횡구식 석실로 보고하였으나 파괴가 심하여 정확한 구조는 알 수 없음.			

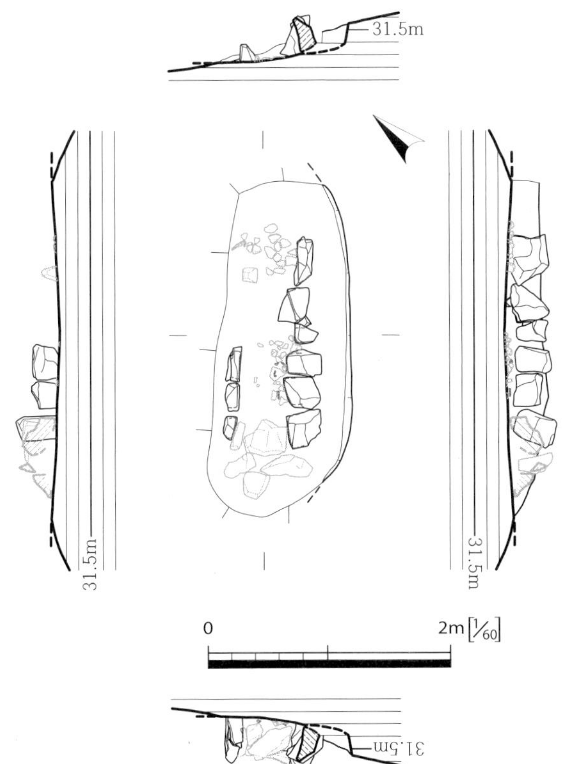

[유구사진]

[출토유물]

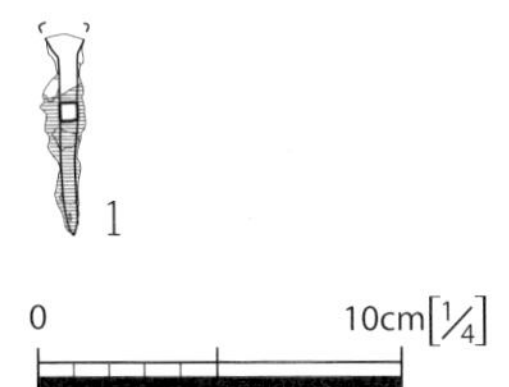

2지역 61호 석실묘

(단위 : cm)

봉토	크 기 (길이×너비×높이)	?	묘광	크 기 (길이×너비×깊이)	(324+)×(140+)×(40+)
	평면형태	?		장폭비	?
현실	크 기 (길이×너비×높이)	(227)×(68)×(42+)	천장형태		?
	장폭비	(3.34):1	횡구부위치		남서측 단벽
횡구부	크 기 (길이×너비)	46×48	묘도크기 (길이×너비)		?
	장폭비	0.96:1	배수시설 (길이×너비×깊이)		?
시상/관대크기 (길이×너비×높이)		?	두 향		?
장축방향		N-52°-E	벽석종류		할석
유물	토 기	-			
	철 기	관고리(?), 관정(12)			
	청동기	-			
	옥석류	-			
	기 타	-			
특기사항		관고리 도면 미게재.			

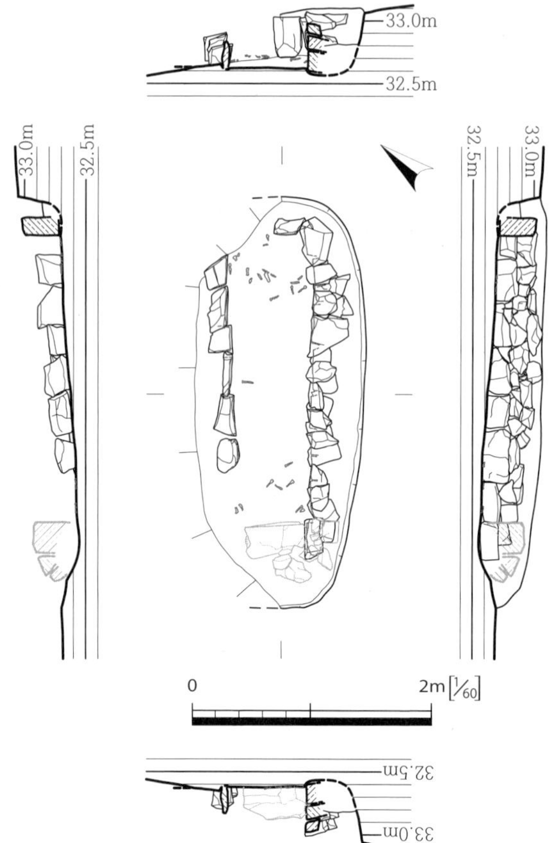

[유구사진]

[출토유물]

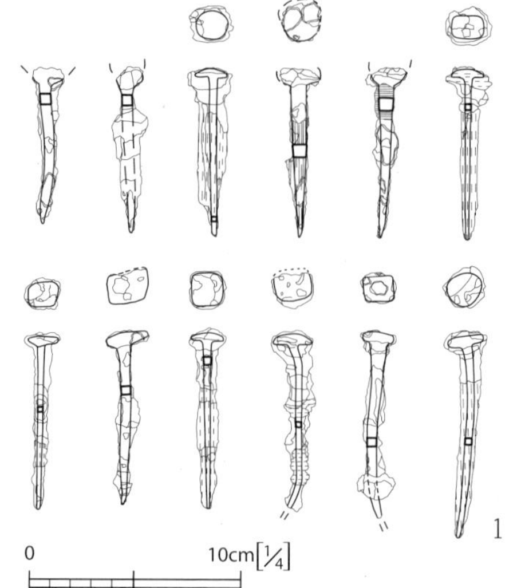

2지역 62호 석실묘

(단위 : cm)

<table>
<tr><td rowspan="2">봉토</td><td>크 기
(길이×너비×높이)</td><td>?</td><td rowspan="2">묘광</td><td>크 기
(길이×너비×깊이)</td><td>320×144×(40+)</td></tr>
<tr><td>평면형태</td><td>?</td><td>장 폭 비</td><td>2.22:1</td></tr>
<tr><td rowspan="2">현실</td><td>크 기
(길이×너비×높이)</td><td>(252)×(94)×?</td><td colspan="2">천장형태</td><td>?</td></tr>
<tr><td>장 폭 비</td><td>(2.68):1</td><td colspan="2">횡구부위치</td><td>남측 단벽</td></tr>
<tr><td rowspan="2">횡구부</td><td>크 기
(길이×너비)</td><td>92×72</td><td colspan="2">묘도크기
(길이×너비)</td><td>(116)×96</td></tr>
<tr><td>장 폭 비</td><td>1.28:1</td><td colspan="2">배수시설
(길이×너비×깊이)</td><td>?</td></tr>
<tr><td colspan="2">시상/관대크기
(길이×너비×높이)</td><td>?</td><td colspan="2">두 향</td><td>?</td></tr>
<tr><td colspan="2">장축방향</td><td>N-18°-E</td><td colspan="2">벽석종류</td><td>할석</td></tr>
<tr><td rowspan="5">유물</td><td>토 기</td><td colspan="4">-</td></tr>
<tr><td>철 기</td><td colspan="4">관정(3)</td></tr>
<tr><td>청 동 기</td><td colspan="4">-</td></tr>
<tr><td>옥 석 류</td><td colspan="4">-</td></tr>
<tr><td>기 타</td><td colspan="4">-</td></tr>
<tr><td colspan="2">특기사항</td><td colspan="4"></td></tr>
</table>

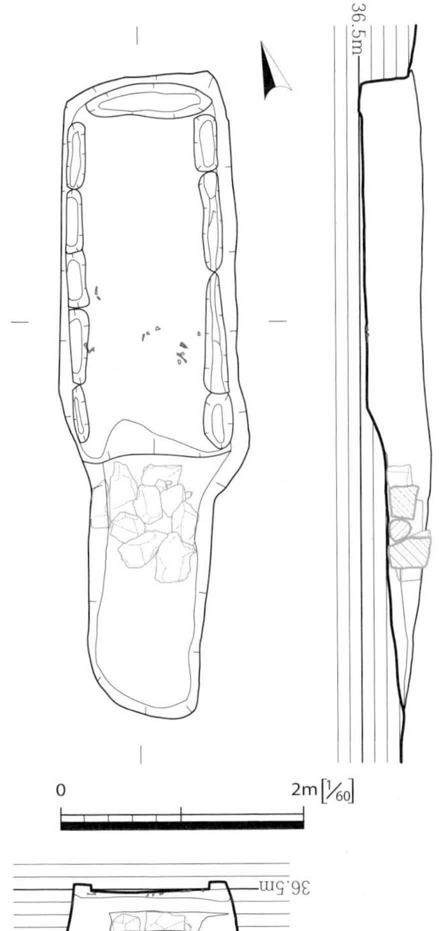

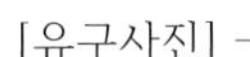

[유구사진]

[출토유물]

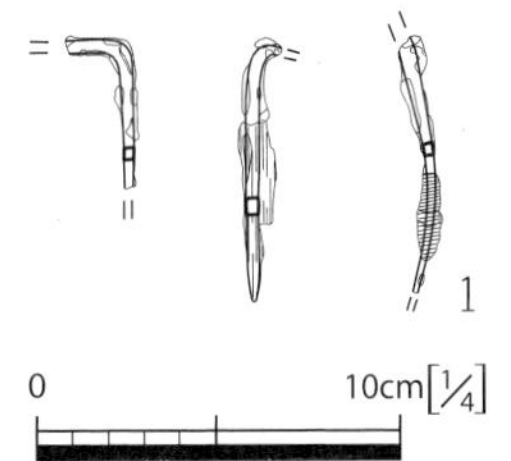

2지역 63호 석실묘

(단위 : cm)

봉토	크 기 (길이×너비×높이)	?	묘광	크 기 (길이×너비×깊이)	(270+)×(159+)×(80+)
	평면형태	?		장폭비	?
현실	크 기 (길이×너비×높이)	(203+)×77×(72+)	천장형태		?
	장폭비	?	횡구부위치		?
횡구부	크 기 (길이×너비)	?	묘도크기 (길이×너비)		?
	장폭비	?	배수시설 (길이×너비×깊이)		?
시상/관대크기 (길이×너비×높이)		?	두 향		?
장축방향		N-8°-E	벽석종류		할석
유물	토 기	-			
	철 기	관정(3)			
	청동기	-			
	옥석류	-			
	기 타	-			
특기사항		횡구식 석실로 보고하였으나 파괴가 심하여 정확한 구조는 알 수 없음.			

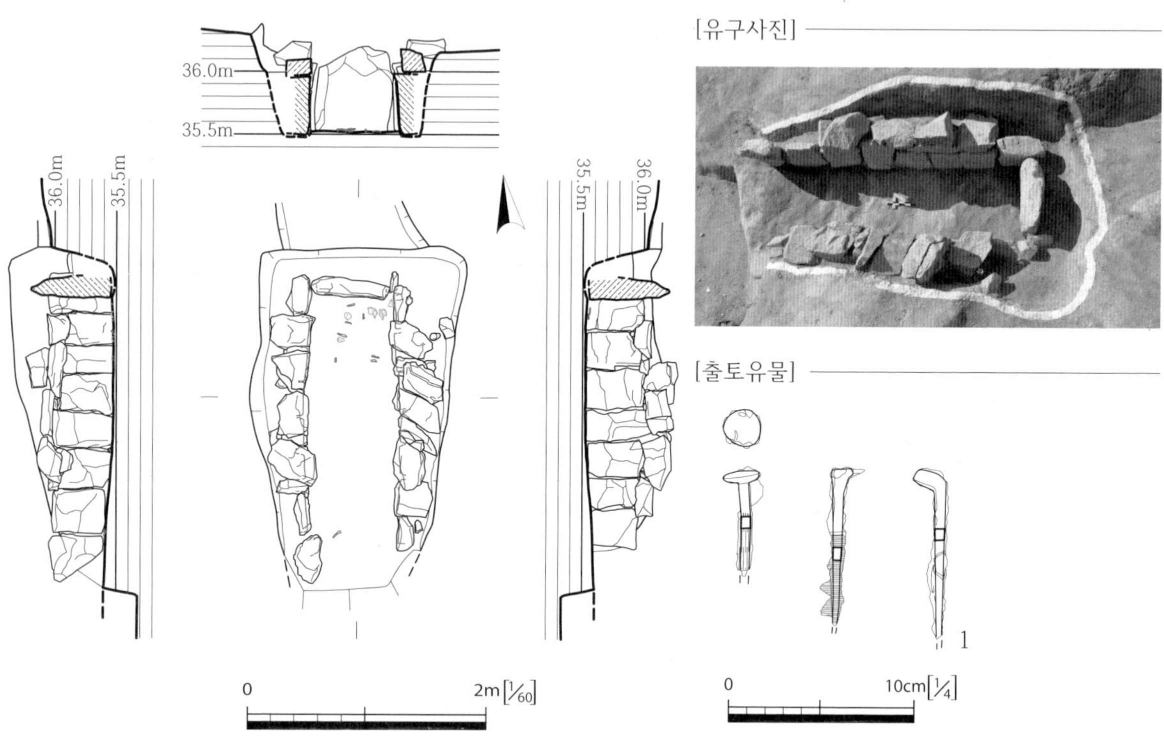

2지역 64호 석실묘

(단위 : cm)

봉토	크 기 (길이×너비×높이)	?	묘광	크 기 (길이×너비×깊이)	(292+)×(166)×(90+)
	평면형태	?		장폭비	?
현실	크 기 (길이×너비×높이)	(172+)×(74)×(70+)	천장형태		고임
	장폭비	?	횡구부위치		?
횡구부	크 기 (길이×너비)	?	묘도크기 (길이×너비)		?
	장폭비	?	배수시설 (길이×너비×깊이)		?
시상/관대크기 (길이×너비×높이)		?	두 향		?
장축방향		N-8°-E	벽석종류		할석
유물	토 기	-			
	철 기	관고리(3), 관정(4)			
	청동기	-			
	옥석류	-			
	기 타	-			
특기사항		횡구식 석실로 보고하였으나 파괴가 심하여 정확한 구조는 알 수 없음.			

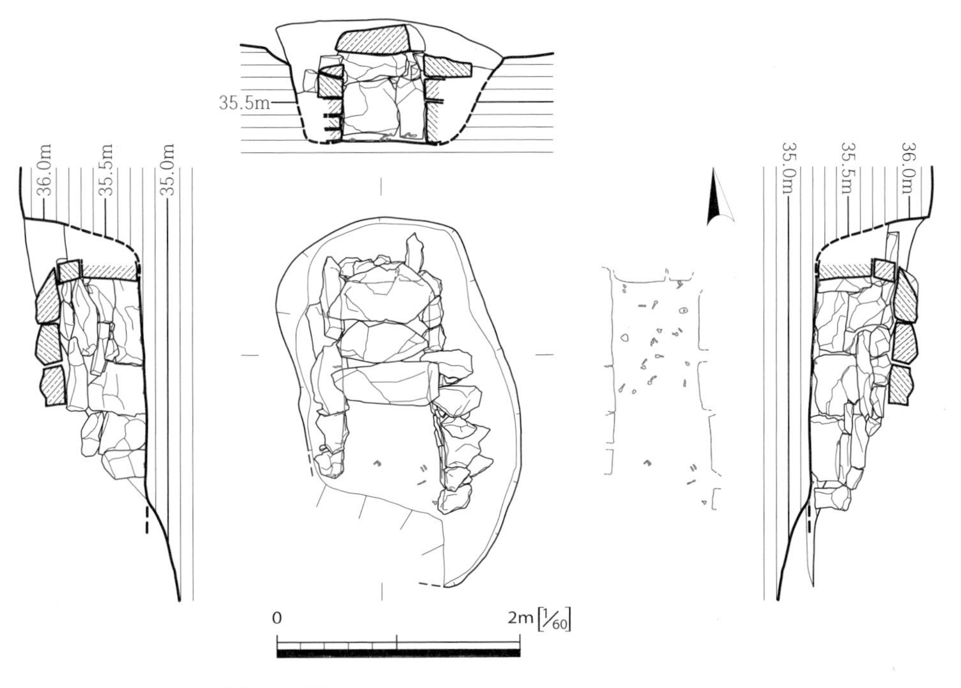

[유구사진]

[출토유물]

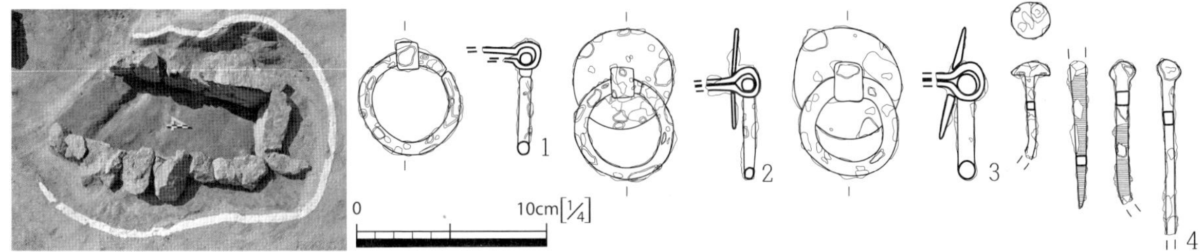

2지역 65호 석실묘

(단위 : cm)

봉토	크 기 (길이×너비×높이)	?	묘광	크 기 (길이×너비×깊이)	(358+)×175×(36+)
	평면형태	?		장폭비	?
현실	크 기 (길이×너비×높이)	243×61×(62)	천장형태		평
	장폭비	3.98:1	횡구부위치		남측 단벽
횡구부	크 기 (길이×너비)	(60+)×72	묘도크기 (길이×너비)		?
	장폭비	?	배수시설 (길이×너비×깊이)		?
시상/관대크기 (길이×너비×높이)		?	두 향		?
장축방향		N-11°-E	벽석종류		할석
유물	토 기	-			
	철 기	관정(7)			
	청동기	-			
	옥석류	-			
	기 타	-			
특기사항					

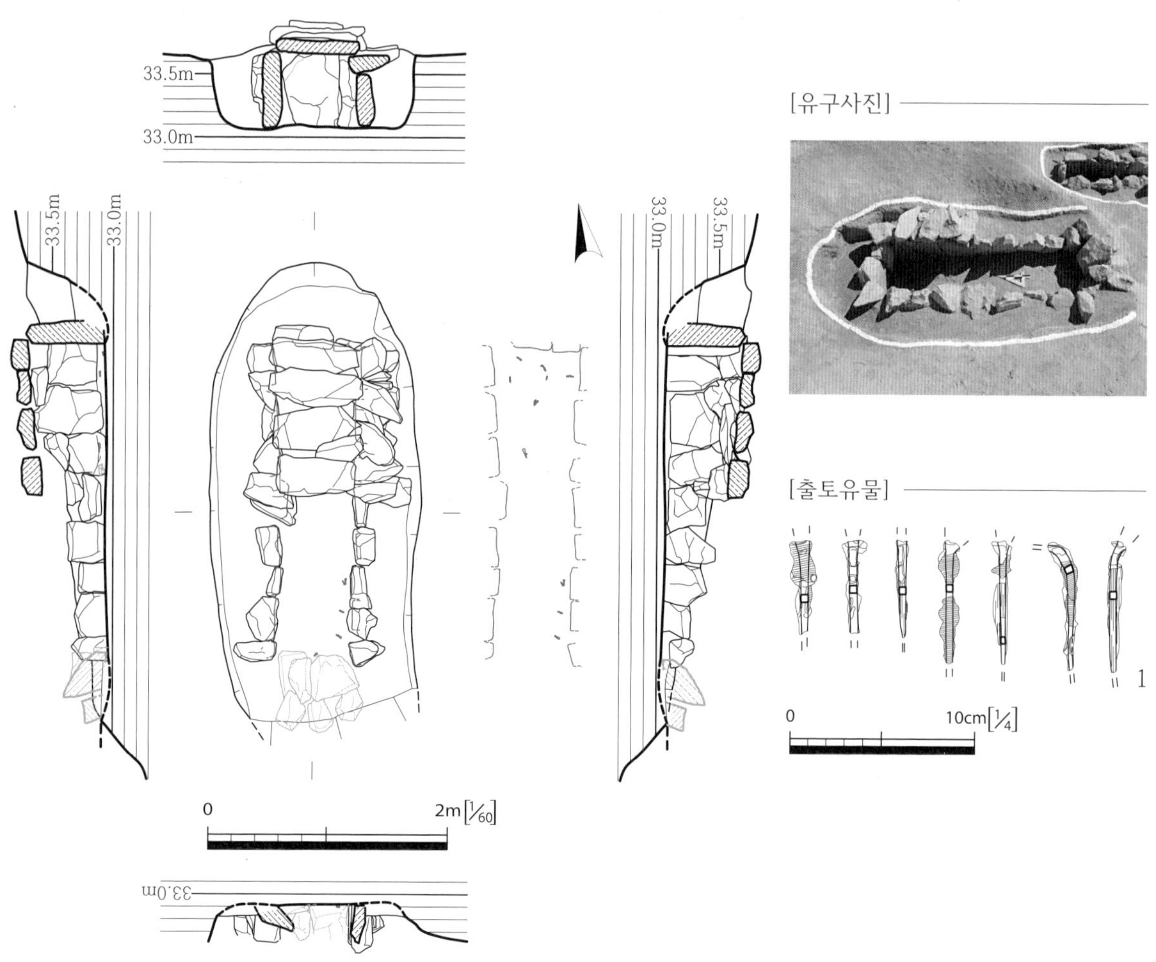

2지역 66호 석실묘

(단위 : cm)

봉토	크 기 (길이×너비×높이)	?	묘광	크 기 (길이×너비×깊이)	(228+)×131×(46+)
	평면형태	?		장폭비	?
현실	크 기 (길이×너비×높이)	(162+)×44×(35+)	천장형태		평
	장폭비	?	횡구부위치		남측 단벽
횡구부	크 기 (길이×너비)	?	묘도크기 (길이×너비)		?
	장폭비	?	배수시설 (길이×너비×깊이)		?
시상/관대크기 (길이×너비×높이)		?	두 향		?
장축방향		N-10°-W	벽석종류		할석
유물	토 기	-			
	철 기	관정(3)			
	청동기	-			
	옥석류	-			
	기 타	-			
특기사항		횡구식 석실로 보고하였으나 파괴가 심하여 구조는 알 수 없음.			

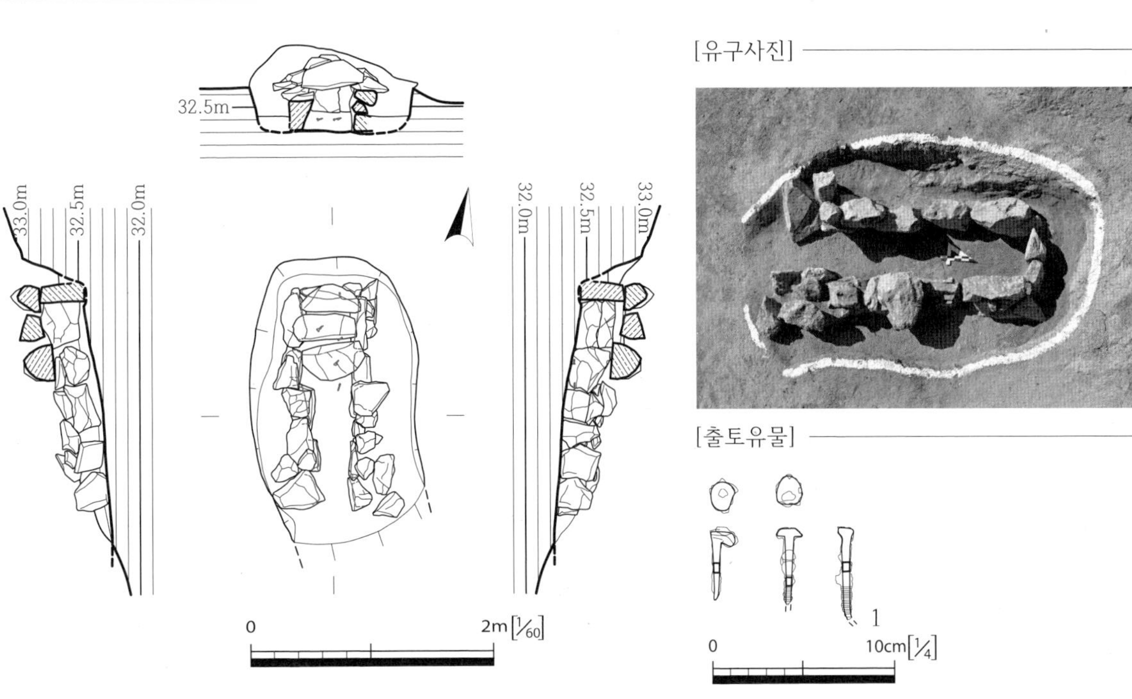

2지역 67호 석실묘

(단위 : cm)

봉토	크 기 (길이×너비×높이)	?	묘광	크 기 (길이×너비×깊이)	(236+)×(127)×(82+)
	평면형태	?		장폭비	?
현실	크 기 (길이×너비×높이)	(185+)×74×(36+)	천장형태		?
	장폭비	?	횡구부위치		?
횡구부	크 기 (길이×너비)	?	묘도크기 (길이×너비)		?
	장폭비	?	배수시설 (길이×너비×깊이)		?
시상/관대크기 (길이×너비×높이)		?	두 향		?
장축방향		N-43°-E	벽석종류		할석
유물	토 기	-			
	철 기	관고리(?), 관정(3)			
	청동기	-			
	옥석류	-			
	기 타	-			
특기사항		횡구식 석실로 보고하였으나 파괴가 심하여 정확한 구조는 알 수 없음. 관고리 도면 미게재.			

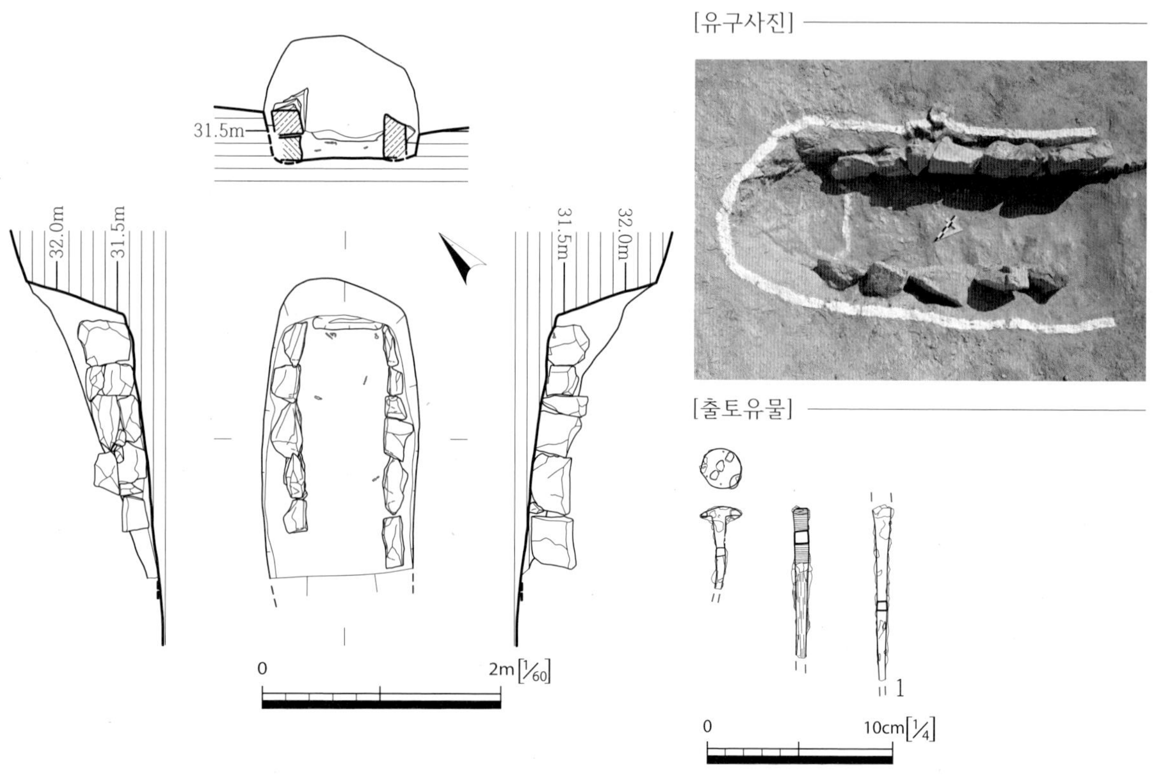

2지역 68호 석실묘

(단위 : cm)

봉토	크 기 (길이×너비×높이)	?	묘광	크 기 (길이×너비×깊이)	363×178×(87+)
	평면형태	?		장폭비	2.04:1
현실	크 기 (길이×너비×높이)	238×61×(70+)	천장형태		?
	장폭비	3.90:1	횡구부위치		남측 단벽
횡구부	크 기 (길이×너비)	(60+)×(70)	묘도크기 (길이×너비)		60×72
	장폭비	(0.86):1	배수시설 (길이×너비×깊이)		?
시상/관대크기 (길이×너비×높이)		?	두 향		?
장축방향		N-15°-E	벽석종류		할석
유물	토 기	-			
	철 기	관정(9)			
	청동기	-			
	옥석류	-			
	기 타	-			
특기사항					

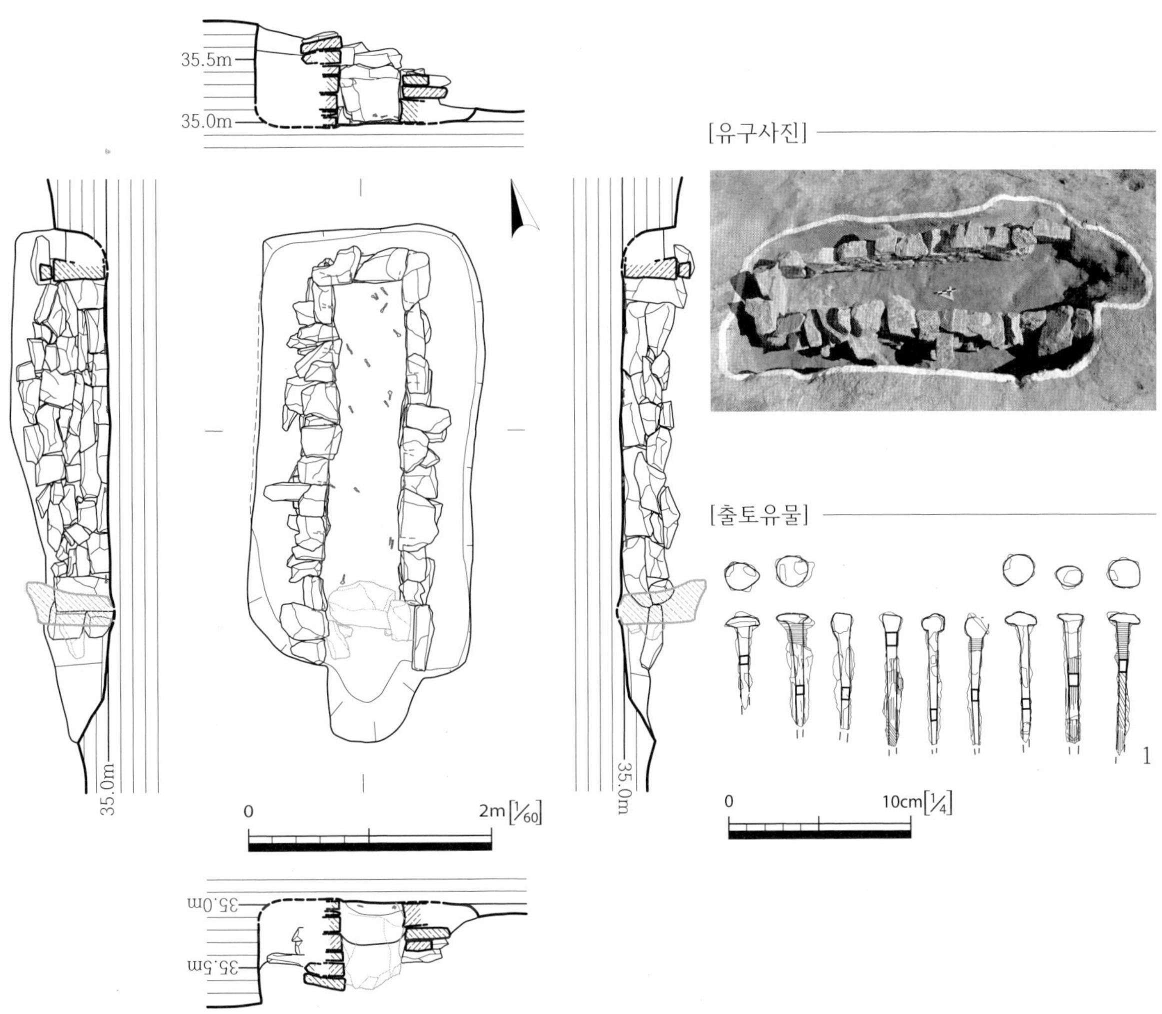

2지역 69호 석실묘

(단위 : cm)

<table>
<tr><td rowspan="2">봉토</td><td>크 기
(길이×너비×높이)</td><td>?</td><td rowspan="2">묘광</td><td>크 기
(길이×너비×깊이)</td><td>(403+)×191×(102+)</td></tr>
<tr><td>평면형태</td><td>?</td><td>장폭비</td><td>?</td></tr>
<tr><td rowspan="2">현실</td><td>크 기
(길이×너비×높이)</td><td>(238)×(65)×(84+)</td><td colspan="2">천장형태</td><td>?</td></tr>
<tr><td>장폭비</td><td>(3.66):1</td><td colspan="2">횡구부위치</td><td>남측 단벽</td></tr>
<tr><td rowspan="2">횡구부</td><td>크 기
(길이×너비)</td><td>(140)×(60)</td><td colspan="2">묘도크기
(길이×너비)</td><td>?</td></tr>
<tr><td>장폭비</td><td>(2.33):1</td><td colspan="2">배수시설
(길이×너비×깊이)</td><td>?</td></tr>
<tr><td colspan="2">시상/관대크기
(길이×너비×높이)</td><td>?</td><td colspan="2">두 향</td><td>?</td></tr>
<tr><td colspan="2">장축방향</td><td>N-5°-E</td><td colspan="2">벽석종류</td><td>할석</td></tr>
<tr><td rowspan="5">유물</td><td>토 기</td><td colspan="4">-</td></tr>
<tr><td>철 기</td><td colspan="4">관정(1)</td></tr>
<tr><td>청동기</td><td colspan="4">-</td></tr>
<tr><td>옥석류</td><td colspan="4">-</td></tr>
<tr><td>기 타</td><td colspan="4">-</td></tr>
<tr><td colspan="2">특기사항</td><td colspan="4"></td></tr>
</table>

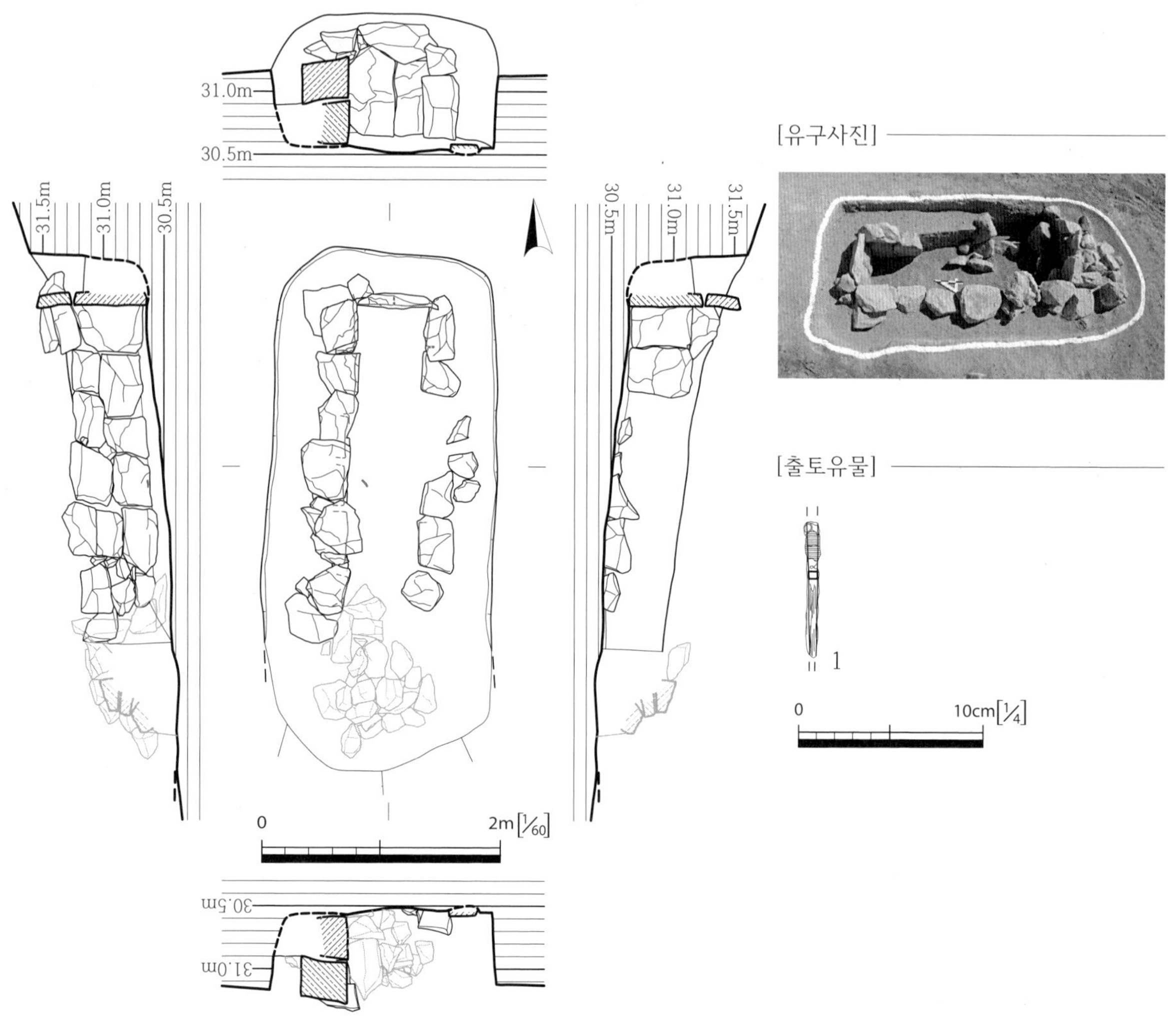

2지역 70호분

(단위 : cm)

묘광	크 기 (길이×너비×높이)	(237+)×(135+)×(25+)	현실	크 기 (길이×너비×높이)	(181+)×(63+)×(19+)
	평면형태	?		장폭비	?
시상/관대크기 (길이×너비×높이)		?	천장형태		?
묘도크기 (길이×너비)		?	배수시설 (길이×너비×깊이)		?
장축방향		N-30°-E	두 향		?
벽석종류		할석	바닥시설		?
유물	토 기	-			
	철 기	-			
	청동기	-			
	옥석류	-			
	기 타	-			
특기사항		파괴가 심하여 정확한 구조는 알 수 없음. 출토유물 없음.			

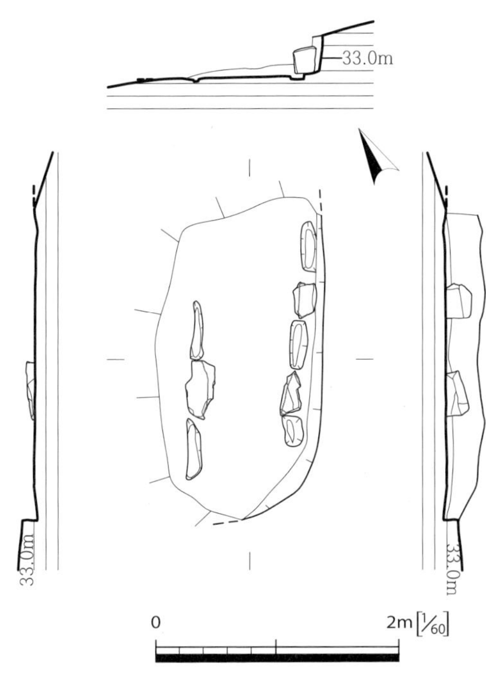

[유구사진]

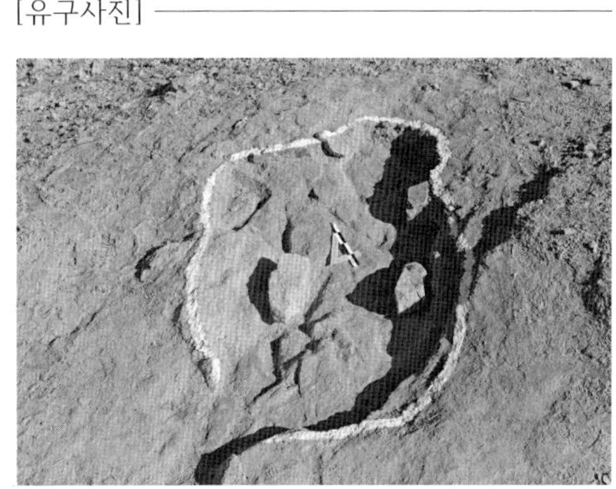

2지역 71호분

(단위 : cm)

묘광	크 기 (길이×너비×높이)	(154+)×(95)×(25+)	현실	크 기 (길이×너비×높이)	(75+)×48×(37+)
	평면형태	?		장폭비	?
시상/관대크기 (길이×너비×높이)		?	천장형태		?
묘도크기 (길이×너비)		?	배수시설 (길이×너비×깊이)		?
장축방향		N-10°-E	두 향		?
벽석종류		할석	바닥시설		?
유물	토 기	-			
	철 기	-			
	청동기	-			
	옥석류	-			
	기 타	-			
특기사항		파괴가 심하여 정확한 구조는 알 수 없음. 출토유물 없음.			

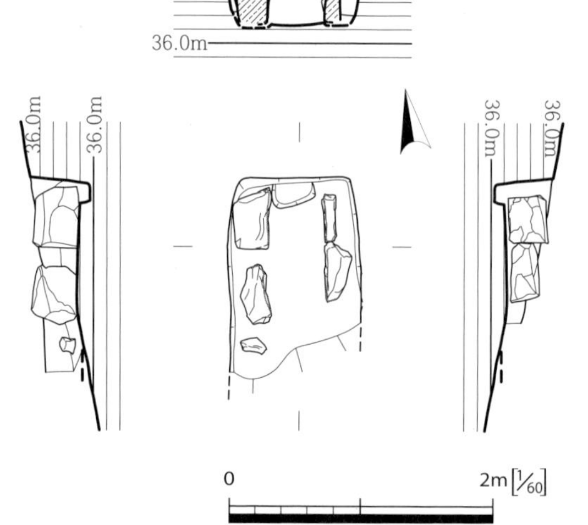

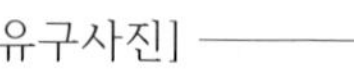

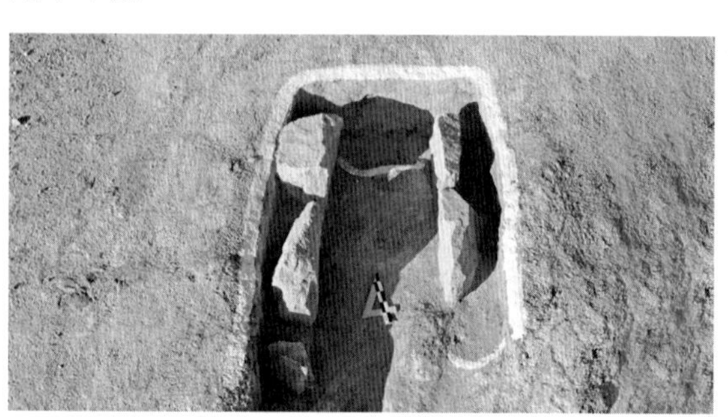

2지역 72호분

(단위 : cm)

묘광	크 기 (길이×너비×높이)	(241+)×143×(66+)	현실	크 기 (길이×너비×높이)	(169+)×76×(53+)
	평면형태	?		장폭비	?
시상/관대크기 (길이×너비×높이)		?	천장형태		?
묘도크기 (길이×너비)		?	배수시설 (길이×너비×깊이)		?
장축방향		N-20°-W	두 향		?
벽석종류		할석	바닥시설		?
유물	토 기	-			
	철 기	관고리(1), 관정(2)			
	청동기	-			
	옥석류	-			
	기 타	-			
특기사항		파괴가 심하여 정확한 구조는 알 수 없음.			

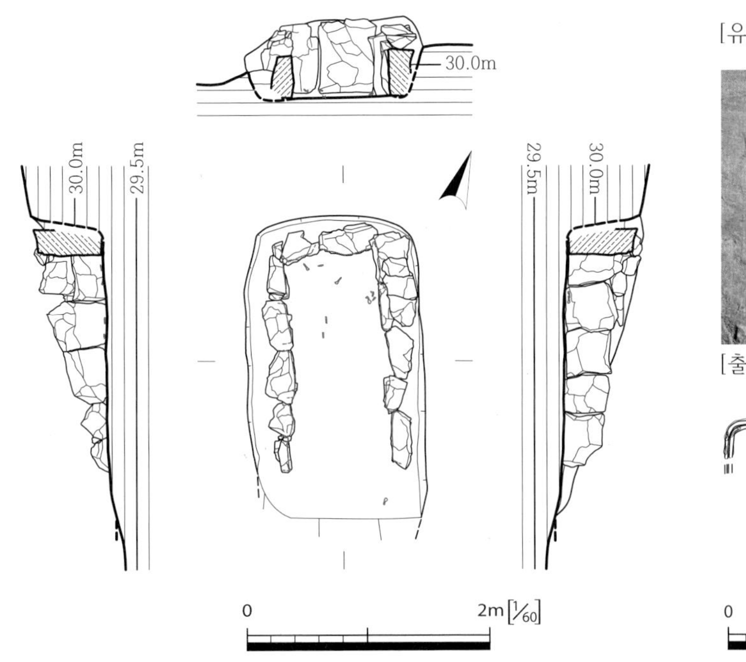

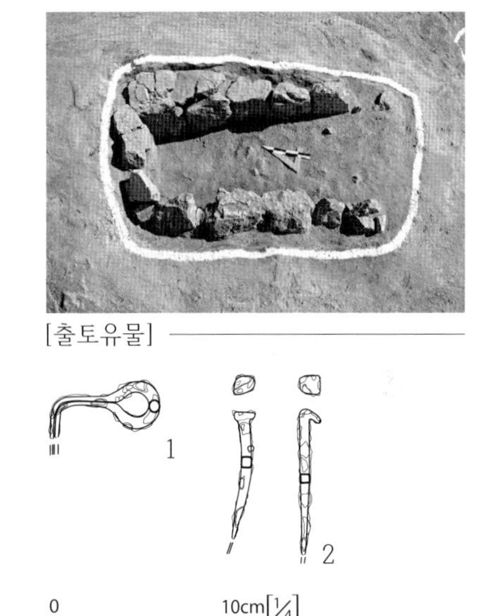

2지역 73호분

(단위 : cm)

묘광	크 기 (길이×너비×높이)	(129+)×(115+)×(37+)	현실	크 기 (길이×너비×높이)	(96+)×(68+)×(35+)
	평면형태	?		장폭비	?
시상/관대크기 (길이×너비×높이)		?	천장형태		?
묘도크기 (길이×너비)		?	배수시설 (길이×너비×깊이)		?
장축방향		N-13°-E	두 향		?
벽석종류		할석	바닥시설		?
유물	토 기	-			
	철 기	-			
	청동기	-			
	옥석류	-			
	기 타	-			
특기사항		파괴가 심하여 정확한 구조는 알 수 없음. 출토유물 없음.			

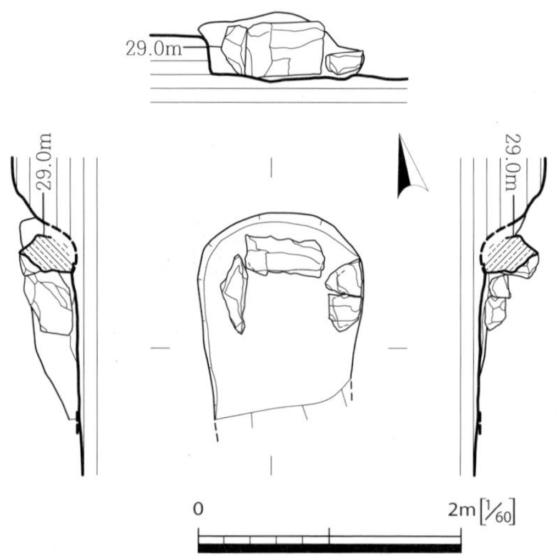

[유구사진]

2지역 74호 석실묘

(단위 : cm)

봉토	크 기 (길이×너비×높이)	?	묘광	크 기 (길이×너비×깊이)	(331+)×(110+)×(53+)
	평면형태	?		장폭비	?
현실	크 기 (길이×너비×높이)	(214+)×?×(52+)	천장형태		?
	장폭비	?	횡구부위치		서측 단벽
횡구부	크 기 (길이×너비)	(65)×(70+)	묘도크기 (길이×너비)		?
	장폭비	?	배수시설 (길이×너비×깊이)		?
시상/관대크기 (길이×너비×높이)		?	두 향		?
장축방향		N-31°-E	벽석종류		할석
유물	토 기	-			
	철 기	관정(4)			
	청동기	-			
	옥석류	-			
	기 타	-			
특기사항					

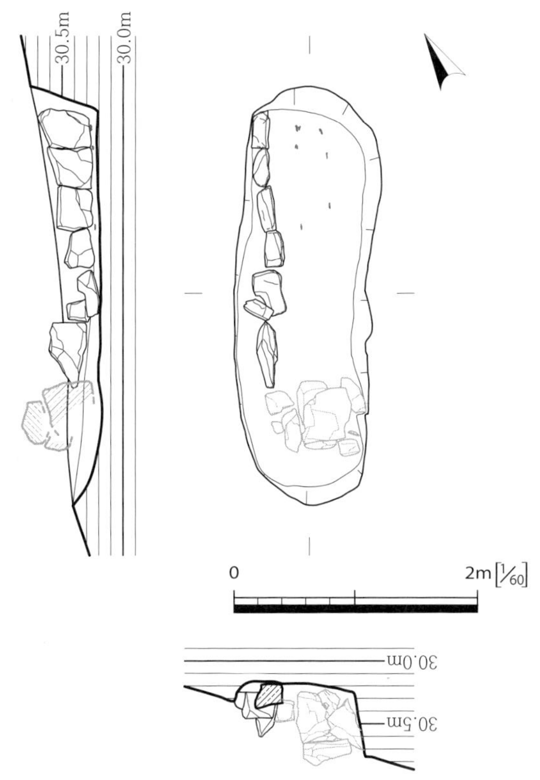

[유구사진]

[출토유물]

1

0 10cm[1/4]

2지역 75호분

(단위 : cm)

묘광	크 기 (길이×너비×높이)	(211+)×(130+)×(58+)	현실	크 기 (길이×너비×높이)	(155+)×(71+)×?
	평면형태	?		장폭비	?
시상/관대크기 (길이×너비×높이)		?	천장형태		?
묘도크기 (길이×너비)		?	배수시설 (길이×너비×깊이)		?
장축방향		N-22°-E	두 향		?
벽석종류		할석	바닥시설		?
유물	토 기	-			
	철 기	관고리(1), 관정(6)			
	청동기	-			
	옥석류	-			
	기 타	-			
특기사항		파괴가 심하여 정확한 구조는 알 수 없음.			

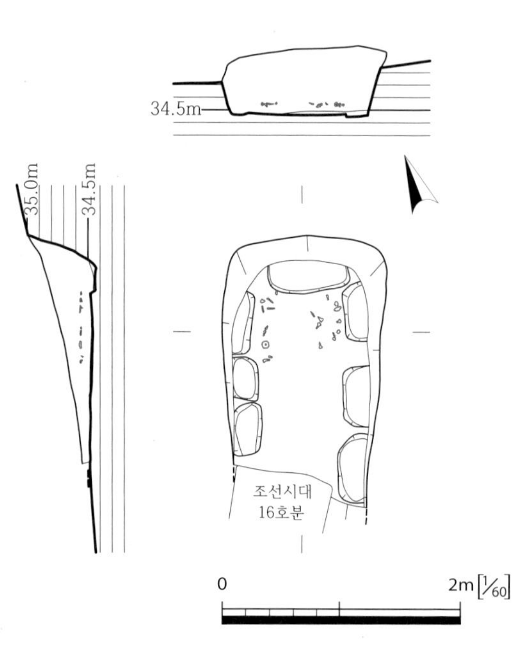

[유구사진]

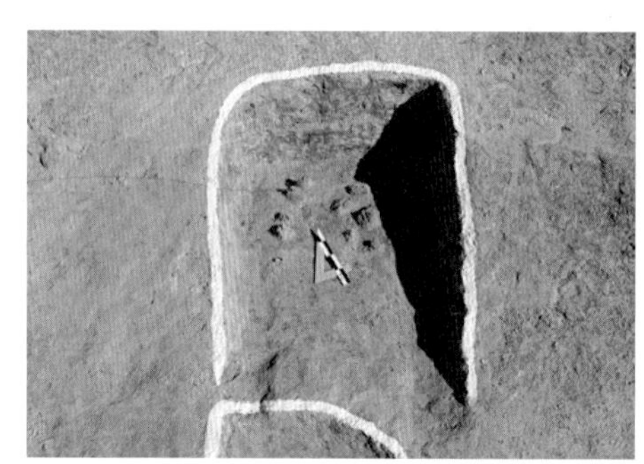

[출토유물]

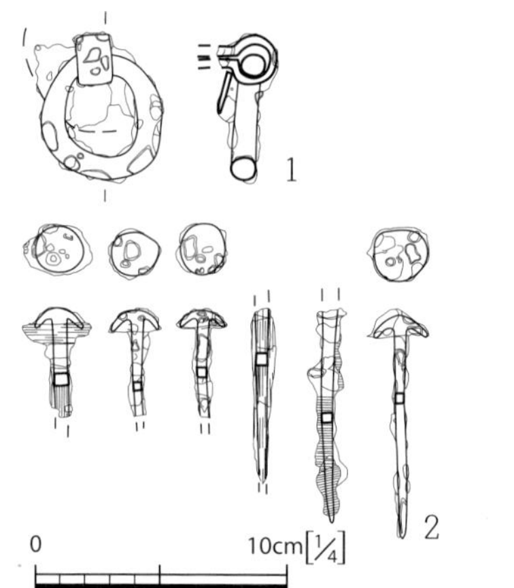

2지역 76호분

(단위 : cm)

묘광	크 기 (길이×너비×높이)	(271+)×(148+)×(55+)	현실	크 기 (길이×너비×높이)	(200+)×(72)×(43+)
	평면형태	?		장폭비	?
시상/관대크기 (길이×너비×높이)		?	천장형태		?
묘도크기 (길이×너비)		?	배수시설 (길이×너비×깊이)		?
장축방향		N-16°-W	두 향		?
벽석종류		할석	바닥시설		?
유물	토 기	-			
	철 기	관정(4)			
	청동기	-			
	옥석류	-			
	기 타	-			
특기사항		파괴가 심하여 정확한 구조는 알 수 없음.			

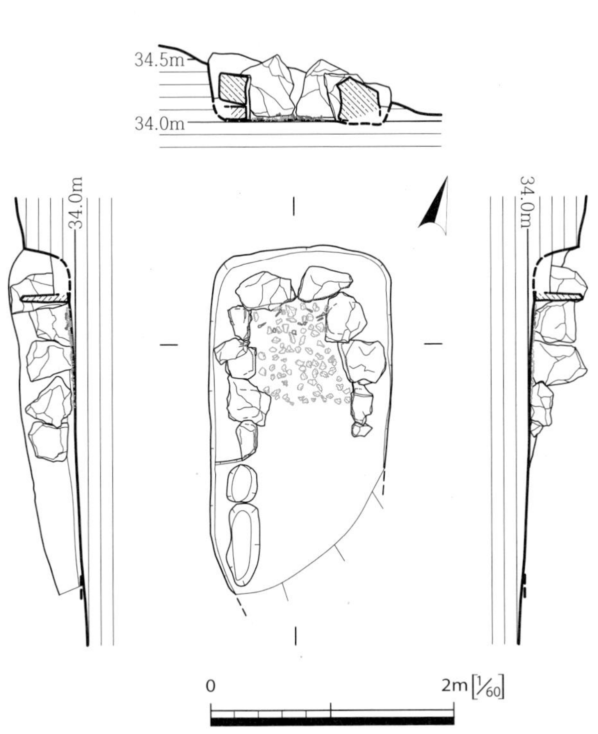

[유구사진] 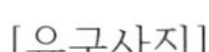

[출토유물]

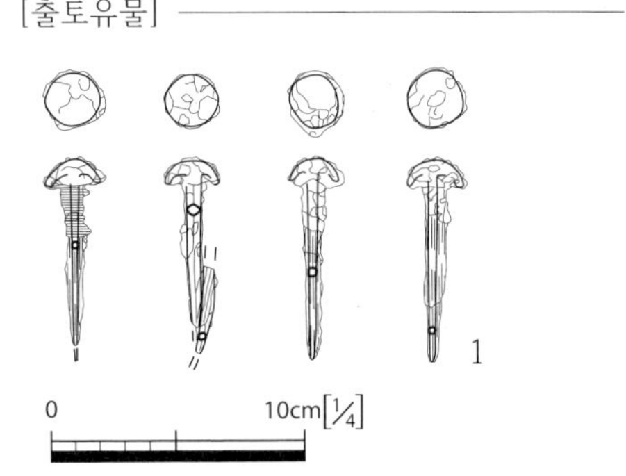

2지역 77호 석실묘

(단위 : cm)

봉토	크 기 (길이×너비×높이)	?	묘광	크 기 (길이×너비×깊이)	(280+)×(168)×(92+)
	평면형태	?		장폭비	?
현실	크 기 (길이×너비×높이)	(147+)×(71)×(62+)	천장형태		?
	장폭비	?	횡구부위치		남동측 단벽
횡구부	크 기 (길이×너비)	(82+)×(92)	묘도크기 (길이×너비)		?
	장폭비	?	배수시설 (길이×너비×깊이)		?
시상/관대크기 (길이×너비×높이)		?	두 향		?
장축방향		N-36°-W	벽석종류		?
유물	토 기	-			
	철 기	관정(2)			
	청동기	-			
	옥석류	-			
	기 타	-			
특기사항					

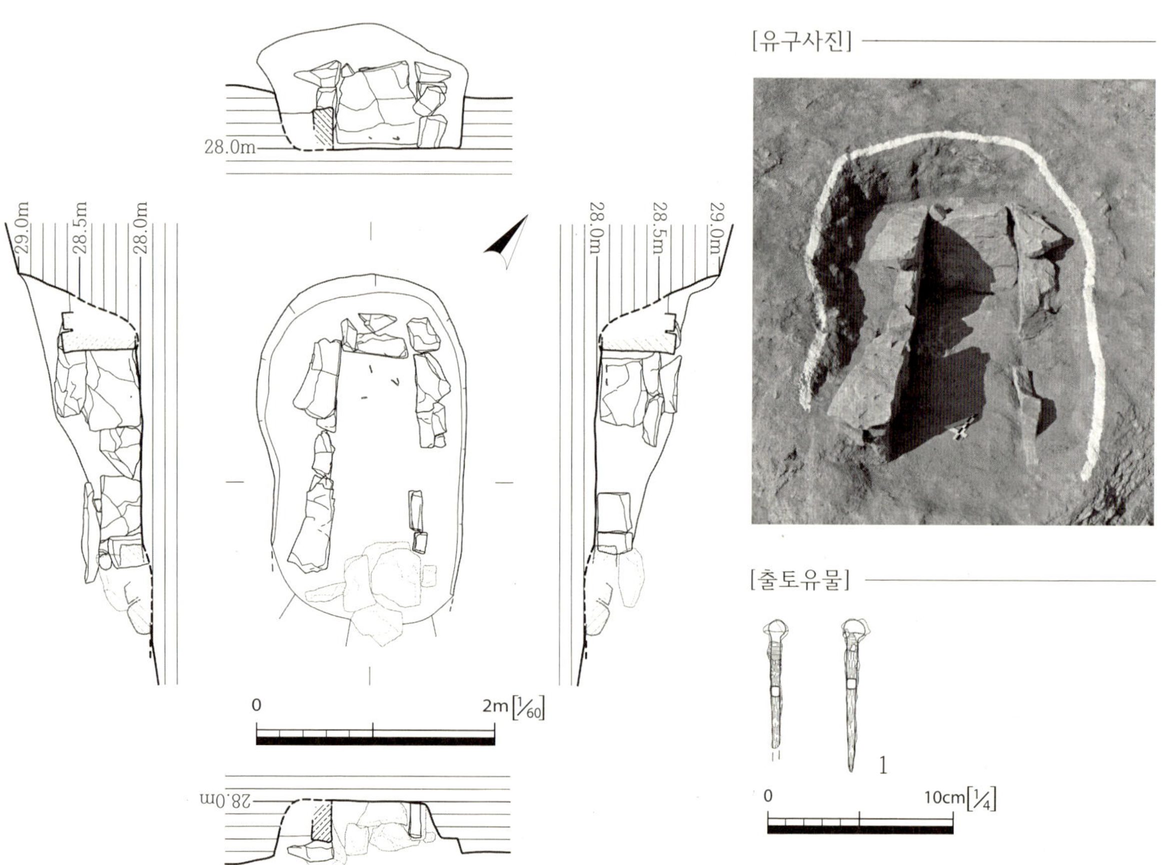

2지역 78호 석실묘

(단위 : cm)

봉토	크 기 (길이×너비×높이)	?	묘광	크 기 (길이×너비×깊이)	320×158×(95+)
	평면형태	?		장폭비	2.03:1
현실	크 기 (길이×너비×높이)	254×64×(85+)	천장형태		?
	장폭비	3.97:1	횡구부위치		남서측 단벽
횡구부	크 기 (길이×너비)	?	묘도크기 (길이×너비)		88×60
	장폭비	?	배수시설 (길이×너비×깊이)		?
시상/관대크기 (길이×너비×높이)		?	두 향		?
장축방향		N-20°-E	벽석종류		할석
유물	토 기	-			
	철 기	관고리(4), 관정(9)			
	청동기	-			
	옥석류	-			
	기 타	-			
특기사항		횡구식 석실로 보고하였으나 파괴가 심하여 정확한 구조는 알 수 없음.			

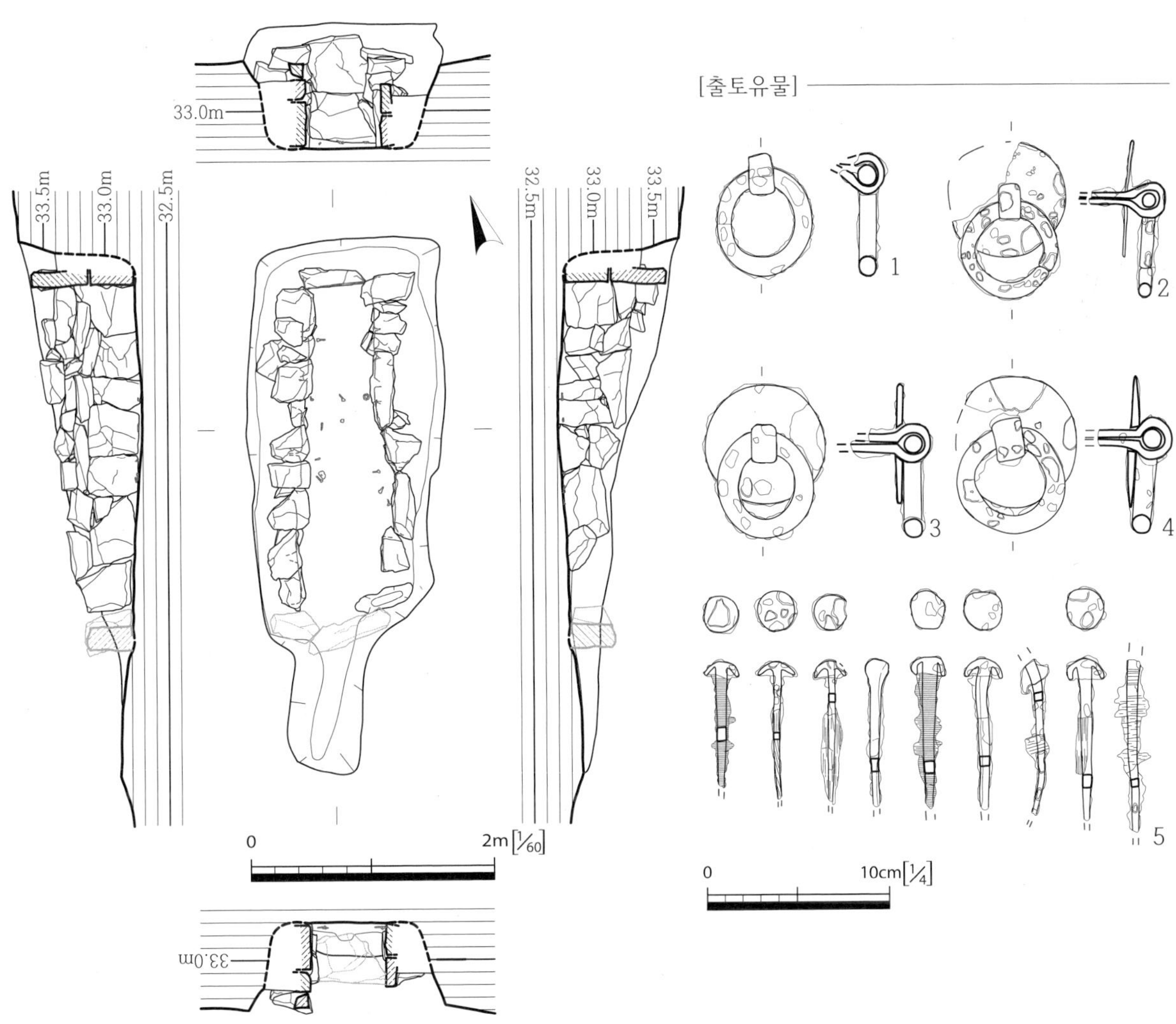

2지역 79호 석실묘

(단위 : cm)

봉토	크 기 (길이×너비×높이)	?	묘광	크 기 (길이×너비×깊이)	(310+)×160×(87+)
	평면형태	?		장폭비	?
현실	크 기 (길이×너비×높이)	(226+)×79×(85+)	천장형태		?
	장폭비	?	횡구부위치		남측 단벽
횡구부	크 기 (길이×너비)	?	묘도크기 (길이×너비)		?
	장폭비	?	배수시설 (길이×너비×깊이)		?
시상/관대크기 (길이×너비×높이)		?	두 향		?
장축방향		N-10°-E	벽석종류		할석
유물	토 기	-			
	철 기	관고리(?), 관정(1)			
	청동기	-			
	옥석류	-			
	기 타	-			
특기사항		횡구식 석실로 보고하였으나 파괴가 심하여 정확한 구조는 알 수 없음. 관고리 도면 미게재.			

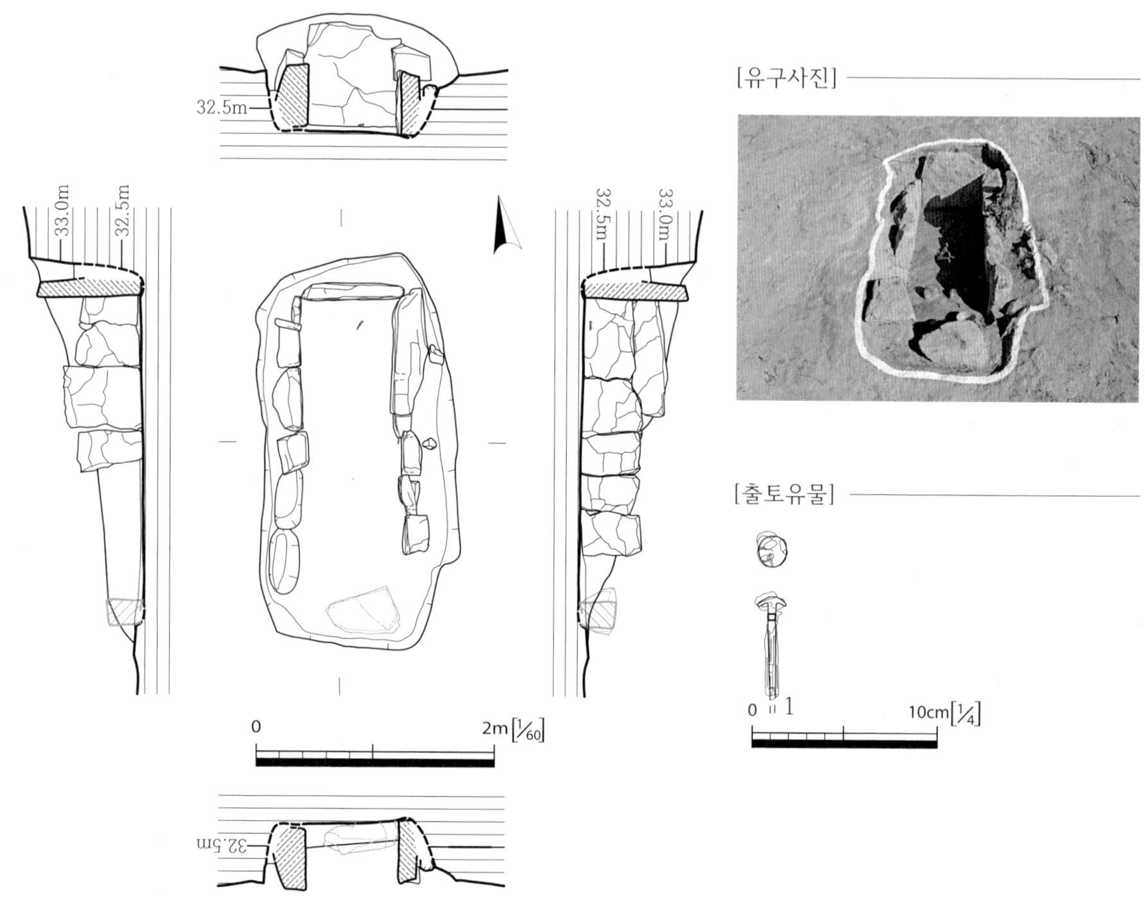

2지역 80호 석실묘

(단위 : cm)

봉토	크 기 (길이×너비×높이)	?	묘광	크 기 (길이×너비×깊이)	(250+)×161×(63+)
	평면형태	?		장폭비	?
현실	크 기 (길이×너비×높이)	(173+)×49×(63+)	천장형태		?
	장폭비	?	횡구부위치		남측 단벽
횡구부	크 기 (길이×너비)	?	묘도크기 (길이×너비)		?
	장폭비	?	배수시설 (길이×너비×깊이)		?
시상/관대크기 (길이×너비×높이)		?	두 향		?
장축방향		N-20°-E	벽석종류		할석
유물	토 기	-			
	철 기	관정(3)			
	청동기	-			
	옥석류	-			
	기 타	-			
특기사항					

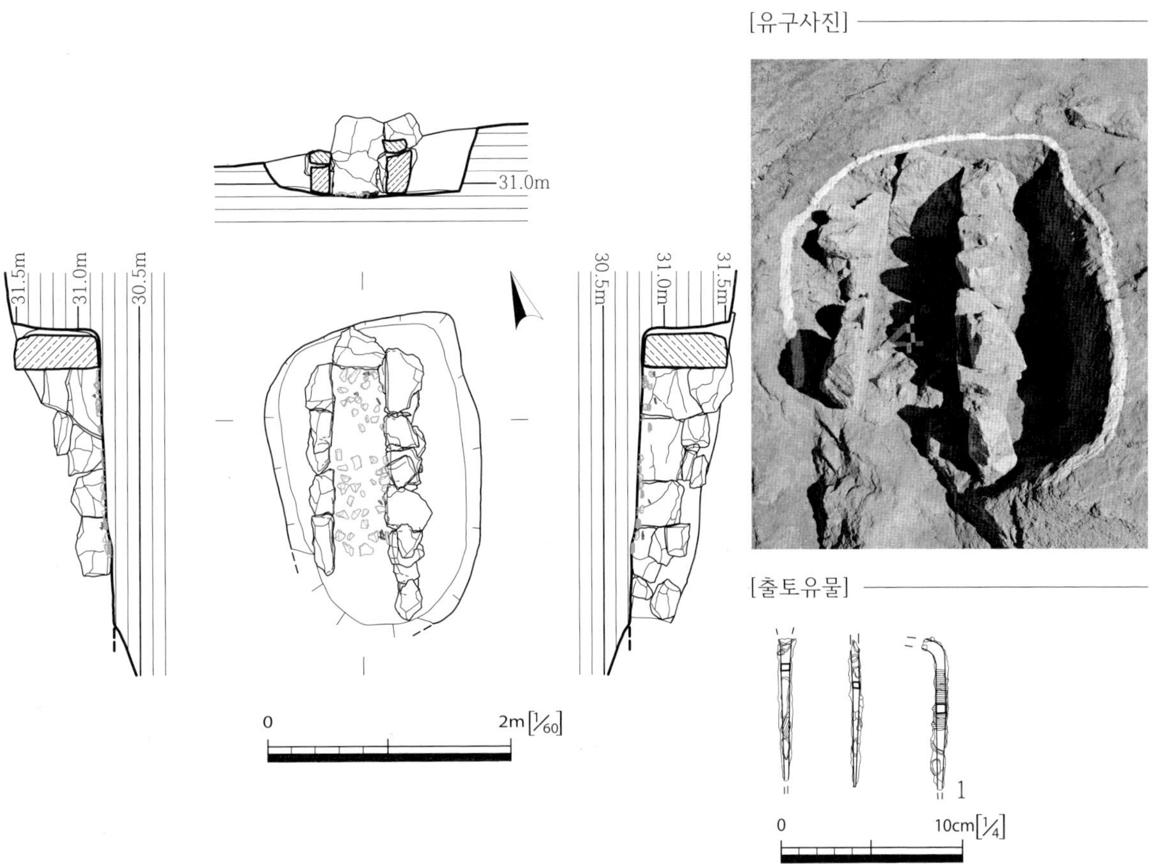

[유구사진]

[출토유물]

1

0 10cm[1/4]

2지역 81호 석실묘

(단위 : cm)

봉토	크 기 (길이×너비×높이)	?	묘광	크 기 (길이×너비×깊이)	400×254×(94+)
	평면형태	?		장폭비	1.57:1
현실	크 기 (길이×너비×높이)	202×108×(90+)	천장형태		?
	장폭비	1.87:1	연도위치		우편재
연도	크 기 (길이×너비×높이)	60×60×?	묘도크기 (길이×너비)		156×93
	장폭비	1.00:1	배수시설 (길이×너비×깊이)		(300)×18×(5+)
시상/관대크기 (길이×너비×높이)		?	두 향		?
장축방향		N-4°-E	벽석종류		판석, 할석
유물	토 기	-			
	철 기	관고리(2), 관정(3)			
	청동기	-			
	옥석류	-			
	기 타	-			
특기사항					

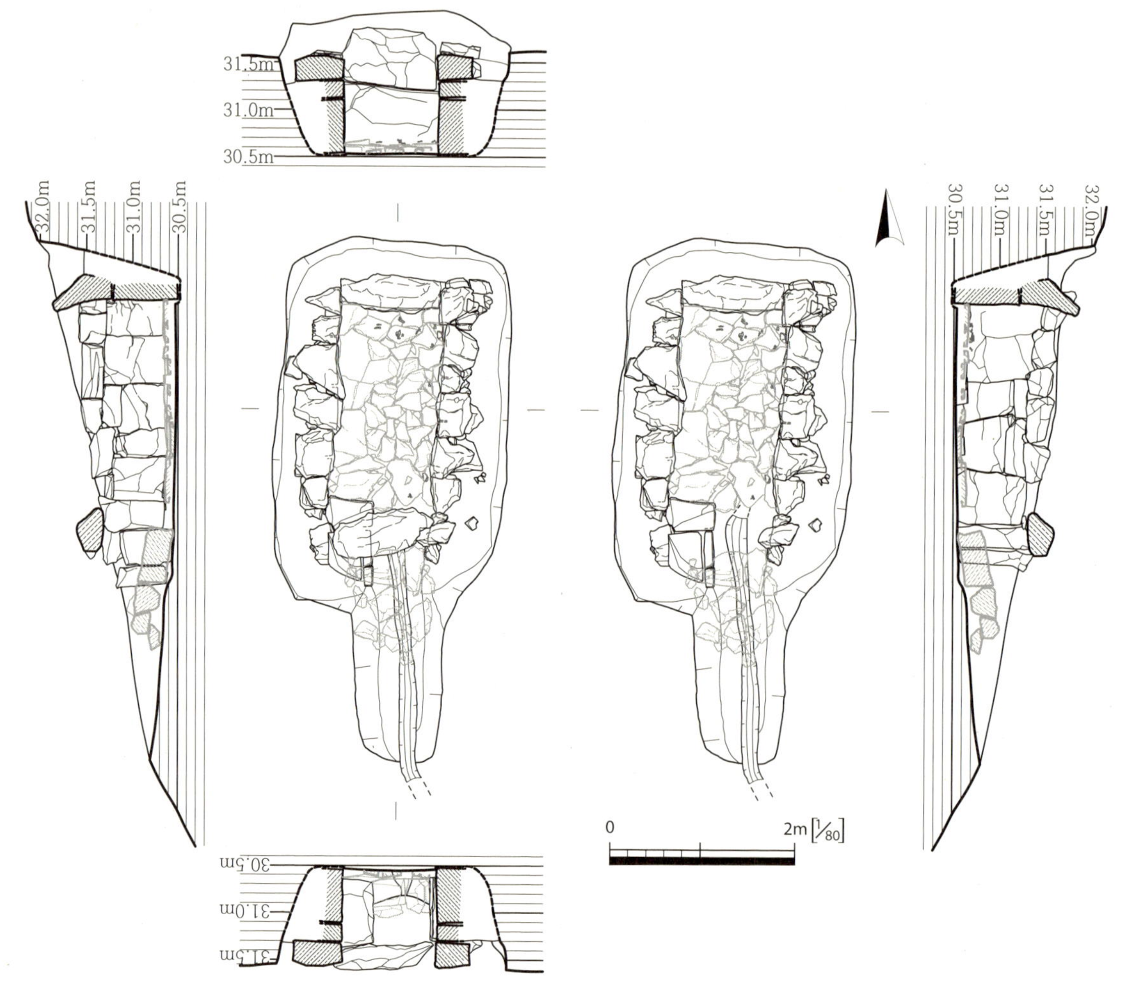

[유구사진]

서벽세부(좌측 하단)　　동벽세부(우측 하단)

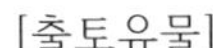

[출토유물]

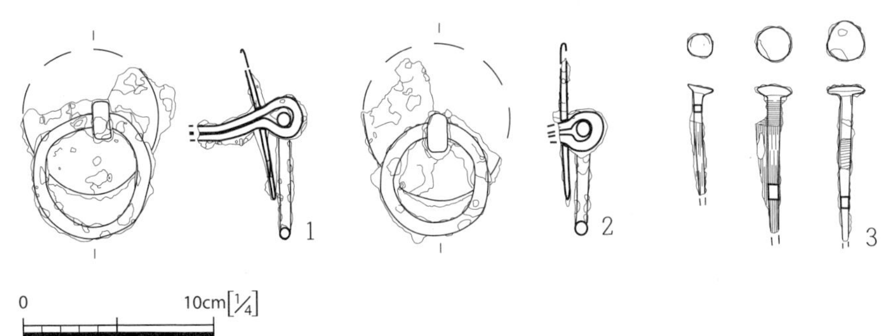

2지역 82호분

(단위 : cm)

묘광	크 기 (길이×너비×높이)	(257+)×(150)×(59+)	현실	크 기 (길이×너비×높이)	(169+)×(73)×(68+)
	평면형태	?		장폭비	?
시상/관대크기 (길이×너비×높이)		?	천장형태		?
묘도크기 (길이×너비)		?	배수시설 (길이×너비×깊이)		?
장축방향		N-15°-E	두 향		?
벽석종류		할석	바닥시설		할석
유물	토 기	-			
	철 기	-			
	청동기	-			
	옥석류	-			
	기 타	-			
특기사항		파괴가 심하여 정확한 구조는 알 수 없음. 출토유물 없음.			

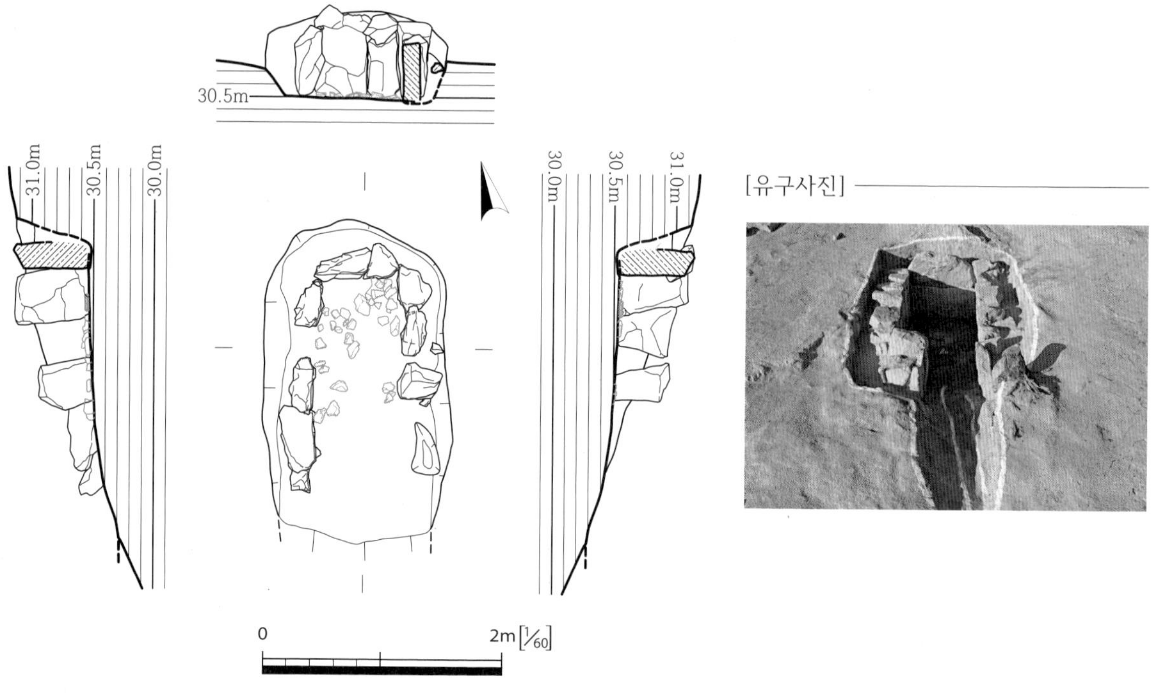

2지역 83호 석실묘

(단위 : cm)

봉토	크 기 (길이×너비×높이)	?	묘광	크 기 (길이×너비×깊이)	(298+)×144×(95+)
	평면형태	?		장폭비	?
현실	크 기 (길이×너비×높이)	(238+)×78×(71+)	천장형태		?
	장폭비	?	횡구부위치		남측 단벽
횡구부	크 기 (길이×너비)	(72)×(140)	묘도크기 (길이×너비)		?
	장폭비	(0.51):1	배수시설 (길이×너비×깊이)		?
시상/관대크기 (길이×너비×높이)		?	두 향		?
장축방향		N-20°-E	벽석종류		할석
유물	토 기	-			
	철 기	관고리(2), 관정(3)			
	청동기	-			
	옥석류	-			
	기 타	-			
특기사항					

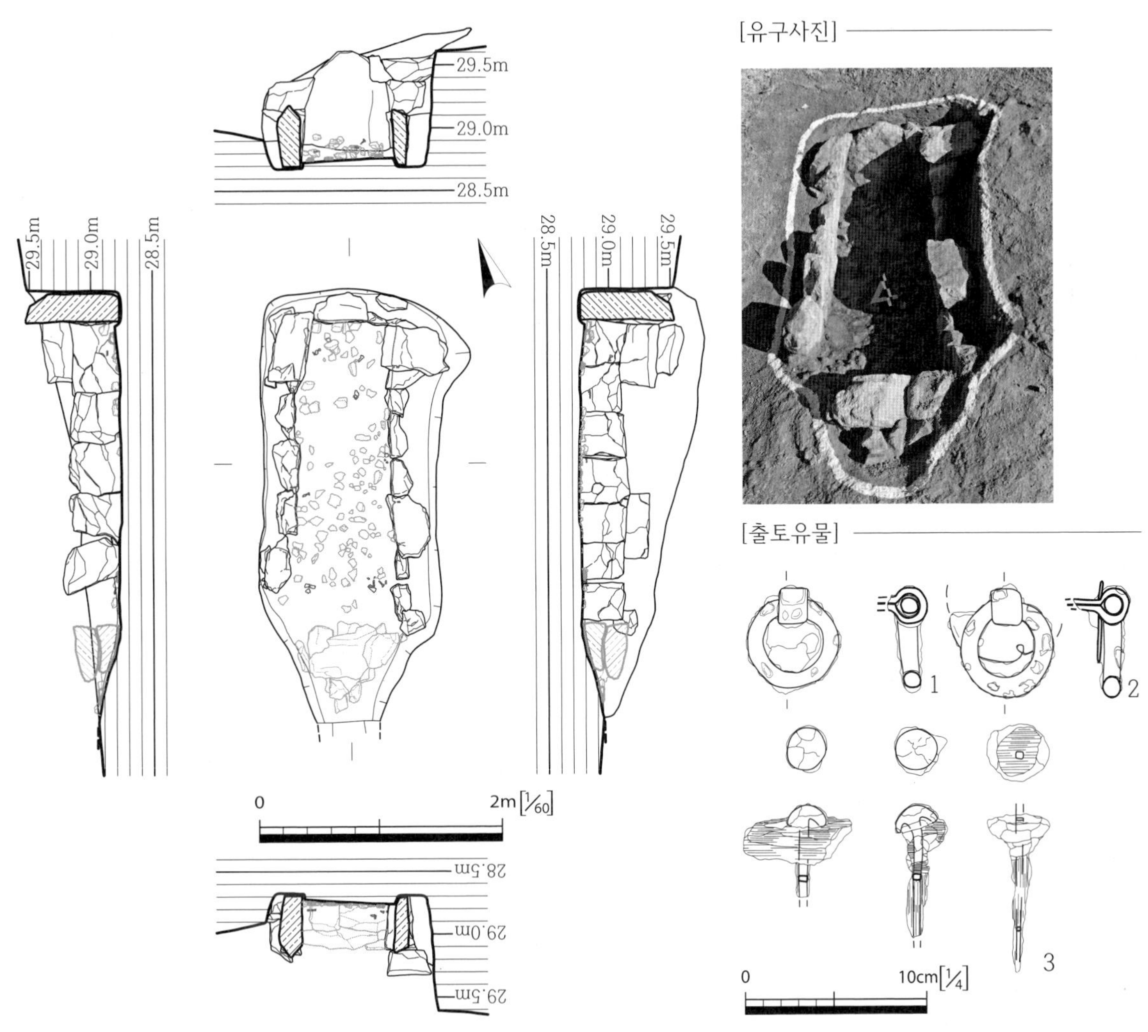

2지역 84호 석실묘

(단위 : cm)

봉토	크 기 (길이×너비×높이)	?	묘광	크 기 (길이×너비×깊이)	(300+)×(155)×(67+)
	평면형태	?		장폭비	?
현실	크 기 (길이×너비×높이)	(250+)×(80+)×(50+)	천장형태		?
	장폭비	?	연도위치		우편재
연도	크 기 (길이×너비×높이)	?	묘도크기 (길이×너비)		?
	장폭비	?	배수시설 (길이×너비×깊이)		?
시상/관대크기 (길이×너비×높이)		?	두 향		?
장축방향		N-15°-E	벽석종류		할석
유물	토 기	-			
	철 기	관고리(2), 관정(2)			
	청동기	-			
	옥석류	-			
	기 타	-			
특기사항		횡혈식 석실로 보고하였으나 파괴가 심하여 정확한 구조는 알 수 없음.			

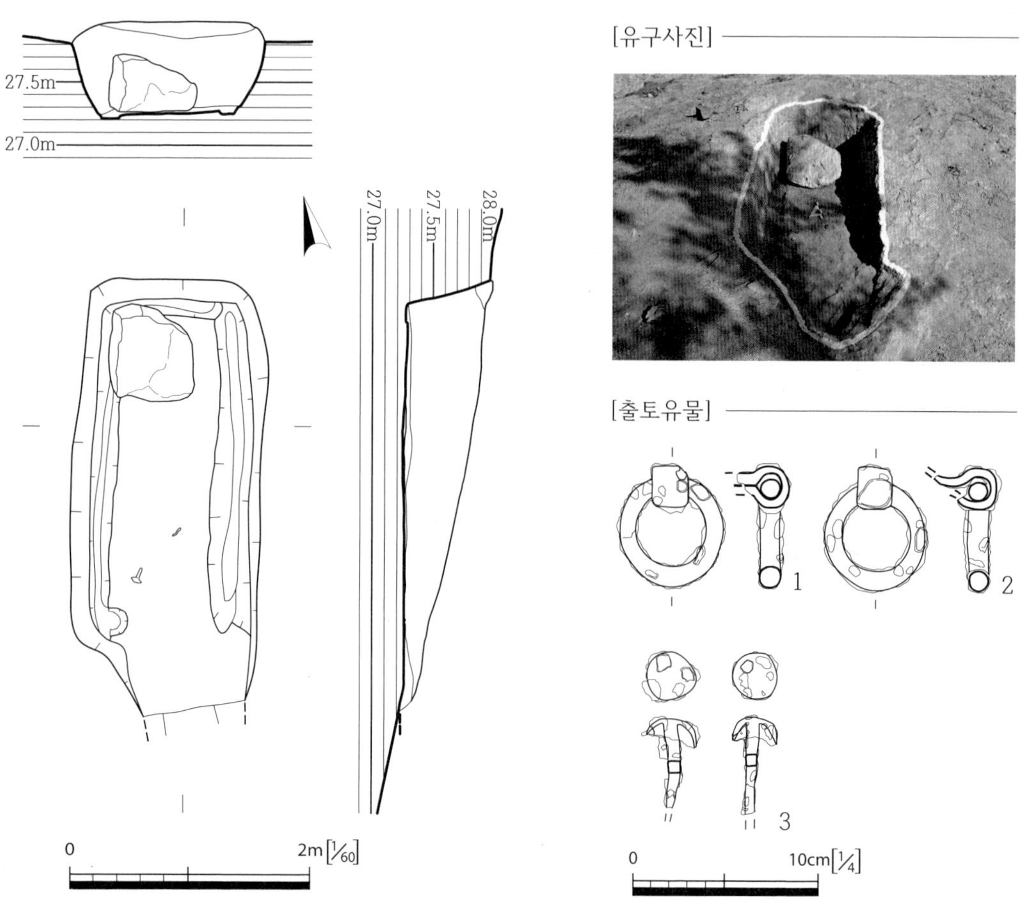

2지역 85호 옹관묘

(단위 : cm)

묘광	크 기 (길이×너비×깊이)	101×109×(76+)	옹관길이	(80+)
	장폭비	0.93:1	결합형식	단옹식
장축방향		N-86°-W	안치형태	직치
두 향		?		
유물	토 기	옹(1)		
	철 기	-		
	청동기	-		
	옥석류	-		
	기 타	-		
특기사항				

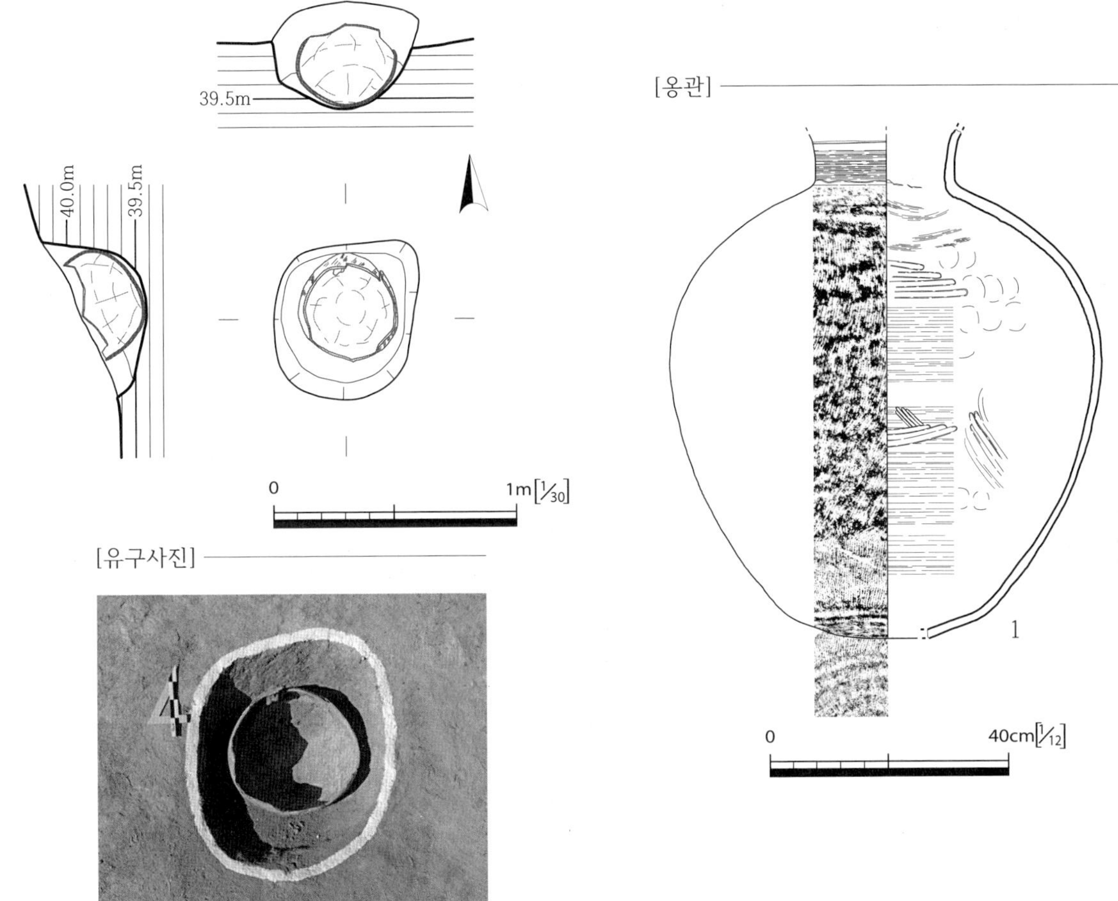

2지역 86호 옹관묘

(단위 : cm)

묘광	크 기 (길이×너비×깊이)	122×87×(30+)	옹관길이	(84+)
	장폭비	1.40:1	결합형식	(3옹식)
장축방향		N-63°-W	안치형태	횡치
두 향		?		
유물	토 기	호(1), 대상파수부호(1), 원통형토기(1)		
	철 기	-		
	청동기	-		
	옥석류	-		
	기 타	-		
특기사항				

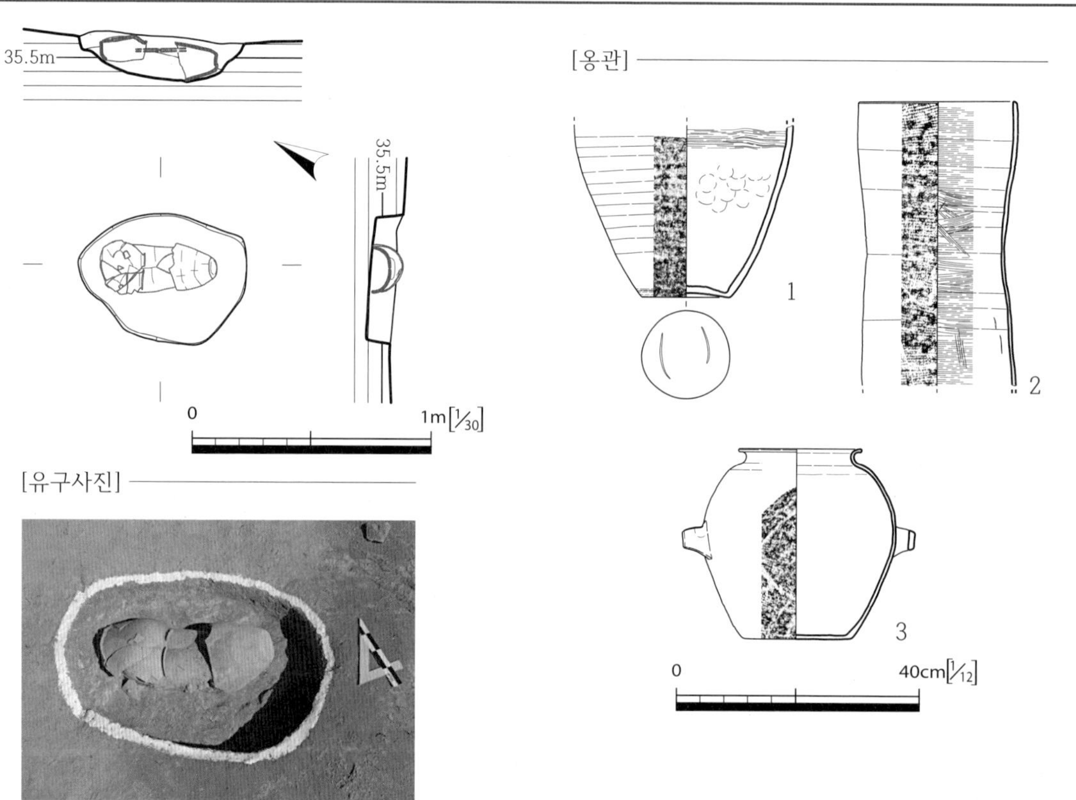

2지역 87호 옹관묘

(단위 : cm)

구분		내용	구분	내용
묘광	크 기 (길이×너비×깊이)	(113+)×74×(24+)	옹관길이	?
	장폭비	?	결합형식	(합구식)
장축방향		N-4°-E	안치형태	횡치
두 향		?		
유물	토 기	동이(1), 대호(1)		
	철 기	-		
	청동기	-		
	옥석류	-		
	기 타	-		
특기사항				

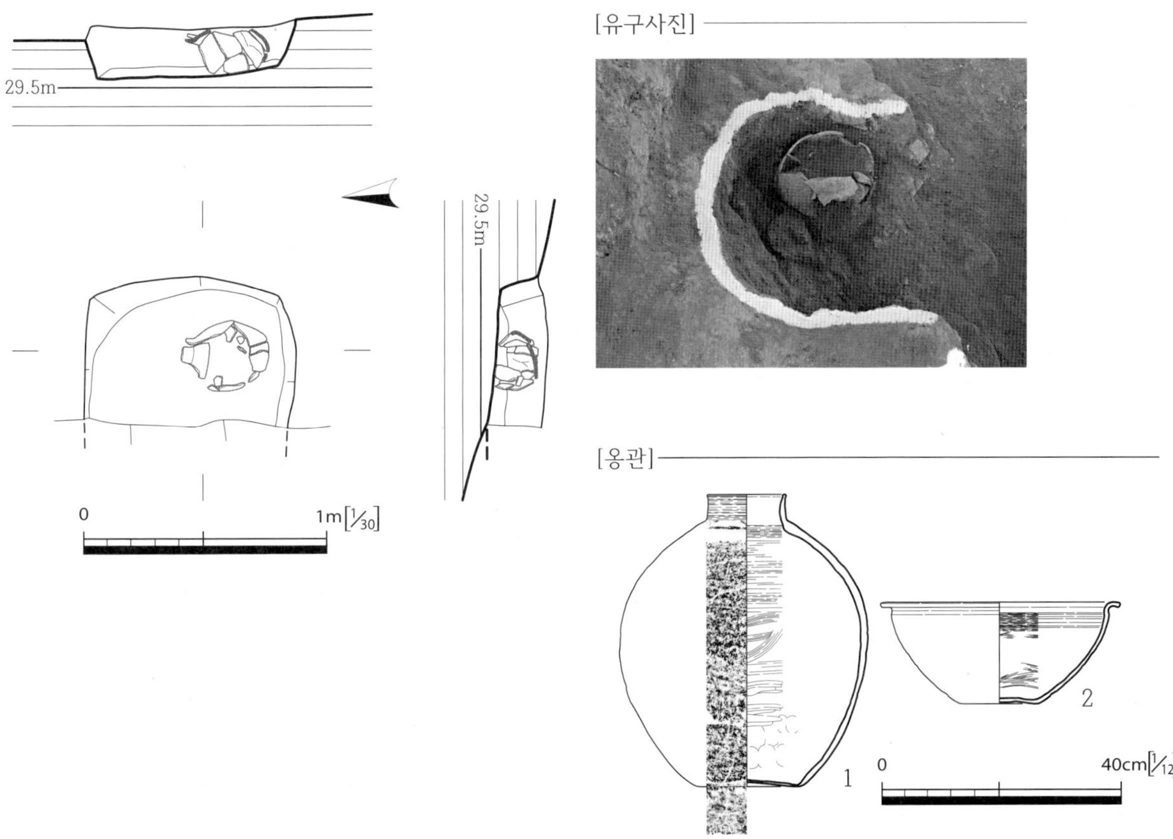

부여 합정리유적扶餘 合井里遺蹟

<table>
<tr><td>조사사유</td><td colspan="2">부여 백제역사재현단지 조성에 따른 구제발굴조사</td></tr>
<tr><td>조사연혁</td><td colspan="2">지표조사: 1996. (충남대학교박물관)
시굴조사: 1998. (충청매장문화재연구원)
발굴조사: I : 2000. 04. 25. ~ 2000. 07. 25. (국립부여문화재연구소·충남발전연구원)
II : 2001. 11. 20. ~ 2002. 01. 07. (충남발전연구원)
III : 2006. 07. 06 ~ 2007. 06. 14. (백제문화재연구원)
IV : 2008. 05. 06. ~ 2008. 08. 06. (부여군문화재보존센터)</td></tr>
<tr><td rowspan="2">유적위치</td><td colspan="2">충청남도 부여군 규암면 합정리 산8-5· 산9번지 일원</td></tr>
<tr><td colspan="2">경·위도 126°54'21.72"E / 36°18'29.12"N</td></tr>
<tr><td>유적입지</td><td colspan="2">이 곳은 백제역사재현단지 왕궁 후면의 북동쪽지역으로서, 해발 30~40m 내외의 옥천산에서 대골 쪽으로 남향하는 가지구릉의 남사면일대에 해당한다. 합정리는 부여읍에서 금강을 건너 사비도성 서북방면의 울성산성과 부산성을 잇는 금강연안 방어선과 인접해 있는 곳으로서, 이 일대에는 오수리와 합정리 신리 고분군을 비롯하여 청마산성 중심의 사비도성 동쪽 외곽지역 다음으로 고분군들이 많이 분포하고 있어 사비기의 중요한 거점 지역 가운데 하나로 보인다. 모두 4개 지점이 조사되었는데, I·II지점는 약 160m, II·III지점는 약 300m, III·IV지점는 약 270m 떨어져 있다.</td></tr>
<tr><td rowspan="4">유구현황</td><td>초기철기시대</td><td>-</td></tr>
<tr><td>원삼국시대</td><td>-</td></tr>
<tr><td>삼 국 시 대</td><td>I : A지구 - 석실묘(15)
II : A지구 - 석실묘(8)·수혈주거지(2), B지구 - 석실묘(1)·석축묘(1)·옹관묘(1)
III : 석실묘(21)
IV : 석실묘(1)</td></tr>
<tr><td>기 타</td><td>I : A지구 - 조선시대 토광묘(7)·주거지(12)·온돌유구(3)·소토부유구(2)·수혈유구(3)
B지구 - 청동기 주거지(2), 조선시대 적석유구(1)·수혈유구(1)·석렬유구(1)
II : 조선시대 수혈주거지(2), 수혈유구(1)
III : 조선시대 수혈주거지(2), 토광묘(9), 회곽묘(5), 시대미상 석개토광묘(2), 구상유구(1), 성격미상유구(1), 수혈유구(3)
IV : 조선시대 토광묘(3)·주거지(1)·건물지(1)</td></tr>
<tr><td>주요유물</td><td colspan="2">철촉, 관모테, 관고리, 관정</td></tr>
</table>

시대·성격	합정리 Ⅰ지점의 고분군은 대체로 표고 25m이상에서 확인되었으며, 단 2기만 아랫부분에서 확인되었다. 서로간의 중복관계는 보이지 않으며, 대체로 등고선과 직교하도록 배치되어 있다. 전체적인 배치상에서 독특한 점은 10·11·12·13호 석실묘의 관계로서, 이들은 근접하여 나란하게 배치되어 있으면서 구조적으로 매우 유사하여, 축조 당시부터 2기씩 셋트를 이루도록 의도된 듯한 인상을 준다. 합정리 Ⅱ지점은 중복되지 않게 배치되어 있다. A지구 고분은 장축방향이 등고선과 일치하지만 B지구 것은 직교한다. 횡구식 석실묘가 다수를 차지하며 지하식 또는 반지하식 구조로 벽면은 대형판석이나 판석형 할석을 이용해 구축하였고 장벽은 2단부터 자연할석을 가로쌓기 하면서 점차 내경시킨 후 천장석을 덮었다. 입구는 시신안치 후 장벽 안쪽에서 자연할석을 뒤로 물려쌓아 막았다. 출토유물로 보아 6세기 후반~7세기 전반 대에 축조된 것으로 추정된다. 합정리 Ⅲ지점은 사비기의 횡혈식에서 횡구식 석실묘로 이행되는 단계의 것으로 보이는데, 이들은 유적 중앙부 능선상에 서로 중복되지 않고 분포하고 있어 시기를 크게 달리하지 않는 것으로 판단된다. 합정리 Ⅳ지점 석실묘는 해발 35m상에 위치하는데, 묘실의 남반부가 훼손된 상태여서 현실과 연도 구조를 파악하기에 어려움이 있다. 현실은 판석으로 결구하였는데, 현실 북단벽에 육각형으로 재단한 판석 1매가 세워져 있어 단면 6각형의 고암식 천정구조였던 것으로 보인다. 현실 벽체를 조립한 후 벽체와 묘광 사이는 마사토를 다져가며 채워 묘실을 봉하였다. 출토유물은 관고리와 관정뿐이며, 석실 구조로 보아 역시 사비기에 조영된 것으로 볼 수 있다.
참고문헌	忠淸南道 百濟文化圈開發事業所, 1996, 『百濟歷史再現團地造成 調査硏究 報告書 : 百濟 歷史와 文化』. 忠淸埋藏文化財硏究院, 1998, 『(百濟歷史再現團地造成敷地內)文化遺蹟試掘調査報告書』. 國立扶餘文化財硏究所·忠南發展硏究院, 2001, 『百濟歷史再現團地造成敷地內 扶餘 合井里』, 遺蹟調査報告 第1冊. 忠南發展硏究院, 2003, 『百濟歷史再現團地造成敷地內 扶餘 合井里Ⅱ』, 遺蹟調査報告 第5冊. 百濟文化財硏究院, 2009, 『扶餘 合井里Ⅲ遺蹟』, 百濟文化財硏究院 文化遺蹟 調査報告 第7輯. 부여군문화재보존센터, 2010, 『扶餘 合井里遺蹟Ⅳ』 發掘調査報告書 第2輯.

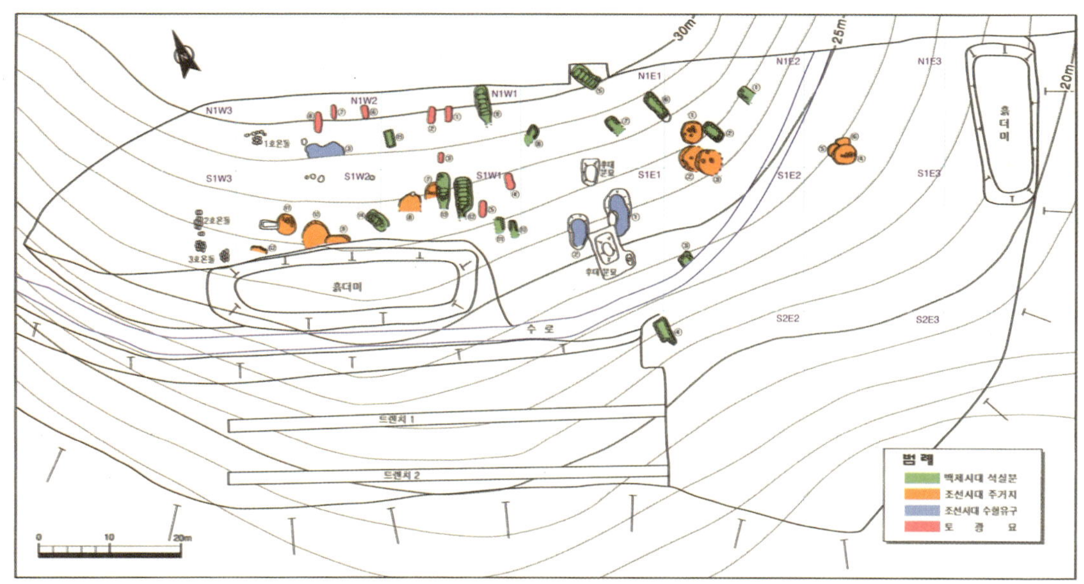

부여 합정리유적Ⅰ 유구배치도

부여 합정리유적Ⅰ 전경

Ⅰ-A지구 1호 석실묘

(단위 : cm)

<table>
<tr><td rowspan="2">묘광</td><td>크 기
(길이×너비×깊이)</td><td>(155+)×?×(25+)</td><td rowspan="2">현실</td><td>크 기
(길이×너비×높이)</td><td>(125+)×?×?</td></tr>
<tr><td>장폭비</td><td>?</td><td>장폭비</td><td>?</td></tr>
<tr><td colspan="2">시상/관대크기
(길이×너비×높이)</td><td>?</td><td colspan="2">천장형태</td><td>?</td></tr>
<tr><td colspan="2">묘도크기
(길이×너비)</td><td>?</td><td colspan="2">배수시설
(길이×너비×깊이)</td><td>?</td></tr>
<tr><td colspan="2">장축방향</td><td>N-30°-W</td><td colspan="2">두 향</td><td>?</td></tr>
<tr><td colspan="2">벽석종류</td><td>할석</td><td colspan="2">바닥시설</td><td>?</td></tr>
<tr><td rowspan="5">유물</td><td>토 기</td><td colspan="4">-</td></tr>
<tr><td>철 기</td><td colspan="4">-</td></tr>
<tr><td>청동기</td><td colspan="4">-</td></tr>
<tr><td>옥석류</td><td colspan="4">-</td></tr>
<tr><td>기 타</td><td colspan="4">-</td></tr>
<tr><td colspan="2">특기사항</td><td colspan="4">출토유물 없음. 파괴가 심하여 정확한 구조는 알 수 없음.</td></tr>
</table>

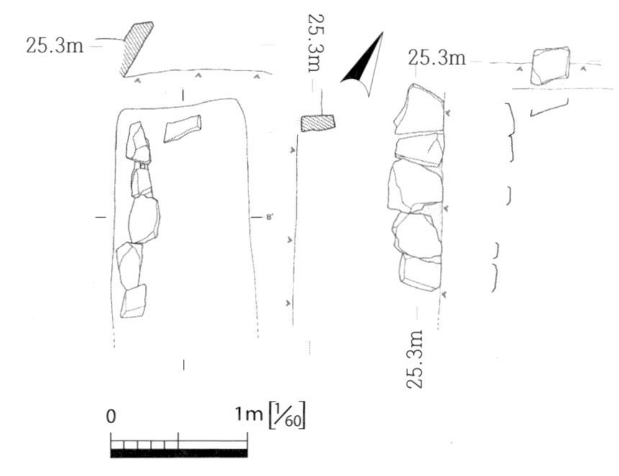

Ⅰ-A지구 2호 석실묘

(단위 : cm)

봉토	크 기 (길이×너비×높이)	?	묘광	크 기 (길이×너비×깊이)	330×160×(80+)
	평면형태	?		장폭비	2.06:1
현실	크 기 (길이×너비×높이)	220×70×70	천장형태		?
	장폭비	3.14:1	횡구부위치		남측 단벽
횡구부	크 기 (길이×너비)	(40)×(60)	묘도크기 (길이×너비)		?
	장폭비	(0.67):1	배수시설 (길이×너비×깊이)		?
시상/관대크기 (길이×너비×높이)		?	두 향		?
장축방향		N-26°-W	벽석종류		?
유물	토 기	-			
	철 기	관정(?)			
	청동기	-			
	옥석류	-			
	기 타	-			
특기사항		관정 도면 미게재.			

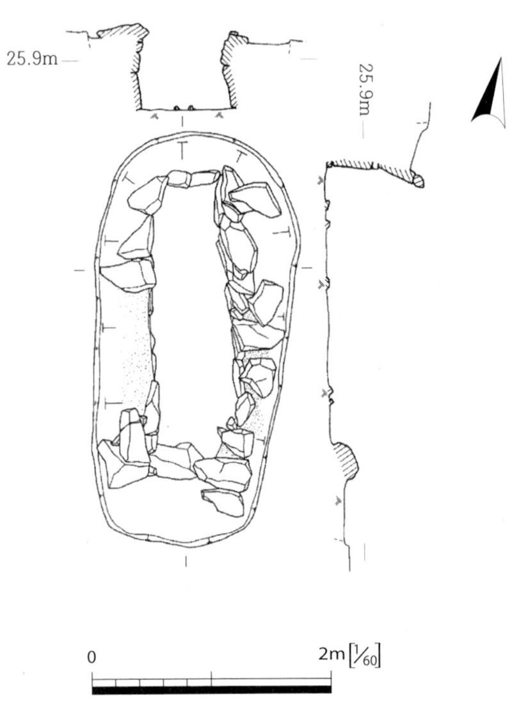

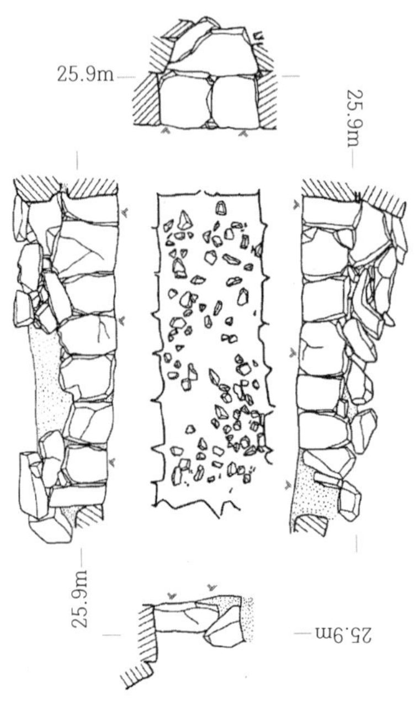

[유구사진]

I-A지구 3호 석실묘

(단위 : cm)

묘광	크 기 (길이×너비×깊이)	(180+)×180×(120+)	현실	크 기 (길이×너비×높이)	(140+)×100×110
	장폭비	?		장폭비	?
시상/관대크기 (길이×너비×높이)		?	천장형태		?
묘도크기 (길이×너비)		?	배수시설 (길이×너비×깊이)		?
장축방향		N-31°-W	두 향		?
벽석종류		판석, 할석	바닥시설		?
유물	토 기	-			
	철 기	-			
	청동기	-			
	옥석류	-			
	기 타	-			
특기사항		출토유물 없음. 파괴가 심하여 정확한 구조는 알 수 없음.			

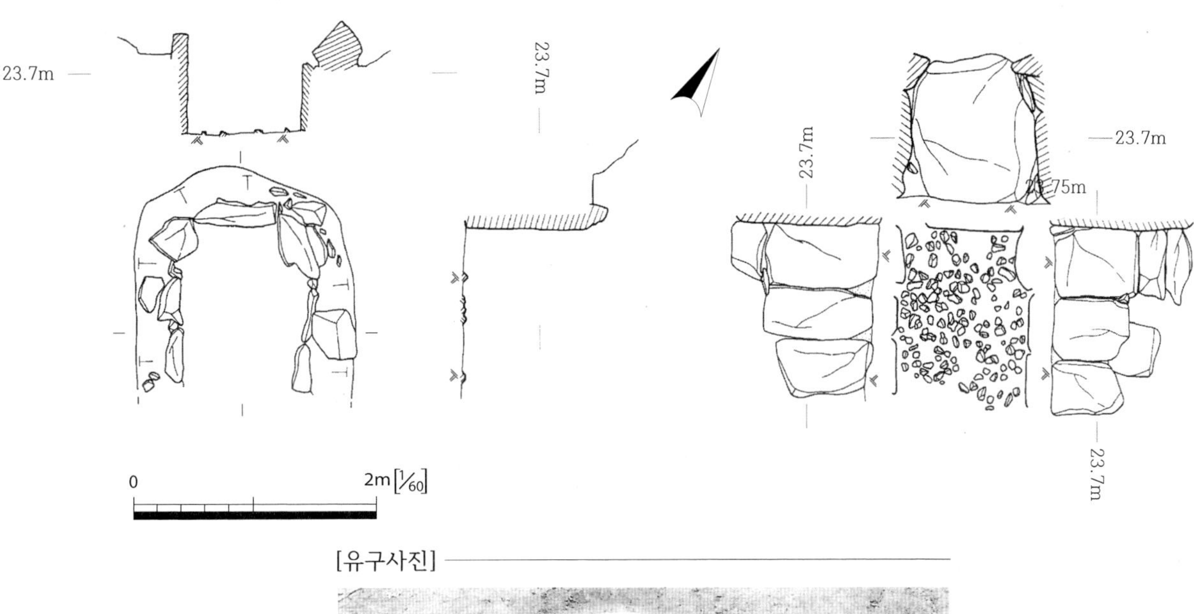

[유구사진]

Ⅰ-A지구 4호 석실묘

(단위 : cm)

봉토	크 기 (길이×너비×높이)	?	묘광	크 기 (길이×너비×깊이)	350×190×(100+)
	평면형태	?		장폭비	1.84:1
현실	크 기 (길이×너비×높이)	260×110×110	천장형태		?
	장폭비	2.36:1	연도위치		(우편재)
연도	크 기 (길이×너비×높이)	60×20×?	묘도크기 (길이×너비)		(120)×80
	장폭비	3.00:1	배수시설 (길이×너비×깊이)		?
시상/관대크기 (길이×너비×높이)		?	두 향		?
장축방향		N-24°-W	벽석종류		할석
유물	토 기	-			
	철 기	관정(12)			
	청동기	-			
	옥석류	-			
	기 타	-			
특기사항		보고서 기술과 유구 도면 스케일바 비율이 모두 상이하여 상호 조정하지 않고 자료집에 게재하였음.			

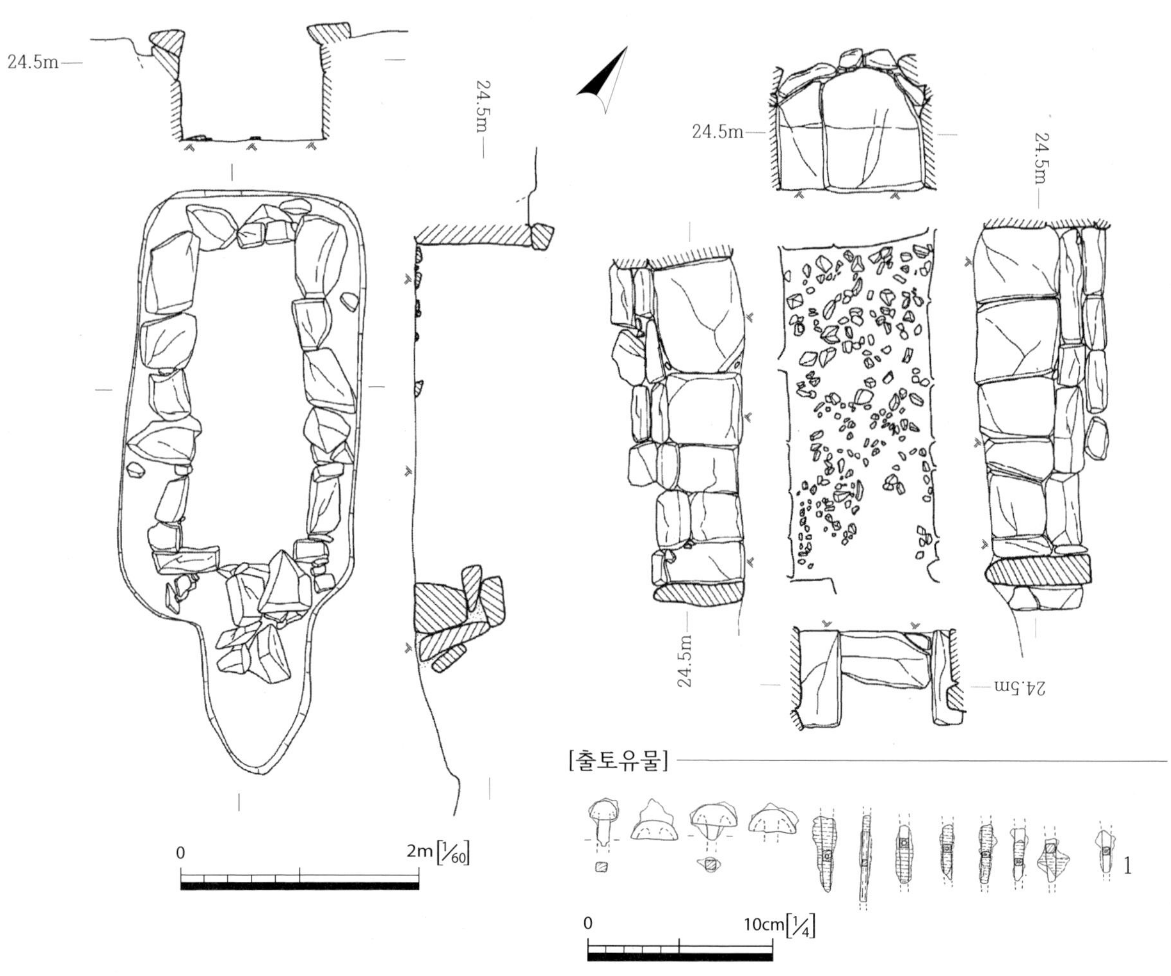

Ⅰ-A지구 5호 석실묘

(단위 : cm)

봉토	크 기 (길이×너비×높이)	?	묘광	크 기 (길이×너비×깊이)	340×170×(100+)
	평면형태	?		장폭비	2.00:1
현실	크 기 (길이×너비×높이)	220×90×90	천장형태		?
	장폭비	2.44:1	연도위치		?
연도	크 기 (길이×너비×높이)	?	묘도크기 (길이×너비)		120×100
	장폭비	?	배수시설 (길이×너비×깊이)		?
시상/관대크기 (길이×너비×높이)		?	두 향		?
장축방향		N-20°-W	벽석종류		판석, 할석
유물	토 기	-			
	철 기	관고리(4), 좌판(9), 관정(51)			
	청동기	-			
	옥석류	-			
	기 타	-			
특기사항		관정과 관고리의 위치로 관의 크기(175×40)를 추정함.			

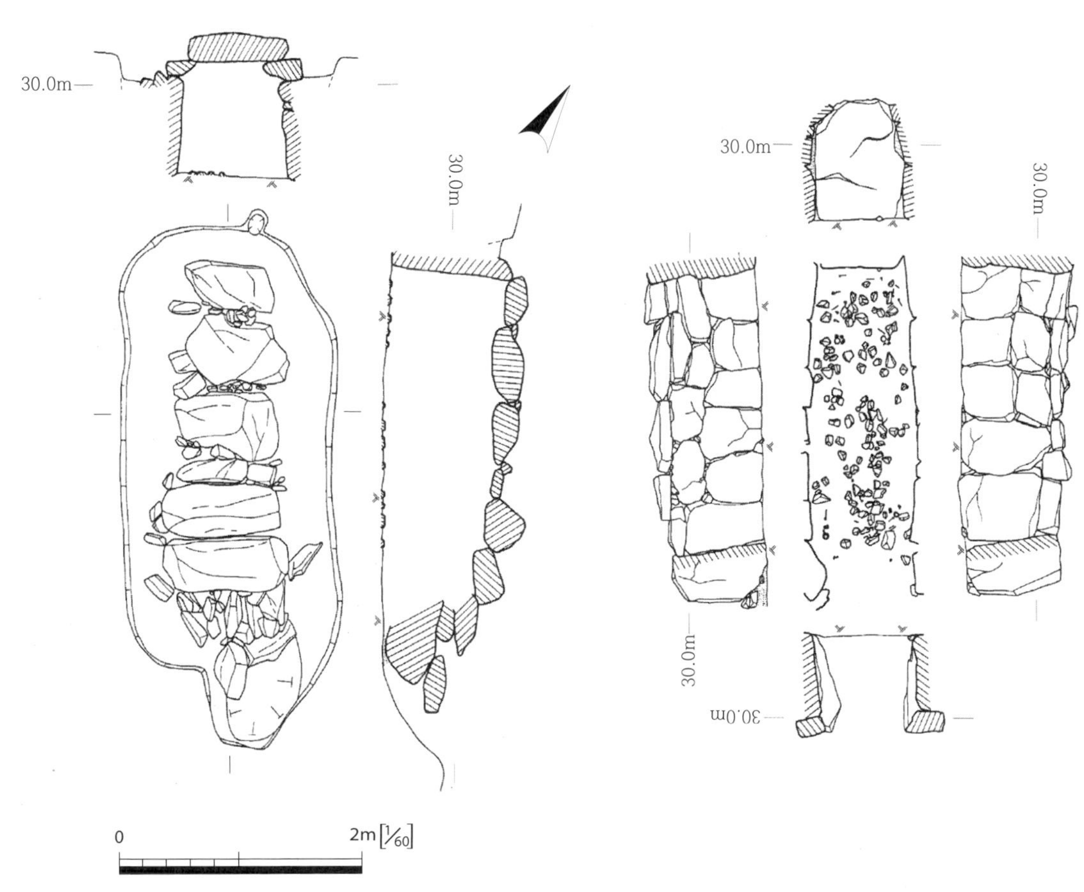

[유구사진]

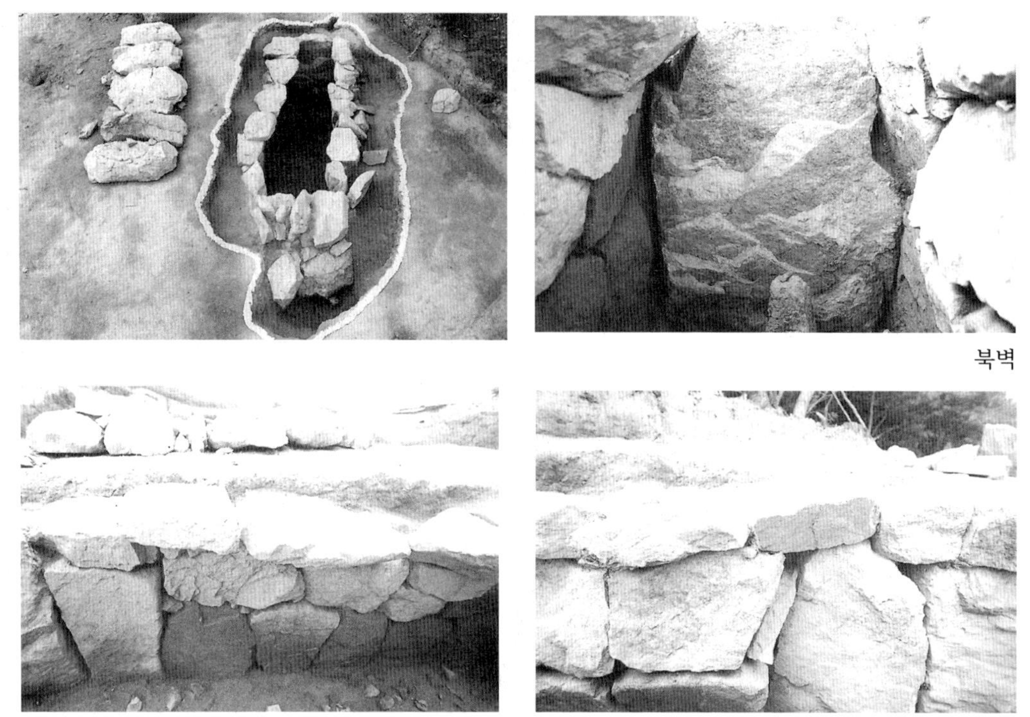

[출토유물]

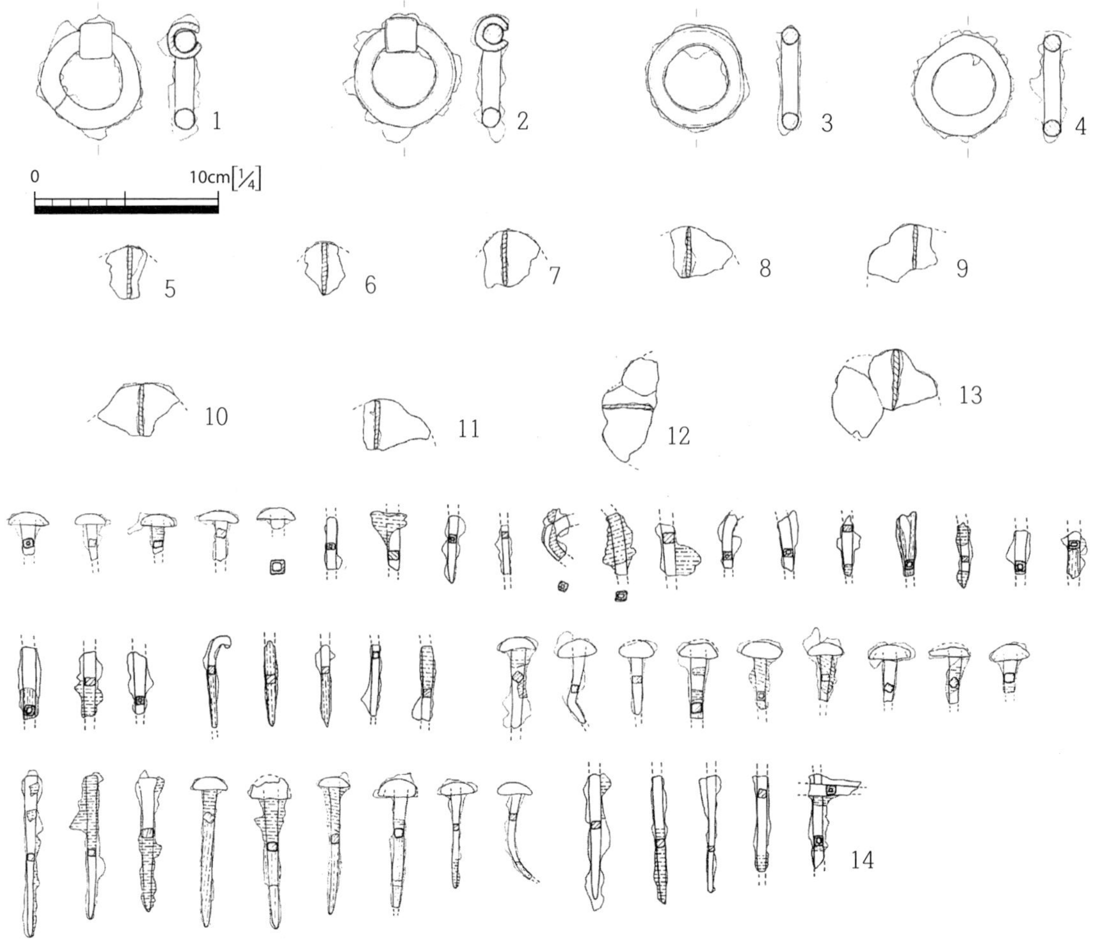

Ⅰ-A지구 6호 석실묘

(단위 : cm)

봉토	크 기 (길이×너비×높이)	?	묘광	크 기 (길이×너비×깊이)	300×190×100
	평면형태	?		장폭비	1.58:1
현실	크 기 (길이×너비×높이)	253×104×93	천장형태		?
	장폭비	2.43:1	연도위치		중앙
연도	크 기 (길이×너비×높이)	?	묘도크기 (길이×너비)		270×115
	장폭비	?	배수시설 (길이×너비×깊이)		?
시상/관대크기 (길이×너비×높이)		?	두 향		?
장축방향		N-35°-W	벽석종류		?
유물	토 기	-			
	철 기	관고리(4), 좌판(7), 관정(41)			
	청동기	-			
	옥석류	-			
	기 타	-			
특기사항		관정과 관고리의 위치로 관의 크기(160×50)를 추정함.			

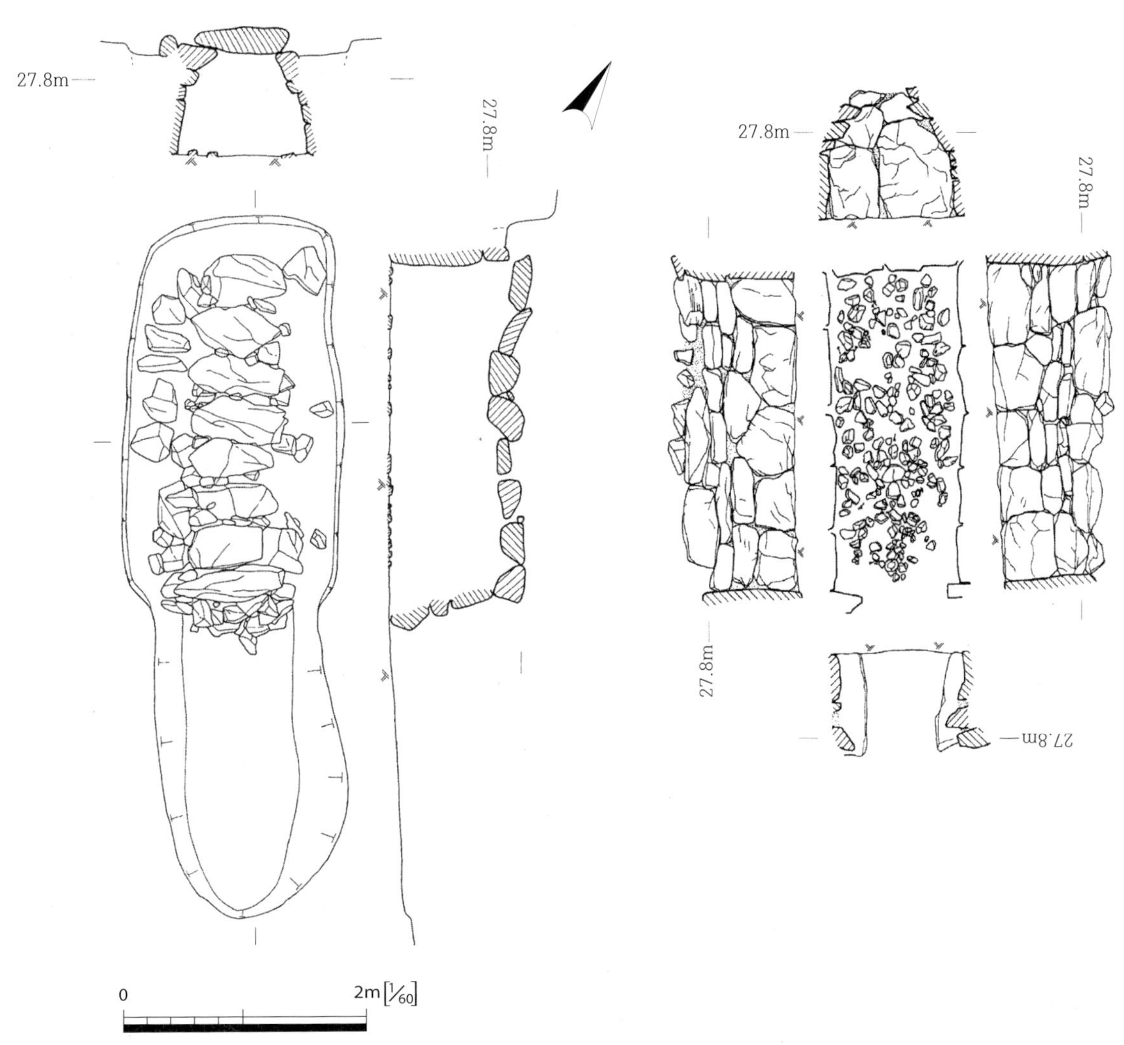

[유구사진]

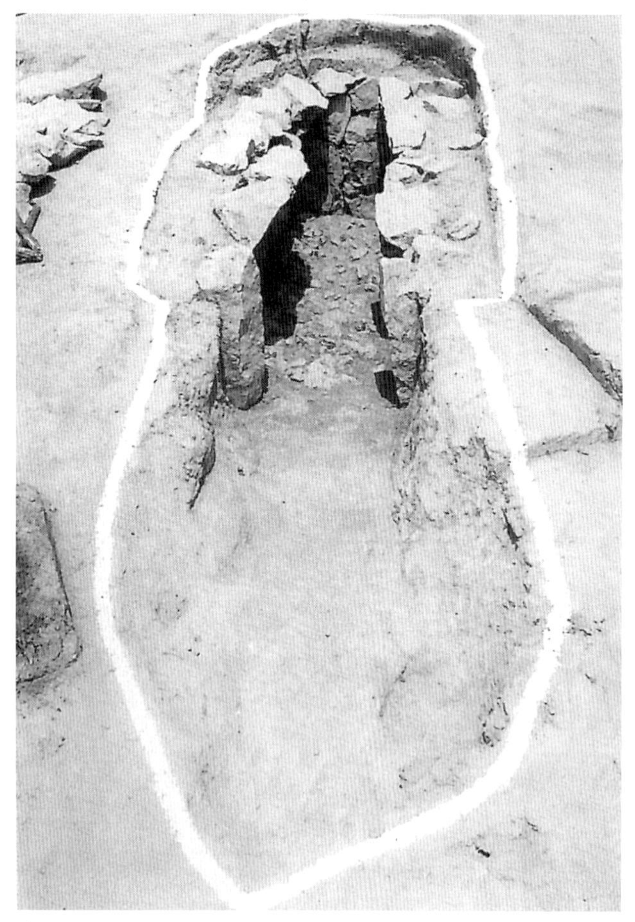

북벽

서벽

동벽

[출토유물]

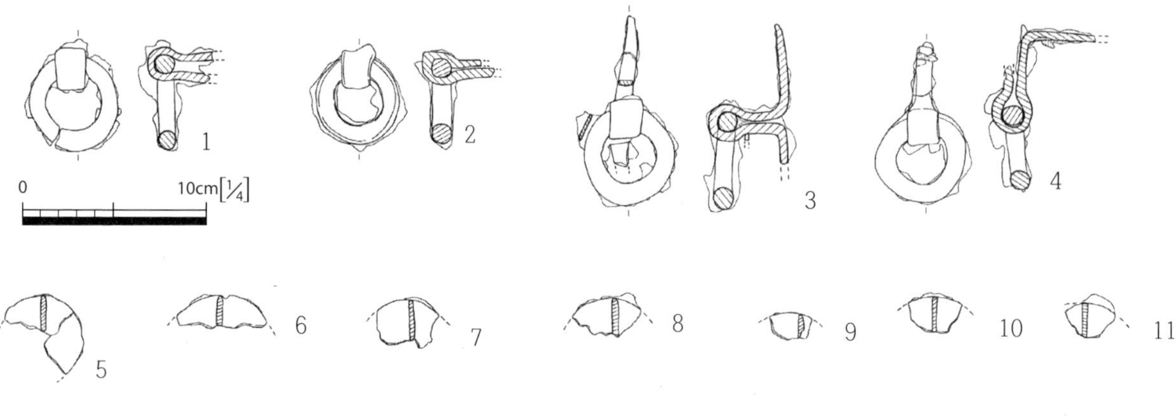

I-A지구 7호 석실묘

(단위 : cm)

묘광	크 기 (길이×너비×깊이)	(200+)×140×(90+)	현실	크 기 (길이×너비×높이)	(170+)×65×(50+)
	장폭비	?		장폭비	?
시상/관대크기 (길이×너비×높이)		?	천장형태		?
묘도크기 (길이×너비)		?	배수시설 (길이×너비×깊이)		?
장축방향		N-12°-W	두 향		?
벽석종류		할석	바닥시설		할석
유물	토 기	-			
	철 기	관고리(2), 관정(1)			
	청동기	-			
	옥석류	-			
	기 타	-			
특기사항		파괴가 심하여 정확한 구조는 알 수 없음.			

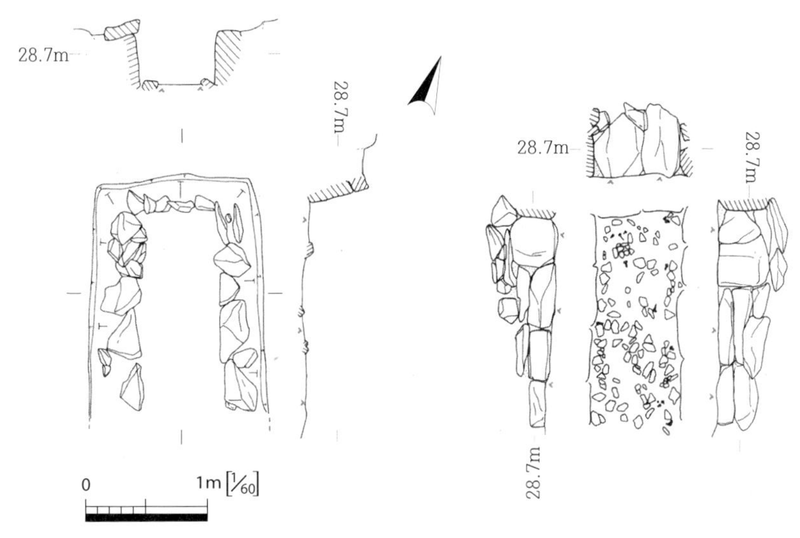

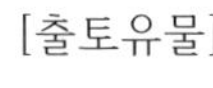
[출토유물]

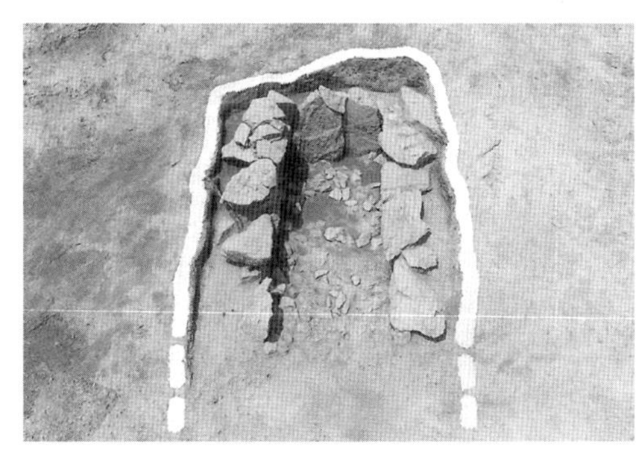

[출토유물]

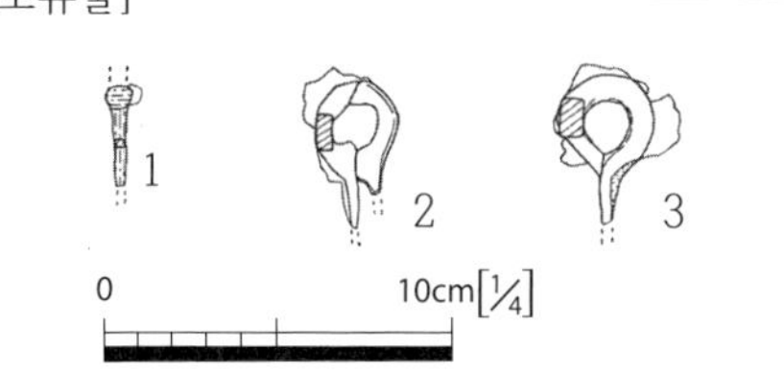

Ⅰ-A지구 8호 석실묘

(단위 : cm)

묘광	크 기 (길이×너비×깊이)	(150+)×120×(40+)	현실	크 기 (길이×너비×높이)	(110+)×60×(60+)
	장 폭 비	?		장폭비	
시상/관대크기 (길이×너비×높이)		?	천장형태		?
묘도크기 (길이×너비)		?	배수시설 (길이×너비×깊이)		?
장축방향			두 향		?
벽석종류		할석	바닥시설		할석
유물	토 기	-			
	철 기	관정(4)			
	청 동 기	-			
	옥 석 류	-			
	기 타	-			
특기사항		파괴가 심하여 정확한 구조는 알 수 없음.			

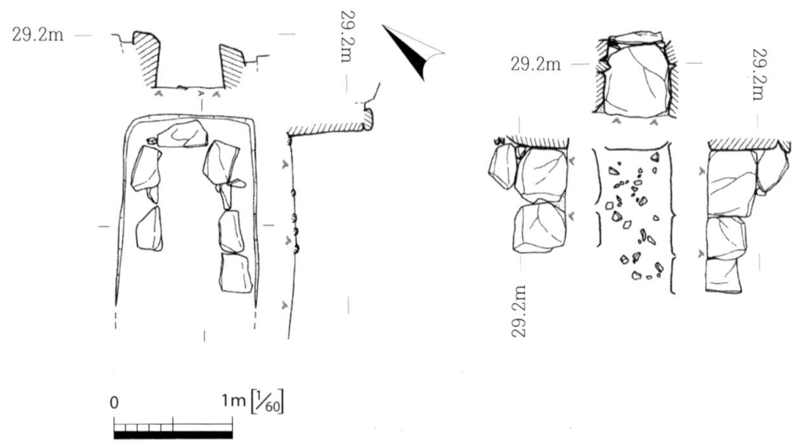

[출토유물]

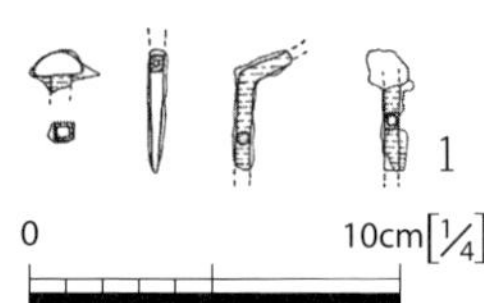

Ⅰ-A지구 9호 석실묘

(단위 : cm)

봉토	크 기 (길이×너비×높이)	?	묘광	크 기 (길이×너비×깊이)	350×150×(90+)
	평면형태	?		장폭비	2.33:1
현실	크 기 (길이×너비×높이)	280×70×90	천장형태		?
	장폭비	4.00:1	횡구부위치		남측 단벽
횡구부	크 기 (길이×너비)	(60)×(90)	묘도크기 (길이×너비)		100×100
	장폭비	(0.67)	배수시설 (길이×너비×깊이)		?
시상/관대크기 (길이×너비×높이)		?	두 향		?
장축방향		N-3°-W	벽석종류		할석
유물	토 기	-			
	철 기	-			
	청동기	-			
	옥석류	-			
	기 타	-			
특기사항		출토유물 없음.			

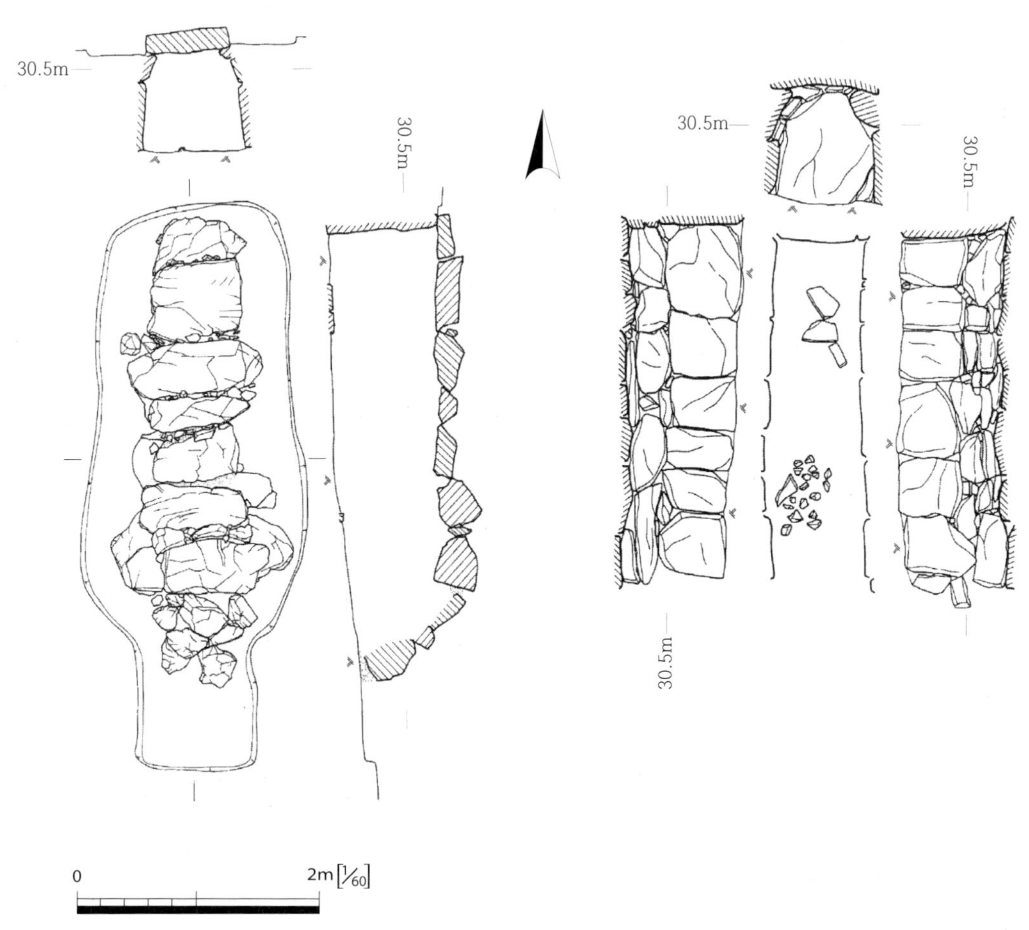

I-A지구 10호 석실묘

(단위 : cm)

묘광	크 기 (길이×너비×깊이)	(150+)×110×(25+)	현실	크 기 (길이×너비×높이)	(120+)×60×30
	장폭비	?		장폭비	?
시상/관대크기 (길이×너비×높이)		?	천장형태		?
묘도크기 (길이×너비)		?	배수시설 (길이×너비×깊이)		?
장축방향		N-13°-E	두 향		?
벽석종류		할석	바닥시설		할석
유물	토 기	-			
	철 기	-			
	청동기	-			
	옥석류	-			
	기 타	-			
특기사항		출토유물 없음. 횡혈식 석실로 보고하였으나 파괴가 심하여 정확한 구조는 알 수 없음. A지구 11호 석실과 이혈 합장으로 추정됨.			

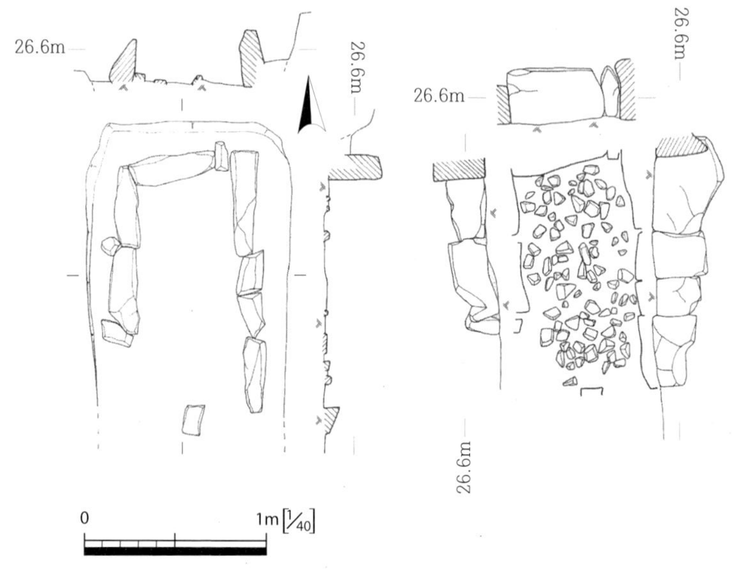

[유구사진]

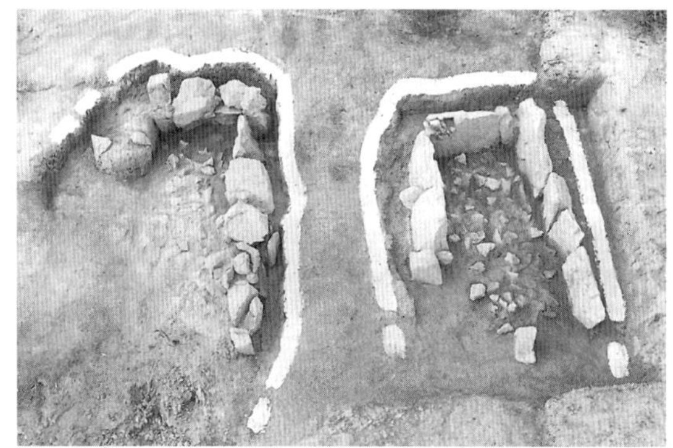

I-A지구 11호 석실묘

(단위 : cm)

묘광	크 기 (길이×너비×깊이)	(190+)×(130+)×(30+)	현실	크 기 (길이×너비×높이)	(130+)×(60+)×35
	장폭비	?		장폭비	?
시상/관대크기 (길이×너비×높이)		?	천장형태		?
묘도크기 (길이×너비)		?	배수시설 (길이×너비×깊이)		?
장축방향		N-15°-E	두 향		?
벽석종류		할석	바닥시설		할석
유물	토 기	-			
	철 기	-			
	청동기	-			
	옥석류	-			
	기 타	-			
특기사항		출토유물 없음. 횡혈식 석실로 보고하였으나 파괴가 심하여 정확한 구조는 알 수 없음. A지구 10호 석실과 이혈 합장으로 추정됨.			

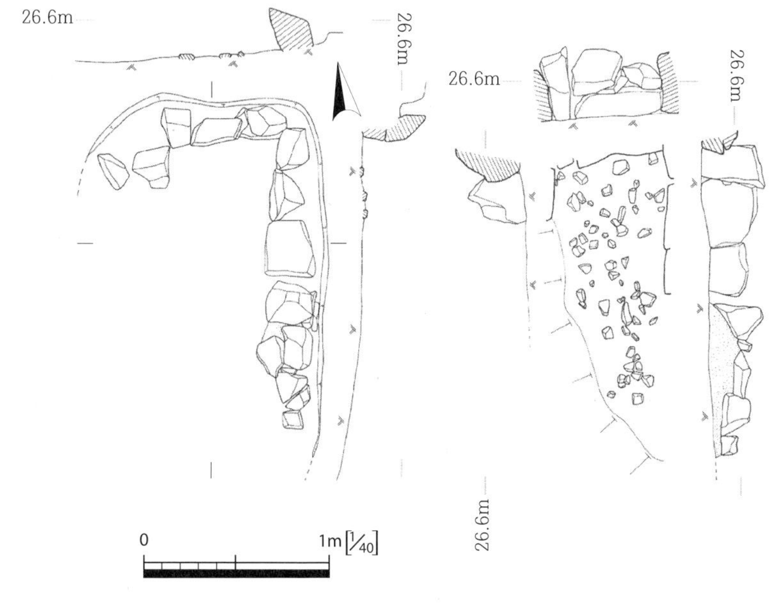

[유구사진]

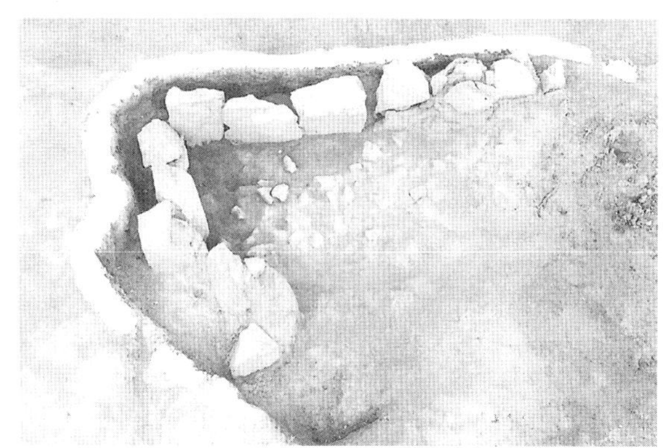

I -A지구 12호 석실묘

(단위 : cm)

봉토	크 기 (길이×너비×높이)	?	묘광	크 기 (길이×너비×깊이)	265×190×(130+)
	평면형태	?		장폭비	1.39:1
현실	크 기 (길이×너비×높이)	240×70×90	천장형태		(평)
	장폭비	3.43:1	연도위치		?
연도	크 기 (길이×너비×높이)	?	묘도크기 (길이×너비)		?
	장폭비	?	배수시설 (길이×너비×깊이)		?
시상/관대크기 (길이×너비×높이)		-	두 향		-
장축방향		N-37°-E	벽석종류		-
유물	토 기	-			
	철 기	관고리(1), 관정(1)			
	청동기	-			
	옥석류	-			
	기 타	-			
특기사항		석실 내부와 연결되지 않은 배수구와 유사한 시설물(200×50)이 있음. A지구 13호 석실과 이혈 합장으로 추정됨.			

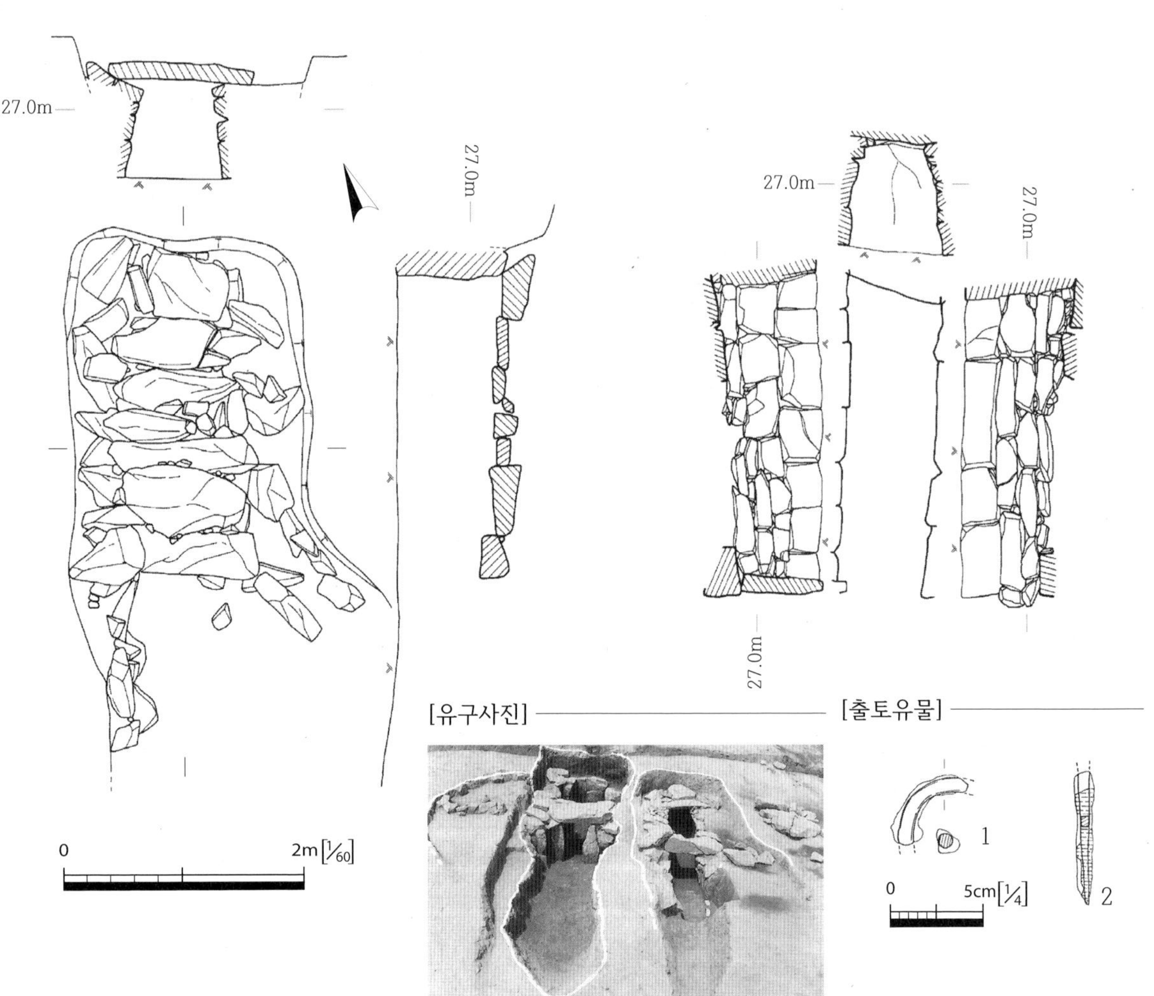

I-A지구 13호 석실묘

(단위 : cm)

봉토	크 기 (길이×너비×높이)	?	묘광	크 기 (길이×너비×깊이)	300×200×(150+)
	평면형태	?		장폭비	1.50:1
현실	크 기 (길이×너비×높이)	240×100×100	천장형태		고임
	장폭비	2.40:1	연도위치		(중앙)
연도	크 기 (길이×너비×높이)	(40)×(100)×(90)	묘도크기 (길이×너비)		(282)×(126)
	장폭비	(0.4):1	배수시설 (길이×너비×깊이)		?
시상/관대크기 (길이×너비×높이)		?	두 향		?
장축방향		N-32°-E	벽석종류		할석
유물	토 기	-			
	철 기	관고리(3), 관정(17)			
	청동기	-			
	옥석류	-			
	기 타	-			
특기사항		A지구 12호 석실과 합장으로 추정됨.			

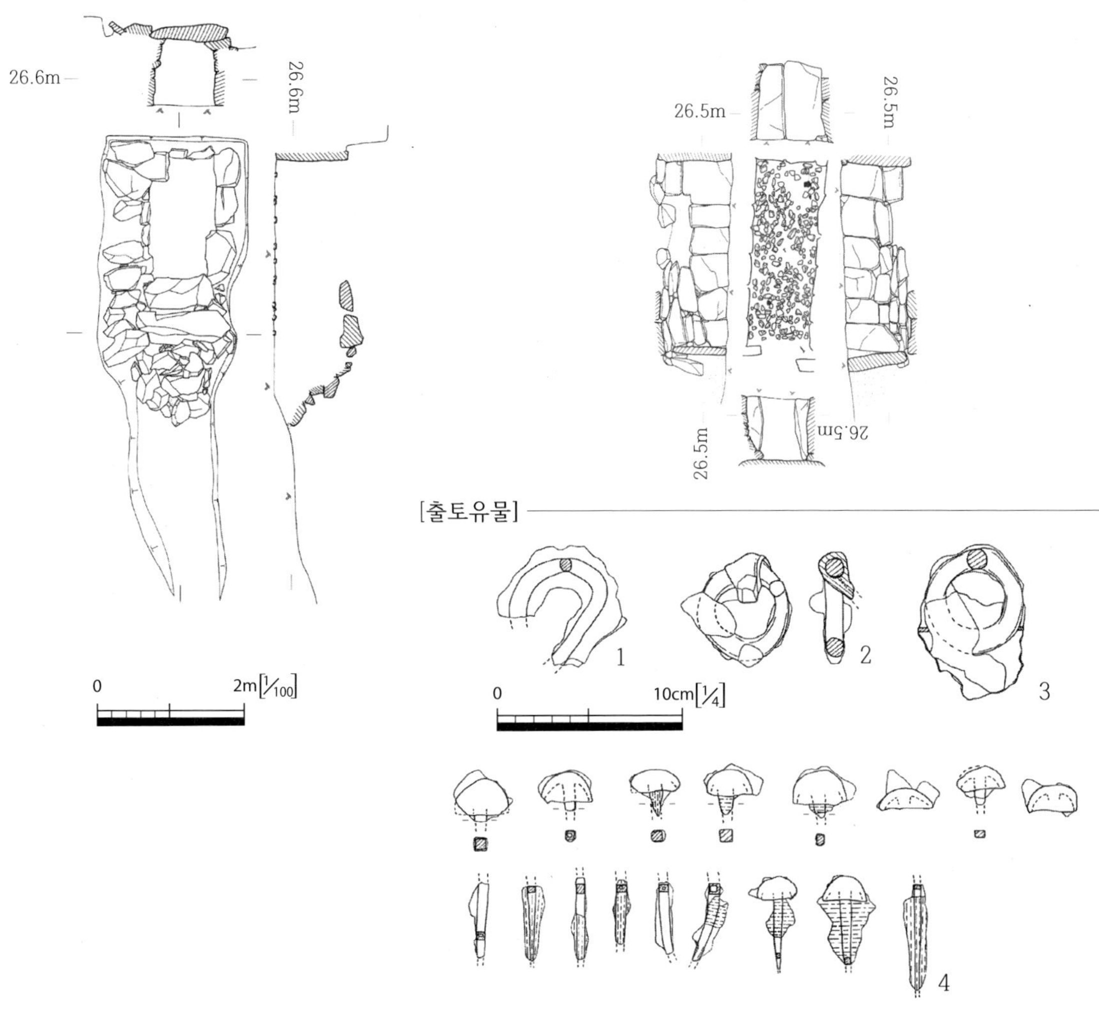

Ⅰ-A지구 14호 석실묘

(단위 : cm)

<table>
<tr><td rowspan="2">봉토</td><td>크 기
(길이×너비×높이)</td><td>?</td><td colspan="2" rowspan="1">묘광 크 기
(길이×너비×깊이)</td><td>330×190×(100+)</td></tr>
<tr><td>평면형태</td><td>?</td><td colspan="2">장폭비</td><td>1.74:1</td></tr>
<tr><td rowspan="2">현실</td><td>크 기
(길이×너비×높이)</td><td>230×140×100</td><td colspan="2">천장형태</td><td>(고임)</td></tr>
<tr><td>장폭비</td><td>1.64:1</td><td colspan="2">연도위치</td><td>(중앙)</td></tr>
<tr><td rowspan="2">연도</td><td>크 기
(길이×너비×높이)</td><td>(54)×(78)</td><td colspan="2">묘도크기
(길이×너비)</td><td>260×140×(50+)</td></tr>
<tr><td>장폭비</td><td>(0.73):1</td><td colspan="2">배수시설
(길이×너비×깊이)</td><td>?</td></tr>
<tr><td colspan="2">시상/관대크기
(길이×너비×높이)</td><td>?</td><td colspan="2">두 향</td><td>?</td></tr>
<tr><td colspan="2">장축방향</td><td>N-25°-W</td><td colspan="2">벽석종류</td><td>할석</td></tr>
<tr><td rowspan="5">유물</td><td>토 기</td><td colspan="4">-</td></tr>
<tr><td>철 기</td><td colspan="4">관고리(5), 좌판(3), 관정(15)</td></tr>
<tr><td>청동기</td><td colspan="4">-</td></tr>
<tr><td>옥석류</td><td colspan="4">-</td></tr>
<tr><td>기 타</td><td colspan="4">-</td></tr>
<tr><td colspan="2">특기사항</td><td colspan="4"></td></tr>
</table>

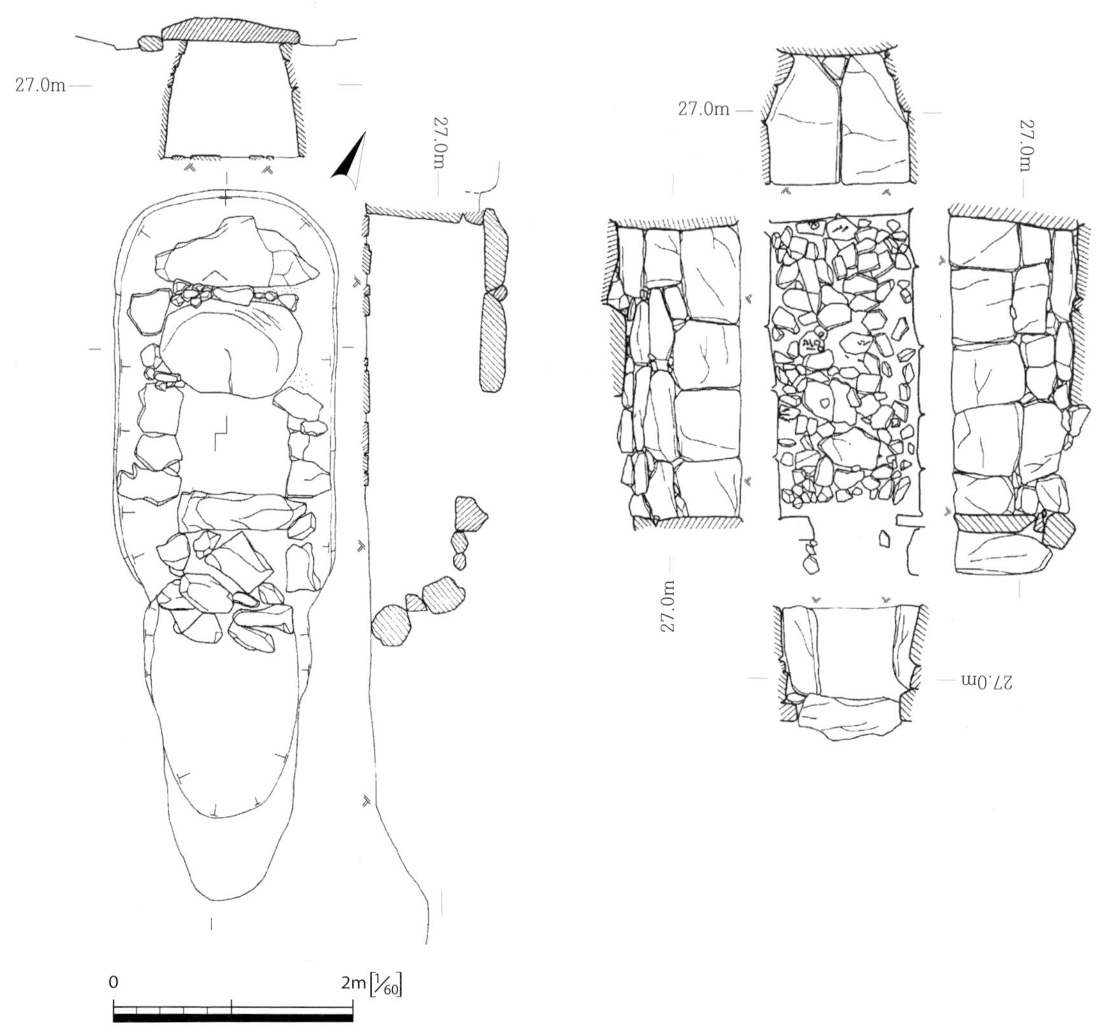

[유구사진]

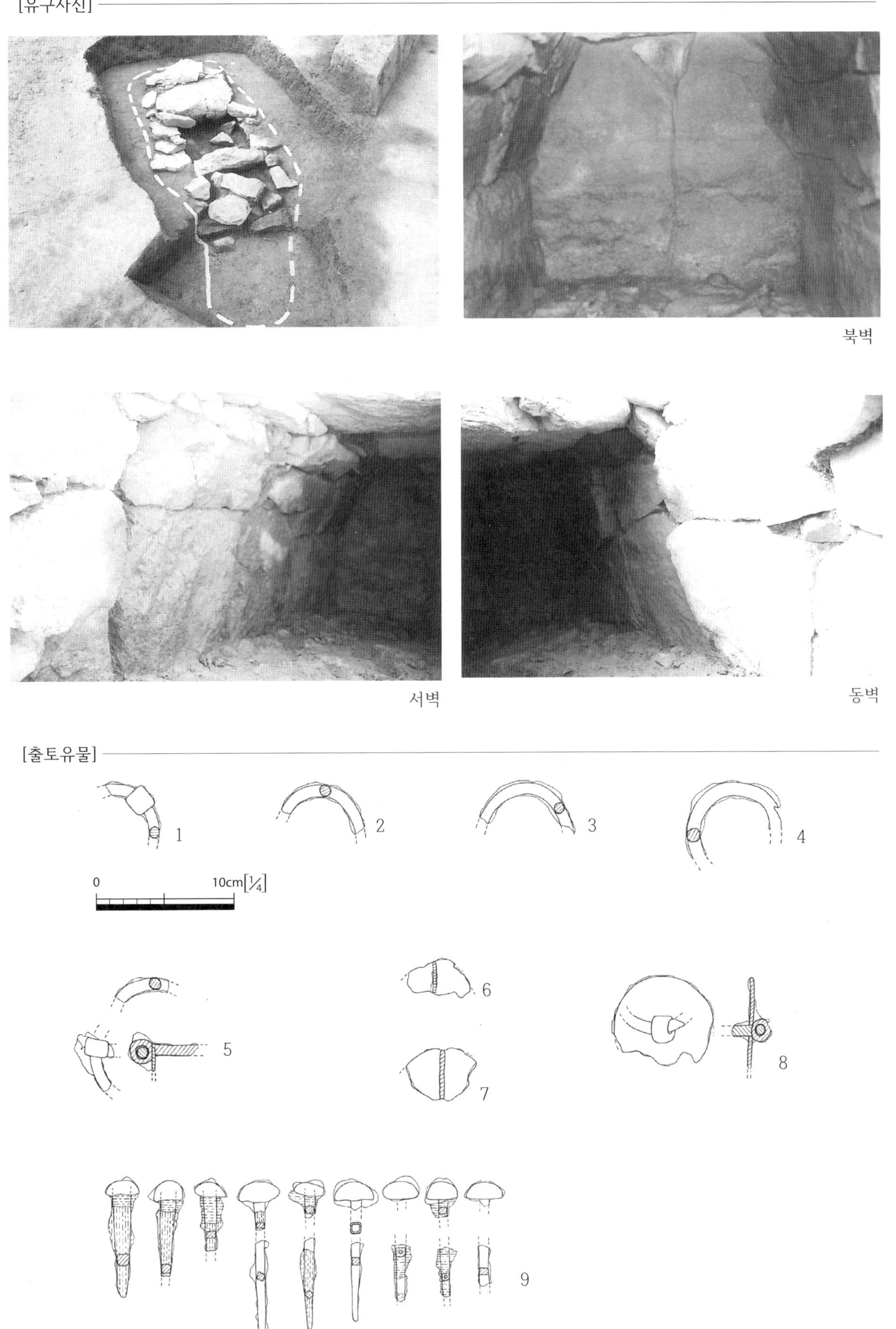

I-A지구 15호 석실묘

(단위 : cm)

봉토	크 기 (길이×너비×높이)	?	묘광	크 기 (길이×너비×깊이)	280×170×(70+)
	평면형태	?		장폭비	1.65:1
현실	크 기 (길이×너비×높이)	180×70×(60+)	천장형태		?
	장폭비	2.57:1	횡구부위치		남서측 단벽
횡구부	크 기 (길이×너비)	(42)×(102)	묘도크기 (길이×너비)		?
	장폭비	(0.41):1	배수시설 (길이×너비×깊이)		?
시상/관대크기 (길이×너비×높이)		?	두 향		?
장축방향		N-19°-E	벽석종류		할석
유물	토 기	-			
	철 기	관정(9)			
	청동기	-			
	옥석류	-			
	기 타	-			
특기사항					

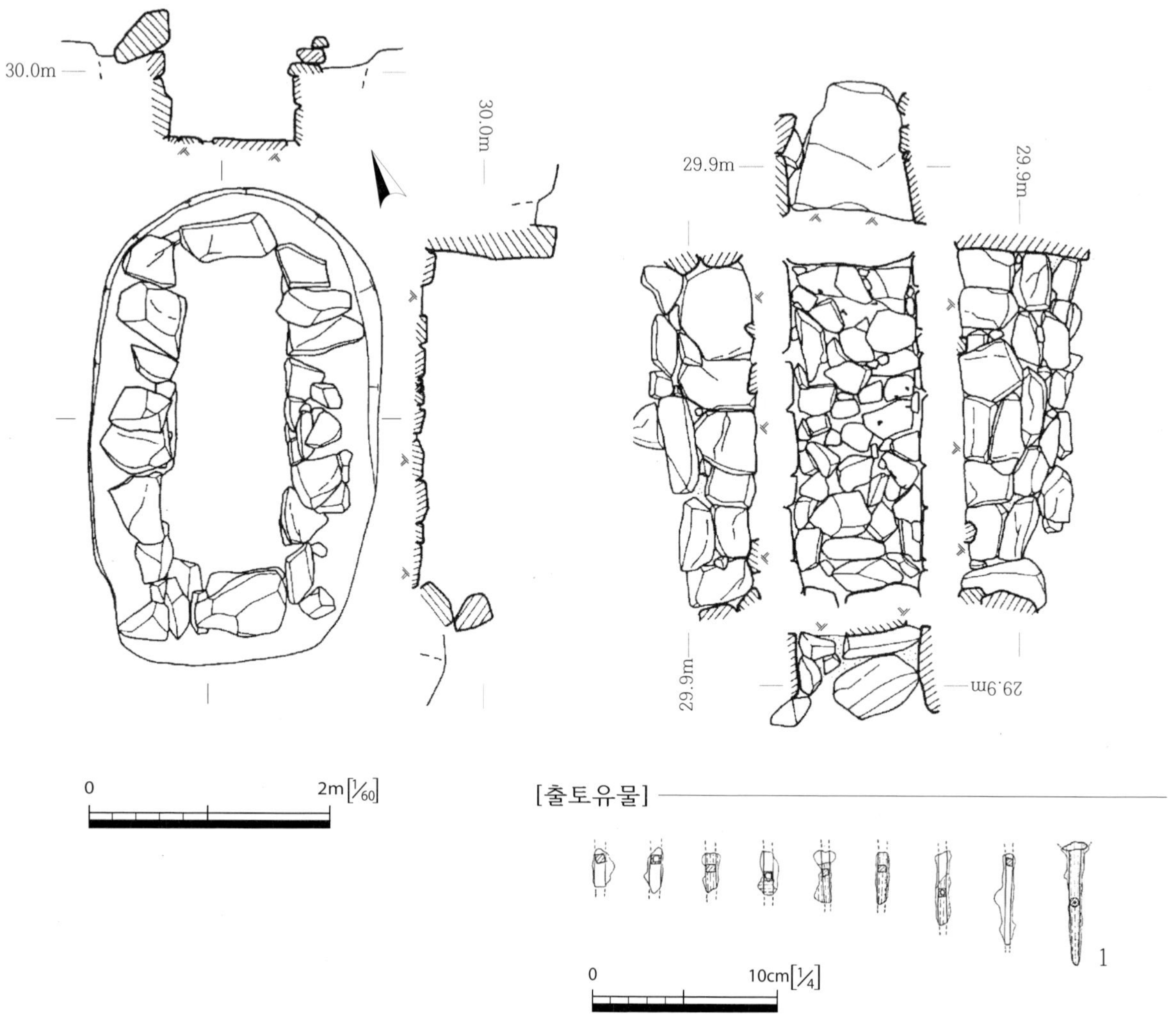

부여 합정리유적Ⅱ A지역 유구배치도

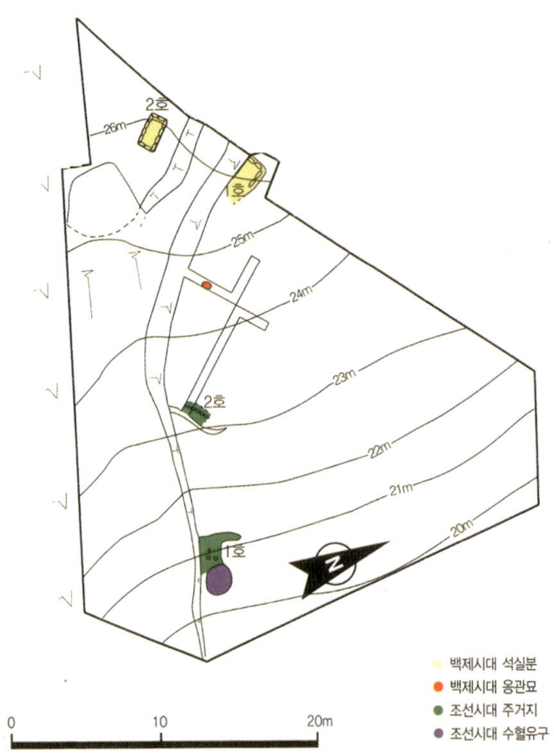

부여 합정리유적Ⅱ B지역 유구배치도

부여 합정리유적Ⅱ 전경

부여 합정리유적Ⅱ A지구 전경

부여 합정리유적Ⅱ B지구 전경

Ⅱ-A지구 1호 석실묘

(단위 : cm)

<table>
<tr><td rowspan="2">봉토</td><td>크 기
(길이×너비×높이)</td><td>?</td><td rowspan="2">묘광</td><td>크 기
(길이×너비×깊이)</td><td>(280+)×200×(100+)</td></tr>
<tr><td>평면형태</td><td>?</td><td>장폭비</td><td>?</td></tr>
<tr><td rowspan="2">현실</td><td>크 기
(길이×너비×높이)</td><td>230×70×90</td><td colspan="2">천장형태</td><td>고임</td></tr>
<tr><td>장폭비</td><td>3.29:1</td><td colspan="2">횡구부위치</td><td>남측 단벽</td></tr>
<tr><td rowspan="2">횡구부</td><td>크 기
(길이×너비)</td><td>(84)×(78)</td><td colspan="2">묘도크기
(길이×너비)</td><td>(210+)×110×(48+)</td></tr>
<tr><td>장폭비</td><td>(1.08):1</td><td colspan="2">배수시설
(길이×너비×깊이)</td><td>?</td></tr>
<tr><td colspan="2">시상/관대크기
(길이×너비×높이)</td><td>?</td><td colspan="2">두 향</td><td>?</td></tr>
<tr><td colspan="2">장축방향</td><td>N-0°-S</td><td colspan="2">벽석종류</td><td>판석, 할석</td></tr>
<tr><td rowspan="5">유물</td><td>토 기</td><td colspan="4">-</td></tr>
<tr><td>철 기</td><td colspan="4">관고리(8), 관정(8)</td></tr>
<tr><td>청동기</td><td colspan="4">-</td></tr>
<tr><td>옥석류</td><td colspan="4">-</td></tr>
<tr><td>기 타</td><td colspan="4">-</td></tr>
<tr><td colspan="2">특기사항</td><td colspan="4"></td></tr>
</table>

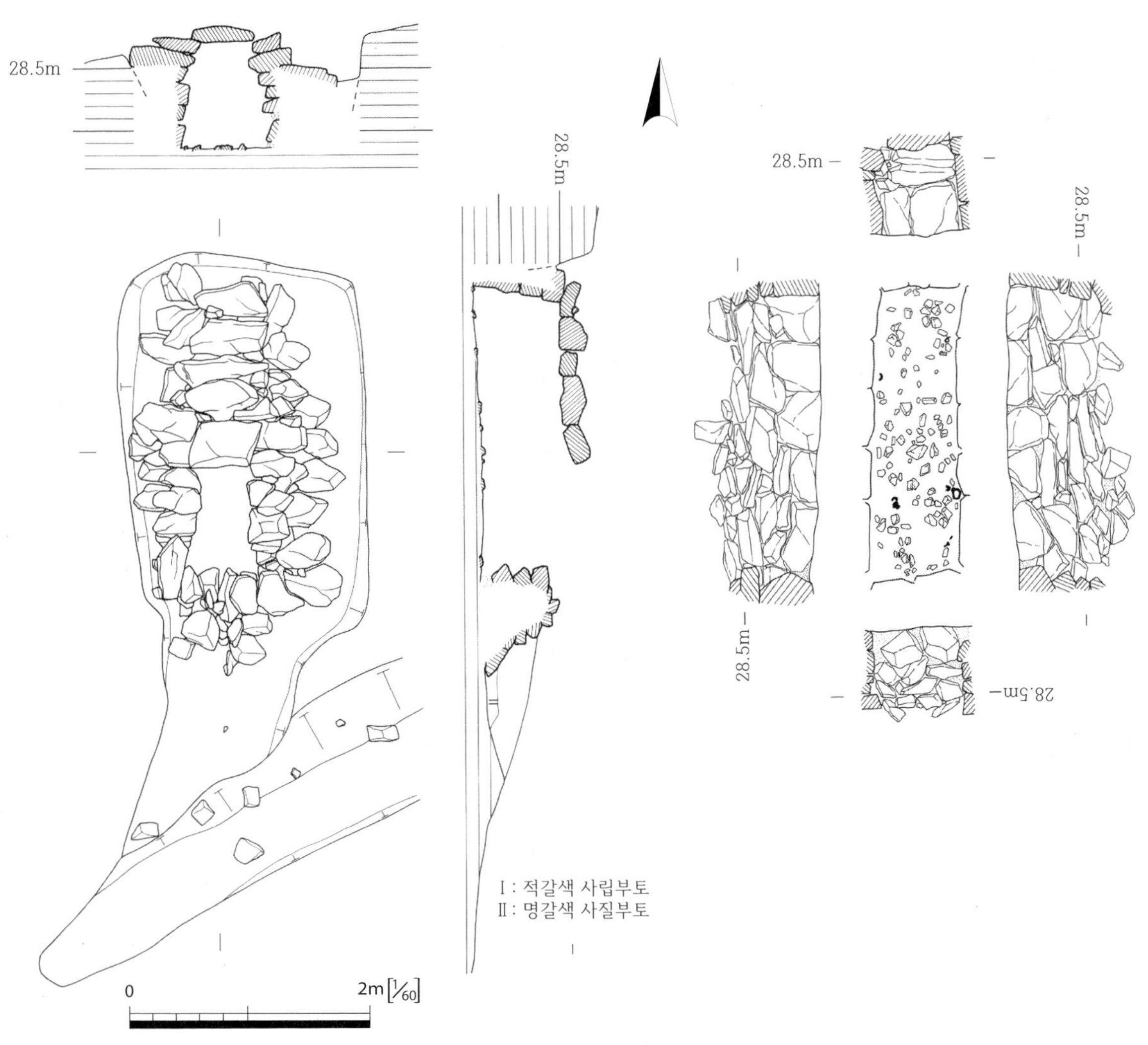

[유구사진]

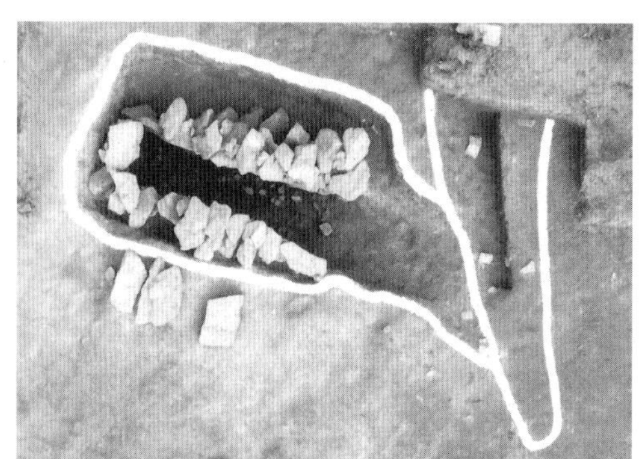

[출토유물]

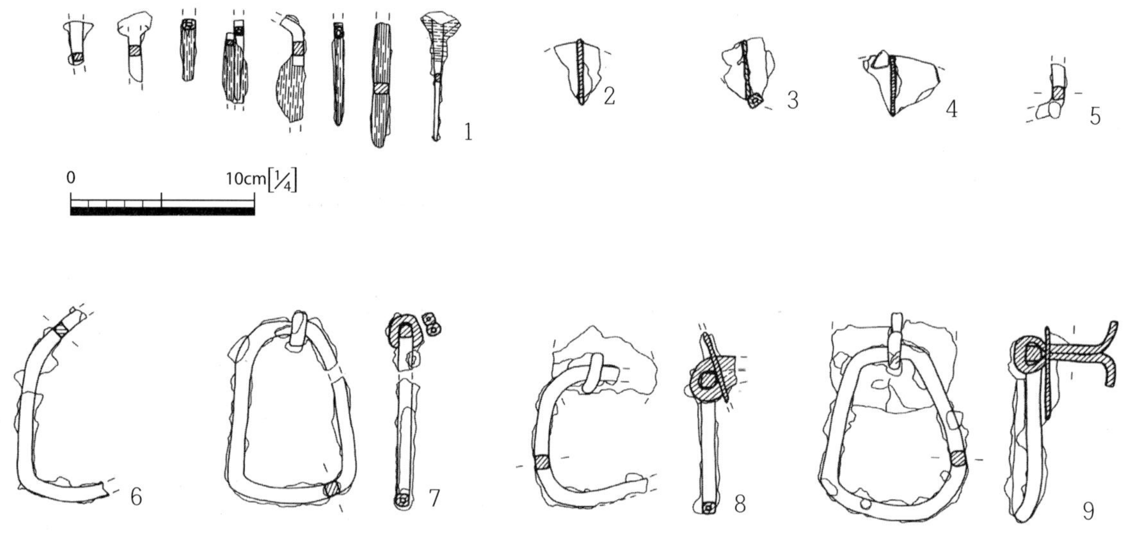

Ⅱ-A지구 2호 석실묘

(단위 : cm)

봉토	크 기 (길이×너비×높이)	?	묘광	크 기 (길이×너비×깊이)	280×150×?
	평면형태	?		장폭비	1.88:1
현실	크 기 (길이×너비×높이)	220×80×(50+)	천장형태		?
	평면형태	2.75:1	횡구부위치		남측 단벽
횡구부	크 기 (길이×너비)	(78)×(84)	묘도크기 (길이×너비)		(252)×(120)
	장폭비	(0.93):1	배수시설 (길이×너비×깊이)		?
시상/관대크기 (길이×너비×높이)		?	두 향		?
장축방향		N-3°-W	벽석종류		할석
유물	토 기	-			
	철 기	관고리(4), 좌판(6), 관정(21),			
	청동기	-			
	옥석류	-			
	기 타	-			
특기사항		관정 4점 도면 미게재.			

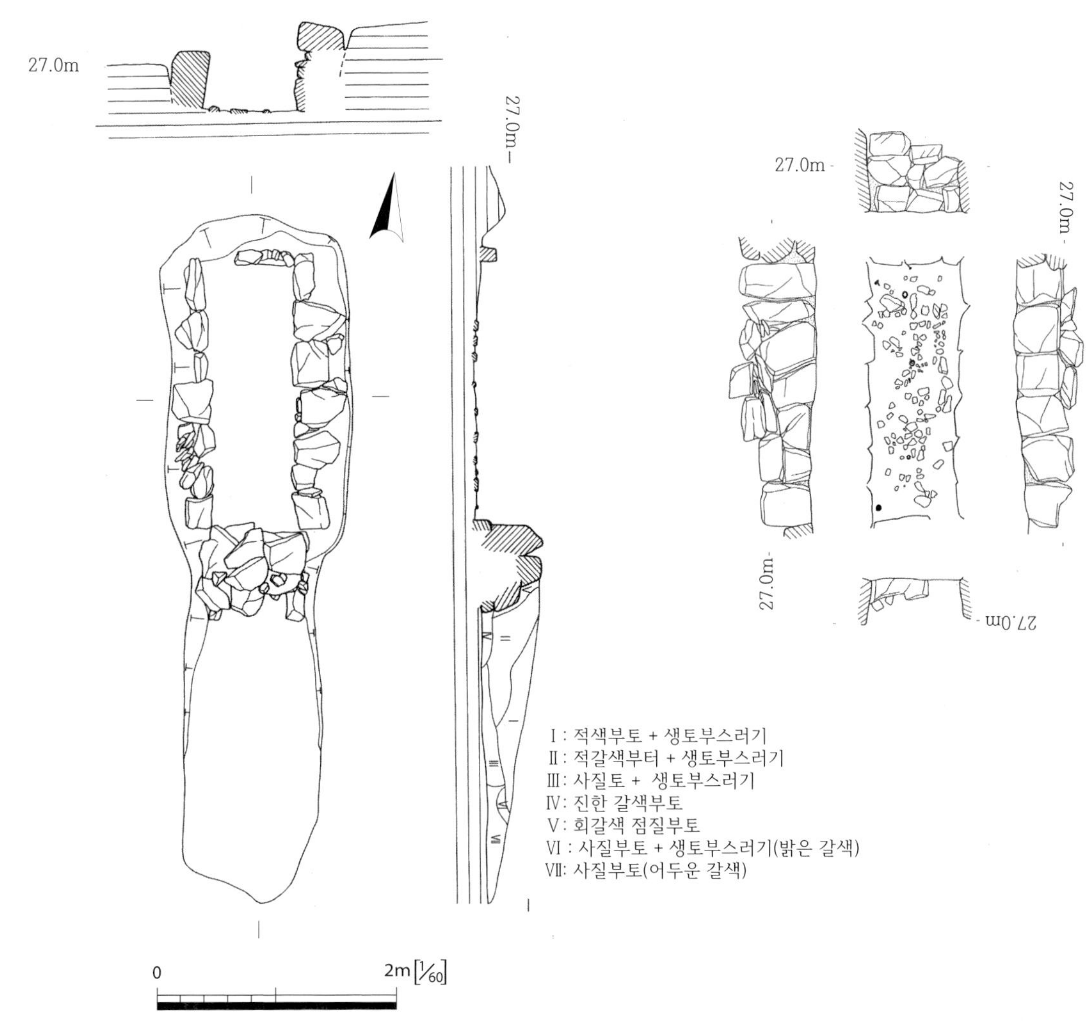

[유구사진]

서벽

동벽

[출토유물]

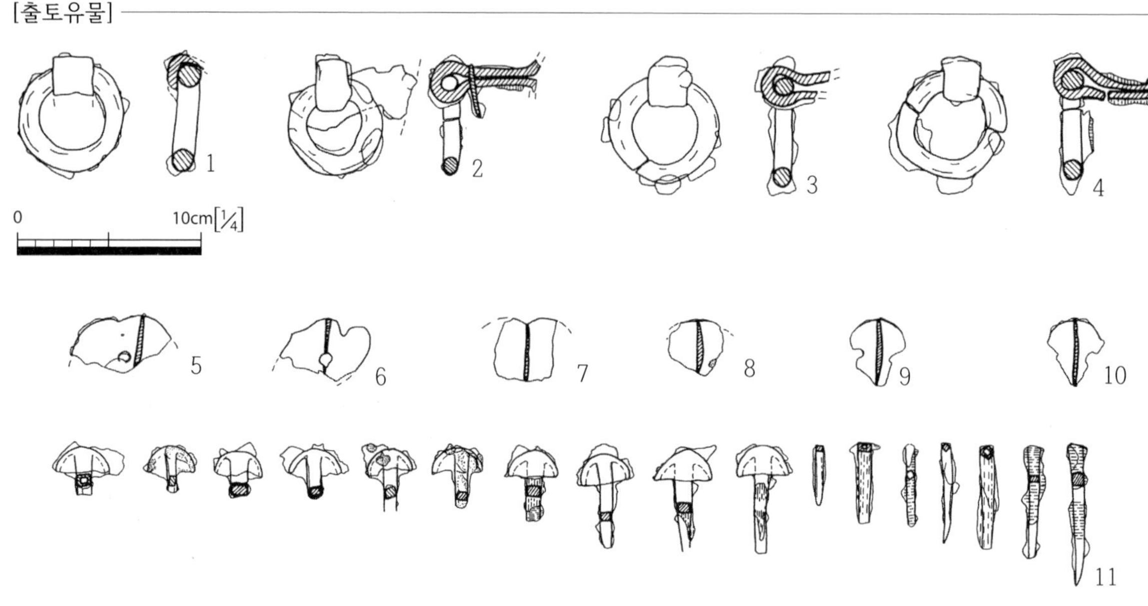

Ⅱ-A지구 3호 석실묘

(단위 : cm)

봉토	크 기 (길이×너비×높이)	?	묘광	크 기 (길이×너비×깊이)	300×160×(50+)
	평면형태	?		장 폭 비	1.88:1
현실	크 기 (길이×너비×높이)	220×66×(42+)	천장형태		?
	평면형태	3.64:1	횡구부위치		?
횡구부	크 기 (길이×너비)	(48)×(72)	묘도크기 (길이×너비)		118×110
	장 폭 비	(0.67):1	배수시설 (길이×너비×깊이)		?
시상/관대크기 (길이×너비×높이)		?	두 향		?
장축방향		N-20°-E	벽석종류		?
유물	토 기	-			
	철 기	관정(9), 꺾쇠(5)			
	청동기	-			
	옥석류	-			
	기 타	-			
특기사항					

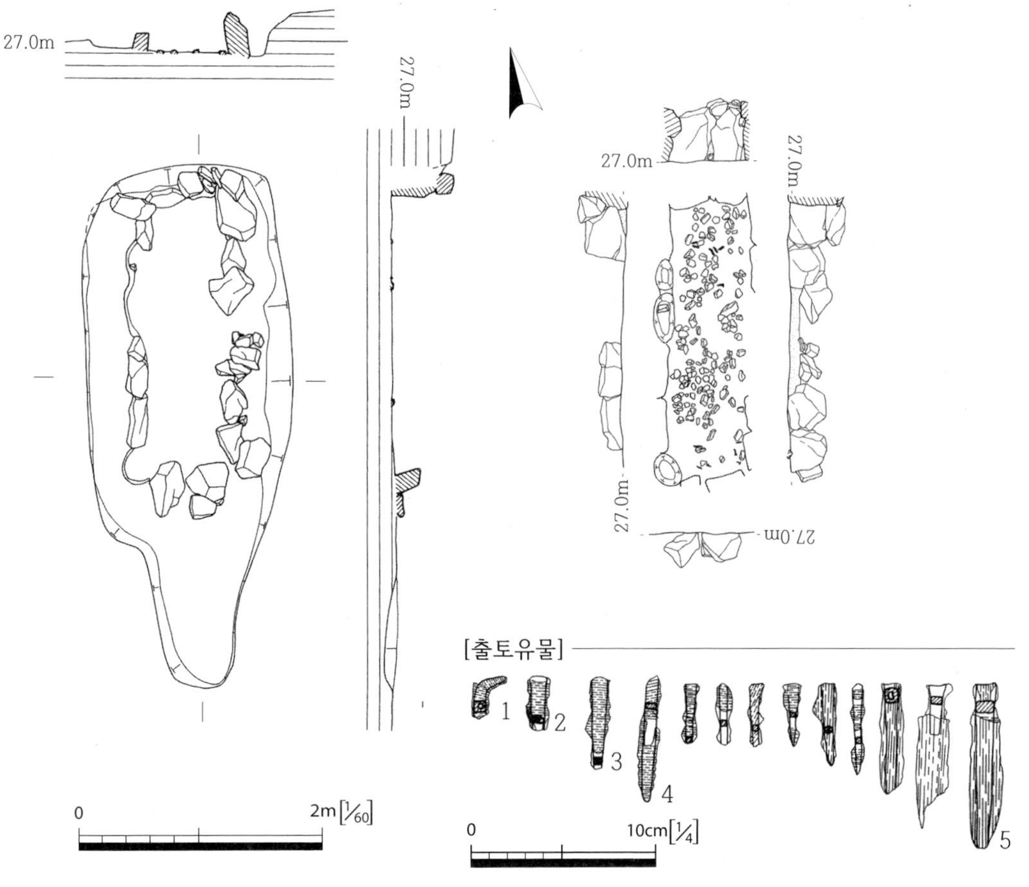

Ⅱ-A지구 4호 석실묘

(단위 : cm)

봉토	크 기 (길이×너비×높이)	?	묘광	크 기 (길이×너비×깊이)	320×160×(50+)
	평면형태	?		장폭비	2.00:1
현실	크 기 (길이×너비×높이)	194×68×(48+)	천장형태		?
	장폭비	2.85:1	횡구부위치		?
횡구부	크 기 (길이×너비)	(108)×(78)	묘도크기 (길이×너비)		?
	장폭비	(1.38):1	배수시설 (길이×너비×깊이)		?
시상/관대크기 (길이×너비×높이)		?	두 향		?
장축방향		N-10°-W	벽석종류		할석
유물	토 기	-			
	철 기	관정(7)			
	청동기	-			
	옥석류	-			
	기 타	-			
특기사항		보고서 기술과 유물 도면 스케일바 비율이 모두 상이하여 상호 조정하지 않고 자료집에 게재하였음.			

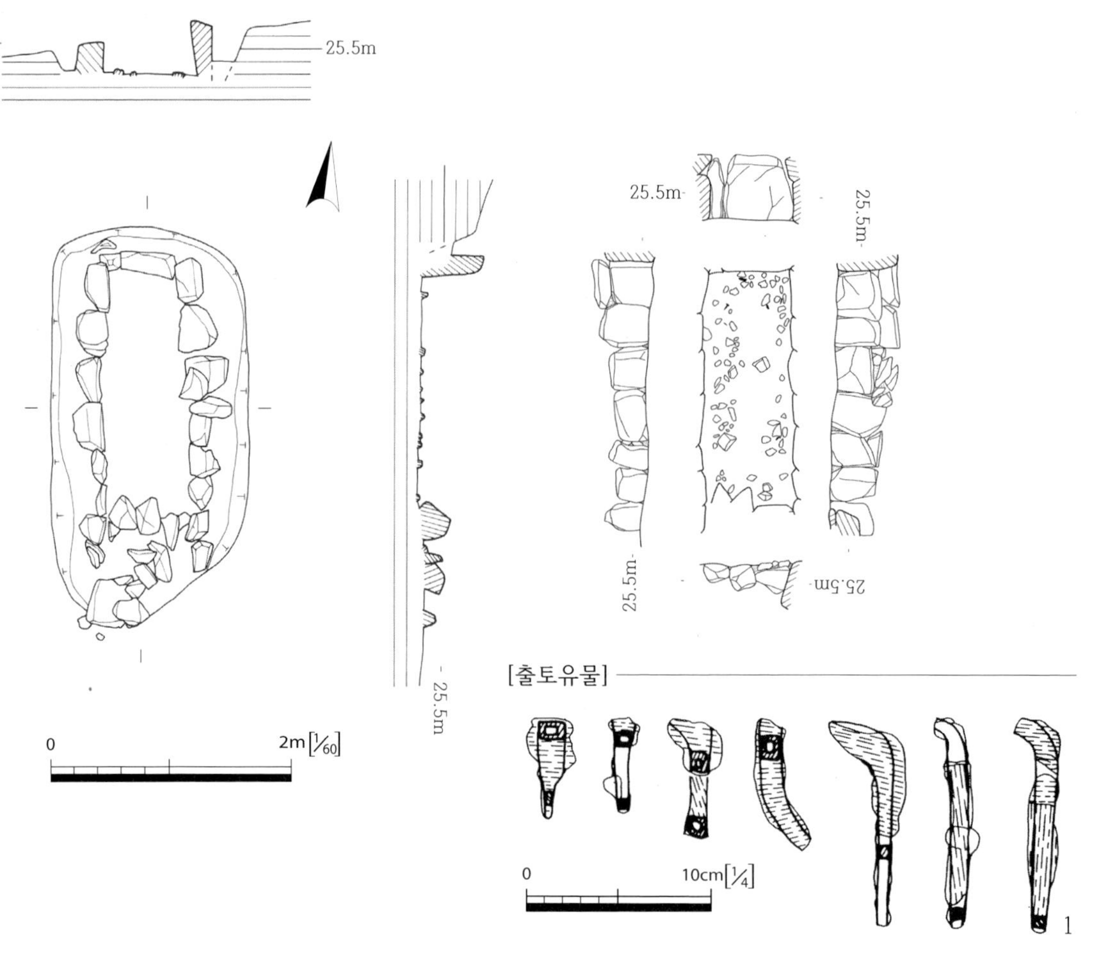

Ⅱ-A지구 5호 석실묘

(단위 : cm)

봉토	크 기 (길이×너비×높이)	?	묘광	크 기 (길이×너비×깊이)	(490+)×220×(70+)
	평면형태	?		장폭비	?
현실	크 기 (길이×너비×높이)	234×80×(74+)	천장형태		?
	장폭비	2.93:1	횡구부위치		남측 단벽
횡구부	크 기 (길이×너비)	(90)×(90)	묘도크기 (길이×너비)		170×80
	장폭비	(1.0):1	배수시설 (길이×너비×깊이)		?
시상/관대크기 (길이×너비×높이)		?	두 향		?
장축방향		N-20°-E	벽석종류		
유물	토 기	-			
	철 기	관고리(8), 이음쇠(1), 관정(21)			
	청동기	-			
	옥석류	-			
	기 타	-			
특기사항					

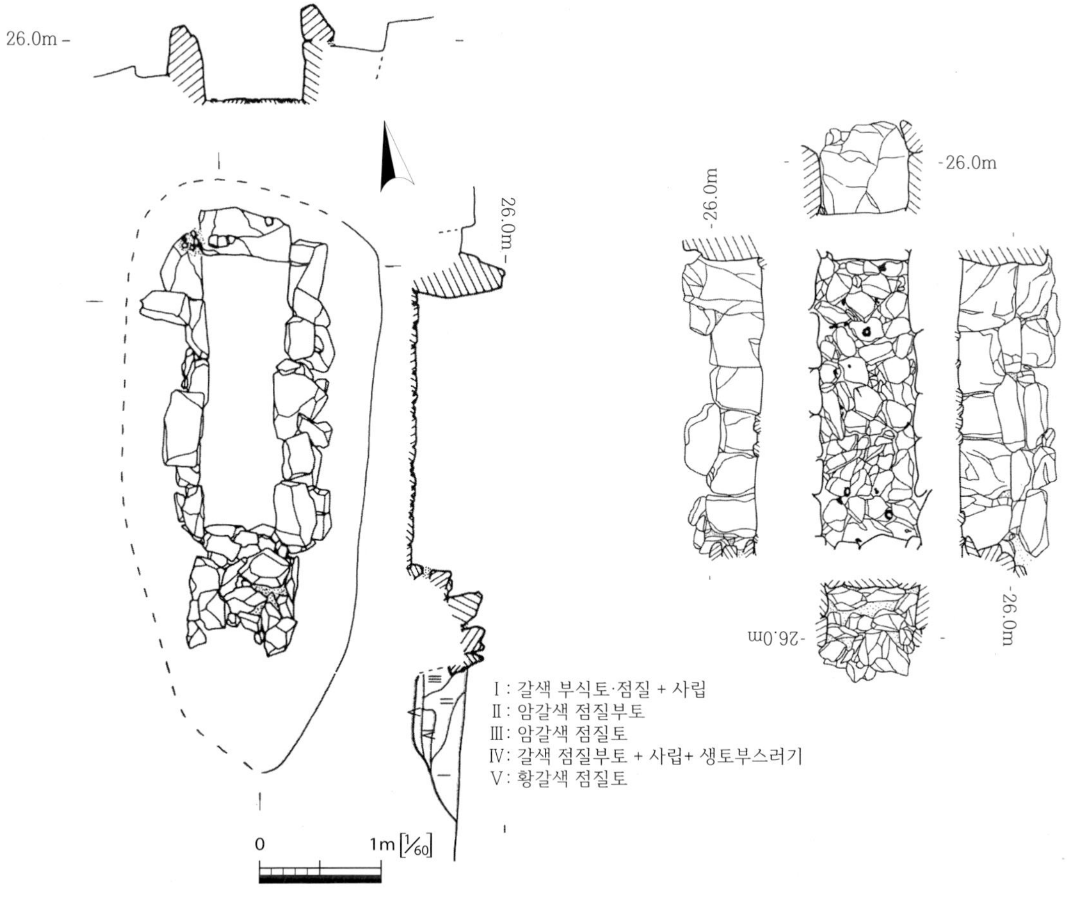

[유구사진]

[출토유물]

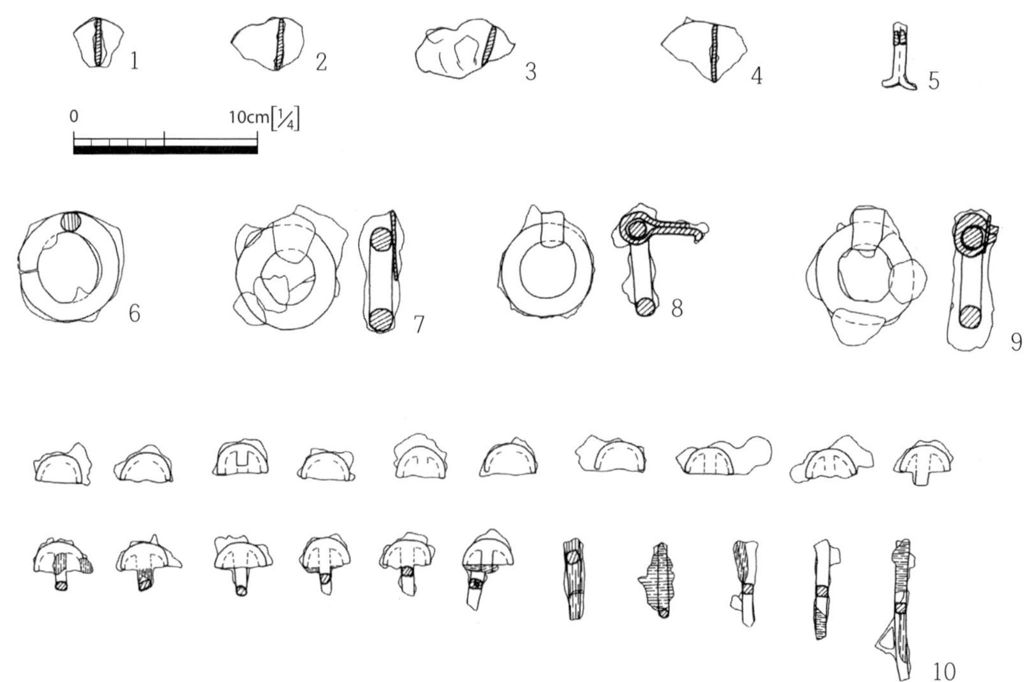

Ⅱ-A지구 6호분

(단위 : cm)

묘광	크 기 (길이×너비×깊이)	(220+)×120×(60+)	현실	크 기 (길이×너비×높이)	(190+)×120×(60+)
	장폭비	?		장폭비	?
시상/관대크기 (길이×너비×높이)		?	천장형태		?
묘도크기 (길이×너비)		?	배수시설 (길이×너비×깊이)		?
장축방향		N-20°-E	두 향		?
벽석종류		할석	바닥시설		할석
유물	토 기	-			
	철 기	관정(1)			
	청동기	-			
	옥석류	-			
	기 타	-			
특기사항		파괴가 심하여 정확한 구조는 알 수 없음.			

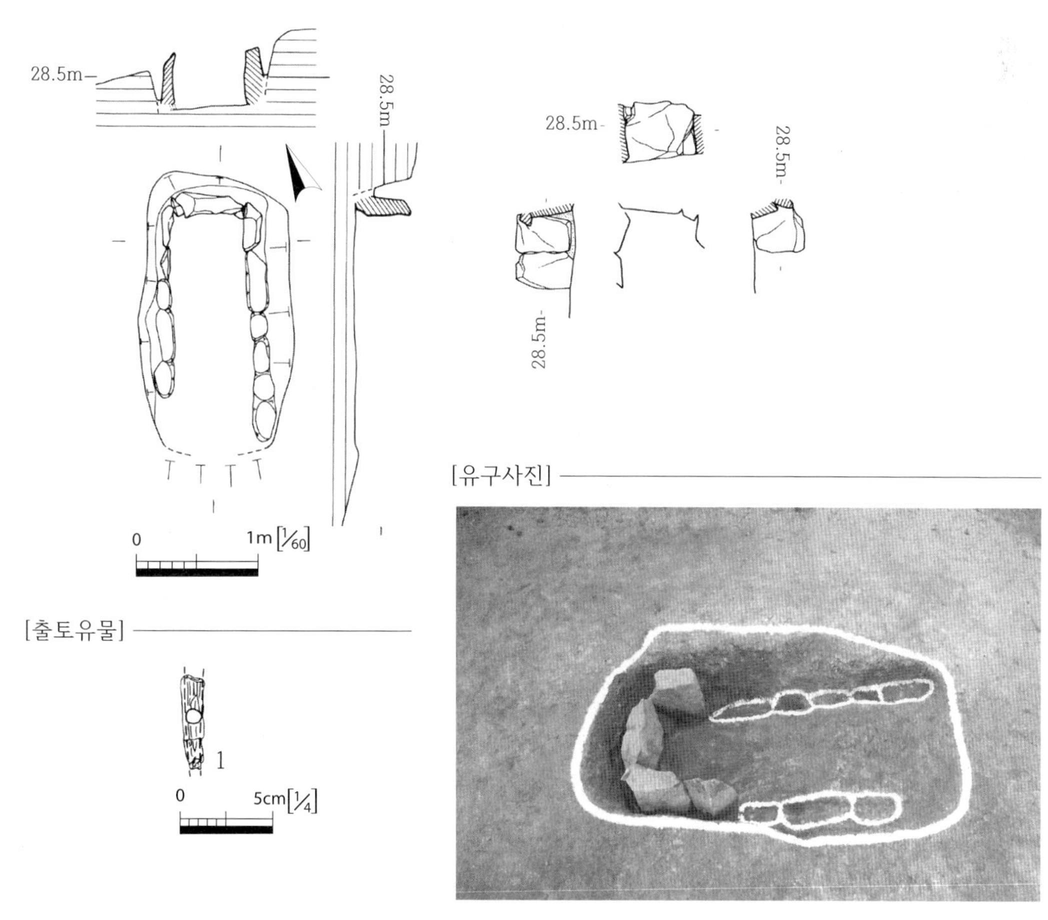

Ⅱ-A지구 7호 석실묘

(단위 : cm)

봉토	크 기 (길이×너비×높이)	?	묘광	크 기 (길이×너비×깊이)	(320+)×(136+)×(60+)
	평면형태	?		장폭비	?
현실	크 기 (길이×너비×높이)	(240+)×(70+)×(40+)	천장형태		?
	장폭비	?	횡구부위치		?
횡구부	크 기 (길이×너비)	?	묘도크기 (길이×너비)		90×80
	장폭비	?	배수시설 (길이×너비×깊이)		?
시상/관대크기 (길이×너비×높이)		?	두 향		?
장축방향		N-20°-E	벽석종류		?
유물	토 기	-			
	철 기	관모테(1), 관고리(3), 좌판(6), 관정(32)			
	청동기	-			
	옥석류	-			
	기 타	-			
특기사항		횡구식 석실로 보고하였으나 파괴가 심하여 정확한 구조는 알 수 없음.			

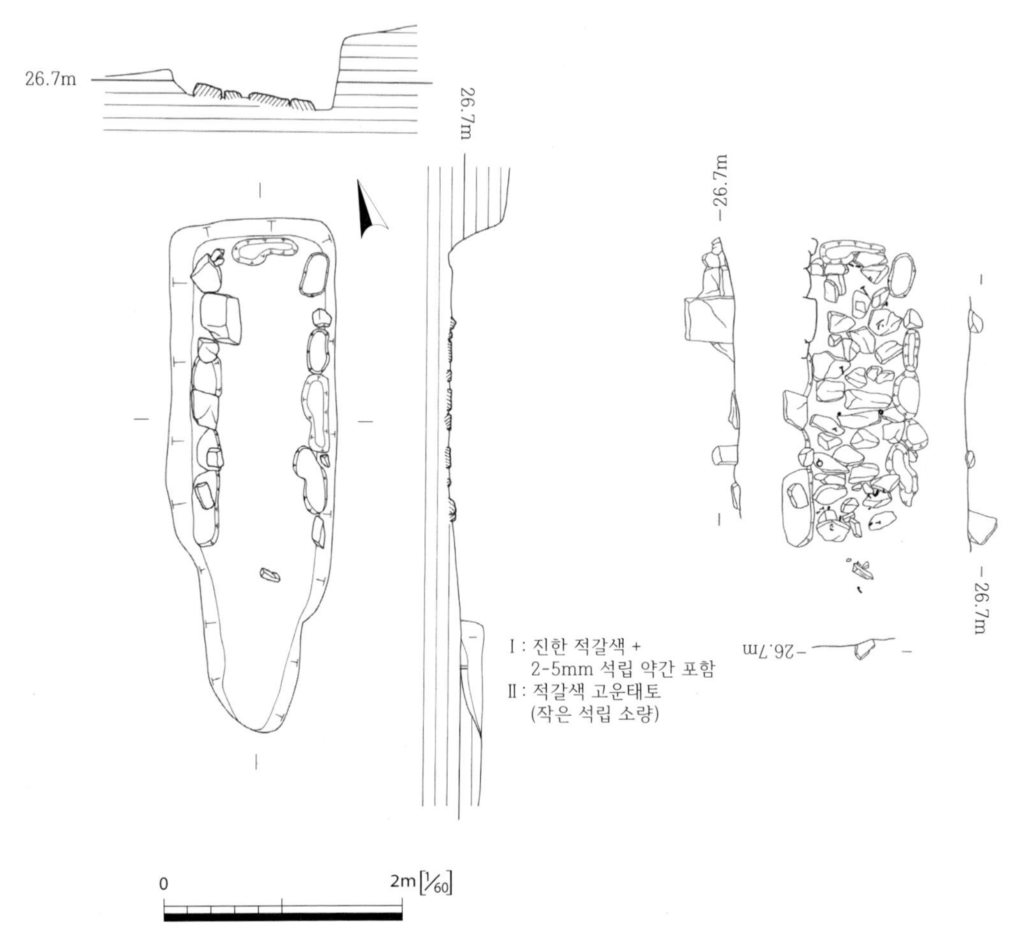

[유구사진]

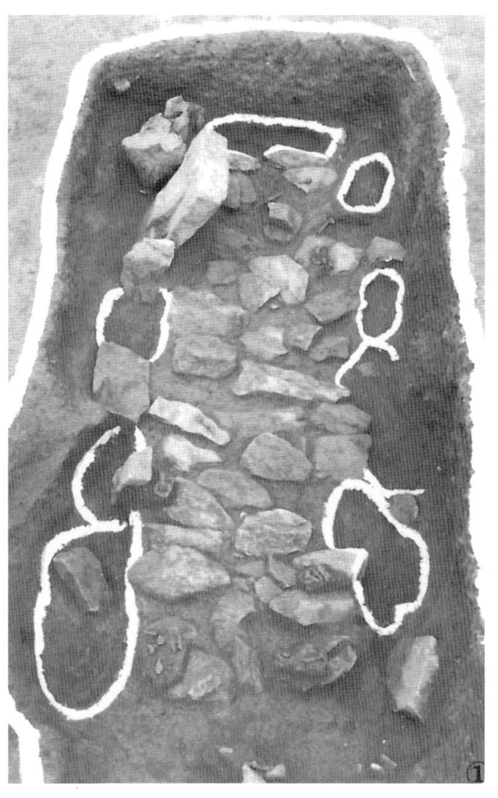

[출토유물]

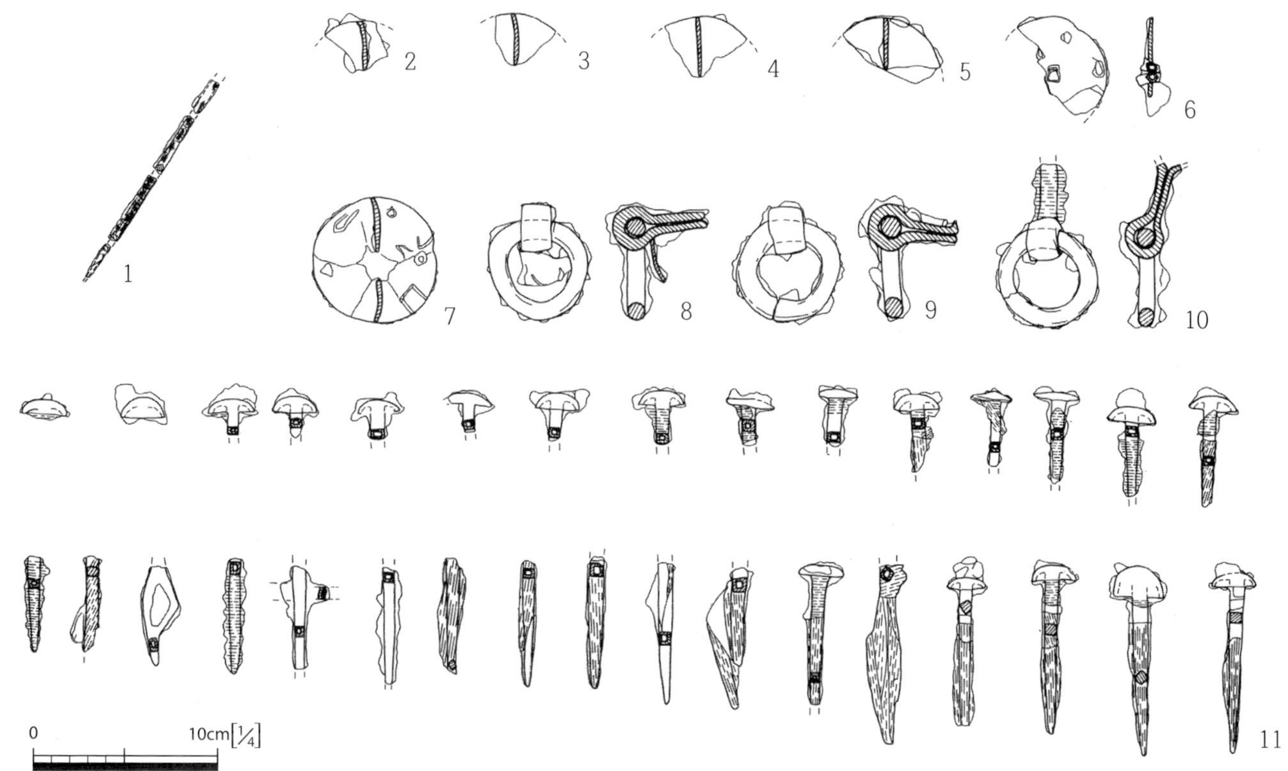

Ⅱ-A지구 8호 석실묘

(단위 : cm)

<table>
<tr><td rowspan="2">봉토</td><td>크 기
(길이×너비×높이)</td><td>?</td><td rowspan="2">묘광</td><td>크 기
(길이×너비×깊이)</td><td>316×178×(55+)</td></tr>
<tr><td>평면형태</td><td>?</td><td>장폭비</td><td>1.78:1</td></tr>
<tr><td rowspan="2">현실</td><td>크 기
(길이×너비×높이)</td><td>254×90×100</td><td colspan="2">천장형태</td><td>?</td></tr>
<tr><td>장폭비</td><td>2.82:1</td><td colspan="2">횡구부위치</td><td>남측 단벽</td></tr>
<tr><td rowspan="2">횡구부</td><td>크 기
(길이×너비)</td><td>(42)×(90)</td><td colspan="2">묘도크기
(길이×너비)</td><td>70×110</td></tr>
<tr><td>장폭비</td><td>(4.67):1</td><td colspan="2">배수시설
(길이×너비×깊이)</td><td>?</td></tr>
<tr><td colspan="2">시상/관대크기
(길이×너비×높이)</td><td>?</td><td colspan="2">두 향</td><td>?</td></tr>
<tr><td colspan="2">장축방향</td><td>N-15°-E</td><td colspan="2">벽석종류</td><td>할석</td></tr>
<tr><td rowspan="5">유물</td><td>토 기</td><td colspan="4">-</td></tr>
<tr><td>철 기</td><td colspan="4">관정(7)</td></tr>
<tr><td>청동기</td><td colspan="4">-</td></tr>
<tr><td>옥석류</td><td colspan="4">-</td></tr>
<tr><td>기 타</td><td colspan="4">-</td></tr>
<tr><td colspan="2">특기사항</td><td colspan="4">보고서 기술과 유물 도면 스케일바 비율이 모두 상이하여 상호 조정하지 않고 자료집에 게제하였음.</td></tr>
</table>

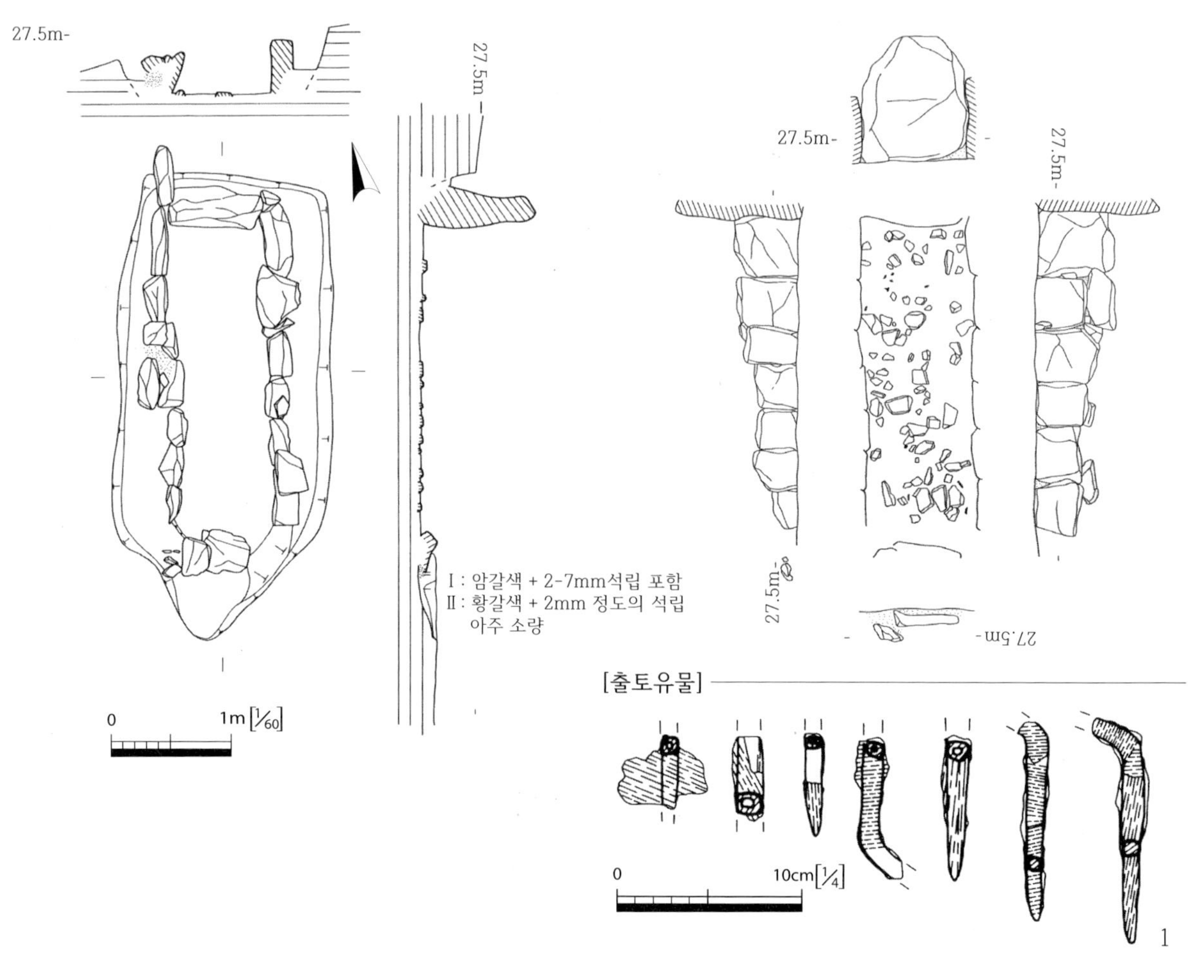

Ⅱ-B지구 1호 석실묘

(단위 : cm)

봉토	크 기 (길이×너비×높이)	?	묘광	크 기 (길이×너비×깊이)	(270+)×160×(100+)
	평면형태	?		장폭비	?
현실	크 기 (길이×너비×높이)	(180+)×80×90	천장형태		고임
	장폭비	?	연도위치		?
연도	크 기 (길이×너비×높이)	?	묘도크기 (길이×너비)		?
	장폭비	?	배수시설 (길이×너비×깊이)		?
시상/관대크기 (길이×너비×높이)		?	두 향		?
장축방향		N-30°-W	벽석종류		할석
유물	토 기	-			
	철 기	관정(4)			
	청동기	-			
	옥석류	-			
	기 타	-			
특기사항		횡혈식 석실로 보고하였으나 파괴가 심하여 정확한 구조는 알 수 없음.			

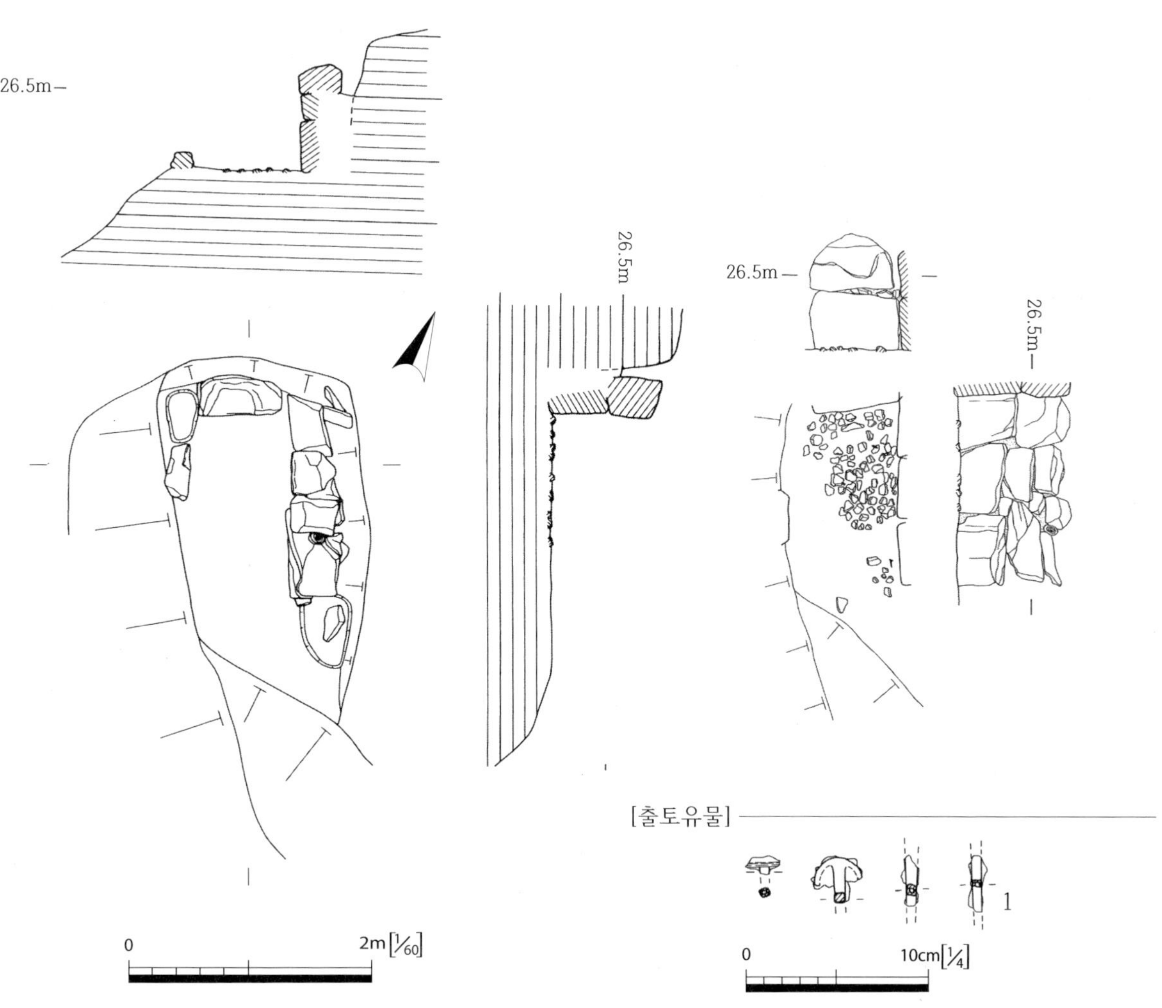

Ⅱ-B지구 2호 석실묘

(단위 : cm)

봉토	크 기 (길이×너비×높이)	?	묘광	크 기 (길이×너비×깊이)	(244+)×130×(36+)
	평면형태	?		장폭비	?
현실	크 기 (길이×너비×높이)	(190+)×72×(40+)	천장형태		?
	장폭비	?	횡구부위치		남동측 단벽
횡구부	크 기 (길이×너비)	(42)×(60)	묘도크기 (길이×너비)		?
	장폭비	(0.7):1	배수시설 (길이×너비×깊이)		?
시상/관대크기 (길이×너비×높이)		?	두 향		?
장축방향		N-30°-W	벽석종류		?
유물	토 기	-			
	철 기	관고리(4), 좌판(4), 이음쇠(1), 관정(50)			
	청동기	-			
	옥석류	-			
	기 타	-			
특기사항		횡구식 석실로 보고하였으나 파괴가 심하여 정확한 구조는 알 수 없음. 보고서 기술과 유물 도면 스케일바 비율이 모두 상이하여 상호 조정하지 않고 자료집에 게재하였음.			

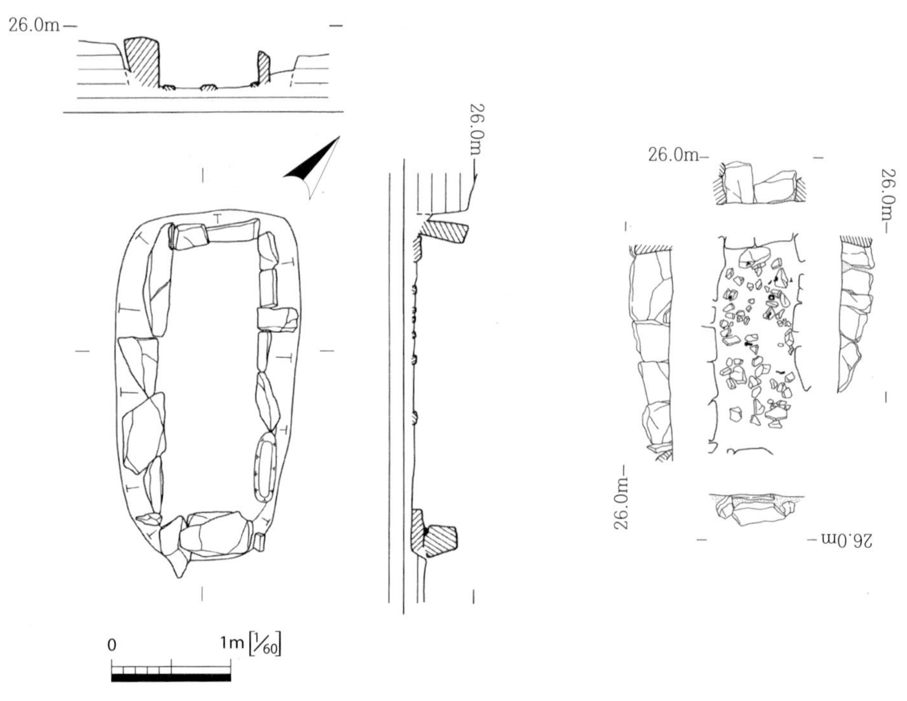

[출토유물]

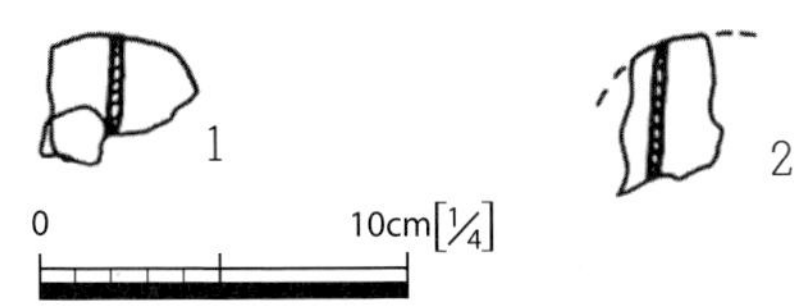

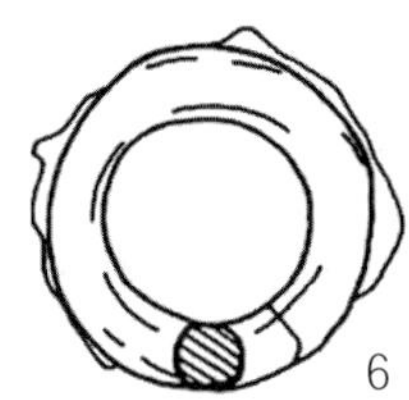

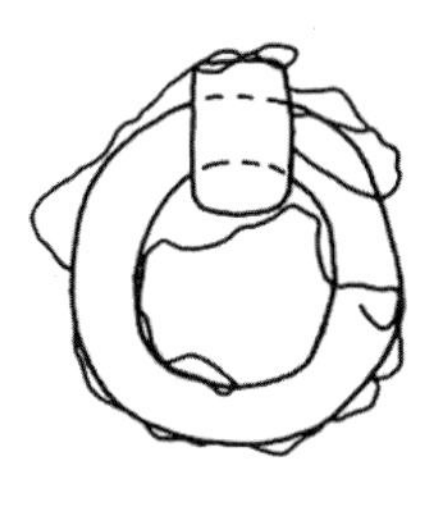

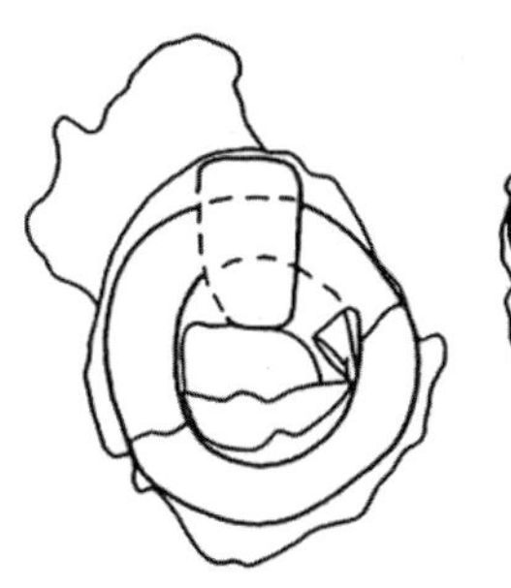

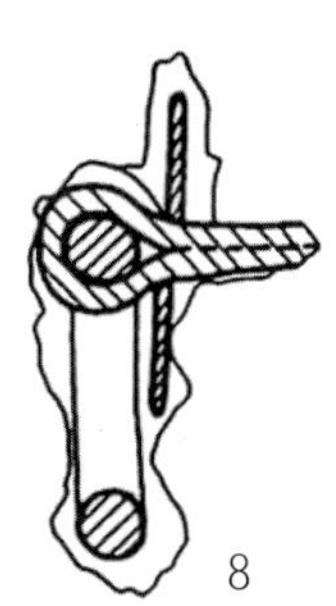

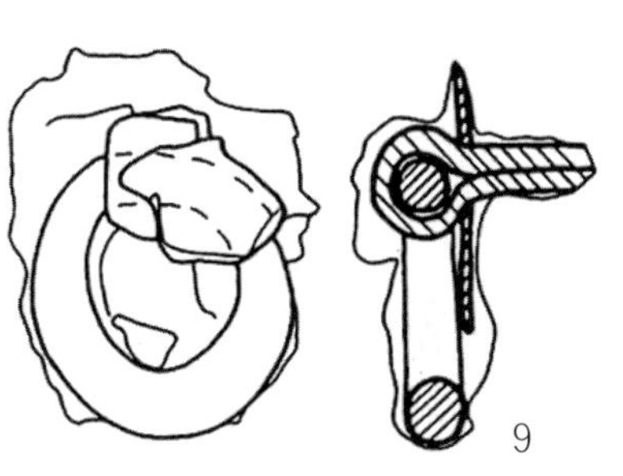

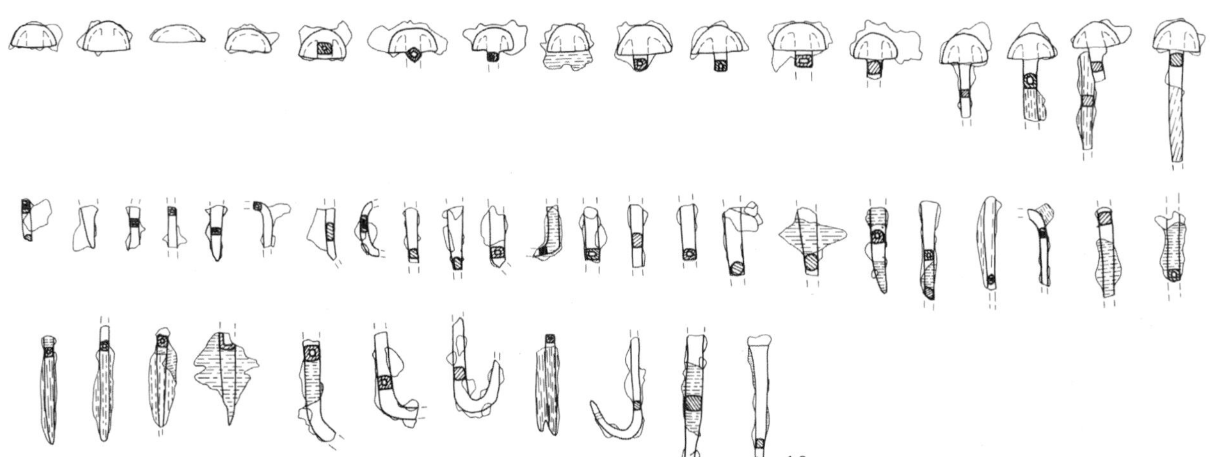

Ⅱ-B지구 1호 옹관묘

(단위 : cm)

구분	항목	내용	항목	내용
묘광	크 기 (길이×너비×깊이)	(90+)×(90+)×(46+)	옹관길이	(40+)
	장폭비	?	결합형식	단옹식
장축방향		N-60°-W	안치형태	횡치
두 향		?		
유물	토 기	옹(1)		
	철 기	-		
	청동기	-		
	옥석류	-		
	기 타	-		
특기사항				

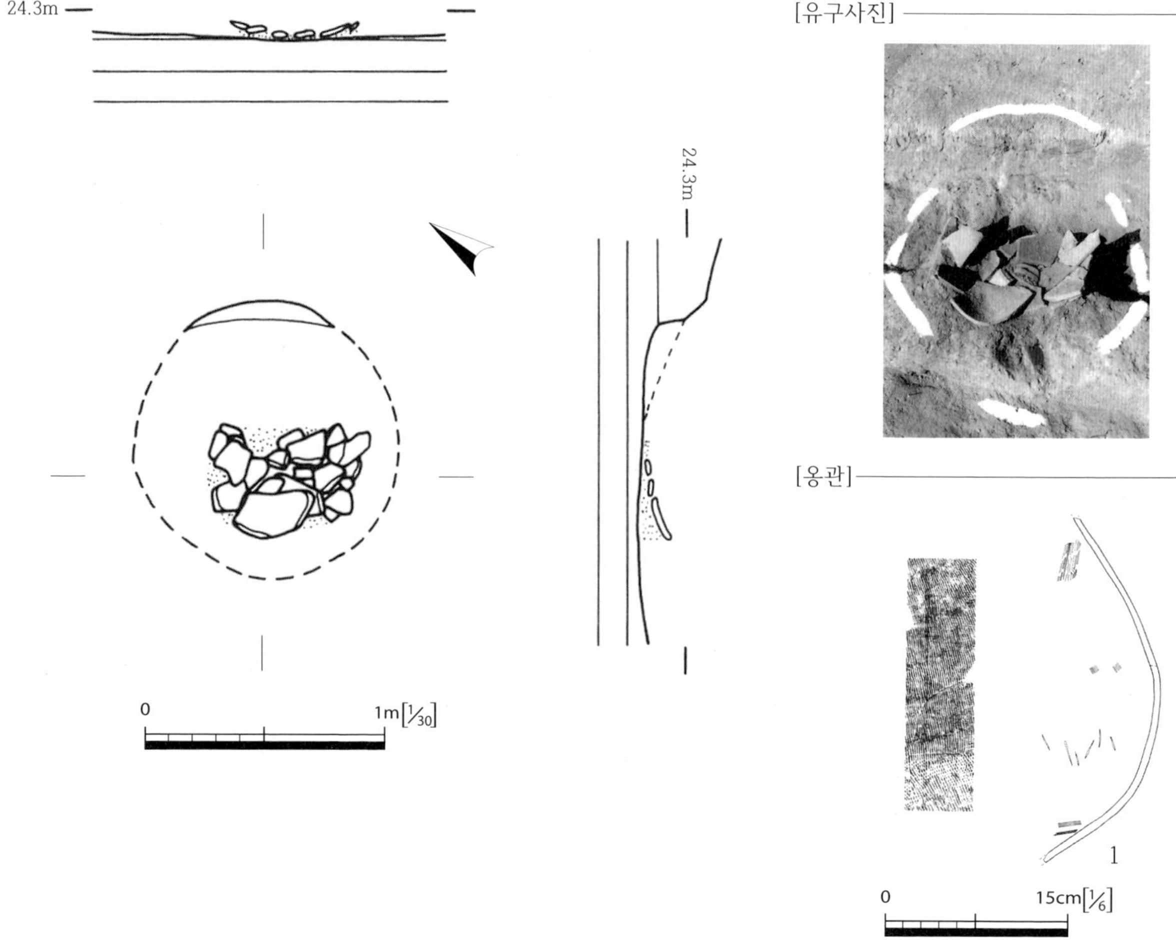

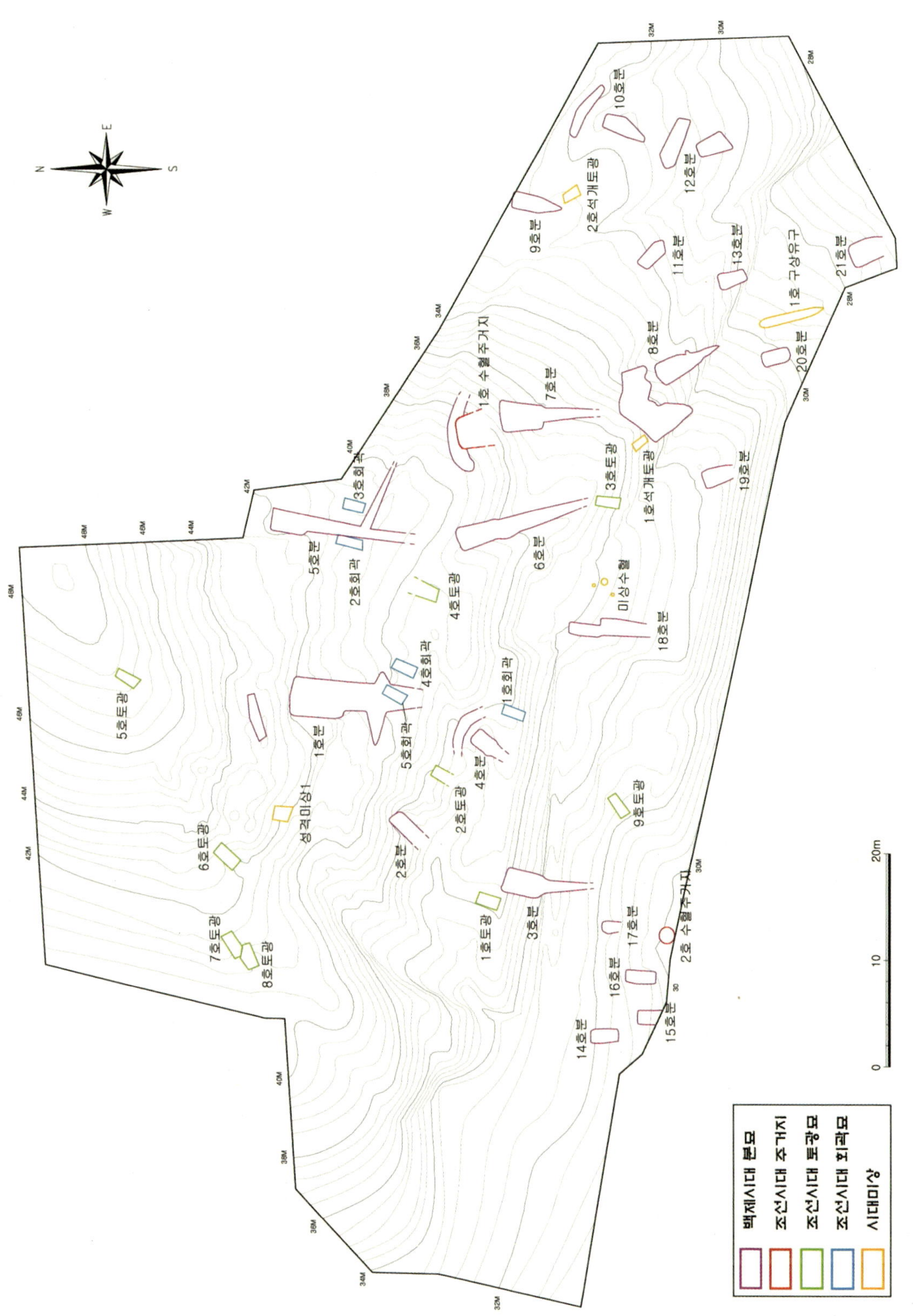

부여 합정리유적Ⅲ 유구배치도

부여 합정리유적Ⅲ 전경

부여 합정리유적Ⅲ 전경

Ⅲ-1호 석실묘

(단위 : cm)

봉토	크 기 (길이×너비×높이)	?	묘광	크 기 (길이×너비×깊이)	1,274×383×(255+)
	평면형태	?		장폭비	3.33:1
현실	크 기 (길이×너비×높이)	383×253×?	천장형태		?
	장폭비	1.51:1	횡구부위치		?
횡구부	크 기 (길이×너비)	(128)×(144)	묘도크기 (길이×너비)		666×231
	장폭비	(0.89):1	배수시설 (길이×너비×깊이)		?
시상/관대크기 (길이×너비×높이)		?	두 향		?
장축방향		N-12°-W	벽석종류		할석
유물	토 기	-			
	철 기	관정(3), 미상철기(1)			
	청동기	-			
	옥석류	-			
	기 타	-			
특기사항					

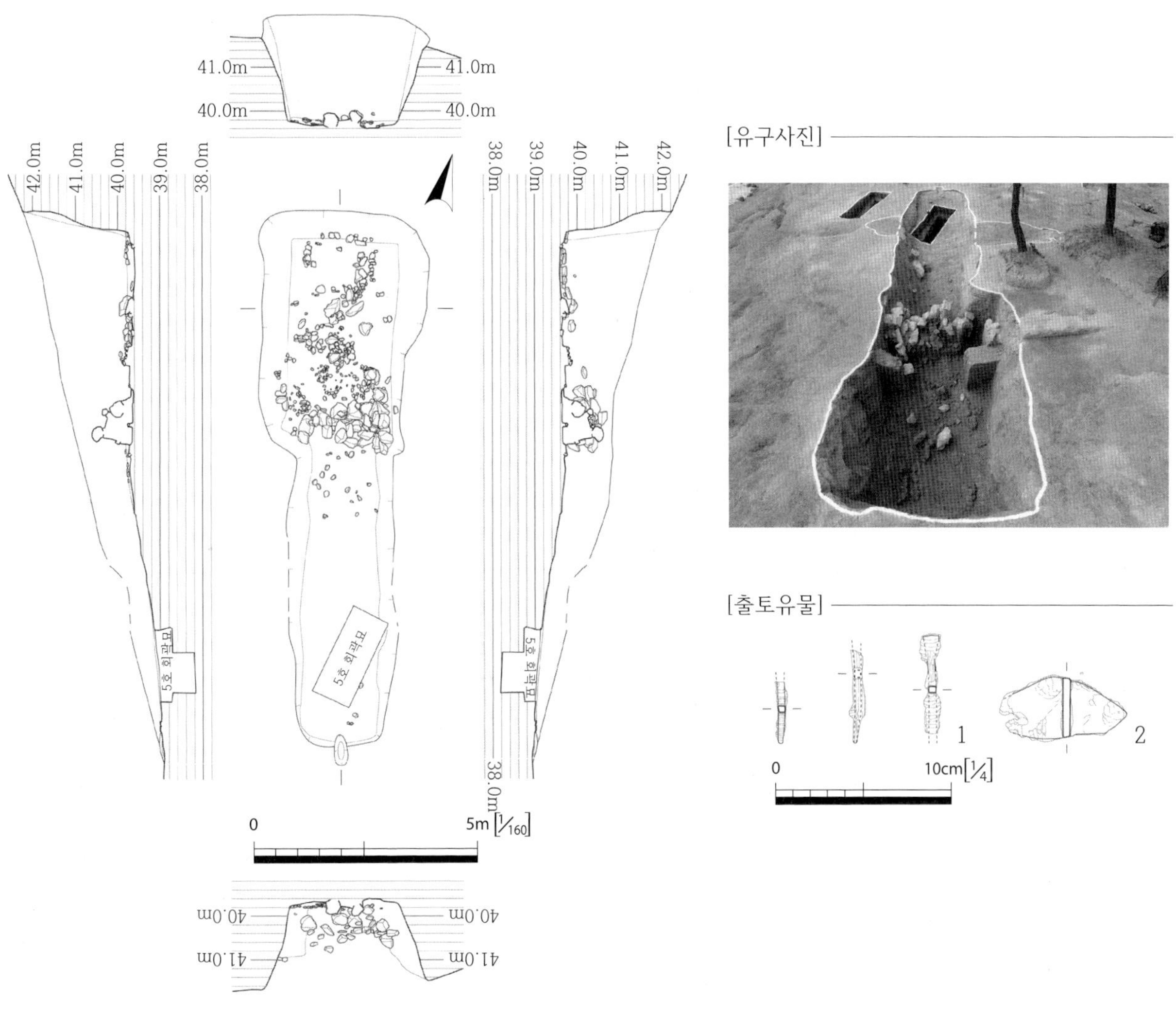

Ⅲ-2호분

(단위 : cm)

<table>
<tr><td rowspan="2">묘광</td><td>크 기
(길이×너비×깊이)</td><td>(390+)×207×(140+)</td><td rowspan="2">현실</td><td>크 기
(길이×너비×높이)</td><td>248×116×(120+)</td></tr>
<tr><td>장폭비</td><td>?</td><td>장폭비</td><td>2.14:1</td></tr>
<tr><td colspan="2">시상/관대크기
(길이×너비×높이)</td><td>?</td><td colspan="2">천장형태</td><td>(고임)</td></tr>
<tr><td colspan="2">묘도크기
(길이×너비)</td><td>?</td><td colspan="2">배수시설
(길이×너비×깊이)</td><td>?</td></tr>
<tr><td colspan="2">장축방향</td><td>N-36°-E</td><td colspan="2">두 향</td><td>?</td></tr>
<tr><td colspan="2">벽석종류</td><td>할석</td><td colspan="2">바닥시설</td><td>할석</td></tr>
<tr><td rowspan="5">유물</td><td>토 기</td><td colspan="4">-</td></tr>
<tr><td>철 기</td><td colspan="4">관고리(3), 관정(14)</td></tr>
<tr><td>청동기</td><td colspan="4">-</td></tr>
<tr><td>옥석류</td><td colspan="4">-</td></tr>
<tr><td>기 타</td><td colspan="4">-</td></tr>
<tr><td colspan="2">특기사항</td><td colspan="4">파괴가 심하여 정확한 구조는 알 수 없음.</td></tr>
</table>

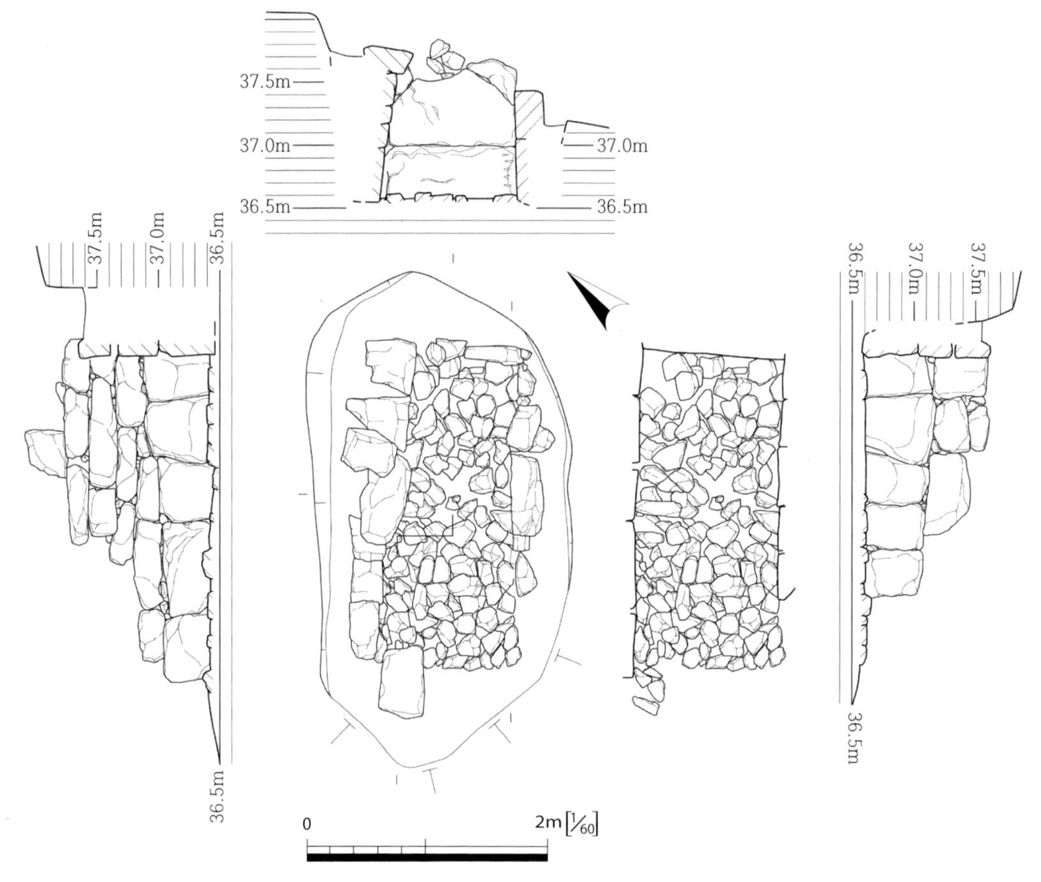

[유구사진]

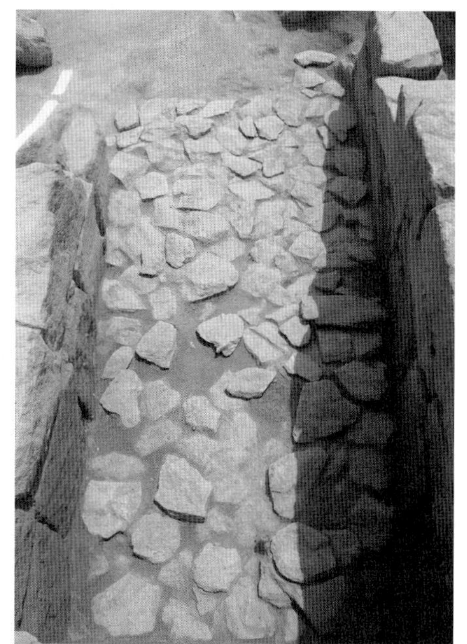

묘실바닥(북동에서)

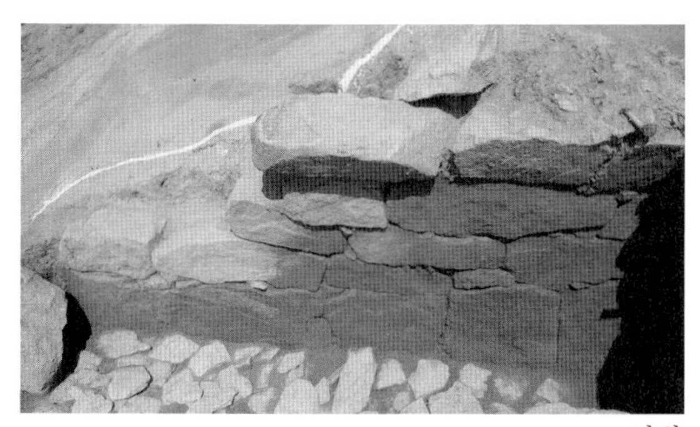

서벽

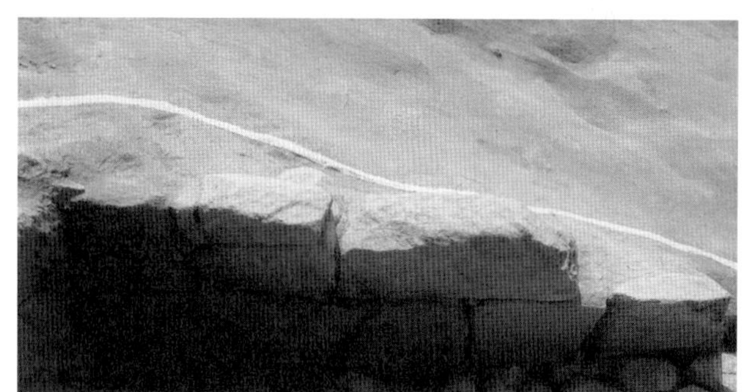

동벽

[출토유물]

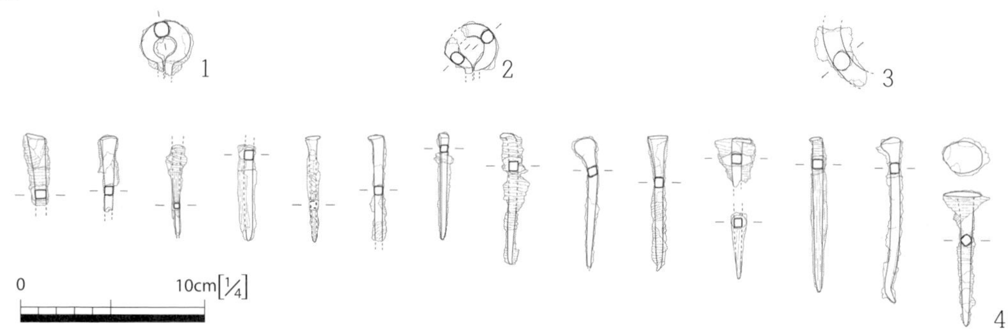

Ⅲ-3호 석실묘

(단위 : cm)

봉토	크 기 (길이×너비×높이)	?	묘광	크 기 (길이×너비×깊이)	320×240×(80+)
	평면형태	?		장폭비	1.33:1
현실	크 기 (길이×너비×높이)	256×132×(68+)	천장형태		?
	장폭비		연도위치		(우편재)
연도	크 기 (길이×너비×높이)	(56)×180×?	묘도크기 (길이×너비)		(464+)×120
	장폭비	?	배수시설 (길이×너비×깊이)		(464+)×120×?
시상/관대크기 (길이×너비×높이)		?	두 향		?
장축방향		N-5°-E	벽석종류		판석, 할석
유물	토 기	-			
	철 기	관정(11)			
	청동기	-			
	옥석류	-			
	기 타	-			
특기사항					

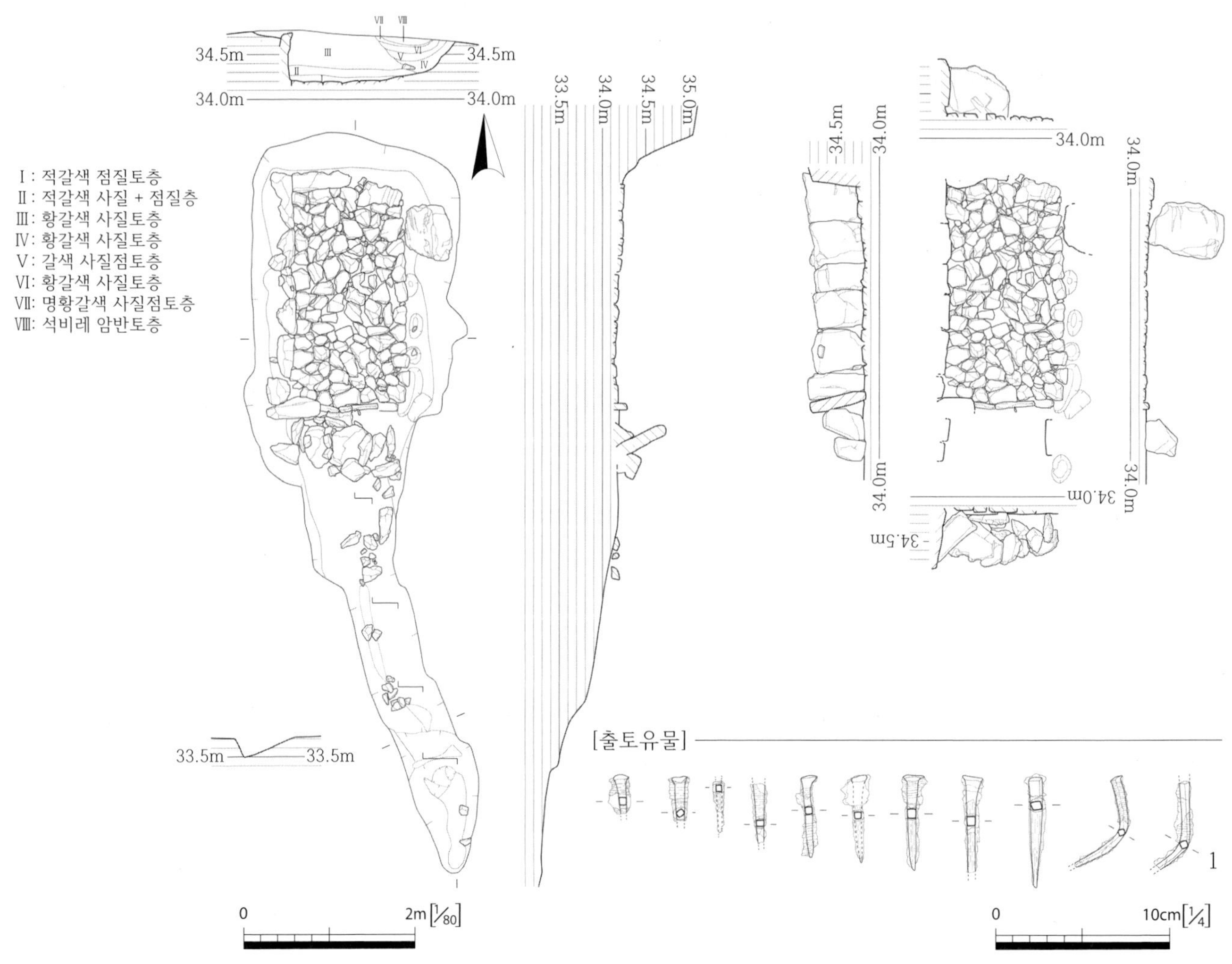

Ⅲ-4호 석실묘

(단위 : cm)

봉토	크 기 (길이×너비×높이)	?	묘광	크 기 (길이×너비×깊이)	488×312×(160+)
	평면형태	?		장폭비	1.56:1
현실	크 기 (길이×너비×높이)	212×80×80	천장형태		(고임)
	장폭비	2.65:1	연도위치		중앙
연도	크 기 (길이×너비×높이)	(82)×(20)×(66)	묘도크기 (길이×너비)		(176+)×102
	장폭비	(4.10):1	배수시설 (길이×너비×깊이)		-
시상/관대크기 (길이×너비×높이)		?	두 향		?
장축방향		N-43°-E	벽석종류		할석
유물	토 기	-			
	철 기	관고리(4), 관정(18)			
	청동기	-			
	옥석류	-			
	기 타	-			
특기사항		주구[(428+)×(176+)×(36)]가 확인됨.			

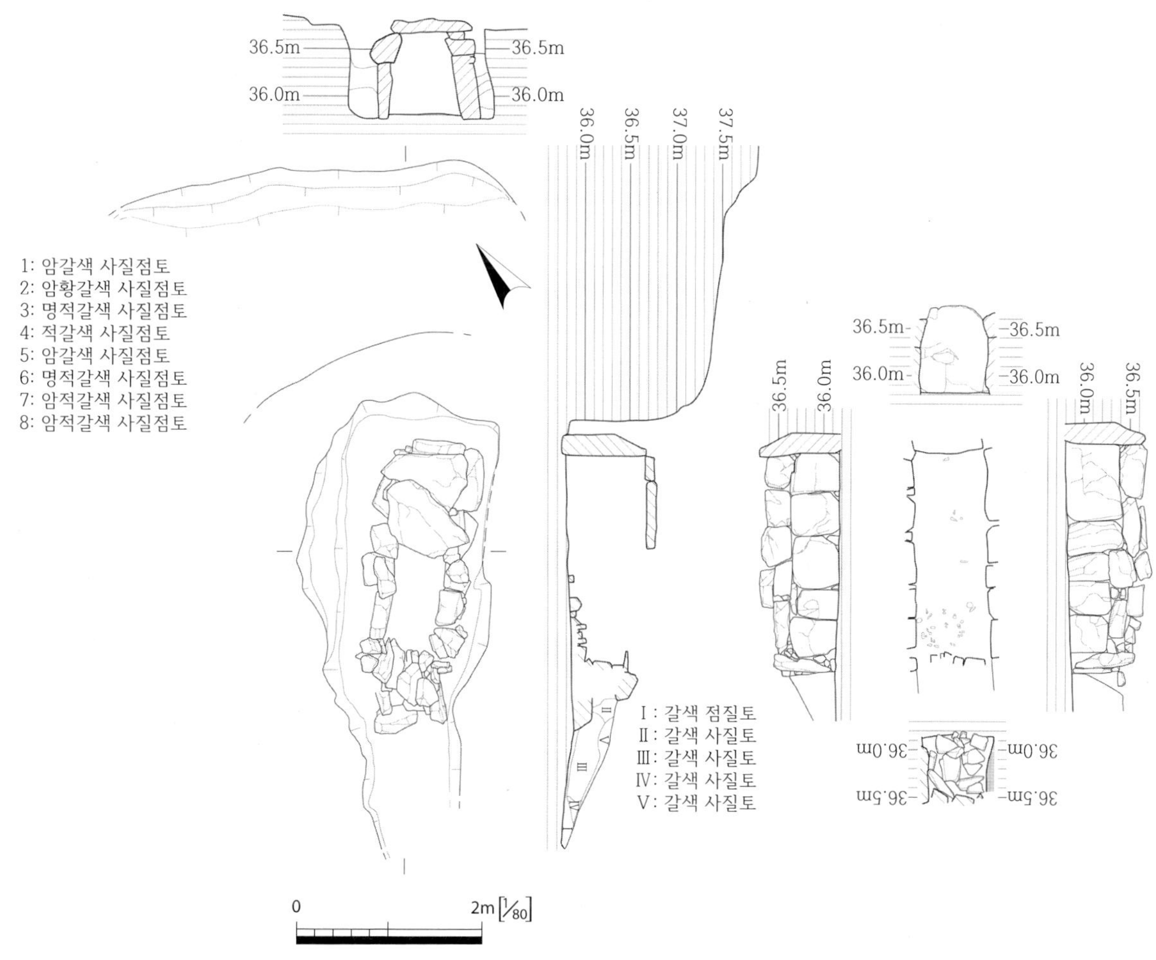

[유구사진]

북벽

서벽

동벽

[출토유물]

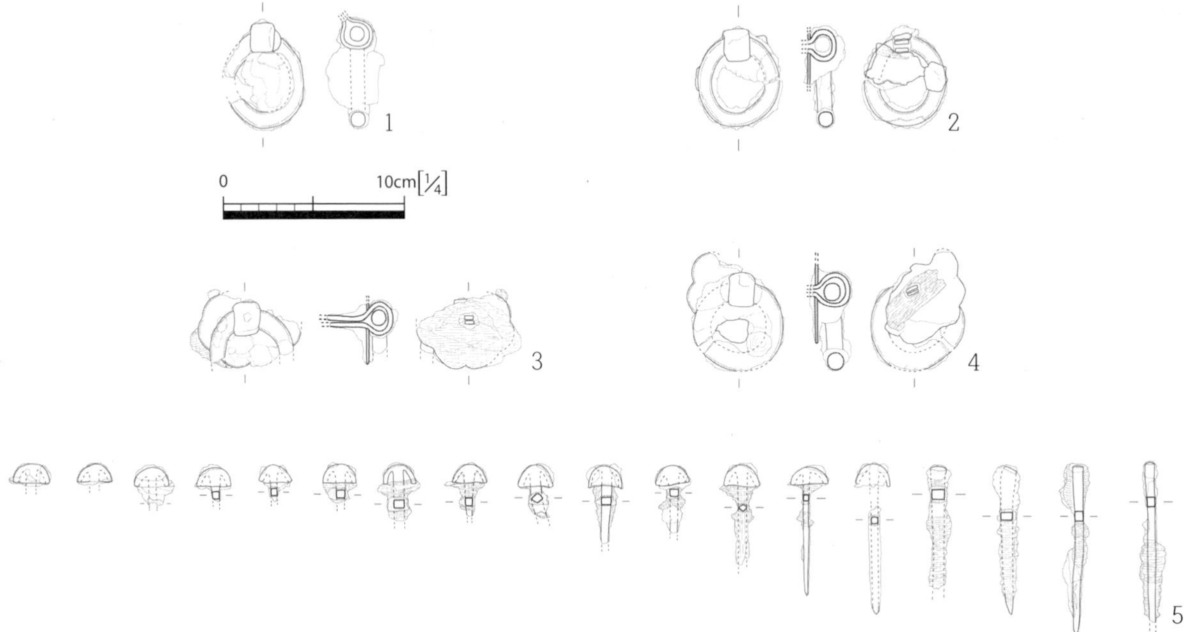

Ⅲ-5호 석실묘

(단위 : cm)

봉토	크 기 (길이×너비×높이)	?	묘광	크 기 (길이×너비×깊이)	(440)×(220)×(200+)
	평면형태	?		장폭비	(2.0):1
현실	크 기 (길이×너비×높이)	376×186×(180+)	천장형태		?
	장폭비	2.02:1	연도위치		중앙
연도	크 기 (길이×너비×높이)	?	묘도크기 (길이×너비)		(992+)×128
	장폭비	?	배수시설 (길이×너비×깊이)		1차 - 992×128×(144+) 2차 - 28×48×?
시상/관대크기 (길이×너비×높이)		86×82×?	두 향		?
장축방향		N-9°-E	벽석종류		할석
유물	토 기	-			
	철 기	관정(6)			
	청동기	-			
	옥석류	-			
	기 타	-			
특기사항		묘도 및 배수구는 2차례 걸쳐 축조하였던 것으로 추정함. 보고서 기술과 유구 도면 스케일바 비율이 모두 상이하여 상호 조정하지 않고 자료집에 게재하였음. 관정 1점 도면 미게재.			

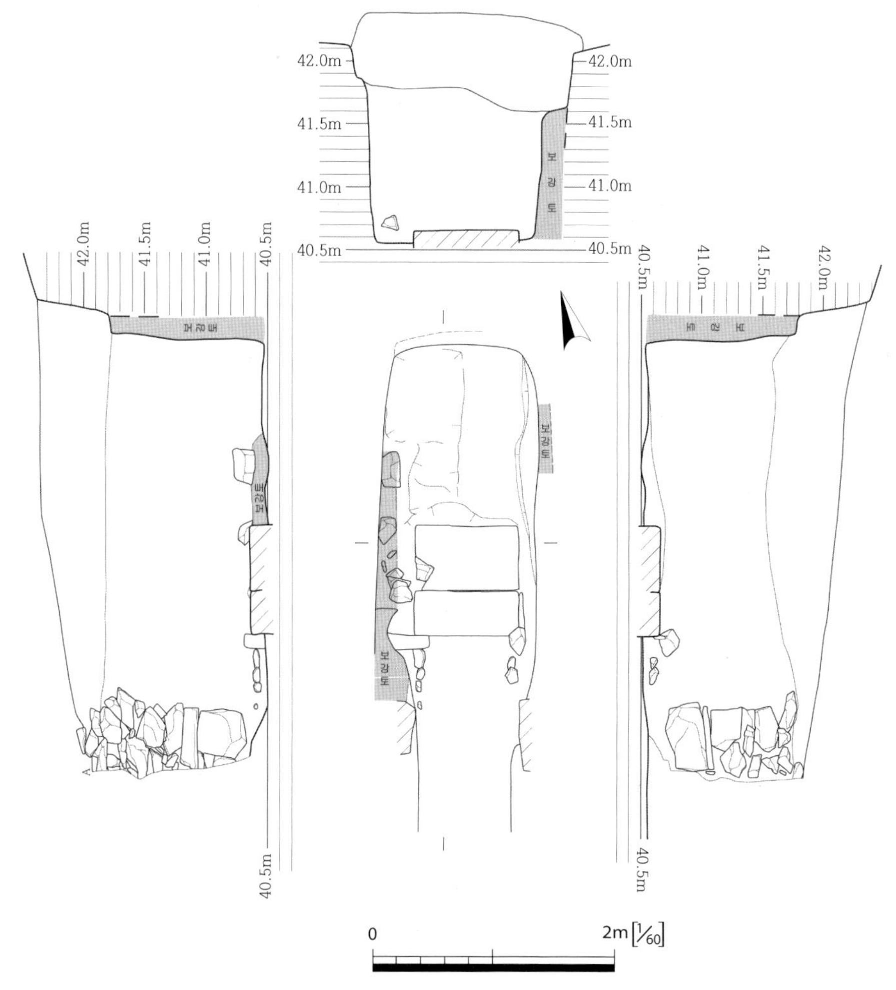

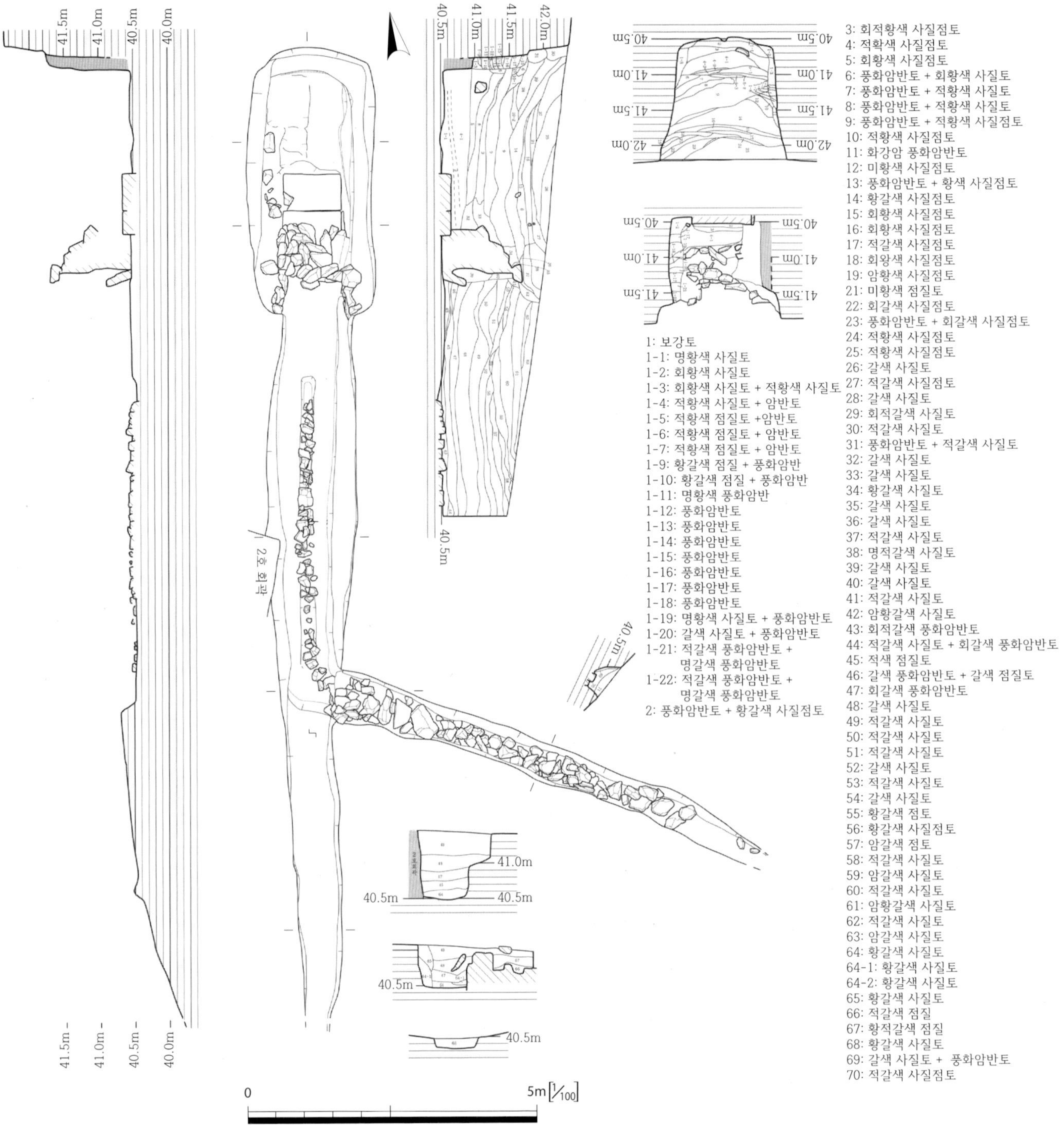

2호 회곽

1: 보강토
1-1: 명황색 사질토
1-2: 회황색 사질토
1-3: 회황색 사질토 + 적황색 사질토
1-4: 적황색 사질토 + 암반토
1-5: 적황색 점질토 +암반토
1-6: 적황색 점질토 + 암반토
1-7: 적황색 점질토 + 암반토
1-9: 황갈색 점질 + 풍화암반
1-10: 황갈색 점질 + 풍화암반
1-11: 명황색 풍화암반
1-12: 풍화암반토
1-13: 풍화암반토
1-14: 풍화암반토
1-15: 풍화암반토
1-16: 풍화암반토
1-17: 풍화암반토
1-18: 풍화암반토
1-19: 명황색 사질토 + 풍화암반토
1-20: 갈색 사질토 + 풍화암반토
1-21: 적갈색 풍화암반토 + 명갈색 풍화암반토
1-22: 적갈색 풍화암반토 + 명갈색 풍화암반토
2: 풍화암반토 + 황갈색 사질점토
3: 회적황색 사질점토
4: 적확색 사질점토
5: 회황색 사질점토
6: 풍화암반토 + 회황색 사질토
7: 풍화암반토 + 적황색 사질토
8: 풍화암반토 + 적황색 사질토
9: 풍화암반토 + 적황색 사질점토
10: 적황색 사질점토
11: 화강암 풍화암반토
12: 미황색 사질점토
13: 풍화암반토 + 황색 사질점토
14: 황갈색 사질점토
15: 회황색 사질점토
16: 회황색 사질점토
17: 적갈색 사질점토
18: 회왕색 사질점토
19: 암황색 사질점토
21: 미황색 점질토
22: 회갈색 사질점토
23: 풍화암반토 + 회갈색 사질점토
24: 적황색 사질점토
25: 적황색 사질점토
26: 갈색 사질토
27: 적갈색 사질점토
28: 갈색 사질토
29: 회적갈색 사질토
30: 적갈색 사질토
31: 풍화암반토 + 적갈색 사질토
32: 갈색 사질토
33: 갈색 사질토
34: 황갈색 사질토
35: 갈색 사질토
36: 갈색 사질토
37: 적갈색 사질토
38: 명적갈색 사질토
39: 갈색 사질토
40: 갈색 사질토
41: 적갈색 사질토
42: 암황갈색 사질토
43: 회적갈색 풍화암반토
44: 적갈색 사질토 + 회갈색 풍화암반토
45: 적색 점질토
46: 갈색 풍화암반토 + 갈색 점질토
47: 회갈색 풍화암반토
48: 갈색 사질토
49: 적갈색 사질토
50: 적갈색 사질토
51: 적갈색 사질토
52: 갈색 사질토
53: 적갈색 사질토
54: 갈색 사질토
55: 황갈색 점토
56: 황갈색 사질점토
57: 암갈색 점토
58: 적갈색 사질토
59: 암갈색 사질토
60: 적갈색 사질토
61: 암황갈색 사질토
62: 적갈색 사질토
63: 암갈색 사질토
64: 황갈색 사질토
64-1: 황갈색 사질토
64-2: 황갈색 사질토
65: 황갈색 사질토
66: 적갈색 점질
67: 황적갈색 점질
68: 황갈색 사질토
69: 갈색 사질토 + 풍화암반토
70: 적갈색 사질점토

0 5m[1/100]

[출토유물]

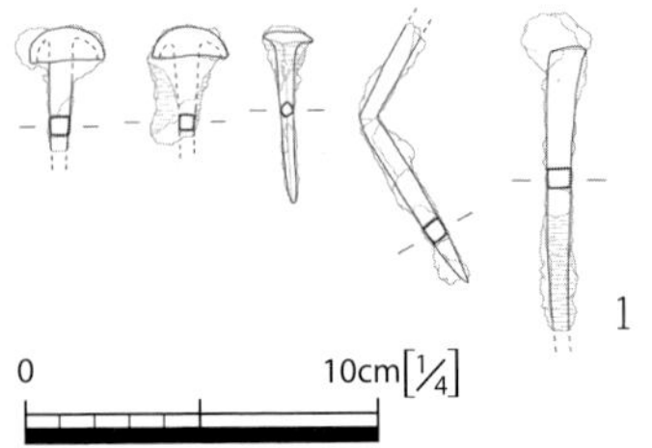

0 10cm[1/4]

Ⅲ-6호 석실묘

(단위 : cm)

봉토	크 기 (길이×너비×높이)	?	묘광	크 기 (길이×너비×깊이)	323×164×(150+)
	평면형태	?		장폭비	1.97:1
현실	크 기 (길이×너비×높이)	246×82×111	천장형태		(평)
	장폭비	3.00:1	연도위치		중앙
연도	크 기 (길이×너비×높이)	77×(60)×(96)	묘도크기 (길이×너비)		873×136
	장폭비	(1.28):1	배수시설 (길이×너비×깊이)		-
시상/관대크기 (길이×너비×높이)		?	두 향		?
장축방향		N-32°-W	벽석종류		판석
유물	토 기	-			
	철 기	관고리(4), 관정(37)			
	청동기	-			
	옥석류	-			
	기 타	-			
특기사항					

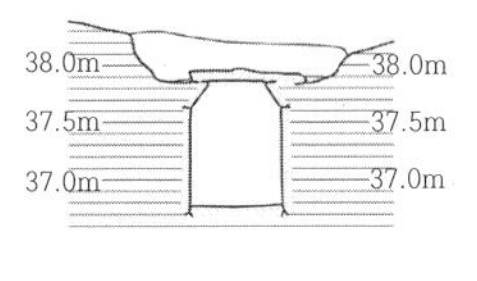

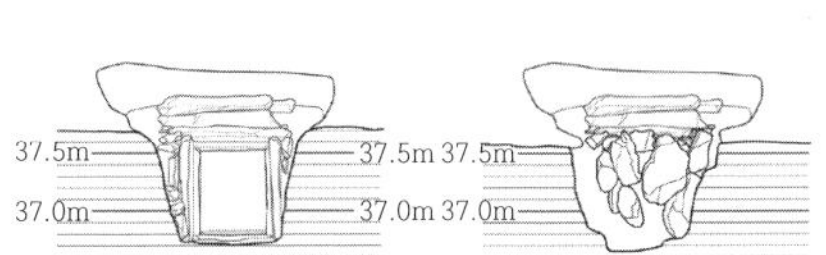

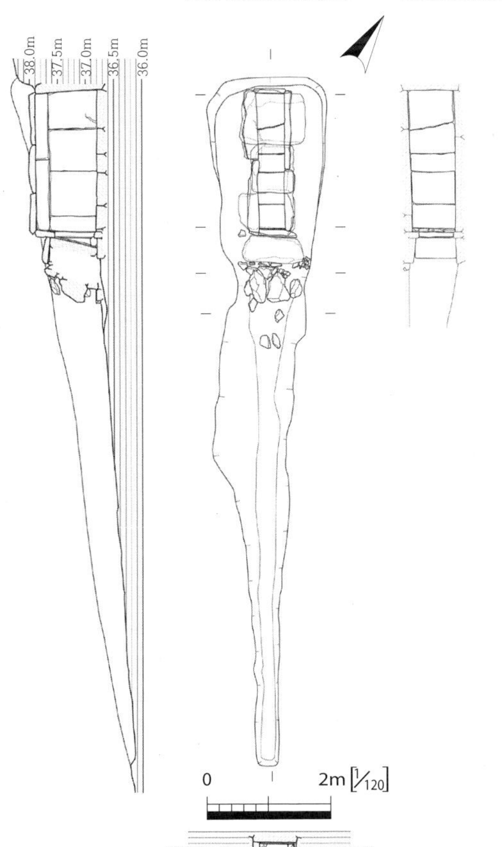

[유구사진]

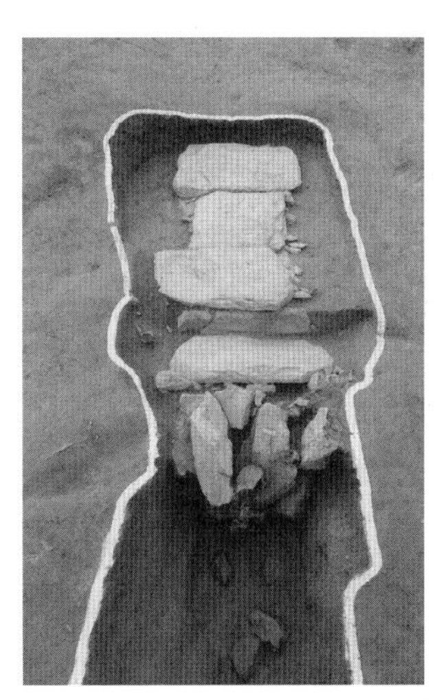

[출토유물]

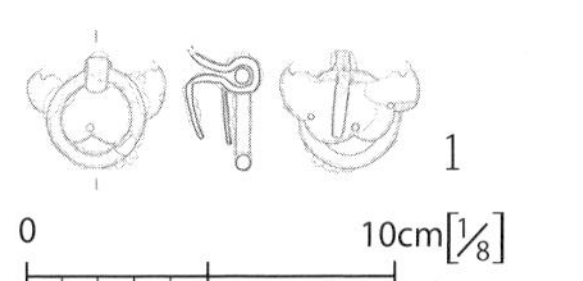

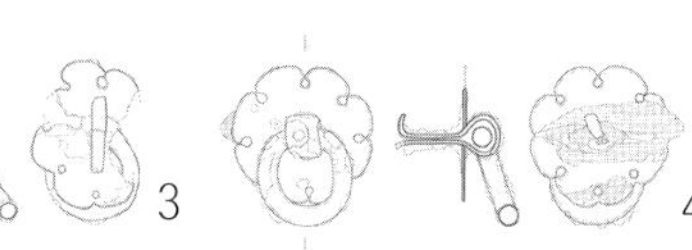

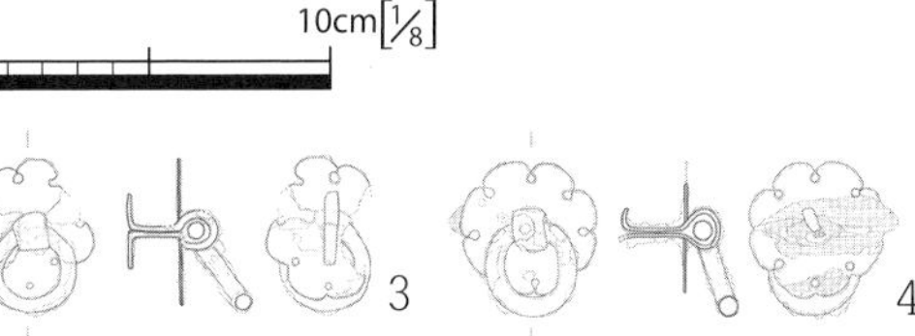

[유구사진]

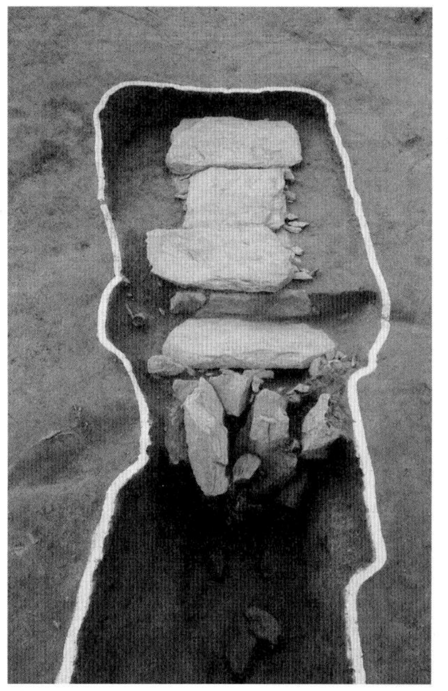

[출토유물]

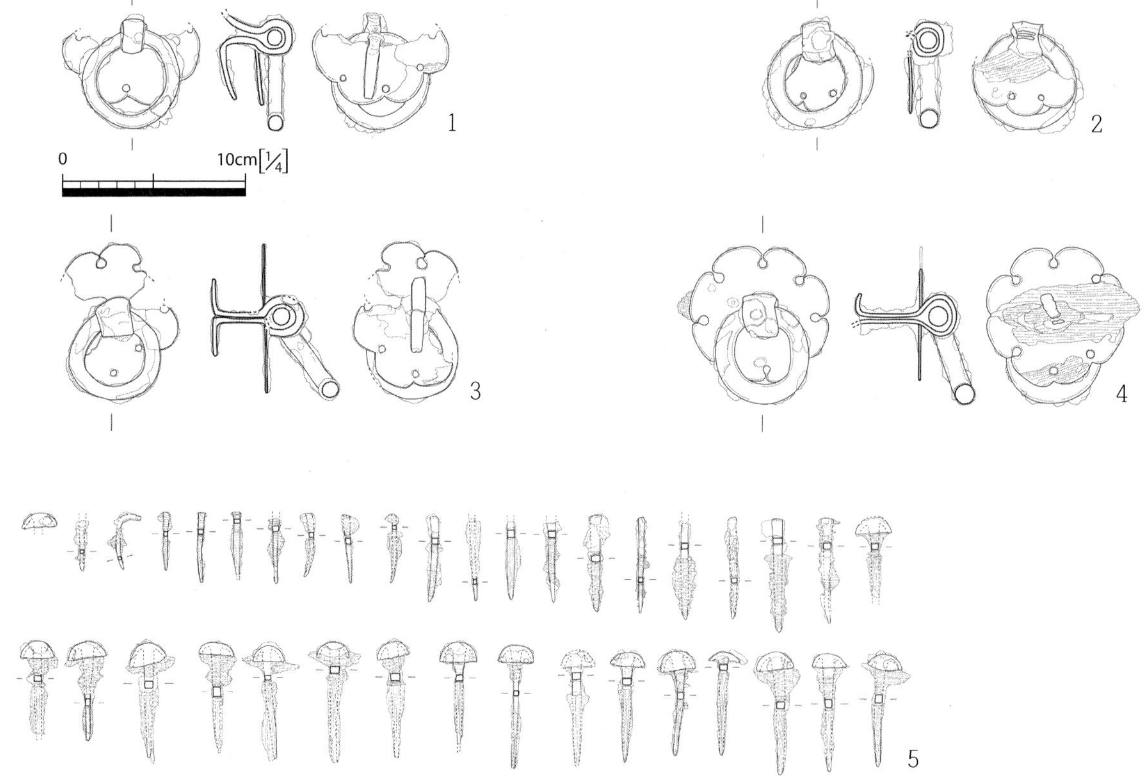

Ⅲ-7호 석실묘

(단위 : cm)

봉토	크 기 (길이×너비×높이)	?	묘광	크 기 (길이×너비×깊이)	(480)×244×(148+)
	평면형태	?		장폭비	(1.97):1
현실	크 기 (길이×너비×높이)	252×124×(120+)	천장형태		?
	장폭비	2.03:1	연도위치		우편재
연도	크 기 (길이×너비×높이)	(120)×(96)×(96)	묘도크기 (길이×너비)		(636+)×(156)
	장폭비	(1.25):1	배수시설 (길이×너비×깊이)		-
시상/관대크기 (길이×너비×높이)		-	두 향		?
장축방향		N-14°-W	벽석종류		판석, 할석
유물	토 기	-			
	철 기	관고리(3), 좌판(1), 관정(2)			
	청동기	-			
	옥석류	-			
	기 타	-			
특기사항		보고서 기술과 유구 도면 스케일바 비율이 모두 상이하여 상호 조정하지 않고 자료집에 게재하였음.			

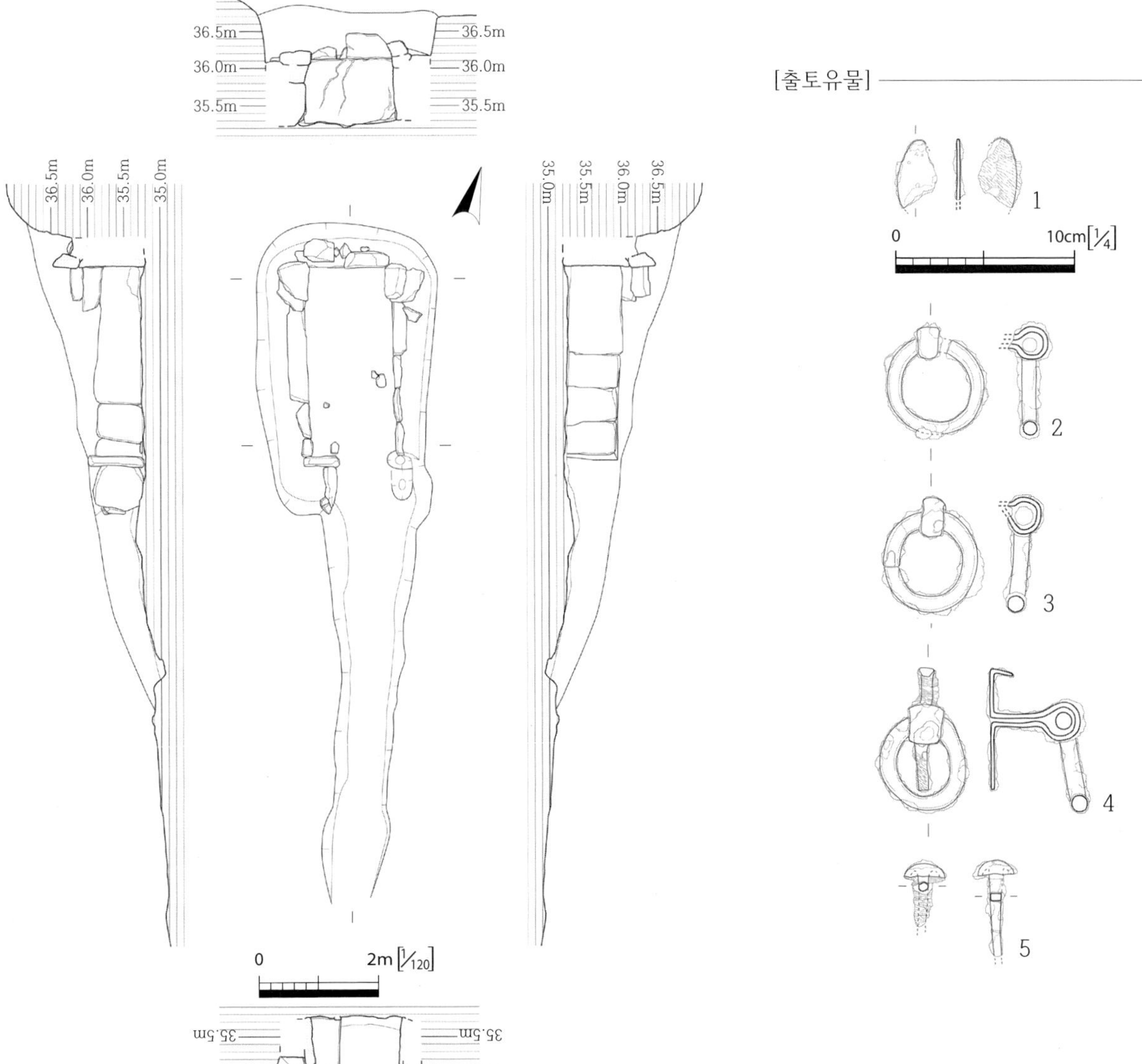

Ⅲ-8호 석실묘

(단위 : cm)

봉토	크 기 (길이×너비×높이)	?	묘광	크 기 (길이×너비×깊이)	(360)×229×(125+)
	평면형태	?		장폭비	(1.57):1
현실	크 기 (길이×너비×높이)	242×95×(80+)	천장형태		고임
	장폭비	2.55:1	연도위치		(중앙)
연도	크 기 (길이×너비×높이)	(96)×(120)×(96)	묘도크기 (길이×너비)		918×140
	장폭비	(0.8):1	배수시설 (길이×너비×깊이)		?
시상/관대크기 (길이×너비×높이)		?	두 향		?
장축방향		N-34°-W	벽석종류		할석
유물	토 기	-			
	철 기	부(1), 정(1), 관정(18)			
	청동기	-			
	옥석류	-			
	기 타	-			
특기사항		보고서 기술과 유구 도면 스케일바 비율이 모두 상이하여 상호 조정하지 않고 자료집에 게재하였음.			

[출토유물]

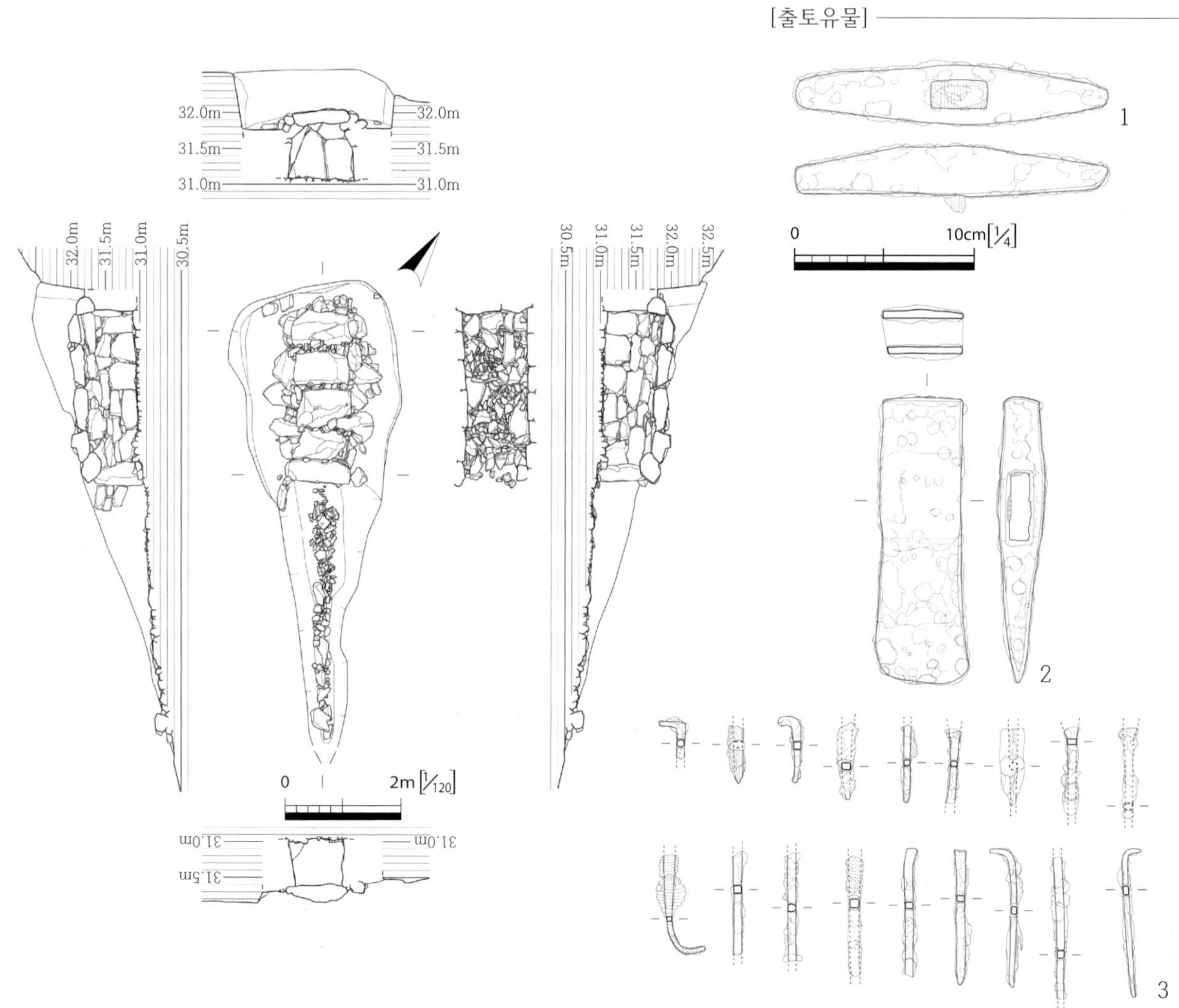

Ⅲ-9호 석실묘

(단위 : cm)

봉토	크 기 (길이×너비×높이)	?	묘광	크 기 (길이×너비×깊이)	(390)×178×(60+)
	평면형태	?		장폭비	(2.19):1
현실	크 기 (길이×너비×높이)	244×64×64	천장형태		(고임)
	장폭비	3.81:1	횡구부위치		남측 단벽
횡구부	크 기 (길이×너비)	(36)×(78)	묘도크기 (길이×너비)		(120)×(150)
	장폭비	(0.46):1	배수시설 (길이×너비×깊이)		?
시상/관대크기 (길이×너비×높이)		?	두 향		?
장축방향		N-8°-E	벽석종류		할석
유물	토 기	-			
	철 기	관정(2)			
	청동기	-			
	옥석류	-			
	기 타	-			
특기사항		보고서 기술과 유구 도면 스케일바 비율이 서로 상이하여 상호 조정하지 않고 자료집에 게재하였음.			

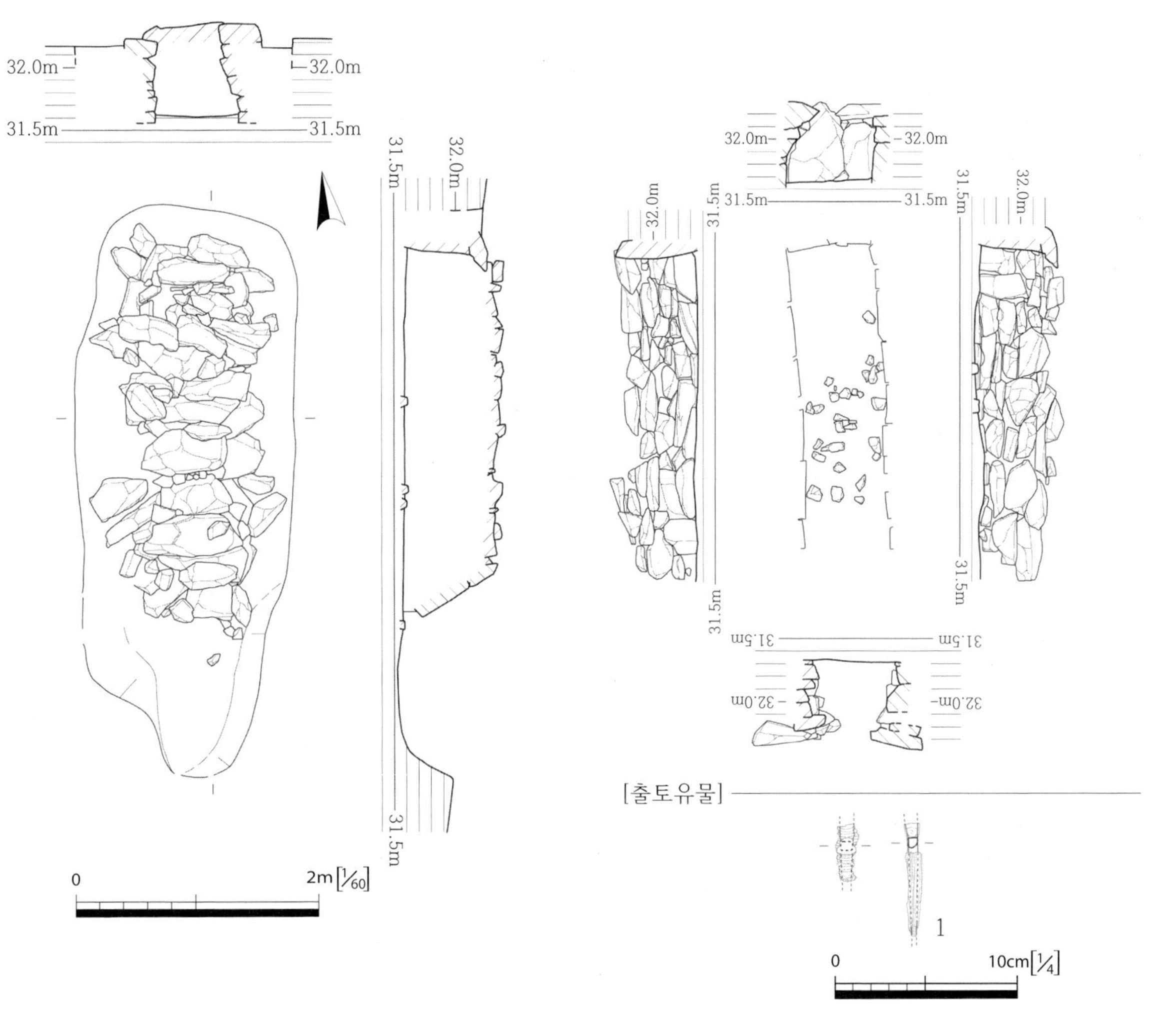

Ⅲ-10호 석실묘

(단위 : cm)

봉토	크 기 (길이×너비×높이)	?	묘광	크 기 (길이×너비×깊이)	404×152×(108+)
	평면형태	?		장폭비	2.66:1
현실	크 기 (길이×너비×높이)	244×72×(80+)	천장형태		(고임)
	장폭비	3.89:1	횡구부위치		?
횡구부	크 기 (길이×너비)	?	묘도크기 (길이×너비)		?
	장폭비	?	배수시설 (길이×너비×깊이)		?
시상/관대크기 (길이×너비×높이)		?	두 향		?
장축방향		N-21°-E	벽석종류		할석
유물	토 기	-			
	철 기	-			
	청동기	-			
	옥석류	-			
	기 타	-			
특기사항		주구{578×80×(20+)}가 확인됨. 출토유물 없음.			

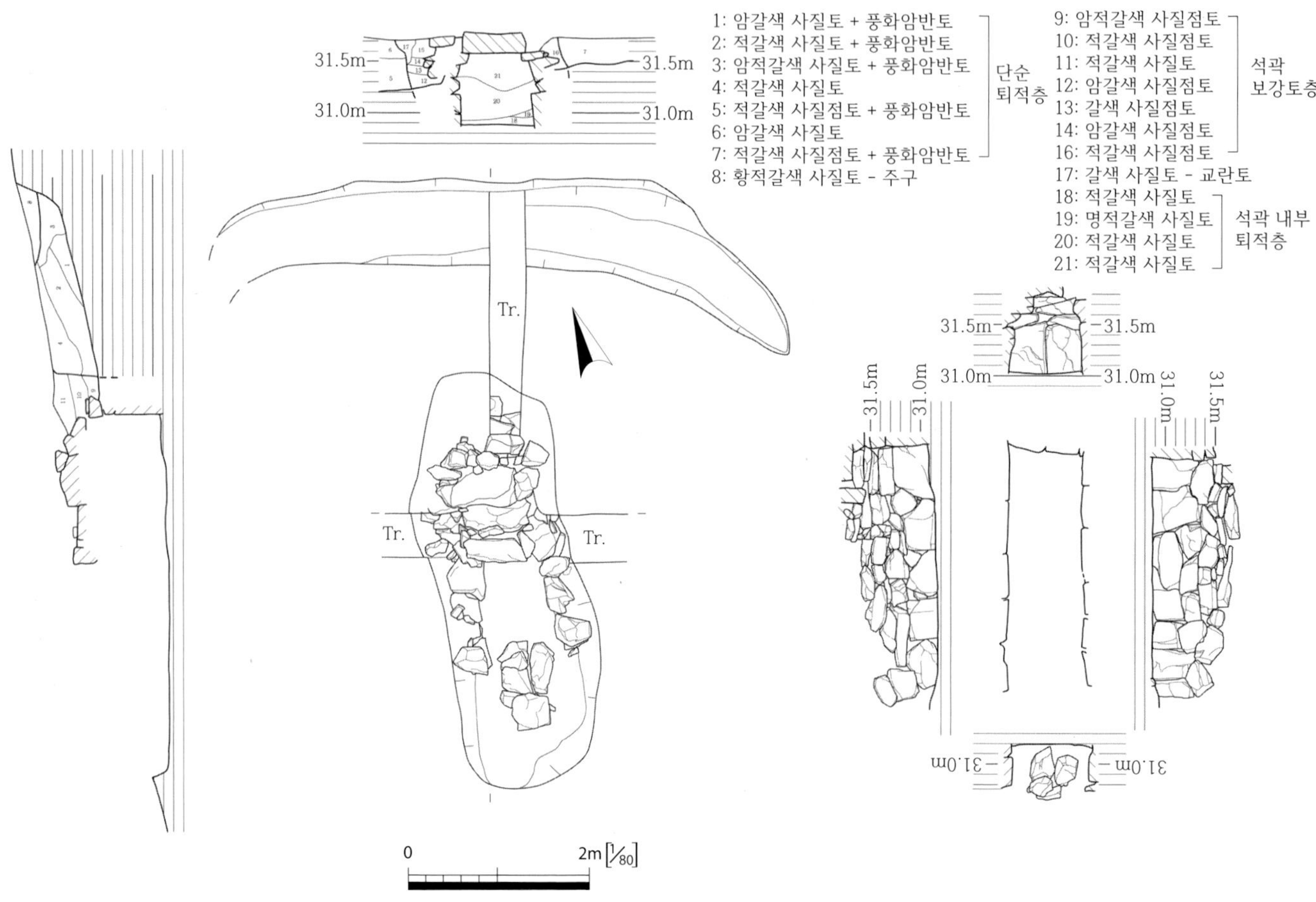

Ⅲ-11호 석실묘

(단위 : cm)

봉토	크 기 (길이×너비×높이)	?	묘광	크 기 (길이×너비×깊이)	332×108×(112+)
	평면형태	?		장폭비	3.07:1
현실	크 기 (길이×너비×높이)	252×80×80	천장형태		(고임)
	장폭비	3.15:1	횡구부위치		남동측 단벽
횡구부	크 기 (길이×너비)	(72)×(84)	묘도크기 (길이×너비)		?
	장폭비	(0.86):1	배수시설 (길이×너비×깊이)		?
시상/관대크기 (길이×너비×높이)		?	두 향		?
장축방향		N-43°-W	벽석종류		할석
유물	토 기	-			
	철 기	관고리(4), 관정(43)			
	청동기	-			
	옥석류	-			
	기 타	-			
특기사항					

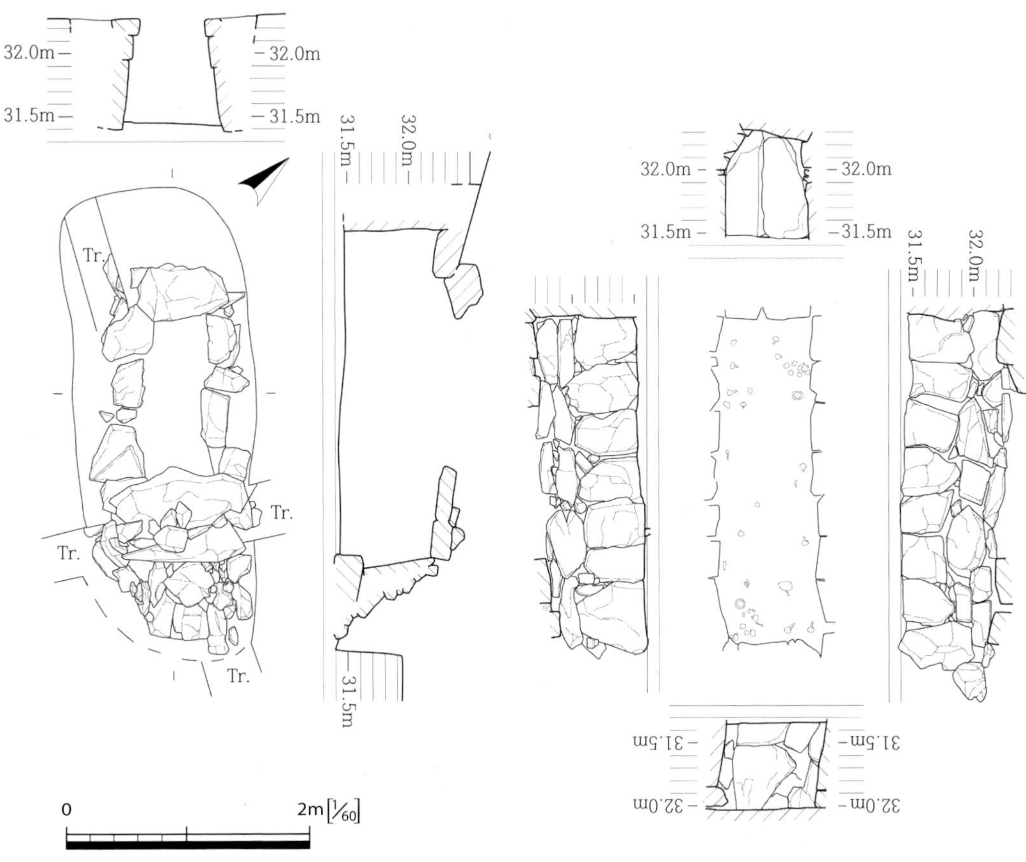

[유구사진]

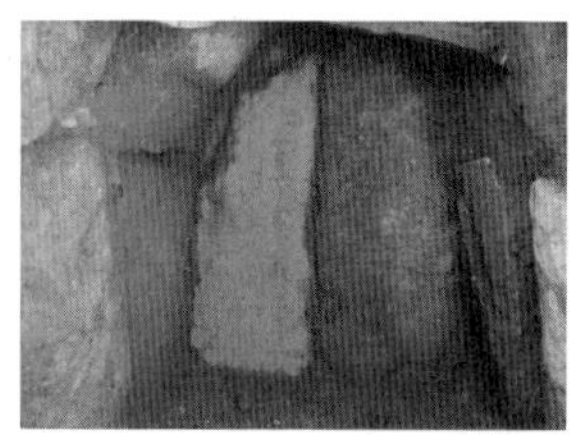

북벽

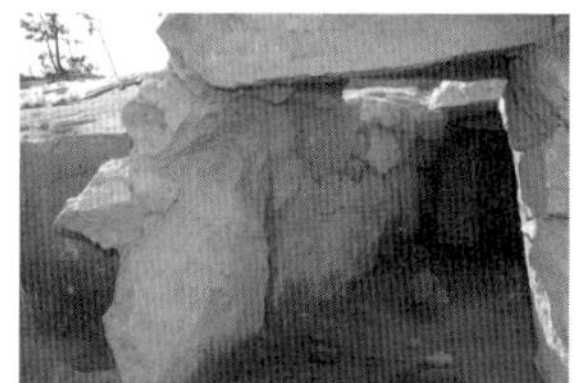

서벽

동벽

[출토유물]

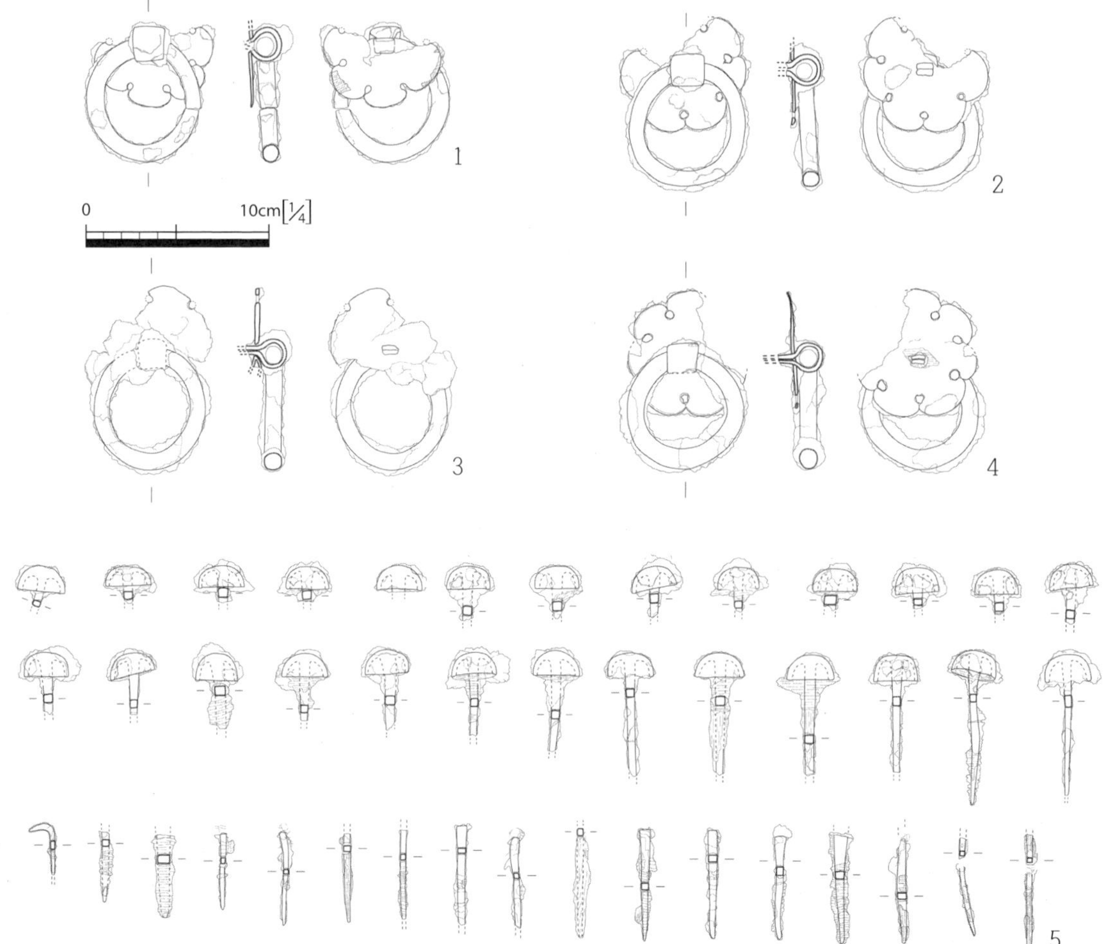

Ⅲ-12호분

(단위 : cm)

묘광	크 기 (길이×너비×깊이)	328×156×(80+)	현실	크 기 (길이×너비×높이)	300×80×74
	장폭비	2.1:1		장폭비	3.75:1
시상/관대크기 (길이×너비×높이)		?	천장형태		(고임)
묘도크기 (길이×너비)		?	배수시설 (길이×너비×깊이)		?
장축방향		N-18°-W	두 향		?
벽석종류		할석	바닥시설		?
유물	토 기	-			
	철 기	관정(1)			
	청동기	-			
	옥석류	-			
	기 타	-			
특기사항		주구 [460×156×(40+)]가 확인됨. 파괴가 심하여 정확한 구조는 알 수 없음.			

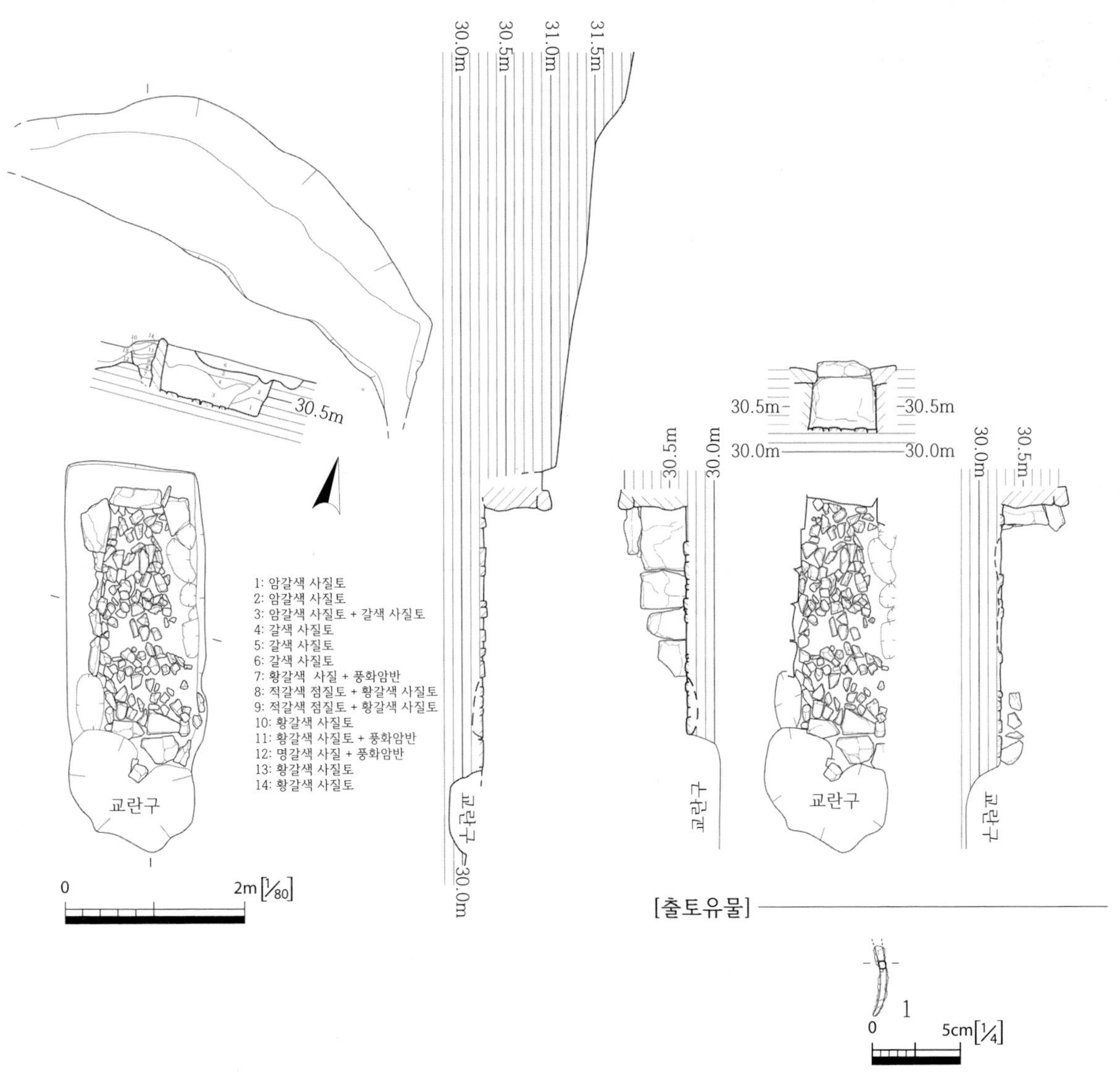

Ⅲ-13호분

(단위 : cm)

묘광	크 기 (길이×너비×깊이)	280×156×(48+)	현실	크 기 (길이×너비×높이)	(200+)×70×36
	장폭비	1.79:1		장폭비	?
시상/관대크기 (길이×너비×높이)		?	천장형태		?
묘도크기 (길이×너비)		?	배수시설 (길이×너비×깊이)		?
장축방향		N-8°-W	두 향		?
벽석종류		?	바닥시설		?
유물	토 기	-			
	철 기	관정(8), 미상철기(1)			
	청동기	-			
	옥석류	-			
	기 타	-			
특기사항		파괴가 심하여 정확한 구조는 알 수 없음.			

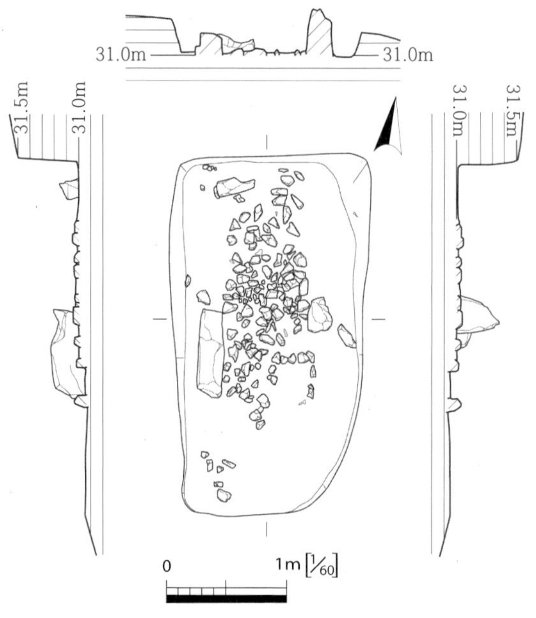

[출토유물]

[출토유물]

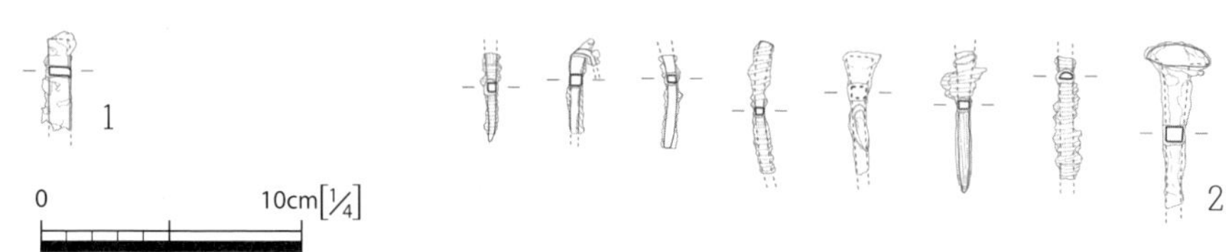

Ⅲ-14호 석실묘

(단위 : cm)

봉토	크 기 (길이×너비×높이)	?	묘광 크 기 (길이×너비×깊이)	(380)×(240)×(160+)
봉토	평면형태	?	묘광 장 폭 비	(1.58):1
현실	크 기 (길이×너비×높이)	(310)×(120)×(160+)	천장형태	(고임)
현실	장 폭 비	(2.58):1	연도위치	?
연도	크 기 (길이×너비×높이)	(50+)×26×(76)	묘도크기 (길이×너비)	?
연도	장 폭 비	?	배수시설 (길이×너비×깊이)	?
시상/관대크기 (길이×너비×높이)		?	두 향	?
장축방향		N-1°-W	벽석종류	판석, 할석
유물	토 기	-		
유물	철 기	-		
유물	청 동 기	-		
유물	옥 석 류	-		
유물	기 타	-		
특기사항		출토유물 없음.		

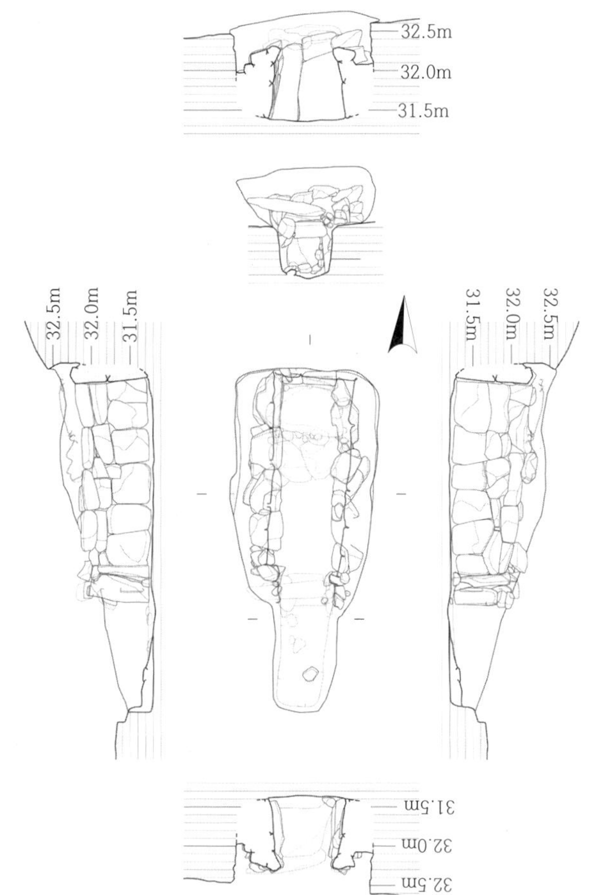

[유구사진]

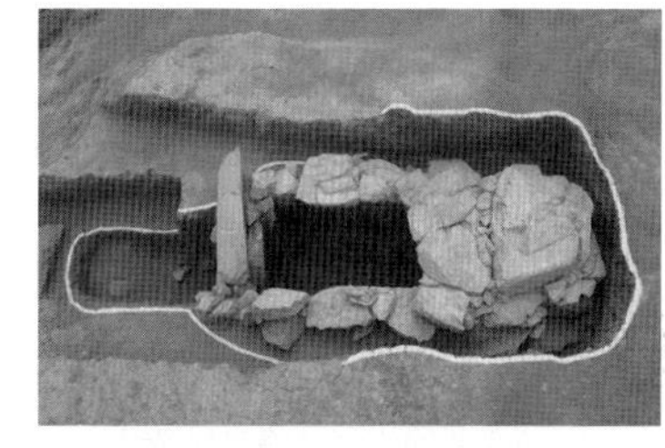

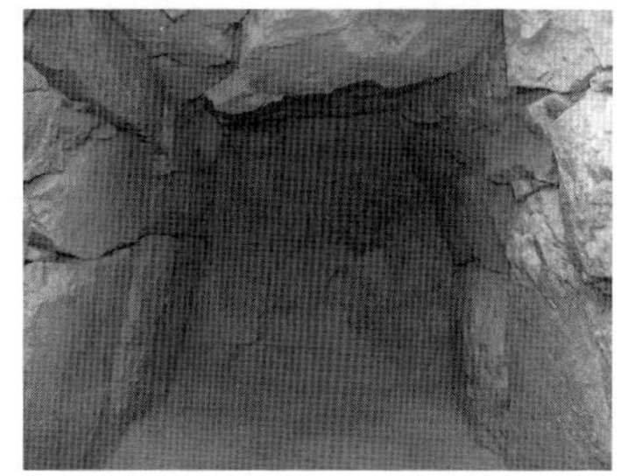

북벽

서벽

Ⅲ-15호분

(단위 : cm)

묘광	크 기 (길이×너비×깊이)	(314+)×205×(124+)	현실	크 기 (길이×너비×높이)	200×120×(96+)
	장폭비	?		장폭비	1.67:1
시상/관대크기 (길이×너비×높이)		?	천장형태		?
묘도크기 (길이×너비)		?	배수시설 (길이×너비×깊이)		?
장축방향		N-1°-W	두 향		?
벽석종류		판석, 할석	바닥시설		?
유물	토 기	-			
	철 기	촉(1)			
	청동기	-			
	옥석류	-			
	기 타	-			
특기사항		파괴가 심하여 정확한 구조는 알 수 없음.			

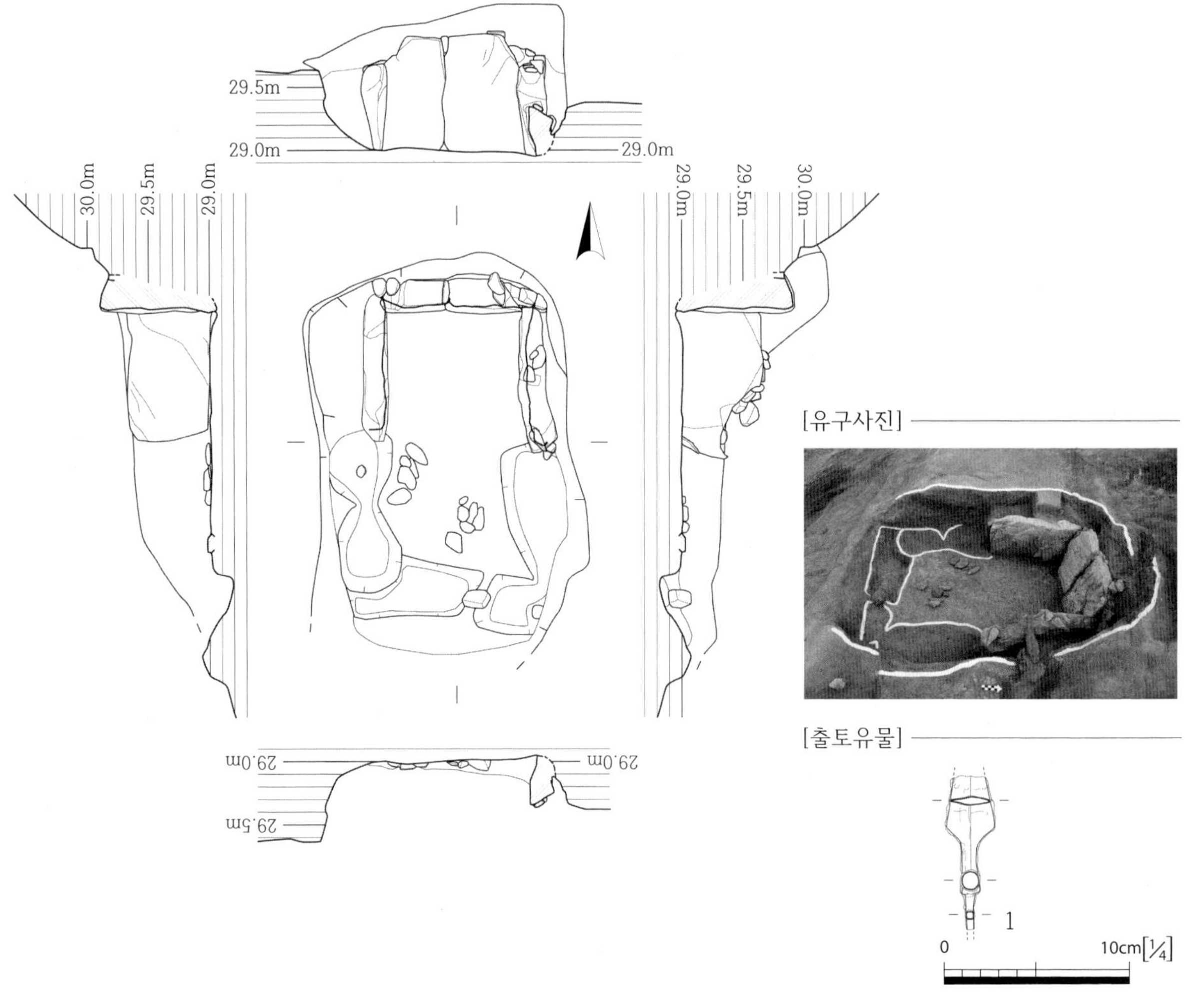

Ⅲ-16호 석실묘

(단위 : cm)

<table>
<tr><td rowspan="2">봉토</td><td>크 기
(길이×너비×높이)</td><td>?</td><td rowspan="2">묘광</td><td>크 기
(길이×너비×깊이)</td><td>320×131×(80+)</td></tr>
<tr><td>장폭비</td><td>?</td><td>장폭비</td><td>2.44:1</td></tr>
<tr><td rowspan="2">현실</td><td>크 기
(길이×너비×높이)</td><td>230×76×(76+)</td><td colspan="2">천장형태</td><td>(고임)</td></tr>
<tr><td>장폭비</td><td>3.03:1</td><td colspan="2">횡구부위치</td><td>남측 단벽</td></tr>
<tr><td rowspan="2">횡구부</td><td>크 기
(길이×너비)</td><td>(54)×(72)</td><td colspan="2">묘도크기
(길이×너비)</td><td>?</td></tr>
<tr><td>장폭비</td><td>(0.75):1</td><td colspan="2">배수시설
(길이×너비×깊이)</td><td>?</td></tr>
<tr><td colspan="2">시상/관대크기
(길이×너비×높이)</td><td>?</td><td colspan="2">두 향</td><td>?</td></tr>
<tr><td colspan="2">장축방향</td><td>N-1°-W</td><td colspan="2">벽석종류</td><td>할석</td></tr>
<tr><td rowspan="5">유물</td><td>토 기</td><td colspan="4">-</td></tr>
<tr><td>철 기</td><td colspan="4">관정(5)</td></tr>
<tr><td>청동기</td><td colspan="4">-</td></tr>
<tr><td>옥석류</td><td colspan="4">-</td></tr>
<tr><td>기 타</td><td colspan="4">-</td></tr>
<tr><td colspan="2">특기사항</td><td colspan="4"></td></tr>
</table>

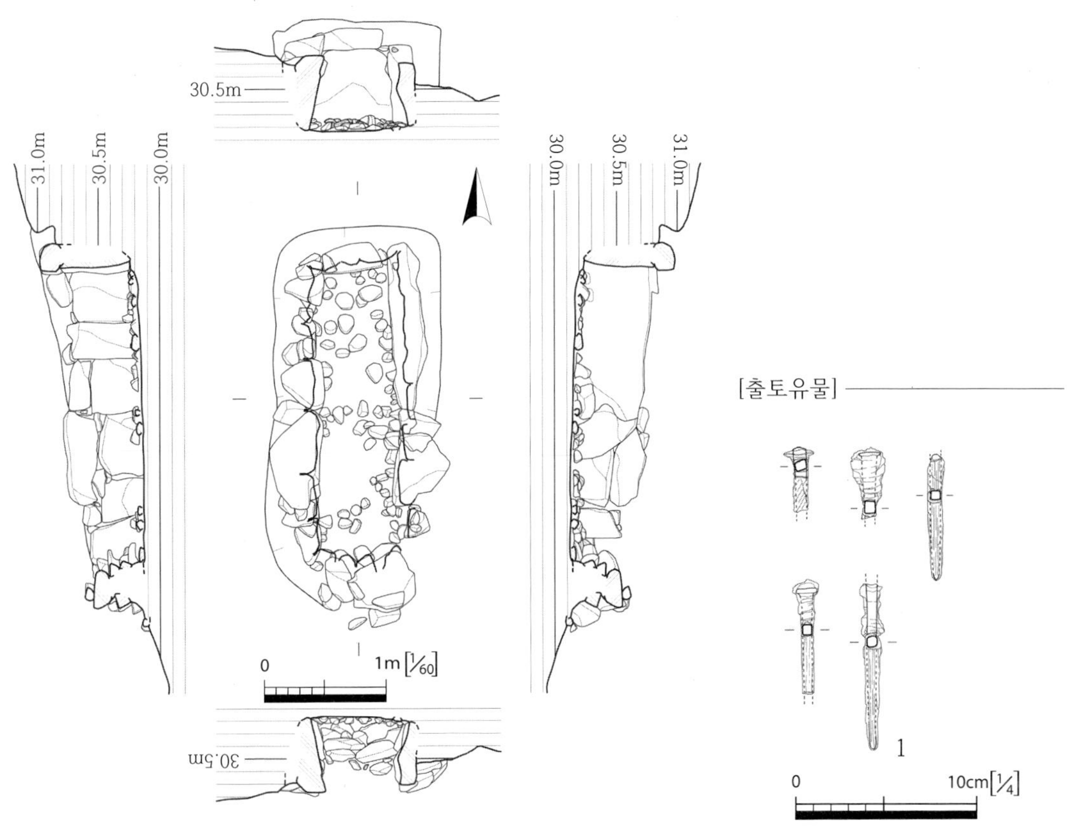

Ⅲ-17호분

(단위 : cm)

<table>
<tr><td rowspan="2">묘광</td><td>크 기
(길이×너비×깊이)</td><td>(183+)×140×46</td><td rowspan="2">현실</td><td>크 기
(길이×너비×높이)</td><td>(120+)×60×(68+)</td></tr>
<tr><td>장폭비</td><td>?</td><td>장폭비</td><td>?</td></tr>
<tr><td colspan="2">시상/관대크기
(길이×너비×높이)</td><td>?</td><td colspan="2">천장형태</td><td>?</td></tr>
<tr><td colspan="2">묘도크기
(길이×너비)</td><td>?</td><td colspan="2">배수시설
(길이×너비×깊이)</td><td>?</td></tr>
<tr><td colspan="2">장축방향</td><td>N-1°-W</td><td colspan="2">두 향</td><td>?</td></tr>
<tr><td colspan="2">벽석종류</td><td>할석</td><td colspan="2">바닥시설</td><td>?</td></tr>
<tr><td rowspan="5">유물</td><td>토 기</td><td colspan="4">-</td></tr>
<tr><td>철 기</td><td colspan="4">-</td></tr>
<tr><td>청동기</td><td colspan="4">-</td></tr>
<tr><td>옥석류</td><td colspan="4">-</td></tr>
<tr><td>기 타</td><td colspan="4">-</td></tr>
<tr><td colspan="2">특기사항</td><td colspan="4">출토유물 없음. 파괴가 심하여 정확한 구조는 알 수 없음.</td></tr>
</table>

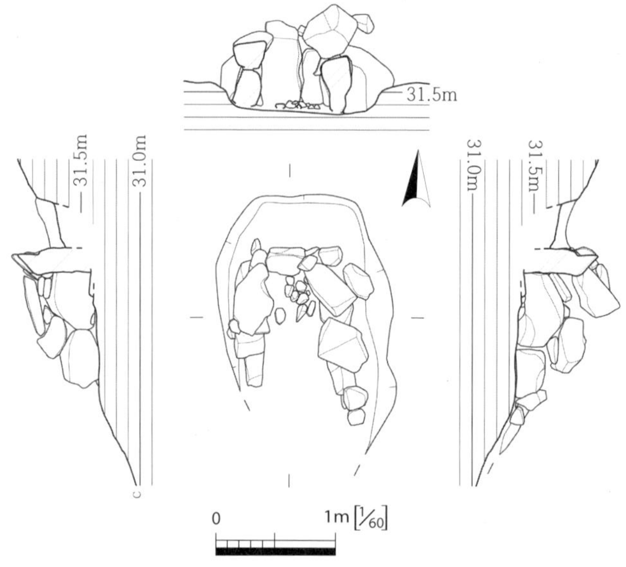

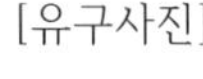

[유구사진]

Ⅲ-18호 석실묘

(단위 : cm)

봉토	크 기 (길이×너비×높이)	?	묘광	크 기 (길이×너비×깊이)	(360)×168×(138+)
	평면형태	?		장폭비	(2.14):1
현실	크 기 (길이×너비×높이)	246×84×(114+)	천장형태		(고임)
	장폭비	2.93:1	연도위치		?
연도	크 기 (길이×너비×높이)	(76)×(88)	묘도크기 (길이×너비)		(960+)×(210)
	장폭비	(0.86):1	배수시설 (길이×너비×깊이)		(825+)×(90)
시상/관대크기 (길이×너비×높이)		?	두 향		?
장축방향		N-7°-W	벽석종류		판석
유물	토 기	-			
	철 기	관고리(4), 관정(43)			
	청동기	-			
	옥석류	-			
	기 타	-			
특기사항		보고서 기술과 유구 도면 스케일바 비율이 모두 상이하여 상호 조정하지 않고 자료집에 게재하였음.			

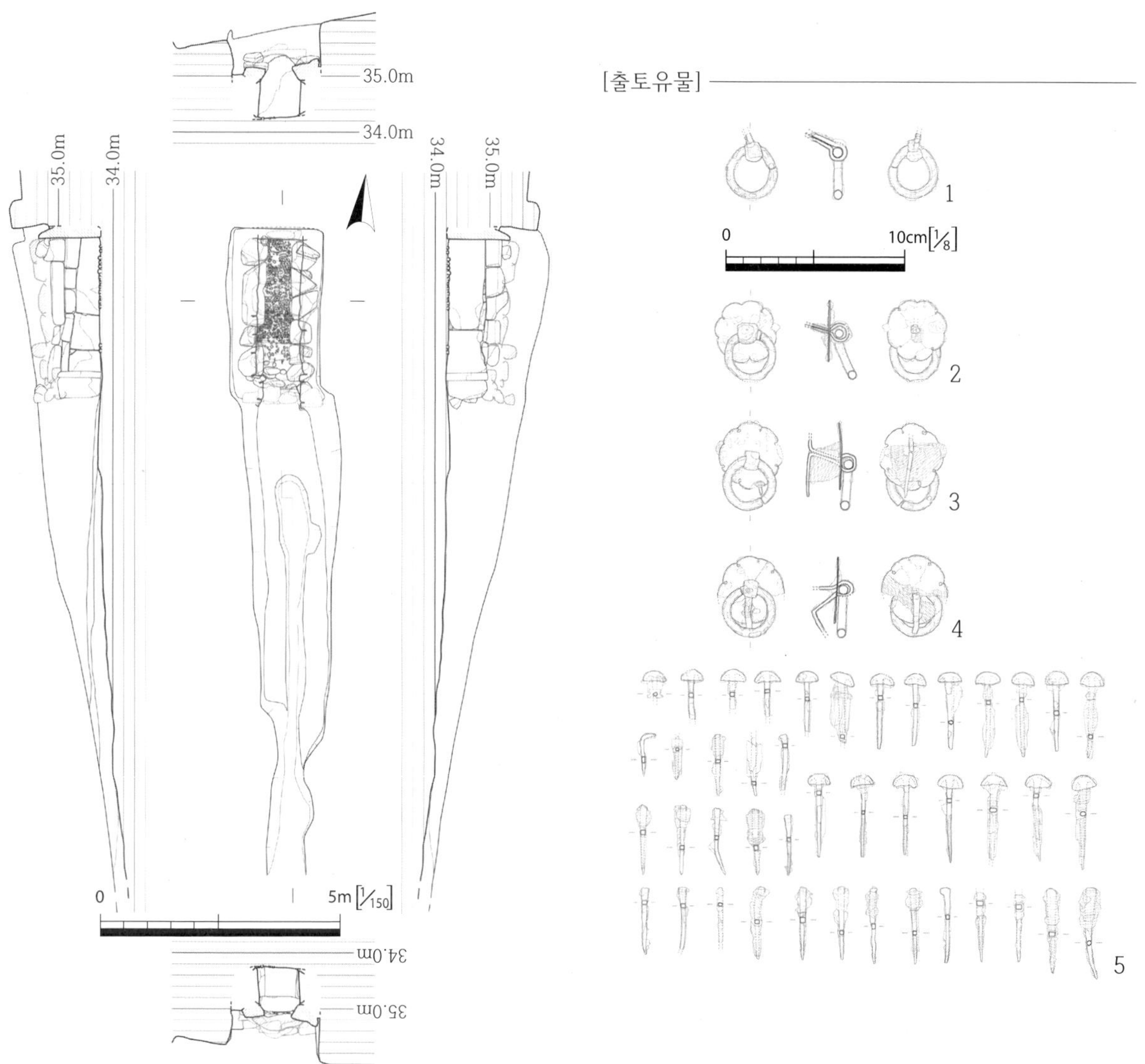

Ⅲ-19호 석실묘

(단위 : cm)

봉토	크 기 (길이×너비×높이)	?	묘광	크 기 (길이×너비×깊이)	343×160×(100+)
	평면형태	?		장폭비	2.14:1
현실	크 기 (길이×너비×높이)	215×70×(70+)	천장형태		?
	장폭비	3.07:1	횡구부위치		남측 단벽
횡구부	크 기 (길이×너비)	(88)×(80)	묘도크기 (길이×너비)		78×80
	장폭비	(1.10):1	배수시설 (길이×너비×깊이)		?
시상/관대크기 (길이×너비×높이)		?	두 향		?
장축방향		N-16°-W	벽석종류		할석
유물	토 기	-			
	철 기	관정(20)			
	청동기	-			
	옥석류	-			
	기 타	-			
특기사항		주구[(340+)×50×(50+)]가 확인됨. 보고서 기술과 유구 도면 스케일바 비율이 모두 상이하여 상호 조정하지 않고 자료집에 게재하였음.			

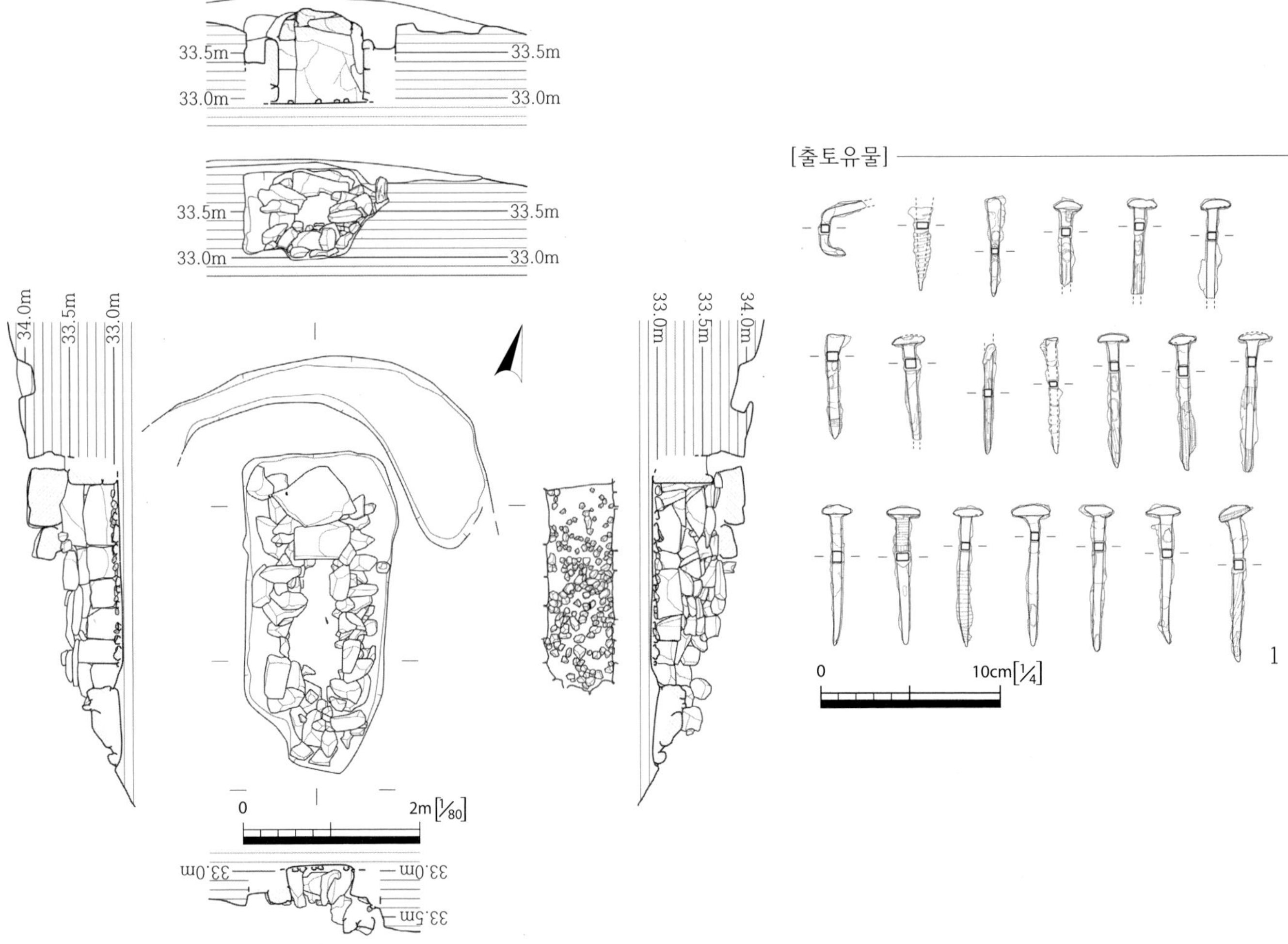

Ⅲ-20호 석실묘

(단위 : cm)

봉토	크 기 (길이×너비×높이)	?	묘광	크 기 (길이×너비×깊이)	(296)×(144)×?
	평면형태	?		장폭비	(2.06):1
현실	크 기 (길이×너비×높이)	220×80×100	천장형태		(고임)
	장폭비	2.75:1	연도위치		?
연도	크 기 (길이×너비×높이)	?	묘도크기 (길이×너비)		?
	장폭비	?	배수시설 (길이×너비×깊이)		?
시상/관대크기 (길이×너비×높이)		?	두 향		?
장축방향		N-18°-W	벽석종류		판석
유물	토 기	-			
	철 기	관고리(4), 관정(10)			
	청동기	-			
	옥석류	-			
	기 타	-			
특기사항		보고서 기술과 유구 도면 스케일바 비율이 모두 상이하여 상호 조정하지 않고 자료집에 게재하였음.			

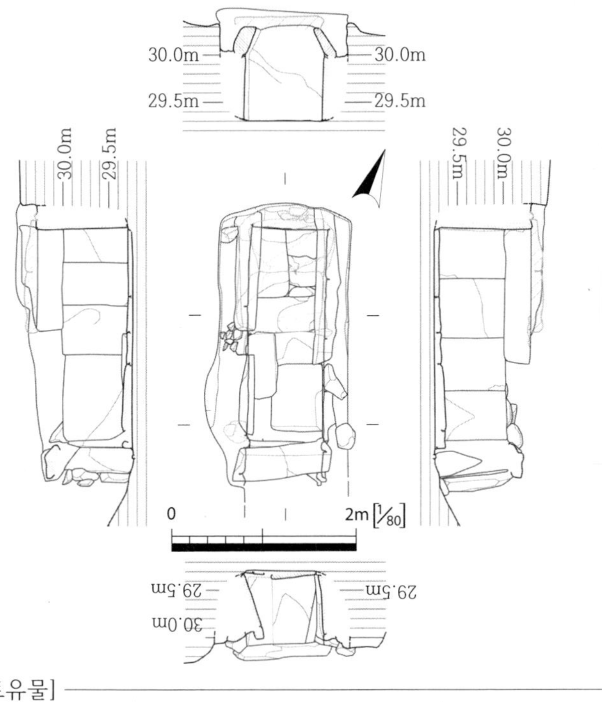

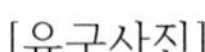

[유구사진]

[출토유물]

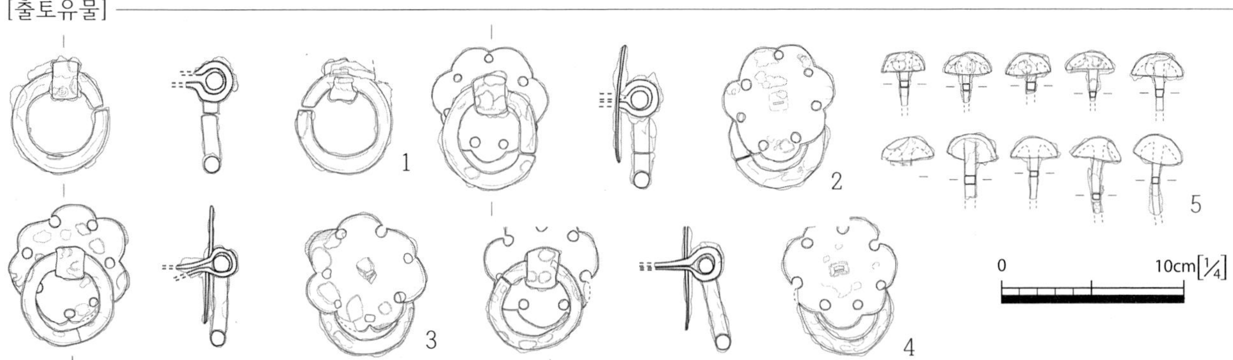

Ⅲ-21호 석실묘

(단위 : cm)

봉토	크 기 (길이×너비×높이)	?	묘광	크 기 (길이×너비×깊이)	(494+)×285×(84+)
	평면형태	?		장폭비	?
현실	크 기 (길이×너비×높이)	320×160×(112+)	천장형태		?
	장폭비	2.00:1	연도위치		?
연도	크 기 (길이×너비×높이)	?	묘도크기 (길이×너비)		?
	장폭비	?	배수시설 (길이×너비×깊이)		?
시상/관대크기 (길이×너비×높이)		?	두 향		?
장축방향		N-23°-W	벽석종류		할석
유물	토 기	-			
	철 기	관고리(4), 관정(41)			
	청동기	-			
	옥석류	-			
	기 타	-			
특기사항		파괴가 심하여 정확한 구조는 알 수 없음			

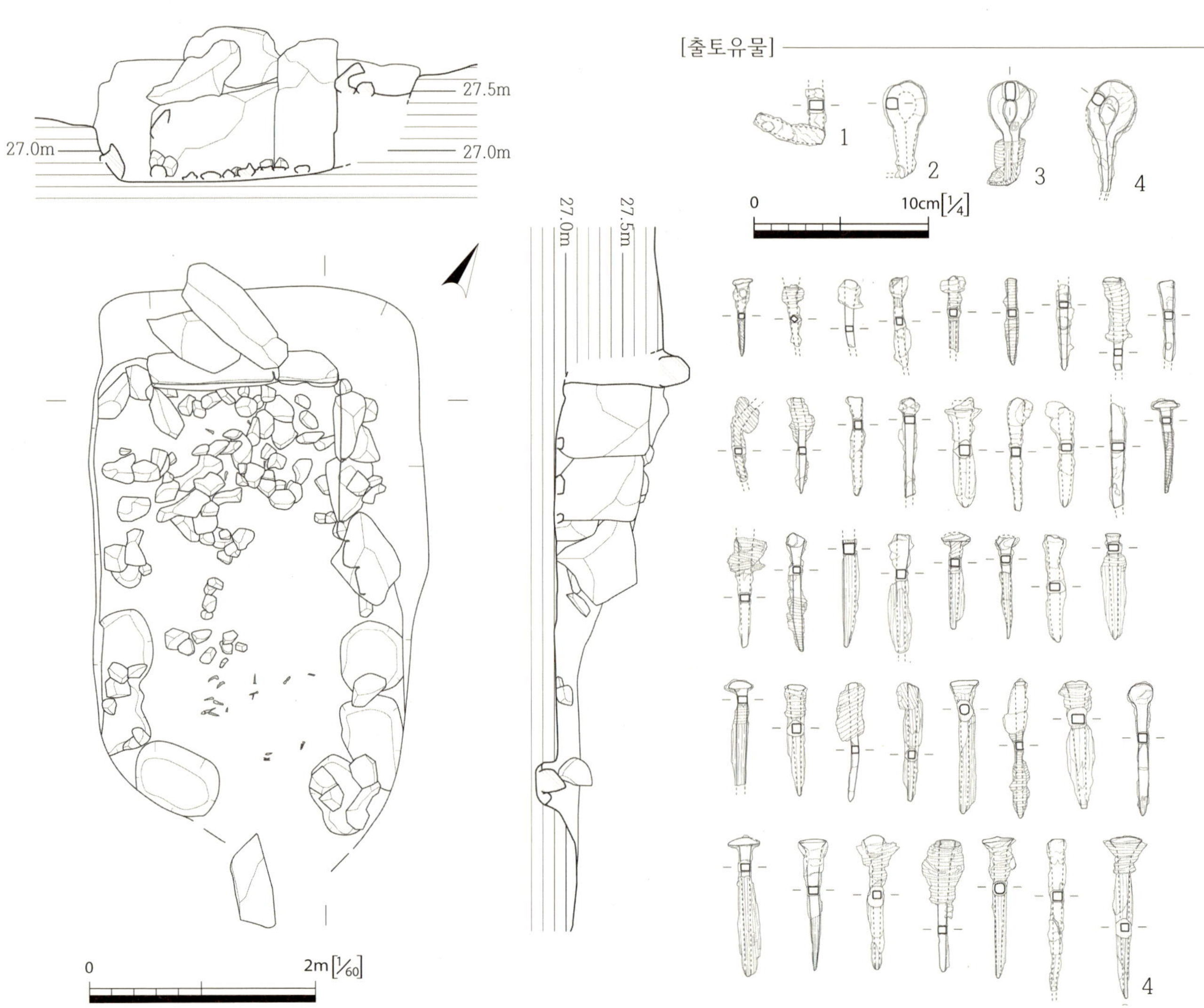

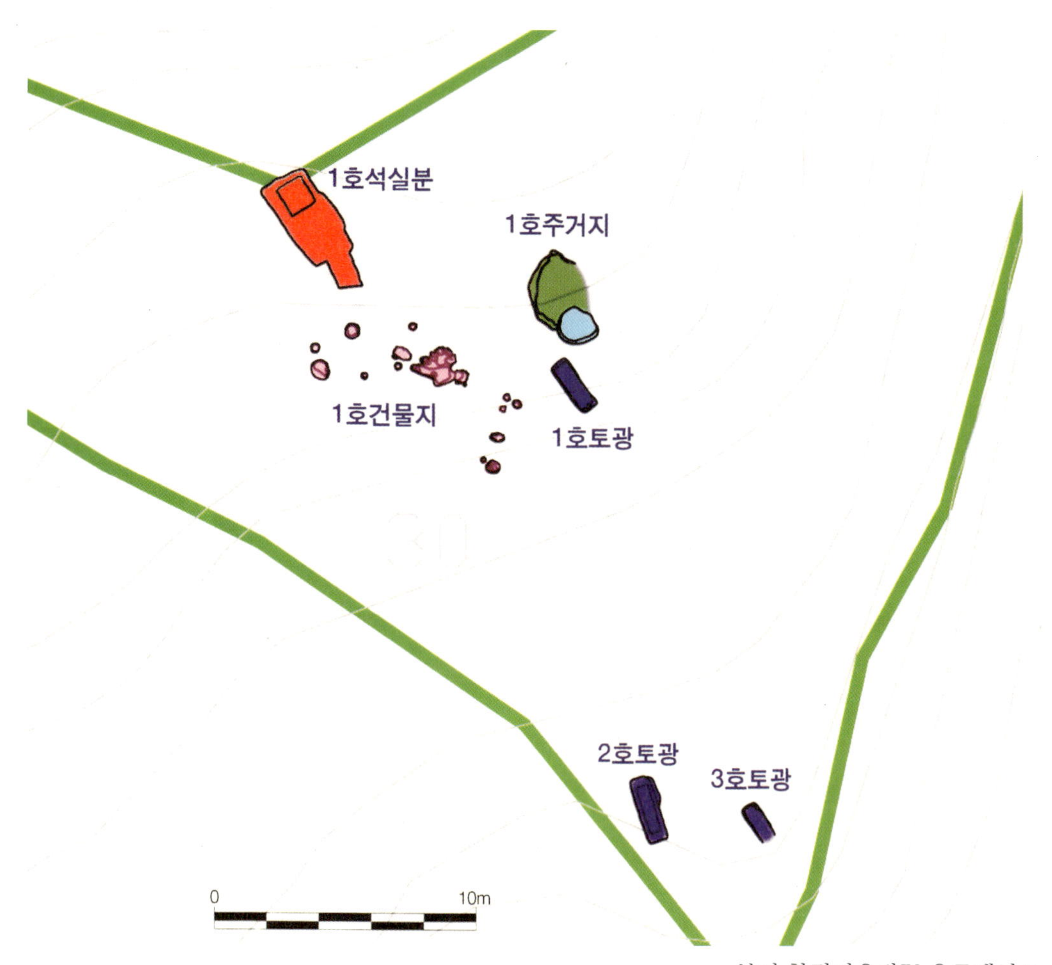

부여 합정리유적Ⅳ 유구배치도

부여 합정리유적Ⅳ 전경

Ⅳ-1호 석실묘

(단위 : cm)

봉토	크 기 (길이×너비×높이)	?	묘광	크 기 (길이×너비×깊이)	(300)×(150)×(172+)
	평면형태	?		장폭비	(2.00):1
현실	크 기 (길이×너비×높이)	245×92×(102+)	천장형태		(고임)
	장폭비	2.66:1	연도위치		(중앙)
연도	크 기 (길이×너비×높이)	(80+)×(70+)×(54+)	묘도크기 (길이×너비)		(134+)×(94+)
	장폭비	?	배수시설 (길이×너비×깊이)		?
시상/관대크기 (길이×너비×높이)		?	두 향		?
장축방향		N-34°-W	벽석종류		판석
유물	토 기	-			
	철 기	관고리(2), 관정(21)			
	청동기	-			
	옥석류	-			
	기 타	-			
특기사항					

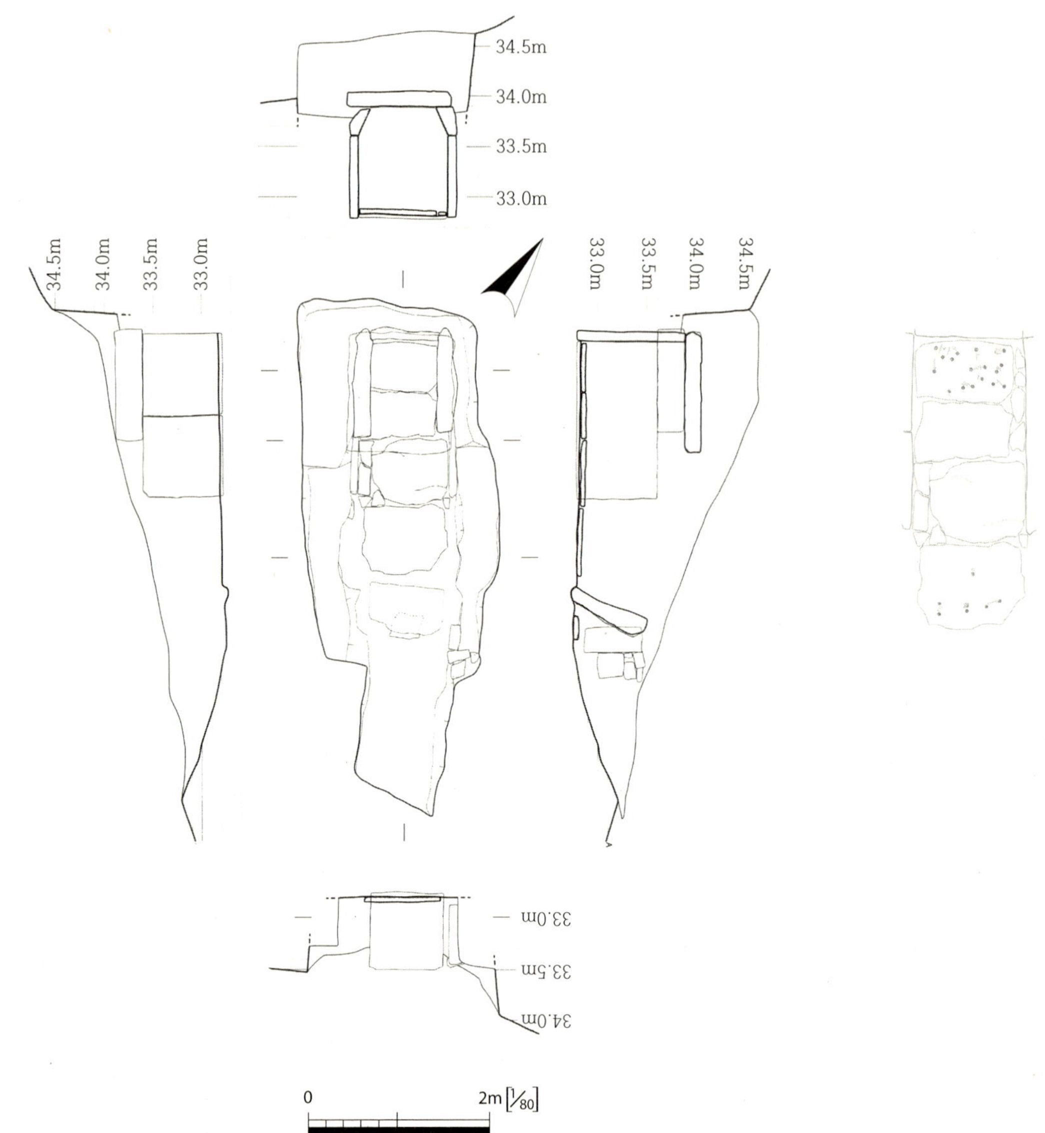

[유구사진]

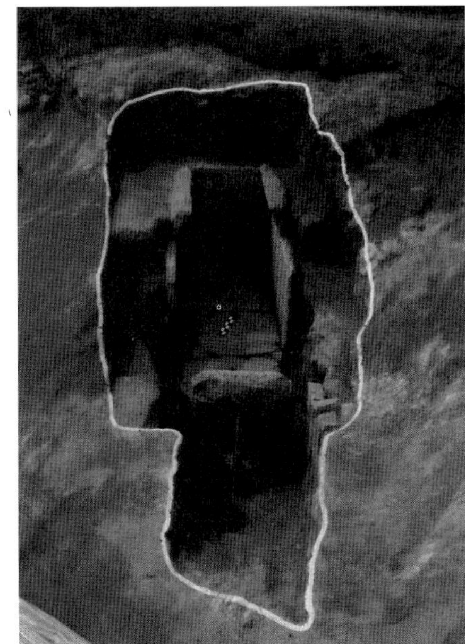

[출토유물]

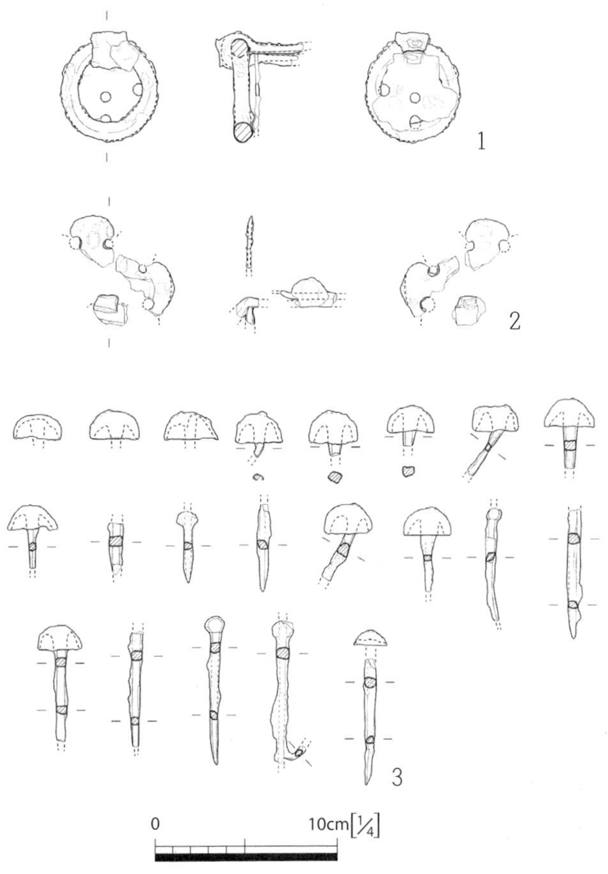